中国创新设计路径

首届中国创新设计国际学术研讨会论文集

陈汗青　吕杰锋　主编

中国科学技术出版社
·北京·

图书在版编目（CIP）数据

中国创新设计路径：首届中国创新设计国际学术研讨会论文集 / 陈汗青，吕杰锋主编 . —北京：中国科学技术出版社，2017.9

ISBN 978-7-5046-7701-3

Ⅰ . ①中… Ⅱ . ①陈… ②吕… Ⅲ . ①国家创新系统—中国—国际学术会议—文集 Ⅳ . ① TF204-53 ② 6322.0-53

中国版本图书馆 CIP 数据核字（2017）第 253148 号

责任编辑	沈国峰
装帧设计	陈汗青　桑光亮
封面设计	北京杰瑞腾达科技发展有限公司
责任校对	杨京华
责任印制	徐　飞

出　　版	中国科学技术出版社
发　　行	中国科学技术出版社发行部
地　　址	北京市海淀区中关村南大街 16 号
邮　　编	100081
发行电话	010-62103865
传　　真	010-62179148
投稿电话	010-62176522
网　　址	http://www.cspbooks.com.cn

开　　本	880mm×1230mm　1/16
字　　数	729 千字
印　　张	20.25
彩　　插	1
印　　数	1—1000 册
版　　次	2017 年 9 月第 1 版
印　　次	2017 年 9 月第 1 次印刷
印　　刷	北京虎彩文化传播有限公司

书　　号	ISBN 978-7-5046-7701-3 / F·839
定　　价	78.00 元

前　言

当今世界,科技迅猛发展。"全球化""城市化"日益延伸,产业布局持续调整;新的产业链、价值链等不断形成;各种创新活动空前活跃,令人心动的事物日新月异、层出不穷;并在多领域突破了以国家为单位的传统交流模式……于此同时,一些负面问题愈加凸显,诸如地球环境恶化、资源短缺,全球发展失衡、贫富悬殊,传统文化式微、奢腐乱象、暗流涌动等。国际社会也在反思数字化生存方式、扁平化社会经济结构及各种理论 2.0 版本的副作用。人类再次来到文明发展的十字路口。地球、人类与文明不可分解,如何透过设计应对上述严峻挑战?如何探寻"工业设计"①的升级版,通过"创新设计路径"为助推高质高效发展攻坚克难?这是设计界志士仁人长期求索、笃行、奋斗的使命,亦是中国工业设计协会、中国美术家协会工业设计艺委会、全国艺术专业学位研究生教育指导委员会和国际艺术设计与传媒院校联盟,共同支持武汉理工大学等发起主办首届"中国创新设计路径"国际学术研讨会的缘由。

（一）

在这次学术会议期间,笔者目睹老中青专家的忙碌身影与进取精神,深受感动;时常联想到国内外志士仁人长期为探索创新设计路径做出的坚韧不拔的努力,深感今日之盛来之不易;且再次回忆起 20 世纪 90 年代初探寻工业设计创新发展的情景。时任武汉副市长、科委主任的郭友中和武汉工业大学副校长陶景飏(均是原武汉工业大学教授)多次应笔者约请会商我国工业设计发展之路,并由笔者捉刀,以《中心城市工业设计大思路》成文②,经二位领导审定,不久后发表于国家科委批准的武汉市政府与中国工业设计协会主办的'1991 首届中国国际工业设计研讨会,即该会公开出版的论文集中。该文系统提出通过抓中心城市工业设计,发展我国设计的 11 点思路。这与本次定名为"中国创新设计路径"的国际学术研讨会,有着内在的传承关系。为利于读者阅读、比较与思考,暂将 27 年前的原文放在以下带引号的段落中(其他为笔者今日管见,这或许对年轻人了解设计界探索中国创新设计长路的艰辛与我国工业设计的创新发展会有所帮助):

"1. 要通过现有的宣传媒介让各有关方面真正了解工业设计的作用与意义,使各主管部门及企业领导重视、关心、支持和参与这项意义深远的工作。进而结合实际制定相关规划措施,提高现有设计队伍的素质,充实设计力量,改善设计条件,在时机成熟时,建立工业设计院(所),组织市场与用户调查,进行设计信息的反馈。在引进产品制造技术时严格把关,注重引进设计及有关的试验技术软件,力求在技术引进、消化、吸收的基础上有所改进和创新,运用现代的管理方法,有计划地加快开发与设计的速度,缩短试制周期,使生产单位尽快形成'生产一代,试制一代,开发一代,储备一代'的良性循环。"

"2. 完善现有设计院校的专业建设,并选择条件较为成熟的中心城市的有关高校,建立专门的设计学院,改善教学条件,提高师资水平。同时,完善职业性,技术性设计院校的专业化设置,通过夜大、函大、职大等多种形式,丰富设计人才的结构层次,加强专职与业余设计人员的培训,加快技术实施型人才的培养"、创新创业人才的培养、专业学位研究生的培养,鼓励参与产业开放项目及创新课程学习,

---

① 国际工业设计联合会(ICSID)1970 年定义工业设计时指出:"工业设计,是一种根据产业状况以决定制作物品之适应特征的创造活动。"该组织 2006 年定义时强调:"设计是一种创造性的活动,其目的是为物品、过程、服务以及它们在整个生命周期中构成的系统建立起多方面的品质。因此,设计既是创新技术人性化的重要因素,也是经济文化交流的关键因素。"2015 年该组织更名为世界设计组织(World Design Organization,WDO)后,又提出设计最新定义:"设计是一种战略性地解决问题的方法与程序,它能够应用于产品、系统、服务和体验,从而实现创新、商业成功和品质提升"。而今也有工业设计创新发展之说。由此表明,业界长期认定工业设计在本质上与创新设计是一致的,创新是二者共同的本质特征。

② 该文发表 20 世纪由中国建材工业出版社正式出版的"设计与时代——首届中国国际工业设计研讨会论文集"。文中多次强调创新、创造,强调设计师的"创造能力"、"开发创新","提高产品的质量、品种、效益,增强企业与市场的活力,促进人类生活水平的发展和国家物质文明、精神文明的建设";设计师在"处理和解决中心城市设计中的主体及环境等关系时,必须以透视的眼光,循规得法,才能确保设计的有效,从而有益于社会的发展。清晰的设计思路主干,无疑对设计实施成败有至关重要的统领作用。"

建设以服务为目标，未来生活方式为先导、涵括设计创新教育成与设计基础研究的教育体系，推进其特色发展及高校"一流"战略的实施。

"3.造就具有现代化工业设计素质的骨干队伍，不断提高设计人员基本素质和能力，设置工业设计师职称。工业设计师所具备的基本业务能力包括设计能力（设计方案、模型和现代技术工具的使用）、创造能力（探寻解决问题的新途径、新构思，善于捕捉现实生活中的矛盾和不合理现象进而开发创新）、调研综合能力（为设计提供可靠依据）、知识更新能力（善于学习和了解新技术、新方法、新工艺、新成果）、协作能力（要以求实协作的态度，年群体优势）"。发展设计师内动力，扶持中小企业；开展设计理念、思维、能力培训及国计民生问题解决方案的探索；吸引海外优秀人才及资本，促进创新与创业孵化，深耕创新中国的国际化平合，适应以新时代、新科技、新业态、新模式，新产业发展需求为标志的新经济。

"4强化设计管理，完善设计标准，有步骤、有计划地推广现代工业设计理论方法与程序，贯彻执行工业设计的基本原则。更新设计手册，发布设计公报，建立系统的设计数据资料和情报网。

"5.发挥专业设计队伍的专长，建立国内外中心城市工业设计研究网络，开展国际设计协作。借鉴建筑设计院的专业化建设经验，有步骤地设立中心城市的工业设计研究院，完善设计—科研—生产一体化的机制"；进而合理布局与有序培育若干国家工业设计研究院、高端智库、服务网络，系统实施国家的设计创新行动纲领与引领计划，以适应国家及区域的发展需求，适应先进制造业高质高效发展的需求。

"6.运用经济及行政杠杆推进工业设计，进一步制定新产品开发政策、专利与生产许可证法规，以及特许减免税等优惠和奖励办法，鼓励效益高、消耗低、利于节汇创汇的社会急需产品或高附加值产品的开发"，使多领域创新活动融于一体，形成新产业链、供应链，改变其割裂状态，并推动企业进军海外；"同时要制定和实施相应法规，推进工业设计发展，提高企业更新换代能力；增强产品在国际市场上的竞争力"。

"7.委托中心城市工业设计院、所配合各行业主管部门，联合设计、共同开发。有计划、有步骤地筛选现有产品，对设计不合格、经济效益差的产品，由主管部门下达限期停产或转产通知。在严谨、慎重安排试验项目的前提下进行联合设计，对量大、面广的系列产品、高精尖产品，提供协同攻关设计"，提供影响全局的研究与预测报告，重点支持关系国家与人民切身利益的关键领域、环节与核心技术的发展。

"8.加强国内外技术与交流，发挥中心城市学术团体和相关部门的联合优势。发挥各专业学会、协会等学术团体的作用"，举办高质量设计研讨会，"开展设计竞赛评比和设计咨询工作，促进地区行业与企业内外的技术渗透，鼓励探索共同的开发项目

"9.奖励优秀设计，表彰有关人员。建立专门的奖励基金，对推进设计有成就的个人、单位予以鼓励。宜由中心城市经济、科技、计划主管部门，联合主办一年或二年一度的百项优秀产品设计大赛，以此表彰先进，推进全市工业设计总体水平的提高"；坚持市场主导，政府引导，促使企业重视设计创新、转型提效，因地制宜、突出特色，构建全流程设计研发体系，建成一批国家级工业设计公共服务中心、平台、奖项、示范工程相关顶级成果。

"10.要运用各种新闻媒介和展评活动，广泛宣传与普及工业设计知识，并使国内外人士通过产品认识企业，认识工业设计"，认识中国好设计；以社会喜闻乐见的语言与方式推广中国的价值观、生态观与美学观

"11.加强技术开发、工业设计和相关学科的融合与协作，通过发展性研究有效地促进开发、设计工作和科技成果的转化。"大力发展与新一代信息技术、人工智能、机器人、新能源工具、生物技术、生命工程、绿色低碳、高端装备、材料、数字创意相关，特别是与国之利器开发相关的设计产业。"在基础研究、应用研究、开发研究直至设计的各个环节中，不断完善研究开发与设计的关系，将会使工业设计得到实质性改善。加强工业设计研究与实践中的技术反馈，针对性地提出基础研究课题，将使生产技术更快地转化为市场力量。"

改革开放以来，中国设计事业在上述方面的发展成就举世瞩目。读者如需进一步了解，亦可从本论文集各章论文中获知一二。从某种意义上说，这部论文集是各位同仁对中国创新设计路径、对中国工业设计提质扩容版艰辛探索的写照。为此，我们衷心感谢各位论文作者、编委。

（二）

新一轮世界性科技革命和产业变革正与我国"两个一百年"的伟大目标和经济发展方式形成特殊的历史性交汇。探索"中国创新设计路径"势在必行。从一定意义上说，创新设计是知识网络时代的新型设计模式，是学科广泛交叉的结晶，是依托信息网络时代及其资源优化配置（包括 3D 打印、大数据、云计算、物联网等新兴技术的基础支持，包括集成用户设计工程基础、平台与体系支撑）的工业设计升级版，是以开放、绿色、协调、共享和智能为特征的系统设计与集成创新，正在引领以网络化、智能化、机器人和可持续发展为特征的文明走向。

在"中国创新设计路径"国际学术研讨会的主旨发言中和上述《中心城市工业设计大思路》中，笔者强调："我们的任务是努力形成最能促进物质文明和精神文明协调发展的环境，制定具有中国特色的战略性国策，健全相关运行机制的中心城市的工业设计，推进国家和人类的繁荣与发展。"这亦是对包括武汉在内的我国多个中心城市申报与建设联合国教科文组织创意城市网络世界"设计之都"走创新设计之路的祝福与建议。

面对全球创新设计的发展，还需看到我国在这方面短板明显，如对创新设计的社会认知层次与全球化现状不对称，地区发展不平衡，设计战略研究偏少，且对未来设计教育的认识有限，尤其是在国家关键领域和核心技术的研究方面参与度不高。面对高低端的双重竞争压力，如何推动"政产学研用"协同创新，整体提升创新设计水平？如何深入了解世界设计趋势下的现状、需求和理想，借鉴国际经验与新科技，构筑支撑中华民族复兴目标的创新驱动体系，促进全球文化共同发展和人类命运共同体的构建？已成为当今的关注焦点。

在此背景下，武汉理工大学与武汉轻工大学、德稻教育联合主办了由中国工业设计协会、中国美术家协会工业设计艺委会、全国艺术专业学位研究生教育指导委员会和国际艺术设计与传媒院校联盟共同支持的以探讨"中国创新设计路径"为主题的国际学术研讨会。该研讨会由中国地质大学、华中科技大学、胡北工业大学、中南财经政法大学、上海工程技术大学等协办，并受到清华大学美术学院、中央美术学院、中国美术学院、同济大学设计创意学院、广州美术学院、湖北美术学院、南京艺术学院、景德镇陶瓷学院、江南大学设计学院、湖南大学设计艺术学院、浙江大学工业设计学科、苏州大学艺术学院、四川美术学院设计学院、西安美术学院设计学院、上海交通大学媒体与设计学院、东华大学服装工程与设计学院、北京工业大学、深圳大学艺术设计学院、上海视觉艺术学院、长沙理工大学艺术与设计学院、武汉大学、华中师范大学、广州大学、武汉工程大学、武汉纺织大学、湖北大学、武汉科技大学、河南工业大学艺术设计学院等来自国内 20 多个省市的著名院校，以及芬兰阿尔托大学艺术学院、美国南加州大学等来自欧、美、亚、大洋洲的国际著名院校或家的热情支持。会议的研究对象跨越了设计历史与理论、工业设计、环境设计、信息与交互设计、视觉传达与媒体动画设计、手工艺设计、设计教育、设计管理及相关的交叉学科领域。专家们纷纷围绕上述主题贡献智慧，破解难题，化解风险。

武汉理工大学副校长曾春年教授和艺术与设计学院院长潘长学教授先后在开幕式上致辞。中国美术家协会副主席、清华大学原副校长王明旨教授，清华大学美术学院院长鲁晓波教授，国务院设计学科评议组召集人、中央美术学院研究生处处长许平教授，国际艺术设计与传媒院校联盟副主席、同济大学设计创意学院院长娄永琪教授，中国工业设计协会副会长应放天教授，教育部高校工业设计专业教学指导分委员会主任、湖南大学设计艺术学院院长何人可教授，国务院设计学科评议组专家、景德镇陶瓷大学宁钢校长，浙江大学孙守迁教授，全国艺术专业学位研究生教育指导委员会委员陈汗青教授，国际设计联合会前主席李淳寅（韩）教授，中央美术学院艺术设计研究院院长刘波教授，美国南加州大学金雁教授等分别作了大会主旨报告。阿尔托大学艺术学院设计与建筑部 Jarmo Suominen 教授（芬兰）、艺术学院 NousalaSusu 教授（芬兰），广州美术学院黎明院长、中国美术学院宋建明副院长、南京艺术学院何晓佑副院长、江南大学设计学院辛向阳院长、北京工业大学孙大力院长和上海工程技术大学艺术设计学院党委书记许传宏、李光安教授、副院长，以及 NousalaSusu（芬兰）、芮斌、中国美术学院赵阳教授、中国建设环境艺术专业委员会公共艺术研究部黄剑主任、汉纺大学艺术与设计学院艺术系 David,A.Brubake 教授（美），以及兄弟院校的何新闻、金穗、李柯玲、邱国鹏、卢少夫等院长及杨劲松、成湘文、李正安等教授分别作了演进或交流。其中，上海交大媒体与设计学院尹享建（韩）教授、美国威斯康星大学密尔沃基分校 Edmund Mathews（美）教授等专门就"高校设计教育差异性"、"让设计落地"

等问题进行了学术演进。国务院设计学科评议组专家孙守迁教授等专门针对创新设计的基础、主体、方法、支撑体系、产业结构与发展宗旨进行了阐述，强调创新设计通过友好、易用的设计工具，显著提升了产品和服务的个性化与灵活性。

出席此次会议的百多位国内外嘉宾、专家学者，还分别应邀参加了在武汉理工大学、武汉轻工大学、中国地质大学、华中科技大学、湖北工业大学等联办院校分会场的专题演讲，分别在吕杰锋、金雁、陶丽萍、赵冰、蔡新元、吴瑜、周峰等教授主持下研讨与交流。来自各地的在创新设计领域的知名专家、学者共聚一堂，为探讨"中国创新设计路径"，推进产业转型升级与设计学科创新发展，实现国家创新驱动发展的战略目标，踊跃出谋划策、传经送宝、撰稿荐文。笔者作为大会主席的职责是汇聚国际智慧、服务与支持与会代表紧扣会议主题建言献策。本论文集即是包括他们在内的国内外一线设计师与教育工作者，围绕大会主题，结合实践，分别从"创新设计路径与活力""互联网＋与创新设计""文化传承与设计价值创新""服务设计与信息交互设计""设计驱动创新与城市可持续发展""创新设计教育之路"六个方面，分享各自的研究心得与成果(本论文集及本文中各类排名不分先后)。我们从其字里行间已经感受到作者们探索中国创新设计路径的担当意识与使命感，以及应对挑战的勇气与智慧，令人由衷钦佩；亦请各位谅解我们服务工作中的不周之处。在此，我们再次对以上所有支持大会的机构、院校、嘉宾、论文作者及各方领导，对组委会、会务组全体成员及负责人，为大会付出的辛勤劳动表示最诚挚的谢意。

（三）

21世纪是设计的新世纪。具备战略性新兴产业条件的创新设计，已经从我国经济活动的边缘，从只注重审美体验，跨入创新设计的领跑方阵，成为国际竞争的新着力点。国际产业格局正在重塑，知识成其核心因素。各先进工业国家竞相凸显创新设计……我们如何推进智慧设计和可持续发展，通过创新设计为民谋福解困？如何应对挑战、把握机遇、不辱使命？正是本届学术研讨会的探索焦点。由众多中外学者、专家会签的以下大会宣言，直面上述热点、难点，无疑对于推进这项事关人类文明的伟业具有积极意义。

新的信息技术革命及来自资源、环境、贫富等方面的巨大挑战，重新定义了设计发展的技术环境、创新思维和产业形态。人类需要把握设计的本原，以生态文明取代不可持续的发展模式。这是一项系统工程，需要多学科协同攻关与国际合作。

挑战和机遇

在人工智能、可持续、全球化驱动下，设计正处于转型升级的关键时期。设计历来是在矛盾与限制的前提条件下进行创新。与传统设计相比，现代设计正从产品设计，转向融合人工智能、机器人、品牌战略、商业模式、生态发展、人文创意、信息交互、产业整合等要点的一体化服务，并形成由制造者、用户及相关利益者共同参与的扁平化设计方式。设计是无言的服务。设计的跨学科融合、生态系统构建。知识产权保护，社会发展中的健康、医保、教育、就业、养老、居住、交通、环境，以及"互联网＋"背景下用户、服务、系统乃至整个商业模式、分享性服务设计模式等问题是设计的重要热点，它需要政、产、学、研、媒、用、金方面共同面对协力解决。

智慧设计和可持续发展

大数据技术开启了重大的时代转型，这种转型既是技术服务和资源利用的转型，也是创新认知和思维方式的更新。在此过程中，全球创新设计表现出三个新特征：一是"人人参与设计"成为可能。依托大数据，创新设计的逻辑思维能力和数据效应被无限扩大，导致它与制造、与智慧设计形成新的生产服务方式和迭代关系。创新设计也从"小众创新"转向"大众创新"企业继续为主战场。二是"大开放""大数据"促进全球智慧设计。在世界经济深刻变革之时，只有开放才能相互受益、持久发展；尊重多样文明，互利平等，才能谋球共荣；超越文明冲突、零和博弈等陈旧观念，才能推动合作共赢。创新和文明多样性是人类进步的不竭动力，"一带一路"是推进国际化设计合作理念的新平台。共创分享、多样无限的大数据为推进人类命运共同体的智慧设计创造了更大机遇。三是设计学跨界融合迎来新的增长点。贯彻创新、协调、绿色、开放、共享的发展理念，为设计生态化及可续设计提供了动力、系统和方法。

在可持续发展领域，大数据建立了创意与实用兼备的生态设计模式，数据成为未来设计最有价值的资源和设计产业的重要基础。在平台整合、信息互动、创新融合、生态产业链等方面形成配套效应，为环境治理，智慧城市建设提供资源消耗新模式，无限增加人类自主选择的能力和机会。

创新设计与人民幸福

回溯设计历史，无论是中国造物巨著《考工记》的设计理论，张衡的伟大设计思想与实践成果，还是英国的工艺美术运动、勒·柯布西耶(le Corbusier)设计思想，德国制造同盟的"标准化"还是当前炙手可热的可持续设计、服务设计、体验设计、智能设计理念，每种设计思潮都关乎人对环境和生存的基本需求，其最终都将围绕"设计创造美好生活"而展开。

在全社会形成"创新型"氛围，强调设计为人类创造幸福，是促进经济、社会可持续发展的有效方式。随着设计关联领域不断扩大，创新设计在经济社会发展、人民生活改善、城市竞争力提升、人与自然和谐相处，甚至在缓解各类矛盾方面都将发挥日益重要的作用。大会倡议：

·探索创新设计在产业结构调整、生活方式塑造、社会问题解决等方面的价值及重要地位，从观念、手段、模式等多层面拓展创新设计活动尺度和思考维度。

·探索创新设计在社会、地区发展不平衡、不充分等问题方面，尤其是在扶贫解困与乡村建设方面的介入能力，从思想、技术、管理、知识、资本等角度肩负创新设计的社会责任和重要使命。

·探索创新设计解决环境危机、信息污染、情感异化、人机伦理等跨界问题的方法，应用大数据、非物化、智能化等服务手段实现伦理平衡，设计民主和包容性发展。

·探索创新设计在中国创造、设计智造、智慧生活等方面的新路径，从政策设计，法律保护、创意驱动、管理模式等多领域注入新活力，鼓励协同创新和集成创新，构建"国家创新设计核心平台"。

·探索设计教育多元驱动的理性之路及其引领作用。创新设计、教育先行。从学科方向、核心团队、项目成果、平台基地、机制氛围五要素[①]方面提升高教品质，构建符合艺术与设计教育规律的"特性指标"与多样化模式，立德树人、跨界筑路、交叉融合，形成多中心并存、多层次共进的发展格局，创建具有中国特色、国际一流的设计院校与设计学科体系是新时代的使命。

当今机遇和挑战并存。在国际竞争更加激烈的今天，设计关联领域不断扩大，创新设计作用与日俱增，正成为企业、院校竞争力和国家综合实力的决定性因素，成为文化自信、学科自强、高峰意识、社会贡献的重要支柱，并汇聚推动人类文明进步、驱动创新中国发展的核心动力。新时代新气象，协同推进设计创新，把一个充满生机与活力的设计学科推向21世纪的制高点，是我们艰巨而光荣的责任。

二零一七年六月八日

---

① 学科发展五大要素：1.学科方向。瞄准世界一流，围绕实现中华民族伟大复兴"两个一百年"的奋斗目标，围绕"一带一路""中国制造2025筹，紧扣影响国家经济社会发展全局、关系人民切身利益的关键领域与重点环节。去凝练方向，突出重点，攻坚克难，打造高峰，创建突出的甚至是无可替代的特点和优势。人民需求是设计学科发展的动力之源。唯此相关企业和院校才能持续发展。成为国际学术前沿的并行者或领跑者。2.团队建设。深入实施人才战略，聚集国内外优秀人才，强化高层次人才的支撑引领作用，加快培养和引进一批活跃在国际学术前沿，满足国家重大战略需求的一流领军人。同时坚持师德师风建设，遵循教师成长规律。优化其脱颖而出的制度环境，造就一支带头人优秀、德才兼备、学识扎实、结构合理、专兼结合、以中青年教师为重点的一流创新团队。3.项目成果。在竞争中优化学科结构，创新组织模式，突出立德树人育才的核心地位，取得标志性学术贡献，产出一流成果；着力培养具有历史使命感和社会责任心，富有创新精神和实践能力的各类创新型、应用型、复合型优秀人才。4.创断平台。汇聚优质资源，构建国家或省级以上的高端设计创新基地、平台，以服务求支持，以贡献求发展，政产学研协同创新、集成创新。在支撑国家创新驱动发展战略，服务经济社会发展、弘扬中华优秀传统文化，培育和践行社会主义核心价值观、促进高教内涵发展等方面发挥重大作用。5.机制氛围。加强学科顶层设计和战略规划，坚持建设与完善好学科发展机制(激励约束机制、学科评价体系等)，强化目标管理，有所为有所不为，以绩效为杠杆，充分激发学校内生动力和活力，破除体制机制障碍，构建追求卓越、充满活力、高效开放、有利科学发展的氛围。这是一个需要合力支持、各方共建的机制，一个需要认真对待、长期建设的系统工程。

目　　录

四、服务设计与信息交互设计………………………………………（141）

五、设计驱动创新与城市可持续发展………………………………（185）

六、创新设计教育发展之路…………………………………………（237）

一 创新设计路径与活力

"设计活力"的深层思考
设计的疆域拓展与范式转型
设计的创新
论互补设计方法
可持续设计与设计思维

"设计活力"的深层思考 ①

陈汗青　周祎德

（武汉理工大学　武汉　430070）

关键词：设计思维 返乡创客 社会营造 地域性文化

转型时期我国城乡发展的矛盾是乡村吸引力丧失，农村劳力流向城市，致使农民"离乡又离土"以及随之产生的一系列社会问题。其根源是乡村生产方式单一、农产品滞销、土地空间利用低效、环境基础设施薄弱、社会结构失衡、农村文化势微等问题，与此对应的是城市高压、空气污染、城中村野蛮生长、拥堵、资源紧张的矛盾现实。

云南元阳阿者科村，一个人年均收入仅千元的哈尼族少数民族世遗村落，尽管地处偏远，但与中国其他乡村一样，在快速城镇化进程中，逐渐散失自身活力，产生了上述问题。"红米计划"正是对阿者科村的活化设计。

1 设计乡村活力

设计活力，这一概念源自对"失活乡村"的思考。用设计的方法洞察城乡"定义"价值诉求，用设计打通节点"连接"智力与物资，用设计"转译"乡村原有的生命力，在田园与乡土文化中重铸乡村价值，实现"城乡一体"的生活兴盛。设计活力应当是一种可持续的商业模式，在生产、生活、生意的创新实践中逐渐迭代升级，构建全新的活力业态。

2015 年初，习近平主席在考察云南时，曾强调农村要留得住青山绿水，系得住乡愁。如何在日益失衡的城乡关系间，形成新的共生价值关系，留住金山，也守住青山。用一粒红米②撬动云南元阳世遗村落阿者科村③的保护，连接城市与乡村。2015 年 4 月由昆明理工大学与伴城伴乡·上海城乡互动发展促进中心，共同实施的"红米计划"，尝试运用设计思维，以多学科交叉的方式汇集创意，整合社会资源，以阿者科特产"红米"为创意原点，撬动当地村民与外界的经济往来，化解梯田耕作文化没落趋势所导致的生态失衡，激活乡村文化自觉与经济复苏。

在全球设计界，设计的语境已从物的设计迈向非物的设计，从发达地区的设计迈向贫困地区的设计；从建筑、产品的功能性商品设计，拓展到以人为中心的体验设计，尤其是服务设计思维融合并协调多学科知识，从战略层面直面城乡矛盾，解决转型时期的社会问题，不仅设计看得见的美，还设计能感动内心的美，设计开始焕发活力，发挥广泛的社会作用，构建更加合理的世界。因此，在"以人为中心"的设计思维下与村民、游客共同对乡村形态、生活进行设计，对行为、关系、逻辑乃至系统进行创新。

2 发现乡村活力

设计活力，将乡村与城市各视为一个完整生命体，两者间彼此提供生命内在所需要的养分。这种相互依存的关系，是乡村活力体系的基础，发现隐含在日常生活中未被满足的矛盾与需要，既是问题也是设计的"活力因子"。改造农村的生产与生活，并不是改变原有的乡土生活，而是正视城乡差别，活化城市对乡村的各类需求，形成创新引力的基点，吸引村民创新创业。

服务设计思维恰好具备这样的能力，能够运用感性的手段，更真实地理解人们的内在需求，从系统的城乡观念中得到可持续的价值机会。主要指：

双向观察，城市与乡村各有其优缺点，分别对村民与市民两者进行观察。一是在情景中（contextual study）发现人、事、物间的行为关系，理解文化和潜在的知识背景；二是理解个体需求，识别参与者的动机，对那些未被满足、觉察的个体渴望实施创新，兼顾城乡利益，寻求共赢。

定义平衡，设计既要满足个体价值，也要兼顾社会健康发展的广义需求。在望得见山、看得见水、记得住乡愁的愿景里平衡个体与社会利益，寻求相互耦合的发展，划出设计的边界与底线。

感知风险，打破常规的乡村创新，容易偏离实际需求与问题，带来诸多创新风险，透过"以人为中心"的设计洞察，不只为优化体验，更在于减少乡村建设过程中的风险。理解人们行为举止的逻辑关系，以更接地气的方式进行创新，接近生产生活的实际；通过观察"原型"进行评估和修正，让错误在小范围内发生，迭代升级获得可推广的乡村创新模式。

阿者科正是在新农村建设进程中，逐渐失去活力的古村，由于交通不便和语言不通，多数村民生活仍处于

---

① 发表在《装饰》2015 年第 8 期。
② 哈尼梯田红米，是一种外观看上去是红色，米质稍显粗糙的水稻。
③ 2010 年，云南哈尼梯田系统荣登"全球重要农业文化遗产"（全球仅 31 个），阿者科村是当地 5 个国家自然保护村中保护较为完好的一个。

封闭状态，生活状况堪忧；而另一边随申报世界遗产成功，离开乡村到城镇打工的趋势越发突出，梯田将不再被耕作，千年来的梯田文化无法再续。另外，尽管保护村内的哈尼族民居"蘑菇房"已挂牌保护，但不断增多的人口和现代生活的需要，拆掉"蘑菇房"改建平房是村民眼前必须解决的现实矛盾，这些独具特色的地域性景观将自此消失，哈尼梯田很有可能从持续演进的景观转变为遗址型景观。

如何挖掘阿者科的自身活力，让城市能够反哺乡村成为可能，是乡村改造的难点。红米计划，基于以上的矛盾展开了一系列公益行动，通过需求洞察、乡创设计实验，强化阿者科吸引力，用行动来平衡城乡需求，用创意开发可持续发展的哈尼族古村，既要保护环境也要让老百姓获利。目前项目前期，正以"市场化＋公益"的方式，通过重新包装红米，搭配公益明信片的方式，借由网络众筹获得现金流，以改善这个地方的经济现状，这不是一次性的公益捐款，而是期望通过一系列设计战略的实施，恢复乡村自主造血的功能，发挥长效的乡村价值。目前通过众筹资金，已为世遗哈尼村落阿者科完成15件好事，包括制作世遗宣传手册、拍摄纪录片、为当地筹建书屋、计算机中心、举办多场全国沙龙、红米包装设计大赛、摄影大赛，等等。其愿景是，在关注乡村"人"的设计中，对民居、公共设施、工艺产品进行改造，进而设计附属于物的生产、生意和生活，形成完整的可持续生态系统，最终保护"梯田、水系、森林、村寨"四素同构的哈尼族世遗文化，实现经济、文化、生态的三方面的平衡与复苏（图1）。

抢救即将消失的世遗哈尼古村落

图1　公益出售的红米与明信片，用于抢救日益没落的梯田耕作文化，保留世界遗产

3　连接城乡活力

城乡之间，因为相互连接才有了活力的基础。相互连接的复杂网络是生态系统活力的保障，但由于农村文化弱势、信息不对等的问题，乡村在孤立中失去活力。而目前城乡联系的形式以"线性与单向"为主，极易阻塞和中断，需通过塑造节点变为网状的"连接"。在共生关系环节，促进入口节点的设计优化，提升可达性与接触体验，吸引更广泛的人群连接到乡村中，形成广域的价值网络（value system）。在这一网络中，城乡交互的体验设计将成为重点，那些乡村中不活跃的物什、活动通过连接重新激活、信息与物质流转的可靠性将得到提升、网络中的成员能够在智力上共同进化，并实现收益递增，为创新提供更多的可能性。

（1）城乡连接的关键是塑造"节点"，这是形成网状连接关系的基点。形成连接人与人、人与信息、人与土地、人与货物的关联。在红米计划中，分别搭建田园文化客厅、论坛、展览持续吸引城市精英多元智力资源的加入，形成人与人的连接；并在元阳县新街镇，联合供销社搭建物资集散地，形成物资的连接；在信息网络中，通过微信公众号、微博搭建资讯传播的节点，形成多元复合的信息连接；在电商平台，直销红米与周边创意产品，形成人与货物的连接；在阿者科村内建立实践示范基地，形成邻里关系的社区节点。

（2）消除数字鸿沟。另一个容易被忽视的城乡问题，是信息社会下的数字鸿沟，再一次地分离了城市与农村。网络社会（network society）①的概念下，对城市个体来说"世界从未如此自由，但它也从未如此彼此依赖和联系"。（Mulgan，1997）②，而"离网"的乡村却越发的孤独。这在阿者科的建设中尤其严峻，留守者多为老人、儿童和妇女，且不通汉语，缺乏数字技能，他们被信息社会绝缘，将错过网络社会的变革机遇，处于信息不对称的弱势群体中。红米计划用多维沟通的方式缓解这一趋势：①绘制看图既懂的世遗宣传绘本，向语言不通的哈尼族村民和来访者，传递田园保护的价值；②鼓励青年一代合理接入网络，通过网络展示与销售在地产品，成为网络"新农人"；③组织杭州-阿者科城乡亲子结对子活动和上海小朋友的艺术下乡活动深化城乡理解。目前这些还不足弥补信息鸿沟，未来还需同时懂得汉语与哈尼语的青年一代耐心传递新的价值观念。

---

①　网络社会强调信息传递的形式和结构，预示社会和媒体的深层网络结构。

②　Mulgan, Geoff (1997) Connexity, How to live in a connected world. Boston, MA: Harvard Business School.

（3）搭建共创平台。连接能够形成的网络可以实现收益的递增，建立一个融合创意、科技和产业的新平台，配套执行可持续的激励机制。通过跨行业、跨领域、跨文化的通力合作来实现创新。整合城乡资源，发掘市场机会，吸引人才和资本，从而推进城乡新经济模式、新生活方式和新生活环境的建设。将产品、服务、沟通、执行成功的连接在一起，得到技术可行、商业可靠的策略，打造城乡连接共创平台。红米计划通过网络、展览已吸引当地政府、村民、当地知识青年返乡者，建筑设计师、产品设计师、艺术匠人、文化创意人、教育工作者、社会公益人士等众多人士的加入。除去通过共同构建城乡持续发展外，丰富了输出创意的可能性，也能够通过平台实现加入者的共同进化。构建生产、生活、生意的互联乡村生态圈，恢复乡村原有生命力，实现城乡一体化的持续发展（图2）。

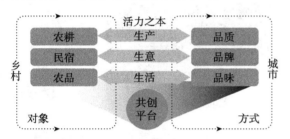

图2　红米计划在生产、生活、生意中连接城乡挖掘设计机会

4　展现乡村地域性活力

乡村建设不是简单的模式复制，缺少创新将导致"千村一面"，同质化将导致乡村魅力尽失，逐渐失去活力，用设计将地域性文化合理的展现出来是唤醒乡村灵魂的根本，包括物质与精神的再设计。"红米计划"努力复苏阿者科民族、民俗的风格以及遗留的文化痕迹，缓解城市化进程对世界文化遗产的破坏，从哈尼文化中结合城市的生活，赋予新的"意义"，驱动创新，推动乡村复苏经济。这不仅是解决简单的农民就业问题，还要让村民能够留在土地上，也能得不错的收益，与城里人一样幸福地生活。

罗兰·巴特曾说，人们所消费的是产品背后的"意义（meaning）"，如何从乡村文化中创造有价值的意义，正是设计的难点。简单地将城市人带入淳朴的村庄，将农村产品带入城市，并不能借乡村独特的"美"直接创造价值，要借由设计将民风民俗"转译"为可理解、可消费，接近生活的体验，通过隐喻、暗示、象征的手法，实现精神的物化，才能把这种独特性体现出来。根据国家统计局数据，2014年城乡收入比为2.93∶1，差距的根源是农村生产方式单一，从初级农产品中所取得到的价值较低。

由美及富的核心是多元发展农村副业，实现一二三产业融合，是活化乡村业态的主要方式。尽管阿者科地区的梯田旅游吸引了大批游客，但游客们拍照留影后就迅速离开，仅通过门票增加地方财政的方式，不能为农村的多元发展提供活力，解决当地矛盾。红米计划，将从地域性文化中抽离并物化整体的体验活动，将农耕、民宿、农品作为系统设计对象，分析全流程中所有接触点（touch point）的体验生成，设计适应现代生活、适应城市游客的农村体验项目，为农村提供了更多的副业可能，实现三产业融合。再从品质、品牌、品味三方面提高田园旅游体验的附加值，获取高品质农产品、农业品牌、乡土体验旅游、衍生乡村产品，最后以民宿的方式留住游客，产生更多元的消费需求，未来的阿者科，还将面向游客开展梯田采摘、梯田摸鱼、民族节庆活动、种植等的体验旅游活动，以丰富乡村吸引力。

阿者科的美，美在别致的梯田，美在独特的哈尼民风民俗。"蘑菇房"是其最具特色的哈尼民居，吸引着大量游客，但随着现代生活方式的改变，不少村民已改建平房，再不遏止，那些独有的乡村景观将至此消亡。将这种人畜同居、室内昏暗、缺少防火的民居通过合理的设计，可以在不推倒重建的基础上，重整墙面、再次布置空间、在茅草顶安置防火设施，既保留特色也适应现代生活（图3）。

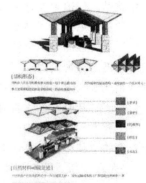

哈尼族民居"蘑菇房"　　阿者科新建平房

图3　阿者科蘑菇房的改良设计解决新房与旧房的矛盾①

① 云南艺术学院 乡村实践工作群 2014年12月对阿者科的考察设计

更重要的是如何重新定义房屋的使用价值，才是乡村活化的核心。从服务设计的整体体验角度出发，未来的阿者科将出现书院、铺子、咖啡厅，还有用这些老房子改造的民宿，让房屋的价值在城乡的连接中重新获得新含义，用当地人可以接受的方式将城市文化引入。不止于此，村民觉察到这些改良民居的新价值之后，也自会重新认识和保护自己的房屋，实现村庄自然的觉醒。此外，目前红米计划还通过"见习营"的方式，将来自阿者科的青年村民带到上海，带到莫干山，让他们去学习中西餐烹饪、制作咖啡、酒店管理等，让他们能够成为最先返乡的青年创客，进而带动变化，形成完整的城乡业态，而不是外来者的直接倾入和占领，且并不能富足当地村民，设计合理的激励制度，吸引当地人自己来运营，由自己来建造、创意与保护。因此，乡村的改建，不是推倒重来，更不是只关注为形式而设计的设计，更重要的是乡村内容与品质的体验设计。

从传统与再生的角度实施创新，是为了从传统中发觉跨越式可能，延续当下也获得新生。乡村重建涉及方方面面的设计，才能形成统一的品牌体验，同样针对阿者科设计的云南艺术学院，在2014年组织乡村实践工作群，对农村和地方生活的融入，实施乡村设计。在认识阿者科的水气、土地、植被的基础上，结合民族特色运用到阿者科的各方面设计中，具体对建筑、室内、公共设施、农产品品牌系统、农作品识别、互动游戏设计、民族节庆体验活动展开了深入的设计，以期在延续哈尼文化的同时，满足城乡需要，创建地域性品牌，凸显乡村特色，实现一村一品、一村一特色（图4）。

图4　从阿者科的地域性特色出发设计周边产品① 塑造一村一品

5　小结

"设计活力"的心脏，源自解决新问题的挑战，尝试新事物的机会、进入未知领域的兴奋，对创新的包容，才能为活力体系持续供血。提出"经济增长黄金规律"的埃尔姆·菲尔普斯认为，"仅当一种经济制度应许并鼓励人们追求美好生活时，它才是一种美好经济，美好的经济必须帮助人们想象和创造新事物"②。创新能够带来良性的经济运转，创新的过程能够给人精神的激励、提出待解决的问题、促进新观察的产生。因此，设计活力，在于积极地对生活需要进行洞察；设计活力，在于重新赋予事物新的意义和价值；设计活力，在于敢于直面问题实施挑战；设计活力，在于对颠覆性创新带来的"破坏性"的包容。

"大众创新、万众创业"所营造的创新生态环境，为全民设计创新提供了活力，促进了公众发现问题并解决问题的能力，极大地提高了生产力。红米计划的背后，是搭建公众创新的平台，在群众中获取源源不断的创意流。红米计划所在的阿者科是一个只有67户家庭的小村，我们将其视为实验的原型，在实践中不断地打磨创新的模式，寻找那些能够真正带动村民模仿、带动村民创新创造的方法。期望未来的研究视野，将超越这个古村，在群策群力的设计创新实践中，以红米计划为实验原型，不断地迭代优化出最佳的实践模式，追求黑格尔所说的"作用于世界"，作用于活力无限的"中国梦"。

参考文献

[1] Ulgan, Geoff, Connexity, How to live in a connected world [M]. Boston, MA: Harvard Business School Press, 1997.

---

①　云南艺术学院 乡村实践工作群的阿者科设计实践。
②　埃德蒙·费尔普斯（EdmundS.Phelps）。余江（译）。大繁荣。北京：中信出版社，2013：13.

［2］Edmund Phelps, Mass Flourishing: How Grassroots Innovation Created Jobs［M］, Challenge, and Change, Princeton University Press; Reprint 2015.1.

［3］宝莱恩（Andy Polaine）、乐维亚（Lavrans Lovlie）王国胜译 服务设计与创新实践［M］.北京：清华大学出版社，2015.

［4］蒂莫西·比特雷（Timothy Beraley）.王骏，译.消失的故土：全球化时代可持续发展的住宅与社区［M］.上海：同济大学出版社，2012.

［5］许平，陈冬亮.设计的大地［M］北京：北京大学出版社，2014.

设计的疆域拓展与范式转型 ①

娄永琪

（同济大学设计创意学院　上海　200092）

关键词：设计进化　设计思维　设计驱动型创新　复杂社会系统设计　DesignX

1　技术革命与设计进化

但凡具有转折意义时代的开启，往往都和一个标志性的事件联系在一起。"阿尔法狗"战胜韩国围棋选手李世石九段，也被很多人认为是人工智能时代到来的标志。事实上，人和机器下棋的故事开始很久了，早在被称为"人工智能元年"的达特茅斯会议的六年之前，也就是1950年，香农（Claude Elwood Shannon）就已经发表了相关文章。之后成为社会事件里程碑的是1997年IBM深蓝战胜了国际象棋冠军卡斯帕罗夫（Garry Kasparov）。从历史上看，靠算法运行的棋类运动，人是一定下不过机器的。因此，如果说这场人机大战的确开启了一个时代的话，那也不应该是属于某个人的时代，而是大众开始普遍讨论未来人机关系的时代。

计算机产生不过70年，网络产生甚至只有30多年，但两者的影响却前所未有。今天，这个世界已经深深烙上了它们的印记。这个以比特（bits）为基础的计算机和网络世界的发展，已经远远不是一个技术和基础设施问题。数字化、信息化、网络化，是时代变革趋势的一部分，它们不仅重新定义了我们的社会关系，以及我们的经济、生活和生产方式，也重新定义了我们的设计文化。不管是从学科角度看，还是从实践角度看都是如此。新时代、新挑战、新问题，需要新的设计，包括设计的新角色、新使命、新对象、新方法和新工具。

全球化语境下的气候变化、人口爆炸、经济危机、资源短缺等问题使得这个快速变化的时代面临前所未有的危机。数字化的生存方式、日趋扁平化的社会经济结构、各式各样的2.0，在解构了人们日常生活的很多组织和架构原则的同时，也使这个社会充满了各种可能性。

哪里有问题，哪里就有设计的需求。技术革新、社会组织方式、经济运行方式以及人们的生产和生活方式的变革催生了设计教学、设计研究和设计实践的变革。现代设计教育虽已发展了数十年，但业界风云变幻，大学的设计教育尽管日趋完备，却仍远远落后于这个快速变化的时代。设计教育必须正视那些针对当代设计教育在行为科学、技术、商业、科学方法，以及以实验方式探索处理复杂社会政治问题等方面毫无建树的批评。如何通过创新研究，寻求新的思想、理念、知识和方法，成为了大学和业界的新课题。

2　变与不变

纵观世界高等教育历史，几乎任何一个伟大的大学或者学派，都走在了时代变革的前沿，前瞻了技术、经济和社会的发展。哥廷根大学、海德堡大学、芝加哥大学、斯坦福大学、麻省理工学院等，都曾经担负了这个角色。设计教育也是如此，包豪斯之所以伟大，原因之一就在于包豪斯的设计教育走在了当时实践之前，而与产业革命的脉搏同步。可以想象，如果格罗皮乌斯（Walter Gropius）等人在今天重新创办一个设计学院，一定不会是当时包豪斯这个样子。

我们在讨论什么是设计的时候，必须要在一个时空"箱体"内进行，也就是要考虑在什么时间、什么情境下讨论（图1）。20世纪40年代，有几位非常杰出的教授奠定了同济建筑和设计教育的根基。其中，黄作燊教授——格罗皮乌斯唯一的中国学生——更是系统地把包豪斯学派的思想带到了上海。当时学校里挂着一幅条幅："新建筑是永远进步的建筑，它跟着客观条件而演变，表现着历史的进展，是不容许停留在历史阶段中的建筑。"这一近70年前的设计理念，生动演绎了"变"这个不变的真理，而这正是包豪斯精神真正的精髓，时至如今仍熠熠生辉。

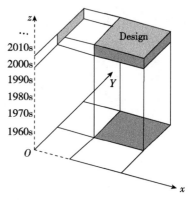

图1　"设计"定义的时空箱体

对"设计"的每一次定义，都只可能在某一时空箱体内有效（见娄永琪等．环境设计［M］．北京：高等教育出版社，2008：13）

设计角色、使命、内涵、方法的变化不是一个线性的过程，而是一个起起伏伏的过程。设计发展的过程也是如此。有些思潮可能不再时髦，但并不意味着永远退

①　发表在《时代建筑》2017年第1期。

出了历史舞台。新技术或者其他外部条件的变化，很可能让这些思潮再次获得新生。比如现在大数据、云计算、社会计算、人工智能等技术的发展，就让系统工程的讨论有了全新的方向。

同时，一些前瞻性的思考，需要一定时间才能被大众认识。例如帕帕奈克（Victor Papanek）思想的价值，就是在他去世后才越来越得到公认的。又如，目前"物质设计"（physical design）在理论层面饱受批判，但其在实践层面的很多领域依然占据了主流地位（这也几乎是所有"实学"共有的特点）（图2）。不管技术、社会和经济怎样变化，揭开现象的表层，深处还总是有些不变的规律性的东西在里面，这也是为什么人文，尤其是哲学对设计如此重要的原因。

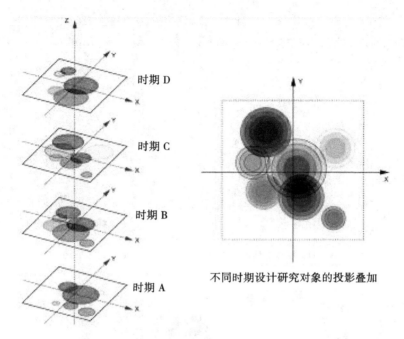

图2 对象维度的考察是水平投影的研究

可以清晰地揭示出究竟哪些领域是现代设计主要的研究对象。不同色彩代表不同的研究对象，圆的大小代表对象在某一时期的重要程度（见娄永琪等.环境设计［M］.北京：高等教育出版社，2008）

我们暂且不谈设计，先谈谈一个看似不相干的职业：神射手。什么是神射手？石器时代是扔石头最准的，冷兵器时代是射箭最准的，火器时代是打枪打得最准的，那么现代"战争"中什么样的人是"神射手"？——编程编得最好的。发射的时候，他不扣扳机，而是输入密码启动程序开始打击。"神射手"的技能表现，特别是具体的技术、方式、工具随着时代发展而产生了颠覆性的变化，但"精准地命中目标"的使命没有改变。同样的逻辑也可以用在当下盛行的对"工匠精神"的讨论中。从具体的技术看，手工业时代的好木匠看的是手工，工业时代的"好木匠"看的是操作机器的能力，而信息网络时代的"好木匠"，看的可能是"编程"的能力。"编程"正在成为未来最重要的"新手艺"。这也是为什么从2014年开始，同济大学设计创意学院新的本科培养计划规定所有一年级本科新生从进入大学第一学期开始必须修学"开源硬件与编程设计"的原因（图3）。手艺背后极致的创造力和想象力，以及精益求精的意识，正是"工匠精神"亘古不变的灵魂。

套用一句俗语——"唯一'不变'的是'变'本身"。在这里，回顾一下中文的"设计"一词很有必要。设计由"设"和"计"两个字组成，其含义是耐人寻味的。"设"，施陈也，从言役。"计"，计策、计算，会算也。设计就是"设定一个计策"，即人为设定，预估达成，并进行目标指导的过程。这里提到了设计中两个最重要的问题：第一个和人有关，"从言役"，靠的是说和做，不光是自己行动，还要让别人动；第二与计算相关，从古代的"运筹"到现在对计算机的运用，使用的工具虽不断进化，但计算的本质没有变化。计算机不仅提供了更多辅助设计、管理和施工的工具，而且越来越智能，开始承担起越来越多原先只有通过人才能进行的工作。如参数化设计不仅被广泛地应用在造型上，也为设计师更好地应对和解决模糊性和复杂性问题提供了支撑。大数据和计算的结合，更是通过"相关性"的呈现，揭示了很多之前无法挖掘的规律。尽管设计经历了巨大的变革，但与人和计算相关这两点本质特性依然没有改变。当然，这里并不是说中文的"设计"两字已经预见了当下设计发展的众多趋势，而是与英文"design"一词相较，中文"设计"一词提供了一个不同视角的理解性框架。这也是为什么我把同济大学和爱思唯尔（Elsevier）出版集团合作出版的"设计、经济与创新学报"的刊名定为"*She Ji*"的原因（图4）。

图 3 同济大学开源设计课程授课场景（Copyright © 同济大学设计创意学院 CDI）

图 4 设计、经济与创新学报（Copyright © 同济大学设计创意学院出版平台）

3 从创造风格到驱动创新

数十年来，设计从 20 世纪 50 年代的"创造风格"，发展到 60 年代的"团队协作"，70 年代的"人的理解"，80 年代的"协调管理"，90 年代的"创造体验"，一直到 21 世纪的"驱动创新"，期间发生了巨大变化，呈现出了如下趋势：

◆ 从造物到战略
◆ 从物质设计到非物质设计（服务、体验、关系等）
◆ 从专业到跨学科
◆ 从设计到设计思维
◆ 从创意到创新

设计学科在这一变化过程中开始考虑一些更大的问题，其重要性也因此得到了提升。设计思维（design thinking）和科技思维的结合，通过可行商业战略将其结果转化成消费者价值和市场机会，将设计和最大多数人的未来联系在一起，从而使得设计进入到前所未有的广阔领域。这种新的设计对知识的深度、广度和综合性提出了更高的要求。这些扩大了的角色不仅使得设计成为一种独特的思维方式，同时也使设计成为驱动创新的引擎。

2015 年 10 月，国际工业设计协会（ICSID）发布了设计的新定义，强调"设计旨在驱动创新、促发商业成功，以及提供更好质量的生活，是一种将策略性解决问题的过程应用于产品、系统、服务及体验的创造活动"。其实，比定义的内容更为重要的是，我们究竟是在怎样的时空背景中讨论设计。

设计和技术，都是创造突破式创新的重要推动力。诺曼（Don Norman）和维甘提（Roberto Verganti）提到了两种创新模式：渐进式创新和突破式创新。他们用登山游戏做比喻："以人为本"的设计，可以帮你不断爬山；但是你要从一个山头跳到另外一个山头，这就需要突破式创新。它来源于两种变革：技术变革和意义改变。设计诱发意义变革，和技术变革一样，都是催生新产业的重要源头。借用罗兰·巴特的话，人们很多时候消费的其实是产品背后的意义。在"背后的意义"之中，蕴含着巨大的经济。这个经济是社会导向、服务导向、精神和文化导向、体验导向的，它是可以被设计出来的。通过意义改变，设计不仅可以驱动创新，还可以推动社会生活方式变革和新经济转型。

德鲁克（Peter F.Drucker）在他的《创新和企业家精神》中指出，美国在 20 世纪 60 年代到 80 年代中后期，新增了 4000 个就业岗位。这些就业岗位是从哪里产生的呢？大家都会认为也许是 20 世纪 60 年代的 IT 高潮带来的，但事实上，IT 所产生的岗位都抵不过烟囱工业中消亡的岗位。大量新增的就业岗位都产生于中科技、低科技，甚至零科技领域。例如成为美国文化象征的星巴克咖啡、沃尔玛、肯德基等，没有太高级的科技，但都紧紧抓住客户的需求，通过创造良好的体验，重新定义了原有市场。这些公司奇迹般地创造了众多的就业岗位和全新的经济，也成为美国文化的重要部分，改变着这个世界。

2007 年，美国发生次贷危机，波及广泛，实体产业遭受重创。之后，人们开始重新审视设计的价值与既有的生产模式。同年，苹果公司的第一代 iPhone 问世，智能手机和移动终端改变了我们的日常生活。它所构建的系统产生出了新的商业模式、思维方式以及社会关系。iPhone、App Store、特许生产商等，一起构成了一个巨大的创新生态系统，这个生态系统正在重新定义我们的生活，甚至侵入到了我们生活的每个角落。而设计已经成为这个生态系统的核心竞争力，这个系统本身及其元素和关系，都是设计的产物；而这个系统和利益相关者之间的关系也日益成为设计的对象。

当今世界经济格局重新洗牌的力度也正在加剧，在世界 500 强企业中，从事制造业的企业比例不断降低，服务业比重日渐上升。设计成为新经济，特别是创新创业的利器。据 2015 年《快公司》（Fast Company）的报道，目前在硅谷，大约有 1/4 初创企业的合伙人拥有设计背景，融资最多的 25 家公司中，约有 40% 的创始人或者联合创始人有设计背景。在制造行业，分布式、个性化的制造系统给传统制造业带来颠覆性的变革——产品生产的单位时间消耗大大压缩，其产能却和过去无异，无须仓储、物流的环节，线上设计师直接与用户对接的 D2U（Designer to User）商业模式，省去了大量中间环节及中间成本……

在这个全球知识网络经济时代，设计一方面正在成为社会和产业发展战略层面的贡献者，另一方面也正在逐步走出被动的服务提供者的角色，成为推进社会创新和引领新一轮产业革命的动力。设计从简单的对设计服务的提供，到对具有更大商业潜在价值的"一体化策略"的提供，再到成为未来创新产业的"知识资本"的投入，设计与资本之间的雇佣关系开始部分地向合作关系转型。设计正在以一种全新的、更为主动的姿态，介入到了经济和社会改变中。例如我在 2007 年发起的"设计丰收"（Design Harvests）项目，就是一个没有业主，直接从设计思维出发，重新审视城乡问题创新解决策略，并通过创新创业将想法付诸实施的社会创新项目（图 5）。

图 5 "设计丰收"项目在"首届中国设计大展"展出（Copyright © 设计丰收）

4 DesignX：复杂社会技术系统设计

随着设计从"创造风格"到"驱动创新"的范式转换，设计的对象已经拓展到关系的设计、交互的设计、服务的设计、系统的设计、组织的设计、机制的设计等。这样，设计从仅作为产业链和创新链的一个环节，拓展到了对系统和全流程做贡献，同时也实现了向价值链高端的攀升。设计已经成为创建"可持续的""以人为中心的"和"创意型"社会的重要手段。

"所谓设计就是一系列把现有情境往更好的方向引导的行为。"西蒙（Herbert Simon）的这个定义中最迷人的地方是乐观。人类应对时代挑战、探索更好的未来的过程，就是一个大设计的过程。人类今天面临的主要问题都不是一个单一学科的问题，而是涉及复杂的社会技术系统和诸多的利益相关者。如果设计需要从关注"造物"转而面向这些"大问题"和"大系统"，必须要超越以直觉和感悟为特征的设计传统，转而发掘一种全新的设计文化。

作为诸多探索的尝试之一，2014年我和诺曼、弗里德曼（Ken Friedman）等几位学者一起发布了一个名为"DesignX"的宣言，描述了未来设计的几个特征（图6）：

◆ 基于佐证的设计
◆ 跨学科的，以更好地面向真实问题的挑战
◆ 用算法等工具更好地应对复杂性、模糊性、矛盾性和不确定性
◆ 连接自然、人类和人造物世界的基于关系的、系统的思考
◆ 从个体到协同，设计主体的日趋多元化
◆ 主动设计、作为资本投入的设计

图6　2014年同济设计周期间DesignX宣言发布，进而在2015年DesignX工作坊讨论，结果发表在2015年第2期She *Ji*学报上

DesignX是针对复杂社会技术系统的设计。我们认为，设计需要逐步摆脱基于直觉的文化传统，重新提倡一种基于"佐证"的设计文化。这不完全是科学研究范式基础上的理解，也包括了探索式的方法，通过推演尝试，制作原型，快速评估、测试、改善的迭代式方法。计算机技术将大大提升设计应对复杂性、系统性、模糊性、不确定性的能力。新的设计将与互联网、云计算、大数据分析、人工智能等计算机技术的发展更加紧密相连。技术进步提供了新的工具，很多设计活动将逐步由机器取代，而决策、干涉和系统引导的过程却还有赖于人的决策。一方面，人成为复杂系统的一个重要环节；另一方面，人和具有"智能"的机器协同设计的时代已经到来。

与此同时，面对越来越复杂的系统问题，不仅需要设计师作为其所在领域的问题解决者，同时也需要他们能够和更广泛的学科和功能领域内的专家进行对话和互动。随着设计角色的变革，设计师和执行者的界限也需要进一步模糊。设计师不能仅仅止步于提供解决策略，而是要成为解决策略的一部分。同时，设计的行动主体，也正从职业的设计师拓展到各色人等，通过社会创新，人人设计的时代已经到来。

5 结语

设计的诸多变革，并不是"新兴设计"取代"传统设计"的过程，事实上现在的新兴设计，也正在逐步成为未来的经典设计。通过向不同学科、工作领域渗透，设计开始呈现出诸多新的特征，这在客观上扩展了设计的疆域。"放大了的设计"背后是新的生态系统，这让经典设计有了更为宽广的应用领域和更为自由的应用空间。除了在专业或者学科意义层面上的理解，设计同时已经发展成为一种观察世界、发现问题、解决问题、创造体验、新增价值的思维方式和行事方式。设计正越来

越接近其本来意义：人类一切有意识创造活动的先导和准备。

需要指出的是：超越学科层面理解的设计，其潜力还远没有发掘出来。"设计思维是一个迭代过程，问题和可能的解决方案是被同时探索、制定和评估的：'设计过程不仅包括解决问题，也包括发现问题'，从而使'问题设定和解决方案制定共同展开'。"未来社会可能越来越成为一个重要的"线下平台"，同线上的信息、知识、资本、资源、社群等紧密相连。而设计思维正是通过倡想未来，从而得以在这个线上线下系统自由遨游的全新心智模式。佛格尔（Craig Vogel）提到：今天毕业的学生不再仅凭一纸证书踏入某种终生职业，学生需要的行业执照每五到十年就需要更新一次；活跃的设计师必须敏锐地捕捉专业发展的新趋势，用改变来重构已有的知识能力。设计教育是否已经为这种改变准备好了应对策略？不过，在设计重构和设计疆域的拓展成为普遍共识的未来，也许设计又一轮的自我认知行动又将再一次被提上议事日程。

（本文获得国家社科基金艺术学项目"创新设计视角下的中外设计竞争力评价体系研究"支持，批准号16BG113）

参考文献

［1］Shannon, C. E. XXII. Programming a computer for playing chess［J］.The London, Edinburgh, and Dublin Philosophical Magazine and Journal of Science, 1950, 41(314): 256–275.

［2］https://en.wikipedia.org/wiki/ENIAC

［3］https://en.wikipedia.org/wiki/Internet

［4］娄永琪. 创新之道 创意、创新和城市［J］.时代建筑，2010(6)：16–19.

［5］Norman, D. A. Why Design Education Must Change［EB/OL］.［2012-02-20］. http://www.core77.come/blog/columns/why_design_education_must_change_17993.asp.

［6］罗小未，李德华. 原圣约翰大学的建筑工程系，1942-1952［J］.时代建筑，2004（6）：24–26.

［7］娄永琪等. 环境设计［M］.北京：高等教育出版社，2008.

［8］维克多·帕帕奈克. 为真实的世界的设计［M］.北京：中信出版社，2013.

［9］许慎，臧克和，等. 说文解字新订［M］.北京：中华书局，2002.

［10］Friedman, K., Lou, Y., Ma, J. Shè Jì: The Journal of Design, Economics, and Innovation, editorial［J］. She Ji: The Journal of Design, Economics, and Innovation. 2015（1）：1 - 4.

［11］娄永琪等. 环境设计［M］.北京：高等教育出版社，2008.

［12］娄永琪. 创新之道创意、创新和城市［J］.时代建筑，2010（6）：16–19.

［13］http://www.icsid.org/about/definition/

［14］Norman, D. A., Verganti R. Incremental and Radical Innovation: Design Research vs. Technology and Meaning Change［J］. Design Issues, 2014, 30（1）:78–96.

［15］Drucker P F. Innovation and entrepreneurship: practice and principles［M］. Routledge, 2015.

［16］王小茉. 主动办学，永续发展——访同济大学设计创意学院院长娄永琪［J］. 装饰，2015（10）：55–59.

［17］http://www.fastcodesign.com/3043740/4-reasons-why-design-is-taking-over-silicon-valley

［18］娄永琪. 从"追踪"到"引领"的中国创新设计范式转型［J］.装饰，2016（1）：72–74.

［19］Lou, Y, Valsecchi, F., Diaz, C. Design Harvests: An Acupunctural Design Approach Towards Sustainability［M］. Gothenburg: Mistra Urban Futures, 2013.

［20］"Kyoto Design Declaration 2008"［R］, Cumulus 2008 Kyoto Conference.

［21］Simon, H. A. Everyone designs who devise courses of action aimed at changing existing situations into preferred ones.［A］In: his The Sciences of the Artificial.［C］. Cambridge, MA: MIT Press, 1969: 130.

［22］http://www.jnd.org/dn.mss/designx_a_future_pa.html

［23］Norman D. A. Stappers P J. DesignX: Complex Sociotechnical Systems［J］. She Ji: The Journal of Design, Economics, and Innovation, 2016, 1（2）：83–106.

［24］Manzini E., Coad R. Design, when everybody designs: An introduction to design for social innovation［M］. Cambridge MA: MIT Press, 2015.

［25］路甬祥. 设计的进化与面向未来的中国创新设计［J］.全球化. 2014（6）：5–13.

［26］麦克斯迪恩. 协同设计：一个共同探究和构思的过程［A］.载布鲁斯·布朗等（主编）.孙志祥等（译）.设计问题［C］.北京：清华大学出版社，2015：5

［27］Vogel C. On Service Design: Understanding How to Navigate Between Systems and Touch Points［M］. In: Ma, J., Lou, Y.（eds.）. Emerging Practices. Professions, Values, and Approaches in Design. Beijing: China Architecture and Building Press, 2014: 354.

设计的创新

金 雁

（南加州大学航空航天和机械工程 USC 冲击实验室　美国洛杉矶 CA 90089-0911）

关键词： 设计思维 创新 创意 发散思维 设计方法

1 引言

从产品角度谈设计概念，有产品设计和工业设计，本人的研究领域是工程设计，汽车、飞机、火箭以及所有与航天航空有关的机械工程，这些都属于工程设计领域。

从其他角度看设计概念，设计是一个过程，设计师需要有灵感，有创意，有综合能力（综合能力是指发散和创造的能力），设计师必须具备设计思维，不仅会组合，还要会推理分析。同时，必须将理科和艺术两个方面结合在一起，这样才能成为一个真正的设计师。

2 设计的复杂性、综合性和创新性

工程设计的概念与其他设计有相同之处，也有不同之处。例如，一艘大船必须停靠在港口，但港口不能轻易进去，而且船锚在很远的地方，因此需要一个引水员在风浪之中到船上并进入驾驶室驱动这艘船驶入港口内。这个过程非常艰难。一百年前的人们需要划着小船到大船上进行操作，而一百年后仍然如此。这件事情其实是本人的硕士论文题目，当时没有解决这个问题，到现在将近 30 年还没有解决，每年有很多引水员因为这个工作而丧生。这项工作每个星期只做一次，但由于其风险性，它的工资依然非常高。本人在上课时让学生一起来分析这个问题是否可以解决，大概 15 分钟内大家就有了想法，每个人的想法完全不同，如果有 10 个小组，就会有 10 个不同的想法。但这个问题至今没有解决，为什么设计师设计不出一个让引水员这个职业变得安全的解决方案，这需要我们的思考。

设计是一门综合学科。从设计学研究的角度看，我们必须研究人的思维和认知，因此设计就是思维和认知的过程，而这个过程会产生想法。此外，我们强调设计必须是基于社会和文化背景的，我们把人文和艺术笼统的放在社会和文化里。稳定的社会中，设计与先进的科学技术必然有关系。但即使没有先进的科学驱导，设计和技术仍会产生一定的交集，交集部分会有很多内容，如社会和文化，而社会和文化与人的思维交集起来就是一种新的设计理念。同样的，把先进的科学方法与先进的技术连接起来，也可能会形成一套新的设计方法。

设计其实同社会文化以及科学技术一样，是引领生活方式的一种渠道，作为一名设计师，对此负有重大责任。设计是引领生活方式的，乔布斯就是引领生活方式的人，而设计师也是引领未来生活方式的人。什么是创新，什么是新的事物，新的事物一定是源于社会和文化的。很多人认为西方文化是新的，一直在追求西方文化，但在西方，西方文化是旧的。其实，我们的社会中自身就有新的文化，从我们的文化中衍生出的，都是新文化。

从这个意向看，创新和设计不能完全分离，设计学和设计学研究必须有体系，我们建立了一套体系，即设计是一个过程，是一个发散思维的过程。有人认为设计是洗澡时产生的灵感，其实并非如此，设计除了需要一个获得灵感的过程，还需要认知理论。我们从心理学和认知学角度思考，设计有一整套的关于人思维的方法，思维是可以研究和改进的。例如，有些人有很强的分析能力，但没有发散思维的能力，他可以解决问题，但很难想出一个有意思的创意，这种现象被称作直观思维。尤其是理工科学生，四年的训练使理工科学生的思维变得数学式，某种现象必然先有前因才能有后果，如何发散一个前因就需要设计师去思考。另外还有一个决策问题，工程设计领域中，有人认为设计不是一个创造过程，而是从好多可能的选择范围内选择一个最好的方案，做工程的过程需要很多计算和选择，最后从中选择最好的。而设计概念是知识论，从知识的角度谈每个人积累的专业知识、社会知识和文化知识等。例如，做工程的人需要很多科学和工程知识，数学物理化学等知识，所有知识掌握后才能叫作一个工程师。但分开看，从偏向科学的角度去认识设计，设计是一个推理的过程；但从另一个不完全科学的角度去认识设计，设计是一种美学，设计是个人感受的体现，设计是从认知感受中发散出来的，这时的设计可能就是一个功能。所以设计是一个全方位的东西，要把设计做好并不容易，但从某种角度上讲，设计的门槛相当低，虽然做好设计并不容易但是进入这个门槛却很容易。

3 设计理论与实践

设计过程论认为设计是一个过程：按照进程一步步设计就可以完成设计，哪怕完成的设计不是最好的，但绝对是满足要求的。这是工程设计论里著名的 Assistance Management Design 方法，这个方法里面包含很多课题，如管理设计论等。设计知识论则认为设计是以知识的集合而形成的，它需要有一定的知识，知识就是关键词，例如，The general design theory—— 一般设计论，这个理论就要求设计师一定要掌握设计知识，除此之外还有很多的相关理论，如 PDS 理论等。我们将设计理解为一个过程：以一种形式、行为、期待、结构满足使用功能的行为设计。知识设计论中最重要的观点是：设计的关键是知识。另一个观点则认为设计的关键是选择和决策，但选出一个真正好的、应该需要的想法是一个非常复杂的过程。300 多年前已经有相关的决策理论，而且目前仍有人对这个理论做多方面的研究。设计学中，如果按照这个理论做设计，从一定意义上来说算作半自动化，即把很多设计想法放入这个理论中，经过半自动化的过程把设计决策算出来，这个方法被称为设计计算。设计条件也是设计学研究的一个非常广阔的领域，最近很多人开始研究。很多人质疑如何对人的思维进行研究，其实在心理学中有各种关于思维的研究方式，例如做实验，一整套的认知学、心理学的实验方法都可以被用在实验中，实验分析思维过程如何产生一个想法然后将想法具体设计出来，在这个点上，设计者的认知行为十分重要。本人的一个实验模型已经构建了将近 20 年并一直延续到现在，另一个项目则是关于 NSF（美国自然科学）拟定的一个提案，这个提案通过严密分析来得出人的分析思维和直观思维在设计中是如何演化的。做设计研究或做和设计密切相关的研究是一个很大的领域，很多人都在从事这个领域内工作。

Creativity，谈 creative design 而不是 innovative design，因为 creative design 是创意设计，innovation design 是与创新的关系，而且 innovation 本身并不需要设计创意，如果有新市场，就可以有好的创新．爱因斯坦说："Creativity is intelligence having fun"。

一次测试中，要求学生用 30 秒思考一个二维图形并想出它的三维图形。测试学生只有不到 10% 的人想出了答案。其实这种做法是挑战人的发散思维能力，当人受到这种刺激后，会产生多少种想象，如果只有一种，那么这一种想象可能是错误的，如果有 20 种，那可能其中一种是对的。因此参与者必须要思考，发散思考是关键。另一个例子是用最少的直线进行连接，在原先不知道答案的人里面只有不到 5% 的人得出了答案。这个直线一定要超出这个九点以外的范围去连接，可以用四根线而不是五根线，开始那个线是一根非常重要的发散思维点，为什么很多人没有想出来，其实问题就在于直观思维，人们往往一看到某个事物立刻想到另一个事物，并且不会再出现其他事物。还有就在于思维的定式化，当人的思维被绑住，很多潜在内容都不存在了。还有一个例子，从家出发上班的路程是 20 英里，油耗量很多，如果想要降低油耗怎么办。有人说买一个油电混合车，有人说买一个小车（小车省油，大车耗油），还有一个办法是搬家，搬家太贵的话就调个工作，调到一个离家比较近的工作也可以，最终发现原先的创意是最有价值的。但这个过程很重要，否则人的思想就被禁锢了。

4　结语

创意只有在最初产生的地方进行才会产生最大的影响力，做产品设计，需要设计师浸透到社会生活中，设计师必须要有文化素养，文化素养使设计师思考如何帮助他人，这是最关键的。还有就是创意节点，例如创意一个新的功能就是一个好节点。最低的创意是有好多解决方法，比如创意一个漂亮的外观，这个创意虽然等级较低，但也可能会实现一些功能，满足人们的审美。创新和创意是两个不同的概念，创新和设计也有不同之处，这里将它们整合起来。创新有三种驱动，最原始的是惊喜驱动，第二是用户驱动，最后是创意驱动。设计的影响力是最有效的创新，从商业的角度理解为产品创新，最大的创新是过程或组织的创新。我们最有兴趣的是设计驱动型创新，可以简单将其理解为定义 + 再定义。这里的定义指的是创意，创造出某个想法，所以一定是创意设计。即用新的内涵定义新的内容。另一个表现是技术，指的是在增加的范围之内减少内容，然后增加策略的过程。

其实设计中的创新指的是我们定义新的概念和新的风格。例如乔布斯的 iPhone 是包含电脑（功能）的手机，这就是一种新的概念，把电话这个概念扩展出去，人在外出时不只要带电话，还要带电脑，现在人们随时随地会需要这个电脑。再如目前有一门课程叫作创新设计理论和方法，这门课基本分为五个模块，是通过多年琢磨研究出的一套如何在线上授课的方法。这是在教育支持下正在展开的一个项目，也是一项研究。最初的研究目的是如何从一次只能教 50 个人变成同时教 5000 个人。网络环境实现了和 5000 人进行交流的机会，因为教设计不是教数学、物理，设计是需要亲自进行教学，目前亲自教学通过 O2O 平台得以实现，其中包含十几门课，创新设计理论和方法这门课就是其中之一。有的学校安排我们做校际练习，这一概念实质就是课外学习，即不需要上课，而是随时随地都可以进行练习，上课是在课堂做现场讨论，而课外学习是做设计，并且现场有导师指导。这个概念其实就是一种设计创新，是一种培养创业人才的最佳平台。

（注：本文根据作者录音整理而成）

论互补设计方法 [①]

何晓佑

（南京艺术学院　南京　210013）

关键词： 互补理解　互补视角　互补方法　设计方法论

　　我们在具体的设计和研究工作中，特别是在创意阶段感觉到需要较为深刻的认识力和丰富的想象力，而同一方向的研究视角不易使我们的思想推向深入，这是一个方面。另一个方面，很多事物看上去总是显得那么矛盾，设计要帮助人类战胜自然又要要求人类顺应自然；设计要建设物的文化又要发展人的文化。设计要使商业利益最大化又不能损害消费者的利益；网络视频无处不在，但人们的私密空间越来越没有保障；汽车是现代生活必不可少的交通工具，但汽车又正在吞噬着人们的健康；废弃物是淘汰的东西，但其中却隐藏着丰富的价值；传统文化显得那么过时，但传统的文化很可能就是未来的一部分……看似内容与形式恰恰是相反的甚至是互斥的思想和体系，在具体的设计研究时，一方面要向两端思考，帮助认识的深化，另一方面，最终却往往又看到它们之间总是存在着相互补充的关系。

　　最早明确提出互补概念的是丹麦物理学家尼尔斯·亨利克·戴维·玻尔（Niels Henrik David Bohr，1885 年 10 月 7 日—1962 年 11 月 18 日）在 1928 年提出的互补原理（Complementary principle)。玻尔通过引入量子化条件，提出了氢原子模型来解释氢原子光谱，在研究中玻尔认识到他的理论并不是一个完整的理论体系，还只是经典理论和量子理论的混合，为此，他提出了著名的"互补原理"和哥本哈根诠释来解释量子力学。互补原理指出经典理论是量子理论的极限近似，而且按照互补原理指出的方向，可以由旧理论推导出新理论。互补的目的是使相互排斥或对立的概念互相融洽，它的手段是要求各种逻辑方法、诸多思维方法融合、并协，从而形成多种方法的集合，以至有效尽快地达到科学创造的目的。在互补原理的指导下，玻尔的学生海森堡建立了矩阵力学，科学家狄拉克和薛定谔发展了波动力学和量子力学。玻尔不仅用互补原理进行自己的科学研究，而且认为互补原理可以作为一个更加宽广的思维框架，是一个普遍适用的哲学原理。

　　玻尔不仅重视对立概念或事实的互补，而且重视各种科学创造方法的互补。互补原理成为玻尔哲学思想的精髓，成为玻尔的科学创造方法，乃至于影响了整个哥本哈根学派的群体意识都富有浓厚的互补性特色。

　　其实，互补思想在我国古代早已有之。中国古代人民观察到自然界中各种对立又相连的大自然现象，如天地、日月、昼夜、寒暑、男女、上下等，以哲学的思想方式，归纳出"阴阳"的概念。认识到事物普遍存在的相互对立又相依的两种属性，阴气阳气相反相成、互为作用是事物发生、发展、变化的规律和根源。阴阳学说的基本内容包括阴阳一体，阴阳对立、阴阳互根、阴阳消长和阴阳转化五个方面，认为阴阳二气在运动中具有相互感应、相互作用、相互影响的价值；世间一切事物或现象都存在着相互对立相互依存的阴阳两个方面，可以说，阳依存于阴，阴依存于阳，每一方都以其相对的另一方的存在为自己存在的条件，这就是阴阳互根。阴阳之间的这种对立制约、互根互用也并不是一成不变的，而是始终处于一种消长变化过程中的。阴阳在这种消长变化中达到动态的平衡，可以说，阴阳消长是一个量变的过程，而阴阳转化则是质变的过程。阴阳消长是阴阳转化的前提，而阴阳转化则是阴阳消长发展的结果。中国古代的阴阳理论渗透到中国传统文化的方方面面。

　　这也是一种互补的逻辑。所谓互补，就是相互补充，互以两者共存为前提。在方法论上，是指将两类或两种相互排斥或对立的概念或事实在一定的理论框架内有机地统一起来，从而建构起互斥和包容的事实或概念在内的更为完整、更为正确的解决问题的方法。

　　在我国专门著书论述"互补方法论"的是著名学者刘大椿教授所著的《科学活动论·互补方法论》，他从科学方法论的角度提出了在多重视角下的"互补的理解"。刘教授说："在进行这种方法论的比较过程中，我发现有一个重要的有关方法论的宏观规律，即从不同的视角出发，难以避免地会提出内容或形式恰好相反（互斥）的方法论思想体系。但是，不管你愿意不愿意，不管这些互斥的方法论是否彼此斗得你死我活，到头来你都会看到它们之间存在着一种互补的关系。我称其为'互补方法论'"。

　　"互补方法论"有两种句读法：互补方法——论，说的是互补方法；互补——方法论，说的是方法论，方法论之间的互补性，或者说是互补原理在方法论研究中的应用。在《科学活动论·互补方法论》中所取的是后一种意思，而本文将这种方法论思想引入设计学科领域，则主要是取前一种意思。

　　设计学科发展以来，各种方法论被引入到设计学科之中，因为在认识对象、解决问题的过程中，一旦方法

---

　　① 发表在《南京艺术学院学报（美术与设计版）》2011 年第 3 期。

对路，工作效率就会凸显出来，设计的过程也比较易于掌握，成效也比较大。常用的设计方法有：系统设计方法、优化设计方法、语义设计方法、模块化设计方法、人性化设计方法、绿色设计方法，等等。

"互补设计方法"试图建立一个互为关系的设计思维模式，这种关系看起来是对立的，但是它们之间存在着互补性。互补设计方法，换言之就是在互补视角下，互斥思想之间会呈现出某种互补性，辩证地思考这些问题，引导我们的创新思考能够更加全面彻底，更加深入。

常用的互补视角有：

互补视角之一：正向视角与反向视角。

所谓正向视角，就是当头脑思考一种具体的事物或者观念的时候，首先设定它是正确的、好的、有益的，有价值的，然后沿着这种视角，寻找这种事物或观念的优点和价值。正向视角是一种肯定的方式，敢于肯定自己的想法，这是需要一定勇气的。所谓反向视角就是在观察思考事物时从反面和对立面来观察和思考，把习惯的事物反过来思考，从似乎是无道理中寻求道理。反向思考把人们从固定不变的观念中解脱出来，创造新的概念。因此，反向视角常常能够将思考推向深入，将自己头脑中的创意观念挖掘出来。

互补视角之二：求同视角与求异视角。

所谓求同视角就是抓住两种事物或观念之间或多或少的相同点，把千差万别的事物联系起来，从而发现新的创意。所谓求异视角就是抓住事物或多或少的差异点，来进行观察与分析。每一种具体事物都有无穷多的属性，因而任何事物之间都不可能完全相同，抓住这些差异点，往往会产生新的概念。

互补视角之三：有序视角与无序视角。

所谓有序视角就是在我们观察和分析某种事物或者观念的时候，按照严格的逻辑来进行，实事求是地对观念和方案进行论证，透过现象看本质，排除偶然性，认识必然性，从而保证头脑中的新创意能够在实践中获得成功。所谓无序视角就是在我们观察和分析时，特别是在初期阶段，应该尽可能地打破头脑中的所有条条框框，包括那些"法则"、"规律"、"定律"、"守则"、"常识"之类的东西，进行一番无序的突变的观察与思考，以便充分激发想象力，达到更好的创意效果。

互补视角之四：自我视角与非我视角。

所谓自我视角就是我们在观察和思考外界的事物，以自我的"标准尺度"去衡量外来的事物和观念。由于大家都生活在差不多的社会环境中，遇到大致相同的问题，而且在生理结构方面更是相差无几。因此，正确的个性常常是大多数人所共有的。所以有时候，设计师可以抛开他人完全以自我视角，围绕自身来考虑问题，可以不考虑第三者的一切条件而随心所欲地想象。这样做出来的创意往往个性鲜明，反而会受到大多数人的喜欢。所谓非我视角就是我们尽力摆脱"自我"的狭小天地，走出"围城"，从非我的角度，站在"城外"，对

同一事物和观念进行一番思考，就有可能得出不同的结论，发现创意苗头。

互补视角之五：传统视角与未来视角。

所谓传统视角就是尊重每一地域、社会的传统历史、独特的生活形态及文化形态，虽然传统的东西是旧的，但反映出来的深层的概念不一定是过时的。继承传统不是表面的，学习过去是指对设计的观念、材料和工艺的准确把握，甚至是一种特有的气味的尊重，对一种劳动的尊重，对一种价值的肯定。所谓未来视角就是根据过去的经验，衡量当前的走向，放眼时代潮流的趋势而对未来从事思索与探测。设计总是在面向未来的创造中不断前进的，富有历史使命感的设计师们不断地探索未来的设计方向、不断地提出革命化的设计思想、不断地构思着未来的实施方案，正是由于他们的努力，我们的生活的空间才不断地走向完美。

将互补方法运用于设计学研究领域，并不是说要用这个方法来解释设计学科中的所有问题，而是要用互补视角来分析研究设计学科所涉及的那些基础性问题和创新概念问题，并对这些问题和范畴加以重组和整合，以便为设计学科的研究和发展提供一种辩证互补的思维模式。运用互补思维对问题进行考量，思想就不那么单纯了。比如：我们在从事某种活动的时候，总是有自己利益目标的，消费者的利益与制造者的利益常常表现出一种互斥性：消费者希望用最低的价格买到自己需要的价值，而制造者（包括商家）希望自己的利益最大化，这就形成一对矛盾。设计要代表消费者的利益，既要满足人们生理的生物的生存需求，又要满足社会的文化欲望需求，在满足基本需求的基础上，使快乐、亲情、自我表现等需求得到满足。由于人们的感性欲望是变化的、流动的，因此，需要通过不断地创新设计，使这种变化流动的情感得到满足，同时又将自己的需求转变为积极的需求购买力。设计师要考虑到社会水平的总体标准，将良好的品质输入产品之中，使其价值与消费者得到的品质相一致，这里，设计师充当了消费者代言人的作用。同时，设计也要代表生产厂家利益。由于具备创造功能的设计在产业领域中发挥着创造催化剂的作用，在产品开发过程的各个阶段中设计具有"整合力"的价值，在捕捉下一个阶段创新时具有"构想力"的价值，在归纳使用功能的载体上具有"造型力"价值，正是设计具有这些价值，使得设计成为企业产品开发、市场商品流通中的重要环节。相对于设计师而言，制造者与消费者之间的距离是远一些，设计师作为消费者的代言人，要为消费者说话，但同时也必须为企业创造价值，否则企业不赚钱，不能扩大再生产，最后受损失的还是消费者，这就是这对互斥的利益相互依存的地方。制造者和消费者既是一对矛盾体又是一对依赖体，设计在制造者和消费者之间架起来一座桥梁，它同时反映了双方的利益与价值追求，以这样的视角进行产品的设计研发，将互斥的方面链接在一起考虑，我们的思考就不会

停留在表层上。

再比如，我们从设计视角来讨论一下"自然界"问题。自然界分为两种，一种是天然自然界，主要是指天然形成的自然世界；一种是人工自然界，主要是指利用自然材料制造的人工物品世界。人类从使用制造石器、木器开始，人工自然物在不断地发展，种类在不断增多，分工也越来越细，逐步的人工自然物就形成了一个系统，我们称之为"人工自然界"，它使人类的生产与生活方式发生了根本的变化，人类从生活在自然界的原始状态转向生活在人工自然界的高品质状态。现在，我们已经不能离开人工自然系统了，不能想象如果人类离开了人工自然界应该怎样生存。当然，由于人工自然界的发展以及人类对其的依赖，人工自然界也成为人与天然自然界之间的隔离层，渐渐地，我们与天然自然界接触越来越少，越来越间接了，特别是城市的发展，我们已经习惯了生活在自己所创造的环境之中。

我们在创造人工自然界的过程中，不断地向天然自然界宣战，改造自然，征服自然，已经成为我们日常的口号，我们对自己的关心越来越多，对自然的关心越来越少，比如下海捕鱼，我们从来也不会向大海撒鱼苗，却不断地下海捕鱼，为了更多地捕到鱼，我们创造了现代化船只、现代化捕鱼工具，征服海洋征服鱼类，同时又不断地向大海排放出污染源。我们在改造自然征服自然的过程中，天然自然的面貌也在被深刻地改变了。同为自然的两类自然之间的碰撞越来越强烈，特别是近代

工业革命以后，自然资源的危机和生态的危机的状态逐步显现出来，人类的工业文明是以巨大的物质资源消耗为代价来创造人类生活的，甚至对地球不可再生的资源也毫不留情，因此人工自然界与天然自然界之间的矛盾就变得越来越严重了。

天然自然界与人工自然界既共存又互斥，为了平衡这对矛盾就需要向共同的方向"生态自然界"发展。天然自然界当然是具有生态性的，而我们人工自然界不具有自发的生态性，但是它具有文化性，这种人类特有的文化性将会成为我们改造人工自然的一个有意义的方式。设计是强调人——物——环境高度融洽的学科，既重视工具的价值，又重视文化的价值，这一特征正符合天然自然界与人工自然界走向生态自然界的总体要求。因此设计以最有"身份"的存在，起到平衡天然自然界和人工自然界的作用。

总之，将互补的理解、互补的视角、互补的方法运用于设计学科，把两级对立的范畴、方法、观点和理论结合起来，就会形成更加完备的设计学科研究方法论。可以预言，随着辩证的互补设计方法逐步为越来越多的设计学科研究者和设计室所认识，必将会大大推进设计学科的向前发展。

参考文献

[1] 刘大椿. 科学活动论·互补方法论 [M]. 南宁：广西师范大学出版社，2002：297.

可持续设计与设计思维

Nousala Susu

（芬兰阿尔托大学艺术设计建造学院　芬兰赫尔辛基　00076 Aalto）

关键词：可持续设计　设计思维　理论　实践　系统设计

1　引言

系统流程是教育中的一个重要问题，系统流程要依于理论，结合实践，要放在一定的场景中进行讨论。考虑这一问题是为了长期系统化地实施可持续发展，针对这个问题，我们不仅要从书本中学习，还要通过实践来获得经验。本文将对教育流程进行关于经验、历史和社会等方法途径的分析。现今的全球化社会中，各个国家之间不再有界限，各个国家的文化也跨越边界，彼此融合，因此设计师需要思考国家之间通过什么样的合作方式来解决系统流程问题。

2　理论结合实践的重要性

了解生态系统和社会之间的工作方式，了解事物协作的方式，这些都可以通过目前的一些研究方法获得。但在学术研究领域，不能简单地依靠研究方法，还需要把理论应用在实践中，从而获得真实的结论。要想了解事物之间真正的合作关系，需要我们进入到实际的工作场所中，感受这个工作场所带来的文化冲击。一个关于可持续发展的项目是在墨西哥一个偏远的小岛上完成的，小岛离城市很远，这样的工作场所对墨西哥学生来说是不舒服的。如何在这样的工作场所中专注完成事情，解释所经历的事情，寻找真正存在的问题都需要学生从实际经验中获得。比如土地使用问题、水资源问题和环境恶化问题等这些将各种体系夹杂在一起的实际情况，就需要学生利用实践经验来解决。

社区中存在很多历史悠久的手工工作，需要我们尊重他们的工作方式，同样，政府的设计项目也需要我们尊重他们的工作方式。只尊重政府项目却不尊重社区的手工工作，这是我们需要解决的问题。在墨西哥和芬兰，我们将不同背景和能力的学生组合在一起来讨论这个系统或者是这个系统中的某个范围或水平。

3　设计思维的重要性

理解动力学中各种事物的运动方式是学习设计的一个重要部分，需要付出一定的努力。设计中的很多理论、解释和定义应该被挑选出来，并以一种系统整体的方式来理解事物之间的互动方式。设计思维能够创造出很多可能性，虽然现在有很多论点被提出，但希望设计师能更多地从生活中寻找论点。我们现在的关注点集中在开放性、同时性和团队工作中，这些关注点的研究背景发展迅速，但实际内容增加有限。我们需要更多的进行关于灵活性、应用性、创新性和开放交流的讨论。

4　结语

目前讨论场景是动态的，角色扮演也很感人，但我们却并不清楚是从谁的角度进行扮演。我们有实际操作经验，需要每个人的应对能力，想要在事情中发现问题，需要面对不舒适的场景、看很多相关案例。虽然现实远比此更加困难和令人不悦，但有一点需要确信，无论是舒服的还是不舒服的场景，都是为人准备的。

（注：本文根据作者在首届中国创新设计国际学术研讨会发言录音整理而成）

技术进步推动的当代设计与消费者的崛起

周　剑

（清华大学　北京　100084）

关键词：消费者　技术进步　技术支持系统　多元化消费　服务型制造

1　引言

在当前，全球经济增长放缓，企业用工成本上升，市场持续萎缩，生产行业也面临新的挑战：一方面是企业采用利润驱动的生产和销售模式，使消费市场被过度开发，传统的市场开发策略近乎失效，面对逐渐枯竭的市场，企业之间的竞争也日趋激烈。另一方面消费者真正的需求得不到满足，市场潜力没有得到释放。在这一前提下消费者的购买力持续下降，畸形的消费文化也因此而形成。在信息时代，随着信息技术和制造技术的升级，消费者开始崛起，他们开始拥有了以往没有的选择权，消费者开始涉足产品的设计、制造和营销等领域，新的消费环境正在形成，这种局面对当代设计来说，既是一种挑战，也是一种机遇。

2　技术进步背景下的当代设计

国外学者早在 20 世纪 60 年代，就对与设计相关的消费领域展开了研究。法国学者让·波德里亚认为消费者已经被工业体系控制，这个体系让消费者成为主要的消费力量，消费者失去了决定是否消费的选择权[1]。设计者也成为促进商品销售的助手，让大众对不断更新的商品趋之若鹜，商业文化使消费者变成了购物狂，他们由此而沦为商业的附庸。然而，我们应该思考的问题绝不仅仅是抨击商业文化侵蚀人们的生活，而是寻找化解生产者与消费者矛盾的方法，当务之急就是建立真正以消费者为中心的商业环境。技术的进步给这种困局带来了转机，许多之前无法解决的棘手问题，在技术进步面前迎刃而解。

实际上，技术的进步已经对生产者和消费者产生了非常深远的影响。在制造领域，随着工业 4.0 时代的来临，生产线变得更加智能、互动和灵活，客户能够参与到产品的设计、管理和生产的全过程之中，生产线能够随时接受客户的变更指令并做出调整，客户可以获得个性化的产品[2]。当前，3D 打印技术逐渐成熟，普通人可以自行制造小到家用电器、大到汽车和房屋的物品。3D 打印技术极大地简化了从设计到生产等流程，使得不同的设计需求得到了满足，让个人从事产品生产的目标从理想变成了现实。在互联网时代，3D 打印技术使云制造成为可能，云制造将众多小企业组成一个网络系统，云制造能够根据零部件打印任务，向不同的企业分配生产任务，从而解决了产能不足的问题[3]。云制造的

一个重要特征就是开放性，它能真正面向大众千差万别的需求，并提出解决方案。云制造的优势在于充分利用分散的产能，形成新的生产力，它是满足消费者个性化需求，开拓市场的新方法，更是消费者自主参与设计和生产的新途径。

此外，随着互联网发展而兴起的众筹模式方兴未艾。众筹项目的投资者可以通过参与项目获利，普通参与者能与其他人一起参与产品的创意和生产，获得个性化的产品[4]。众筹模式最有意义的地方在于人们可以提出自己的项目，然后通过互联网获得资金和技术的支持，这种商业模式能有效地降低人们获得资金和技术的成本，彻底调动了大众参与生产和商业活动的积极性，从根本上改变了生产和消费的方式。值一提的是，众筹模式还能让来自各行各业的有设计才能的参与者脱颖而出，他们的思想和需求往往最能反映生产行业的发展方向，他们的出现提高了从设计到生产的效率，从而形成了由设计促进产业发展，由产业的繁荣激励设计创新的良性格局，这将有利于提升我国设计和生产行业的整体水平。

一个基本的事实是，现代设计随着工业化大生产的步伐而产生，技术的因素占了主导，英国威廉·莫里斯倡导的工艺美术运动，其宗旨在一定程度上就是为了使传统手工艺适应机器大生产，从包豪斯到乌尔姆造型学院，现代设计逐渐适应了现代工业技术体系，形成了相对完整的理论架构。当前，新一轮的技术升级在制造领域全面展开，很多在工业化早期形成的设计理论和方法，已经不适应设计和生产实践。围绕新的技术正在产生新的生产方式、管理制度、经营模式、设计方法和消费观念。技术的进步可以改变人们对设计和生产活动的认知，尤其是当技术影响到生产者和消费者的关系时，这种改变将是颠覆性的。美国经济学家布莱恩·阿瑟认为："……技术创造了经济的结构，经济调节着新技术的创造……"[5]笔者基本同意布莱恩·阿瑟的观点，设计和生产也属于经济活动的一部分，既然在经济活动中技术起着决定性的作用，它创造了经济的结构，也就能引领设计和生产在未来的走向。

3　设计背后的技术支持系统

在当代，技术已经以一种系统性的形态呈现，设计背后的技术系统已经使消费者的消费观念产生变化。人们追求享受物质生活的过程，而不是占有物品后的状

态。人们开始模糊品牌，而更看重实际效果，人们开始对未来的商品产生心理预期，而不是只关注当下产品的性能。

在消费主义盛行的时代，人们不仅享受着商品，更享受着技术系统提供的服务。随着制造体系的完善，人们可以通过商品获得相对应的服务，一个不争的事实是，设计者需要通过其背后的技术支持系统向消费者提供设计服务。首先，技术支持系统是一个从设计到生产再到销售的服务体系。以西班牙服装品牌飒拉（Zara）为例，其高效整合的产业链是企业能降低成本，快速满足消费者需求的关键因素，这种高效整合的产业链为人们提供着款式各异且价格低廉的服装[6]。因此，服装品牌的供应链实质上是一套完整的服务体系，人们会对一个服装品牌产生期待，而人们实际期待的是生产服装的系统提供的服务。其次，技术支持系统是支持设计工作的物质基础。以室内设计为例，室内空间的构成要素比较复杂，室内空间设计中的材料、家具、配饰、五金配件等都有各自独立的制造系统，这些要素构成了设计工作的物质基础，持续地为设计者提供支持。这些要素更新换代的速度越来越快，设计者需要花大量的功夫在熟悉新产品的功能、材料、风格和工艺上。最后，技术支持系统也是支持产品硬件的软件系统，以手机为例，人们在看重手机的质量和性能的同时，更关心手机应用软件提供的内容服务，手机本身则成为在短期内更换的消费品。实际上，与其说消费者看好一件商品，不如说是信赖一种技术支持系统，在强大的技术支持系统面前，设计者的作用逐渐降低，设计者面对这个系统时应该扮演何种角色是一个值得思考的问题。

4 消费者成为生产者的深层含义

在社群时代，消费者已经开始具备生产者的职能，或者也可以说消费者就是生产者[7]。同时"……社群将以其名义重新定义生产、管理和消费。"[7]显然，消费者成为生产者并决定着生产意味着他们的地位开始上升，但是消费者的角色仍然需要进一步转变，随着全民参与生产的时代来临，产业环境正面临着很大的变革，生产者的位置显得比较尴尬，生产者需要重新认识消费者，消费者开始利用社会生产资料来创造财富。如果从设计和生产行业可持续发展的角度来分析，消费者成为生产者是产业转型升级的必然选择。

回顾历史不难发现，生产者总是想尽办法推销自己的产品，消费者一直处于被动消费的状态，他们受制于生产者的生产和销售策略，因此协调消费者与生产者的关系一直是设计者工作的重点和难点。现实的情况是设计者受雇于企业，一旦进入市场环境，设计者考虑的问题就会增多，这就意味着设计者对设计和生产的影响程度会被降到一个相对的低点。一直以来，设计师的立场是一个被高度关注的话题，他们既要满足消费者的需求，也要为生产者创造效益，然而生产者的利益与消费

者的利益有时候并不完全一致。设计者往往在协调生产者与消费者的利益时疲于奔命，却收效甚微，其结果就是生产者主导了生产与消费，消费者的需求得不到满足，如果市场环境变差，企业的经营就会难以为继。如今，这种局面正发生改变，随着信息技术和工业制造技术的融合，生产活动的经济和技术门槛逐渐降低，消费者开始参与生产，由此引发了消费者的消费需求井喷式的增长，生产者与消费者的关系正在悄然发生改变。美国学者杰里米·里夫金认为以资源整合为特征的第三次工业革命需要合作性的组织结构，他指出在网络时代的新商业模式中，销售者与购买者能通过信息的开放和共享展开合作，从而实现双方财富的增长[8]。显然，信息技术和制造技术对这种合作关系的确立起了决定性的作用。生产者必须认识到在消费者的时代，资金、信息和技术不对称的状态已经被打破，消费者逐渐摆脱了商业文化的控制，他们不仅在选择商品和享受设计服务上拥有了更多的话语权，而且还能够作为主体参与生产并获利。而技术进步带来的新商业模式，也将有助于修复被扭曲的商品销售和需求的关系。

无论如何，我们必须意识到只由生产者为消费者提供产品和服务的时代已经一去不复返，消费者开始参与设计和生产，生产活动因此而变得活跃，随着消费者变成生产者，意味着消费者真正成为了市场主体。但是这并不是说消费者完全可以取代生产者的位置。恰恰相反，消费者和生产者作为市场的两端在任何时候都应该发挥其各自的作用，消费者成为生产者的深层含义在于消费者不再局限于购买产品和服务，还可以作为生产者和经营者全面进入市场，以促进大众就业、优化资源配置和提振消费需求，从而带动整个产业的转型升级。

5 多元化消费时代的来临与对策

在当代，随着消费者广泛地参与到产品的设计、生产和销售的流程中，人们对日常物品的选择开始有了有别于以往的特征。消费者的消费观变得更加多元，他们对于物品的选择标准并不一致，主流审美观与非主流审美观能同时存在，人们在选择商品时越来越呈现出超越阶层、年龄和观念的特征。此外，消费者选择商品和设计服务的自由度增大，高端手机和低端手机可以被同一类人群接受，同一个消费者可以定期更换风格迥异的室内环境。消费者不再被动地在流行式样和独特个性之间选择，也不满足于现有商品提供的功能，更厌倦了极具诱导性的商品广告，他们不仅要私人订制自己想要的产品，更要自己进行设计和生产，甚至要成为标准和风格的制造者。这些迹象都说明了，我们正进入一个多元化消费的时代。消费的多元化趋势对当代设计提出了挑战，面对这种局面，工业化以来的设计方法显得有心无力，那种通过分析目标人群的消费需求，来制定企业战略的方法已经有些不合时宜。

2015年5月19日，国务院发布了《中国制造2025》[9]，

《中国制造2025》传递出我国推进制造业全面转型升级的一个重要信号。《中国制造2025》提到了要大力发展服务型制造[9]。孙林岩先生认为服务型制造是一种新商业模式，其特点在于让顾客参与到企业生产过程中，了解顾客的具体需求并为之提供产品服务系统，以满足顾客个性化的需求，企业的价值链也得到了延伸，这样就实现了企业与顾客的双赢[10]。显然，站在设计者的立场来看，服务型制造的最大意义在于让生产者的利益和消费者的利益都得到了实现。如果说服务型制造将服务融入生产环节，以提升制造业的附加值的话，那么生产与服务对接的具体工作需要由设计者来完成。为了满足多元化的消费需求，设计者应该从烦琐的市场研究中解放出来，将工作的重心放在帮助消费者解决实际问题上，设计者的任务除了提供设计服务之外，更要帮助消费者了解并掌握制造系统。设计者必须认识到消费者可以被了解但不可被掌控，需求可以被发现但不可被创造，只有消费者深度参与的市场，才能高效配置和利用资源，也才能实现由知识创新推动产业可持续发展的目标。

6　结语

消费者的需求是生产者关注的焦点，但是消费者真正的需求却很难被发现。通常对消费者的研究，要么是基于开拓消费者需求市场的研究，要么是基于消费者自身消费需求的研究，两种研究的优势无法得到兼顾。其结果就是消费需求被过度开发，消费者被商业文化控制，消费者真正的需求无法得到释放。我们应该认识到技术的进步带来了生产和消费环境的变化，消费者借助信息技术和制造技术的进步参与设计和生产，这种变化在释放出潜在的消费需求的同时，也会带来新的经济增长点。与以往由生产者和设计者开拓出来的消费需求不同的是，这种需求是建立在消费者真正自主选择基础上的需求，因此消费需求会趋向多元。在生产活动中，随着消费者的崛起，消费者以生产者的角色进行生产和销售，这样就能让更多的人从市场中获得收益，整个市场也将被激活。

参考文献

[1] 让·波德里亚.消费社会[M].刘成富，全志钢，译.南京：南京大学出版社，2000：73.

[2] 夏妍娜，赵胜.工业4.0：正在发生的未来[M].北京：机械工业出版社，2015：60-61.

[3] 胡迪·利普森，梅尔芭·库曼.3D打印：从想象到现实[M].赛迪研究院专家组，译.北京：中信出版集团股份有限公司，2013：54-55.

[4] 盛佳，柯斌，杨倩.众筹：传统融资模式颠覆与创新[M].北京：机械工业出版社，2015：34-35.

[5] 布莱恩·阿瑟.技术的本质：技术是什么，它是如何进化的[M].曹东溟，王健，译.杭州：浙江人民出版社，2014：216.

[6] 郎咸平.产业链阴谋Ⅰ——一场没有硝烟的战争[M].北京：东方出版社，2008：20-22.

[7] 孔剑平，金韶，何川，邱恒明.社群经济：移动互联网时代未来商业驱动力[M].北京：机械工业出版社，2015.

[8] 杰里米·里夫金.第三次工业革命：新经济模式如何改变世界[M].张体伟，孙豫宁，译.北京：中信出版集团股份有限公司，2012：118-119.

[9] 国务院.中国制造2025[EB/OL].（2015-05-19）[2015-11-15].http://www.gov.cn/zhengce/content/2015/05/19/content_9784.htm.

[10] 孙林岩.服务型制造：理论与实践[M].北京：清华大学出版社，2009：50-51.

何以找寻设计创新之可能——以陶瓷设计为例

李正安

（清华大学　北京　100084）

关键词：设计创新　陶瓷设计

设计——这一为人类所开创的活动与字眼，已历经不同的文明时期且载记了无数经典与佳话，为此，人们从关注自身生存与周围食物开始、产生模仿与联想、实施设想与抉择、积累经验与教训，改善生活与环境、直到追求持续与生态发展等，此间，一路走来亦不免留下诸多的遗憾与困惑。也许，我们不免发问，设计何以适时而变，设计之创新何以探寻，设计创新之可能性何以可见？本文以陶瓷设计为例，稍加展开如下几方面的探讨。

1 设计何以适时而变

自人类祖先为调适环境、求得生存而运用其智慧和工具造物以来，无数以现今眼光来审视也令人叹为观止的原始陶器，方使设计活动呈现其合理之雏形。它之所以合理，很大程度上是因其在适时宜人的同时且与周围之情境相融合，即它们均置放于原始自然状况的地表之上或插入泥土之中，与人的生活紧密结合，成为人为环境中的重要部分，而且未曾危及自然和生灵。

随后的年轮与时日有变，陶器设计的形式与含义也与时俱变。纵观所造之器物，均由相对原始单一而趋于相对复杂与细化，器物背后亦有了与当时相应故事或印记，制作的技艺也相应地改进与提高、成果丰厚而多变，与外界的交流亦相应扩增等。这表明设计的适时而变是不言而喻的。

应该说，原始陶器中的三足器不失为佐证上述说词的典型案例之一。每每问及原始三足陶器（图1）何以三足鼎立，即为什么要将陶器器底做成三足鼎立的形式？其功能何在？它又历了怎样的制作过程等？对此，不外乎有这些回应，有的说三足是为了造型的美感，以此获取主体与底足间虚实对比的效果；有的认为是出于器物稳定的功能需要，因三点支撑易于器物置放平稳；还有的认定其在稳定支撑作用之外，还造成了器物与地表之间一定高度的空透，以致生火时的有氧燃烧更为充分，从而有利于加热水或蒸煮食物。显然，后两种说法合在一起，方是古人最本质的设计目的，而美化造型很可能只是后人追加的意愿，或是由于此等合理构造而衍生出来的一种利好。

红陶双足鬶　马家浜文化　公元前4300—前3300年
高22.6　浙江长兴县出土　浙江长兴县博物馆

陶鹰尊　仰韶文化庙底沟类　公元前5000年—前3000年
高36　陕西华县出土　中国历史博物馆

图1　原始三足陶器

不难设想，三足陶器之前的诸多器物呈半球形，多是借鉴模仿了自然界瓜果或果壳等外形，只为更好地存贮食物和水。它们出现在古人茹毛饮血的时段和情境中，自然而然且合乎情理。亦可设想，此后当人懂得了如何取火与领略了熟食之美味之余，加之伴有用树干做支架烧烤猎物的体验等，就可能导致他们联想用石块垒在半球形器物下面，以生火加热。进而想到何不在做陶器时直接做上三条腿呢？三足陶器的问世，不正是那个时段设计动态变化可能的写照吗？当然，还有三足陶器形态中的仿生设计意味，不也是显而易见吗？

那么，有人不免进一步发问：何为仿生设计意味，何以模仿生物，生物的优越性何在，采取何种方式模仿生物，是直接模仿（具象、表象、全部细节），还是间接模仿（抽象、特征、合理本真）？

而今，三足陶器特征的借用（图2、图3）几乎去除了其早先加热之主要的功能，却仍沿用或延展了其便于稳定的功能与空透灵秀之审美作用；三足之点状、袋状等形式也显得更为多变、讲究或细究了。由此可见，陶瓷设计确有时间与空间的制约等。时代的动态有变，牵引生活与设计的应变，若将历史上陶瓷设计前后稍作对比，亦可见其何以适时而变之一斑。

图2 青瓷餐具

图3 月白钧红茶具

2 设计何以异同兼顾

设计创新之路径，无论在何年代均含新颖、引领之特质，有赏用兼备之功效。今日之设计创新，无疑须与和平、人文、环保、绿色、生态和可持续发展等人类取得了共识的理念相吻合。设计者只能在已取得人类共识理念的大框架内思考与行动而不可与之相去甚远，只有这样，方能获得各级政府部门及他人的扶助而变得合理可行，才不悖设计者的良心和责任。否则无异于盲目行事致无功而返或是倒行逆施遭世人唾弃。

然而，个性各异却是人越来越凸显的特质，此等有针对性的考虑亦是如今设计追求新意的路径之一，其实也不失为设计的本质要求。无论是达成共识的人，还是极具个性的人，宏观上他们可视为一个整体，都是我们设计、创作时所应悉心关注的，设计成果之物为人用、以生灵为本，设计过程中的协调好人与周围的一切事物的关系，包括自然、社会和人为环境，均须设计者兼顾，否则，任何偏颇与失衡将会危及自身和我们的子孙后代。

特别要关注与理解我们的社会形态或状况，如在当今社会主义体制下的中国，同时存在农业社会形态、工业社会形态与信息社会形态等倾向的不同城乡与地域，与此相对应的设计需求或取向是各异的。细心了解、揣摩人的生活方式和趋势，在不违共识理念的前提下揣摩人的个性及具体需求，如公共空间或人居空间中人生活方式的异同等，为人提供各方面细致入微的精神和物质上的服务。正是在关注、揣摩和设身处地为人服务方面，古人与今人均各有所长。

以五代的莲纹碗托（图4）为例，始于汉代的饮茶习俗，到唐代演变成了讲究礼仪、温馨怡乐、享受生活和沟通情感的一种生活方式。从当时的饮茶器具——碗与托的形式，便可见一斑。循此造型结构与形式，可以想象和推断碗托的功用，以及古人那些井然有序、温文尔雅、可动可静、可聚可散的饮茶方式。当然，这种配置给人带来的端杯不烫手、茶水不溢出、动静皆相宜之功效，也从物的一面体现了那般讲究社会交际、家庭亲和、修身养性的生活方式。再看宋代温酒壶与盅（图5），在工艺精形式美的背后，地处南方的古人琢磨生活方式，巧施设计制作智慧而成器。壶可套叠于盅内，热水注入盅内不久即可享用温热的黄酒，把玩美器的乐趣与设计智慧尽在该器具之中。

茶具《单身快乐》是20世纪90年代中由中央工艺美术学院陶瓷艺术设计系的本科生尹航（女）设计制作的。基于憧憬一种静下来、慢下来与自斟自饮的生活方式。于是，在三年级的陶瓷设计课上她设计并制作了其石膏效果模型，此后大四毕业设计时又将其做成瓷器。为此作者描述说，在不大却是属于自己的空间里，一个人泡茶自斟自饮，还可点上一根细长的女士烟，看着搁在烟缸边的烟圈在里面缭绕一会儿再飘静雅出来，应该是一种心境和体验。有人问，若客人来了怎么喝呢？回答是用一次性的纸杯。这多少反映了年轻知识女性生活方式的某一趋向，或是某一类人的个性需求。大千世界，和而不同。因而，设计从共性到个性的思考越有针对性，其为人所用的可能性就越大。

青釉莲卉纹碗托　五代　公元 907—960 年
高 13.2　口径 13.8　江苏虎丘岩寺塔发现　苏州博物馆
图 4　莲纹碗托

影青壶及盏　北宋　公元 960—1127 年　高 25.8
图 5　温酒壶与盏

3　设计何以合理综合

设计于萌芽时期起，就带有与生俱来的综合性，即它基于具体需求的愿望，加上借鉴既有事物的功效，再有联想事态有机合一的可能，从而导致获取知行结合的成果。

《考工记》亦对成就设计制作提供了清晰且综合性的指向——天有时，地有气，材有美，工有巧，合为上。这里一个"合"字，凸显了古人的先见之明和谋事智慧，简要的点拨乃是全面指导设计制作方面颇为精辟的阐释，直至今天仍不失为解读设计与创新之至理名言。当然，后来美国的苹果之父乔布斯、阿波罗飞船的总设计师韦伯等均有过类似的设计与创新无异于综合之卓见。

就物象的综合而言，以陶文化中的图形综合为例，我国原始陶文化的山东"大汶口文化"中一件"日、月、山图形陶尊"（图 6），除其尖底入土可固定器身外，主要是它简洁的日月山图形刻纹表现，其造型寓意非常到位，令人觉得冥冥之中古人感悟到了"天人合一"、"心物合一"的境界，有着达天、接地和怡人的大度，不乏自然、凝练和巧妙的综合。说其相当于开中国图形、标志设计之先河，以及视之为图形或形象综合之典范可能一点也不为过。

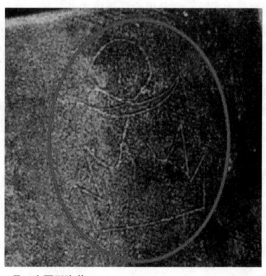

图 6　日、月、山图形陶尊

现今设计的合理综合更具包容性，如在材料方面的综合，在功效方面的综合，以及在设计取向方面的综合等。图7是我系艺术硕士刘珍的毕业设计作品。紫玉金砂是人对紫砂材质的赞美之词，类冰似玉则是青瓷高雅品相的如实写照。该生以紫砂材料为主塑造主体，辅以青瓷点缀细部，造成作品观感上光与涩、冷与暖的对比，给人以精心设计、综合施材之感。

图8则是一套名为《融之红黑白》的餐具，以大面积红、黑釉料衬托出白瓷、金属提梁与木筷不同材质的效果。图9是德国罗森塔尔（Rosenthal）21世纪初推出的一套日用瓷器，其中亦透露出设计理念上的某种包容或综合。长期以来，设计上有两种对立的思路或理念，一方面是全仗手工的制作与效果，另一方面是只求机械的利用和利好。但是，该设计者没有片面强调某一方而否定另一方，而是在手工印迹中有机械利好，机械利好中巧施手工意味，将手工塑造的效果经由模具工艺等而

制作成器。当然，该套器物的其他配置也含不同材质的综合。

图7　紫砂茶具

图8　融之红黑白餐具

图9　德国罗森塔尔茶具

斯堪的那维亚（Scandinavia）因特殊的地理、环境、气候、文化及经济等，设计在那里得以自然、平衡地发展。斯堪的那维亚陶瓷设计，代表着人类设计的精华。图10分别是茶具设计及奶杯设计，此中可见有材料的综合运用——软木塞的茶壶盖、兼有支撑与端拿功能的筒状胶木；有设计智慧的综合体现——奶杯应用时，可同时呈倾倒与水平状，端拿用的筒状胶木具一定的弹性，可应对壶体在一定范围内的变形，改变了传统茶壶把手和提梁的结构形式。

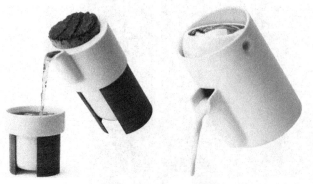

图10　芬兰茶具、奶杯

实例说明，若将具体需求的目标与材料工艺、审美情趣合理综合，近似于对视觉、触觉、听觉、感觉与知觉因素的合理综合，其成果亦可能相当于好的设计或程度不一上的设计创新。

4　设计何以资源转化

这里的"资源转化"，专指一定程度上艺术品到实用品的转化。陶瓷设计的借鉴几乎无所不涉及，艺术作品也不例外。鉴于有人为地将二者截然分割，故容易造成认知偏颇、视野狭窄、办法受限等。

其实，就陶瓷而言，陶艺与陶瓷设计的同源性毋庸置疑，二者均服务于人，其材料、工艺大同小异等，二者间的形构态要素趋同，构造方式有诸多近似之处。

因而，对设计师与艺术家来说，二者之外的其他可能，或是二者属性可能的衍生乃至转化，是客观存在，也是非常有趣、有意义和有挑战性的。这样可大大地拓宽陶艺与设计的包容度和可能性，我们何乐而不为呢？

图11、图12分别为国外装置作品及清华美院一本科生毕业作品，二者均以艺术品的形式呈现，然而前者的资源源于日用瓷，后者的结构颇具设计感。图13则

分别以黄永玉的《酒鬼酒》瓶形设计，源于陶艺形态；达利在产品上的个性化装饰，改变了其属性。这些案例表明，设计出新或创新，在艺术与设计之间的转化方式，不失为一条可行之路径。

图 11 德国罗森塔尔装置

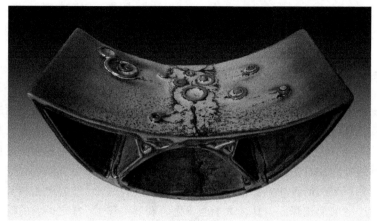

图 12 春之圆舞曲

图 13 "酒鬼酒瓶"与"达利作品"

当然，上述说词或见解只是个人的认知。如果说设计重要的事项就是分析和解决问题的话，那么，如何创新，正是当下亟待人化解的问题，我想设计师与艺术家都有可能成为知行合一、化解问题的有心人。

创新与模仿的博弈——对中国设计创新战略的思考

张睿智　徐爽玲

（三峡大学　湖北宜昌　443000）

关键词：模仿创新 互联网 伦理性 设计

传统的创新主要指独立自主创新，在设计领域，真正能引领设计风潮的只是少数领先企业，而我国许多中小企业面临着资金短缺、设计人员能力有限的资源瓶颈，较难进行独立自主创新，反观日本、韩国在设计发展薄弱时期所采用的设计模仿创新战略不失为当前我国设计的一个务实的选择。但是，由于全球化的发展、移动互联网的普及，在我国实施设计模仿创新战略必须要有新的思路来应对这些变化，也就是在移动互联网高速发展、产权保护的大环境下我们如何来实施设计的模仿创新战略。

1　工业设计概念的变迁

1970 年国际工业设计协会 ICSID（International Council of Societies of Industrial Design）对工业设计的定义："工业设计，是一种根据产业状况以决定制作物品之适应特质的创造活动。适应物品特质，不单指物品的结构，而是兼顾使用者和生产者双方的观点，使抽象的概念系统化，完成统一而具体化的物品形象，意即着眼于根本的结构与机能间的相互关系，其根据工业生产的条件扩大了人类环境的局面。"[1]

2015 年"ICSID"正式改名为"国际设计组织WDO"（World Design Organization），并发布了工业设计的最新定义：（工业）设计旨在引导创新、促发商业成功及提供更好质量的生活，是一种将策略性解决问题的过程应用于产品、系统、服务及体验的设计活动。它是一种跨学科的专业，将创新、技术、商业、研究及消费者紧密联系在一起，共同进行创造性活动、并将需解决的问题、提出的解决方案进行可视化，重新解构问题，并将其作为建立更好的产品、系统、服务、体验或商业网络的机会，提供新的价值以及竞争优势。（工业）设计是通过其输出物对社会、经济、环境及伦理方面问题的回应，旨在创造一个更好的世界。[2]

从工业设计定义的变化我们可以看出倡导设计互联网化、设计伦理化和创新设计是一种发展趋势。随着人类社会及全球化的发展，设计追求更好地为人服务，促进社会的和谐发展是今后设计需要重视的方向。

2　什么是设计的模仿创新

所谓模仿创新是指企业通过学习模仿率先创新者的创新思路和创新行为，吸取率先者的成功经验和失败教训，引进购买或破译率先者的核心技术和核心秘密，并

在此基础上改进完善，进一步开发。在工艺设计、质量控制、成本控制、大批量生产管理、市场营销等创新链的中后期阶段投入主要力量，生产出在性能、质量、价格方面富有竞争力的产品与率先创新的企业竞争，使自己的产品与其他企业的同类产品有所不同，更适合某些特定市场的需要。以此确立自己的竞争地位，获取经济利益的一种行为[3]。

关于模仿创新，美国最佳案例研究中心全球对标网络总裁罗伯特·坎普在接受《财经时报》采访时表示，"其实原因很简单，当一个企业还在苦苦寻找一个问题的解决方法时，有的企业早已有了一套成型的做法。那么，为什么不从这个企业身上直接学习呢"？事实上，"模仿创新战略"最受欢迎的原因是其显著的市场业绩效果。一个有价值的设计必然会引起他人的争相仿效，而竞争者可以仿效市场的领先者进行重新定位。如在日本工业设计界中，松下公司素有"模仿公司"的雅号。在日本率先推出黑白电视机的是夏普公司、在 1953 年最早推出喷流式洗衣机的是三洋电视机公司，日本先后推出晶体管收音机、收录机、彩电、冷气机、电炉等均非松下公司首创，而松下电器公司的产量和销量却常常做到最大。对此，当时松下常挂在嘴边的一句话是："我们开发技术落后，但设计改进和生产技术必须领先。"再如 2015 年，我国奇瑞公司多种车型汽车在全球销量排名进入前百。奇瑞公司总裁尹同耀在总结其经营思想中提到"拿来"和"后发者优势"，也就是说，充分利用现在的设计，总结和创新成熟的设计，充分地发挥设计的潜能。其经营实质就是不断地模仿创新。从外形酷似上汽通用五菱 SPARK 销量极佳的 QQ 开始，奇瑞没有简单地把"模仿"理解成毫无改动的"仿造"；它迅速地找到所需的知识资源，并且反复地思考，重新理解和审视中国本土客户和市场的需要，为最终的产品加入了独立创新的成分，从而为顾客创造了前所未有的价值；因此，这个中国汽车业的"后进者"能够在比同行在更短的时间取得更大的成功。

3　设计模仿创新的特点

设计的模仿创新本质上是一种创新行为，这种创新是以模仿为基础的，相对于设计的自主创新，它有以下三个特点：

3.1　跟随性

设计模仿创新在于最大程度的吸取率先设计的成功

经验和市场，有效的规避率先设计的缺陷和不足。设计的模仿创新不做新设计的开拓者和率先投产者，也不独自开辟新市场，而是充分利用和进一步开发率先设计开发的市场。设计的模仿创新战略是不以率先而取胜的战略，而是利用跟随和延缓设计所带来的优势，充分地了解市场和需求的一种战略。很大程度上来说，这种跟随和延缓策略是自然条件导致的。

3.2 针对性

模仿创新不是单纯的仿造，从本质上来说，它是属于一种渐进的创新的活动，设计的模仿创新同样需要大量的设计师和工程师从事设计开发工作。设计模仿创新不仅仅是对率先设计者的反求，还包括对率先设计者设计的完善和进一步开发。相对于设计的自主创新，设计的模拟创新更偏重于对工艺的研究开发，如 2015 年在谈到 iPhone 6s 上 3D Touch 功能的研发过程，席勒说："就工程而言，创造支持 3D Touch 功能的硬件，难度超乎想象。如果你开发不出用户真正想要使用的产品，我们将要浪费一年或者两年的时间，在制造成本和投资方面造成巨大的损失。如果它只是一项演示功能，一个月以后也没人使用，那么这就是对工程人才的巨大浪费。"

3.3 中间聚集性

设计的率先创新由于面临新设计和新市场开发的任务，必须要在创新链的前期市场调查阶段和后期市场推广阶段投入大量的资源，创新链中端的产品设计、工艺制造等中间环节的投入会有所忽视。如美国的 Nike 公司将成衣的制造全部转包给国外的企业。

设计模仿创新省去了大量的投入，在早期的市场开发和后期的市场推广上，能集中力量在中游环节，使得创新链上的资源向中部聚积。

4 设计模仿创新战略的优劣势分析

4.1 设计模仿创新战略和产品竞争力

实施设计模仿创新的主要动机是由于模仿的对象本身有较强的竞争力，成功的模仿设计能够后来居上，超越率先设计者，赢得部分市场份额，给企业带来直接客观的回报。从当前市场竞争的格局来看，我们可以发现大部分设计产品领域中，占主导地位的并非率先创新者，而恰恰是跟随而来的模仿创新者。如中国的百度公司在成立之初模仿 google 模式，但随着百度公司设计理念的进一步完善，产品设计更加本土化，最终占领了中文搜索引擎市场。

4.2 生产方面的优势

一般营销学认为，产品的外观、性能、价格是影响顾客的最直接因素。而产品设计的起点，应该是使顾客满意。亨利、阿塞尔认为当商品的消费效果等于消费者的期望时，就导致顾客满意，否则导致顾客不满意。在使顾客满意的层面上，设计的模仿创新比较率先设计创新有突出的优势，模仿创新企业将竞争的重点放在了产品设计改进和深度市场开发等后期环节。在产品外型的

改进、工艺的提高、生产成本的降低、生产效率的提高、市场的细分、营销渠道的开拓上集中地投入人力物力。并且通过率先设计投入市场的反应迅速调整产品的设计生产。从客观上来看，设计的模仿创新在前期市场调研和设计方面节约了大量的投资，从而使企业能有相对充足的投入在产品的生产设计改进方面，以至在产品的外形、性能、价值、价格上赢得优势。

如国内生产的四川现代康恩迪豪华商务车就是嗅到了丰田考斯特独占中国公务车市场的丰厚利润，刺激了中国企业的模仿热情，目前相似车型的第三方内部空间改装方案中，会议桌、隔离板、首长席一应俱全，公司设计模仿的努力使得中国偏远城乡公路上奔跑的中巴都开始长得越来越像丰田考斯特。同时设计的改进也降低了产品的成本，相比同等配置的丰田考斯特低了 50 万元左右。

除设计、性能、价格等优势之外，模仿创新在生产方面的优势还体现在后发者的跟随学习效应。在新的设计开发之前，新产品的成本受到原材料、生产设备开发、工人的熟练成都等多方面不利因素的制约。而模仿创新者能够在市场趋于稳定时购买更成熟和便宜的设备、更经济的原材料、能容易聘请到相对熟练的设计师和工人。随着这些不利因素的好转，新开发的产品的单位成本随着产量累计，下降的趋势要明显高于率先创新设计者。

4.3 市场方面的优势

大部分率先设计的产品并不是市场期待已久、一上市就能引起轰动的产品。它们都需要一个被用户认识、被市场接纳的过程，这个过程包括对设计的接受、对价格的接受等。从企业的"创新设计"到市场的"畅销设计"之间的时间，我把它称为创新设计的"沉默期"。这种沉默期的长短是不确定的，少则几月，多则十年。设计模仿创新者可以进行一段时间的市场观望和分析，选择适当的时间进入，可以有效地规避由于"沉默期"带来的资金周转等问题。

5 设计模仿创新与网络营销

移动互联网的快速发展，主导并影响着现代人的生活。至今，中国已经是世界第一大互联网用户国，根据中国互联网络发展状况统计报告显示，中国网民结构总体呈现年纪轻、学历高等特点，并且这些人群追求潮流、喜欢新奇的设计，这对设计来说是一个巨大的市场。随着网络营销发挥的作用越来越明显。网络营销以其传播范围最广、交互性强、强烈的感官性、受众数量可准确统计、针对性强等传统营销方式无法比拟的优势被很多设计企业所采用。用户可以通过网络对感兴趣的设计了解到更为详细的信息，使消费者能亲身体验设计、服务与品牌。通过互联网，能够低成本灵活的对设计参数进行修改。这些先天优势是传统营销手段很难企及的。

随着我国网络的普及，进行网络营销也是实施设计

模仿创新战略的重要手段。如阿里巴巴创立时模仿亚马逊，但是阿里巴巴做了一系列的创新，它利用互联网让全世界的商人做生意不再困难。随着阿里巴巴的上市，一夜之间，阿里巴巴变成了价值 200 亿美元的大公司，这标志着中国的电子商务和美国走上了截然不同的路。全世界都在向中国买东西，中国本地的贸易商和制造商也互相做生意，这是阿里巴巴崛起的背景。提供商家信息，解决市场信息不对称，从中赚取服务费。再加上它有一个不缺话题、只缺版面的创办人马云，阿里巴巴始终是媒体宠儿。

在实施模仿创新的过程中，通过网络，企业可以从一开始以极低的成本就了解到消费者的需求和意愿，以及率先创新设计者的不足。并且，通过后期在网络上销售，可以降低损耗在中间商的成本，提高产品的竞争力。实施设计模仿创新的企业，在网络营销上加大投入，可以起到后发先至的效果。

6　设计模仿创新战略与企业竞争力

设计模仿不仅仅通过模仿高质量的率先设计带来直接的经济利益，而且还会给企业内部微观环境带来许多变化，给企业带来超过设计本身、深层次的竞争力。这种深层次的竞争力是企业参与市场竞争、设计研发，并且占有市场份额的根本保证，在我国工业设计相对落后、企业资金相对薄弱的现状下，设计模仿战略对提高我国企业长远发展、追赶国外领先企业有积极的意义。

以设计模仿创新为主导创新战略的企业，能通过长期的模仿创新，快速而高效的提高企业的设计能力，也就是设计积累。设计积累就本质上来说是企业作为一个整体，在所从事的实践活动中进行学习，这种企业也就是当前设计管理学家所认为的"学习型企业"。美国《财富》杂志指出"未来最成功的公司，将是那些基于学习型组织的公司"，而设计模仿创新无疑是组织学习最有效的形式。因为向成功的工业设计企业学习，模仿其创新设计，能最有效地增长模仿者的知识和技能，能增长设计师感应和把握最新流行趋势的能力、培养出具备强烈敏锐的感受能力、发明创造的能力、对作品的美学鉴定能力、对设计构想的表达能力、对市场的把握能力的新一代设计师。而基于模仿之上的创新，不仅对被模仿者设计能力加以消化和吸收，而且在此基础上进行新的探索，在设计能力的积累方面达到理解和超越的目的。

7　科学把握设计模仿战略的内涵

为了成功实施设计模仿战略，必须首先领会设计模仿创新的内涵，对一些对设计模仿创新优势偏颇的认识要予以纠正。

其一，设计的模仿创新虽然是以模仿设计为基础，但它和单纯的模仿（抄袭）有着根本的区别。从本质上来看，它属于一类型的创新行为。设计模仿创新战略并不会降低一个企业的声誉和口碑，对在成长中的企业来说，实施该战略能快速有效地提高企业的设计力。因为，从一个高质量的设计来说，单纯的模仿都不是一件容易的事情，更何况还要在此基础上有所创新。设计模仿创新战略是从单纯模仿到自主创新过渡的桥梁，具有单纯模仿难以企及的作用。

其二，设计的模仿创新战略不仅仅是对某一个高质量设计的模仿创新，而是对产生这种高质量设计的设计管理进行模仿创新，模仿领先企业的设计思想、系统、流程，得到适合本国、本企业的设计精髓。

8　模仿创新能力的培养

企业要成功地推行设计模仿创新战略，必须在模仿中不断提高自身的模仿创新能力，模仿创新能力包括以下几个方面：

8.1　快速反应能力

这种能力是企业对高质量设计迅速敏锐的识别和跟踪能力。如 2013 年媒体报道，苹果、三星、谷歌等科技巨头都将在 2013 年晚些时候发布智能手表。紧接着中兴就联合腾讯召开发布会正式推出了全新的智能手表 AXON Watch。到 2015 年第一批 Apple Watch 苹果智能手表已在中国大陆正式上市，其他品牌的智能手表也有多种型号在市场出售。在信息化普及的今天，设计生命周期变短、企业只有对市场新的设计产品有着敏锐的反应能力才能处于不败之地。

8.2　学习吸收能力

设计模仿创新的推广是建立在广泛吸收外部知识的基础上的，实施设计模仿创新战略所需要的知识支持主要来源于企业外部而非企业内部产生的知识，因此，能否快速、高效地吸收率先创新者的知识，是设计模仿创新能否发生的先决条件，而这种能力的培植和建立学习型组织息息相关。

8.3　设计改进能力

分析率先设计者设计的特点和不足，对其加以改进和完善，更好地满足用户的需求是推行设计模仿创新企业获得成功的重要方法。只有在设计和功能改进上具有较高的能力，设计模仿创新的产品才真正具有竞争力。

8.4　大批量生产能力

大批量生产能力是实施设计模仿创新参与新产品市场竞争的重要资本，是战胜率先设计创新者，扭转跟随劣势的关键砝码，因此，培植和提高大批量生产能力对实施设计模仿创新战略的成功具有重要的意义。三星手机从发展到成熟，不过短短数年，其成功很大的一个原因就是 2004 年推行的"机海战术"，当处于市场强势的摩托罗拉推出一款新设计，三星公司迅速地跟进，推出好几个相似版本，并且大量生产，降低成本，成功地将市场份额越扩越大。2007 年，三星公司已经超越摩托罗拉、索尼爱立信公司，成为全球第二大手机制造商。如表 1 所示，截至 2015 年三星手机已是 TrendForce 公司统计的全球主要智能机厂商份额排名的榜首。

表 1　TrendForce 2015 全球主要智能机厂商的份额排名

Figure 1:Top 5 Globol Smartphone Brands by Shipments

Company	3Q15		2Q15	
	Ranking	Market share	Ranking	Market share
Samsung	1	24.6%	1	26.7%
Apple	2	13.7%	2	15.4%
Huawei	3	8.4%	3	7.5%
Xioami	4	5.7%	4	5.9%
Lenovo	5	5.7%	6	5.2%
Others	–	41.8%	–	39.2%
Shipment Total (Unit: K)		332，710		305，090

Note 1: Date are preliminary and subject to change.

Note 2: The difference between Xiaomi's and Lenovo's shipment results is too small. Xiaomi is still ahead of Lenovo in total shipments.

Source: TrendForce, Oct, 2015

8.5　市场营销能力

实施设计模仿创新战略的企业，由于后进入市场，要想和率先设计创先者竞争，最终赢得用户，除了在产品设计创新上要下功夫，强有力的市场营销也是保障战略成功的重要保证。Dell 公司进入个人电脑市场很晚，但是它的独特的直销经营体系，在电子产品销售上具有很强的优势，这种跨越国界的营销体系能够帮助 Dell 公司推出个人电脑后很快超越领先者，占领市场。只有具有很高的市场营销能力，设计模仿创新战略才能顺利实施。

9　结语

设计的模仿创新是一种十分普遍的创新行为，是当今许多企业参与市场竞争的重要手段，也是很多企业得以立足市场的重要武器。在当代设计领域，真正能引领设计风潮的大多是国外领先企业，而我国企业多半面临着资金短缺、设计人员水平不高、品牌号召力不强、独立自主创新设计的实施空间有限等问题。要想赶超设计已经非常成熟的国家，我们必须采取有效的措施，反观我们周边设计比较成熟的国家日本和韩国，我们发现这两个国家在设计发展薄弱时期都采取了设计模仿创新战略，并且这个战略都对国内的设计水平快速提高产生了不可替代的作用。因此，想要快速提高我国设计的整体水平，我们要借鉴日本和韩国的发展经验，大量引进国外先进技术，并在此基础上努力模仿创新，力图在关键技术与核心技术突破，形成更多自主知识产权，这是在目前的情形下快速提高我国技术水平、应对市场挑战的最好选择。

参考文献

［1］国际工业设计协会 ICSID（International Council of Societies of Industrial Design）. 工业设计的定义，1970.

［2］国际工业设计协会 ICSID（International Council of Societies of Industrial Design）. 工业设计的定义，2015.

［3］傅家骥. 技术创新学［M］. 北京：清华大学出版社，2006.

［4］杨先艺. 设计策划与管理研究［D］. 武汉：武汉理工大学，2005.

［5］戈兰·沃而特. 从设计一个更好的鸟笼说起［A］. 北京：北京理工大学出版社，2004.

［6］上海指南工业设计有限公司. 产品设计指南［M］. 北京：清华大学出版社，2006.

［7］李砚祖. 造物之美［M］. 北京：中国人民大学出版社，2000.

［8］约翰·凯恩. 基于生活体验的设计：关于商务设计创新的科学［J］，2004.

［9］简昭全. 工业设计方法学［M］. 北京：北京理工大学出版社，2002.

［10］迪亚特·兰姆斯. 优秀设计的十条规则［M］. 北京：北京理工大学出版社，2002.

［11］安妮娅·弗尔斯特尔，彼得·克罗依茨. 创新制胜［M］. 北京：东方出版社，2007.

［12］王苗，顾洁. 美国故事中国启示：新环境下的企业竞争力［M］. 北京：清华大学出版社，2007.

［13］设计管理协会（DMI）. 苹果公司 PowerBook 笔记本电脑—产品质量设计与市场介入过程. 北京：北京理工大学出版社，2004.

工业设计驱动中小型制造企业战略创新研究 ①

姚善良

（武汉工程大学　武汉　430205）

关键词：工业设计　中小型制造企业　驱动　战略创新

1　前言

相比于西方发达国家，我国对中小型企业在经济社会发展中的作用和地位认识较晚，然而改革开放以来我国中小型企业为中国经济的腾飞贡献了巨大的力量，它们是我国制造业发展的基石。中小型制造业的发展对缓解社会就业压力、保持社会稳定、促进国民经济的持续增长有着重要作用。

然而，2011年以来中国制造业的光环开始褪去。伴随着内需市场的大幅萎缩，发达国家高端制造业的回流以及东南亚、印度等国制造业的崛起，我国不少制造企业在这一年里纷纷破产倒闭，并且绝大多数都是中小型制造企业[1]。同时，我国制造业的危机使中小型制造企业本身存在的问题也愈加凸显，管理制度落后、组织程度差、融资渠道困难、资金供给不足、研发能力弱、高端人才少、轻视设计、缺乏创新等问题日益严重。

面对当前的局面，中小型制造业企业必须加强自主创新、重视设计，给企业带来新的活力。今天困扰中小型制造业企业最险恶、最具潜在担忧的问题就是战略与客户体验的统一。战略是企业的一系列活动，所有的活动都需经过设计策划，才能将企业战略变为现实。如何进行战略创新将是中小型制造业企业创新发展的重中之重。

2　工业设计驱动中小型制造企业设计战略创新

企业设计战略从属于企业战略，体现在具体的产品设计上，是设计战略的核心内容。这里的产品并不是狭义的产品，而是包含技术、服务、品牌等特殊存在状态的产品。设计战略并不等同于企业战略，它必须根植于设计专业领域，切实指导企业的产品创新。工业设计可从需求入手，以未来的可能性情境作为出发点，用户需求即为市场导向和技术发展趋势。

在中小型制造企业中，用户、消费者即为市场，产品、服务、技术是其产品设计战略的外显体现。因此在中小型制造企业进行创新战略制定时，运用工业设计的理念，从用户需求着手来考虑产品设计战略，考虑未来的用户生活方式，从未来生活方式的转变来思考未来产品的使用、创新、市场及技术，而不是单纯地以现有市场及未来三五年内的科技为基础考虑产品设计战略，将会为企业提供众多无限的创新可能性，同时这些可能性并非天马行空，而是建立在用户的需求、生活方式、未来技术的可行性和商业价值之中。

工业设计的本质就是一种平衡商业效益有效性与设计价值创新性的思维方式，它能够动态地平衡合理性与创新性，这与设计战略的制定原则不谋而合。工业设计驱动中小型制造企业产品设计战略创新其实就是以用户需求为中心，为战略出发点和手段来引导企业产品设计战略创新，工业设计思维驱动下的产品设计战略也是基于未来情境的用户需求服务设计战略。

2.1　前瞻性设计战略创新

对于中小型制造企业来讲，创新是重中之重，只有不断创新，走在市场的前面，引导市场，才能立于不败之地。而对于传统的中小型制造企业来讲，其本身较为注重的是产品与技术，在企业战略中还是以数据分析为主的市场来作为战略体系的重点，这样就难免会被眼前的市场局限，无法做出大的创新。

工业设计把用户及其需求作为研究新产品和制定解决方案的出发点，强调创新的可能性，从最终客户的期望出发，创造客户新的需求点，以创新业务概念来设计未来的业务模式，利用创新实践和独特的观点超越客户的期望[2]。正是由于工业设计能产生源源不断的创新力，在产品设计战略方面，它能驱动企业构建前瞻性的设计战略，在已有的市场中对产品进行前瞻性的创新，不断开拓新的市场，引导企业走在市场的前沿，引领市场需求，占据市场核心地位。

2.2　用户导向的设计战略创新

工业设计作为一种创新的思维理念和方法，它关注的重点不再是"使用"，而是通过理解用户内在心理模型、观察用户在特定所处的环境下的使用行为，然后设计能够真正契合用户需求、让用户依赖的产品。现在是体验经济时代、大数据背景，良好的用户体验、数量庞大的虚拟社群是对企业产品设计影响甚大的重要因素。因此工业设计驱动下产品设计战略创新更像是对用户行为和需求更深层次的分析和解读，而不仅仅是专注于产品的技术或工艺创新。

用户的行为并不是无意识产生的，它被上下文关联

---

① 本文为2016年湖北省教育厅科学技术研究计划重点项目：以工业设计促进中小型制造企业创新发展研究（项目编号：D20161501）。

起来，只有基于某种上下文的情况下用户才会选择开始这种行为。而这种上下文又又分为内在和外在的，内在的指的是人本身的内在驱使和自身存在的需求和愿景；外在指的是其所在的环境。工业设计思维认为如果直接关注行为，而不关注人完成这种行为的内外上下文，很大的可能只关注了"怎么用"，而对一个被用户所依赖和喜爱的产品而言，"怎么用"往往是最后一步，更重要的是"谁会用"，"为何用"，"何时何地用"。产品是若干用户行为的整合，用户是否能够使用产品，取决于产品所能提供的行为组合，能够在用户"内在"和"外在"的上下文中找到"我要用"的结论。以用户为导向的产品创新战略正是如此。

3 工业设计驱动中小型制造企业形象战略创新

在工业设计驱动中小型制造企业制定前瞻性和用户导向产品设计战略的背后，还有品牌的表达与企业系统形象的创新。工业设计在调研和分析的基础上，通过策划和设计企业识别系统（CIS）——视觉、产品、服务等，设定企业的整体形象特征并塑造自身的品牌生命力[3]，以能够被外界准确认知和识别。工业设计驱动下的中小型制造企业形象战略创新不仅仅是我们设计学或管理学认识下的 VI、CI，更多的是企业在新思维驱动下如何完成自身形象的转变与用户对于企业形象的界定、企业忠诚度和品牌黏性的表现。

3.1 塑造中小型制造企业品牌生命力与品牌价值

随着社会的发展，企业创新已不仅仅着眼于技术层面的创新，而是转向了价值的交付，企业在开发产品或服务过程中，品牌与设计成为企业创造价值的关键性要素。品牌最初是消费者的认可表现与企业的对外语义传达。如今，品牌已升华为定位组织的希望和战略。品牌本身的概念由最开始产品的附加物到现在作为文化、知识和战略的代表，在战略上指导着产品。

品牌已成为中小型制造企业的战略资产，帮助企业在愈发复杂的环境中进行决策及塑造未来，品牌在现阶段已经成为另一种意义上的企业战略变现。创新促使中小型制造企业充满生命的活力，工业设计的流程之中将会一直探索未来会面临的挑战和场景，重塑现有设计，给予中小型制造企业品牌以新的生命力。

在企业的品牌建设之中，还需要通过工业设计建立一个系统，使其从创意到设计、到用户之间实现无缝流动，对其目标群体进行理念和含义的表达传递。在品牌体验和领导力的建立及系统化的完善中，工业设计作为创新和保证品牌体验良好的触发器，为品牌创建切实可行的业务平台，将品牌的定义传达于用户，在取得一定成功之后，通过对客户同理心的洞察和把握，继续深度挖掘用户需求以维持和继续发展品牌文化，这种深度的挖掘和发展也是品牌的生命力。

当下，中小型制造企业需要优秀的品牌建设专家和设计思维者，将品牌建设框架整理成完整的体系，并将其推进到程式阶段。首先提出一个程式雏形，即品牌建设框架第一代，接着征询使用者的反馈意见，然后将这些意见和建议整合融入下一个程式模型，进而形成品牌建设框架第二代，以及品牌建设框架第三代等。这也是工业设计思维迭代的思维特征驱动企业品牌创新建设的流程。

工业设计驱动下建立的中小型制造企业品牌，使得后期进入职场或企业其他人员可以借助这个内容详细、定期更新的操作流程体系进行进一步的品牌完善和维护工作，建立品牌的持久生命活力。

3.2 建立创新型中小型制造企业形象

工业设计驱动下的中小型制造企业品牌形象是用户与企业之间的关系链接，是用户的认同度表达，也是企业形象的自身承诺。设计战略的改变势必会影响到企业品牌的构建和输出，因此企业形象战略的制定离不开企业设计战略和品牌愿景。工业设计驱动下的创新设计战略和品牌将会帮助中小型制造企业建立或进行业务和组织转型，建立体验型和设计服务型的创新企业形象。

（1）体验型的中小型制造企业创新形象。

体验型的企业形象使用户建立舒适的情感联系，形成对企业的忠诚度和认同感。这些体验及其价值在于它们创造出的企业和用户之间的情感共鸣，工业设计思维驱动企业建立与用户体验统一的产品设计战略，从品牌与产品形象中传达的体验愿景通过对用户的引导及用户的自我反馈认知，重新向用户传达企业形象。对于不同消费者而言，不同的体验决定不同的品牌认知，进而对中小型制造企业的市场忠诚度和认同感产生决定性的影响。

（2）设计服务型的中小型制造企业创新形象。

用户导向的产品设计战略中最终的输出是围绕用户进行的服务设计。工业设计驱动企业将服务与体验这些软文化作为现代中小型制造企业竞争力的主力，而不再是纯技术的硬件比拼。因此，要依靠设计创新与服务增强企业竞争力，提高用户依赖感，要建立创新服务型的企业形象，从企业的产品价值链的产生、到价值链的末端，为用户提供较为系统的服务及体验，使用户感受到企业传达的愿景与情感，而非单纯依靠高尖端技术创造的高端冰冷形象。

4 结论

战略与企业经营的关系十分密切，它直接影响到企业产品、形象、组织等的运营[4]。对于我国广大的中小型制造企业而言，创新性的产品和良好的企业形象是它们转型升级之路上的重要战略资源，企业必须通过战略创新来实现上述两方面的优化整合与提升。

工业设计高效的创新基因和独特的视觉特性决定了它将是中小型制造企业战略创新的重要工具和驱动因子。中小型制造企业可以通过工业设计来驱动企业战略创新，并根据自身情况进行创新设计工作的长期规划，使企业各层次的创新规划相互统一、协调一致，以有效提高产品创新开发能力，增强企业整体形象与市场竞争力，进而科学、高效地完成企业的转型升级之路。

参考文献

［1］张震宇.中国传统制造业中小企业自主创新动力要素及其作用路径研究［D］.成都：西南交通大学，2013.

［2］鲁百年创新设计思维——设计思维方法论以及实践手册［M］.北京：清华大学出版社，2015.

［3］李睿.中国特许经营企业形象设计战略［D］.北京：对外经济贸易大学，2008.

［4］迈克尔·波特.竞争战略［M］.陈丽芳译.北京：中信出版社，2000.

"新常态"下的产品"高附加值"原创设计价值

李 屹

（北京理工大学珠海学院 广东珠海 519085）

关键词：工业发展 原创设计 设计产业链 高附加值 产业创新

1 引言

针对当前后金融危机时代下的机遇与挑战，随着中国自身的经济发展要求，从"中国制造"到"中国创造"，"设计创新"的贡献值得关注，产品设计创新是企业品牌的核心，也是未来竞争中的决定力量。产业竞争力的核心取决于产品附加值的高低。因此说产业没有朝阳产业和夕阳产业之分，第一产业也可以带来高附加值，第二、第三产业也可能是低附加值。真正决定产业结构发展的不在于三种产业的占比多少，而是在于资源利用效率的高低，附加值是决定产业发展的关键性因素。

近年来，中国经济保持了高速增长，成为世界有目共睹的制造业大国，2010年，中国大陆地区已经有44家企业进入世界500强行列，有3家企业跻身全球前10位，2013年这个比例又进一步增大，包含台湾在内，中国上榜的公司总数已经达到95家，距离百家仅咫尺之遥。上榜企业的总收入达5.2万亿美元，占到了500强企业总收入的17%。而在2000年，世界500强名录中还只有8家中国企业的名字，中国超大型企业的发展速度是有目共睹的。可与之相比另一个不争的事实是虽然取得了如此成果，但在100多家中，至今找不出一个"全球叫得响的品牌"更少有产业话语权的超级企业。与跨国公司相比，自主创新能力仍有很大差距。

2 产业结构现状制约创新的成长动力

在一个产业环境中，各种产业之间相互依赖，一种产业的存在成为另一种产业发展的前提或结果，每一个产业只是产业系统中一个环节，由各个环节或片段联成一体就变成产业链。如果产业价值链中的某些企业通过技术创新首先取得了优势地位，使产品更新换代，必然会要求上下游的企业能够提供符合其技术要求的原材料或零部件，制定相应的销售计划，提供更高级的技术支持，获得更好的服务。不同行业中却都存在着一个处在价值链高端的企业，它对上下游企业具有议价能力，就像手机行业中的苹果、餐饮业中的星巴克。这与企业科技含量及产业属性无关，与所谓的高端低端无关，是因为它们是产业链里的拥有这种行业议价能力带来的高附加值优势地位，事实上可能并不存绝对的"高端产业"，而应是高附加值——如果没有准入门槛的限制，一个高附加值的产业就会因为利润率高而吸引更多投资者进来，从而摊薄该行业平均利润率。为取得高附加值企业又不断投入技术创新引起产业变革再次站在"行业高端"不断再重复这样的循环（图1）。

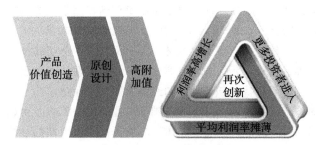

图1 产品的高附加价值循环

问题在于，国内所谓的高端产业高新技术企业，往往属于资金密集型企业，遍地的"高新产业园区"也是这种资金密集型。片面注重GDP和税收成长，是各地在招商引资时喜欢高端产业的最大原因。当然不可否认的是这种方式可以带来一定技术的引进与成长，这对本身的创新也是有一定帮助的。国外先进技术的引进对经济发展的促进作用还是很明显的。20世纪90年代初，随着大规模的技术引进，我国高技术产业快速增长。1995年到2009年，我国高技术产业产值增长了10多倍，年增长率接近30%，远远超过GDP的增幅。

快速发展的高技术产业成为我国产业结构和出口商品结构优化调整的重要推动力，成为我国经济快速发展的主要引擎。但是，在高技术产业总量扩张的背后是其产品技术含量不高，产值和出口的增长主要依靠大量承接跨国公司的OEM，技术的发展和进步远没有成为高技术产业高速发展的真正推动力。由于中国是一个发展中国家，从世界产业发展的全球布局看，产业转移是推动我国产业发展的强大动力。所以迄今为止，我国大多数产业的技术来源主要都是西方国家的产业技术扩散。

而转移产业并不是简单的产业搬家。产业转移的技术依托是产业分解和产业融合。发达国家通常是将产业链进行分解，然后把一部分生产环节转移到发展中国家，以实现国际生产分工和资源配置。同时，所分解的产业链环节又可以同发展中国家的产业链进行连接，实现产业融合，以开拓更大的需求空间。

在这样的国际产业分工条件下，中国的要素资源特征决定了在现阶段，在中低档产品生产设计以及在加工制造业的中低端生产环节（特别是组装）上的低成本、低价格，是中国产业参与国际分工和国际竞争的一个很大优势。在这方面，中国的许多产业在进入国际市场时几乎是"所向无敌"，这直接表现为在中国加工生产的工业制成品占国际市场的份额迅速上升。但谁也不想长期处于低端产业、低附加值的国际分工地位。高附加值原创性设计的价值需求必将突显。

3 产业转型把握机遇、创新原动力

实际上在竞争过程中，许多企业已经越来越体会到，随着传统产业和传统技术向中国的大量转移，市场饱和利润摊薄是不可抗拒的趋势。要形成持续的竞争力和保持持续增长的空间，就必须在技术创新上有新的作为，即把产业发展的基点放在技术创新特别是发展具有自主知识产权以至拥有核心技术、原创设计的基础之上。

而长期的"市场换技术"，造成了很多企业的技术依赖，这种依赖思想慢慢演变成了一种习惯，大大制约了创新的步伐。随着我国的经济发展和产业技术水平的提高，以自主知识产权为基础的产业技术来源会变得越来越重要。一味地技术模仿，尽管可能获得短期的经济利益，但从长期来看，将丧失技术创新和原创设计的能力。特别是对于重要的战略产业和核心技术，实际上很难从简单的国际转移中获得。

而当下的产业链结构性的自身冲突与矛盾也越来越凸显改革的必要性。我国经济"现行版"面临不可持续的风险，表面看，是因为形成了外延扩张发展路径依赖，而发展路径的依赖，实际上是体制惯性的结果。长期的速度追赶，使经济调适机制缺乏。原有的产业结构衡量标准早已不适用。经济效益较低。我国每个就业者创造的 GDP 仅为发达国家的五分之一。多年来我国工业增加值率基本在 26%~30%，而发达国家一般为 35% 左右，美国、德国等超过 40%。经济运行效率较低。这种靠投资支撑的增长已难以为继。虽然我国经济体量已居世界第二，但产业结构呈矮化态势，处于国际产业链的低端。产品附加值整体偏低。产业政策的转型升级。从制造到创造已经喊了很多年，但中国产业的竞争力依然疲弱，中国产业转型升级如何从政策面落实到执行力上，是一道值得思考的战略课题。

4 制约创新的要素、催生国家创新体系

是什么制约着产业结构变革中创新动力。首先，国家创新体系尚未建立起来。国家创新体系的内涵是实现国家对提高全社会技术创新能力和效率的有效调控和推动、扶持与激励。

国家创新体系中的三个部件仍然存在功能缺失：大学是基础知识的创造主体，也是国家重要创新平台的搭建者，其中的设计教育更是应该与经济实践紧密结合，但是我国承担共性技术研发的科研机构与大学缺乏学术交流的体系，设计教育和创新平台也无法搭建；知识传播系统依靠的是产学研用的结合，但我国设计教育和科研机构中科研人员从事的研究工作大多与企业所脱

节，科技成果很难转换为经济效益（图 2）。

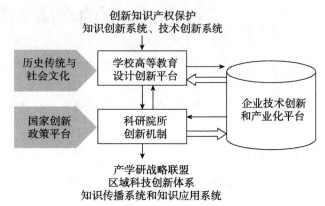

图 2 国家创新体系模型

同时，知识产权保护制度的不完善也使得知识创造者在科研原创设计成果转化时的利益得不到保障，阻碍了技术扩散；设计创意应用系统的主体是生产企业，在需求旺盛的情况下，长期看订单经营方式，很少有企业愿意承担设计技术创新应用带来的风险。

另外，产业环境不利于创新。创新活动本质上也是一种投资，需要花钱，需要承担风险，面临很多不确定因素，充满竞争。而产品设计生产可以在三方面进行投资：市场推广、设备投资和技术创新。到目前为止，对企业竞争力影响最大的首先是第一种——市场推广，也就是扩大市场规模。其次是设备投资，最后才是设计技术开发的投资。现阶段，以企业为核心经营的环境下更多地倾向于扩大生产规模，提高生产能力，然后才会考虑技术创新的投资，特别是自主技术的投资。大多数的企业还没有靠技术创新、设计原创来提高竞争能力。

5 创新的优势与条件

在新的产业变革中，我们又该如何把握机遇和已具有的优势。首先，已具备人力资源基础。中国的人力资源发生了很大的变化，1982 年，劳动人口中小学文化程度和大学文化程度比例是 57：1，2005 年是 5：1，2009 年是 5.5：1，这奠定了实现大范围技术创新的人力资源基础。

而且，市场空间巨大，具有技术创新独特优势。尽管我国在产业技术水平上处于相对劣势，但也有独特的优势。中国巨大的市场空间，使高新技术所需的高投入可以有巨大的消化空间。

高新技术研究、开发和产业化需要投入巨额资金，高投入必须要有相应的经济回报，才能实现高技术投入的良性循环。而所谓经济回报就是高新技术产品的市场。只有充分大的市场空间才能消化高新技术研究开发的巨大投资成本。

很显然，中国在这方面具有独特的优势。巨大的市场空间具有吸纳企业研究开发资金的强大吸引力，面向中国市场的高新技术研究开发投入有可能获得可观的经济回报。因此，中国不仅能够成为制造能力的巨大投资

场所，也会成为研究开发活动的巨大投资场所。

从这一意义上说，中国具有自主技术创新的绝好条件，许多跨国公司都把中国作为实现重大技术创新的沃土，更多世界一流设计机构也纷纷来华设置机构或寻找本土新兴设计机构合作发展，中国自己更有条件在这块沃土上实现从以技术模仿为主的工业化道路向以原创设计价值创新为主的"高附加值"经济发展道路的历史性转变。实施科技振兴计划，促进研发能力提高。支持企业建立技术中心和研发中心，培育创新设计能力革新设计教育和培养高素质的具有原创设计价值的设计专业人才。

对于大型企业，要发挥其科研优势，鼓励其培育具有独创性的核心技术能力，完善产业内和产业间的技术渗透体系。对于中小型企业，鼓励形成技术创新的网络体系，作为核心技术的补充，积极进行应用性创新。此外，还要加大力度改造传统产业，扶持其中具有"高附加值"的原创设计技术改造，创造良好外部环境。

加强设计产业与设计教育院所的合作，建立产学研经常性的交流机制，拓宽自主创新的视野。进一步做好知识产权保护工作，建立和完善知识产权交易市场，促进技术成果流通，鼓励企业参与国际专利交换工作。

同时，加大对原创性创意产业的资金支持力度，财政、税收等政策要对自主创新型企业给予优惠。支持符合条件的创意设计产业，进一步拓宽融资渠道。积极利用风险资金等新型融资手段，探索适合创意产业的风险投资市场。

6 结论

面对新时代的生活模式与要求，产品设计正在不断提升人们生活品质的同时，更应该开发人类内在因素和把握时代趋势，这成为设计产业的目标，也是产业结构变革的要求，消费者社会的构成概念，很大程度体现在消费商品的附加值与服务方面。产品的使用价值（机能性）和其交换价值（价格）的等比性在缩小，产品的附加值属性在越来越受关注。原创性的设计价值更为突显。重塑创新导向的设计产业增长体制。充分调动设计师以及设计教育、设计机构的积极性、主动性、创造性，是设计创新体制改革的基本取向。要建立面向国际、面向市场、面向现代化的设计创新主体，理顺政府与科研机构、教育机构以及企业之间的关系，赋予其更多的自主权。相关政府部门的职责应是方向引导、标准制定、实施监管。转变资源配置方式。使市场在资源配置中起决定性作用和更好发挥政府作用，不仅是结构优化、效率提升的根本保证，也是创新的根本动力。而要成为世界经济稳定的经济引擎，中国面临着很大压力。深化改革，突破瓶颈，才能使拥有更多的"高附加值"原创设计价值，成为名副其实的世界设计创造强国。.

参考文献

［1］Michael Erlhoff. 思索当前的设计与设计教育：七个可能方向［M］. 王鸿祥，译. 台北：实践大学，2001.

［2］张群. 中国原创设计力：世界瞩目的东方设计之道［M］. 北京：中国青年出版社，2012.

［3］国家发展和改革委员会产业经济与技术经济研究所. 中国文化产业发展报告 2012-2013［R］. 北京：社会科学文献出版社，2013.

［4］张群. 中国原创设计力：世界瞩目的东方设计之道［M］. 北京：中国青年出版社，2012.

［5］杨宽宽. 中国工业经济统计年鉴（2012）［M］. 北京：中国统计出版社，2012.

［6］国家统计局，国家发展和改革委员会，科学技术部. 中国高技术产业统计年鉴 -2012［M］. 北京：中国统计出版社，2012.

［7］郭朝先. 经济发展方式转变：产业升级与空间布局［M］. 北京：社会科学文献出版社，2012.

［8］S Davis, C Meyer. 新商业革命［M］. 黄淑慎，译. 台北：时报文化出版企业股份有限公司，1999.

［9］Leadbeater C. 知识经济大趋势［M］. 李振昌，译. 台北：时报文化出版企业股份有限公司，2001.

CHINA INNOVATION DESIGN INTERNATIONAL CONFERENCE

"互联网 +" 与创新设计

大数据时代下"互联网+"对创新设计产业的影响 ①

王明旨

（清华大学　北京　100084）

关键词：互联网 + 创意产业 大众创新 众筹

1 引言

近年，随着云计算服务、物联网应用和移动互联网等技术的飞速发展，大数据思维、"互联网+"模式对创新设计产生重要影响，推动了设计产业发展方式、呈现形态等出现很多新的变化。

2 大数据思维下的创新设计机遇

2.1 大数据思维与互联网思维

大数据既是资源，也是一种方法，它深刻改变了人们的生活、工作和思维方式。其中，大数据思维有以下特点。一是定量思维，每个人可以更方便、快捷、动态地搜索、储备、分析所有数据，从而带来更全面、立体、系统认识。二是容错思维，当大量非结构化数据很容易获取和分析时，过量信息反而需要有意容许一定程度的信息模糊，以便宏观层面更好的洞察。三是关联思维，大数据为人们提供了挖掘隐蔽信息的精确力，帮助人们发现以前难以看到的信息关系。四是智能思维，物联网、云计算、社会计算、可视技术等技术的突破发展，数据自动搜索将有效推进机器智能思维的发展。

互联网思维指充分利用互联网方法、规则创新的思想。它是用户至上、扁平化的思维，解构了工业化思维三大基础（规模生产、销售、传播），建立了新的思维方式，互联网思维强调用户驱动产品，不断通过用户反馈来快速更新，习惯于免费使用和服务模式盈利，其思维特点表现为"体验、聚合、互动、分享、迭代、扁平"关键词（图1）。

图1　大数据思维与互联网思维关系

2.2 "互联网+"影响的创新设计产业新趋势

（1）由单一领域向多领域融合。

在移动互联网、云服务等信息技术催化下，过去有边界的产业慢慢模糊，产业融合逐渐成为主流趋势。一方面，传统产业通过创意转化成经营资源，不管是农业、制造业还是传统第三产业，都可借助"互联网+"思维获得创新发展，或与创新设计产业融合发展，实现差异化竞争。如"很高兴遇见你"创意餐厅，将创意设计与传统餐饮业结合，通过有情调的空间设计、创意化菜品形成个性。另一方面，随着互联网对各行业深入渗透，传统设计产业在互联网媒介下的融合发展成为新趋势，互联网扮演了传统创意行业融合剂和业务变革催化剂，在提升创意、弥补服务空点、连接线上线下三个方面产生效应，并延伸出新领域和新市场机会。

（2）将设计思维从"个体思维"延展到"众筹思维"。

随着"大众创新、万众创业"在国内的火热展开，由此带来了一系列新思维、新模式。这推动了设计产业发展从"个体思维"延展到"众筹思维"，所谓"众筹"指通过大众帮助获得梦想实现。大众创新使得让创新从"小众"走向"大众"，在全社会形成人人创意的氛围。众筹思维对设计产业发展有着重要意义，它既有助于借助市场力量解决设计产业发展的资源、资金、人脉、市场等难题，又通过整合与分享方式帮助创新设计者获得广泛支持，给设计项目注入最先进的商业文化理念，让感兴趣的普通关注者、专业投资人共同观察、分析、分享设计产品的市场可行性、适应性。

（3）"互联网+"驱动创新设计产业内部升级换代。

"互联网+"使创新设计产业进入一个全新发展层次，在"互联网+"时代出现了大量优秀创客，其原因是互联网给每个人创造了扁平化机会，过去分裂的诸多创意领域（影视、游戏、传统文化、设计等）在"互联网+"消费驱动下得到升级换代。

一方面，"互联网+创新设计"有大数据效应，为设计产业提供了快捷的信息交互平台，打破了企业与市场间的信息不对称，整合碎片化的用户需求，在平台整合、信息互动、创意融合方面形成虚拟配置效应。另一方面，"互联网+创新设计"有深度合作的创新效应。"互联网+"是创新设计展示、应用、资源获取的平台，其互动交流、群体分享特性为设计创意迭代提供了

① 发表在《设计艺术研究》2015 年第 5 期。

可能，并通过大数据挖掘用户行为，为创新设计带来全新思路，从根本上改变设计产品的产业链。

（4）平台化发展。

"互联网＋"以大数据为依托，积累出巨量用户数据，经历了从汇集、分析到应用的衍变过程，不仅记录了用户的消费行为、分析出用户的创意消费偏好，还可以进一步推导出用户深层的文化创意消费心理。在"互联网＋"模式下，用户数据、资源平台、创意产品、入口渠道等越来越多元和开放、自由、共享，呈现"去中心化"趋势，这对创新设计商业模式产生强烈冲击，促使以用户数据指导资源协同。正如李克强总理在2015年两会上所说"'互联网＋'将进一步促进文化创意产业蓬勃发展"。"互联网＋"平台颠覆了传统设计的组织形式、传播途径、商业模式，可以和很多行业广泛合作，开启了传统产业生产流程再造、模式创新和价值重组的平台。

3 互联网＋创新设计产业的新常态表现

当前，"互联网＋"不断向技术、研发模式、服务、创新思维等全方位渗透，这些改变都以"互联网＋"为基点重构，引领工业4.0发展。因而也推动了互联网＋创新设计产业产生一些新的常态。

3.1 大众创新成为设计产业新形式

在传统的产品消费中，用户与是设计提供者相互独立，消费者被动接受产品，而"互联网＋"使得创新设计通过互动体验式消费成为可能。特别是社会经济形态中"科技智能化，经济服务化"及3D打印的日益成熟，为普通个体成为创新者提供了充分条件，从"小众创新"转向"大众创新"，消费者既可是产品设计者、生产者也可是消费者。如DIY消费，消费者通过亲身体验产品的创新设计、制作并购买自己设计制作的产品来消费。大众创新的主要形式有三种。一是创新设计与开发，创意的概念化和概念的操作化。二是设计与研发，以创造新的消费理念、方式和期望为目的，如利用线上线下互动实现产品和服务的创新。三是改进与研发，打破边界限制，吸引多方面人群参与改进，无边界创新成为一种趋势。

3.2 多主体跨界创新突显

在泛移动互联网的大数据时代，跨界交流和开放创新迎来增长。设计学科交叉加速，产业前沿延伸，设计产业跨界融合越来越呈现多主体、立体化、多领域的面貌，"在信息时代，设计领域变得更为广阔：纵向的看，它对产品外形的改变范围已扩展到对崭新产品的开发以至人类生活方式的设计；横向的看，这范围已由人类使用工具的概念扩展到文化、心理和环境"[1]。如2015中国北京国际文化产业博览会上，文化创意与科技、设计、体育、旅游融合而成的新产品、新模式非常多，如出版社的图书自助出版移动APP设计，可穿戴体感产品，展现了创新设计行业广阔消费空间。

3.3 创意与智能化融合

智能化是信息技术正在成熟的应用趋势，它贯穿终端、网络、计算、存储等各种应用，将人们的生活带入智能化。[2]韩国政府就明确提出建设"智能文化创意强国"。设计产业本身是融合性产业，随着智能技术逐步渗入创新设计领域，给用户带来是可触、可视的创意产品，将推动产品移动化、社交化、视频化、大数据化的融合与发展，在依托互联网众多衍生智能产品的背景下，技术提升了设计产业协同性，打破产品和形式的界限，提供了设计创新的载体和平台，给设计产业发展带来全新机遇。在未来的创意内容生产上，除了文字、图片和视频，以3D技术支持的内容产品也必将形成大量需求。更多数字内容产品和服务将依托移动网络提供，以远距离互动、虚拟现实技术、真实情景再现广泛应用于影视欣赏、演唱会、设计等领域。

4 "互联网＋"思维下的设计产业发展模式创新

"互联网＋"是社会自身在产品、技术、用户体验等方面进化的一个阶段，其本质是一种新的思维方式。这种思维对设计产业发展有着重要影响，使得设计产业发展模式出现新的变化。

4.1 设计目标和决策的更新

"互联网＋"思维和模式推动创作目标从产品导向转向以用户为主、从人的决策转向数据决策、从完整生命周期思维到迭代思维。信息社会里的个体都有自己独立价值观，产品的开发将依据不同用户提供不同的产品和服务，在用户为中心基础上进一步凝聚目标用户。同时，体验消费、社交网络和各种传感器给创意企业反馈很多数据，产品开发将依托在有数据支撑的科学决策上，以数据辅助商业决策和产品设计。此外，产品的传统生产模式有着设计、生产、销售、维护等既定流程，以保证产品质量和服务，但过长的流程也容易造成不适应用户个性需求，在大数据支撑下，产品有了新的创新方式—迭代创新，针对目标客户不断进行数据反馈和迭代修正，帮助企业迅速形成行业壁垒。如腾讯的微信（We-Chat）产品就是快速迭代思维下的创新典范。

4.2 设计消费重心的转移

进入21世纪，全世界越来越重视文化创意在生活与经济发展中的特殊作用，逐步进入物质充足、服务无所不在的消费社会，文化与艺术的符号产品在消费结构中呈现越来越大的比重，这表明人们的消费形态正从物质需求型转向非物质消费。此外，消费重心的转移也与设计目标的更新紧密相关，亚文化群体的不断扩大，产品消费方式由推广式转向服务化引导、产品价值转向用户价值。在传统消费观念里，产品的价值常以产品的边际收益来衡量，以销售额为唯一目标，但在互联网＋环境下，用户价值被逐渐重视，通过非物化消费、服务方

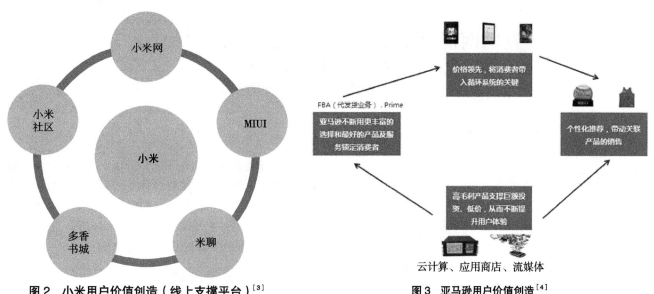

图2 小米用户价值创造（线上支撑平台）[3]

图3 亚马逊用户价值创造[4]

式等内容创造新的产品赢利点，如阿里、小米、亚马逊公司是抓住这一创新趋势的典型案例（图2、图3）。

4.3 设计实践方式的众筹化

近几年，信息技术快速与艺术、文化和创新产业结合，改变了设计创新内容、创新形式的方方面面，瓦解了设计产业传统经营模式，"艺术与科学相互交叉的新学科不断产生新的知识结构及创新价值体系正在悄然发展"[5]。其中，众筹模式呈现出其对设计产业的重要价值。其实，众筹的发生本身就是创意与技术的融合结果。众筹（Crowd Funding）指创意者透过网络平台对公众展示创意，吸引大众关注并获得创业援助，具有限制较低、形式多样、注重创意等特点。

当前，设计产业的众筹模式发展迅速，对设计产业的实践方式有独特性与优势。一是借助互联网快捷的信息集散特点，为大众参与创新设计项目提供了直接对接平台；二是提前介入产业链前端，通过众筹模式发布创意项目，可以对大众意向进行评估，一定程度上防止项目损失；三是汇集松散设计资源的有效途径，创新设计团队借助众筹平台获得反馈和优化建议。

5 结语

"科学技术的发展必然引起人们的生活方式、生活态度和情趣的一系列变化"。大数据和"互联网+"正带来深刻的思维转变，创新设计产业的发展也深受其影响，当用户已经形成互联网思维时，创新设计产业也必然在创新思维、创新方式、产业形态、发展模式上有相应变化，这些都是互联网+设计产业需要认真研究的内容。

参考文献

［1］王明旨.关于工业设计的未来［J］.装饰，2008（10），52-53.

［2］维克托.迈尔·舍恩伯格.大数据时代：生活、工作与思维的大变革［M］.杭州：浙江人民出版社，2013.

［3］小米产品营销及产品分析.http://www.ximisoft.com/?p=624

［4］从市盈率看亚马逊的生存逻辑.http://zhenyuan.baijia.baidu.com/article/20533

［5］王明旨.信息时代艺术与科学将进一步交融［J］.美术观察，2001（6），40-41.

互联网视野下小米创新设计路径的启示 ①

陈汗青　陈　聪　韩少华

（武汉理工大学　武汉　430070）

关键词：创新 2.0　互联网　小米模式

1　引言

面向知识网络时代的创新设计是互联网时代设计发展的新型模式。"互联网＋"以知识网络技术为基础，以先进设计方法为指导，空前地改善了人们的生活方式，并推进了社会进步。我国现阶段正在处于产业与设计升级转型的重要时期，创新设计成为互联网时代经济和社会进步的新动力，正在形成万众创新的态势。

同时我国设计又面临着重要而紧迫的挑战，人与生存环境的矛盾、信息污染、情感异化……尤其是自主创新薄弱，抄袭侵权屡有发生，在规模、质量、结构的优化及可持续发展方面尚处于起步阶段。如何高效率、低成本地投入竞争，对我国设计产业从经济活动的边缘走向核心，提升品牌、附加值、提高产业水平，提高生活质量具有现实与长远意义。本文以此为背景，以国内小米公司为例，探讨了创新设计在互联网时代的又一路径。

2　小米顺势崛起

体验经济时代，移动互联网、大数据、服务创新等深深地影响了互联网企业与制造业，其中以小米为代表的企业依靠其"硬件＋软件＋服务"的模式，逐渐形成其独特的创新设计路径。图 1 为武汉小米之家内景。

图 1　武汉小米之家

小米公司于 2010 年 4 月成立，是一家专注于智能手机研发的移动互联网公司，由前 Google、微软、金山等公司优秀员工组建。已获得来自 Morningside②、启明、IDG 资本 ③ 和小米团队 4100 万美元投资，其中小米团队 56 人投资 1100 万美元，公司估值 2.5 亿美元，在不足四年的发展历程中，成为国内迅速崛起的手机行业领跑者。2010 年 8 月 16 日小米发布其 MIUI④ 首个版本，2011 年 9 月发布首款手机，当年销售额仅 5 亿；2012 年，小米手机销售了 719 万部，销售额 126 亿；2013 年，小米手机销售量剧增 160%，市场份额达 316 亿；2014 年，小米销售额在 750 亿到 800 亿之间，成为全球第三大手机供应商；2015 年，小米又成功突破 1000 亿销售额的目标⑤。当年 8 月 7 日，国内知名研究机构赛诺在分析报告中指出小米手机以占据市场份

①　发表在《南京艺术学院学报（美术与设计）》2016 年第 5 期。

②　Morningside 晨兴创投是晨兴集团从事高科技风险投资的机构。自 1986 年晨兴集团创立以来，晨兴创投致力于帮助初创和成长型高科技企业，不仅向创业者们提供长期的风险投资，而且还向他们提供管理支持，创业者们也可以分享晨兴集团在全球的商业网络和合作伙伴。

③　IDG 资本（IDG Capital Partners）是第一家进入中国市场的美国风险投资公司它不仅向中国高科技领域的创业者们提供风险投资，并且在投资后给他们提供一系列增值服务和强有力的支持。

④　MIUI 是基于 android 全新开发的手机操作系统，更加注重用户体验，更加便捷、更加符合用户操作习惯。

⑤　徐静霞 . 基于互联网思维的小米商业模式创新及其困惑［J］. 经济师，2015（3）：58。

额 31.7% 的数据力压群雄，夺得头筹。① 小米的崛起，顺应了时代潮流，是创新设计发力的结果。反映其"战略 – 基础 – 方法 – 机制"的独特路径，给其他企业以及设计师们带来新的思考。

3 小米创新设计路径

3.1 设计组织的创新

小米采用扁平化的管理模式，是一个面向未来的互联网概念的管理方式。小米的 8 个联合创始人中有 2 个具有设计专业背景；小米发展至今非常注重功能定义和用户体验，除了电视有自己独立的设计部门，其他的核心产品及其生态链共用一个设计平台，包括工业设计部门、CMF②部门等；但是基于用户体验的设计师则大量分布在不同部门里，成为小米在智能硬件、软件方面的人才储备。设计师被分到若干项目中，直接跟产品经理组队，以发挥灵活的小团队效率，追求战略上的"轻模式、高效率"。扁平化的组织结构，让小米在复杂的竞争环境中，创新力和可能性更加突显（表 1）。

表 1　小米创新模式与传统模式对比

小米模式创新	传统模式创新
创新思路来自企业内部和其他外部人员，以及与用户的无缝合作； 小团队设计，每个创新步骤无缝对接，速度快、容错性较强、成本低。 充分利用互联网思维	创新思路大多来自公司外的用户和其他人；公司不用的创新成果转让给第三方。 产品策划、设计、开发、测试、发布呈线性流程，与用户有明显"隔阂"。部门间也有"隔阂"；信息相对闭塞，周期长、成本高

3.2 软硬件结合的基础创新

小米在智能硬件和软件的基础上坚持走创新设计道路，在外观设计上，注重极简主义风格，不仅设计精致，在材料选择和设计细节上也别具匠心。MIUI 是一个更为安全、生态的 ROM 系统，符合绿色设计理念，并且根据广大用户的使用习惯，自主形成了全新的用户体验体系，更加符合用户的心理认知，在其界面计上，强调设计的一致性，包括控件的一致性、信息架构的一致性、交互逻辑的一致性、页面布局的一致性。MIUI 系统视觉设计丰富，以用户为核心。如个性主题、百变锁屏和自由桌面，旨在满足用户的个性化需求。最新一代 MIUI6 提出了"内容才是本质"的设计原则，强调设计与情景的融合，去除过多的装饰，简化层级，做到设计与内容的无缝连接③（图 2）。

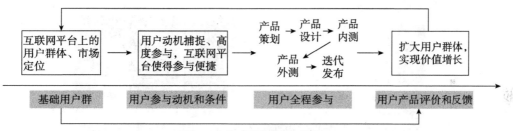

图 2　小米"群众路线"机制

以手机平台为基础小米又推出了基于 MIUI 系统的机顶盒、电视、插排、路由器，小米手环、空气净化器，而且小米的生态链还延伸至游戏、在线医疗、影视、阅读等服务上④。以手机为基础，MIUI 系统为核心，小米不断延展设计生态链，扩大互联网服务，用 MIUI 改进安卓系统，并不断迭代设计、开设小米应用商店、线下各地小米之家等。

3.3 互联网思维的方法创新

所谓互联网思维，就是在大数据、云技术等新兴技术背景下，对产品、用户、服务、系统、设计生态乃至对整个商业价值进行重新审视的思维方法。小米利用互联网思维不断实现着对传统行业的颠覆和重塑，第一，用户思维。好的用户体验能够让用户有所感知，并且这种感知要超出用户心理预期，给用户带来惊喜，并贯穿整个营销和品牌战略。第二，大数据和平台思维。移动互联网时代，用户习惯会产生信息、关系、行为三个层面的数据。整合用户数据，有助于企业进行预测和判断。小米将数据可视化，通过量化用户数据驱动体验创新，对于企业战略制定和产品定位具有极其重要的作用。小米 70% 的销售额通过互联网平台实现，仅有 30% 的销售额来自与服务商的合作，这就大大节约了维护营销网络的费用。节约的成本惠及用户，使其销售价格显著降低，从而使产品具有较强的市场竞争力。互联网的平台思维就是开放、共享、共赢的思维，小米善于利用现有平台，去打造多方共赢的设计生态圈，以此不断实现自己的商业价值（图 3、图 4）。

①　相关数据来源于 Yesky 天极新闻网。
②　CMF 指色彩、材质、工艺。
③　刘曦卉.企业创新设计路径案例研究［M］.北京：中国科学技术出版社，2015：24.
④　徐静霞.基于互联网思维的小米商业模式创新及其困惑［J］.经济师，2015（3）：59.

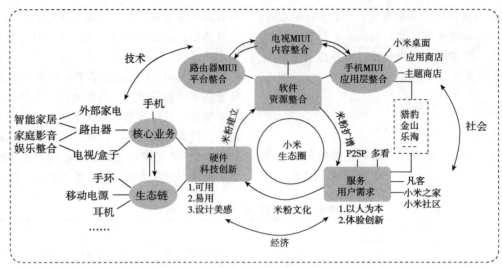

图3 小米生态系统

基于MIUI的小米界面在页面布局、信息架构、交互逻辑视觉上的一致性

图4 基于小米 MIUI 系统的界面设计

3.4 支撑体系的机制创新

小米通过接近成本价的手机等硬件大量铺量，先形成自己的粉丝文化，然后根据粉丝的需求设计相关产品，并进行小规模的产品内侧，内测结果反馈给设计部门，直接影响着产品的设计和性能，让产品快速完善；随之就是产品的社会化营销，并进行大规模的量产和预售，按照互联网思维的逻辑，把这些产品联结起来，形成设计生态链；基于MIUI的软件思维，最大的优势就在于它的扩展性，小米在硬件平台上扩展更多的互联网服务，并依靠周边产品进行盈利。"粉丝 - 内测 - 量产 - 连接 - 扩展"的支撑体系是小米模式区分其他制造业不同的地方，并不断支持着小米的机制创新和更多的商业模式发展。

小米创新设计正在从过去的单一模式到融合智能信息、设计战略、品牌策略、商业模式、生态发展、人文创意、互动交流、产业链整合等一体化、高端性综合服务转变。

3.5 小米创新设计路径的意义

小米的未来是建设使人人享受科技乐趣的生态系统，并逐步发展其组织结构、生产、运营、服务、品牌等方方面面。这是与我们看到的某些企业发展路径的不同之处。其创新模式在企业创立初期就属于创新设计发展者的角色，在开放型组织建设、用户体验设计、资源拓展方面小米都有其发展灵活性，并创造了许多新空间。这为面向互联网、大数据时代发展的广大企业提供了好的思路。

这类创新模式将有助于推进原始创新、关键技术创新、自主系统集成创新，提升核心竞争力，缩小同国际先进水平差距，实现"弯道超车"，在建设创新型国家中发挥关键作用。

图 5 所示为小米创新模式路径。

3.6 小米创新模式的局限性

比较小米创新模式与精益创业模式，可以发现一些相似性。知识网络时代，精益创业无疑是一种高效的产品开发和企业创新方式，它强调在市场先投入一个极简的原型产品，然后通过后期的知识加工以及有价值的用户反馈，对产品进行高效迭代优化，以期适应市场。小米通过来自市场上用户数据分析不断推出迭代产品，通过迅速抓住用户痛点，获得用户意见后快速对产品做出调整设计。由此又反映出一定的局限性，即：①过度强调敏捷开发，易忽略总体节奏，缺乏全局观；看似面面俱到却经不起长久的市场及用户推敲。而从单一产品设计到设计生态链的延展，更多的是全局意识和系统设计观念。②缺乏前瞻性，过度强调产品更新速度，会过分强调局部，把某个痛点看的很深，而忽视了整个产品乃至企业的长期计划性，导致产品销量高却不够高端。③小米模式创立的时间非常短，其设计水平也在发展中，同国际顶级企业仍存在一些差距，难以迅速累积厚实的设计基础。小米也清楚地认识到这一短板，正在努力发展设计创新。

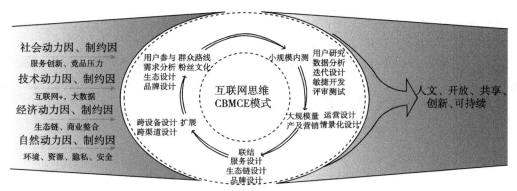

图5 小米创新模式路径

4 基于互联网的创新设计启示

4.1 全局出发的系统设计

从小米创新设计路径来看，创新2.0时代的企业不仅仅停留在单一的产品或服务的"小设计"层面，而是强调全局的"大设计"哲学观，这包含用户获取渠道、粉丝文化建立、产品核心竞争力、设计生态圈、营销服务、商业模式等方面，当今设计师不能局限于单一层面的设计，系统设计观强调把握全局，立足细节，通过设计师对系统设计观的理解影响其设计产出。只有这样做出的设计才能久经用户的考验、久经市场的考验，成为有价值、有影响力的创新设计。

4.2 用户高度参与的扁平化设计

创新设计注重人本主义的审美体验，其终极目标是为人创造幸福。

扁平化设计首先要强调用户的核心地位。从过去农耕时代的"给人设计"，到知识网络时代"与用户一起设计"，设计愈发注重用户参与的重要性。从前期的产品需求分析，产品定义到后期的设计规划、设计实施、产品的迭代跟进、评审测试每个环节都要与用户紧密关联，从小米创新设计路径上，我们看到小米产品独有的用户体验设计，其独特的MIUI系统让用户使用起来、参与起来更简单。用户是未来创新设计的重要基础，未来设计与制造将重新融合，并形成由设计师、制造者、用户及相关利益者共同参与的扁平化设计。

4.3 互联网思维的跨界设计

未来创新设计的重要趋势是更加注重跨界设计，跨界设计是基于"互联网+"背景，对用户、服务、系统、生态链，乃至整个商业模式的重新思考。

创新设计从"小众创新"转向"大众创新"，共创分享、多样无限的大数据有助于社会可持续发展和为生态设计提供新的生命力。尤其在2016年3月16日表决通过的《中华人民共和国国民经济和社会发展第十三个五年规划纲要》中指出"实施创新驱动发展战略要做好推进大众创业万众创新、构建激励创新的体制机制、拓展发展动力等方面的工作。"①

互联网的跨界设计主要以众创设计为主，这也是实现"大众参与，万众创新"的有效方式。第一，基于互联网的众创设计平台大，基于众创设计平台会涌现很多优秀设计师，他们创造性丰富，设计能力突出。第二，基于互联网的众创设计较为敏捷，相对于信息闭塞的农耕时代、工业时代，知识创新时代的特征之一即体现在高效和敏捷上，在有限的时间内做出高质量的设计方案是每个设计师努力的方向。第三，基于互联网的众创设计成果丰富，基于一个公共服务平台，共同致力于设计的发展和商业价值的创造。设计师在为广大用户创造价值的同时，应该考虑自身商业空间的发展和市场价值等因素。

① 人民网．习近平治国理政关键词：引领发展的第一动力．2016.03.

4.4 体验创新的服务设计

基于互联网思维的服务设计创新有以下几个要素，包括用户价值、服务理念、接触点和增值服务。[①]其服务有两个方面，一个是基本的服务，用于解决问题以满足用户的需求，另一个是特殊服务，用来专注个性用户的需求。互联网时代，针对当前用户需求的多样化，应当通过扩展附加值服务、优化环境服务、营销功能服务等方法去强化我们的服务内容，增加新的设计机会。服务创新的切入点是让用户进行系统的体验与互动。

5 结语

小米创新设计路径是以用户为主体的设计模式。作为国内成功的新创企业，该企业充分利用互联网生态环境，在探索产品创新，促进产业升级方面甚有借鉴意义。互联网时代，设计师更要理解用户的需求，将坚持可持续发展，提高人民幸福指数作为目标，融入用户价值、服务创新、互联网思维、跨界设计，努力推进产业与设计的转型升级。

参考文献

［1］徐静霞.基于互联网思维的小米商业模式创新及其困惑［J］.经济师，2015（3）.

［2］邢飞，张慧敏.出版业互联网转型的几点思考——以"小米"的成功为借鉴［J］.出版发行研究，2015（8）.

［3］英团.中国进入众创时代［J］.金融经济，2015(7).

［4］殷科.基于用户的服务设计创新及其实现［J］.包装工程，2015（1）.

［5］范凯熹.互联网时代的跨界设计［J］.创意设计源，2014（6）.

［6］刘曦卉.中国好设计——企业创新设计路径案例研究［M］.北京：中国科学技术出版社，2015：24.

---

① 殷科.基于用户的服务设计创新及其实现［J］.包装工程，2015（1）：9-10.

创意经济产业链下的设计发展创新

崔俊峰

（清华大学　北京　100084）

关键词： 创意经济　产业融合　设计创新　产业链　系统性思维

随着经济产业结构的转型升级，文化创意产业正成为当下流行的热词。在经过动漫热、创意产业园集聚区、电影业等繁荣、膨胀式发展之后，我们应清醒、理性地审视：什么是文化创意产业？它给我们的经济、文化、社会发展带来什么？"动漫＝创意产业？创意园＝文化创意产业"？文化创意产业存在的不足与局限性又是什么？如何发展文化创意产业？而今，当发达国家完成工业文明成果积累后，通过"知识经济"推动经济跨越时，我们却忽视了文化创意产业的两大核心——创意与知识产权，空谈互联网思维、O2O、商业模式创新……仍旧沉浸在"互联网思维"泡沫里歇斯底里的狂欢中，与缺少知识产权的先进制造技术创新相背离，这种"一刀切""跟风尾随"发展方式，是否适于当下国内经济的实际发展状况？

1　创意经济产业链创新再认知

创意经济产业链的内涵是不断变化发展的。"创意经济"绝非"创意"的庸俗"经济化"，而是以创意智慧、创新思维致力于社会资源的优化配置，通过建立有利于生产、生活、消费方式的"调研—设计—制造—市场—品牌—服务"系统产业链，具有高度自主知识产权的集约型经济发展模式[1]。努力探索适于当下创意经济发展模式，将"设计、创意、思维"融入创意经济产业链活动中，即设计、设计思维、设计管理与制造、服务、文化资源、经济资本、媒介等融合，逐步推动中国制造向中国创造演进。借助高新技术、互联网手段，打造创意经济产业链、信息流，将现代资本（文化、经济等）、创意、设计、产品与市场相融合，优化现有工业产业格局，将创意经济的内在原子力发挥到最大，产生出高效的、科学的、可持续的经济发展增长点[2]。笔者认为着重发展以设计为主导的系统性思维的创意经济产业链，与当下设计发展与产业经济融合是相适应的。

2　创意经济产业链中的设计创新再认知

个人意志的需求尊重和机会表达、资源的有限性、生产方式的改变等赋予设计新时期新的使命。2014年2月26日，国务院印发《关于推进文化创意和设计服务与相关产业融合发展的若干意见》（以下简称《意见》），就加快推进文化创意和设计服务与实体经济深度融合做出了明确指示。《意见》的提出，更加明确了创意思维不能局部、孤立地思考，设计不是艺术创作，不

隶属单一学科微观认知，而应与实体经济深度融合，即创意的发生、发展以产业链全局意识的宏观认知，由此产生的创意设计、产品生产、市场化、传播、法律保护等，当以设计为主导的系统性思维，贯穿整个创意经济产业链全过程。

设计是现代的概念，对于社会发展、产业升级有着积极作用。现代工业的标准化、批量化、规模化有别于传统农业时代的劳动目的、工作方式、使用方式、流通方式，使得设计逐渐从传统手工业、行会中脱离出来，成为产业链中的独立环节，一定程度上满足人的物质功能需求成为可能。传统设计师，由于受到内因与外因多重因素制约，往往一专多能，个人内在综合素质能力成为解决问题的关键。英国工艺美术运动领导人威廉·莫里斯为婚礼设计的著名建筑"红屋"，从建筑到沙发、灯具、地毯、餐具，全部由自己独立完成。德国包豪斯现代设计思想的确立，使设计分工横跨建筑设计、平面设计、工业设计、室内设计、新媒体设计等多个领域。"二战"后，现代设计与美国消费主义商业的融合，使设计目的、定位、设计师的角色发生了潜移默化的变化。设计分工细分的弊端也随之显现，"物"的概念本应相互依存、相互联系，但过度专业细分对于微观的过分专注，区隔了对设计目的、对象的宏观认知，专业间变得孤立、缺乏联系。设计解决问题的出发点、落脚点相对较为微观，出现了"专而不通"现象，最终与设计的原点、精神相背离。随着后工业时代向互联网数字时代让渡，设计的目的由满足物质功能基本属性需求，向精神性附加产品多重属性输出过渡，设计需要解决不再单单是基础功能性需求，更多成为个人情感的表达与自我价值实现的载体。

新时期，在"人"的科学合理需求前，应当如何重新认识设计，如何与创意经济融合发展，设计在创意经济产业链中的地位、作用，设计师在创意经济产业链中的角色、转型，将是我们探索研究的重点。创意经济有别于传统一、二产业，可以以集体、个人的形式参与，转化形式亦可为设计、思维、概念等解决方案，与创意思维综合、融汇，外化就是"产品化"。而产品作为创意思维精神需求和功能实用综合体，凝聚了诸多因素。在新的产业背景下，驱动设计的目的、意义、形式发生了质的变化，设计不再是单一的logo、海报、包装、产品等纯粹的商业行为，而是关乎人的需求的，是整体的、系统的、多重层面的综合解决方案。设计的多元化互补，

允许设计多重性并行发展，要求我们重新审视设计角色的转变，并上升到产业链、品牌经济的高度来认知。

以人之"事"作为根本目标，将设计与创意经济相融合，实现个人、集体知识产权智慧，"将设计从浅层次战术层面解放出来，提升到创意经济产业链战略层面，将设计拉出设计工作室，并释放出设计思维的颠覆性和改变游戏规则的可能"[3]。消费者在享用设计成果的同时，也是对创意经济专有文化的传承，发展以设计为主导的创意经济产业链，有利于推动、优化产业结构调整升级和经济发展方式的转变。

创意经济的本质是"人本经济"，核心是"人"，动力是创新。"事""物"围绕的核心应围绕"人"展开，是源于人的知识、智慧的创意经济、知识经济，处于产业价值链的高端位置，具有高附加值的特性，如何培养创意经济需要的设计人才尤为重要。

在设计教育过程中，设计往往被单纯的归结为"美"的教育，是形而上的意识形态产物。由于宏观系统性思维认知不足，学科过度细化，课程间相对独立，陷入了"不知为何设计""顾此失彼"的迷雾之中。设计过程中，过度迷恋对风格、主义、概念、技法的追求表达，停留在"美"的浅层层面，缺少对设计目标对象、目的的分析和归纳，最终成了个人情感游戏。设计与产业逐渐背离，在整个产业格局中的地位越来越低，沦为美化、装饰等可有可无的尴尬境地。创意经济产业链开展创新，应回到设计原点再思考。设计本质为"人"服务，须与主体对象相结合，而不能成为风格的奴隶。应在"授人以鱼"基础上，加强"授人以渔"的设计系统思维训练，将设计思维认识提高到对宏观全局的把控，加强设计前期调研、评估、论证等相关学科知识、交叉融合。工业化作为现代设计与传统设计认知区隔的分水岭，设计的定位、形式、目的、思考方式等发生了诸多变化。而今，设计再次从工业时代的产品经济，提升到了平台经济、跨界设计、整体设计等全新思维高度，应跳出艺术与设计范畴，与经济管理、传播学、广告学、营销学、社会学等相融合，宏观与微观相结合，质性、量性分析相结合，主客观相一致，更好地培养出真正适合创意经济的复合型设计专业人才。

3　创意经济产业链创新与设计创新的探索融合

设计作为横跨文学、工学、经管、传播学、艺术学等多个领域的综合学科，究其本质来讲，不是一般认知意义上"美"的创造，设计创意、思维的产生也并不是简单的灵感、灵光乍现，更多是在多重学科知识掌握基础之上，对消费者、行业、社会、市场的观察、分析，通过全方位、多角度、多学科，严谨、调研、分析、论证、归纳、总结的过程。

深圳通过承接香港、台湾地区产业结构调整，淘汰的一批加工、制造的高能耗、高污染产业，使得设计相关生产、技术、设计师等产业资源向深圳转移，促进了深圳平面设计的快速发展，奠定了中国"设计之都"桥头堡的地位。经过30多年的发展，利润与生产资料的巨大反差，使得这种高耗能、低产出的发展模式，受到"四个难以为继"的制约，不得不逐步从OEM向ODM、OBM产业结构优化升级。设计需求层级也由"量"向"质"转变，浅层次为企业提供基础的、单一、单向的设计服务，转向为整个产业链发展提供战略设计、设计管理、品牌咨询等综合解决方案。催生出诸多与产业链相关的综合设计公司、设计管理与品牌设计管理、咨询公司，丰富并优化了深圳设计产业格局，逐渐形成了深圳特有的以设计为主导的创意经济产业链，从"速度深圳"向"效益深圳"跃进转型。深圳作为国内二、三产业发展重镇、设计业活跃、发达区域之一，整体产业链较为完备，应结合自身设计、产业优势，发展以"自主知识产权创意经济"为主导的创意经济产业链，最大化统筹优化配置现有资源，充分发挥设计在创意经济产业链中的作用及优势。

自2003年文化创意产业概念风靡国内以来，兴建创意产业园成为创新的标志。但由于缺乏系统、宏观的品牌战略认知，创意园区定位、功能同质化严重，使得设计行业在产业链的功能、作用不明确，不是战略指导设计，设计沦为跟风、随机的"雕虫小技"。通过创意力量带动区域经济发展的成功案例少之又少，"微笑曲线"两端原点——原创设计为主导的创意经济产业链，由于受到政府、企业、开发商、运营机构价值利益链的影响而处于末端，创意文化园最终成了标榜自身创新的噱头。

结合深圳地区设计行业中的典型性发展模式，笔者对深圳田面"设计之都"创意园进行了田野调查，园区定位以工业设计为主，现有建筑11栋，由原田面工业区旧厂房改造而成，占地面积1.5公顷，建筑面积5万平方米，集中了243家设计相关企业，是具有创意设计、研发、制作、交易、展览、交流、培训、孵化、评估及公共服务等综合功能的创意设计文化产业园区。田面"设计之都"代表了深圳探索设计为主导的创意经济的典型性模式。它以设计为核心，通过设计创造性聚集整合资源，形成设计创新引导设计研发、设计制作、设计生产、设计市场发展和知识产权保护的一整套完善系统。但同时也存在诸多不足，产业集聚效应尚停留在表层，只是在物理空间形式上，把整个产业链分为众多模块，将现有设计资源机械地叠加、聚集，设计任务的产生尚处于"来稿设计"阶段，设计终端多停留在美化层面，设计思维、设计管理与产业链的融合有待深化。作为成熟的设计产业链应具备向上、向下拓展与延伸作用，向上延伸可为企业提供设计研究成果、综合解决方案，向下延伸将原点拓展和产业相结合。目前，设计企业自身尚未形成较强竞争力的自主品牌，设计机构自身研发能力的培养、研发团队的组建，尚有待进一步提高、完善。

上述问题不仅存在于设计企业"种子"本身，在深圳企业发展"土壤"的意识层、行为层也存在较大误区。企业对于设计的需求多停留在"临时抱佛脚""美工"等浅层认知，未认识到设计在企业发展中的战略意义，尚未走上具有"以个人或组织创意、技巧及才华、概念"为主导、以"知识产权"产业链为主要产出，具有"创造财富和就业潜力"属性的创意经济产业链发展道路。

4 结语

在一定程度上，以设计为主导的创意经济产业链是对一、二、三产业的补充，是多元化互补关系，有利于拓宽传统产业发展局限，进一步开拓新的经济增长空间。创意经济与设计融合式发展，以科学的"人""事"为出发，将设计思维、创意产品、市场以及高科技手段有机统一，将创意资本输出转化为现代物质、精神文化双重资本，最终走向"设计—产业—生产力"发展的良性循环。同时我们也应警醒，盲目发展创意经济为支柱产业，剥离制造业与设计业的关系，片面地将设计完全转向"文化产业""创意产业"，忽视了制造业在其中的重要地位，缺少制造业知识产权做后盾，最终一切上层建筑都将成为泡影。英国"考克斯评估"中就提出了设计向制造业的回归计划，并揭示了这种危险："如果制造业消失了，那么，随着时间的推移，那些与之相联系的设计也会消失"[4]。

参考文献

[1] 约翰·霍金斯. 创意经济—如何点石成金 [M]. 上海：上海三联书店，2006.

[2] 凯夫斯·理查德. 创意产业经济学：艺术的商业之道 [M]. 北京：新华出版社，2004.

[3] 蒂姆·布朗. IDEO，设计改变一切 [M]. 侯婷译. 北京：万卷出版公司，2011.

[4] 许平."考克斯评估"一个反思创意产业战略的国际信号 [J]. 装饰，2008，10.

文化创意产业与陶瓷产品设计

叶加贝[1,2]　叶建新[3]　孟芫[3]

（1.武汉理工大学　武汉　430070；　2.湖北美术学院　武汉　430205；
3.中国传媒大学　北京　100024）

关键词：文化产业　陶瓷设计　创意

1　引言

设计学科的探索研究始终围绕着艺术、技术和科学三者的关系进行探索。1919年诞生于德国的包豪斯学院开创了设计时代的一个新的世界，格罗佩斯呼喊着"艺术与技术新统一"的口号开始了最初的探索，实用性、商业性和美学价值成为这一时期设计需要解决的主要问题。[1]设计的初衷是为了改变人们的生活，因此，设计的使命是随着时代发展设计人类的生活方式。历史上的丝绸之路将中国的陶瓷带到全世界，因此中国是瓷之母国，"China"也正是因此得名。在丝绸之路考古中不难发现，我们出口到西方的陶瓷器具皆是日用生活瓷，说明当时中国的陶瓷产品得到了世界人民的认可。而在今天，我们的商场里充斥着琳琅满目的国际品牌，鲜有民族品牌获得国人认知和认同，陶瓷产品亦是如此。国人追捧西方日用瓷品牌，有些国内品牌为了趋同市场，也命名了洋气的商标。

现代人享受生活的一个很重要的标准是美食，无论是进餐时间与否，朋友圈晒美食已成为人们的习惯，但很少有人关注到美器。这个现象引发了我们对中国当代陶瓷设计的思考。饮食文化是中国众多文化中最为醒目的一个，因为饮食文化涉及每一个中国人的生活，一条鱼可以红烧，也可以清蒸，还可以生吃……但我们的先祖，在饮食文化中除了注重美食，还非常重视美器，中国的饮食文化应该由美食加美器构成，这一点，在历代的陶瓷器具考古中可以得到印证。

当前的中国正面临着一轮新的产业结构调整，这将是陶瓷产业重塑的一次契机。文化创意产业为陶瓷产业发展提供了天然的土壤，我们的陶瓷设计应在其中发挥出积极的作用。

2　文化创意产业是一条价值链

目前，北京市人民政府印发了《北京市关于推进文化创意和设计服务与相关产业融合发展行动计划（2015-2020年）》，这不仅标志着首都文化创意产业朝着更有文化内涵和创意价值的方向发展，也标志着相关的创意产业将更多地融入文化的元素，向更有特色和活力、更有市场竞争力的方向加快前进。因此可以预见的

是，文化创意和设计服务能够增强经济发展的内部动力，同时也是一种强大支撑。这表明了政府是在推动文化创意和设计服务相关产业的融合发展，同时也是目前我们国家文化产业发展的一个很重要的趋势。我们认为，这是我国文化产业的二次创业的契机，在此之前我们文化产业主要是把文化资源转化为文化产品，然而下一步我们应该力求让这个产品既是文化的，也是实用的产品，这样一来，无论是文化产业的空间还是文化艺术的空间，都能够得到极大的拓展。

文化创意产业是一条价值链，从内容上来看，是从整合文化资源到内容创作再到生产的过程；从渠道方面来看，是包装到流通发行再到展示的过程。从内容到渠道，恰恰是文化产业价值链的核心脉络。

文化创意产业区别于其他的产业的最重要的特点就是产业链长，而且同一种内容资源可以做成很多产业链的环节，这种产业链的纵横交错，能够带来巨大的机遇，文化创意产业需要的其实是人们的情感、创意和想象力的完美融合，从这一点上来说，文化创意产业也是未来的新经济产业在发展进程中重中之重的一环。要把传统文化元素和时代趣味，甚至时尚趣味结合在一起，从而获得成功，要想促进文化产业不断繁荣，最重要的是要有好的产品。同时我们应该明确文化产业是内容产业，最关键的就是要有好的内容，所以只要有好的产品好的内容，大众在消费的过程中就会不断收到熏陶提升涵养，从而达到激发社会创造力和刺激消费力的积极作用。目前艺术市场的繁荣很大程度上是依靠艺术家艺术授权的方式去开发艺术衍生品，在这种情况下就特别需要优秀的产品，在目前文化创意和设计服务与相关产业融合发展的这种形势下，我们应该一方面增强艺术原创力，一方面加强艺术与文化产业的相互融合，也就是既要提高艺术产品的质量和竞争力，也要去推动它和实体经济的融合发展，在这种情况下，好的产品是关键。

3　跨界融合——文化创意产业的契机

对于文化创意产业而言，跨界融合也是一大特色，过去在文化创意产业中的各个领域基本都是各自进行发展，这些领域跨界融合和有机互动比较少。但近几年发生的明显变化，那就是从这些文化创意产业各个领域中

---

① 杨先艺.设计史[M].北京：机械工业出版社，2011.

找到一些相似之处和联系的纽带，从而使得这些领域可以紧密的互动并相互连接。在文化创意产业蓬勃发展的形势下，中国陶瓷又重新走向了全世界，是我们国家和其他国家进行经济、文化、历史等交流的媒介。加大陶瓷的产品设计投入和刺激新的创作方式的产生也是用以表达对中华文化的推崇，更是个人情感回归的体现。

在文化创意产业价值链中，包装、流通和展示正是实现创意产品的价值的过程，在这一过程中，陶瓷设计的跨界融合显得尤为重要。多年前，我们在景德镇创作的陶瓷艺术作品必须用稻草包装后运回北京，再设计包装盒，因为那时候景德镇的包装行业非常滞后，观念也跟不上。最近，在景德镇看到好多家包装设计公司，我们就在想，我们的陶瓷设计教育中，是不是应该将包装设计也作为一个部分，他们将会成为市场急需的人才。另外，我们的陶瓷设计人员中也应有一部分人从事陶瓷艺术刊物、书籍的设计，因为陶瓷艺术有着它的特殊性，可以根据不同的内容、定位、受众等进行设计。在展览展示方面，人们都习惯了陶瓷设计产品、陶瓷艺术作品静静的放置在玻璃展柜里，这样的展示方式除了让人产生高不可攀的距离感之外并无其他益处，这在产业价值实现方面实质是消极的。这些部分的设计都应融合在我们的陶瓷设计中，因此，我感到跨界融合背景下的陶瓷设计行业大有可为。

4 文化创意产业价值链对陶瓷产品设计的启示

陶瓷，作为我们国家的艺术和文化史上的独特发明，在文化创意产业领域展开当代的陶瓷艺术创作与探讨是极其必要的，如何让古老的陶瓷去表现当代的情感、精神和观念？这种思考和探索也将有利于拓宽当代陶瓷的表达领域，促使陶瓷由一种传统媒介向当代媒介转化，为我国当代陶瓷的发展开辟新思路，对我国的当代陶瓷创作给予借鉴。

从古到今，市场化进程中，什么好卖就做什么，这是市场的盲目性所造成的，今天的陶瓷市场也是如此。十多年前，人们开始呼吁保护知识产权，但至今在每开出的窑车上，都有着大批量的模仿和抄袭，因此，我们的文化产业应该是文化创意产业，这两个概念中，更强调了创意。在陶瓷设计领域，抄袭和借鉴有着极大差别，这样的一个度需要我们的从业人员把握好，别人的设计再好，终究是别人的。

另外，在今天这样一个形式感至上的设计生态圈里，我们可以看到各式各样的陶瓷产品，有些东西甚至是令人拍案称奇的。我们的陶瓷设计师绞尽脑汁地想创意，希望在形式上有所突破，我建议可以尝试着从内涵、精神、需求等内在层面去挖掘，我觉得从内容出发

的创作才是真正的艺术创造，而形式感往往像是浮云，那些吸引人们眼球的东西总是昙花一现，能存留下来的经典总是那么深沉。我们的陶瓷设计从业人员应不断提升专业素养和文化修养，文艺理论家钱谷融先生认为："在艺术作品中，生活是以它本身的形式——即是以它的综合性、整体性、流动性，以充满着生命的活力形式出现的。"[①] 揭示了艺术与生活的关系，同时也告诉我们生活给创作提供的可能。在"二战"前后，一般家庭是两三代同堂，而今天，家庭数量增加了，而单个家庭人口数量变少了，现在陶瓷市场上普遍销售的56头餐具，我可以断言，就算是排名在富豪榜的家庭也不会在平时的三餐中用到这么多餐具，资源的浪费比比皆是，我们的陶瓷设计师需要敏锐的嗅觉，知晓时代所传递的信息，把握时代的脉络，预测时代的发展。

当然，陶瓷设计师还需要从材质上进行探索，现当代的陶瓷设计停滞不前，花纸设计相互抄袭成风，陶瓷器型设计较之前人无异。究其原因，是缺乏对材料的探索。陶瓷的魅力在于给创作者提供了无限的可能，需要我们去思考如何理解这样一种媒介，不断去熟悉材料，从保守到实验到建构一种属于自己的陶瓷设计语言，这是一个反复实验的过程，没有谁可以一蹴而就。古人以"白如玉、明如镜、声如磬"来形容当时的陶瓷器具，这反映出当时高超的制瓷工艺。古人对陶瓷材料的把握表明他们征服自然的决心，今天人们可以通过先进的科学技术对陶瓷材料进行更深层次的发掘，Robert Clay 认为："科技不是艺术的敌人，两者在实现设计所具有的外在高雅和内在唯美的终极目标的过程中都是不可或缺的。"[②]。在10月18日开幕的景德镇国际陶瓷博览会上，在 A 馆二层看到了许多陶瓷材料方面的展示，其中最引人注目的是一套陶瓷雕刻机，这套机器按照电脑编程，在6小时内可雕刻出一件精美的陶瓷，机器雕刻出的陶瓷器具和手工雕刻的放在一起，连专业的瓷雕技师也很难分辨。我们在惊叹这件价格并不昂贵的机器之余，也能窥测到一个行业即将面临的没落，景德镇的陶瓷雕刻早在20世纪90年代就停滞不前，大量的传统手工艺消亡。在今天，我们呼吁陶瓷设计创新，不仅仅是外观上的创新，材料上也需要有所突破，一些跨界设计师运用了木、金属材料和陶瓷的结合，这种结合的创意很好，但距离材料创新还远远不够，现在很流行的复合材料或许能够给陶瓷设计带来一些新的思考。

我们认为在当今文化创意产业新形势下，当代陶瓷的设计创作应该从历史的深厚积淀中走出来，从我们中华民族的当代语汇出发，进而去寻求创作灵感和发展方向，让陶瓷作品自我代言，表达当代陶艺家的情感和心思，不应该仅仅在传统的陶瓷创作中故步自封。费孝通先生解释"文化自觉"时说道："文化自觉是指生活在

① 钱谷融 . 关于艺术性问题——兼评"有意味的形式"［J］. 文艺理论研究，1986（1）.

② 罗伯特·克雷，尹弢 . 设计之美［M］. 济南：山东画报出版社，2010.

一定文化中的人对其文化有'自知之明'，明白它的来历，形成过程，所具的特色和它发展的趋向。'自知之明'是为了加强对文化转型的自主能力，取得决定适应新环境、新时代文化选择的自主地位。"① 陶瓷艺术中类似于"窑变"这样的偶然性能够实现艺术家的想象力，当代的艺术也具有偶然性，陶瓷艺术在21世纪应该焕发出一种新的艺术感染力，和我们当代的艺术语言系统相融合。艺术的魅力在于能够跟社会保持一致性，当然设计师在创作过程中会融入自己的审美感受和情感体验，发挥自己的创作能动性，但要注意将传统的创作方式加以改良，以适合当下的陶瓷产品创作。启发陶瓷产品设计灵感，就要去积极的观察生活，艺术家要善于从传统与经典中找到所需要的时尚元素以适应当下的市场需求。在当下的文化创意产业的新发展中，陶瓷产品设计应该从功能性、创新性、材料性和工艺性上去适当把握，这样才能适应时代的潮流。并且要积极打造陶瓷产品的品牌化，这样才能更大程度的保证陶瓷产品设计的优化。当下的陶瓷产品设计要进行大量的跨界整合，这样也能够给设计师们带来更加广阔的创作空间，对于行业的进步也会有积极推动。

除了要有跨界融合的创新思维，还要有资源优化的思维。对于文化创意产业领域中的陶瓷产品设计开发，也是需要相应的载体、产品、平台、体验等链条去进行策划。比如陶瓷的创作基地就是载体，陶瓷作品就是产品，物流、商贸渠道等产业链条就是平台，艺术展览等文化项目就是体验，整个链条的相互结合才能让陶瓷产品更多地被大家熟悉，形成文化资源的有机生物链，进而激活文化生态体系，打造文化创意产业发展的整体优势，这也是陶瓷设计在当今的发展契机所在。

5 结论

如何挖掘五千年文明古国的陶瓷艺术发展脉络、厘清它的未来发展方向是值得每一位陶瓷设计师思考的。我们肩上担负着历史使命和社会责任，作为设计师，我们有义务通过陶瓷产品向公众传递主流价值观；作为设计教育工作者，我们有责任培育学生在文化创意产业领域和陶瓷产品创新设计方面进一步发展；作为学者，我们更是有使命让这一份历史脉络继续往下延续。当前社会人们的工作生活压力很大，唯有设计能够改变生活，我们希望一个设计解决一个问题，通过设计方便和美化生活，以至创造生活。在同质化生活的今天，人们对陶瓷设计的要求越来越高，与此同时，国外品牌以华丽的形式感吸引着人们的眼球，我认为，唯有具备民族化、个性化和时代感的陶瓷设计才能在今天独树一帜。

参考文献

[1] 杨先艺.设计史[M].北京：机械工业出版社，2011.

[2] 罗伯特·克雷，尹弢.设计之美[M].济南：山东画报出版社，2010.

[3] 费孝通.文化与文化自觉[M].北京：群言出版社，2010.

[4] 钱谷融.关于艺术性问题——兼评"有意味的形式"[J].文艺理论研究，1986.

---

① 费孝通.文化与文化自觉[M].北京：群言出版社，2010，195。

略论设计生态化社会实现研究的基本思路①

王 谡[1,2] 陈 玮[2,3]

（1.武汉理工大学　武汉　430070；　2.南昌大学　南昌　330031；

3.江西省教育考试院　南昌　330038）

关键词：设计生态化 社会实现 社会生态学 节约型社会

设计源于需求。一定意义上社会需求的满足往往是社会发展的前提。作为一种具有本质力量的创造性社会实践行为，设计满足社会需求的使命总归是要通过实现某种社会生产力才能得以完成。正是在这个意义上，形成了本课题对社会实现的追求与努力。自工业革命带来社会分工的加剧，设计"造物"的社会功用愈加显现；近年来，随着全球性生态环境危机达到前所未有的程度，设计的现实追求逐步转向更趋广泛的社会生态领域，新的问题也随即产生。

从设计生态化的社会实现研究的角度开展设计的社会生态学研究，将以设计生态化的发展历史与现实生态为出发点，对影响设计存在本身的各种生态问题展开深入的社会性反思。基于节约型社会的视角，结合当代中国与世界的整体实际，系统论证设计社会生态学的运行机理，积极探索中国设计的可持续发展之路，其课题研究成果对于中国特色社会主义生态文明建设无疑具有重要意义。

1　设计生态化的历史起点与学术转向

20世纪60年代起，设计在《寂静的春天》（1962年）里被雷切尔·卡逊（Rachel Carson）"生态化"的吟唱所惊醒，从对形式美及优越文化的陶醉，转为对人与自然生态关系的关注。1969年，设计生态化领域的先驱伊恩·麦克哈格（Ian L. McHarg）的著作 *Design with Nature* 出版。该书继承并发展了19世纪中叶以来景观规划设计的生态学优良传统，建立了生态规划设计的一般框架，成为日后生态设计的一个基本思路。"设计尊重自然"、"设计结合自然"等设计理念迅速蔓延渗透至建筑、环境景观、工业产品、传播媒介、科学技术文化创新、工程管理运营等经济社会各个领域，成为全领域设计生态化运动口号。

20世纪70—80年代，随着环境保护问题社会化程度的不断加深，在现代西方环境运动中发展起来，以回归中国传统道家思想为主要特征的西方现代生态环境哲学，开始了在广泛的社会性生态领域中，就"为什么"、"怎么样"等一系列问题的"深度追问"。其中，由挪威著名哲学家阿恩·纳斯（Arne Naess）在1972年提出并倡导的深生态学及深生态学运动，在这一问题上迈出了尤为重要的一步。另外，设计生态化作为一种让环境的影响达到与生态过程相协调程度的设计理念，正经历着从早期具体的环境保护转向关注整个生态系统的平衡与稳定；从单纯重视环境保护的科学技术因素转向考虑环境问题的经济、政治、社会伦理等多种因素的巨大变革[1]。20世纪60年代末，对生态设计产生直接影响的美国设计理论家维克多·巴巴纳克（Victor Papanek)于1971年出版了专著《为真实的世界设计》（*Design for the Real World*，1971，1984），专注于设计解决人类需求中最紧迫的问题，强调设计师的社会伦理责任。

从大的时代背景看，自联合国人类环境会议于1972年在瑞典斯德哥尔摩举行，特别是联合国世界环境与发展委员会在《我们共同的未来》（*Our Common Future*，1987）中正式给出可持续性发展的经典定义，谋求全人类的可持续发展，开创全球性生态文明，获得了国际社会的广泛共识，成为了全世界的共同主题。围绕着设计生态化相关问题的法律制度、政策标准相继出台：2005年7月6日，欧洲议会和欧盟理事会通过了《欧洲议会和欧盟理事会第2005/32/EC号指令》——为规定用能产品的生态设计要求建立框架并修订第92/42/EEC号和第96/57/EC号理事会指令与欧洲议会和欧盟理事会第2000/55/EC号指令（欧盟EuP指令）。2004年3月10日，时任中共中央总书记、国家主席的胡锦涛在中央人口资源环境工作座谈会上指出，要牢固树立节约资源的观念，建立全过程和全面节约的管理制度，建立资源节约型国民经济体系和资源节约型社会，逐步形成有利于节约资源和环境保护的产业结构和消费方式[2]。建设节约型社会成为当代中国一项基本国策，亦开辟了一个新的有益的研究视角。

近年来，学术界对设计生态化社会实现问题的认识在更为广阔的学术视野下展开。2004年，由合肥工业大学黄志斌、刘志峰两位教授所著的《当代生态哲学及绿色设计方法论》一书出版。该书比较少有地立足环境保护问题这一基础，在生态环境哲学视阈下，就生态设

① 本文系国家社会科学基金艺术学青年项目《设计生态化的社会实现研究——基于节约型社会的视角》（立项批准号12CG097）；国家社会科学基金艺术学重大招标项目《绿色设计与可持续发展研究》（项目编号13ZD03）；教育部全国高等学校青年骨干教师国内访问学者2015年度资助项目；江西省普通本科高校中青年教师发展计划访问学者专项资金项目的阶段性研究成果。

计方法论展开跨领域研究。同年，日本当代建筑设计大师隈研吾的新著《负建筑》出版。作者将设计的目光投向广袤的社会现实，开始了对设计生态本身的深切探讨，富于创见。

此外，当代设计大家们在各自领域建树颇丰。人居环境科学（Constantinos Apostolos Doxiadis, 1954；吴良镛，2001）、机制设计理论（Mechanism Design Theory, Leonid Hurwicz, 1960, 1972; Eric S. Maskin, 1977, 1979; Roger B. Myerson, 1981）、关于人为事物的科学（<The Sciences of the Artificial>, Herbert A. Simon, Second edition 1981）、事理学（钱学森，1978；柳冠中，2006）、"反规划"途径（俞孔坚，李迪华，刘海龙，2005）等，成绩斐然。

现实的生态设计已经成为当今社会生活中不可或缺的广义科学技术支撑系统，但有关研究主要集中在生态设计技术领域，对设计生态化的社会实现问题的研究在学术界还是显得十分滞后。

2 设计生态化的社会性向度及其研究意义

一个时期以来，作为一种广义科学技术形态，以"R"为美学标志的设计生态化社会实践俨然成为当今社会生态化发展的重要引擎。然而，社会实践不等于社会实现。重要引擎也绝不是前进方向。近年来愈演愈烈的环境灾害似乎在昭告我们，迄今数十年设计生态化理论实践的发展似乎并没有给全球生态保护带来多大的实际效益。作为一种设计生态化实现形式，现实的生态设计更多是以科学技术为根本方式解决技术层面的环境保护问题，却无法从根本上结合人的本质属性解决具有社会意义的深层次生态问题。[1]更重要的是，由于在人文自然领域的长期缺位，一向关注产品生命体征的生态设计本身也面临着巨大的生态压力。

在当前全球化发展的重要转型时期，这些问题最终导致了一些科学技术上比较成熟的设计生态化形式无法实现社会化生产。而这些成熟的设计生态化形式通常已经占据了相当的社会资源，一定程度上造成了一种新的"生态化浪费"。生态化变得不再生态。设计生态化发展就此丧失了意义。反过来看，作为设计发展的一个重要问题，社会实现既关系到设计生态化能否推动社会发展，也影响到整个设计生态动力机制的变迁。从这个意义上说，研究设计生态化的社会实现有关问题，寻求科学可行的实现路径已经变得迫在眉睫。

社会实现问题的实质是社会性需求的满足。这是设计生态化研究的一个新领域，更关系到设计问题的根本。设计生态化的社会实现研究选题，不仅能够深化对设计生态化本身的研究，同时也将促进设计史学、设计哲学、设计生态学、设计社会学、设计管理学等方面的研究进展，因而具有重要的学术价值。

从另一个角度看，设计生态化作为一种面向环境生态影响的设计发展形态，本身就是为了应对社会生态现实问题而引发的设计变化。课题将从复杂性视角出发，通过对设计生态化历史现实诸方面的深入考察，系统地探求社会生态机制对创造性社会实践行为的影响，继而讨论节约型社会中设计伦理学的普适性问题。在紧密联系国内外实际的基础上，以地球生态整体发展为根本指向，根据生态学动力学原理构建设计生态化的新逻辑，从"道"带给生态的神圣平衡中寻找设计生态化的社会实现新路径，持续推进全人类的生态化转型。

3 设计生态的研究视角

从设计学的角度出发，通过对社会生态的初步考察，我们认为，作为一种通用设计理论工具，人机工程学及其人机工程学设计形式具有相当的生态学特征。为此，作为设计生态化的社会实现实证研究的重要部分之一，我们将课题本身作为一个相对独立的整体放置于广义人机工程学的泛领域（设计）人—机—环境的包容性分析模型中加以讨论，提出了本课题研究的主要内容。

本课题的研究工作，旨在从设计伦理学角度讨论设计生态化的内在机制。基于节约型社会的视角，研究设计生态化的社会现实路径；尝试构建初步而系统的生态设计社会化理论实践体系。以期为当今社会生态文明建设提供一种创新思路。具体研究内容包括以下几个部分：

3.1 设计生态化：节约型社会生活从体验开始

作为一种最基本的社会实践活动，对任何事物的把握根本上都是从体验开始的。无论是对科学技术学术研究的严肃性、真实性要求的考虑，还是出于对社会生活实际的尊重，设计生态化的社会实现研究必须从生态化体验开始。

3.2 生态学视角：1949—1978年新中国三十年环境设计发展机制探析

众所周知，作为设计生态化发展水平最高的设计领域之一，环境艺术设计不仅在工程设计上强调生态化，而且在形式美学的角度也非常强调具有社会生态意义的历史文脉表达。根据前期调查研究的结果，特别是调查统计学的有关理论，我们以1949-1978年新中国三十年环境设计发展历程为研究分析标本，从广义生态学的视角，探讨有关设计生态的社会动力机制。

3.3 深生态：人文自然及其深化

与"人文自然"一样，作为一种生态学意义上的理论实践形态，"深生态"本身具有典型的复杂性特征。作为一种可能的深生态设计的启蒙概念，我们以为"深生态"不是一个简单的定义，而是一个提出问题的词语。在本体论、认识论和方法论诸方面，"深生态"都具有非常重要的意义。尽管在中文汉语中深生态与深生态学都包含"深生态"一词，深生态作为一种现代思想和文化概念也发端于深生态学，但就整个哲学观念与精神实质而言，两者却有着根本的区别。

从另一个角度讲，由于历史文化等诸多因素影响，部分吸收中国传统道家思想，以生物中心论、生态中心论为根本价值取向的阿恩·纳斯（Arne Naess）"深生态学"，实际上已经是曲解了的人文自然理论。较之一般意义上生态化的仿生学特质，深生态意味着社会伦理从"生存论"向"发展论"的深度转向。

3.4 走向设计生态：深生态设计的价值取向及其实现

价值取向，是主体对某种外在客体的价值选取和追求。其立足点是价值判断，落脚点则为价值目标。一种显而易见的回归总是会使一些被遗忘的事物产生新的意义。作为一种应然的可行的生态设计深度形式，深生态设计的价值取向研究成果，将直接决定深生态设计的理论与实践。重新考察生态化设计的发展历史，在设计生态中发现设计生态化的社会实现的盲点，或者就是机遇。不夸张地说，这关乎整个设计生态化及其社会实现的发展方向、实现形态和技术路线。

3.5 社会生态化：产业规划与创新设计发展研究

马克思主义生产力理论告诉我们，只有在生产方式上实现生态化，才能从根本上实现全社会的生态化，最终实现生态文明。如果说一般设计行为的社会实现是指向广义的设计产品的，那么作为社会生态化发展重要引擎的设计生态化的社会实现，则注定要指向经济社会发展的重要支柱领域——产业经济。结合当代中国生态经济区建设的有关实际，本课题组将从以设计生态化推动产业创新生态化角度，就生态经济区产业创新发展问题展开实证性调查研究。

3.6 深生态道德：环境美德及其设计互动

如前所述。一种对生态设计可能性的人机评价表明，作为生态设计社会化系统中环境形式的主要变量，并非物态的大自然，而是作为社会伦理及其规范的道德。因此，与一般情况下仅仅采取科学技术、艺术视角不同的是，本课题组特别强调从物质、文化与社会道德的关系角度，以作为一种德性伦理向度的生态道德行为及其社会生态意识为突破口，尝试将行为伦理，尤其是深生态道德及其行动设计纳入生态设计社会化体系。开展深生态设计与深生态道德互动性创新研究。

4 研究范式及展望

设计生态化的社会实现研究，拟从价值发生论（张书琛，1995年）的角度出发，以设计生态化历史现实中价值发生研究为切入点，进而讨论设计生态化及其实现的社会生态机制。设计的归宿是人。社会是人的社会。设计生态化首先是人的生态化，进而指向全社会。在人机工程学框架中考察设计生态化的主客体关系与主体间性，结合全球文化，提出"深生态"的普适性假设。然后，基于节约型社会的视角，研究设计生态化的社会现实路径。开展设计生态化的社会化互动研究。尝试构建初步而系统的生态设计社会化理论实践体系。

在上述研究思路中，有以下几个方面的问题值得注意。第一，采取跨学科的研究方法。将艺术学、设计学、生态学方法与哲学、文学、社会学、管理学相结合。以问题为导向，"提出问题，努力求解"。开展融贯的综合研究。第二，在进行设计生态化及其实现的社会生态机制研究中，着力寻找设计价值发生过程中可能的生态同一性。第三，在设计生态化的社会现实路径分析研究中，强调从人性角度把握"深生态"的价值内涵。第四，以课题研究中已经取得的有关成果为基础，突出阐明自己的研究新得。第五，设计生态化的现实问题是一个复杂性问题，这多少决定了本课题研究范式的趋进复杂性特征。

参考文献

［1］Wei CHEN, Xuan WANG, "On the Philosophical Turns in Ecological Design", ［A］, Yunhe Pan, Fusheng Pan, Shouqian Sun, Zongkai Lin, Mengqi Zhou, Zhiyong Hu, *New Engines for Industrial Design — Intelligence·Interaction·Services – PROCEEDINGS 2011 IEEE 12th International Conference on Computer-Aided Industrial Design & Conceptual Design*, Vol.2, IEEE PRESS, Beijing, China, 2011

［2］胡锦涛.在中央人口资源环境工作座谈会上的讲话（全文）（OL）. http://www.people.com.cn/GB/shizheng/1024/2427943.html：人民网，时政，高层动态，新华社北京2004年4月4日电，胡锦涛，在中央人口资源环境工作座谈会上的讲话（2004年3月10日）

基于大数据的冰箱门搁架布局设计研究

姚善良　张路漫

（武汉工程大学　武汉　430205）

关键词：大数据分析　冰箱门搁架　空间布局　数据可视化

在现代复杂多元的社会环境中，人的需求也随之复杂多样。家电特别是冰箱类大型产品作为一种商品，如若不能满足人们不断变化的需求，就会在新的市场环境中被淘汰。现代社会的物质已经极大的丰富，人们对产品的要求已经上升到情感层面，希望产品在功能完备的同时能带来更深层次的体验[1]。采集冰箱生产企业的生产制造数据和市场实际调研数据，并将两方面大数据进行贯穿匹配及可视化分析，有助于生产制造企业的设计部门设计出最优方案，以及产生提升消费者使用体验的设计细节或微功能。

1　冰箱门搁架现有空间布局分析

大数据时代，白电尤其是冰箱这种大型生活家电，传统外观设计已经不再成为设计师考虑的核心，取而代之的是隐藏在外观造型之下产品内部空间的设计和研究。加强对这部分的研究力度更加有助于提升产品的使用体验，从而使得消费者在得到良好的使用体验后加深对某类品牌产品的喜爱，进而提升企业形象和商业价值[2]。

德国企业在家电制造业领域一直位列前茅，图1、图2分别为博世冰箱公司主推的两款嵌入式冰箱，图1布局的主要特征是上紧下松，此布局出发点在于底部留下足够高度放置长形瓶罐，因为正常情况下，使用者会抓取饮品的上部分拿取饮品，因此给容量较大的瓶罐上部分提供足够的空间很有必要。图2下部分直接采取发泡层而取消了空间布局，一方面是受到冷藏区下部分抽屉布局的限制，另一方面也是针对市场上某些需要更大冷藏空间的人群而设计。

图3和图4是我国海信企业销售不错的两款冰箱，主要针对80后及年轻一代的主流消费人群。该冰箱在内部空间布局上体现了海信冰箱公司对冰箱内部格局设计的重视程度。例如，门搁架上的蛋盒层架、活动层架、红酒架的安排和设计。

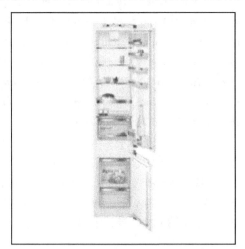

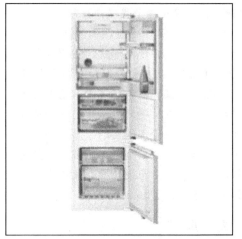

图1　KIS87AF31C 博世进口嵌入式冰箱　　图2　KIF39P60CN 博世进口嵌入式冰箱

图3　BCD253WDGA 彩晶风冷无霜三门冰箱　图4　BCD-202DG 海信绚雅红彩晶面板节能经

2 冰箱门搁架使用情况调研分析

客户需求的变化对企业提出了更高的生产和管理要求，要求企业必须提高生产柔性，增加产品的适应性[3]。在对现有冰箱门搁架布局设计分析后，笔者团队紧接着在佛山市区采集多个家庭里冰箱门搁架使用情况，结合设计思维提出以下几点布局设计方向，为企业在产品适应性的提升上提供新方向：

（1）以塑料袋的形式在冰箱内储存物品是一个普遍的现象，这种方式源自我们的塑料袋信手拈来的特性，但用塑料袋存储物品不易识别，不方便取用。对此我们该如何考虑，是引导？还是另辟蹊径设计？

（2）罐装包装也是此容积段冰箱的主要食品存放方式之一，瓶装和罐装食品虽然以冰箱中部最为集中，但整体分布还是比较松散。这反映了目前此容积段的冰箱产品没有合适的储存这两类形式的空间布局方案。

图5 年轻消费用户冰箱门搁架实

3 冰箱门搁架上物品分类统计和大数据可视化分析

笔者以广东佛山华润万家超市为调研地进行了几轮市场数据收集，通过对80后及年轻一代消费者实地采访，了解受众人群常购置于冰箱存放的食物以及所偏爱的品牌，整个过程由起初包罗万象地进行撒网式采集到逐渐缩小范围且有针对性地重点分析（图5~图12所示），并从数据的采集中得到如下信息：

（1）消费者主要购买康师傅和合味道两种品牌方便面，这两款方便面有两种容量，直径和高度在10~16cm之间（图5）。目前冰箱门搁架深度（直径）为5~13cm，数据表明新推超大家庭装版的方便面食品放置门搁架上会较困难，而习惯于将速食方便面储存门搁架的

年轻一代用户日后或许会受到影响。对比图6，除袋装饼面，中式挂面的高度远远超出10~16cm范围，如果想为喜欢中西面食的消费者提供面食专区这些数据能起到一定参考作用，避免造成使用体验上的尴尬现象。

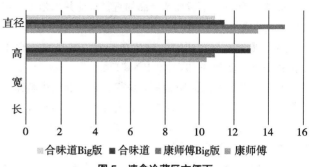

图5 速食冷藏区方便面

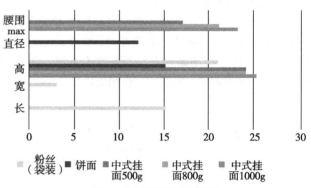

图6 速食冷藏区中式挂面

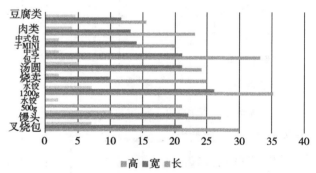

图7 速食冷冻区主食

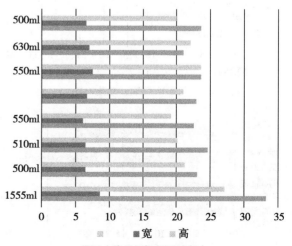

图8 饮品门搁架区矿泉水

（2）尺寸数据方面，盒装产品的长宽高尺寸差异性较大（图7、图8、图11所示），瓶/罐装饮品的高度

和腰围 max 尺寸一般情况下相等（图 9 所示）但是酒类产品的高度和腰围 max 尺寸差异较大（图 10）。

（3）通过市场实地考察发现目前年轻一代消费者在门搁架上还会放置各种沙拉/番茄酱料或胡椒粉等佐料食品，如图 12 所示。不过此类产品的直径目前并未超出冰箱门搁架上的通常深度，还在"安全"范围之内。

（4）通过市场调研和一轮数据分析，初步得出以下几点值得进一步思考和设计的突破口：

①目前市场上主流饮品一般是瓶、罐、盒三类容器，盒类容器相比瓶罐类容器在排列上较规整，也不易倾倒，瓶罐类则不然。因而对形态各异的碳酸饮品和鸡尾酒/啤酒的放置方式及布局方式值得进一步思考和设计。

②对精小但随意散落的调料包/散装饼干/巧克力进行新的空间布局。

③目前年轻一代消费者倾向于直接购买碳酸饮料、矿泉水等各类饮品，而矿泉水受容量影响在高度最大达到 35cm，因此在门搁架的布局上要考虑全面，即使门搁架可移动有些布局也未能满足使用要求。

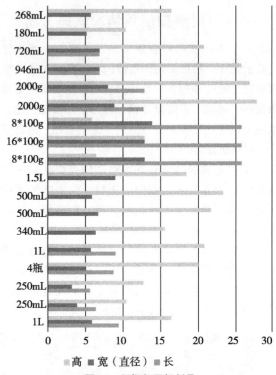

图 11 门搁架区奶制品

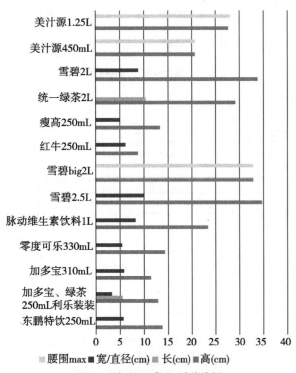

图 9 门搁架区碳酸/功能饮料

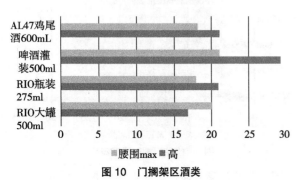

图 10 门搁架区酒类

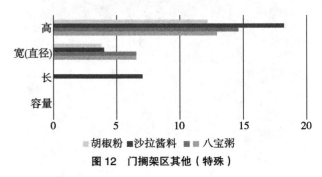

图 12 门搁架区其他（特殊）

4 结语

大数据时代下的大规模定制是企业参与竞争的一种新方法，已经成为现代企业生产模式发展的主要趋势之一[4]。在大规模定制发展的新阶段，定制服务对产品布局设计提出了更高的要求。为了实现充分集成和满足客户需求、提高配置效率、拓展定制产品适应范围等阶段性新要求，与生产结合紧密的企业内部设计人员需要围绕产品布局、产品配置的业务活动和关键技术展开基础性数据研究。

传统家电制造业下的设计部门如海信集团冰箱设计部已经开始利用大数据思维，建立与挖掘市场对接数据和产品使用数据。通过大数据的可视化呈现，对设计数据进行分析整合，既能避免设计者反复陷入繁杂多变的现实假象里，为进一步深化冰箱内部布局设计提供清晰明了的数据参考和科学详尽的内容支撑，又可根据大数据可视化分析数据和冰箱搁物架使用情况，使冰箱内部门搁架布局得到更多值得思考和重新安排的设计方向。基础性研究结果不仅仅只应用于冰箱门搁架，在冷藏和冷冻区的布局上，设计者还可据此设计出更多的可行方案，帮助企业在大规模定制发展阶段给客户（用户）提供更精准合适的定制服务以提升企业形象和竞争力。

参考文献

［1］王恒冲.产品设计的潜在需求分析探讨［D］.长沙：湖南大学，2009.

［2］蒋红斌.大数据平台上的企业设计战略——以维尚集团的设计实践为例［J］.装饰，2014（06）.

［3］胡瑜.企业模块化生产实例研究［D］.长春：吉林大学，2015.

［4］袁长峰.产品需求分析与配置设计研究［D］.大连：大连理工大学，2006.

汽车产品工业设计自营众包平台的开发方法研究

江 涛 黄妙华 高 嵩

（武汉理工大学 武汉 430070）

关键词：汽车设计 众包 互联网 工业设计

汽车产品由于内外饰与工程结构的复杂性与专业性，一直以来都是由汽车生产商的设计开发部门、设计公司、高校设计团队等专业人士来开展设计工作。进入21世纪以来，随着计算机辅助设计软件的发展和CAS软件的普及，设计专业的学生和社会上的兴趣人士也可以独立开展造型和车身等设计，这就为网络众包的发展打下了技术基础。

智能手机的蓬勃发展推动了移动互联网的发展，2014年在网络社交、视频、电商等领域，移动端的在线人数、流量、成交量都不同程度地超越了PC端，人们的在线时间明显增加，互动体验得以改善，使得许多以前只能在线下进行的活动和项目都能够在线上完成，并且受众和影响力大幅提升。这种影响不仅体现在娱乐消费领域，甚至在专业设计领域也开始互联网化，诞生了众筹平台、第三方众包平台等模式。

对于汽车设计领域，通过网络众包平台来协助车型的开发是汽车创新设计的方向之一。

1 汽车产品工业设计存在的问题

1.1 汽车造型设计的特点和流程

相对于消费类电子产品、家用电器、生活用品等产品的工业设计，汽车产品工业设计具有复杂度高、流程复杂、设计周期长、需多人协作的特点，除了设计美学、品牌策略、人机工程等因素，还需要协调考虑汽车工程因素，比如空气动力学、机械动力布置、结构安全性等。汽车内外饰造型设计的开发流程一般分为三个阶段：车型企划与前期设计、方案设计、样车试制。对于具体的内外饰方案设计，一般需要经历草图方案、效果图、CAS（Computer Aided Styling，计算机辅助造型）、小比例油泥模型、胶带图、全尺寸油泥模型等环节[1]，如图1所示。

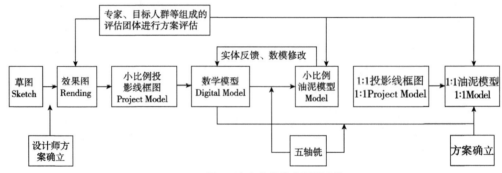

图1 汽车内外饰造型的设计

1.2 传统汽车产品工业设计方式与问题

第一种方式是企业技术中心。汽车企业一般会建立自营的企业技术中心，例如上海泛亚汽车技术中心、广汽汽车工程研究院、东风技术中心等。由企业自主执行开发，设计人员的专业程度高，并且由于设计过程集中在企业内部，能够高效率的实现造型开发人员与工程技术人员的协调沟通，保证设计方案的可行性，是最为直接有效的模式。但存在创新氛围不强、与下游消费者距离远、体制僵化等问题。

第二种方法是设计外包。以独立的汽车设计公司和高校设计团队为主，例如上海同济同捷科技股份有限公司、苏州奥杰汽车技术有限公司、湖南大学工业设计团队等。在专业性和设计方案的可行性上与企业技术中心接近。缺点集中在品牌建设与工程协调上，外包企业的

设计可能不适应客户企业的设计风格传承，在协调沟通的效率上不如企业内部运行高，而且也存在创新氛围不强等问题。高校设计团队由于校园环境的限制，在专业性和设计方案的可行性上存在劣势，但在创新氛围上要优于企业。

第三种方法是设计竞赛。一般由政府机构、企业、高校组办，例如中国汽车工程学会组办的中国汽车设计大赛、米其林轮胎公司组办的米其林国际汽车设计挑战赛、武汉理工大学组办的汽车无限创意大赛。优点是创新氛围好、用户（包括学生和兴趣人士）参与度高，能够收集到大量设计创意，带有一定公益性。缺点在于作品的专业性和可行性上较差，对面向市场的汽车产品指导价值有限。

2 互联网众包平台的现状

2.1 互联网从单向传播向互动体验的发展

桌面PC（Personal Computer，个人台式电脑）的普及带来了互联网的快速发展，智能手机的流行使人类进入移动互联网时代，人们的在线时间大幅增加。以汽车资讯的阅读为例，手机端的流量已经超过了PC网站[2]。移动互联网在改变人们生活方式的同时也带来了观念上的改变。

互联网的发展可以分为web 1.0阶段和web 2.0阶段[3]，在web 1.0阶段互联网上传播的信息主要为单向传播，企业根据自己的生产或营销目的精确生产内容，通过门户网站和企业主页向消费者传播，消费者只能接受信息而无法直接参与信息的编辑。web 2.0则开始向用户为中心转变，在平台的引导下用户可以参与、分享和互动，拉近了企业与用户间的距离，例如新兴的微信自媒体公共号、微博等，互联网众包平台的出现符合了这样的趋势。

2.2 设计领域中的第三方众包平台

互联网众包平台是指企业通过互联网平台，把本应由企业内部员工和外部合作伙伴完成的任务，分包给网络大众群体去完成，它不同于专业性和商业性较强的外包，具有更大的活力和创造性[4]。

目前诸如百度文库、维基百科等就是以用户为主导编辑参与完成的，在规模和时效性上已经超过了传统以精英编辑为主导的百科全书。设计领域由于专业性和商业交易的考虑，以第三方众包平台为主[5]，例如猪八戒网、一品威客、威客中国、任务中国等，其平台示意图如图2所示[6]。这类平台由第三方运营，为企业与设计师建立了设计交易的平台。

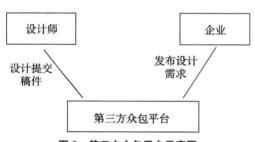

图2　第三方众包平台示意图

对于汽车产品工业设计这样的垂直品类，第三方众包平台存在如下缺陷：

（1）第三方众包平台从平台流量的角度出发，倾向于建立全面的设计品类来提升整体用户流量和交易量[7]，以争取平台的市场领先地位，类似于淘宝、天猫、京东这类面向全部商品类别的电商网站，而不是针对细分领域的垂直平台。这使得汽车产品与其他类别的工业设计缺乏区分，对汽车产品开发所需要的专业性和复杂性考虑不足，造成设计水平偏向业余化。

（2）在第三方众包平台中，由于第三方平台的参与和盈利要求，企业与设计师之间的沟通交流效率不高，进而影响到设计方案的质量和可行性。

3 汽车产品自营众包设计平台开发方法

3.1 自营众包平台

针对汽车产品工业设计的特点，提出自营众包平台的开发方法，适合对汽车设计有需求的汽车企业、汽车研发机构等，以汽车企业的车型开发为例，如图3所示。

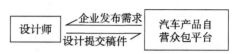

图3　汽车产品自营众包平台示意

其中自营平台的主体即为需求方，由汽车企业里的专业开发人员作为主导，他们在平台上根据车型开发的要求，将其中可以公开的设计、技术、调查等需求进行分解，形成若干个较小的任务并发布在平台上，指定截止时间、任务需求、任务奖励等。在任务征集完成后，进行整理评估和筛选，使有价值的任务方案能够推进车型项目的设计与改进。

任务不仅包括整车造型、局部造型、内饰造型、车身附件等工业设计需求，还可以是人机工程体验、使用场景、驾驶习惯、推广方式等用户调查需求。在目前汽车产品追求智能化和互联化的趋势下，车内智能平台操作界面、用户手势反应的设计也是可以发布在众包平台上。甚至某些工程技术需求也可以发布，比如NVH（Noise、Vibration、Harshness，噪声、振动与声振粗糙度）、车身结构、空气动力学、车辆动力性等。其面向的设计师对象不仅包括设计专业的学生和相关人士，汽车专业的学生和相关人士也可以参与其中，更好地提升众包平台的专业性。

从设计师的角度来看，当平台发布任务时，可以参与任务、完成任务并获得奖励，而且也间接参与了企业车型项目的开发，具有较好的激励机制和参与感。并且还可以通过平台与其他设计师进行交流。

相比设计竞赛，除了在任务需求上更为丰富灵活，任务的发布与车型开发的项目周期是对应的，因此具有较长的运营周期，能够持续的为平台积累用户数量和知名度。

3.2 自营众包平台的功能与优势

该平台具有如下功能：

（1）开放式的全员参与的创新设计入口。

自营众包平台仍然具备第三方众包平台的优点，设计师面向全网招聘，全员参与，不受地域、专业、学历、资质等方面的限制。并且在用户场景上全面兼容桌面PC平台和手机移动平台，用户在碎片时间也可以参与。开放式入口保证了设计创新氛围的提升。

（2）专业化的需求发布、设计与评价机制。

面向汽车产品的自营众包平台能够保证汽车设计的专业性，在平台的机制设计上可以考虑到汽车工程和企业的具体情况；由于不存在第三方，企业设计人员和设计师的沟通效率会更高，从而提升了众包设计方案的可行性。

将自营众包平台与前文所述方式进行对比，如表1所示，其中用户参与流量是指用户（包括学生、兴趣爱好者、消费者等非专业人士，不包括汽车企业里的专业人士）在设计项目中的参与人数和活跃度，企业参与程度是指企业专业人士在设计项目中的参与程度。

表1 汽车产品工业设计开发方法对比

	创新氛围	设计方案的可行性	用户参与流量	企业参与设计程度
企业技术中心	★★	★★★★★	★	★★★★★
外包设计公司	★★	★★★★	★	★★★★
高校设计团队	★★★	★★	★★	★★★
设计竞赛	★★★★★	★	★★★	★
第三方众包平台	★★★★	★	★★★★	★
自营众包平台	★★★★	★★★★	★★★★	★★★

总体来看自营众包平台是一种较为合理的开发方法。虽然在成本上建立自营众包平台比借助第三方众包平台要高，但对于技术与设计集成度较高的汽车产品是值得投入的。

4 结语

（1）本文对汽车产品工业设计的特点进行了分析，指出了目前主要设计开发方法存在的缺陷。以企业为主导的汽车设计虽然专业性高，但缺乏创新氛围；而设计竞赛和第三方众包平台下的汽车设计想象力有余，但缺乏专业性和可行性。

（2）提出了自营众包平台的开发方法。该方法在创新性、专业性和用户参与流量上具有综合性优势，具备开放式的全员参与入口和专业化的运营机制。有助于提升汽车产品的工业设计水平和创新价值，值得汽车企业和汽车研究机构在建立设计开放平台中参考。

参考文献

［1］姜斌，李铁南．汽车造型设计［M］．长沙：湖南大学出版社，2012（01）：72.

［2］腾讯科技企鹅智酷．2015中国汽车消费新趋势报告［EB/OL］．http://tech.qq.com/a/20150416/010542.htm#p=1，2015-04-16.

［3］向林．互联网众包对现代企业管理模式创新的启示［D］．北京：北京邮电大学经济管理学院，2015.

［4］金梦奇、韩佳平、汪文彬．基于威客模式的工业设计产品平台的构建［J］．浙江科技学院学报，2014，12（06）：420-423.

［5］吕佳琳．中小企业的工业设计创新模式研究［D］．北京：中央美术学院设计学院，2015.

［6］叶陶，余波．威客商业模式探析［J］．科技情报开发与经济，2010，20（22）：121-122.

［7］余世英、明均仁、熊璐．基于威客模式的网络运营机制研究［J］．情报科学，2013，（3）：9-16.

"互联网+"下传统媒体的创新走向

刘 倩 刘 军

（中国地质大学 武汉 430074）

关键词：互联网+ 传统媒体 媒介融合

2012年11月，易观国际首席执行官于扬提出了"互联网+"的理念，2015年3月，李克强总理在政府工作报告中也首次提出"互联网+"行动计划。现在，各个传统行业都在寻找与互联网的结合，"互联网+"已经成为国家战略层面的创新理念。"互联网+"是指互联网与传统行业的融合。跨界融合是"互联网+"的一个重要特点，跨界意味着变革、开放、重塑与融合。报纸、广播电视等作为传统主流媒体，自诞生之日一直是在人们日常生活中扮演着重要的角色。但在近几年，很多用户尤其是年轻用户已经抛开电视等传统媒体，转战到互联网等新媒体上，传统媒体的发展已经岌岌可危。而实际上，新兴产业的发展必将改变传统的媒介形态，"互联网+"之于报纸、广播、电视等传统媒体，与其说是一种挑战，不如说是一种机遇。

1 "互联网+"时代的传统媒体

传统媒体是相对于近几年兴起的新媒体而言的，是传统的大众传播方式，通过声音、文字或图像等方式向大众发布信息、提供娱乐文化的媒体，具有道德教化功能。一般指广播、电视、报纸等传统意义上的媒体。

1.1 传统媒体的类别及发展现状

报纸、电视是传统主流媒体中的两大类别。报纸是以纸张作为载体的印刷出版物，主要刊载新闻和时事评论并定期向公众发行，是大众传播的主要载体[1]。传统纸媒有其自身的优势：①纸媒能够帮助用户养成良好的阅读习惯，进行深度思考。纸媒曾是用户获取信息的主要方式，新媒体的出现使用户养成了"碎片化阅读"的习惯，"碎片化阅读"即用户不再是完整的看完一份报纸、一本杂志，而是一种断断续续、不完整的阅读方式。"碎片化阅读"使用户变得越来越懒惰，不再对事物进行深度思考，对事物的认识停留在各种知识碎片拼凑的表面。而纸媒所呈现给用户的信息、知识体系是完整的，能够帮助用户建立良好的理解力与阅读习惯。②传统媒体有着较高的权威性。相对于"谣言四起"的新媒体，传统媒体有完整的信息策划能力与丰富的经验。大多数的传统媒体都具有一定的公信力、正确的思维导向和职业素养，所传播的信息更容易被用户所接受。而随着互联网时代的到来，传统纸媒陷入了一种窘境。有学者以"病入膏肓"来形容纸媒的现状。城市街头越来越多无人问津、空置许久的报刊亭也暗示着一个曾经辉煌行业的没落。新媒体时代的来临，各类资讯变得触手可得，纸媒不再是唯一的信息来源。移动互联网的便捷，微信、微博等新型传播渠道的崛起更是导致了传统纸媒的衰落。互联网获取信息的便捷性与零成本必将使传统纸媒流失大量用户。

电视媒体是一种媒介，它以电视屏幕作为传播载体，向用户传递新闻信息、文艺节目、电视剧、电视综艺节目等内容，电视媒体深受中老年用户的喜爱，是目前我国普及率最高的媒体之一。电视媒体的优势有如下三点：①通俗易懂。电视媒体所传播的内容简单直观，具有一看即懂、视听兼备的优势，符合广大用户的文化水平和需要。电视媒体用户横跨各个年龄段，无论是受过教育的高学历用户或是受教育程度略低的普通用户，都可以简单方便的看懂电视所传播的信息。②电视媒体的便捷性与经济性。电视的便捷性与经济性在于其无处不在，用户可以随时随地打开遥控器就可以看到电视，使用成本接近于零。③电视媒体用户体验度高于新媒体。一是电视屏幕大、分辨率清晰，能够带给用户趋于完美的视听体验。二是电视媒体传播的专业性强、技术含量高，有着专业的节目策划与制作团队，对大众的审美喜好有精准的把握，所创作出的作品更能适应广大用户的审美习惯。但在互联网技术的冲击下，电视媒体的用户也日趋减少。互联网的开放性与自由性使它的文化"朝气蓬勃"，自由而多样。相比之下，电视媒体的可控性则使得电视文化显得传统和保守[2]。互联网打破了电视媒体单向线性、保存性差的传播弊端，削弱了用户对传统电视媒体的依赖。同时，互联网的交互性吸引了大量的年轻用户。

1.2 "互联网+"对传统媒体的影响

互联网作为新生事物，它的出现使传统媒体看到了自身的不足，也加快了传统媒体转型的脚步。互联网催生了微博、微信和门户网站等多种新型的信息传播渠道，丰富了用户的阅读体验，使新闻有了更多的呈现手段[3]。用户不再是枯燥地阅读纯文字配图的信息，而是通过多维度的视频形式获取新闻。互联网让报纸变得可以"听"，让新闻变得会"动"。互联网改变了传统媒体"一对多"的单向传播模式，使信息可以"多对多"双向传播，赋予了用户话语权。互联网的交互性使用户可以即时评论新闻，发表自己的看法，甚至用户本身就是一个新闻传播者。用户不再是被动地等待新闻，自己也可以成为新闻的发掘者。如今许多新闻的第一发现人往往不是记者，而是普通的群众。用户通过微博、微信客户端配以简单的文字和图片就可以把发生在自己身边的新鲜事第一时间分享给全国乃至全世界的用户，极大地提升了信息传播的效率。互联网为传统媒体提供了丰富的新闻来源，改变了传统媒体的传播形态[4]。

互联网在给传统媒体带来积极影响的同时，也带来了一些负面的影响。首当其冲的就是传统媒体用户的减少、发行量的下降。近些年来，越来越多的用户开始通过互联网获取新闻信息，其中包括大量的老年用户。用户的减少导致发行量的下降，更直接影响了传统媒体的经济命脉——商业广告。用户关注度的日趋减弱使众多广告商不再青睐传统媒体，新媒体在大量"掠夺"用户的同时也严重影响了传统媒体的经济效益。其次，新媒体减少了用户对传统媒体的黏性。传统媒体传播速度慢、不易携带，而互联网传播信息及时、方便。新媒体内容的丰富性在更大程度上满足了用户的需求。最后，互联网对用户的阅读习惯产生了消极影响。"碎片化阅读"是互联网时代用户的阅读特征，"碎片化阅读"让用户对传统媒体的深度研究与长篇大论失去了兴趣，增加了用户的阅读惰性。

2 "互联网+"时代的传统媒体创新

2.1 创新趋势

传统媒体与互联网的融合并不是简单的相加。随着互联网数字技术的飞快发展，传统媒体的劣势使其流失大量用户，一场大的挑战变革早已扑面而来。传统媒体与新媒体的融合已经势在为必行，媒介融合成为一种大的趋势。"媒介融合"（Media Convergence）最早由美国马萨诸塞州理工大学的伊契尔·索勒·普尔（Ithiel De Sola Pool）教授提出，其本意是指各种媒介呈现出多功能一体化的趋势[5]。推动传统媒体和新媒体融合发展，要遵循新旧媒体自身的传播规律，强化互联网思维，将传统媒体的内容深度与新兴媒体的传播技术融于一体。互联网时代，两者的融合也呈现出了多样化的趋势。①传统媒体将新媒体作为平台，扩大自身影响力。如人民日报、湖南卫视等传统媒体在微博、微信上开通账号，将新媒体作为信息宣传与用户沟通的纽带。②传统媒体在移动端和PC端发布APP供用户下载。传统媒体自主开发APP，用户通过下载客户端不仅可以获取原有的信息内容，还可以随时发表自己的评论，并为APP的不足之处提出自己的建议，如"人民日报客户端"、湖南卫视的"芒果TV"。③传统媒体借助新媒体进行信息传播。传统媒体将新媒体作为新的传播渠道，向用户传递内容。如江苏卫视的大型生活服务类节目《非诚勿扰》将PPTV、爱奇艺、腾讯视频等新媒体作为自己的互联网在线播放平台。传统媒体与新媒体的融合能够弥补传统媒体与生俱来的短板，传统媒体可以利用新兴技术可以跨越单一的线性传播，让用户的观赏不再受时间、地点的限制。

2.2 如何创新：以"人民日报客户端"为例

众多传统媒体为了适应媒介形态的变革，都积极展开了与新媒体融合发展的行动。传统纸媒如人民日报推出了"人民日报客户端"，央视与各省级地方电视台也都有各自的电视APP，如安徽卫视出品的电视社交互动应用"啊呦"，都旨在通过新媒体实现与用户的交互，扩大自身的影响力[6]。传统媒体与新媒体的融合屡见不鲜，如何创新才能真正地吸引用户，加快促进传统媒体的转型？

（1）基于"内容为王"的创新。

传统媒体的专业性与深度性是其内容品质的保证。但在互联网时代，融合后的互联网产品不应只是其原有传播内容的简单迁徙。以人民日报客户端为例，用户既可以通过APP看到人民日报的全部内容，了解世界各地正在发生的大事件，还可以通过定位服务定制本地新闻。除此之外，人民日报客户端还推出了"政务中心"，邀请民政部、商务部、最高人民法院等多家权威机构进驻发布信息，用户可以根据自己的需要进行订阅。互联网时代用户要求拥有更多的话语权，人民日报客户端的"评锐度"功能充分满足用户的评议需求，用户可以对时事新闻进行评论，同时也可以查看其他网友的点评。互联网时代，用户关注的是产品和服务，新媒体不仅是传统媒体内容传播的新渠道，也应该根据自身的技术优势进行创新。

（2）关注用户行为的变化。

新媒体的出现不仅改变了原有的传播形态，也改变了用户的行为。单一的文字交互早已无法满足用户的需求，多维度的交互是互联网时代用户行为的特征之一。人民日报客户端将界面分为"闻热点""评锐度""听播报""报版面""视影像"等几个板块，其中"听播报"与"视影像"就是根据互联网时代用户的行为特征而设置的。在"听播报"板块，用户可以通过音频形式收听新闻。在"视影像"板块，新闻以视频形式展现。真正实现了报纸可以"听"也可以"看"。人民日报客户端根据互联网时代用户行为的特征进行精准定位，不仅满足了用户的多样化需求，也带给了用户更好的使用体验（见图1、图2）。

（3）降低用户使用成本。

降低用户使用成本即传统媒体应改变自身的商业模式。互联网时代，很多产品和服务都是免费的，比起需要付出经济成本的传统纸媒和收费电视，用户必然会选择免费的门户网站和视频应用。人民日报客户端顺应互联网时代的经济特征，不仅为用户免费提供专业权威的新闻内容，还根据用户喜好提供定制内容，为用户提供发表言论的平台，降低用户成本的同时也满足了用户的个性化需求，吸引了大量的用户。传统媒体应调整固有的商业模式，需找新的经济点，降低用户使用的经济成本（见图3）。

（4）提升用户体验

　　用户体验是用户在使用产品的过程中建立起来的感受，好的用户体验能够加强用户对产品的黏性。用户是一群聪明但很忙碌的人，提升用户体验包含很多方面的内容，如操作的便捷性、界面的简洁性等。对于传统媒体来说，应精简产品的使用流程、降低使用的门槛，在可用性的基础之上加强产品的易用性，专注于用户体验，让用户感到简单、方便。人民日报客户端界面简洁清晰，操作简单。用户只需用到滑动和点击两个手势，降低了用户的认知负担。同时，人民日报客户端中的"报版面"版块是采用传统报纸的刊面，让具有"念旧"情怀的中老年用户通过移动客户端就可以体验到传统纸质报纸的画面感，满足了不同用户的精神需求，将用户体验做到了极致（见图4）。

图1　人民日报客户端"听播报"版块

Fig.1 "Listen broadcast" section in

图2　人民日报客户端"视影像"版块

Fig.2 "Image" section in People's Daily

图3　人民日报客户端"频道设置"版块

Fig.3 "Channel setting" section in People's

图4　人民日报客户端"报版面"版块

Fig.4 "Layout" section in People's Daily APP

3 结语

　　传统媒体与新媒体的融合是一个长期互补共存的过程。当前我国的国情与传统媒体自身的影响力使其依然具有不可替代性。首先，中国人口的老龄化和地区发展的巨大差异使传统媒体仍然拥有巨大的用户群。其次，传统媒体的专业性能够为用户提供大量质优精细的产品内容，这显然是现阶段依托电视内容的新媒体无法做到的。最后，传统媒体能够降低用户的认知成本。新媒体作为新生事物意味着用户需要付出时间和精力去学习如何使用，对于很多思维反应慢、对新事物接受程度低的中老年用户来说增加了学习的成本。但是，尽管传统媒体优势重重，其没落已是不争的事实。利用互联网思维重塑传统媒体业是大势所向，传统媒体需要利用新媒体技术优势开拓新的传播渠道，维系与用户之间的关系链。而新媒体也可以用过传统媒体的品牌、内容优势丰富自身。互联网时代，媒介融合才是共赢。

参考文献

　　[1] 亚森江·木沙. 网络数字报的多媒体交互设计[D]. 南京：南京理工大学，2009.

　　[2] 何林、王晓予. 互联网文化与电视文化的碰击与重构[J]. 渝州大学学报（社会科学版），2001（05），106-108.

　　[3] 刘志祥. 微博新闻：信息技术革命下的双刃剑[J]. 新闻爱好者，2012（07），17-19.

　　[4] 孙庚. 传播学概论[M]，北京：中国人民大学出版社，2010.

　　[5] 张立伟. 媒介融合：犹如带橡皮的铅笔[J]. 媒体时代，2010（08），28-32.

　　[6] 陈杲、王建秀. 互联网电视应用生态系统探讨[J]. 电视技术，2014（04），60-62.

"互联网 +" 基于车联网技术的车路协同系统构建

唐海露 黄妙华

（武汉理工大学 武汉 430070）

关键词：智能交通 车联网 车路协同系统

1 引言

随着互联网技术的飞速进步，信息已成了当今企业的基本生产要素。正值"互联网 +"时代之际，汽车交通行业与互联网行业不断融合，汽车交通不断信息化、智能化。目前汽车交通行业正进入大数据时代，通过车联网和大数据服务平台建立车辆运行状态分析、驾驶意图分析和交通状态分析的智能控制系统基站及监控平台，可以高效提升车辆监管、汽车性能监测和诊断、交通指挥、车辆调度管理的能力，进而提高交通效率、行车安全，降低交通管理和运营成本。

2 车联网与车路协同技术

近来，随着汽车保有量的快速增长，道路大面积长时间交通拥堵屡见不鲜，交通事故死亡人数居高不下，诚然安全高效通行已成为民生的焦点。其中交通服务信息不及时，交叉路口通行效率低，道路交通环境复杂等原因严重制约高速安全通行。因此，文章利用虚拟仪器技术架构一种车路协同系统方案有效解决这些问题。

车联网通常是指在车际网、车内网和车载移动互联网的基础上，采用特定的数据交互标准和通信协议，在车与路、车与车、车辆与互联网三者之间进行信息通讯和交换，构建车辆智能化控制、智能交通管理控制和智能动态信息服务的一体化网络[1]。车路协同系统是基于车联网及无线通信、传感探测等技术进行车路信息获取，通过车与路、车与车间的信息交互共享，实现人与车、车与车、车与路及车与互联网协同控制，充分优化利用系统信息数据及各类资源、确保道路交通安全、缓解交通拥堵[2]。汽车感知、电子地图、导航定位、车载终端无线数据通信、智能控制技术等车联网技术体系的日益完善，将进一步推进车路协同系统的快速发展。

3 系统方案设计

在车联网技术的基础上，构建的车路协同系统是为了：随时随地实时感知车路信息，使车辆、道路环境及智能控制系统基站及监控平台之间进行实时信息互通。既通过车辆和其他采集系统采集信息经智能监控中心分析处理，通过车联网向网内车推送交通流量、方位、预警行程时间以及限行等信息，通过智能交通设施管理系统提供最佳当前交通管理方案。

3.1 系统物理架构

智能交通涉及物联网、云计算、路监控、3S（GPS、GIS、RS）、高速公路收费和系统集成等方面。一方面互联网企业提供平台和应用开发经验，另一方面车企提供车辆专业数据和接口技术，从而双方共同开发车联网平台。此外，互联网巨头也可收购车载自动诊断系统相关企业或车载终端生产和运营企业，或联合智慧交通领域的相关企业，实现信息互通模式；智慧交通领域的建设企业通过道路交通建设获得的交通数据，与政府合作进行数据交换，形成数据运营的互通[3]（见图 1）。

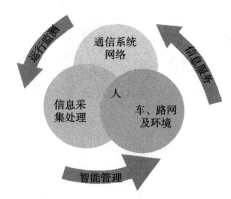

图 1 智能交通系统信息交互图

系统主要构成包括：模型车、道路环境、智能交通设施；其中道路环境涵盖行驶路面、交通指示灯系统、行人等；具有自身传感器控制、车与车和车与路通信功能的模型车，可以通过传感器信息融合及信息处理模块将模型车上传感器信号经处理后，再与智能交通灯信息、前方道路信息、车与路及车与车间的通信信息、前方障碍物信息等通信信息数据进行融合，然后经智能车辆控制模块控制车辆各部件控制器实现车辆的自适应巡航、主动避让障碍、车车通信等功能。智能控制系统基站及监控平台，可实时识别车辆位置，并将车辆位置发送到各个车辆中，实现车路协调控制。并根据车流情况，对交通信号进行优化协调，实现路段交通协调等。

3.2 系统方案设计

3.2.1 车 - 路协同控制

（1）车辆动态适应红绿灯信息，即一路绿灯技术实现多红绿灯路段的车速优化不停车通行。在多红绿灯路段，车辆依靠智能道路设备传递的信息综合分析交通流量、路口信号周期的时间及当前车速，分析车辆能否可以在绿色指示灯期间顺利通过，同时相应优化车速，减少急加、急减速等现象，实现不停车过红绿灯。不仅有利于提高车辆通行效率及其燃油经济性，还可以有效降低汽车尾气排放污染物（见图2）。

（2）动态车道分配，车辆根据智能道路设备收集到的车流量信息经分析计算后给网内车辆传递提示信息，根据车流密度对车道实现优化动态分配。若有变道需求时，驾驶者再根据模型车安装的雷达及智能道路设备对周围车辆的信息进行收集处理分析周围车辆的运行状况及驾驶者的

行为意图，分析计算找出最佳的变道时机，有效提高车流通行率的同时也可以降低行车风险（见图3）。

3.2.2 车－车协同控制

（1）路口同步起步，在交叉路口红灯结束时，智能控制系统基站及监控平台向车辆发送交通信号灯的信息，并给出车辆起步的提示，实现驾驶者车辆的同步起步。该技术减少了因前方车辆的遮蔽，造成的后车起步的滞后，可以有效加快路口通行率（见图4）。

图2 车辆动态适应红绿灯信息基本构架图

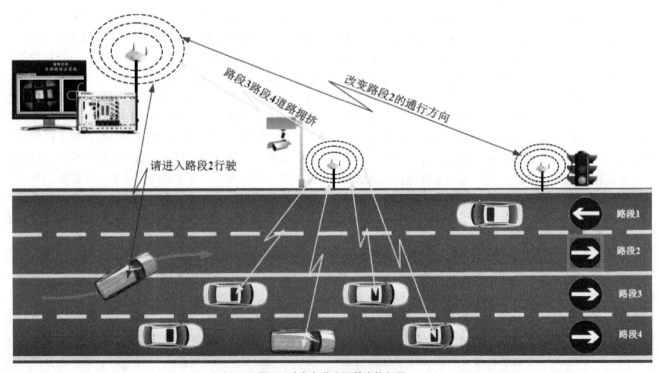

图3 动态车道分配基本构架图

（2）自主跟车，在车辆行驶过程中，安装在车辆前部的车距传感器（雷达）和前后挡风玻璃上的摄像头持续检测车辆前方道路及周围环境，由轮速传感器采集到车辆的车速信号。当与前车相距太近时，系统 ECU 可以通过与 ABS 系统、TCS 控制系统协调工作，使车轮适当制动，并适当降低动力系统的输出功率，使车辆在行驶状体中始终与前车保持适当的距离（见图 5）。

3.2.3 车辆智能控制

智能辅助变道，模型车通过安装在车辆上的雷达及智能道路设备对周围车辆的信息进行收集处理分析周围车辆的运行状况及驾驶者的行为意图，计算变更车道的风险值，判断是否可以安全变道，并在车载信息系统中给出相应的提示建议。

智能循迹控制，模型车通过安装在车辆前方的磁敏传感器检测道路的磁场强度，实现模型车的自动循迹行驶。利用超声波等传感器探测周围障碍物，ECU 接收处理信号后做出指令，起到车辆的主动避障的控制（见图 6）。

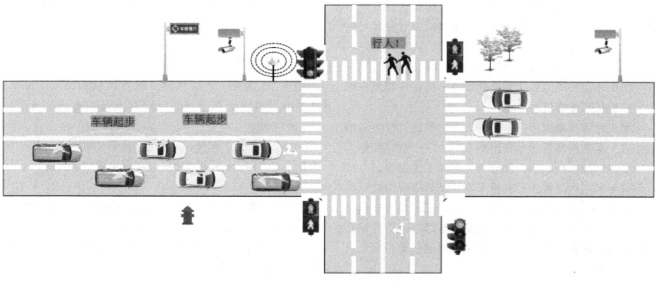

图 4　路口同步起步基本构架图

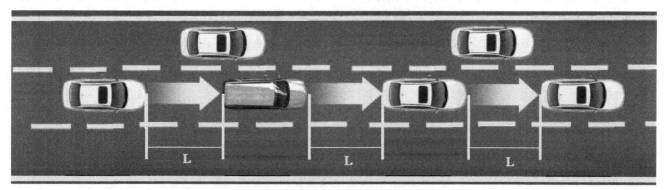

图 5　自适应巡航基本构架图

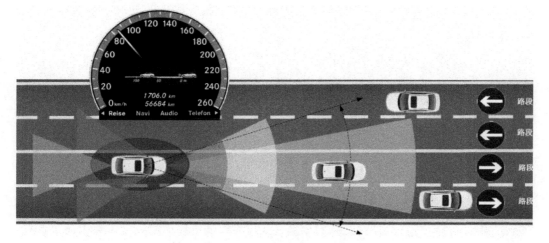

图 6　智能循迹控制基本构架图

4　车路协同系统的市场前景分析

目前互联网行业已经开始对车联网全面渗透，国内智慧交通系统已经初具建设及运行经验，可以实现各类信息实时交互，车路协同技术将在市民生活中不断的渗透、普及。

从车辆角度来看，基于互联网技术的基础上，车路协同系统中模型车不仅具有自身传感器控制、车与车、车与路通信功能，还可以智能控制车辆。利用车路协同系统车辆信息共享技术，可以让驾驶者轻松掌握道路环境及周围车辆的运行状况，准确掌握其他车辆的行驶意图，通过数据互通以及车载终端，减效减缓驾驶者行驶压力，提高车流通行率降低行车风险[4]。同时规范用户驾驶操作习惯，增强安全意识。当驾驶者违反交通规则时，由于车路协通系统信息的共享性，可将违规操作行为上传至智能交管信息中心。

对交通管理角度而言，车辆与交管智能监控中心信息互通，车载终端通过车联网信息中心接收交管智能监控中心传送过来的当前信号灯的状态及变化趋势，并适时调整车辆的行驶速度，确保车辆能够无停留的通过路口[5]。此外，智能交通监控制中心可以通过接受车辆信息，对重点地段交通信号等智能交通基础设施进行综合管控，减少车辆滞留的时间，提高车辆通行率，降低汽车尾气排放污染。

对于行人而言，通过智能交通信息系统向手机终端传输的交通信息，帮助市民在出行中及时了解车辆动态，帮助市民以高效出行。

5　结论

本文在车联网技术基础上，提出了一种具有智能控制车路协同系统的方案，该系统可以实时感知周围交通环境和交通状况，传输并处理车、路及智能监控管理中心间的数据，为驾驶者提供智能的交通服务[5]。车路协同系统具有良好市场前景，在缓解交通拥堵、提高行车安全、提升交通管理水平等方面有着举足轻重的意义。本文对该系统的研究分析还处在初期，系统所涉及的知识及技术还需更深入地研究，但是随着互联网的快速渗透剂车联网技术的快速发展，车路协同系统领域的研究必将更加深入完善。

参考文献

［1］王云鹏.车联网与车路协同［EB/OL］.（2011-11-01）［2011-11-12］.http：//labs.chinamobile.com/report/view_60705.

［2］李宇杨，张伟，罗向东.基于车路协同的商运车辆载重实时监测技术的应用［J］.行业观察，2012（12）：19-21.

［3］研报：广发证券：产业互联网之车联网全解析［EB/OL］.http://b2b.toocle.com/detail-6238375.html

［4］孔繁宇.车联网应用于哈尔滨市智能交通的前景［J］.交通科技与经济，2015（3）：54-58.

［5］蔡志理，孙丰瑞，韦凌翔，王楠.基于车联网技术的车路协同系统设计［J］.山东交通学院学报，2011（4）：17-23.

品牌个性·平面化设计新思维

张思敏

（武汉理工大学 武汉 430070）

关键词： 产品设计 品牌个性 平面化 互联网＋

1 引言

在节约型社会发展需求被高度重视的当今社会，极简主义设计风格被普遍接受，但其所带来的商品无品牌化却成为抄袭和山寨的"捷径"。如何在极简中实现产品设计特色，已成为当今"中国创造"所应关注的重点。而随着"互联网＋"时代的到来，产品设计趋势又会面临简约化下的新考验，简约的产品，该如何做到不简单呢，该如何满足当今感性化的消费观念和消费方式？在这个新时代下，我们又该怎样协调"少即是多"与"少即是乏味"之间的矛盾，如何为品牌传播与区隔打造个性特征？

2 品牌个性——发展与瓶颈

品牌理念引导了整个企业的运营策略甚至设计方向，甚至可以说它承载了整个企业生活方式，是无形却是最核心的企业文化信息符号。当企业理念渗透于品牌的每个角落，消费者才能更直观地产生品牌个性的认同感。

品牌个性的需求也在这个整合经济时代孕育而生，其作为一个崭新的概念，却已根植于品牌理念的核心思想中去，体现了品牌所独有的性格特质。20世纪80年代，M. Joseph Sirgy 在其《整合营销传播：一种系统的视角》一书中提出任何品牌或产品都应该具有个性[1]。品牌资产的鼻祖大卫·艾克（David A. Aaker）也运用"大五"人格理论的心理学模型对品牌个性进行了多维度的探索研究。一时间，品牌个性成为了品牌自我定位的焦点之一。

在中国，品牌个性一度处于比较杂乱的状况，基于国内设计创新水平远落后与工业生产能力的时代背景，品牌个性的界定以及体现在品牌文化中的作用一直不明显，产品的设计还停留在借鉴与改良之中，偶尔可见的独特创新也还尚未形成品牌自主的个性系统。虽然像卢泰宏（中山大学国际营销学教授）这样的营销界泰斗也曾从中国传统文化角度阐释了中国的品牌个性的可发展之道："仁、智、勇、乐、雅"，但这些指导方法产品设计过程中的体现还是很明显的短板。[2]品牌个性作为产品设计的终极目标，是实现"中国创造"的有效途径，更是提升品牌形象与价值、参与国际竞争的筹码。

3 平面化新思维塑造品牌个性

当然，在产品设计提升品牌个性的道路上，国外著名品牌已经为我们提供了诸多有效的方式方法，笔者只从平面化新思维入手，讲述一些可运用于产品设计以塑造产品品牌个性的思维手段。

3.1 五色之外——汽车的高端定制

"MINI"诞生于1957年，是英国一款针对时尚白领的小排量汽车品牌。当宝马公司扛下"MINI"管理大旗，又将其新款车型定位为现代时尚的贵族小车。也正是因为这样的定位，新款的 MINI COOPER 外形流畅前卫，内饰豪华新颖，整体都展现出圆润饱满的线条，彰显了英伦的高雅格调，MINI 也从此走上了奢华讲究的高贵路线。MINI 作为宝马旗下最娇小的车型，也是宝马唯一独立品牌，依旧延续了宝马"驾乘乐趣"的口号。而它的驾乘乐趣不仅仅是体现在其十足的动力性和操作的轻松准确性等技术方面，更是通过其独特的改装升级以及繁多的涂装选择，来实现消费者最求个性的消费需求。MINI 官方公布数据表明，每一百万辆 MINI 中，仅有十辆车是相同的。这一惊人的数据，不是因为其生产种类繁多，而是 MINI 针对每一个用户提供出不同需求，将自己打造成一个个性定制的提供平台。定制作为 MINI 的成功之道，其设计特色再结合平面的多种涂装方案，是实现其在五色之外无数种变换的法宝。充分地利用平面设计的多样性和色彩丰富性，改变了汽车色调单一的弊端，MINI 主打的高端定制，让几年只出一款新品的汽车行业，变成百花齐放新景象。MINI 的定制服务，不同于 TCL 的旗袍手机等单纯的平面涂装，对传统文化的生搬硬套，而是在"变是坚持的不变"中寻求平面思维下的创新与突破，成功运用平面构成法则，以求系列产品之间的关系维持平衡。当我们看到 MINI 以其不变的英伦风接纳不同的涂装方案时（见图1），我们可以看到黑白 MINI logo 之外的精彩，却又运用平面设计知识使其完美的统一化。除了涂装方案，MINI 还完善其附件组合（见图2），是的车体造型迎合与车身涂装风格，实现审美的更高价值。

就涂装方案而言，国产设计也提出了很多所谓的传统元素设计，但多是毫无审美的图形配凑，未与品牌定位相呼应，从而丧失了其平面设计特色，使得中国优秀的传统文化流失严重。产品设计中运用平面化思维引用图案本可以使得消费者可以更直观更精准地感知产品所传达的品牌语言，而如果只是一味地单纯模仿，反而会使得产品设计显得劣质，没有进行品牌个性设计的图案元素往往会由于直观处理不好而变得肤浅，简洁处理不好而变得平淡。当然，从模仿到创新是设计创造的必经之路，我们应该这这条路上思考别人优秀的本质原因，重视涂装设计中的品牌延续，从而塑造自己的品牌个性。

图 1　MINI 车顶涂装方案

图 2　MINI 车配件展示

3.2 黑白之间——极简中的丰富

极简主义原是 20 世纪 60 年代的一种现代艺术流派，80 年代以来，由于美学上对极端简单的设计风格的狂热追求，其对产品设计产生深远影响。由于其"少即是多"的设计思维，成功地适应于当今社会可持续发展需求，切合工业化生产要求，使得"极简主义产品设计"[3]强劲而持久地蔓延开来。禅意、典雅、宁静、质朴是人们对于极简主义产品的普遍认识，而其所提倡的人、物环境之间的和谐关系更是被东方人所喜爱。无印良品（MUJU）的诞生，进一步诠释了极简主义的设计风格。深泽直人作为其设计顾问，将日本禅意融入其独特的设计哲学中去，使得设计作品极致简单却不单调，空灵却不虚无。无印良品乃至深泽直人的其他代表作品之所以深受人们喜爱，不仅是因为它们自然、简约、朴素的设计理念，更是它们在简约之下点线面的设计技法，而这些设计技法，也正是从平面设计中所提取。

当深泽直人的设计，剔除了功能之外的装饰性，消费者看到了却是更丰富的品牌文化。他创立的品牌"±0"强调外表的"纯粹"和功能的"良好"，不拘泥于造型形式，而强调回归本性，直达事物内质从而唤醒用户的潜在意识，从而体现出"象以圜生、简约细腻"的设计理解[4]。而其之所以能直达事物本质，正是因为其深谙平面设计之道。产品简洁的几何形态背后，是精准的排列比例、优美的点线分割以及纯粹的色彩选择，这些平面构成规律竟被巧妙地运用于产品的每一个构件之上。深泽直人曾为三宅一生设计过一款 TWELVE 系列腕表，表盘没有任何刻度或数字，而是利用平面的折线，在表盘形成多边形轮廓来让用户了解时间（见图3）。这款设计作品，仿佛在白纸上作画一般，去除了手表上被雕龙画凤一般精致描绘的时刻数字，而刻意简化成十二边形的顶点，表盘大胆留白的同时，还不忘在时针上精致地点缀上品牌型号，使得这份简洁中流露出高雅的气息，是简洁的更高级别。

图3　TWELVE 系列腕表

对于简约设计，国内设计师更多注重的是大量留白的设计特点，而往往很容易过度追求形式，当一个极简设计风格的作品摆在使用者面前，带来的却是无从下手。极简并不是简单的祛设计，而是将产品所必需的功能进行最为直接的体现，正是平面设计思维，在这一体现中发挥着至关重要的作用。在极简的设计风格与工业化高效率的生产向撞击，带来雷同与抄袭的副作用时，也正是这种设计思维，才是品牌保持个性，避免因为服从功能而变得"大同小异"的关键所在。因而，我们在延续极简设计风格之时，更多的应该去思考自己的品牌个性应该在何处体现。

3.3 无色胜有色——互联网下的平面创新

2015 年 3 月 5 日，在第十二届全国人民代表大会政府工作报告中，李克强总理首次提出"互联网＋"的战略部署，强调将移动互联网、大数据、云计算以及物联网等同现代制造生产相结合。"互联网＋"从信息交换上打破了资源不对称性，可以有效地降低交易成本，从而促进深化企业分工，提升劳动生产率，为各行各业提供了升级转型的机会，因而受到了全行业的广泛关注。在互联网时代的大背景下，工业设计作为现代制造业的核心环节有了更广阔的发展机遇，同时，为更好地适应互联网新时代的要求，也遇到了新的挑战。为了更好地打造互联网下的品牌个性，获得更大的品牌价值，企业努力为用户提供更为智能的产品，更为人性化的体验和服务。

整个汽车行业也朝着"互联网＋"时代迈进，并提出车联网的概念，各大汽车领军品牌也纷纷推出自己的概念智能汽车。雷诺作为法国汽车制造商，计划于 2016 年正式复活 Alpine 品牌的新闻已经报答，备受媒体关注。诞生于 954 年的法国汽车品牌 Alpine 主要生产赛车和量产跑车，1973 年雷诺将其收购之后，一直企图寻找将其复活的机会。但对于汽车收购的复活，想保留其原有特色并同时融入自己的品牌个性，并不是一件容易之事。2012 年雷诺发布 Renault Alpine A110-50 概念车（见图4）以此纪念 Alpine A110 Berlinette 发布 50 周年。为了迎合雷诺将于 2016 年重推 Alpine 跑车品牌的计划，雷诺发布了 Alpine Vision Gran Turismo 概念车（见图5），这款概念车会在巴黎国际汽车节展出。虽然是为雷诺为 PS 独占大作《GT 赛车6》打造 Vision Gran Turismo 概念车，但其还是引起了业内的广泛关注，并成功为车联网下的汽车设计做出方向性指引。作为一款主打视觉系的概念跑车，Alpine Vision Gran Turismo 概念车的外观既传承了经典又颇具未来感。偏向一侧的单座舱设计具有早期 GT 赛车的复古风格，而品牌旗下经典 GT 赛车 Alpine A110 Berlinette 的越野头灯，则以圆形 LED 行车灯的形式传承了下来，像宝马的"天使眼"一样，已经成为品牌的象征。Alpine Vision Gran Turismo 概念车提供了一个矩形的赛车方向盘，仪表盘为全数字显示，后视镜被高清摄像头取代。最值得一提的是其造型设计中平面思维的运用，看似对称的车体造型，却采用单座舱式的驾驶舱布局，为了保持整体造型的和谐，同时满足智能交互的功能需求，设计在另一侧利用平面设计，将赛车信息显示于车体之上，是互联网时代下造型设计呼应信息可视化需求的成功案例。

图4　Renault Alpine A110-50 概念车

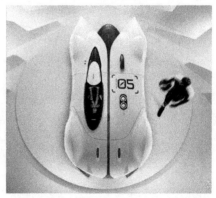

图5　Alpine Vision Gran Turismo 概念车

中国互联网公司百度公司（Baidu）、阿里巴巴集团（Alibaba）、腾讯公司（Tencent）三大巨头纷纷加入汽车行业。百度CEO李彦宏透露了正在进行"无人驾驶"造车计划，同时腾讯也与富士康、和谐汽车签约，并与京东共同入资汽车电商平台协作"互联网＋智能电动车"。阿里巴巴团队也不甘落后，宣布其阿里汽车事业部成立，并与上汽集团共同合资设计"互联网汽车基金"。BAT的行动中，我们不难看出"互联网＋"无疑为中国智能汽车带来了新的可能，在这个车联网的背景中，国内汽车设计需要的已不仅仅是外在的造型设计，更需要将造型与智能显示相融合，这种融合实则是造型设计与平面设计的深度融合，是超出与色彩之外的设计，更是一种前所未有挑战。

4　结论

《朱子全书·学三》有云："举一而三反，闻一而知十，乃学者用功之深，穷理之熟，然后能融会贯通，以至于此。"设计也是如此，其运用法则具有高度的一致性，我们可以利用工业设计与平面设计的一致性，巩固自主品牌的个性需求，为品牌附属独有的性格特点，从而树立"中国创造"的独立品牌个性。随着人类认知范围的不断扩充，人们对于生活以及审美要求也不断提升，而平面化设计新思维多样新鲜、个性互动等特点，是设计思维的新突破，可以为我们的品牌提供源源不断的生命力，更能为品牌提出个性而精准的定位，是笔者在高效生产以及互联网新时代背景下为工业设计寻求的一种新的发展方向。

参考文献

［1］M. Joseph Sirgy. 整合营销传播：一种系统的视角［M］. 北京：清华大学出版社，1998：3-6.

［2］卢泰宏. 品牌资产的评估模型与方法［J］. 中山大学学报（社会科学版），2002（3），88-96.

［3］梁明捷. 极少主义设计的历史演变［J］. 美术界，2008（1）：59.

［4］刘苏. 从深泽直人设计风格解读极简主义新内涵［J］. 艺术与设计（理论），2009（7）.

"互联网+剪纸风格"下的书籍装帧设计课程创新走向①

梁　黎　杨婷婷

（武汉华夏理工学院　武汉　430223）

关键词： 互联网 剪纸 书籍设计 电子书 创新

1　引言

书籍，狭义上讲是指带有文字和图片的纸张集合，广义上讲是一切传播信息的媒体。在互联网时代下，书籍内容的载体由纸质载体向电子屏幕转变，人们的阅读习惯也悄然发生了变化[1]。为了满足消费者的阅读需求，迎合市场的需要，电子书籍的设计日益重要。剪纸是一种民间艺术形式，承载着文化内涵，其文化性和书籍有着浑然天成的契合点。目前，电子书籍的市场存在着重技术、轻设计，设计缺乏文化性的特点。书籍设计课程要增加将剪纸元素融入电子书籍设计内容，培养学生将剪纸融入电子书籍设计的能力，从而提升电子书籍设计的文化内涵，优化书籍设计课程改革。

2　互联网时代下电子书籍融入书籍装帧课程中的现状

在互联网时代，书籍装帧课程面临着前所未有的大变革。2001年3月14日，美国小说家斯蒂芬·金的最新小说《骑弹飞行》发行，适应市场需求，受到消费者好评，这对于传统书籍有着巨大的冲击。电子书籍的优越性有：①节能，环保。②空间小，存储量大，携带方便。③主动性，互动性。④视觉效果丰富。电子书籍的优越性在未来的市场有可能会取代传统书籍，这就对书籍装帧课程提出了新的课题：电子书籍融入书籍装帧课程教学中是非常重要的。

电子书是指将文字、图片、声音、影响等信息内容数字化的出版物。电子书籍的发展存在很多的不足之处。

2.1　视觉设计简单

现代电子书籍中，整体的视觉设计相对单一，视觉、听觉、嗅觉、文化性的设计相对比较单一。由于视觉的设计色彩多以黑白来表现，彩色相对较少，整体的视觉效果相对比较单调，长时间阅读会让读者感到枯燥。反之，传统书籍的纸张、装订方式、设计风格等方面比较丰富，受到大众的喜爱。在电子书籍设计中，应将传统书籍视觉上的设计风格、嗅觉上的淡淡书香味融入电子书籍设计中。

2.2　教学重软件技术轻创意

创意是电子书籍设计的核心，需要利用创意吸引消费者从而达到传播信息的目的。目前，书籍设计课程教学中，有一部分高校依旧以传统书籍的内容教学，另一部分高校在进行电子书籍设计教学中，一些教师过多地强调Flash动画、音频等多媒体技术进行讲授，学生具备了图片美化、音频插入的技能。但是，缺乏对于电子书籍的整体视觉效果的把握，整体视觉元素图形、文字、色彩等要素的整体设计，内容较零散。

2.3　设计缺乏文化性

电子书籍在网络文化、快餐文化中诞生。从书籍内容上讲，在所谓"读图时代""速读时代""视听时代"的阅读年代，电子书籍的内容缺乏学术深度和文化内涵[2]。书籍的内容需要进行开发，让读者有好书可读。从设计方面来说，更多的是通过简单的拼凑得来，视觉的享受、文化性的传达、书香味的渗入都未能得到好的体现。将剪纸元素融入电子书籍设计中，一方面剪纸是中国传统民间艺术有其文化特色。另一方面，视觉上可以达到整体的视觉效果。

3　剪纸的艺术形式与电子书籍设计

剪纸是民间艺术中的一种，是民间悠久的镂刻装饰艺术，其特点是它的强烈的装饰性和奇迹般的夸张与变形，有其独特的艺术风格。剪纸的形态特征非常鲜明，剪纸常用的图形元素如：锯齿纹、圆点纹、月牙纹、几何形态等来进行剪纸创作，表达作者内心感受。一般剪纸常见的以红色为主，人们在节日、庆典时刻贴上具有喜庆、吉祥的红色剪纸，赋予人们对美好生活的向往。多色的如红配绿，黄配紫等补色的搭配，具有浓厚的民族传统装饰特色。

随着信息时代的发展，电子技术和互联网的介入改变了传统的阅读方式，拓展到电子书籍来呈现书籍形式。目前的电子书籍设计相对比较单一，将剪纸艺术植入电子书籍设计中，不仅为电子书籍的设计提供丰富的艺术形式，同时为剪纸艺术的传承和发展提供新的媒介。

3.1　剪纸与电子书籍图形设计

剪纸元素的提取在电子书籍中的应用，剪纸元素图

① ◆论文系武汉理工大学华夏学院2015年教研项目"民间剪纸元素融入书籍装帧设计中教学方法的研究与实践"（1535）阶段成果
　◆论文系武汉理工大学华夏学院科研项目"剪纸艺术设计造型语言及吉祥文化的研究"阶段性成果
　◆论文系武汉理工大学华夏学院教研项目"艺术设计专业中图案教学的有效性研究"阶段性成果

形通过简化、组合、拼接、并置等手法来进行图形创新。传统书籍的结构有护封、封面、封底、书脊、环衬、扉页、目录、序、版权页、篇章页等，将剪纸的原创图形应用于传统书籍的结构中，从而会形成新的视觉和有特色的艺术形式。

3.2 剪纸与电子书籍色彩设计

剪纸色彩是电子书籍设计中的重要视觉元素，色彩的选择和搭配对体现设计风格起到一定的作用。剪纸分为单色和多色剪纸，表现手法有阴刻和阳刻之分。剪纸的代表性色彩，如红色、黄色等。色彩搭配常用补色红绿、黄紫色来设计，画面视觉效果对比较强。电子书籍色彩设计可以用传统剪纸色彩和现代色彩结合，产生新的视觉效果。剪纸艺术色彩可以结合书籍内容题材进行设计，如文化类书籍、儿童书籍、诗歌、散文等题材的内容比较合适。

3.3 剪纸风格的版面编排

剪纸风格的版面编排，是指将文字、图形、色彩这些有限的视觉元素根据特定内容的需要，进行有机的排列组织安排在一定的版面上。整体上达到视觉统一和协调[3]。版面设计中版心、天头、地脚、书口、订口的设计，电子书籍的版面编排没有装订的约束可以相对自由，如传统书籍订口部分一般不安排图形设计，在电子书籍中可以自由地发挥版面设计无须考虑纸张的装订。版心可以安排与主题相关的剪纸元素，文字可以竖向排列，渲染出浓郁的文化韵味。版面的天头、地脚可以适当点缀剪纸的基本元素，如月牙、锯齿、圆形等基本元素形态以及形态组合。书口的部分在书籍设计中可以设计简洁的剪纸图形，或者将页码安排在书口的部分，让页码的设计不仅仅只局限于书籍的地脚的右下端，订口的部分也可以合理的设计。

4 "互联网＋剪纸风格"下的书籍装帧设计课程创新

"电子书籍＋剪纸"的书籍装帧设计课程创新，可以将剪纸元素在电子书籍应用安排在书籍课程教学中。通过课题、实际案例来有意识的训练学生将剪纸融入电子书籍的设计能力。从而优化课程改革，为书籍装帧设计课程注入新的活力。

4.1 合理设计课题，鼓励学生创新

步骤一，课题和案例的引入，引导学生以真题的形式进行设计。将班上的35位同学分成7组，每5位同学一组，选题一：由学生自由在网上、市场上等渠道进行真实案例的设计，选题二：大学生以课题的形式来完成课程作业，选题三：老师指导题目。通过该种形式可以激发学生的学习积极性，鼓励学生进行剪纸融入电子书籍的创新设计。

步骤二，课题和案例进行前期市场调查，小组成员进行方案讨论，最终确定设计方案。小组成员分工进行方案设计和完善，时间为两周共32课时。案例分析，如图1所示的《民间》《剪纸》《风筝》《年画》《皮影》

图1　风筝电子书籍设计

《脸谱》系列书籍装帧设计，该学生将书籍名称文字与图案剪纸、风筝、年画、皮影、脸谱图案进行同构，将剪纸图形作为设计基点进行设计，版面编排选择大小节奏来进行变化，采用现代构成原理来进行重新设计，将传统剪纸的元素植入现代图形设计中，给予传统图案在新时代下新的生命力。该设计为传统书籍的设计，将其设计形式可以转化为新的书籍媒介——电子书籍。

步骤三，课题和案例最终设计效果图进行课程点评，提出修改意见进行修改和完善。最后进行市场投放，产生价值。

4.2　学生训练——剪纸元素的解构与重构

剪纸艺术作为传统文化表征的具体纹样、图案、符号及图形，即是有形的也是无形的。剪纸艺术的特有形式是画面饱满、造型夸张、装饰性强，相对于现代设计来说比较繁复。在电子书籍中融入剪纸元素，需要进行提炼、简化、解构、重构等方法注入时代特征，电子书籍在传承剪纸文化时不失时代特征。

对剪纸元素进行提炼，如典型的锯齿纹、月牙纹等提炼出来通过现代设计的手法重复、渐变、特异、发射等现代设计语汇进行重新设计，形成新的视觉。

剪纸元素是一种历史悠久、传统的艺术形式。在电子书籍设计中进行剪纸图形设计，需要和时代特征结合。如吕胜中的作品《小红人系列》，将传统的抓髻娃娃造型以小红人的形态作为创作的元素，一阴一阳的视觉效果非常鲜明，通过组合、拼接、并置等种种技术手段，使它从民间艺术中解放出来[4]。

剪纸元素的提取在电子书籍中的应用，剪纸元素图形进行简化、组合、拼接、并置等手法来创新图形。传统书籍的结构护封、封面、封底、书脊、环衬、扉页、目录、序、版权页、篇章页等。将剪纸的原创图形应用于传统书籍的结构中，从而会形成新的视觉和有特色的艺术形式。

剪纸元素的解构与重构，这属于现代设计的范畴。将剪纸图形进行打散，用现代设计的视觉语汇进行重新的安排，可以通过点、线、面的组合、装饰字、共生、同构、适形、漫画、错构等方法进行剪纸图形的重新排列，形成新的视觉。

4.3　学生训练——剪纸元素的实用性和美观性结合

剪纸元素的实用性和美观性结合。电子书籍的视觉元素主要是文字、图形、版面编排，可以将剪纸元素融入电子书籍设计视为抽象的点、线、面的结合，能处理好它们之间的主次关系，将表达出丰富而又整体的美感。还可以在视觉元素设计中设计中国传统节日如端午节、春节、中秋节等图形体现文化内涵，不仅引人注目，又能引导用户迅速找到登录入口，很好将实用性与美观性相结合[5]。

该种教学方法的实施，不仅能提升学生的学习积极性，而且对于书籍装帧设计课程和市场紧密结合起到积极的促进作用。

5　结语

在互联网时代下，电子书籍以其优势慢慢会成为主流，成为读者的主要阅读形式。剪纸艺术在民间美术中有着重要的地位，它以朴实、鲜明、强烈的视觉特征传达传统民俗文化。将剪纸元素应用于电子书籍设计的课程教学中，一方面可以优化课程改革，培养适应市场的电子书籍设计人才，设计风格多样化更好地满足阅读者内涵化和多样化的需求。另一方面，对于剪纸元素的数字化，剪纸元素的传承、创新、延伸起到积极的促进作用。综上所述，剪纸元素应用于电子书籍的课程改革是可行的。

参考文献

［1］沈渝德.浅析书籍设计课程教学中电子书籍的设计教学策略［J］.美术教育研究，2015（5）：152–154.

［2］刘建国.浅谈网络时代电子书籍的存在与发展［D］.西安：西安美术学院，2008：17.

［3］刘宗红.书籍装帧设计［M］.合肥：合肥工业大学出版社，2009（7）：63.

［4］金晖.剪纸艺术：从传统到当代语境［J］.华南师范大学学报，2004（8）：138–140.

［5］袁悦.湖南民间美术非遗保护视野下的电子书籍的视觉元素设计应用研究［J］.文艺生活，2014（8）：193.

基于O2O模式的品牌设计发展趋势

曹 意

（上海理工大学　上海　200093）

关键词：O2O 服务设计 用户价值 品牌创新

1 引言

近年来，随着大数据技术的蓬勃发展。当下人已经历经工业革命与信息革命，来到数据革命时代。在这个以云技术作为生产工具，数据作为核心竞争力的时代，其生产方式的改变，促成当下人的价值观念与消费观念发生变化，最终引起品牌设计发展趋势的转变。

O2O模式正是当下数据时代中最为热门的一种新型营销架构。这种全新架构给未来的商业模式提供了一条清晰的架构，即"线上运营＋线下运营"并且与"用户数据"高度结合的模式，为用户提供全面的服务体验。基于这种全新模式，品牌设计在这样的商业大环境下，也定将随之进入一个全新的探索与发展阶段。

2 O2O模式的特点

每一个时代的更替，都由一个关键性的技术革新所决定。工业革命的机械生产由蒸汽机驱动、信息革命的互联网生产由互联网产品驱动，当下数据时代的云生产正是由O2O模式驱动。移动终端利用云技术的普及成为了数据革命的技术核心。当下人用技术手段将实物或者非实物以数据的形态进行储存，这些海量数据的储存与交换空间就称之为云。O2O模式正是诞生于这样的技术革新。这种模式成为了数据时代，为用户提供全新服务体验的驱动力。

O2O全称为"Online to Offline"，可以理解为线上对线下。当你想要在家中吃到某个星级饭店的佳肴时，你只需要通过手机上的特定APP程序，选择相对应的服务，就能完成点单与付费。一名星级酒店的大厨就会带着新鲜的食材与调料来到你家中为你烹饪一顿可口的定制餐。又或者在你想要阅读新闻、观看视频时，你的手机就会根据你平时的阅读习惯，将你想要的信息数据根据你的定制需求，自动推送到手机上。甚至，如果你需要一张写字台，你可以通过下载云上的"宜家写字台"数据包，用自家的3D打印机就可以打印出你想要的宜家品牌写字台[1]。

这种线上为线下带来订单和为CRM（客户关系管理）提供用户体验，线下为线上提供定制服务以及为CRM提供数据，以数据作为粘连同时带动线上与线下发展的模式，就是O2O模式的最大特点。O2O作为一种能够提供用户体验的服务模式，被运用到了商业活动的各个领域。

3 O2O模式对品牌设计的影响

正是基于O2O模式在当下商业活动中的广泛应用，这种利用最新技术，并且注重用户体验与定制服务的营销模式对传统的品牌设计和推广提出了全新的挑战。因此，基于O2O模式的品牌服务设计这一全新理念孕育而生。品牌设计师需要开始考虑线上用户体验与线下服务定制的黏性。O2O模式成为了品牌转型的必选题，这种转型是革命性的，需要从设计之初的根本理念开始改变。

3.1 品牌设计从注重"设计产品"到"设计服务"

一般的品牌设计理念认为，品牌设计的对象通常只是围绕产品本身而展开。设计对象是各类产品本身，注重用户对于产品使用的满意程度。在这里我们将这样的品牌设计理念称之为"设计产品"。而在O2O模式的影响下，由于商业模式的改变，各类新型非物理形态产品的产生，传统单一产品的物理性体验已经无法满足用户的需求。用户的重心从有效生产转移为精简消费，价值评判体系也从基本生活转变为高品质生活[2]。这种高品质生活体现在对于物质型产品使用价值的需求日趋淡化，对物质型产品所衍生出的各类非物质型附加产品的渴望日益显著。这类非物质型的附加产品，就是用来为用户解决实际问题的完整服务流程设计，即线下产品结合线上服务的O2O模式。正是由于O2O这种线全新模式的产生，导致了品牌设计从"设计产品"到"设计服务"的理念转变。

3.2 品牌设计从注重"产品价值"到"用户价值"

当品牌设计的重点从设计产品转变为设计服务时，其背后所隐藏的本质是设计目的的转变。一般的品牌设计理念重视对于产品本身使用价值与其内在品质的创造。设计的目的从销售产品与为了使用户拥有产品带来的名望和地位，转变为在使用产品与资源过程中，给用户带来愉悦的体验。总结来说，设计的本质从注重"产品价值"转变为注重"用户价值"。强调体现单一产品价值的品牌设计理念违背了O2O模式利用大数据粘连产品与用户的运作流程。基于O2O模式下的品牌设计更加注重用户参与感与舒适度。以人为本，对整体服务流程进行设计，建立与服务相关的各类产品资源之间的相互联系，成为了基于O2O模式下品牌设计的核心理念。这种品牌设计理念不再以产品为中心，而是以产品与服务两者的紧密结合作为关键，围绕用户的体验模式展开，真正体现用户的价值高于一切，力求在整个服务设计的过程中将用户的体验价值最大化。

4 O2O模式影响下的品牌设计发展趋势

O2O模式的产生对传统品牌设计的影响是深远的。通过各类新型服务性设计产品的存在形态，在探索诸如饿了么、小米手机等基于O2O模式下的品牌设计背后的设计思维与营销思路之后。我们不难发现，品牌设计所呈现的发展趋势主要表现为以下几个方面。

4.1 从"单一产品设计"到"多元品牌服务设计"

在O2O模式盛行的大背景下，品牌设计需要顺应这种模式的发展，突破以往单纯进行产品形象设计的模式，转而走向整合、走向多元、走向开放。[3]品牌形象的整体提升是以建立品牌文化为目标展开的。而品牌的文化感则是通过对品牌服务的设计与长期的用户体验、用户口碑来积累沉淀。所以，基于O2O模式下的品牌设计发展趋势，是一种摆脱发展单一产品设计，建立整体品牌服务流程为目标的过程。如同"饿了么"这种整合现有餐饮资源，进行线上接单线下配送的服务流程，打破了用户以往的认知体系，为用户建立整套体验性极强的品牌行为习惯，从而达到用户主动建立其品牌形象的目的（见图1、图2）。这样的品牌设计完全脱离了视觉传达上的设计，成为一种提供品牌服务的行为理念设计，充分体现品牌设计发展趋势的多样性与开放性。

图1 饿了么线上接单

图2 饿了么线下配送[4]

4.2 从"单向传播模式"到"双向互动体验"

通常以产品作为主导的品牌，习惯用嵌入式的手段，将品牌理念单向灌输于用户。用户通常以被动的方式接受信息，有时甚至会背道而驰，增加品牌的负面影响。"脑白金"的广告营销方式有力地证明了这点。O2O模式的出现打破了这种单向传播模式。小米手机通过小米论坛以及建立微博与用户进行沟通的方式，在线上成功积累到大量忠实粉丝。粉丝可以在线上交流自己对于产品的体验感受，分享自己的使用建议，帮助产品不断改进。通过这种传播速度快、传播范围广、传播成本低的互联网口碑营销，小米不断扩大自身的品牌影响力。与此同时，小米针对线上的用户反馈进行线下产品的不断创新，迎合用户的需求。这种产品与用户的体验互动、线上与线下的服务互动，产品与用户共同创造品牌价值的方式，造就了小米的品牌影响力在短时间内的集聚上升。这是一个品牌设计发展过程中，基于O2O模式进行品牌价值提升的成功案例。

4.3 从"线下LOGO认知"到"线上扫码识别"

日本的索尼品牌"SONY"，从家电，到摄影器材，到各类IT产品，索尼品牌的门类众多曾一度令人眼花缭乱。如此庞大的产品影响力就是基于用户对于品牌LOGO的认知基础。是LOGO让消费者感受到品牌的实力与品质。而如今，各类同质化产品的涌现，以及产品自身创新力缺乏，使得LOGO所带来的品牌影响力正在被不断地削弱。一条生产线上的相同产品，被贴上国际知名标签与中国标签就是不同的产品。LOGO成为了同质化产品的唯一区别，其品牌价值的体现无从寻找。O2O时代的到来，当下的主流用户更加拥护通过线上与线下的创新互动体验来体现品牌价值。因此，多数品牌会同时存在线上与线下的销售业态，线下使用LOGO，线上使用二维码。如图3和图4所示，在移动互联网时代，LOGO除了用来进行视觉识别，更多的则是与二维码结合，进行移动设备的扫描识别。越来越多的互联网品牌都趋向于直接使用二维码来取代LOGO。这种无LOGO趋势的逐渐形成，给品牌的创新发展与品牌的价值体现，提出了更高的要求。

图3 索尼LOGO　　　图4 索尼微信直营店二维码

5 结论

基于O2O模式下的品牌设计应该注重品牌创新与用

户体验。品牌设计师需要运用移动互联网思维进行品牌的服务设计，抛弃单纯的以设计产品作为目标的理念，将用户作为品牌创新的核心对象，本着用户价值最大化的设计目标推动品牌设计的不断发展。

参考文献

［1］板砖大余、姜亚东.O2O进化论［M］.北京：中信出版社，2014.

［2］Andy Polaine, Lavrans Lovlie, Ben Reason. 服务设计与创新实践［M］.王国胜，张盈盈，付美平，赵芳，译.北京：清华大学出版社，2015.

［3］杨志，周秀.新型消费文化下品牌设计发展趋势［J］.中国艺术，2012，（2）：115.

［4］中国软件网，http://www.soft6.com/news/201506/25/254272.html.

互联网时代下室内设计教学的思考

王云龙　李瑾瑞

（江汉大学　武汉　430056）

关键词：互联网时代 室内设计 教学

1　引言

互联网时代传统行业纷纷谋求转型，在新的时代背景下，室内设计行业必然经历思维的转变。相对应的室内设计教学也应当融入更多互联网思维及结合未来的趋势做出调整。中国的设计行业经历了一段时间的摸索与学习逐渐走向这样一种新的认知形态：design=solve problem+make sense+create value+a way of thinking. 不同的时代背景下，设计有着不同的定义与范畴。如果不能给我们所教授的设计学科一个符合时代特征的定义，那么就不能组织出合理有效及跟随时代发展的教学。

2　互联网时代的变化

当今很多高校的室内设计教育仍然停留在老经济模式下的较为单一的思维模式下。当下社会的各行各业纷纷转型进入互联网时代，开始用互联网思维改造传统行业的模式，但是由于高校教育距离实际的市场化竞争较远，对于时代敏感度的不足导致了设计类学科教学落后，教师拿着旧经济模式下的设计知识教给学生。在互联网时代之前，教师作为知识的传授者，始终是最重要的信息源。但是在互联网时代，知识获取的金字塔型逐渐被打破，知识传播的扁平化发展日益明显，教师的权威不再建立在学生的被动与不知的基础上。网络使课堂慢慢失去知识传播站的唯一性，教师的定位与教学方法必然要发生重大的转变。

正如广州美院童慧明教授在互联网背景下所言："这是一个教师必须与学生同步更新知识的时代。以'设计思维'方法、'用户体验供应链'原则，透彻理解'捆绑硬件、软件与移动互联网'的内涵，洞悉'免费'背后的价值交换真谛，由自身开始思索'大数据'会带来什么，就会发现，'设计'可以下一盘很大的棋，棋盘边界由你的知识架构界定。"[1]如果不能给我们所教授的设计学科一个符合时代特征的定义，那么就不能组织出合理有效及跟随时代发展的教学。

室内设计作为一种服务，无论在哪个时代，用户需求都是一切行动的出发点。人们在吃饱穿暖、安全稳定的前提下，对自我实现的金字塔顶峰有了更多的需求。自我实现意味着充分地、活跃地、忘我地、集中全力全神贯注地体验生活。正是我们在互联网时代应该特别关注与考虑的需求。

互联网时代最大的特点之一是连接。这种连接已经慢慢改变诸多传统行业的行为习惯与经营模式，也带来了相应的功能空间的变化。

3　互联网时代给室内设计带来的变化

马斯洛的基本需求层次，可以被用来探究消费者的本质需求，因为这些基本需求已经是对人们在日常生活中的种种意图、想法经过层层的追根溯源之后而显现出的类似于本能的东西。在经历了从工场手工业到机器化大生产，再到今天互联网时代的到来，人们已经生活在一个产品极大丰富、组织精细健全、流程定义清晰的世界里。这个时代的物质文明已经夯实了基本需求层次模型这个金字塔的底部：生理需求与安全需求。互联网时代的到来，让更大多数的人从更高层次上获得对生活的满足感、获得自我个性的解放创造了条件和机遇。

互联网时代已经逐渐改变传统行业的形态及模式，这一切改变来源于人们生活方式及行为习惯的改变。当代的室内设计师，尤其是商业空间设计师仅仅具备空间设计的知识是不足以提供符合甲方需求的设计。当很多购买行为可以在互联网上解决，且这个时代的大多数人开始更加关注对于生活体验、个性的追求，空间设计的优劣就不能以工业化时代的标准去衡量。如何运用空间设计的手法帮助甲方获得更符合这个时代行为习惯的空间、如何运用空间语言提升商业品牌价值，如何满足人们对于个性体验的需求是室内设计师越来越需要重视的问题。

新问题的出现也意味着室内设计师知识结构重新构架的开始。在现行的很多室内设计教学课程体系中，绝大多数课程的知识体系还是脱胎于工业经济时代，主要是关于基础知识和设计基本方法的教学，就知识结构来说已经不能更好地对接当前的经济模式。学校的课程中较少有关于设计管理、关于影响着所有行业的经济学知识的讲授。

4　互联网时代室内设计教学的变化与对策

教育业的成本很高，而且门槛不低，在线教育能够降低受教育者的成本，而且也降低了他们获取教育内容的门槛[2]。在互联网时代，教师不再是最主要的知识传播源，主要的任务应该转变为如何指导学生获取符合时代的知识结构和智慧，学会如何思维、如何创新以面对不断变化的时代。一方面，教师应该更多地运用互联网促进教学；2013年是MOOCs（大规模网络公开课）泛滥的一年。随着最初的失望而来的是巨大的数字和满腔的信心。但是edX网站的负责人阿加瓦尔指出这样的事实，作为一种广泛分享的高端学习方式，作为传统教室的一种补充教学方法（也许不是取代），MOOCs对于传统设计教学的改变与进化仍然关系重大。混合式学习在互联网时代为21世纪的学生创造理想的学习体验。另一方面，教师应该在与学生的接触中，通过课堂教学、答疑、以身示范等多种方式促进学生人格的完善，精神的提升与知识的学习。

4.1 互联网时代室内设计思维变化对教学的影响

互联网时代下室内设计的知识构架开始产生不同于工业经济时代的变化。在原有知识构架的基础上，未来的室内设计思维会更多从重视效果图转变为注重更深层次的设计表达，会更多地从装饰转到系统性的设计，会更加注重想象力的设计，会对知识结构有更全面的要求，比如更多与工程、科技的连接。在我们的课程教学策略中，"大设计"的思维应该逐渐成为教学指导教学目标达成的核心思想。原有课程体系中，不同年级课程的进阶更多的是基于空间设计基础知识的夯实，由小空间系统到大空间系统的延伸。这种课程进阶的设计是基于教师作为知识的主要传播源的前提，设计学科的实践性在一定程度上成为保持这种教学策略的基础，教师所具备的实践经验的学习成为学生最看重的部分，而非理论知识的学习。那么还有哪一部分是学生在互联网时代更亟须学习的呢？

笔者认为以下几点是在设计教学策略制定中更应该被重视的。①设计思维与方法的教授应该重于设计知识的灌输。②在设计教学中启发与解放学生的想象力。③课程体系中应该更加注重引导学生跨界的学习与完整知识结构的建立。④设计教学中应该更加围绕市场及时代的变化不断调整教学策略，培养学生的自学能力。

4.2 互联网时代室内设计教学的适应性策略

设计思维与方法的教授应该重于设计理论知识的学习。互联网时代知识的获取更加容易，信息趋向于扁平化的方向。全球慕课资源的不断发展也不断冲击着传统课堂的翻转。在这种情况下设计教学以教师为中心的讲授部分势必减少，以学生为中心的实践环节将更加重要。设计的实践是基于设计思维与方法指导之下的行为，设计思维与方法作为一种工具不只是可以帮助学生处理设计课题，在面对这个不断变化的市场与社会生活同样发挥重要作用，而这种能力是在这个时代成为一名合格的设计师必备的能力。

在设计教学中启发与解放学生的想象力。大多数学生所经历的基础教育，对于想象力的培养是微乎其微的，甚至抹杀了学生的个性与想象力。想象力恰恰是作为合格设计师必备的能力。正如清华美院苏丹老师所言："想象力对于设计专业是一种独特的东西，它可以使设计者保持激情，对惰性有着免疫力。我认为想象力的开启在大学的专业教育中是最有价值的领域，只有大学才会对这种没有立时回报的工作进行孜孜不倦的探索，而职场是冷酷的，它更多的是向个人索取……绝对不能为了让学生更快地适应社会而剥夺他们想象的自由。"[3]我们的设计教育中经常忽略了教育所追求的核心：树人大于专业知识的传授。高校设计教育培养了大批专业技术优秀的学生，大批的学生可以在就业初期凭借技能得到好的机会，但是在若干年后的职业生涯中由于想象力的缺失导致后劲不足是我们需要思考解决的问题。在我们的设计教学中，应当减少对于所谓专业理论知识的灌输，以开放的理念加强思维方式的教授与想象能力的启发，在设计课题中提倡对于创造力的培养。

课程体系中应当更加注重学生跨界的学习与完整知识结构的建立。互联网时代最重要的特征是连接，不仅仅是人与人的连接，还包括了不同学科知识的连接。多元化的社会需要具备多元化知识结构的设计人才，高校室内设计教育应该在课程体系的设置中大胆突破传统教学理论体系的范畴，在科学与人文的部分为室内设计专业教学寻找更多连接，探索更具时代性的课程体系。

设计教学中应该更加围绕市场及时代的变化不断调整教学策略。一个好的教学体系必须是动态的及具备时代精神的。室内设计学科作为与市场紧密连接的学科门类，在教学体系的建设与发展中也应跟随市场及社会发展的趋势而不断调整策略。在每年的教学大纲修订中应该紧跟市场调整，教学方式方法也应该适应与互联网时代的特征，积极地运用互联网时代的大数据及慕课重新定义设计课堂及教学手法。

5 结论

在这个时代，互联网对于众多传统行业的颠覆性改变让我们不得不思考设计教育应该以什么样的姿态来面对改变。互联网时代新式教育方式的出现及新技术的出现都在不同程度上影响着室内设计及教学的内容及方式。作为从业者及专业教师应当站在时代的大背景下，从专业的特殊性出发，从新一代设计师的培养的角度出发，以开放的心态探索符合时代变化的室内设计教育。

参考文献

[1] 童慧明谈设计 http://weibo.com/u/1846148271?stat_date=201403&page=2#feedtop

[2] 腾讯科技频道.跨界：开启互联网与传统行业融合新趋势.[M].北京：机械工业出版社，2014.

[3] 苏丹.工艺美术下的设计蛋[M].北京：清华大学出版社，2012.

开放数据下的城市公共服务信息可视化设计

王　婧　高　亮

（郑州轻工业学院　郑州　450000）

关键词： 开放数据　公共服务　信息可视化设计　社会共创　设计思维

1　引言

数据，是一种特殊的社会意识形式，作为现代科学的一部分，是新媒体时代对于客观世界及其发展规律的一种可视呈现。同时，它也是一种文化，可以转化为对整个社会产生巨大变革的巨大物质力量。进入"世界图像时代"，多媒体融合下的信息可视化展示在满足大众的传播需求下，帮助普通民众轻松读取自己所需信息，并对当下社会形成认知，更进而借助多种可视化工具，对数据进行二次开发利用，推动社会创新。

2　政府的开放数据

如今，数据之于城市，如社会基础设施一般具有普遍意义。而开放数据是一种经过挑选和许可的数据，不受著作权、专利权以及其他任何限制，并开放给社会公众自由查询和使用。本文讨论的"开放数据"，即狭义的概念，其开放主体——市政府和科研机构，公布的是与公民生活相关的结构性数据（如 excel 格式）或开放性数据（如 CSV 格式），其本身具有可获取性和可访问性、再利用和再分发性以及普遍参与性。

2009 年 1 月奥巴马在美国白宫签署《开放透明政府备忘录》，标志着全球开放数据运动由此展开，截至 2013 年已有 70 多个国家不同程度地向民众开放数据（数据来源于开放数据运动的开放知识基金普查结果），其内容包含了政府预算、财政支出、环境污染、城市道路等相关信息。在中国，2012 年 10 月，北京市政府的数据门户上线，释放了 400 多个数据集；2012 年 12 月，上海市政府的数据门户网站上线，释放了 200 多个数据集；2013 年 9 月，国家统计局数据门户"国家数据"上线……至此，广州、武汉、青岛等城市陆续公布了自己的数据集。

这样看来，数据的开放已成为必然的趋势，而开放只是第一步，如何让大众在信息互联网时代，快速获取自身所需信息，并理解数据，最终帮助其实现目标行为或社会决策，进而推动社会创新与城市发展建设才是这场运动中考虑的核心问题。

3　数据为民所用

"为"这个字有对象指向的含义，及"被"的含义，即数据被普通公民充分利用，用可视化的设计思维方式来传达自己的一种认识或行为观念。另外，数据的开放，其深刻含义是通过再利用实现社会共同创新。

3.1　身份转换——数据激发群体智慧

"开源"（Open Source）一词最早是指代一种软件，即开放源码，时至今日，想在任何一个行业，找到没有开源软件的案例，几乎是不可能的。而开放数据，其获益人以及面向群体不仅仅是程序员和相关工作人员，是所有公民，这是可以重复利用的、免费的、并可自由加工的资源。与此同时，更多的交互设计工具、数据可视化加工平台被程序员开发出来，提供给更多非专业背景的用户，将自己的创意快速地实现，这为激发群体的智慧创造了巨大的契机。FushionCharts Suite XT（见图 1）[1] 是 PC 端、MAC、IPad、IPhone 以及 Android 多平台兼容的交互图表生成工具，提供了超过 90 种的图表图示，方便用户根据自身情况进行制作与学习。ZingChat 作为一个强大的信息图表数据库，同样为用户提供了快速创造漂亮图表、操作面板和信息图表的可能性。用户可以在上百种图表类型中自由选择，其设计与个性化需求不会受到任何限制。类似的设计平台还有很多，如对地图可视化的 Polymaps 、为 Web 端制作可视化矢量图形的 Raw 等，用户甚至可以将多种设计工具进行组合使用，更好地传达自己的想法。

图 1　FushionCharts 网页端

一个人做事情的动机，除了求生、社会生活以及娱乐，还可以上升到更高的阶段，而此时，我们每个人都改变了社会，诚如马斯洛的需求层次理论。这里就有一个台北关于数据可视化改善公共服务的案例（见图 2）[2]。在台北，市政府要求所有的公立医院将它们看病的绩效数据公开在网上，作为公开的开放数据，以解决市民看病难的问题。于是 7 个公民黑客在 8 小时内写了 30 支程序，将这些数据汇集起来，统一展示在一个面板上，将原本混乱复杂的数据再现成简单易懂的数据图表，如同炒股的走势面板，市民通过查看面板上的信息来综合评估，以此选择服务更好的医院来就医，从而逐渐改善了整个台北市的公共服务。

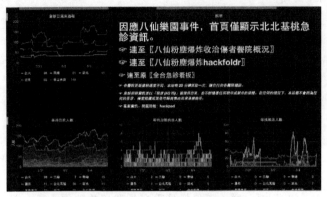

图2　台北公立医院看病数据面板

3.2　智慧城市——设计推动社会共创

与独立使用信息可视化系统比较，当用户以团体为单位，通过某一协作信息可视化系统，在共享情况下工作，可以为问题找到更有效的解决方案。在美国的冬季，消防栓通常会被掩盖于积雪之下，这对消防安全来说是一个极大的隐患。Codeforamerica利用政府开放的消防栓地理位置数据开发了一个"adopt a hydrant"的应用（见图3）[3]，翻译过来是"领养一个消防栓"，以此来号召附近居民认养消防栓，将社区的维护与建设项目转变为一个有趣的社区游戏，鼓励更多的人对社区做出贡献，激发自身的公民意识。此应用一经开发，被疯狂地点击，并席卷整个美国，现在几乎美国的各个城市都有这样一个应用，让很多不同的民众团结在一起去帮助政府机构共同治理自己所在的社区，这在一定程度上，加大了政府与民众之间的密切程度，对于政府与民间的多方协作上，有了更深的影响。

图3　adopt a hydrant 应用界面

徐子沛先生在其著作《大数据》的题记中写到："一个真正的信息社会，首先是一个公民社会。"[4]在政府开放数据的浪潮下，公民意识作为一种潜在的推动城市发展的力量，蓄势待发。在这样的时代环境下，回归到设计的本质来解读信息可视化在这个浪潮中的作用，可以看到，信息可视化不是一个终点，也不是全部，而是一个"界面"，一个衔接点，一个数据推动社会创新的工具与方法。我们运用信息可视化的设计思维来帮助

不同地位、不同社会背景、不同文化背景的公民享受到开放数据所带给他们的福利，去吸引更多的人关注、并参与到这个社会共创的运动当中，贡献自己的一份力量。政府的透明开放服务公众、社会团体及相关研究机构的平台创作与活动发起、公民的传播与参与，三方共同构成一个"社会创新"的场域，最终推动城市的健康发展，这样一个城市信息生态系统的生成，才能让"大数据"彰显其价值，并形成良好的发展，这个道路任重而道远。

4　数据驱动的设计

信息可视化（Infographics）抑或数据可视化（Data Visualization），其主旨均在研究大规模数据信息的视觉呈现，前者用于表达抽象或复杂的概念或信息，而后者则主要将数值型数据用可视化技术或统计图表的方式进行呈现。作为信息传达的有效工具，无论其图解形式是静态插图的信息描述，或是表格、统计图对特定数据的比较，还是可交互的动态图表信息，在实际案例的操作中，往往是在考虑传播媒介、传播环境及主体内容之上的多种形式的配合完成，在数据爆发的时代背景下，设计师应站在更为整体的角度去思考可视化设计如何帮助不同的设计对象更好地应对纷繁的数据信息，如何运用设计思维帮助社会创新。

4.1　数据张力——恰当的信息图解

数据和设计元素的完美结合是媒体反映信息的两大重要元素，以当前世界各个地区政府、非营利性质的社会团体或研究机构所开放的数据门户为例，数据恰由合适的设计元素进行展现，通过其各种视觉变化，人们可以清晰的看到自己所处的地区与世界上不同区域之间的差异与变化。

DataViva（见图4）[5]是麻省理工学院媒体研究所（MIT Media Lab）的宏观项目研究组组长凯撒伊达尔戈和他的团队2013年底推出的米纳斯吉拉斯（巴西北部一州）利用政府公开数据制作的经济数据可视化网站，它将巴西过去十年来的经济状况用超过一亿个互动数据可视化呈现了出来。此外，这些可视化的应用只需要访问者在特定图标分类下点击一次就可以找到。

这是一个成功地将数据呈现给民众的案例，该门户网站包含的多种不同数据可视化应用，包括叠状曲线图、地图、树状图等（见图5），将一组数据用不同展现方式呈现，帮助访问者做决策，寻找到新的商机。而多数地区政府门户的数据公开门户网站只是简单地提供excel表格形式的数据下载，而在这个过程当中，访问者需要3次以上的网页跳转才能最终得到他们想要的数据信息，这影响了数据的广泛传播及信息的影响力。此外，对于数据分析的非专业人员，解读数据则又是额外的繁重工作，面对大量晦涩的原始数据，无疑增加了用户的认识负担，进一步加大了数据理解的困难。正如伊达尔戈本人所说，"用可视化的方式开放数据，是进行

数据公开最重要的方式。数据可视化使人们可以真正利用起来数据"。

图4　DataViva网站首页，所有信息分类均通过图标显示

图5　DataViva网站首页 关于巴西不同地区
物理学家的收入等经济情况

4.2　信息延伸——多维度可视化设计

麦克卢汉在20世纪六七十年代对传播介质、地位和作用进行了全面、系统、深入的研究，称电子传播媒介使全世界变成了地球村，并试图从艺术的角度来阐释媒体本身，其著作《理解媒介：论人的延伸》中认为，"媒介是人体的延伸"[6]，"媒介即讯息"[7]，将人们对媒介单一的考察视角转向多维。当前，对信息数据的可视传达，多使用信息图表或动态短片来展现，我们暂且统称为"平面的语言"，基本依靠视觉能力的延伸，少数的背景音乐，拓展了部分的听觉能力的延伸。在迅猛发展的信息技术环境下，数据信息可视化有着多介质传播途径，而人们认知与审美能力的提升，渐渐不再满足单一的信息获取方式，对一些新颖有趣的展示信息方式有了要求。在2013年9月中央美术学院为期一个月的"IM'信息新浪潮：英国信息可视化艺术设计展'"展览中，对近年来英国涌现的一批信息可视化行业领军人物的代表性作品进行了展出，突破了传统的信息可视化设计方法和实践。其中，2012年伦敦成功举办奥运会，由Moritz Stefaner，Drew Hemment，Studio NAND设计的"Emoto"装置作品（见图6）[8]，是反映奥运会期间民众情绪的项目。作品由实时互动的在线网站和数据雕塑两部分组成，形成了一个在线的可视化互动雕塑。数据来源于奥运会期间Twitter上所发布的包含情绪关键词（如"满意"、"幸福"、"失望"等）的2.5亿条数据信息。实体的雕塑部分，细致到对每一个项目的分

类，通过这样的雕塑可视化装置作品，观者可以根据自己的偏好，观察甚至触摸到人们对某一项或多项具体体育赛事的情感反应。作品将虚拟的数据及非数值型的抽象信息，通过物质实体展现，非常直观、清晰，同时两个部分的结合，也反映出比特世界与物质世界的实时对接状态，体现出当下信息时代的背景特点。另一个同样是将伦敦奥运会期间民众情绪可视化的作品是英国电网（EDF Energy）及agency Ignite London委托Sosolimited工作室在伦敦标志性摩天轮——伦之眼上展示的"Energy of nation"（见图7）[9]，其社交媒体语言分析系统会24小时实时分析语境情感，并将其转化为不同的色彩语意，紫色代表消极、绿色为中立、黄色为积极，并通过灯的亮度来展现民众对当天奥运会的热度。该作品虽然使用视觉通道作为传达途径，但是其展示的特殊建筑平台及实时的语言分析系统将这一数据带向了更广阔的受众群体，其传播影响力是空前的。

图6　Emoto装置雕塑作品部分

图7　Sosolimited工作室作品 Energy of nation

麦克卢汉认为，人类有了某种媒介才可能从事与之相应的传播或其他社会活动，因此真正有意义的讯息不是各个时代的传播内容，而是这个时代所使用的传播工具的性质以及它所带来的可能性及社会后果[10]，这样的看法或许在多数人看来是绝对的，但正说明了信息设计作为一个传统的设计学科，在新的时代环境下，信息可视化作为一种创作手法和思维方式应体现其优势之处。

5　结语

"数据"本身并不新鲜，而给数据可视化带来新鲜生命力的是信息科技革命和随之拓展的数据获取方式。今日，我们的世界无时无刻不在发生着改变，因电子科技和网络而生的大数据在改变每一个产业、每一个人，改变社会生活的每一个部分，也在改变世界的每一个角

落。这就像一场新的"公民运动"，无论是公民个人还是社会团体，我们建立的是分享数据的机制，通过创作数字化的信息界面让人们以全新的方式去观察、感受、触摸城市。信息可视化的设计方法作为推动大数据时代社会创新的助力，是政府、社会组织团体及公民个人之间对话的界面，此时，数据信息传达的效能、传播的力量将成为信息可视化的首要任务，而非炫目的图形。

参考文献

［1］FushionCharts Suite XT 多平台兼容的交互图表生成工具网页端首页。http://www.fusioncharts.com.

［2］台北公立医院看诊数据声称面板 http://er.mohw.g0v.tw/#/dashboard/file/default.json.

［3］美国"adopt a hydrant"的应用界面。http://www.adoptahydrant.org.

［4］徐子沛.大数据［M］.南宁：广西师范大学出版社，2012.1 扉页题注.

［5］DataViva：麻省理工学院媒体研究所（MIT Media Lab）项目。http://en.dataviva.info

［6］［7］［10］马歇尔·麦克卢汉.理解媒介——论人的延伸［M］.周宪，许钧，译.北京：商务印书馆，2000.33-37，92-94，290-293.

［8］［9］龙心如，周姜杉.信息可视化的艺术［M］.北京：机械工业出版社，2014，11-13，28-31.

CHINA INNOVATION DESIGN INTERNATIONAL CONFERENCE

文化传承与设计价值创新

从中国工业设计的百年发展谈传统的继承与创造
设计未来的发展——营销手段的设计文化
社会转型中的手工艺文化产品设计——以手工陶瓷产品发展为例

从中国工业设计的百年发展谈传统的继承与创造 ①

柳冠中

（清华大学　北京　100084）

关键词：中国工业设计 传统 继承 创造

德国哲学家马丁·海德格尔曾以他独有的思想阐述着他的历史观，认为历史的发展并非是"过去—现在—未来"的线性模式，而应当是立足未来，审视现在，反思过去的互动模式，循着这种观点去思考，过去、现在、未来产生了更多的交互、碰撞。

2011年英国设计委员会主席David Kester先生来中国讲学后有人问，中国的工业设计怎么搞？Kester说："那是你们的事，不是我的事。"又说："中国现在遇到的问题和发展阶段与西方不同，你们要是把中国的问题解决了，你们就是世界一流！"

1 发现中国工业设计不仅是怀旧，更期待的是超越

19世纪末至20世纪初，中国社会发生了巨大变化，在清政府所谓"新政"的推动下，1876年左右，西方机械制图学传入中国。以后的50多年中，中国民族资本以轻工业产品为突破口，兴办实业，移植西方工业设计思想，并依托当时的产业政策和法规，依托热爱国货的民族情绪和市场创立了自己的品牌。

钟表制造方面：有山东烟台"宝牌"、上海"美利华"，火柴制造方面有"燮昌"、"渭河水"、"双球"、"中华"等，化妆品方面有广生行的"双妹"品牌等，医药方面有"龙虎"牌清凉油。1931年由于日本发动"九一八事变"，大部分生产资源落入敌手，加之资本主义世界经济危机对中国的冲击，使中国经济受到了严重的破坏，虽然如此，中国民间资本还是拼命搏杀，创办了"固本"肥皂、"天厨"味精、"梅林"罐头食品等产品，稍后"三五"牌台钟问世。

新中国成立后，工业设计的思想和实践并没有与国际同步，但也没有完全隔离和违背。自1949年学习原苏联的设计模式开始至20世纪60年代倡导以"自力更生"方式建设工业体系，从70年代后期有选择地引进国际先进生产设备和技术到国家改革开放，实行社会主义市场经济，一直到新近倡导以工业设计提升企业核心竞争力，实现创新驱动转型发展，中国工业设计的思想和实践一直回应着时代的需求，只是以不同的形式呈现着，并发挥了巨大的作用，代代有火红的创意。

20世纪五六十年代，一大批决定国家命运的工业产品相继诞生。这些产品都是在参考资料极为稀少的情况下，凭着所有参与者的热情、胆量、智慧和无数次的失败经验创造的奇迹。中国第一台万吨水压机可以称得上是里程碑式的设计，由上海江南造船厂和上海重型机器厂于1961年制造完成，共有46000多个零件，万吨水压机的诞生，对中国制造诸如飞机起落架、船用曲轴、发动机叶片、合金钢轧辊等高强度、形状复杂、尺寸精度高的零部件具有重要意义，是发展航空、船舶军工、重型制造的关键设备，也是国家工业实力的象征。

得益于原苏联技术援助，1958年"解放牌CA10"型载重货车问世，标志着中国人结束了不能造汽车的历史，该车曾为国防和经济建设立下了汗马功劳。1958年8月中央向长春第一汽车制造厂下达了研制国产高级轿车的任务，次年5月制造出样车，定型为"红旗牌CA72"型，后经多次调试，确定为"CA770"型，是中国第一辆有正式型号的轿车。同年上海开始试制"凤凰牌"轿车，1964年后改名为"上海牌"轿车，型号为"SH760"。

在日用产品设计制造方面：以"上海58-I"型相机设计制造成功为标志，中国的照相机生产开始朝着高质量、批量化的目标迈进，同时代的产品还有1959年3月诞生的"紫金山牌2-135"型单镜头反光相机，1961年3月诞生的"上海58-"型双镜头反光相机，1962年诞生的"海鸥牌203"型相机，1966年"海鸥牌DF"型35单镜头反光相机，中国第一批长三针17钻细马手表注册"上海牌"，型号为A-581型。

20世纪七八十年代工业设计的风格是：美化与理性并重，着重提升生活质量。"十年动乱"时期只生产人们生活、生产的基本必需产品，并一而再再而三地降低成本，工业产品基本没有设计可言。随着"文革"后工农业生产的恢复，设计的需求迅速发展起来。这一时期的前期设计具有浪漫的、充满理想主义色彩的装饰、美化风格，轻工业产品更受青睐。景德镇生产的日用陶瓷产品也因为具有浓郁的中国装饰风格而备受国际市场的欢迎。其中，由光明瓷厂等十大瓷厂生产的产品出口到世界100多个国家和地区，为国家换回了大量的外汇。

20世纪70年代中期，中国工业制造企业不同程度地完成了一次技术设备升级改造，以适应提升产品品质的需求，同时组织技术攻关，克服了一大批产品制造中

---

① 发表在《设计艺术研究》2015年第5期

的难点，也发现了多年来一成不变的产品与当时人民的生活要求已产生很大差距。

在轻工业产品方面，以上海华生电扇厂为代表的老品牌产品率先进行了设计，以企业或行业技术骨干为主，结合学院的力量进行新产品开发工作。

在轿车设计方面，以行业研究所为骨干力量配合企业升级旧产品，对上海牌轿车进行了一次重大改良设计，并定型为SH760A型，通过重新设计的模具及建立配套企业体系，使之产量大幅上升，产品质量有了决定性的提高。

20世纪70年代末，中国的著名产品设计更趋理性化，海鸥系列照相机产品经过多轮设计已趋成熟，其4B型双镜头反光相机被誉为中国老百姓最熟悉的"全民相机"，累计生产百万余台，并成为日后中国所有同类相机的设计母本。稍后诞生的DF型单反相机在前4年便生产了4万台，并催生了"熊猫、孔雀、珠江、长城"等近10种同类产品。

20世纪80年代是中国自主品牌产品产销黄金期，由于扩大了产能，赚取了利润，使得扩大再生产有了保障，企业逐步感受到工业设计的重要性，也越来越需要具有专业工业设计知识的人才，希望改变以工程师、工艺师"客串"工业设计的局面，从而加大了在工业设计方面的投入。这个时期还是家用洗衣机、电冰箱、空调为代表的新家电产品来临的时代，这些产品虽然还是消化吸收国外同类产品基础上的开发设计，但的确使人们从传统的生活形态中解放出来，有力地提高了生活品质。

20世纪90年代后的工业设计开始注重升级换代，打造品牌。90年代中国工业设计迅速发展，国内著名企业纷纷聘请设计师对自己的产品进行升级换代设计，并将自己品牌进行梳理，在工业设计上强调学习西方，凸显产品技术特性的"高技派"风格，并以"人机工学"作为设计思考的重点。

……

在《中国工业百年设计》课题启动前，沈榆先生在上海兴建了中国工业设计博物馆，馆藏千余件中国各个时代批量生产的工业产品，为系统收藏研究中国工业设计提供了"实物"、"文献"、"影像"三位一体的资料。

在很多人看来，中国工业设计博物馆馆藏的各个时期的工业设计精品，尽管都创造了光荣岁月，但如今已经过时了。研究中国工业百年设计，除了怀旧，还有什么意义？

"历史离我们远去，旧技术、旧产品必定被新技术、新产品所替代，但设计文化却可以沉淀，可以被再开发。在全球工业设计发展的历史长河中重新审视中国工业设计，注重的是中国设计文化的新内容，而不是传统的成果，更重要的是发现未来中国工业设计的曙光，研究中国工业百年设计的宗旨就是：不仅是回顾，更是发现；不仅为怀旧，更期待超越"。沈榆先生介绍，在"中国工业百年设计"课题中，华东师范大学设计学院的研究团队从整合中国设计研究的角度进行分析研究，并已取得初步的成果。

中国工业设计界几乎无人不知两个宗旨，一是设计以人为本，二是设计提升经济效益，但如今越来越多的设计界学者质疑这两个宗旨是否是工业设计的全部使命？因为如果缺少高尚的精神引领，即便强调"以人为本"也会使人欲望无度扩张；片面强调"提升经济效益"也会使环境遭受无情的破坏。为此通过工业设计塑造时代精神，懂得和谐发展，是当下设计精神所在。

2 追问当下：如何再创新

时至今日仍有不少学者认为中国的工业设计概念是从改革开放后才从国外引进的，不可否认当时中国是"恶补"了一下国际工业设计的理念，但并不能作为否定近百年来中国工业设计的思想和实践的依据。面对中国工业设计的遗产，我们将它认定为"包袱"还是"财富"？如何从中国百年工业设计中汲取灵感再创新，创造中国工业设计的"甲壳虫"神话？

今天，我们看到的所谓的"国际设计"，实际上都是游学、工作于海外的那些人选择之后带回来的，或是外国学者的"传道"，都打上了主观的烙印，并不能代表其完整的文化，因为"根"和"土壤"带不到中国来。

季羡林曾引用摩尼教中的一段话：希腊人只有一只眼睛，唯有中国人才有两只眼睛。除了两只眼睛观察一切的中国人和仅以一只眼睛观察的希腊人之外，其他的所有民族都是瞎子。

时至今日，古希腊连那一只眼睛也早已闭上，欧洲国家继承并发扬了古希腊辉煌的文化，使欧洲文化光照寰宇。工业革命以后，技术也跟上来了。在工业设计方面，历经英国威廉·莫里斯工艺美术的"运动"、德意志制造同盟的"结构"、包豪斯工业设计理念和教育体系的确立，一直到20世纪长达50多年以欧洲为主的现代工业设计运动的洗礼，工业设计"普天之下，莫非欧风"，在今天欧洲学者的设计论著中明白地告诉你中国没有工业设计。

早在1917年德国学者斯宾格勒写作了《西方的没落》一书，继而是英国历史学家汤因比同样反对"欧洲中心主义"，后者通过与日本社会活动家池田大作的对话，引入东方文化的讨论，以此来作为东西方文化的互动。中国学者介绍欧美乃至日本、韩国工业设计无不游刃有余，客观地说欧美、日韩的实践都有值得我们学习借鉴的地方，即便中国工业设计博物馆的展陈内容也是学习了欧洲人"田野工作法"，一件件考证出来的。但必须清醒地认识到认真仔细地研究、整理中国的工业设计实践和思想，可以在我们分享世界各国工业设计思想和成果的同时，贡献出我们的工业设计文化。

实际上，我们中国传下来的设计其实大部分已经是寓意化了的，其实就是中国古代关于皇宫、皇权的设计太多了。为什么都是给帝王将相的？因为最好的都是为他们做的，并且留了下来。老百姓的、民间的东西大部分都散失掉了。而大家也不关注那些民间的东西。帝王将相的东西耀眼，能刺激眼球。所以大家都来关注。这些东西能满足人的欲望，并不是为了满足需求而出现的。为什么我们认为民间的东西淳朴？因为它是用来解决问题的。

数千年以来，人类创造了光辉灿烂的文明，无论是上古代时代的工具——石斧，还是当今人类遨游太空的穿梭机，都是人类为了适应环境、改造自然而在创造今天、设计明天。从人类最幼稚的设计动机——为了生存、温饱到有计划地开发宇宙的奥秘，进入人工智能时代的宏图大略，都是人类认识世界观念的反映，即人的本质力量的对象化。当然，人类认识世界、改造自然的观念是从低级到高级、简单到复杂、单一到重叠、连贯到网络发展过程的总和，也是不断创造的结果。如果没有人类积极主动的创造观念，而仅有生物界的动植物适应自然的进化，则不可能实现人类从动物中的分化，更不能有人类今天文明的出现。没有观念为主导，就没有人类与动物的分野，也就没有创造。马克思主义的自然观的特点之一，就是把对自然的认识同劳动实践联系起来。认为劳动过程使人的本质力量对象化。马克思所说的劳动实践，即人类的设计观念与创造过程。

陶器的发明，标志着新石器时代从游牧到定居生活方式的演进；青铜器是奴隶主统治的象征；铁器的运用是对封建社会的接生婆……电脑的问世迎来了信息时代，它给人类的生活和工作带来的影响将是空前的。我们说"设计是生活方式的设计"，其含意不仅是指物质生活的一面，它还是精神世界的反映。工业时代的设计必定反映了这个时代的特征与以往时代的传统，既是人类迄今为止的技术、文化的结果，又矛盾于工业时代与自然规律和人的自然属性之间。这些成果与矛盾，就是设计新生活方式，即创造未来的"能源"与动机。作为设计师，必须认清这个历史使命，只沉溺于过去，消极地继承传统，就会被历史淘汰。传统是相对于现在与未来的，否则，传统就无意义。当然，没有传统与历史，也不会有人类的今天。从矛盾的另一方面看——矛盾的主要方面，不着眼现代与未来的创造，那么对未来来说就不存在传统的延续与发展，历史也将会中断。所以，研究传统是为了创造，没有创造就没有传统。

一个时代的价值观念是这个时代的经济基础、社会意识、文化艺术的集中反映。它是传统——即在它之前的经济基础、社会意识、文化艺术必然的延续。继承传统是顺乎"自然"，然而为明天创造新的传统又是历史的必然。改变旧价值观念后形成的新价值观念带来了社会的进步。这是改革"自然"，是对人的智能、主观能动性的发挥。这两个方面的人类文化活动促进了历史的延续、进步，创造了人类社会的历史与未来。

产品不再仅仅是一些越来越多地依据技术标准、功能需求和商业性质制造出来的东西，而成为具有时代精

神风貌的一般日常生活环境。它们屈服于理性主义和非理性主义之间的紧张关系和严谨的逻辑与心理需要之间的矛盾。所以人所制造的物的结构和形态，只能从它那个时代来理解。反过来，这些产品也帮助我们去理解它那个时代的方式、它的愿望、态度和失望以及它的形式烙印。从日用品中可以清楚地推断到社会的观念以及它们哲学的意识形态等诸多背景。我们过去和现在的工业制造，不仅仅是作为技术造型发展的表面特征，而且是一种多层次的、非常综合的、常常也是极矛盾的文化现象。

艺术作品放在一个公共环境它就不再是一个"好看"的概念，它是一个社会的合理性。放在美术馆里面，就只是要欣赏的，而放在环境里，则要关注参与特定时代、特定环境的目的、环境中人的行为、以作品与环境之"物境"，与特定的时代、特定的环境、特定的理念一起构成一个整体的"情境"，来影响、引导人们的动作、行为的改变，使其沉淀成为意义和价值，升华为"意境"。

"传统"是创造出来的，而不是继承的！即使非要说"继承"，以慰祖先之恩，那也不是"元素"、"符号"的继承，而应是"基因"的传承，绝不是表面之"象"的模拟。否则，我们是否该永远待在树上？"基因"的传承也必须在"物竞天择"的原则下，或被淘汰，或主动"变异"，人类和人类的文明才得以发展。"昨天"对"今天"来说是"历史"，"今天"对"明天"来说也是"历史"。"因材致用"、"因地制宜"、"因时而作"、"因势利导"、"新陈代谢"，才是中国文化的传统精神。祖训：万变不离其宗，以不变应万变。指的是"精神"不变，而不是"形"或"型"的不变。……"传统"不是继承的，而是我们的历代祖先不断创造出来的！研究中国当前实际的问题，把13亿人口共同富裕的问题解决了，不再是少数人富，而是解决大多数人的福祉。那个时候沉淀下来的生活方式就是当代的、社会主义的、中国的传统，也就会沉淀下中国的21世纪、22世纪的风格，我们的后代也会说，这就是中国的"传统"。

传统文化是一个由器物子系统、当时社会组织、制度和价值观三个层次组成的统一体。元素基本属于器物层面的，通过解读诸元素的关系、背景（材料、技术等物质基础和时代精神、社会结构、价值取向），领会其文化精神与元素的必然联系。通过元素的符号可以折射出时代精神、价值观和生产方式（生产力和生产关系），这就是文化的含义。当今的价值观、社会机制、生产方式都发生了变化，因而会自然创造出新的元素和符号，也就是会自然而然地产生新元素、新符号、新文化，再过几百年或几千年，也是中国的传统的一部分了。

文化的形成在于沉淀，即已逝去的生活方式，在过去的地理、气候、出产、经济、政治、习俗、价值观等作用下的人们的生存方式，即是"存在"决定了意识（包括文化）！所以，文化成因最关键的是被时代渲

染下的"地域"或曰"空间"！简言之，文化具有"空间"属性。说得再直接些，这一页是"过去时"，至多是"进行时"！过分注重文化，忽略"文明"，是很令人担忧的！"文明"是时间进程，它有过去、现在和未来的轨迹！它是"空间"被"时间"定义的！所以，不同时讲"文明"的"文化"起码是幼稚的！也是危险的！一个民族、一个国家不更关注未来——文明的进步将被历史淘汰！所以，文化传统是在特定时间下被特定地区的人类创造的，一个有智慧的民族一直在创造文化传统，而不是"继承"！否则，人类会永远在树上！第一个猴子离开树上到地面生存，肯定被大多猴子鄙视的，但猴子终究改变了被时间定义的生存空间，才有人类的今天！探索、研究未来才有我们中国未来的生存空间！千万别为了"点缀"岁桌上的调味瓶，而忽视了生存最根本的"主食"！就像你参观非洲博览会，你会被涂满色彩的非洲人敲树皮鼓跳舞而感动，但事后你留下的感叹——落后了！！！要被欺压、挨打的！

非洲艺术当然是世界文化艺术遗产大花园中的奇葩！但毕竟是过去形成的，它需要创新！昨天对今天来说是历史，今天对明天来说，今天也是历史！文化传统一直在积淀并创新，所以传统不是继承的，是不断被创新的！文化的形成在于沉淀，即已逝去的生活方式，在过去的地理、气候、出产、经济、政治、习俗、价值观等作用下的人们生存方式，即是"存在"决定了意识（包括文化）！

中国工业几乎所有产品的原始创意和技术起点均来自于境外，虽然见效益快，却让我们忽视了设计平台、设计系统的建立。过去我们只是制造，拿来外国的标准、工艺、流水线、技术，中国工人便宜、资源不值钱、污染无所谓，所以中国制造全球扬名。从国外引进快倒是快了，可人家的技术是有根的，引进的没有根，再往前就不会走了。

3　设计是文化创意产业的核心

service thinking, social innovation是发达国家创新的主旨，跨学科的协同创新才有成效，工业设计应该超脱于造物之上才能引领创新。要看设计师如何定位。是统筹规划者，还是匠人。现在设计师和培养设计师的导向大都是"匠"人定位，甚至是设计流水线上的操作工，当然这样培养出来的设计师一定控制不住。

观念大于技能，无形大于有形，系统大于个体。这就如同现代艺术对古典艺术的颠覆，当然这个过程不是单向的，它会轮回也会并行，但这一页翻过去就是过去了。

传统工业设计正在悄然发生"转型"，这将使得设计在更多领域发生作用。现代工业设计有三个特征：一是"服务设计"，这是商业或者社会转向系统竞争时代的产物，设计的本质是解决"需求"的本质的；二是"交互设计"，伴随着一个世界转变为二个世界的进程，虚拟与现实之间、人与社会、人与自然的沟通需要建立更加有效的语言体系，交互设计充当了上述三个领域沟通的翻译，即传"达"的作用；三是"社会创新"，设计最重要的社会价值在于对当今已异化了的世界"文明"的修正，伴随着欲望的膨胀和无节制的消费，引导可持续的观念更成为设计师的责任，而不仅是商业的附庸。

作为"设计"这一社会支点，我们要清醒的是：商业若没有设计的系统思维分析"需求"，用设计的方法去实现引导需求的方式，商业只是"披上羊皮的狼"！商业的进化、蜕变离不开以"人"为核心的理想社会思想的教化！因为商业的目的是不择手段地追求利润；而设计的目标是实现人类的社会价值。商业为了利润把设计当工具和手段，在顺便给人带来利益的同时，腐蚀人类的灵魂；设计为了理想，也要驾驭商业这匹烈马，而不被它驶向毁灭！所以互为依存，同路不同志！因为目标是截然不同的！

我建议多向前探索，传统是过去的辉煌，而未来的挑战，却不会顾及我们的"悟道"！中国人一直靠极少数超脱凡尘的悟，而忽略了探索复杂世界的路径。传统的中华文明处于危急中，而立足于未来世界文化之林的中国文明的发扬光大则更令人深思啊！

设计是文化创意产业的核心，设计是以人类总体文明对工业文化、商业文化和资本文化的修正，也是平衡人类社会可持续发展和人类欲望的杠杆。在我国经济转型升级的关键时刻，设计是物质文明与精神文明谐调的催化剂！设计是人类灵魂的工程师！以无声的命令、无言的服务引导人类去创造公平、合理、健康的生活方式，

学习与研究的意义之一便是这样，看到黑暗，并于黑暗里看见更大，没有雾霾的蓝天、白云、阳光。

柳冠中
2015年9月18日凌晨

设计未来的发展——营销手段的设计文化

李淳寅

（韩国弘益大学设计研究院智能设计实验室　韩国首尔　121-791）

关键词： 设计文化　网络　创造　创新思维　行业

1　引言

设计，是一种帮助人们完成某些事的行为。21世纪，创新设计的关键词是"网络"，而设计在网络传播中的要素是信号。例如1492年10月12日，美洲大陆被发现，葡萄牙人登陆美洲大陆，我们所看到档案的封存，也是一个信号。由信号看出其身后的力量，这种力量是关于金钱、忠诚等方面的。他们身后的人来自英国、西班牙、荷兰等欧洲国家，这是属于整个欧洲的力量。

2　设计产业现状与信号

首先，网络是从西方国家传达到东方国家的信号。不久前中国报纸数据显示，全世界最好的线上超市在中国，中国的电子商务产业已大于美国，中国的电子商务产业占到了中国总GDP的7%，产值比去年上涨60%[1]，这就是中国的力量。中国在向他国出口设计相关产品的领域中，有着独特的地位。中国力求在2020年成为创新性国家，完成从"'中国创造'到'中国设计'"的转型。劳动力不再是中国制造业的优势，中国劳动力的成本和美国是一样的，部分中国投资者已经把制造业从中国转向美国，制造业在中国已经不再是一种优势。

设计是我们生活中不可或缺的一部分，从构建居住和工作的空间，到驾驶的汽车，再到观赏的电影都离不开设计。总而言之，我们生活在一个被想象、设计和创造的世界，这就是我们现在的生活模式。

另外，由IOT（物联网）概念衍生出的一种OTO新型销售模式，即一种线上、线下相结合的销售形式。如阿里巴巴集团与苏宁商务集团合作。苏宁商务集团在中国有1600多家的线下实体店铺，用户可以先在阿里巴巴网站上选择，再到苏宁的实体店去选定感受，这样使用户从产品的外观到质量都达到最大程度的满意。

14、15世纪起，从艺术到政治，再到发明蒸汽机的瓦特，卡尔马斯，泰勒等，这些人都是当时的创始级人物，而21世纪的创始级的人物则是史蒂夫·乔布斯。他思考的任何问题都不同凡响，另类思考是他的理念。从最初的音频播放器开始，乔布斯就一直坚持外形简洁和更加智能化的原则。推出apple watch之后，有人评价苹果公司不再仅仅是电子行业的公司，而是时尚行业的公司。在迎来后iPhone时代后，苹果公司准备收购特斯拉等电子汽车，并宣称将收购德国的宝马公司。作为一家计算机公司，通过此类进口技术、智能化技术，计划购买电子汽车的厂商或者宝马公司，这是苹果公司展现的信号。

3　设计3.0的到来

现代设计革命是通过网络沟通的，而100多年以前的人认为未来靠航空邮递来沟通信息，直到1876年电话机的出现改变了人们的想法，即便如此在沟通时依然会出现问题。传统媒体的沟通方式，是此类单向的沟通形式，而看到信息这种行为属于双向沟通方式，从内部到外部，社交网络主要就是运用这种模式，现在主要的交流方式就是社交网络模式。每一个人都是一个场景的主角，通过这个开放的平台，找到信息的连接值，从而达到价值变动。这是"波纹效应"，当水中落入一个石头，平静的湖面就会出现不一样的图案。这是波纹的扩散。同理，一个人的故事、思想、感觉以及关系也以这样的方式广泛地扩散、分享。这就是网络，即认识谁比知道什么更重要，通过互联网与谁沟通交流更重要。

3.1　"open-source公共资源"

假设一个设计者，设计"欢乐"这样一个虚构的东西，这不是可视或可触碰到的，而是来自于设计者设计，所有信息都取自于网络，可以轻松地从网络上获得任何想要的免费资源。例如，Arduino是一款免费的计算机电子平台，在韩国的小学，他们计算机中就有这种电子芯片。当创造产品时，人们不需要找电子工程师，只需要借助于Arduino就能以低廉的价格创造自己的产品，这就是一种开放性资源。再例如，人们可以通过网上的电子商铺便捷地购买一些标准化的元器件，如一个关于3D构建的例子，人们可以免费地下载这些3D构建方面的软件。"The Quirky"是美国的一个论坛平台，当一个人有什么问题或者想法，可以发布在平台上，感兴趣的人会在网上聚在一起，共同讨论问题、解决问题，这是一种免费的线上创新方式。

3.2　"启动力（Kick-starter）"

这通常是一些公共的拨款或者社会拨款等。如果已有一个创造性的想法，人们不用找投资公司或借款，只需在网站注册下载，就会收到联系进而洽谈。可以通过3D打印把你的想法或产品雏形呈现出来给kick starter看，以此介绍你的产品并赢得投资。在网站的主页，你可以看到最近涌现出的新产品，如一个玩具化的机器人、一个智能灯具或者一个智能手表等，很多新奇的东西都会在网上呈现。无论是中国还是韩国或是其他国家，设计的新产品已不是个人所需，而是时代所需。

3.3　3D 打印

一个小汽车公司，他们设计出想要的汽车造型，再通过 3D 打印出来，通过技术手段节约了资源又达到了目的。所有的时装杂志、建筑杂志、医学杂志等都可以 3D 打印。甚至是一个孩子，都可以打印他自己设计的手机。一位拥有麻省理工学院博士学位的女士，曾在 Google 市场部工作，后来辞去工作，成立了一家设计公司，专职设计自己想设计的东西。例如一个卷筒纸用完后所剩的柱状内核，她仅仅设计了底部，就可以当作一个铅笔盒。再例如儿童的涂鸦，某些公司可以生成 3D 打印效果。人们可以把孩子画的涂鸦上传到网上，某些公司就能将上传的画处理成 3D 效果。

4　结语

IOT 技术在我们日常生活中越来越常见。借助于这样一个超链接的智能网络，未来 6 年内，每秒钟将会有 5700 件新的产品被链接到这个网络，到 2020 年，将会有 2120 亿新的设备诞生。整个设计进程不再是关乎于造型，而是针对行为的一种设计构想，如大量的关于儿童、老人行为的设计，车载 wifi，智能机器人、智能化多功能的便携产品等。行为设计不是简简单单的风格设计，在未来，物与物之间充满了关联。IOT 的这种形态，在设计创新思维的定位中有很重要的作用，IOT 会创造出一些新的行业。传统行业要么改变，要么消亡。而中国创造则是一个年轻的有活力的力量，将是世界创造非常有竞争力的领导者。

参考文献

［1］产业信息网 .2015-2020 年中国电子商务市场调研与投资前景报告 .2015

社会转型中的手工艺文化产品设计——以手工陶瓷产品发展为例

孟　蕾

（景德镇陶瓷学院　江西景德镇　333000）

关键词：社会转型　手工艺　发展优势　可行性

在工业设计成长的孕育期（1850—1920年），因为机器化、标准化的生产方式，产业界不得不把全体的社会大众都假设成是特性相似的消费群体，以此来满足所需的大范围经济发展的必要，即所谓的同质化设计阶段。到了工业设计的成长期和成型期（1920—1980年），工程技术人员开始将研究的注意点转移到适应人需求的设计上，新的设计从"为适应的设计"到"为工作的人设计"。进入20世纪后半期，人们经历了高度夸大理性和功能的"现代主义设计"后，产品设计，尤其是日用产品设计又具有了向艺术化方向转化的趋势，即呈现出强烈的回归人性、回归天然、回归艺术本体的倾向。其中，人性化、自由化、多元化以及独特的审美意义成为了产品设计的核心。另外，随着信息时代的到来，产品设计的重心也不再是有形的物质产品，越来越多的是人与产品的抽象关系。

而在"现代主义设计"后历史进入了人类第二个现代化进程。第二次现代化是从工业社会向知识社会、工业经济向知识经济、工业文明向知识文明、物质文明向生态文明的转变，其中丹尼尔·贝尔（Daniel Bell）1973年提出的后工业社会（Post industrial society）其实就是第二次现代化。

其实现代工业社会向后现代、后工业社会的转型构成了个性化产品设计的社会历史背景。其中，信息化社会或后现代变成为了探讨关于当代社会转型的一个称呼，日本界屋太一先生（1986）认为："在这样的社会中出现了越来越多从事创造'知识与智慧的价值'的人。而随着这种人的逐步增多，那么自从产业革命以来持续的生产资料和劳动力的分离，将又会出现'逆转'现象，即生产资料和劳动力的一体化将成为社会生产的主要现象。"[1]这样的现象导致以往只存在于没有文字和教育系统社会才普遍存在的身体化文化资源，又重新在当今社会中受到重视。这些人是设计家，工程师，艺术家，从事手工艺的劳动者。因为他们的能力和他们的身体是一体的，他们的文化资源在于他们所掌握的技能，知识、经验和创造力，而这些资源在一定的经济场内，就会被转化为资本和生产资料。而以他们为中心所转化的资本和生产资料就是典型的由经济环境逐渐的批量化大生产向多样化、个性化、小规模化的工业特征转变。那么个性化的手工艺文化产品在这样的社会转型中具有哪些发展优势呢？

1　符合社会发展需求

皮奥里（Piore）和萨贝尔（Sabel）（1984）认为，各种新技术为在完全不同的社会、经济和地理基础之上重建各种劳动关系和生产体系展现了可能性。皮奥里和萨贝尔看到了当前的局面与19世纪中期失去的机遇之间有一种类似。"那时大规模的和最终垄断的资本取代了小公司和无数小规模企业，而小公司和小企业具有沿着非集中化和民主控制的路线来解决工业组织问题的潜力，它们用新的非集中化的各种指挥和控制的技巧武装起来，能够成功结合甚至颠覆以合作与跨国资本为特征的劳动组织各种主导的和约束性的形式"。[2]所以，那些以非集中化组织下发展起来的公司企业为例，无论在传统手工艺的发展上还是在当代消费的市场运作上都有值得我们借鉴的珍贵经验。在当代消费观念的背景下，成功继承传统手工生产并引领当代社会消费的企业群体来说，他们对传统手工艺的经营已经做到了由劳动密集的加工型向具有较高附加值的文化创意产品的转型。

另外，从发展的眼光来看，手工艺文化产品设计可以作为时代社会物质文明与精神创造的载体。对手工艺文化产品来说，手工美是其发展的基本要素。产品设计是文化的产物，从文化发展到个人化风格的建立，产品与文化从来就不是独立且对立的。手工艺是一项传统文化技艺，是现代文明中解读某个民族的一种特殊方式。手工艺打制的工艺不仅是以产品的工艺为卖点，而更是对文化多元性消费传播的承载。如手工生活陶瓷生产的设计师应该把传统手工陶瓷工艺中的感情因素继续保留，另外与新时代所独有的新理念、新材料以及新技术相结合，使得手工生活陶瓷产品的创意性得以完美展现。也就是说，传统手工陶瓷要符合新时代的需求变化才能继续流传，这就需要产品设计的定位把传统手工艺与现代化的需求相结合。

2　满足个性化的消费需求

在人类需求发展动向中，自我实现价值使人们尽最大的力量发挥自我的潜能，努力体现出个体的差异性和独特性的需要，也使得定制、限量的产品会让一些消费者无法拒绝。如以日用生活为主的陶瓷器皿的定制设计就满足了消费者需求变化的方式之一。个性化十足的手工陶瓷生活器皿不仅符合消费者的当代消费需求，满足其寻求个性、多元的购买梦想，而且能够更好地将人的个性需求与生活潮流相融合。而生活时尚潮流的重要特点，就是消费者能够根据个人习惯或喜欢的方式来表现自我，这也就是为什么标准化且规模化的产品总让消费者觉得有所缺憾。而手工陶瓷中对器物肌理的表达，就很好地满足了时下人们对个性化产品的追求心理，而由机械化生产出来的标准统一的完美肌理无论在触觉上还是视觉上都不再是唯一的审美和购买标准了。相反，突出手工感、体现陶瓷材质本身质感的肌理，却逐渐也成为了崭新的审美概念。

在面对当代消费者对日常实用器皿新的需求中，对日用生活产品的设计与生产，我们要尊重追求个性化产品的差异，要满足消费者对个性化产品的需求。"如手工陶瓷产品设计，由于制作工艺大多是手工与机械加工的结合，其在器物上遗留的手捏痕迹或有意识地控制器物表面（如通过刻划、镂雕、堆贴、刮削、揉捏、拍击、挤压、模印、打磨、彩绘等）创作，使得产品肌理具有自然的独特手工美"。[3] 除此之外，由于陶瓷工艺特殊的装饰手法与烧成工艺，在烧成过程中，釉色作为一种强烈且富有变化的装饰语言与不同的窑温相配合也形成了很多独特的艺术效果。作为众多生活器物设计中的一类，它能够满足当下消费者、使用者的个性化需求。

心理学显示每个人都有强烈的自我意识，都有区别与他人的本能。人与人之间的需求有共同的方面，也有不同的方面。所以那些过分依赖机械设备的产品缺乏的便是自我意识、自我情感的表达，无法彰显独特性，而个性化产品的一种表现就是彰显个体的独特性。同质化的时代已经过去，要满足人们的个性化情感需求，首先就要创造差异性的设计，给消费者多种选择的权利；又或者选择个性化人群的定制设计，在众多阶层与人群中对特定人群进行特定设计。

3 满足体验经济的需求

在经济形态对应的消费需求特征图标中，我们可以看到，"服务经济形态的个性是服务经济形态的个体不再受生存条件的束缚，生活在自由的对待自己的物质生存条件的社会环境中，没有特定的社会角色，是把个性的丰富和发展作为自己生活的目标"。[4] 那么，体验经济的本性则是把人们的重点从物移到了人，体验被视为一种个性的经济供给。其实从近十几年很多领域出现的DIY设计理念开始，我们就应该发现体验经济形态已经开始进入我们的消费文化行业里了。DIY设计的体验经济形态就是关注到消费者已经开始需求那些具有自己设计想法的个性化的产品，而随着家庭日用品对"用"的无限满足后，这些产品也便成为了彰显消费者个性、审美的重要标志（见图1）。

在科技手段被广泛运用和民族文化生活特性趋于同化时，大众生活的产品设计也趋于同化，因此这些产品中也在无法避免中失去了人工制作的不经意或刻意留下的手工符号。如手工陶瓷文化产品就具有满足追求个性化消费群体的条件，消费者根据自我的审美标准、生活方式设计、生产针对自己需求的产品，而手工陶瓷的消费者自产自销也成为其他产品不具备的优势之一。

经济提供物	产品	商品	服务	体验
经济	农业	工业	服务	体验
经济功能	采掘提炼	制造	传递	舞台展示
提供物的性质	可替换的	有形的	无形的	**难忘的**
关键属性	自然的	标准化的	定制的	**个性化的**
供给方法	大批储存	生产后库存	按需求传递	一段时期后披露
卖方	贸易商	制造商	提供者	展示者
卖方	市场	用户	客户	客人
需求要素	特点	特色	利益	**突出感受**

图1 经济形态及其对应的消费需求特征

4 满足消费者多种情感需求

在信息化社会的今天，高科技、高技术不仅使我们的生活节奏日益加快，同时也给我们的生活方式带来了改变。而这一生活方式是充斥着大量的机器和网络的生活方式。正如美国著名的未来学家奈斯比特所说：每当一种新技术被引进社会，人类必然要产生一种加以平衡的反应，也就是说产生一种高情感。技术越高，情感反应也就越强烈。而与高情感相呼应的便是在感性消费中寻找情感的认同。感性消费时代的重点就是需求的情感化，消费者购买商品的目的更多的是为了满足一种情感上的渴求，而不仅仅是生活需要。消费需求的情感化，实质上是高技术社会中人类高情感需要的具体表现。它反映了现代人注重精神愉悦、个性实现和感情满足等方面的需求倾向。

每个人的个性不尽相同，反映在消费中便是消费者从商品的物质属性转向它所承担的情感属性消费，这就意味着消费中情感的差异性。当自我意识越强烈时，人们就越希望通过自我情感得以宣泄，而手工生活陶瓷的个性化产品特征就符合个体消费者在情感上的满足。但是一些工艺与技巧实质上也并非仅仅与个人的生活基本需求、个体情感直接联系在一起，更多的是趋向于一种大众情感、心理或者精神的需要。所以，面对消费需求的转变，手工陶瓷产品设计其实在很大程度上是与消费需求的转变相适应。手工生活陶瓷由最终满足对量、质的消费需求转变为对其感性、个性的个人或大众消费需求。故在"技近乎道"所强调的技术与哲理之间关联的同时，我们也应该有"技近乎社"的思维方式。也就是说工艺与劳作在改变个体情感心态的同时，也为社会公众的精神意志发挥了作用。但无论从个体情感还是社会公众情感来讲，情感已经成为产品开发的不可忽视的元素，并且情感因素在消费中所占的比例还会继续提升。那么，与以往历史中手工艺产品所占的使用市场不同，在如今并非是必需品的社会环境下，手工艺产品的设计应该要在更大程度上发挥引领或者表达大众精神的作用，并且其应用领域与范围也应该向更广泛空间延伸。

5 结论

通过对社会转型中手工艺文化产品设计的发展优势分析后，我们发现社会需求侧重点发生了改变，从对物质需求的追求和从文化同化危机中转变为注重精神需求和建立多样文化。面对如今新的消费需求以及新的消费人群，产品的质量、品牌溢价已经不再是影响消费者消费的动因，那些具有新的消费模式与满足多样性需求的、具有创新设计的产品才能在当代发展中得到消费者的青睐。所以，在对手工艺文化产品本身所具有的工艺性研究的同时，也应该关注到对现代工艺设计看法的变化。工艺技术的本质是客观性的，如果手工艺产品能够在保留手工工艺特性的同时又能让现代化机器、技术很好地参与，如果手工艺知识形态能与当代社会需求的相对客观化，那么，手工艺文化产品的再设计才有希望，手工艺产品才能与当代社会的需求、大众的需求直接或间接参与结合。而这就需要有新的竞争力，其不再是资金、地位，而是掌知识、创造力、技能、经验与信息。正是这样的新竞争力的变化，解体了工业社会文明下建立起来的工业化的生产模式，重构了当今整个社会文化转型中的文化生产与消费模式，为以手工艺文化产品为首的个性化、多元化产品设计提供了更好的发展空间。

参考文献

［1］（日）界屋太一. 知识价值革命［M］. 北京：东方出版社，1986

［2］（美）戴维·哈维. 后现代的状况：对文化变迁之缘起的探究［M］. 阎嘉，译. 北京：商务印书馆，2013：239.

［3］孟蕾. 手工文化在现代文明中的重要性——以手工陶瓷分析为例［J］. 艺术评论，2015（01）：128-130.

［4］（美）派恩二世（Joseph Pine Ⅱ，B.），（美）吉尔摩（Gilmore，J.H.）. 体验经济［M］. 北京：机械工业出版社，2002.

文化传承视野下动漫衍生产品"度"的研究

李 珵

（武汉工程大学艺术设计学院　武汉　430070）

关键词： 动漫 衍生产品 可持续设计

1 引言

动漫衍生产品是一种新型的文化产品，它能与众多行业融合，衍生出不同的产品，这种能够在多领域中不断衍生的产品，目前在我国如雨后春笋般成几何倍快速增长，以至于让人们还来不及对它的出现去做出准确的判断，它已理所当然地走进了人类的生活中。当我们对它进行理性的思考时才发现，动漫衍生产品从一开始设计就应准确掌握可持续设计的"度"。"度"一旦出现偏差，就会引发出许多关联产业间的矛盾和问题。我们今天要研究的就是动漫衍生产品应该依赖什么而出现，又因为什么而生存，它会给未来发展带来什么，这是一个可持续设计的概念。

我们知道，可持续设计是一种构建及开发可持续解决方案的策略设计活动，它要均衡考虑诸多方面的问题，以思考的设计引导和满足消费需求，维持需求的持续满足。可持续的概念不仅包括环境与资源的可持续，也包括社会、文化的可持续。

动漫衍生产品几乎涵盖了可持续概念的全部内容，能否准确把握好文化传承视野下，动漫衍生产品可持续设计的"度"非常重要。在此背景下，"度"是动漫衍生产品可持续设计的原则和规范，也是动漫产业发展的规律。背离"度"，必然会引起不良的后果。本文中，以"度"为基准点，找出可持续设计在人性化、品牌、产业链和产品设计深度上要把握的尺度。

2 动漫衍生产品可持续设计的人性化尺"度"

美国设计家普罗斯说："人们总以为设计有三维：美学、技术和经济，然而更重要的是第四维，那就是人性。"[1]

动漫衍生产品的可持续设计，应不断满足人的生理和心理需求，这两大需求成为设计的原动力。人的精神世界是一个广阔无边的天地，人的心理和精神需求是丰富而永无止境的。动漫衍生产品可持续设计必须首先把握好人性化这一尺"度"，将人性化的设计作为最前沿的潮流与趋势，体现人文精神，追求人与产品完美和谐的结合。

动漫衍生产品在设计过程中要充分体现人性化设计，要以人为尺"度"，即要满足人的生理、心理、物质需要，也要力求在营造舒适、高雅的氛围中考虑物品的使用趣味性和愉快感，从而让人的情绪得到充分的释放与满足，使人的心理更加健康、情感更加丰富、人性更加完善，达到人和物的统一。

但是，目前在我们所接触的动漫衍生品中，往往出现一些不尽如人意的地方，有的在体现环境、人性、文化等因素的过程中缺乏灵魂。衍生产品与人直接接触，在设计规律上应该充分地体现出它的安全性、美观性、舒适性、通俗性。在制件上要体现材料的质感和人类对物品的识别性，在与人接触过程中，要体现人与物间的和谐性，要遵循民族地域的风俗与文化、宗教信仰等。让使用衍生产品的人能够充分感受到设计带来的是享受。

在我国，立体衍生品引发的安全问题很多，有食品、玩具、游乐场等方面发生过的事故。如果冻、玩具枪伤人、游乐场出现缆车故障、设施卡人等，由于在设计过程中没有很好地掌握人性化的尺"度"，引发出的安全及社会问题令人触目惊心。由此，让我们意识到，设计人员不仅要掌握专业的设计知识，还应了解所设计产品衍生出关联产品的相关知识，这将对设计人才的整体业务水平提出新的要求。

设计的最终目的是为了给人以精神和物质上的满足，精神上的满足来源于文化的影响，物质上的满足则体现在对经济生活的需求。那么，动漫文化中人性的闪光将永远是挖掘不尽的"宝藏"，是可持续设计的基础。

3 打造传统文化的知名"度"

中国的动漫产业应以开发本国的民族文化为基础，将一切形式的艺术与产品准确地与民间的传统文化相交融，让人类既看到历史的辉煌又对未来发展充满着希望。如北京2008奥运会的标志，是一个舞动的北京和中国印章的形象，它因此而让世界记住了北京。它的成功之处是完美地将中国传统元素注入现代视觉设计中，对传统与现代两个方面的元素进行了深入的研究而诞生的，这一作品既有现代的文明，又有对中国传统文化的追忆，让人们在赏心悦目中感受着中国文化的内涵，怀念着中国悠远的历史。上海世博会中国馆内的《清明上河图》也是如此，将中国传统的艺术与现代科技交融，实现了传承与发展，让这一国宝级名画的知名"度"进

---

① 顾志浩．后现代设计思想在中式室内设计中的应用研究［D］．成都：西南交通大学，2008：25-26

一步得到提升。由此，我们发现，很多成功的设计都注入了传统文化的元素，这些民族的文化永远都是最能够体现传统精髓的宝贵财富。

在设计中，如果不能够以传统文化为背景，本土文化这块宝藏很快就会被其他文化所占领，最终失去的不仅仅是祖宗的文化，还有可能丧失掉信仰。自古以来，中西文化始终面临着冲突与挑战。进入 21 世纪，全球文化竞争激烈，强势文化尤其是美国、日本在政治文化领域已经呈现出不可遏止的趋势，就动漫衍生产品而言，这种强势以不可阻挡之势冲击着我国的传统文化、制约着我国相关产业的经济发展、左右着人们的思想观念和价值取向。

我国是个多民族国家，各民族不仅创造了大量的有形文化，也创造了丰富的无形文化，传承和发扬民族文化对于促进我国文化产业的战略发展具有重要意义。这些年，一些动漫发达国家免费向发展中国家派送动画片已成为惯例，尽管我国近年来采取了一系列措施进行遏制，但已经缺失掉的文化市场以及过"度"扩大的动漫衍生产品对外加工业的兴起，很自然地给中国动漫衍生产业戴上了"制造业"大国的"桂冠"。我们不仅缺失了市场，外来文化对人的思维方式的改变更是不可估量的。其实，我国动漫衍生产品的可持续设计完全可以在传统文化的传承下，汲取国际先进经验，寻找到属于我们自己的创意，使中国动漫产业从"中国制造"向"中国创造"迈进。

动漫是一个关联度很强的产业，必须要有可持续设计的理念和关注动漫衍生产品生命周期的意识，从设计之初就要考虑到与它相关联产业的后期运作，就要瞄准市场，准确掌握好精神产品转化为物质效益过程中的"度"。

4　提升动漫产业链可持续发展的关联"度"

有人以樱花树为例，说樱花树为鸟儿提供住处，它的树叶可以过滤脏空气，它的果实为生物提供食物，即使果实烂了树叶枯了，掉到土壤里也一样为大地带来养分。

我们以动漫衍生产品为例，动漫形象、道具、场景、片名等被开发制造成一系列有使用性、观赏性、趣味性的产品，这些产品的生命周期结束后，可以回收再利用，生产出新的有实用价值的产品。

任何传统的行业，一次投入、多次收入的产业几乎没有，而动漫衍生产业就像一棵发财树，所结的果实是动画片、动画电影、手机动漫、网络游戏、衍生周边、版权交易、主题乐园以及动漫培训教学、动漫游戏，等等，这些动漫衍生产品在设计开发中如果能将可持续设计理念融入其中，将"低碳"或"无碳"贯穿到产品生命周期的全过程，这棵树不仅能"发财"，还能给关联产业提供生长的养分。由此可见，动漫不是单一的产

品，它是一个关联度很高的产业链。

产业链这个词是经济学中一个常见的术语，它是一个包含价值链、企业链、供需链和空间链的概念。产业链又是产业经济学中的一个概念，是各个产业部门之间基于一定的技术经济关联，并依据特定的逻辑关系和时空布局关系，客观形成的链条式关联关系形态。产业链中大量存在着上下游关系和相互价值的交换，上游环节向下游环节输送产品或服务，下游环节向上游环节反馈信息，最终获得利润。这个链条的形成之初，是一个可持续的定式，在设计上要考虑到整个链条间的相互依存共同发展的问题。

以动画片《三国演义》为例，该片开播后，一家儿童用品有限公司借助《三国演义》文化这一东风，延伸的产品被许多收藏爱好者作为藏品收藏，在"三国"旅游景点卖得火爆。目前，全国已有 600 多家销售点在出售《三国演义》益智玩具，销售额比原来足足提高了50％以上。[①] 由此我们看到，一部动漫延伸出的产品是形成产业链的基础，在市场运作中占有重要的地位。而动漫产业链是以"创意"为核心，以动画、漫画为表现形式，以电影电视传播为拉动效应带动系列产品的"开发—生产—出版—演出—播出—销售"的营销行为。这个链接过程，中间每一个环节都要相吻合。因此，我们应该在最初的设计策划中要着力将动漫形象作为一个品牌进行可持续开发，并努力拓展其衍生产品，使其在市场中占有一定的地位。

当今世界进入一个高速发展的时代，高科技的发展在给我们带来无比兴奋的同时，也隐藏着潜在的隐患。一些已被我们发现或者还没有被发现的隐患也悄然的在侵袭着人类赖以生存的地球。过度开发造成的生态失衡、超标排放带来的大气污染、不可降解物对资源的吞噬使人类生存与自然保护的矛盾越来越成为我们不可回避的课题。可持续发展的提出，不再是警钟，而是具体的行动。人们在不断探索着如何开发绿色产业，以最少的资源创造最大的效益。

动漫产业作为低污染、低能耗的绿色产业，被称为"朝阳产业"。如果这一产业链得到提升，我国的产业结构调整、产业融合都将出现突破性的转变，将为产业间的可持续发展注入强大的动力。

用三个圆圈分别表示计算机、印刷和广播三者的技术边界，并且认为圆圈的交叉处将成为成长最快、创新最多的产业融合区。由此，我们可以把产业整合的含义定义为：采用数字技术对原本各自独立的产品进行整合，会发生意想不到的效果。近年来，我国动漫产业呈现出良好的发展态势，产业间的融合促进了可持续发展。从最初的动漫与玩具、文具、旅游、主题公园、出版业的融合到目前的与手机、互联网、移动增值、网络游戏、数字娱乐的"联姻"，呈现出了良好的产业结

---

①　中国经济导报网

构，对推动经济发展发挥着重要作用。

动漫衍生产品是从精神产品走向物质生活的新型产业，动漫衍生产业是一条链接众多产业的综合体，它的设计程序不仅要以科学为先导，还要全方位、多层次地进行优化。精确设计好每个产品、准确定位好每个环节，将精准作为产品生命全过程的标准，不断提高精品意识。

5 深"度"的探析

当今世界已进入快速发展的新动漫时代，如何将动漫产业做大做强，让产业链上的企业不仅能够专心做自己的事，还能实现产业间的相互融合、共同生存。需要我们对动漫衍生产品设计的深"度"进行研究。

我国是个多民族国家，各民族不仅创造了大量的有形文化，也创造了丰富的无形文化，传承和发扬民族文化对于促进我国创意文化产业的战略发展具有重要意义。作为创意文化的动漫产业，它不仅需要以本土文化为基础，也需要外来文化的"入乡随俗"。那么如何使这一创意产业实现可持续发展，我们认为，掌握好"度"是关键。

第一，要在人才供需上掌握好平衡"度"。正如霍金斯所说："拥有主意的人开始变得比使用机器的人能量更大，在很多情况下，甚至胜于那些拥有机器的人"。目前，我国大多数高校培养出的动画人才基本上是一成不变的作业者，呈现出只能"加工"，不能"创造"的动漫人才格局。而企业需要的是既能动手又有创意的复合型人才。由此便形成了企业招不到合适的人才，大量的动漫专业毕业生又找不到适合自己的工作，人才供需出现失衡。对此，我国高校应该站在可持续教育的高度，把技术和艺术真正结合起来，培养出真正能够在我国动漫衍生产品设计领域即有创新意识又有实际操作能力的实用型人才。目前，我国动漫产业已经在制造过程中积累了世界上最先进的动漫制作工艺，如果我国有了自己的衍生品创意人才，那么，"创造"与"制造"于一体化的动漫衍生品文化强国便指日可待。

第二，在动漫衍生产品设计领域的整合资源上有广"度"。第一要实现资源整合。资源整合就是将动漫衍生产品设计与制造业、服务业以及市场营销等上下游相关产业进行大范围结合，通过各种渠道实现"嫁接"，成立大型动漫集团公司，统一融资、统一规划管理、统一设计程序、统一开发市场。第二在生产管理上可实行分散加工、集中组合、统一运作。在市场营销上建立畅通的渠道，上下游之间形成一条龙管理。实现有人设计、有人制造、有人销售的产业化格局，这样的设计程序对于解决我国目前动漫产业中存在的如创意、盗版、资金、人才等诸多方面的问题是一个有效的途径。

第三，动漫衍生产品设计在市场预测上要有灵敏"度"。市场预测可以通过各种调查数据来考证即将投入的动漫衍生产品会有怎样的前景，可根据预测评估该

动画可能占据的市场份额、可能带来的销售利润以及由此可能产生的其他效应。灵敏"度"高的市场预测可以使动漫衍生产品有一个好的开端，为日后取得成功奠定基础。

第四，动漫衍生产品产业在分工协作上要注意关联"度"。中国的动漫市场规模十分庞大，但动漫衍生产品企业规模却很小，加上资金、人才等资源上的限制，使企业在整个产业链中难以发挥作用。分工协作，共享收益是一个比较好的方式，它可以使产业链中的各个环节之间形成初级、中级、高级和衍生市场的关联"度"，最终使产业链成为一个大型综合性的连锁集团。

第五，在动漫衍生产品品牌上要提高认可"度"。目前，我国已有不少地区已经开始打造自己的动漫主题公园。如旅游景点与创意产业间的融合、手机动漫与增值业务的融合等已很普遍。本土文化创下的品牌与动漫主题公园等众多产业的融合，形成了产业间的相互推动，并拓展出新的业务领域。对此，丰富品牌内涵，可以提高受众对关联产业品牌的认可"度"，为衍生产业持续发展打好基础。

第六，在动漫衍生产品设计理念上要有纵深"度"。近年来，越来越多的成年人对动漫十分热衷。而目前市场上的动漫衍生产品大多是以孩子为主，对成年人市场的开拓推进却非常缓慢。因此，我们在设计理念上要打破传统的思维，拓宽思路，扩大受众目标，力求设计出的产品成为"全家人"都能看得上、用得着的产品，从而，扩大新的经济增长点，在设计理念上不断提高纵深"度"，产品的受众范围会明显拓宽。

6 结论

中国动漫衍生产品设计有了本土文化的知名度、有了市场运营经验、有了人才、有了大型的动漫集合体，掌握了以上我们所提到的"度"，动漫及其衍生产品这个低污染、低能耗的绿色产业，就能够实现可持续发展，我国传统文化的传承和产业结构的调整以及产业间的融合等都将出现突破性的转变，这将成为我国动漫产业可持续发展的强大的动力。

伴随着计算机网络和数字技术的发展，动漫产业不仅代表了网络数字技术发展的新方向，同时，也显示出强大的产业关联"度"。动漫衍生产业不需要动用太多的资源、只需要动脑创意就可以实现产业的持续发展。是目前全世界都看好的绿色产业，因此，通过发展动漫产业来促进衍生产业结构的调整是一种科学的、可持续的经济发展战略选择。

参考文献

[1] 孙立军，张宇. 世界动画艺术史[M].北京：海洋出版社，2007.

[2] 彭玲. 动画创意产业[M].北京：东方出版中心，2009.

［3］李涛.美日百年动画形象研究［M］.北京：光明日报出版社，2008.

［4］王传东，郑琳.动漫产业分析与衍生产品开发［M］.北京：清华大学出版社，2009.

［5］秦喜杰.中国动画片的产业经济学研究［M］.北京：中国市场出版社，2004.

［6］邓林.世界动漫产业发展概论［M］.上海：上海交通大学出版社，2008.

［7］Howkins J. The Creative Economy. London: Penguin, 2001.

［8］Michael Porter.《竞争战略》（Competitive Strategy-Techniques for Analyzing Industries and Competitors）. London, 1980.

［9］Gans, Herbert J.（1999）Popular Culture&High Culture.New York: Basic Books.

"壹玖壹玖"民国主题文艺商店 VI 设计研究

张文婷　周　昭

（武汉理工大学　武汉　430070）

关键词： 民国　文艺　时代　打散重组　整理

1　引言

我们所学的东西，它叫作设计。设计是给人带来愉悦和欢乐的东西，设计时而让作为作者的我们痛苦，而更多时候，它是我们与外界交流和沟通的方式，我们的创作，更多的是希望将带有本身思考的美丽事物与别人分享，也许我的想法还很单纯，但是我想，我们真的还很年轻，流年经过这最美好的年华，我不想过早地染上社会世俗的尘埃，趁我们还年轻，尽情享受这个世界的美好。谁说尽善尽美的设计一定是充满生机的呢。我选择了 VI（Visual Identity）设计，通译为视觉识别系统，是 CIS 系统最具传播力和感染力的部分。是将 CI 的非可视内容转化为静态的视觉识别符号，以无比丰富的多样的应用形式，在最为广泛的层面上，进行最直接的传播[1]。我希望将我喜欢的文化用 VI 设计表现出来。

2　选题背景

2.1　选题意向

VI 设计最早可追溯到我国的北宋，以现存在国家历史博物馆中的"白兔牌"广告为例，它包括企业和产品标识，广告宣传语、服务保障等。现在的设计元素，是目前发现的最早的相对完整的 VI 设计系统，由此发现中国传统图形艺术和中国文化背景密切相关。需要丰富表现形式，体现出独特的个性，并且符合消费者心理产生情感共鸣[2]。

民国是一个很特殊的时期，它是中国历史上的昙花一现，开在黑夜，开出了最美最高洁的花瓣，悠远而清香，带着特殊的魅力，让人沉醉其中，不能自拔。年代这东西很奇怪，时间仿佛有魔力一样，有些东西会被冲刷得无影无踪，而有些东西，却沉淀下来，时间越是久，就越是香、越是醇、越是浓烈。

在大多数的人眼里，民国是一个乱世的年代，代名词变成了纸醉金迷，夜夜笙歌，是灯红酒绿，是舞厅百老汇，大上海，是眼花缭乱的洋人，胭脂水粉。民国太大，单从个人的眼光去看它，只能看到一个侧面。那个侧面是最干净、最经得起时间的浪淘，像千万头狂奔的马里，最有力却最优雅的一只。书香，笔墨，月光，泛黄的纸页，没有音乐的留声机，女生浅蓝色的衬衫、黑色百褶裙，男生白色的中山装、圆眼镜框。这样的词才足够去匹配和形容它。是颓废糜烂的乱世中，难得的一股清泉，流得那样小心翼翼，却生生流出了大江大河。

想来是旧，其实是新。乱世，不是一无是处，不是毫不可取。相反，乱到尽头，便是新生，将之称为打散重组。

在平面构成里提到到这个词，即将本来有秩序的东西打乱，组成新的更有意义的东西。在乱世之下，已经没有什么不是破碎的了。表象美好，轻轻一击便溃不成军。新的力量涌现出来，不无论如何也阻挡不了的了。追溯历史，VI 设计诞生的过程非常复杂，在表达企业形象的同时，从好的 VI 设计中还能看出一个时代的文化发展情况，因此对它的研究不能只从纯艺术的角度出发，必须结合各方面的内容进行设计。[3]我生活的城市，是有着浓重民国色彩的地方，受到那样文化气息的影响，江城人的身上统统都带着历史的厚重。所谓一方水土养一方人，我的梦想也关乎我的家乡。那样好的文化，我想把它展现出来，我想让大家都看到我家乡最骄傲的文化。这只是作为一个江城人，小小的私心。

2.2　市场分析

当初选题，民国主题只是在脑海里盘旋了一会，我畅想过那种气氛，觉得很美，而且向往。我没有把握做这样的主题，因为民国太大，要营造出那样的气氛，一定不是轻而易举能做到的。

在香港的考察照片中，搜集了各种各样的资料。香港是个现代的都市，在英国的文化里熏陶了那么多年，而在中心的老城区，那些久远年代的东西被保留完好。厦门也是如此，南方这些海滨城市，每一处都张扬着自由的气息，厦门有个桥墩底下，一大片一大片的爬山虎，漫无边际，疯狂恣意地爬满了桥墩，那个城市最显眼的地方，到处都是这样疯长的植物。它们的性格都一样，不拘泥的，自由的。

我选择的民国主题，是在这样的自由里寻找一处生存空间、寻找一个侧面。根据这个主题，衍生出一家主题商店，店主用心地去搜集散落在各个角落的文化，尽力营造一个温暖的氛围，把这样美丽的，称之为瑰宝的文化，与大众分享。希望每一个经过主题小店的人，都会驻足，车来车往，再也不是他们的节奏，在小店里，时光停驻，悠长悠长。他们看着店里精心搜罗的书，看着满室昏黄老旧的灯光，看着泛黄的老照片，会穿越一般回到那个时代，会很认同店主想要告诉他们的，关于瑰宝的释义。

这样的店不在少数，但大多只是单纯地将货物堆放在了一起，纵是每一件商品都有远古的意味和标签，然而小店的氛围不会足到让人觉得时光停驻。是的，它们该是自由的，然而在这样的自由里，还是存在一种秩序，将本该有的东西，带进年代里，让它们重合、团聚。这也就是，VI存在的意义。

3 标志制作

3.1 题目由来

这样的主题小店，需要一个有深度的，能够足足让人回味很久的名字。历史中，中国人对中国近代史是有些气愤和悔恨在里面的，1919年五四运动，是一种力量，学生，是那个时代里最代表了新生事物的人群，乱世，给了他们足够发挥的舞台，他们的热血、他们的青春，全部奉献给了那个时代，"一九一九"是最能够代表那群人的标签，从辛亥革命到五四运动的这段时间，衍生出了这样优秀的一群人，毫无疑问，他们是伟大的。新生撞旧物，满满的都是力量，如人浑身热血沸腾，"一九一九"，四个字足足的分量，它绝不只是一个年代的标签，代表了新生的"一九一九"，代表了沉淀的"一九一九"，代表着伟大与思想的"一九一九"。

我很感谢生在这样河清海晏的时代，虽然我们都曾被这样的时代中伤。叔本华也有句名言，要么是我配不上我的时代，要么是这个时代配不上我。这句话听来很狂傲，却有些小小的赞叹和佩服。

壹玖壹玖，由此而来。

3.2 副标由来

一家叫作鲜芋仙的甜品小店的logo。首先注意到的不是这三个字，"芋"字上的"手感"，是一种理念，是能贯穿整个VI设计背后的理念。我尽力去寻找，想了很多词，很多。沉淀，流年，雕琢，好像都在诠释主题，却又好像都还不够。品味鲜芋仙，"手感"这样的理念，实在微妙。若以惯性思维去思考，鲜芋仙作为甜品店，它的品牌卖点应该是，爽滑，香甜，或者是健康，美味这样的吧。可是它用一个"手感"去去诠释品牌的文化，让人在咬着芋圆时，时时刻刻都在品味"手感"这个词的意义，这样一来，品牌的理念就深深灌输给了受众。

久思无果之际，我听到一首略带中国风的歌，名字是"瑰宝"。无意间，我觉得这正是我要找的那个词。

那个年代，物品，思想，文化，遗留的内涵，浸透着一种古色古香，却又透着一种精致和我所提及的新生。那些东西，是我们民族的瑰宝，是留给子孙万代的遗产，物质上的，更重要的是精神上的。它们魅力四射，散发着夺目的光芒，敲敲打打这么多年，经历风霜雨雪的洗礼，却日久弥新。这种精神，我认为就是所谓瑰宝的意义。民族的灵魂，仿佛都系在上面，抹不掉的印记，那些都是瑰宝，时代的瑰宝，民族的瑰宝。这便是"壹玖壹玖"所谓瑰宝主题的由来。

3.3 资料收集

我逛遍了学校图书馆的书架，蹲下站起，眼前都是

黑的。书搬回来了，文字资料仿佛偏多，想想这事也不会那么轻松的，一本一本翻阅，那个时代的一幕幕仿佛就开始跳跃在眼前，不分时间地点的，让人开始深深沉静在那样的文化之中。我很庆幸选了这样的题目，让我有机会好好去研究我所向往的那个时代。

标志大概可以从这些方面入手，带有外框的，却不规矩的排在里面的字。

我在武汉，我知道我要的素材就在身边。和闺蜜拿着相机，走街串巷去寻找民国的老印记。武汉原来有许许多多的租界，留下了无数的建筑，也留给这个城市无数宝贵的财富。

我觉得它们真的好看，那个时候的建筑，融合了不少欧美建筑的元素，却又省略了不少繁复的装饰和花纹，独树一帜形成了独特的，只属于民国的风格。我们走着走着从大街走到了小巷，那里有很多民国时期留下的民间老房子，当我正踟蹰着如何去提取这些建筑的元素的空当，闺蜜的一句话提醒了我。也许我该由小看大（见图1）。

图1 武汉沿江大道建筑窗户图案

这便是真真实实的民国文化，几何图形的窗格。简约而独特的民国风格。由最抽象的图形，精炼建筑上的精华。那个文化纷乱的年代，受到外来文化的侵袭，复杂与装饰渐渐被摒弃，取而代之的是实用与简约，概括而精炼。没有任何多余的话语，这些窗格仿佛就是在述说着那个时代思想的变迁，审美趋向的变迁。

3.4 字体和logo

关于字体设计，应该是映射民国时期一种独特的文化，字体的设计是那个时期平面设计上最风尚的事情，还有各种书籍教你如何写美术字，没有比字体设计更符合那个时代审美精神的东西了，设计出一组符合壹玖壹玖气质的字体，是最合适的。

查阅了大量的资料，民国时期的字体设计都各有风格，圆的方的扁的，笔画横竖粗壮，还有比例拉长的，然而符合壹玖壹玖的主题风格需要重新吸取旧的精华并且又要包含新的创新。

字体是最民族的那种，所以想到在宋体上变化和衍生（见图2）。

起初想到的黑体衍生，放在宋体旁边，明显黯淡了下去。所以确定了这种字体，与毛笔字、钢笔字等一类

手写字体有着神韵上的相似，正好也符合了那个年代人们的书写习惯（见图3）。

图2　字体1

图3　字体2

接下来就是字体的摆放和 logo 的状态。

在前期准备工作之中，看到这样的框用在随处可见的地方。它四周应该有类似边框的存在，可是这样做了以后，发现太过于死板。

那个自由的年代，字也是自由的，我不想让着四个字规规矩矩地放在一个框里，它就应该被打破，被突破，被重新塑造。

于是后面这种，便是最后的方案（见图4）。而且多加了一些元素，诸如句号，以及一直想传达的"瑰宝"的理念。所有的设计都是不想让字体看起来太过于死气沉沉。

3.5　标准颜色

深色调这样的颜色，让主色调有些死气沉沉，毫无"新"可言。于是把红色的明度提高，纯度提高，搭配明度不一的蓝色。终于有年轻活力的感觉在其间了（见图5）。

图4　字体及 logo 组合

图5　logo 新配色

3.6　辅助图形的开发

那个时代，所有的东西都是破碎了再拼接起来，就好像我一开始提到的打散重组，有这样一种理念在这里，我想到要将其中的某些东西打散重组。

在我看来，最合适不过字体了，字体代表了那个时期最典型的审美方向。我想试试，将他打散。

经过多次排列组合，我选出了最适合的三种方式，一种是局部拆除，再组合，另两种是全部拆成零碎的笔画形态后做组合（见图6、图7）。

图6　新排列方式

图7　辅助图形

然而，光有笔画形态的辅助图形是不够的，我必须再找出一种与之匹配的辅助图形。

我想到了之前的几何窗格，这样的图形做出来是极好看的。窗格简单的几何形态，真正是代表了那个时代对于美的概念和标准，简约的，独特的，实用又不失艺术感的（见图8）。

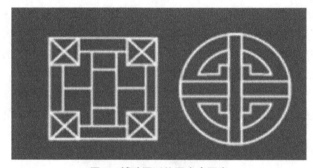

图8　辅助图形仿照窗户图案

作为一家独家经营的小商店，拥有了整体的 VI，如何才能让人更加记住它，这不得不在小东西上花心思。尖尖形状的书签是我翻阅资料时，发现的民国时期最独特的一个玩意，这样的书签现在是不多见的。将它作为小店的一个纪念。然而全是尖形书签，会略微单调，于是又开发了常规形式的书签，让内容更加丰富。主打应用，便是这些明信片和招贴。我想，打散重组，便将老照片也一并打散重组了吧。这样，内容形式更加丰富（见图9）。

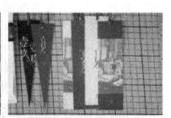

图9　vi 系列展示

4　结语

现在还是未知，我只是想，若我开了这样一家店，我一定会像我自己说的这样，会很用心地去搜集散落在各个角落的文化，我会尽力去营造一个温暖的氛围，我想把这样美丽的，我称之为瑰宝的文化，与大众分享。我希望每一个经过我小店的人，都会驻足，车来车往，再也不是他们的节奏，在小店里，时光停驻，悠长悠长。他们看着我店里我精心搜罗的那些书，看着满室昏黄老旧的灯光，看着泛黄的老照片，会穿越一般回到那个不一般的时代，会很认同我想要告诉他们的，关于瑰宝的释义。

参考文献

［1］vi 设计［EB/OL］. http: //baike. baidu.com/link? url=BzFBARc-qc0ny8k3R28TBpLKK797kHHmzEqOI0gonAQPSMjvn_hOCxtPdzwCloMNvkvga5hCxJxMmPrF_J-SNrvMYr2PhpPXqe-kI8cKmdke.

［2］刘禹杉. 企业 VI 设计中的中国传统元素分析研究［J］. 设计，2014（4）：124.

［3］景璟.VI 设计中的信息传播研究［J］.青春岁月，2014（6）：69.

龙山黑陶装饰花纹在设计中的研究与运用

张 野 李 芃

（上海工程技术大学 上海 201620）

关键词：龙山黑陶 工艺材料 设计元素 装饰花纹

龙山黑陶装饰花纹设计与运用有着两方面的研究价值：其一，能将传统的中国文化与现代设计相结合，展示出具有中国特色的设计作品，而不局限于一味地模仿和抄袭西方的设计理念。其二，填补龙山装饰花纹艺术的商业与文化价值，将装饰花纹用于设计中，能更好地提升其品牌形象。而现阶段还未有人系统化研究龙山装饰花纹在包装设计中的运用，因此对于包装设计方向来说，龙山装饰花纹的包装设计与运用有着极大的完善空间。

1 黑陶工艺及装饰特点

龙山黑陶选用京杭大运河两岸特有的红胶泥做原料，这种泥土质地纯净细腻，土质密度大。用传统手工轮制成型后不上釉，在坯体晾干过程中压光、雕刻，高温烧结后封窑，做焦烟渗碳处理，烧制出来的陶器黑中透莹，望之如金，坚实凝重；叩之如磬，给人以"乌金墨玉"之感。"金山丽水，玉出昆岗"，"如铁之质似玉之润"……[1]文人墨客的词赋，可以使人想见黑陶的艺术魅力。黑陶多数是轮制黑陶，以造型见长；精巧、挺拔、朴实是它的风格；黑、亮、薄、硬是它的特点（见图1）。

图1 龙山黑陶装饰花纹

2 龙山黑陶装饰花纹在设计中的调查分析与研究

2.1 黑陶装饰花纹元素在中外设计中的匮乏

龙山文化在众多的设计中较少被提及，如今的中国设计主要是效仿西方的设计风格，注重于艺术性的体现。如色彩运用上，观赏性要强烈，内容的表现要有吸引力。而国内所谓的"中国风"设计多用于白酒、传统工艺品、纺织品中。千篇一律的汉字拆分是主要的设计表现形式。而国外众多设计对于中国文化的理解则主要体现在色彩展示上，中国红、青花瓷蓝等，或在设计中加入中国独有的建筑物作为主要背景。

然而对于龙山文化及它的艺术价值方面，在现有的认知中相对较缺乏，国内学术性论文及刊物提及的多为龙山文化的历史进程、工艺价值、时代文化研究等方面，而西方对于龙山文化的理解仅仅在于黑陶是供观赏的装饰品。[2]在艺术领域，龙山黑陶装饰花纹鲜有人问津。不仅如此，在平面设计，包装设计等一些系列的设计中，龙山黑陶装饰花纹元素也没有被适当地采用与展现，因此，龙山黑陶装饰花纹在设计运用方面是匮乏的，需要更多地研究和提炼融合。

2.2 装饰花纹在设计上的可塑性

龙山黑陶装饰花纹不同于常见的陶器、瓷器装饰花纹，龙山黑陶装饰花纹有其独特性。龙山黑陶装饰花纹以浮雕和镂空雕纹传世。与瓷器和常见陶器的胚体绘制不同，龙山装饰花纹更有灵动性。[3]如图1所示，首先在视觉冲击力上不亚于任何瓷器装饰。

龙山黑陶纹饰精致，其装饰花纹造型千姿百态，以复杂样式为主。黑陶整体端庄优美，质感细腻润滑，光泽沉着典雅，具有一种如珍珠般的柔雅沉静之美，欣赏价值极高。再加之与黑色的有机结合，是黑陶显出秀美韵致风格的关键所在。[4]

龙山装饰花纹分花草，鸟兽，人物，奇型等。所蕴含的装饰花纹不下百种，如将其加以整合提炼并运用到产品等一系列设计运用中去，其价值不可小觑。因此说龙山黑陶装饰花纹在设计中的运用价值是巨大的、实际的。而就设计本身来说，龙山黑陶在设计领域的空白、无局限性，及其拥有如此众多的元素图案，对于设计工作者来说，龙山黑陶装饰花纹在设计上的可塑性也是相当可观的。

3 龙山黑陶系列包装设计的理念思索与形成

3.1 装饰花纹与包装设计的结合思考

视觉与感受构成了设计第一要素，龙山黑陶装饰花纹的视觉感在于其色彩的厚重和纹样的精致上。

龙山装饰花纹不是简简单单的几个装饰元素，而是上百种的造型，上百种的图形案式。因此设计初期要解决的困难在于素材的取舍性。若整体的设计画面全为装饰花纹会导致效果略显臃肿，往往给大众在首次的视觉感造成疲劳。而过于简单的设计又会造成吸引力的欠缺，单一的元素和字体的搭配在视觉感上略显单薄，冲击力不够。所以本次设计的首要任务是要抓住受众的眼球。

第一稿在设计时所体现的缺少吸引力，色彩搭配太过小心与谨慎，样式老套陈旧（见图2）。采用平均分割方法反而使主体元素太单调，整体上略显单薄。字体方面如色彩搭配一样，无创意、无亮点。因而在后续的主题风格确立时要适当地添加设计元素，全面的展示设计主题。

3.2 龙山黑陶系列包装中的设计主题

组合在设计中是常用的设计方法，龙山装饰花纹的重要创作来源为花草和奇型两种方向，奇型方向主要是对特殊样式的提取。龙山黑陶是继仰韶文化彩陶之后的优秀品种，古老的汉族制陶文化，厚重和高冷的造型特点是龙山黑陶样式最重要的一个特征。[5]龙山黑陶装饰中，花草类纹理是必不可少的一个设计图案，在主题元素设计中对花草纹也进行了重新创作，从众多花草纹中提取菊花纹样，融合到龙山文化中常见的纹样——云纹中。

元素设计排列方式是标识设计中的又一次尝试。图3所示文字内容是本次包装设计中关键的辅助元素，在整体设计风格确立后，以一个什么样的文字内容表达其中的含义至关重要，从设计角度来说，文字的运用关系到受众群体是否能通过直观感受明白产品及其背后的含义，而且文字的内容不可繁杂，文字元素主要的作用是辅助，切不可盖过主体元素。"少而精"自然成为所有设计当中最合理的原则，龙山文化是一个古老的标志，"古忆"系列所表达的是对于古老文化的回忆、追思和感悟，其次在主标题旁边加入了"民族之韵·鲁"，清楚地表达了龙山黑陶及其文化出处。装饰花纹不在于复杂，在于能够准切地进入主题。

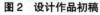

图2　设计作品初稿　　图3　设计主题元素

4　龙山黑陶系列包装中装饰元素及结构运用

装饰元素的视觉运用对于此次包装设计来说是一个很大的挑战难题，不是在于它的运用性问题，而是此次设计怎么才能将装饰元素设计到精确，最终的目的不是将其合理的排列，而是突破这个框架，打破常规的排列和运用——不破不立，让受众留下深刻的印象才是最终的目标。

4.1 图形色彩和文字元素融合中的"破"与"立"

提起图形色彩的搭配我们很容易联想到一些代表事物，蓝色代表天空，金色代表希望，等等，[6]所以在龙山黑陶系列包装中的图形元素色彩搭配就需要有一定的针对性，让广大受众在看到色彩时会联想到龙山黑陶，想到其附有的装饰花纹。龙山黑陶的主色调毋庸置疑应该是"黑"，但是黑色在设计运用中是一个很难驾驭的色彩，不同于其他色彩的固定搭配，黑色系的包装很少能在众多产品中脱颖而出。因此运用固有色彩未必能够达到设想的预期效果，所以重新搭配色彩用另一种风格来体现龙山黑陶，是此次设计的另一个"突破"点。陶土的"黄色"以及熏制瓷器所特有的"烟灰色"恰恰可以体现出黑陶的背后的含义，也"冲破"了固有的色彩设计思维。可见图4标贴设计。

图4　标贴设计

图形的传播和确立是整个设计中最重要的一个环节，图形符号是招贴设计中重要的视觉语言，它在包装设计中可以简明而清晰地诠释设计与装饰花纹的所有主题，可以迅速抓住受众的目光，增强产品的感染力，体现出产品所表现的含义，直叩人心。[7]无须过多的文字解释即可让受众明白设计者所表达的观念、想法和心意。所以图形元素的重要性在于怎样的"立"？

一个包装、一件设计作品总有一个中心表达点，但这并不能说图形代表一切，而文字元素是可有可无，文字元素的作用在于调整整体设计的重心所在。出色的文字元素排列往往可以让整体的设计增色，起到画龙点睛的重要作用。因此设计在此时需要的是，能够从不同方向、角度来决定文字元素如何出现在画面中，并且又要合理的与图形元素结合"立"出中心点。在所展示龙山黑陶系列包装的标贴中可以看出，图4所示图形元素与文字元素采用的方式为等比对齐、由下而上的正金字塔式排列。整体色调为灰色和土黄色，中心点为中间的图形元素，文字元素排列在顶端，图形元素在中，逐渐向下延展，下方为云纹结构。各层次稳重有序，且字体小于重点图案，并未"喧宾夺主"，一切皆在于体现龙山装饰花纹，又能够从侧面表现出图形与文字元素的结合感。不仅于此，在上方文字元素旁增加点缀元素，印有龙山黑陶四个关键字。增加亮点又未破坏画面的层次性。所以，在整体设计中要想创意表现更加独特，就需要不断地尝试，"破"与"立"相结合的表现方式有时往往可以在帮助作品吸引力方面加重筹码。

4.2 龙山文化系列黑陶包装的材料与结构设计

纵观具有中国元素的包装，其大多数采用相同的材料形式，工艺也极尽相同，常见为白酒——硬卡纸，工艺品——锦盒，烟叶——塑料复合材质，食品礼品盒（月饼、糕点等）塑料薄膜配合复合型包装纸。茶叶——伸缩性塑料材质。如此相同的工艺包装长期占据了人们的视野。

龙山黑陶系列包装在包装材料和工艺上应更具节约和创意性。在设计中不同的材质所产生的视觉、触觉都是不一样的。所以在设计中需要思索一种新的展示方式，将其和特定的材质相结合，在不失安全性的同时还可以使其变成漂亮有趣的包装设计工艺品，看似简单的材质和工艺所表现的效果远远超过材质单独展现的效果。[8]此次包装设计中的大号包装盒，材质为原色（三层叠加）牛皮纸，设计工艺为抽屉式结构，内衬为锦棉。牛皮纸常常用来做外包装的环保袋，很少有产品将其作为主要的包装材料。加厚型的三层叠加牛皮纸不仅在韧性方面得到了改观，在防水方面也给予了一定保护，包装盒的外抽把手为亚麻材质。比起常见的纸质提手，牢固性得到了更好的改善。

在当今的消费市场中，因为包装的限制受众往往不能欣赏内部的产品，未购买的产品大多是不可以拆开产品外部包装的，这样一来，广大的消费者会很谨慎，消费欲望因这些限制而大大降低。瓦楞纸材质的小号包装不同于常见的包装，内部的牛皮纸包装起到了防尘的作用，在商品展示时又可以将其抽出，搁置一旁，用亚麻麻绳将产品和瓦楞纸固定在一起，既展现了商品又不需要将外包装破坏掉，材质简单但与众不同（见图5）。

图 5　系列包装设计全景图

包装结构的创新也是此次龙山黑陶系列包装中一个亮点——双开型包装盒。在传统的包装结构中，大多数陶瓷包装采用提拉式的结构，而此次包装采用双开形式的包装结构，节省了空间，又使产品更加的具有可观性。外围用亚麻绳固定，可展开可闭合，灵活多变。所

以说在设计中我们需要不断的尝试和创新，看似简单的材质所表达的效果往往又是一个新的层次，不同的材质和不同的工艺相结合，会出现"1+1 > 2"效果。

5　未来龙山黑陶系列设计中的创意构思

龙山黑陶系列包装设计并不是简单的一次尝试，不断地推陈出新才能将龙山黑陶推向更高的舞台。龙山黑陶装饰花纹所蕴含的巨大的研究价值促成了新的构思，唐韵系列和中西方文化结合系列的设想，在不久的将来也将融入其他龙山系列设计当中。

在唐韵系列概念海报设计中，融入了中国的山水画元素，"龙山鼎"作为龙山文化中的一个象征，也加入了整体的海报设计中，山水的墨色为唐韵系列的主题色调，而字体元素方面运用了唐代著名书法家颜真卿的"颜体"作为主字体，龙山鼎中还包括了龙山黑陶装饰花纹中的鱼骨回形纹。以求在两方面的设计元素重组时将两种文化能清晰地展现。

龙山黑陶在一定阶段产品推广后应充分地认识市场和产品定位，随着消费市场的不断扩大，西方的设计产品只会越来越密集地出现在人们的视野中，对于龙山黑陶这个"中国色彩"极重的产物是一种不小的挑战，在反思中不难发现，在两种大文化冲击过程中，中西文化的融合往往能繁衍出新的产物。所以，龙山黑陶系列在未来的发展中也应适当地进行另种风格的设计——中西文化融合系列，在中西文化融合系列的概念性海报中，刀与叉代表着西方的文化，而中间的西式餐盘中的花纹，恰恰是龙山黑陶装饰花纹中最具代表性的——菊花纹。整体的用色为西欧格调，但是回看整个海报的字体重心点则为汉字结构。

6　结语

综上所述，随着龙山黑陶装饰元素不断的发展，龙山黑陶装饰花纹逐渐地形成了一种新的个体存在，这个崭新又传统的装饰元素或许能够再一次将设计领域的注意力吸引起来。通过对此课题研究与设计实践，感触颇多。设计在当今的消费市场起到至关重要的作用，甚至潜移默化地影响着人们的消费观念。设计对于产品的挑战性也是巨大的，只有拥有好的创意设计才能拥有好的产品。

参考文献

［1］黄治修.文化龙山：龙山文化与龙山黑陶［M］.济南：济南出版社，2011.

［2］李闻雷.浅析黑陶艺术的传承与创新［J］.陶瓷科学与艺术，2014（04），11-12.

［3］王磊.龙山文化中黑陶艺术风格形成的重要因素［J］.贵州大学学报（艺术版），2006（02），5-6.

［4］孙绍昆，潘森鸿，刘玉强.黑陶工艺品表面装饰的创新与发展［J］.昆明大学学报，2006（03），17-18.

［5］闫迎新，沈德坤，闵薇.德州黑陶艺术在平面设计中的应用与创新［J］.美术界，2014（09），35-36.

［6］张军，杨艳丽.黑陶文化探究［J］.林区教学，2010（06），65-66.

［7］张玉梅.日照黑陶中传统图形的魅力［J］.美与时代，2009（11），42-43.

［8］王文文.山东龙山文化黑陶的特点及制作工艺浅析［J］.大众文艺（理论），2009（19），53-54.

石库门门楣纹样在"上海"牌雪花膏系列包装中的运用

卢雪璠　李　苊

（上海工程技术大学　上海　10856）

关键词： 石库门　门楣纹样　雪花膏　系列包装　"老上海"

1　石库门门楣纹样的特点

石库门是上海有特色的建筑之一。20世纪10年代以后，新式石库门逐渐取代老式石库门，新式石库门在建筑风格上是西方化了。新式石库门门楣的装饰也变得更为繁复。受到了西方建筑风格的影响，新式石库门门楣常用三角形、半圆形、弧形或长方形的花饰，类似西方建筑门窗上部的山花楣饰，这些花饰形式多样，风格各异，是石库门建筑中最有特色的部分。[1]此次设计选择新式石库门门楣纹样中的常见纹样。通过变形运用在包装设计中。

2　石库门门楣纹样在"上海"牌雪花膏系列包装中的运用

2.1　纹样在包装中的运用

石库门门楣纹样作为建筑装饰纹样，石库门是上海的海派建筑代表之一。石库门门楣纹样是一种装饰艺术。[2]在"上海"牌雪花膏包装中运用石库门门楣纹样，包装具有装饰性，更能体现上海特色。将文化意识引入设计思想，使整个设计具有灵魂。

2.1.1　调查与分析

经过调查，目前国人使用国货护肤品的比例较少，但多数人仍表示支持国货。说明目前国人对国货护肤品的产品质量比较有信心，而造成国人较少购买国货护肤品的主要原因：牌知名度不高；缺少宣传；包装简陋。因此，国货护肤品需要通过提高知名度，推广以及改进包装等一系列措施使产品获得消费者的青睐。

目前的上海牌雪花膏包装具有上海特色，却缺少时尚感。将包装精心设计后，必能重整旗鼓，将国货发扬光大。

2.1.2　制定设计构思

通过调查与分析，对包装的形式进行构思。

①普通版。用最简单的包装形式，使包装继承传统的同时又符合大众的眼光。普通版适合在超市进行零售。

②精装版。简约、经典、现代，同时具有"老上海"元素。这类包装更适合在柜台、专卖店进行售卖。

2.1.3　纹样在包装中的使用

①转换纹样。新式石库门的门楣纹样有很强的装饰性。大多纹样都喜欢利用弧线使花草缠绵盘曲，连成一体。此次设计，欲使用石库门门楣形似卷草的纹样。进行转换，运用在包装中。首先寻找到与这种建筑纹样相似的线描纹样，使建筑纹样平面化。线描纹样相对建筑纹样而言，加强了细节，添加了装饰，显得更为复杂，是一种图形的繁化。将线描纹样进行分解组合，重新排列的纹样产生新的效果（见图1）。

图1　纹样的转换[3]

②放大纹样。一件事物，宏观与微观的感受是不同的。[4]因此，将纹样放大后，截取部分纹样。使原来的纹样得到了不同的感观。获得新的装饰图案。

③重复纹样。将纹样进行对称反复的连续式排列，形成一个新的装饰纹样。对新的纹样再进行截取运用在包装中。

④形成色块。原本的纹样只是线描。截取某一段经过反复排列后的纹样，使用线面结合的方式，将原有的纹样进行色块的填充。使图案变得引人注目，产生不同于线描纹样的视觉效果。

⑤纹样描边。因填充颜色后的纹样图案设计并未采用，故对纹样进行再次的处理。截取某段经过反复排列后的纹样，对底色进行填充，之后进行描边，产生了新的视觉效果（见图2）。

2.2　包装的设计

2.2.1　图形

旗袍是"老上海"的特色服饰，因此包装设计的主基调定为20世纪30年代"老上海"旗袍风。旗袍是由清代的满族妇女服装改良而成，吸收西洋服饰的样式改进。受众多女性喜爱的旗袍，为典型的30年代旗袍。30年代的旗袍，以"老上海"的海派旗袍为楷模。[5] 将包装主基调定为"老上海"旗袍风，与"上海"牌雪花膏的"老上海"经典国货形象切合。

图2 描边后的纹样

"上海"的拼音首字母是"SH"。将"SH"进行组合形成图案后（见图3左），图案分割过于明确，适合作为装饰线，不适合作为大幅面的图案运用在包装中。此图案不在考虑范围。

"上海"的"上"字笔画较少，适合作为图案的设计元素。将"上"字设计过后，进行正反排列。产生了较好的视觉效果（见图3中）。因此，将此图案列入考虑范围。

将"上海"的"上"字拼成雪花图案，巧妙地将文字组合成了图形（见图3右）。本次包装是雪花膏设计，使包装图案设计变得更为深刻。相对之前的设计，此设计立意更为深刻。

经过思考，最终选择将"上海"的"上"字拼成雪花图案，运用在普通版包装设计中。精装版的包装已经有了木纹质感的底纹，若再使用雪花图案，会缩小石库门门楣纹样演变的图案面积减少。因此不考虑将雪花图案运用在精装版包装中。

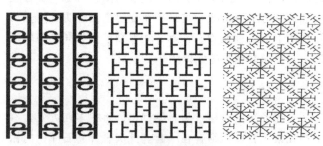

图3 普通版图案设计

普通版包装将雪花图案以及石库门门楣变形纹样进行结合使用，产生曲直结合以及疏密结合的效果。石库门门楣演变纹样的面积较大，整体的视觉效果无平分的感觉，整个画面有主体感。精装版包装则使用与普通版相比纹样稍窄的图案。底纹选用与石库门木门相似的黑

色木质纹理。这样黑色木纹能够明显的衬托中间的图案。受西方国家影响，30年代的旗袍纹样多为抽象的几何形，或将抽象的花卉经过变形后运用在纹样中，与线描后的石库门门楣变形纹样相似。纹样能代表旗袍纹样，纹样的弯曲形态也代表身着旗袍女子的婀娜身姿。

2.2.2 标志

"上海"牌雪花膏的原标志中的"上海"两字出自书法家之手，属于行书字体。书法是文字艺术形式的表现，是汉字特有的一种传统艺术。汉字书法是独创的表现艺术。书法的创作过程和结果是同步的。甚至同一个人都不可能写出完全相同的书法，原标志是"独一无二"的。

对"上海"两字进行再设计后，标志未能体现出文化底蕴，以及独特性。这些设计与"上海"牌雪花膏这一国货护肤品应有的经典感与年代感差距较大。认为原标志更加适合"上海"牌雪花膏，因此对标志进行保留。

2.2.3 色彩

色彩作为一种设计语言，是包装设计中一个重要表现要素，也是宣传产品的重要方式。通过色彩的合理搭配，可以树立产品的形象。[6]

定稿决定把主基调定为：30年代"老上海"旗袍风。但是旗袍的颜色五彩缤纷，选择面十分广。雪花膏的"雪"字给人一种"冷"的感觉，把包装的色调定为冷色调，使包装的颜色与产品内容相一致。在中国传统中，紫色是一种比较尊贵的颜色，如北京故宫在过去称为"紫禁城"。在西方国家，紫色是一个代表富贵的神秘色彩。[7] 把紫色作为包装的底色能使包装显得更为高贵，典雅，使人印象深刻。再利用相对反差较大的蓝绿色进行图案的填充，最后用较深的蓝色进行压边，使两个颜色在一起不突兀（见图4第一列）。

第一个配色确立完之后，思考了很多其他配色，效果却不尽人意。联想到西方的彩色玻璃在光的不同折射下，会产生不同的色彩效果。这个世界本身是没有颜色的，都是通过光的折射产生了颜色。对第一种颜色在软件中进行色彩调节，产生了后两种配色。

包装的字体颜色都采用了较为显眼的桃红色，在沉稳的背景图案中比较容易显现出来（见图4、图5）。

图4 定稿包装颜色

113

2.2.4 最终效果（见图5）

图5 包装实物图

2.3 招贴的设计

招贴设计首先想到需要体现出一种怀旧感。因此选择了一种类似陈旧的牛皮纸的背景，在背景上加上了变形重复后的石库门门楣纹样。招贴的中央放上了一张老上海月份牌上的女子图片。为了与整个背景色呼应，进行了颜色的调和。招贴体现出怀旧的感觉，但与整个包装设计的风格有出入。

考虑到整个包装设计以石库门纹样作为图案原形进行设计，但是经过变形后的纹样较难看出是石库门纹样。为了弥补这一遗憾，想将石库门门楣纹样直接运用于招贴中。为了使石库门门楣纹样运用在招贴中不突兀，选择将石库门门楣纹样进行几何化。原本的纹样通过排列形成了另外一种视觉感官。图案变形了箭头形，交叉形以及波浪形。竖排的文字构图对整齐规律横向排列的纹样进行分割。

之后为"上海"牌雪花膏再进行招贴设计。由于包装设计走30年代旗袍风，想将旗袍元素融入设计。前两幅用石库门门楣纹样进行排列，形成一种曲折感，如同女子身着旗袍那般凹凸有致。后一幅则把石库门门楣纹样作为盘扣，运用在招贴中。但旗袍的盘扣较为细致，此纹样用于作为盘扣偏大，因此欲更换另一种石库门门楣纹样作为招贴中的盘扣。

旗袍的盘扣为纯手工制作，造型精致，彰显韵味。盘扣可谓旗袍中的点睛之笔。将石库门门楣纹样运用在其中，代表着把石库门门楣纹样融入设计是本次设计的独特之处。招贴的意义更为深刻。因此，较喜欢旗袍风的招贴设计（见图6）。

3 此系列包装设计的文化内涵

石库门是上海的特色建筑之一，石库门中的门楣纹样运用在"上海"牌雪花膏包装之中，能使消费者产生联想。通过变形后产生了新的图案，这一图案与旗袍风格类似。旗袍是老上海的女性特色服饰，雪花膏则是老上海女性的常用护肤品。两件东西有了共通点，可将变

形后的图案运用在包装中。"上海"牌雪花膏作为经典国货，游客会选择作为旅游纪念品。这说明雪花膏是一种商品，更是一种文化的代表。当消费者看到包装图案的第一眼就联想到了"老上海"，这就是图案使用的成功。石库门是受西方影响而建造的中西合璧产物。这一类建筑有一种特别的称呼"中华巴洛克"。[8]30年代的旗袍图案同样是西化的产物。体现了当时上海的海派特点，包罗万象的同时也给人一种和谐的美感。

图6 更改后的招贴

本次设计，包装商标中的"上海"二字将继续使用之前包装中所采用的书法字体。这种书写方式可以说一是种图形的创作。在文字中可以看出很多个人因素，这些无法去复制。同时，手写的字体让消费者感觉比较具有年代感，消费者容易辨认出这就是国货，也提高了产品的文化感。汉字本身就有一种图形美感。产品品名所用的隶书年代久远，能为包装增添年代感。字体较为工整，消费者能够轻松阅读其中的内容。同时也能区别于商标的书法字体。[9]

提起"老上海"，能联想到较深的颜色。此次设计在使用深色的基础上，利用亮色进行点缀。整个色调保持沉稳的同时，又不显沉闷。包装的颜色沉稳，切合经典，拥有老上海韵味。与当代女性的个性鲜明不同，30年代的上海女性典雅、含蓄、注重细节。如同选用的颜色，不亮丽却越看越值得回味。

4 总结

上海的海派风格就是海纳百川，将很多西方元素与中国元素很自然地结合在一起。此次设计将石库门门楣纹样进行变形，形成类似旗袍的图案样式运用在包装中。体现一种30年代老上海风格。

包装设计不但要考虑到实用性，并且需要考虑美观性。面对不同的消费人群应该设计不同的包装设计。好的包装设计可以提升整个产品价值。[10]将上海元素与经典国货结合是一种品牌推广，也是一种上海文化的传扬。

参考文献

［1］张驰.上海石库门民居装饰纹样的艺术探究［D］.上海：华东师范大学，2011.

［2］张雪敏，叶品毅.石库门里弄建筑营造技艺［M］.上海：同济大学出版社，2012.

［3］姜庆共，席闻雷.上海里弄文化地图：石库门［M］.上海：上海人民出版社，2014.

［4］宏观和微观的区别_百度知道［DB/OL］. http://zhidao.baidu.com/link?url=Nnh4SsQU5Zt9NEiA7Gc7dZivaYaDE3rUfiX-6aWlurFn9bv3Sp0VZgF5nDwjV_73e8wUXBgMA9ZpdGlt2-0Kwa

［5］滕腾.旗袍的文化意蕴与审美特征［D］.济南：山东大学，2008

［6］潘海生，李馥宁，杨倩.包装设计原理［M］.北京：北京理工大学出版社，2013.

［7］卢俊.包装的民族化色彩设计——以中式卷烟包装为例［J］.印刷世界，2010（10），15-16.

［8］刘萌.建筑设计中的巴洛克元素［D］.郑州：河南师范大学，2011.

［9］张晓庆.谈酒类包装设计的文化特性［J］.考试周刊，2010（28），41-42.

［10］朱国勤，吴飞飞.包装设计第三版［M］.上海：上海人民美术出版社，2012.

LOGO 设计元素流行趋势与创新研究

蓝江平　陈　哲

（武汉工程大学　武汉　430205）

关键词：logo 设计　图标设计　标志元素

1　LOGO 的设计定位

logo 设计即标志设计，一种设计的名称，指的是商品、企业、网站等为了自己主题或者活动等设计标志的一种行为。当 logo 作为一个商业活动的时候，我们称之为"商标"。logo 设计在人类生活中是以各种各样的形态出现的，有文字 logo、图形 logo、动画图像 logo，还有结合广告语的 logo 等。

基于现代文化科技信息技术的迅速传播发展，设计者们在设计标志的过程中，逐渐开始突破传统的外部形状、色彩运用以及视觉元素与其他设计元素间的相互关系，进行大胆创新，由此不断产生新的设计发展趋势。[1] 对这些优秀的设计整理归纳可知，大部分 logo 的设计手法主要有以下几种：表象性手法；表征性手法；借喻性手法；标识性手法；卡通画手法；几何构成手法；渐变推移手法。但无论是哪种手法，万变不离其宗的都是一种元素与理念的结合产物。

在设计领域中，不同的设计元素代表着不同的文化内涵与宗教意义，掌握不同设计元素的意义与象征特点，把不同的设计元素相互结合与创新去迎合企业文化精神内涵，这对标志设计的发展前景具有非常重要的价值与意义。

本文的目的是为了更好地表现 logo 与其设计元素之间的关系，以及探索最新的设计元素发展趋势。本文主要采用的研究方法，有举例法、观察法、行为研究法和比较分析法。举例法：以 2015 年最流行的 logo 元素为参照物，列举成功的标志范例。观察法：以身边的人的爱好趋向为出发点，经行风格分析。行为研究法：以元素设计分类为研究课题，对整体图标设计经行深入研究。比较分析法：对不同领域、不同层次的应用标志做整理比较分析。

2　LOGO 设计的运用分析

2.1　LOGO 的设计法则

logo 的设计方式各种各样，但是设计师在设计 logo 时一定要遵从 logo 的设计法则：即元素禁忌和传播禁忌。

元素禁忌其实就是文化宗教禁忌。在 logo 设计元素中，一些图案代表着其特殊的意义，由于地域文化差异，每个国家与地区都有某些特定数字或图案禁忌，如日本忌荷花、忌数字 9 和 4；英国忌百合；中国人比较偏好的红色与黄色，在美国却代表着愤怒与懦弱；"星星"虽然本身象征美好，但是倒挂的五芒星代表着宗教意义中的撒旦；"木条"这个元素散乱而随意，代表着一种与自然的对抗性；而数字、花朵、颜色、星星，木条在 logo 设计中，往往以图形元素形式出现。因此设计 logo 时，要充分了解设计对象与文化关联。

传播禁忌在设计门类中又是一项重要学科，设计师们研究的各种设计法则形态也好，美感也罢，又或者是图形的象征手法，其实都是为了提高 logo 的传播性，迎合各种跨国界、跨地域的变化性。传播有三个要强调的要点：易于应用、易于识别、易于复制。将用途、意义、企业文化与设计美感巧妙的完美融合，就是一个优秀 logo 诞生的基本设计法则。

2.2　LOGO 的表现形式及用途

logo 具有传媒性的特点，为了在最有效的视觉领域内实现所有特征性识别，一般是通过象征图案及文字的巧妙组合，达到对相对应目标的说明、描述作用，从而引导观众的视觉感官，达到增强记忆等目的。

logo 的表现形式生活中一般常见的有三种：具象、抽象和文字表现形式。不同的表象形式在使用过程中有着不同的用途。具象表现形式分为：人、动物、植物、器物、自然物。人体造型一般是包括人的整体的每一个部分，不管是肢体的动态还是手势，脸部表情都可以传达一个简洁明了的概念；动物造型是常用于 logo 设计中的，源于文化思想、宗教象征的传递，人们常同动物来表达文字，情感的意义；植物常常是美好的象征，常用来做 logo 的装饰纹样，或将植物造型几何化用于设计当中，结构让人有美的感受；器物是各种用具的总称，设计源于生活，而器物是生活的重要组成部分；自然现象是神秘的大自然的力量体现，具有神秘的、永恒的吉祥如意的含义，自然的星象、水火都是一直以来常用的设计元素。

抽象表现形式主要是把物体图形化，用图形的形状来进行组合，一般可分为：圆形、四方形、三角形、多边形、方向形。圆是以一点为中心，等距离点为半径。由中心点运动，引起等距离点向周围经行放射活动。圆形标志生活中常见的可分为圆形、椭圆形和任意圆。有求和美、求圆满的美好象征意义；四方形特征是以一个中心点，四条边和四个角组成，如正方形，矩形，菱形等，具有引导性的特性，大度又沉稳；三角形在生活中常见多一般是等边三角形和等腰三角形，同时又有正三角形和倒三角形之分，正三角形比较稳重，倒三角形是不稳定的象征。而其他形式的三角形，由于定性和视觉稳定性弱，无法长时间吸引人们的注意力，所以很少用到；多边形表现形式一般是由多种几何形相互切割或并置而构成的，比其他几何形在结构上要复杂得多，其表现方式和内容也丰富得多，但是就视觉记忆来看，难度稍有提高；方向形的形态多种多样，设计中常用到的箭形是其比较常见的状态。在实际中常用方向变化、数量变化和状态变化来反映其指向性的特征，多种含义和曲折态势使其含有丰富的意义变化。[2]

文字表现是用图形标志形象与字体设计组合而成的设计手法，设计师们常用汉字、英文、阿拉伯数字等与图形做巧妙的结合。标示是一种视觉图形，但文字标志同时具有语言特征和音调识别特征，还具有较强的视觉感受。标志的文字运用在信息量上，强调简单易懂，用最简单的语句传达最大量的信息；在设计外观上，强调文字形状的视觉独特性，同时其内容要简洁明了；[3]在设计构架上，主张从象征意义及其企业文化出发，是把标志与企业想要表达的目的相互结合；在设计方法上，要有较强的识别性，形态变化的特殊性和对易于提高记忆的深刻性。

3 LOGO 设计元素流行趋势分析

3.1 LOGO 设计元素分类及分析

根据国外著名 logo 网站 logolounge 最新发布的 2015 logo 设计元素发展趋势图来看，有以下 14 种元素成为了 2015 年 logo 设计的主导性指标。

（1）节点连线（WHODot tip）（见图 1）：由单线形两端增添一些圆点发展而来，其含义代表一些与数字终端相关的科学技术，在依靠更先进科技发展的现在世界，这种 Logo 正在不断创新演变。

图 1 节点连线

（2）轮廓（Contours）（见图 2）：设计师们正在流行的一种热门 Logo 设计元素，介于单一色彩的和复杂的直观描述性之间，充满了层次渐变和轮廓清晰，整体涵盖集锦和阴影，但同时保持有限的细节，使标志看起来简单大方。

（3）聚焦线（Concentrak）（见图 3）：聚焦线是一种具有指向特性的设计元素，设计师一般会将这种 logo 放于黑色背景中，因此它们都拥有明亮的色彩，像霓虹灯般放射。同时线的密集程度与渐变特征会指引观众关注到有效的信息。

图 2 轮廓

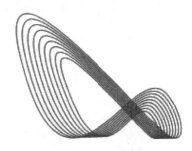

图 3 聚焦线

（4）闪耀（Sparkle）（见图 4）：星星在以往的设计界一直有很多应用反面，这并不是一个创新的元素，但它再次受到了欢迎，代表"blingbling"的星星元素被重新引入和革新，其象征性美好同时也具有丰富的宗教神秘性文化内涵。

图 4 闪耀

（5）木条（Pick-Up Sticks）（见图 5）：木条的组合比较具有随意性，很像树上的鸟巢或是森林地面上散落的松针，颜色方面的运用也很广泛，渐变、叠加、轮廓加重。而使用这种元素更多体现的是为了体现一种与自然的对抗性。

图 5 木条

（6）着色（Coloring）（见图 6）：这是一个很童真，很有趣味性的元素手法，同时比较强调色彩与线条之间的对应关系，设计师们试图将填涂色本中的线条和智能调色板中的元素结合。这种设计元素是维持现代美学的一种好看的方式，色调与线条排列随意又风趣。

（7）环形（Circle brake）（见图 7）：可以想象一个彩色圆盘图形抠掉中间的部分，剩下一个圆环，且这个圆环的边缘用颜色显示出一两块缺失的效果。彩色环可能代表百分比、钟表或也可以仅仅起到装饰作用而已。

图6 着色

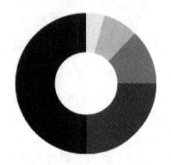

图7 环形

（8）像素碎片（Pixel fragment）（见图8）：形状碎片和像素组合的产物，有规律但不是单一不变的，不同颜色和大小的形状能体现动感的趋势和过程，较多logo运用时选用同一色系的渐变元素。

图8 像素碎片

（9）照片（Photo）（见图9）：随着设计工具的多样化，PS等照片处理软件越来越强大，设计师把照片通过软件巧妙地处理后，使其成为他们的标志设计工具包的一部分，融合"真实"和"图形"元素可以特显设计师的机智和奇思妙想，也可以用来显示现实和设计细节之间的挑战关系。

图9 照片

（10）射线（Rays）（见图10）：现在有许多logo都用到了这种技术，单线填充空间起到装饰作用和强调作用，同时加强指向性和目的性，其多样性的应用已经变得非常受欢迎。

图10 射线

（11）编码（Coded）（见图11）：这些logo由一些像是摩尔电码的元素组成。很多工作点在一起，通过一个主要的点划平行线排列，进而有序地实现一个共同的目标。一般这些都是一个单一的点的不同比例组成，通常用于设计一些与科技，智慧有关联性的标示。

图11 编码

（12）彩色线条（Chroma Coaster）（见图12）：使用一根线不断连续的经行转弯、翻折，扭曲从而形成logo，这是设计师普遍认可的常用设计工具。这些logo使用渐变色而不是固定的颜色，从而提升了自身趣味性和吸引力。

图12 彩色线条

（13）丰富细节（Details）（见图13）：随着单线众多logo的产生，设计师渴望为logo增添更多的细节，增大logo的尺寸同时增添丰富的装饰细节，同时也体现成熟的工艺技艺，使logo别具一格并且含义丰富。

图13 丰富细节

（14）立体阴影（Shaded）（见图14）：此元素是基于现实中的客观因素来进行设计创作，通过对简单的二维 logo 使用增加厚度、透视、进行投影、增加纹理等设计手法，将现实世界三维空间的光，厚度，纹理浓缩到二维设计中去进行设计。

图 14　立体阴影

3.2　LOGO 设计元素的创新应用

设计师能够巧妙地合理利用特定的，与自己所设计对象相互呼应的设计元素来赋予自己 logo 独特含义与象征是。每一个成功 logo 诞生所必须具有的前提条件。

（1）皇家阿尔伯特音乐厅新版 logo 设计。

皇家阿尔伯特音乐厅在 2015 年更新了它原有的 logo（见图15），这个新版 logo（见图16）可谓是做了巨大的变化，这个伦敦著名音乐厅今年在整体形象方面做了大面积的调整，目的在于扩大观众群范围，而 logo 的修改也是新形象中比较注重的一部分。这个新版的 logo 设计外形介于单一色彩的和复杂的直观描述性之间，充满了层次和轮廓，集锦和阴影，但有限的细节保持标志简洁直观；同时把音乐厅独特的外形剪影融合到渐变层次中去，有一种由浅到深的指向性，体现了其丰富的内涵；颜色的选择也恰倒好处，体现了一种欢快明亮的视觉冲击感，使人印象深刻。

图 15　旧版　皇家阿尔伯特音乐厅 logo

图 16　新版　皇家阿尔伯特音乐厅 logo

（2）利盟新版 logo 设计。

利盟在国际上是知名的激光打印机生产商，在 2015 年 4 月其发布了新的 logo（见图18），原品牌（见图17）主要由大写英文字母和钻石抽象剪影相结合组成，旧版 logo 中钻石图形的含义——打造清晰度和耐久度的印象。而新版中巧妙地运用了图形抽象元素与文字相结合的方式，左边的图像是快门的抽象剪影，用正方形图像有一种稳重的感觉，在颜色的设计上采用循环深浅不一的渐变绿色系，绿色是现在潮流的主导颜色，象征可持续发展的美好意义，渐变的绿色象征着企业的活力与欣欣向荣，新版设计中的快门元素意在表达开放和无限扩展的可能与潜力。

图 17　利盟旧版 logo

图 18　利盟新版 logo

（3）新西兰皇后镇新版 logo 设计。

皇后镇是新西兰的"探险之都"。今年这座高山度假名镇推出了它全新的 logo 形象（见图20）。使用一根线不断连续地进行转弯、翻折，扭曲从而形成 logo，这是设计师普遍认可的常用设计工具，整体标志比过去（如图19）更具有识别性，多种颜色相互穿插呼应，显示了随着季节变化而有不同景色的高山和湖泊，红色象征着火山，黄色象征着霞光，绿色象征着森林，蓝色象征着湖水和蓝天。logo 展现了城镇美丽景观，同时标志了能量和活力，让人浮想联翩，给人以美好的感受。这个 logo 的设计是非常成功的，它成功地诠释了其象征的对象的特点，同事给观者留下深刻的印象。

图 19　新西兰皇后镇旧 logo

图 20　新西兰皇后镇新 logo

（4）Face book 新版 logo 设计。

常用 Face book 的用户应该会注意到平台上的新 logo，Face book 在 7 月初发布了他们的最新 logo 设计——针对原用的 Klavika 字体做了微调（见图 22）。这是 Face book 自 2004 年（见图 21）以 "Thefacebook" 面世以来第一次更改公司的 logo 字体。新版的 logo 中在字体上比较明显的变化有："a" 改为了单层结构，"b" 的笔杆更加圆润更加自然。然而 "f" 并未做改动，很好的保留了其辨识度。

图 21　facebook 旧 logo　　图 22　facebook 新 logo

以上这些新款 logo 的形象设计都巧妙地将元素与设计对象完美结合，更清晰、艺术、视觉化地表达出设计对象对用户群展现的功能性视觉语言和其强烈的视觉辨识度。

4　结论

标志设计其实是一种视觉艺术。它涵盖的意义与作用极为广泛。随着社会的不断发展，国内外的市场竞争日益尖锐，企业要想不断成长，就必须营造一个良好的企业形象，标志则是代表企业形象的象征符号。[4]

标志能代表着一个民族、一个国家和一个世界。设计师们要对设计要素和设计原则进行合理的掌握和运用，不断地归纳分析优秀的设计，取其精华，去其糟粕，不断探寻创新。所以设计 logo 时既要使其拥有良好的特定图案形象，也要保持对持久记忆的较高要求。作为设计师，要抓住现实生活中的影子元素，融合创新出不同风格的优秀设计作品。

在对整体 logo 的流行趋势经行整体的深入剖析后，了解到由于新技术革命时代的冲击，面对设计理念的平庸化，程序化，设计理念要不断经行信息化的革新。logo 的创新一定是与科学技术息息相关，以新科学能源材料为展示平台的。更重要的是思维的创新，logo 设计的创新是一种策略与定位的创新。随着新技术革命的发展，多媒体环境日趋普及，以及年轻设计师们设计理念的不断标新立异，动态化的 logo 设计也逐渐融入人们的视野，打破了以往单一，静态的思维模式。在现代精神快餐的时代，logo 的整体设计是一种表象意义与内在意义的综合，logo 作为一种非语言性的视觉元素，它的作用是潜移默化的，它的创新与新时代的发展紧密相连。

参考文献

［1］燕宏. 网络 Logo 的设计原则［J］. 发展，2009（12）：96–97.

［2］张海霞. 文字在标志设计中的应用［J］. 电影评介，2011（18）：88–89.

［3］魏坤. 品牌传播中的标志设计［J］. 传播学，2006（03），126–127.

［4］汪和平. 浅谈标志设计中的文字表现［J］. 文艺生活·文艺理论，2014（02）：49–50.

解构之维，建构之道——当代"新中式"景观的形态语言探索

邹　喆[1,2]

（1.集美大学　福建厦门　361021；　2.武汉理工大学　武汉　430070）

关键词： 解构　建构　新中式　景观　形态语言

1　引言

自近现代以来，我国的景观建设始终缺乏理论体系的指导，在追随西方的脚步的过程中问题层出不穷。由于传统文明和当代文化在思维形态、社会形态及表达语境上相去甚远，致使我国在传统文明的承继上出现了诸多障碍。中国古典园林在当代社会全球语境一体化的时代背景下显得无所适从，各种形式怪异和理念匮乏的新建景观更是打着后现代主义的旗号肆意蔓延。尽管后现代主义、地域文脉主义、低碳可持续发展等议题多次被提出并试图探讨中国当代景观的发展方向，尤其是"新中式"的概念一经提出便受到众多学者的推崇，但由于缺乏系统的思想理论的指导在其确切的定义和设计方法论上尚未达成共识。从近年来"风景园林梦中寻"（孟兆祯，2014）、"寻找中国的风景园林"（刘滨谊，2014）、"风景园林价值观之思辨"（沈洁，2012）等颇具代表性的学术成果来看，在当代语境下继承和发展中国风景园林的优秀传统、建构富有中华民族特色的人居环境，正是我国未来风景园林的发展方向。

与此同时，以埃森曼（Peter Eisenman）、屈米（Bernard Tschumi）为代表的西方建筑师受到解构主义哲学思潮的影响，以极端反叛和激进的姿态在世界范围内掀起了一阵解构主义设计热潮，诸多优秀的西方景观作品也呈现出强烈的解构特征。本文从解构主义视角解读中国古典园林，探讨传统的造园之"道"在当代语境中的衍生内涵，不仅对于构建富有中国特色的景观理论思想体系提供了新思路，而且对于探索传承我国传统文化精神的当代"新中式"景观开辟了新的实践途径。

2　解构主义设计的思想基础

解构主义哲学思潮于 20 世纪 60 年代起源于法国，以德里达（Jacques Derrida）、福柯（Michel Foucault）、拉康（Lacan Jacaueo）、巴尔特（Roland Barthes）、德勒兹（Gilles Deleuze）为代表的西方学者不仅倡导以一种游戏的姿态颠覆传统的语言结构和二元对立的思维方法，而且以激进和极端的方式批判西方文化的形而上学基础、反对长期占统治地位的"逻各斯中心主义"。自 80 年代以来，这一哲学理论盛行欧美，埃森曼率先将其理念应用于建筑创作。他提出"颠倒主从关系"篡改、虚构历史的观点，反对以功能为主导的设计。1988 年 6 月，纽约现代艺术博物馆（MoMA）举行了"反构成主

义建筑"七人展，展出了盖里（Frank Owen Gehry）、库哈斯（Rem Koolhaas）、哈迪德（Zaha Hadid）、里伯斯金（Daniel Libeskind）、蓝天组（Coop Himmelblau）、屈米和埃森曼的作品，他们对一切既有的建筑规则和教义进行彻底的解构，颠覆和挑战西方建筑界"正统"的和谐观和秩序观，为建筑创作开拓了新型自由而广阔的空间。伦敦泰特美术馆等欧洲重要学术机构也陆续开展研讨会，为解构主义设计的传播提供了广阔的平台。

随后，西方先锋建筑师们展开了一系列解构主义设计探索，荷兰建筑师库哈斯组建了大都会建筑事务所（Office for Metropolitan Architecture，简称 OMA）和 AMO 建筑事务所，并出版了 *Mutations*（《变异》，2001）、*The Harvard Design School Guide to Shopping*（《哈佛设计学院购物指南》，2002）和 *Great Leap Forward*（《大跃进》，2002），分别研究了购物和零售业在城市中的作用、中国珠江三角洲五座城市的建筑及城市状况。俄亥俄州立大学的韦克斯纳视觉艺术中心、法兰克福欧洲中央银行总部、柏林犹太人博物馆、曼哈顿大学城、辛辛那提当代艺术中心等顺应时代发展的解构主义作品层出不穷。评论家查尔斯·詹克斯（Charles Jencks）对埃森曼所做的专访"After 911"对于当代解构主义建筑的发展方向提出了许多有价值的图景，他认为：解构主义建筑是一种"新范式"，是建筑学上令人兴奋的一次意义非凡的大发展。这一新兴的设计思潮迅速波及景观领域，由屈米设计的法国拉维莱特公园标志着解构主义景观的滥觞，菲格罗斯（Bet Figueras）设计的巴塞罗那植物园（Jardín Botánico de Barcelona）、垂伯（Marc Treib）设计的诺巴瑞斯中心公园（Nou Barris Central Park）等优秀的景观作品也呈现出显著的解构特征。与此同时，西方建筑师们也在中国大地上开展了一系列解构主义设计实践，如北京 CCTV 央视大楼、银河 SOHO、望京 SOHO、广州歌剧院等作品，以超前的设计理念和动感奇异的造型，给中国设计界造成了巨大的冲击和影响。

3　当代语境下中国风景园林的可再生性

中国古典园林在设计思想、空间布局、构景手法、叠石理水、景观意蕴等方面的优秀传统，诠释了传统文化的精髓和东方哲学，其艺术成就登峰造极。它体现了封建社会的等级制度，是为少数上层阶级的隐逸生活服务的。在当代社会背景和人文环境下，大部分古典园林仍局限在原有的封闭空间内。即便在诸如上海豫园等闹

市区，也只是如古董般供人欣赏，与城市公共空间及现代生活显得格格不入。尽管许多学者早已认识到它与现代生活的矛盾境遇，但在对其进行大刀阔斧的改革面前，许多决策者不置可否，这也使得改革的进程异常缓慢。由于时代发展和社会变迁，人对生活环境的功能和审美需求都发生了巨大的变化，古典园林在很多方面显示出局限性（详见表1）。但是，其设计理念、理法

和蕴含的山水文化精神对当代景观仍富有重要的启示意义。对它的继承不是要把其形态带回到当代，而是将其放到相应的历史情境中，挖掘其根源性的文化和哲学观念。通过思考城市现代化进程中现代性的缺失环节，以其精神价值作为连接历史和当代的纽带，引导设计回归自然，重拾山水文化精神。从而使古典园林在当代语境中再生，实现其跨越的历史价值。

表1 中国古典园林和当代景观比较研究（作者自绘）

	古典园林	当代景观
思想观念	以儒、道、禅宗哲学思想为基础，植根于传统文化，崇尚自然，寄情于景。追求"天人合一"、"师法自然"和"君子比德"	以当代的政治、经济、文化、科技为基础，以生态理念为核心，以传统的形式美原则为指导，追求完美和统一
服务对象	少数宫廷或权贵	大众
景观类型	皇家园林、私家园林	城市公园、广场、绿地、居住区、道路、风景名胜区、乡村规划等
表现形式	自然山水的抽象形式，强调均衡、对称、和谐之美	形式多样，抛弃了传统的构图原则和表现方法，高度抽象和简洁的几何形
空间形态	封闭性	开放性
景观要素	石、水、土、植物	除了沿用传统造景元素外，新技术和新材料被广泛应用
造景手法	"巧于因借 精在体宜"、"步移景异"	多样化。兼容并蓄、融贯中西
植物配置	少而精。利用植物本身的形态和搭配塑造富有层次的空间系统	植物种类丰富，形态各异
文化内涵	以儒家思想为主体，儒释道三家互融互生	全球化多元文化影响下的人生观、审美观和价值观
空间意境	以形写神、"虽由人作 宛自天开"	和谐、诗意的栖居

4 解构——"新中式"景观的建构途径

4.1 思想上的解放和颠覆

虽然学术界对"新中式"的概念尚存争议，这一理念已被广泛应用于景观建筑领域。朱小地、单军、崔彤等著名学者都曾表达自身对其内涵的理解，如周靓将其定义为"近年来随着国学和中国风之回溯现象在设计行业伴随出现的一种新的设计风格，它是对传统文化的一种现代性传承，是与现代人们生活方式紧密结合的一种设计现象"。[1]就其特征而言，"新中式"的本质在于：新——表现在整体设计语言的当下性；中式——具有某种中国特有的气质与内涵。由于目前全球化一统的形式主义倾向日益严重，文化的地域性、民族性价值日趋减少，这是一种严重的文化衰退的表现。我们须从自身的文化发源地寻找价值所在，以创新的视角和科学的研究方法对中国古典园林进行解构与重构，才能在世界文化之林拥有话语权。

然而，由于中西美学分属不同的文化体系，思维方式也存在天渊之别。中国传统的思维方式具有整体性、模糊性、直觉性、意象性、后馈性的特点，而西方的思维方式则截然相反，呈现出分析性、精确性、逻辑性、实证性、和前瞻性的特点。将西方的解构主义理论应用到中国的景观理论和实践体系中，必然经历一个有选择

性的扬弃过程。如何择其理念中与中国文化相契合的部分解构并重构中国园林，对比分析传统和现代景观的思想方法、艺术特征、美学精神和价值观念，探索新的历史条件下园林景观的形式语言，是全球化背景下将西方先进思想与中国的民族特色相结合的创新尝试。譬如，在2014年威尼斯建筑双年展上，中国馆契合库哈斯提出的"Fundamental（基本法则）"主题，将中国传统园林的院宅布局与西方的分形手法相结合，以"抽象"的方式建构了"以动制静、以意化形"的"山外山"型空间格局，诠释了自古以来中国哲学体系中具有普世价值的"道"之内涵。从现代材料的选择上看，环保型彩乐板和绷带在营造步移景异、山外有山的景观意象表现上略显不足，但不失为一次以现代手段解构传统园林布局、承继传统文化精神的有益实践（见图1、图2）。

4.2 形式上的突破和创新

解构主义反对二元论，提倡多元论。从形式上来看，解构主义风格的作品推翻了柏拉图以来形而上学的传统美学观，提倡"反形式"和"纯建筑"，具有强烈的形式特征。均衡、统一、韵律、节奏、比例、尺度等传统的形式美规律在解构的过程中被消解了，取而代之的是分离、偶然、变形、碎裂、倾斜、叠置、突变、无中心等扰乱和谐关系的开放的形态语言。与后现代主义不同，这些形象并未采用隐喻和象征的手段来诠释"能指"和"所指"之间

的关系，而是采用无中心、无主轴的叙事性景观布局和斜曲扭翘的不稳定形象，呈现出"多义性"、"模糊性"和"偶然性"的混沌状态，表达形象所隐含意义的复杂性及动态性。解构主义视域下的"新中式"景观是在借鉴西方先进的风景园林设计理念和方法的基础上所创造的体现中国的文化传统、民族特征和时代特色的创新型景观。它是对现代主义形式美法则的有选择地继承和拓展，代表了中国风景园林的发展方向。

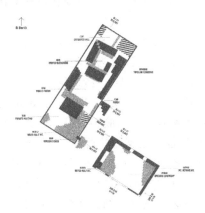

图 1　2014 第 14 届威尼斯建筑双年展中国馆平面图
（来源：2014 威尼斯场刊）

图 2　2014 第 14 届威尼斯建筑双年展中国馆平面图（作者自摄）

获得 2012 年普利兹克建筑奖的中国建筑师王澍可谓是勇于突破传统思维范式和设计手法的先锋设计师代表。由他设计的中国美术学院象山校区，在道法自然并尊重传统的基础上，用解构的建筑语汇营造出亦幻亦真的独特感受，挖掘了潜藏在中国人灵魂深处的传统记忆。"传统造园术中'大'与'小'之间的辨证尺度被自觉转化，超尺度的门和与人等高的门的突然并置，如范宽山水立轴的超尺度的门和真山相叠，一系列类似做法瓦解了关于建筑尺度的固定观念，也使一群简单建筑具有了复杂的玄思意味"。[2]作为"新中式"景观的另类代表，该项目在形式语言上具有明显的解构意味。解构主义通过对空间的重新组织表达对传统的激进反叛，可以克服一些结构主义在形式上的缺陷，比现代主义更加灵活和自由，也能避免后现代主义对古典元素的简单拼贴造成的混乱局面，符合当代中国城市景观的发展要求。当代的设计师应借助解构主义景观动态的形式语言来表达自身的价值观念，体现对城市空间、功能、形式

和精神的理解，通过消解艺术范式中的不合理因素，探索建构更为合理的艺术形式的可能（见图 3）。

图 3　中国美术学院象山校区（作者自摄）

4.3　内涵上的继承和发扬

中西园林景观在形式上差异较大，但在内涵方面却有很多不谋而合之处。因此，对西方解构主义建筑和园林的研究不能流于形式，而更应学习西方的先进理念、思考方式以及西方园林从传统到现代成功转型的先进经验。当代景观之于中国古典园林正如后结构主义之于结构主义一样，前者继承了后者的先进理念和优秀传统同时摈弃了许多随着时代变迁而产生的消极因素，进而以开放和包容的姿态探索融合和创新的可能。在如今信息化时代，创新和求变是时代发展的主旋律。基于解构主义策略的"新中式"景观构建旨在继承中国古典园林的内在精神，寻求一种突破了传统的思维范式、更符合当代时代特征、民族风尚和审美诉求的设计方法。这种设计方法并不试图建构一种具有普适性的设计范式，而是一系列追根溯源的哲学思辨过程的探索性结果，并处于动态的永续发展之中。

5　结论

西方解构主义研究以绝对自由的批判精神突破了文化和美学的传统界限，彻底地抛弃了"正统"的原则和标准，其成功经验对我国具有重要的启示意义。在全球性高科技文明统领世界的时代，中国的景观设计面对时代的冲突与抉择，迫切需要一系列超前的观念、新颖的创作手法、全新的设计美学，为当代中国景观建筑的发展注入强大的生命力。本文力求探讨一种突破传统思维范式、更符合当代时代特征、民族风尚和审美诉求的"新中式"景观设计方法，它既是一种思维模式，同时也是一种设计范式，它不仅仅是民族的复兴运动，更是传统文明与现代文明相结合的一种新型方式。

参考文献

[1] 周靓．新中式建筑艺术形态研究 [D]．西安：西安美术学院，2013．

[2] 王澍，陆文宇．中国美术学院象山校区 [J]．建筑学报，2008（09）：50–51．

装饰艺术的风格解析及运用

欧 勇

（湖南理工学院 湖南岳阳 414000）

关键词：装饰艺术 风格演变 图形图案的特点特色 设计中的运用

1 引言

装饰艺术的概念，字面解释：装点、修饰之意。包括对人的自身生活环境、使用器物的装饰。庆典、娱乐、纪念等活动有关的装饰行为。装饰性、适应性、工艺性是其重要特征。它是对生活用品或生活环境进行艺术加工的手法。它必须与所装饰的客体有机地结合，成为统一、和谐的整体，以便丰富艺术形象、扩大艺术表现力，加强审美效果，并提高其功能、经济价值和社会效益。装饰艺术是一个很笼统的概念，在过去，我们叫它工艺美术，应用在花布、陶瓷、家具、玉器、首饰等，它通过衣食住行等各个方面服务于人民，改变装饰人民的生活，使人民的生活，服饰，家居，身份地位等都有不同的诠释，现在的人们开始研究它、学习它，让它从一个固定的模式和套路中解放出来。如装饰绘画，还有现在的时髦语言"设计"，在某种程度上，它仍然装饰艺术的漫延和渗透。

2 装饰艺术的风格变化和特点

中国传统装饰图案历经七八千年的磨炼，有着悠久的历史和辉煌的成就。它们是各个时期原创图案的延续，生生不息、丰富新颖、风格迥异、别具特色。每一个历史时期，都曾诞生过新的图案语言，顺应了新工艺的特殊要求。彩陶上的图案是用毛笔画就的几何形，拙朴单纯；青铜器图案是用纵向线和横向线主创的饕餮纹、夔凤纹、夔龙纹等，肃穆神秘；漆器图案的弹性曲线，画像砖图案的粗放线条，瓦当图案的影形造型，敦煌图案的神秘洒脱……这些原创语言奠定了中国图案语言的基础。它具有强烈的装饰性和平面性。[1]

欧美风格的装饰具有很强的写实性，古希腊的罗马柱，中世纪的一些雕塑人体人物花鸟都具有很强的写实性。丢勒时期的铜版画，罗丹的大型雕塑《地狱之门》。都是作为器皿和建筑的装饰来用的，那些特别写实的男女人体和花草盘旋在大门的周围，往往又体现的是一种欧美建筑的风格，这与中国的雕梁画栋作为建筑的装饰有异曲同工之妙。从这一方面考虑，因此我们可以理解，在文艺复兴时期为什么达·芬奇、米开朗基罗是建筑设计师，而绘画和雕塑只是他们的业余爱好，因为他们创造的那些作品是为了社会、宗教建筑、环境服务的。[2]几乎有一个时代的不同艺术门类的特点是相同的，它们总是集中体现了该时代的特征，巴洛克时期的

艺术特点是激情、浪漫主义、运动感与豪华感的综合，科托纳创作的天顶画《巴贝里尼的胜利》这幅作品充分显示了巴洛克艺术的豪华性和运动感。同样，巴洛克时期有家具工艺，镀金饰盒都直接地体现了这种豪华壮观、强烈奔放的风格特点。洛可可艺术风格是继巴洛克艺术风格之后，发源于法国并很快速及欧洲的一种艺术样式。洛可可特点是室内装饰和家具造型上凸起的贝壳纹样曲线和莨苕叶呈锯齿状的叶子，C形、S形和涡旋状曲线纹饰蜿蜒反复。创造出一种非对称的、富有动感的、自由奔放而又纤细、轻巧、华丽繁复的装饰样式，罗可可时期的艺术具有纤细，轻纤、华丽，和烦琐的特点，画家布歇是一位代表罗可可时期艳情艺术的主要代表如《沐浴的狄安娜》一画而罗可可时期的陶瓷工艺，玻璃工艺很大程度上体现了这一风格。[3]

两河流域的装饰艺术的特点。古代波斯处于东西方交通的要冲，是亚洲西部的大帝国。那里的手工艺非常发达，大量精美的图案应运而生，形成了独特的波斯风格。在陶瓷、染织、金属器皿、建筑装饰上，出现了诸如人物、动物、植物、几何形等广泛的图案内容。尤其是陶瓷中的动物装饰，造型饱满，静中孕动；并且动物的内部纹饰与分布在它周围的几何形协调吻合，凸显了装饰图案的多样性与统一性的完美结合。波斯图案中还有一种联珠纹的骨架结构颇有特色，由面积较小的圆珠围成圆框，内里安排成对的对称动物，这些动物常常带有宽大的双翅，结构严谨，浪漫神奇，它深刻影响了我国隋唐时期的装饰纹样。[4]古埃及立世3000多年，创造了辉煌的文明，它的大金字塔、巨石雕像、神庙、壁画和浩如烟海的装饰图案，在世界上极负盛名，让世人叹为观止。稳定而封闭的专制统治，形成了程式化的图案样式；多种宗教信仰，制作出了人格化的神明；三类象形文字（小幅的彩色图画、精彩的影形图案、线形的图形符号）其实就是抽象形式美的图案；人物造型采用的都是图案样式，上身呈正面，下身呈侧面；众神往往是动物的头部、人的身体的异物同构；图案构成表现为分层法、主次法和平面法；代表性的图案有对称的莲花图案、对称的纸草图案、对称分层的柱式图案、葡萄图案和四方连续图案等；图案色彩是轻快、象征和神秘的。[5]

不仅仅是东方、西方每个国家，每个民族的装饰图形风格都是各具特点，各有千秋，如非洲的木雕，印度的建筑，中国的敦煌壁画，再说小一点，如蒙古族的图

案造型，藏族的文字以及佛教壁画，苗族的饰物，西双版纳的服饰，消失的楼兰古国丝绸之路及具有维吾尔族的风格的建筑，这些装饰图形风格的不同，同时又传达了各民族国家的不同文化与文明。

3 装饰艺术在设计中的运用及一些运用技法的思考与探索

做设计，尤其是包装设计，首先必须了解该产品的两个方面：

（1）品牌的意义，品牌传达给、观者最直观，最直接的意思。

（2）必须了解该产品原料产地及该项地域文化特点。

作为一个设计人员，必须学会利用美学的观念来定位，利用美学的表现手法来表现，利用字体，图形图案及盒型结构等手法进行综合的分析、设计。例如：国外葡萄酒的瓶签设计。其中的主要图案往往是对葡萄酒的原料产地进行写生，并且对画面的表现上用西方古典主义铜版画的装饰手法进行处理，给人感觉典雅、庄重。再比如说，香格里拉藏秘酒，首先，顾名思义，这是藏酒，无论是从该品牌还是该酒的原料产地来看，必须使用有关藏族文化的图案，图形或者是照片该设计者对藏族文字有一定的研究，他用了一个去繁取简的手法，使该设计风格看上去更加简洁、明朗，一目了然。这种手法我个人认为它可能比找一张关于西藏风光的照片更直观，这种用对香格里拉四个文字设计读解西藏文明的手法确实很见功底。我曾经为一个叫黑公主品牌的香烟做过一些视觉上的研究和探索、尝试。出品的黑公主这个名字似乎是一个时尚、另类，但却又带点民族风味的名字。于是我由陕西这个地域联想想到了丝绸之路，大漠边关，维吾尔族少女，楼兰古国，维吾尔族的建筑装饰，我甚至联想到了金庸小说《白马啸西风》里所描写的边塞风情。根据这一思路，我用一人维吾尔族少女作为主体图像，后面的背景用剪影形式对维吾尔族建筑进行概括，中天是一轮残月，于是，一幅带有异域风情和文明包装版面便成形了（见图1）。

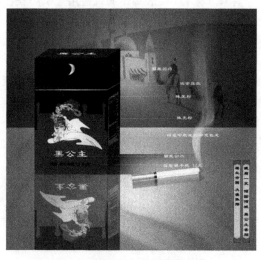

图1 异域风情文明包装版面图

因为有很多学习的时间让我接触并欣赏了国外的优秀烟酒包装的设计作品。比如说，万宝路烟包中的图标双狮图形装饰，三五香烟中徽标图装饰，黑猫牌香烟中烦琐纤细的接近罗可可风格的香烟装饰，许多漂亮的甚至是具象的烟包图形围绕小小的方寸之间，与各种风格各异的字体设计相呼应，可以说的上是精巧、别致，在酒类包装中，众所周知XO、人头马等名酒，都是通过用油画或西方古典主义，甚至是带点具象风格的图形作为装饰。苏格兰威士忌芝华也是用西方古典常见的带有写实手法的图形作为装饰的。于是，我又翻阅了一些西方国家的徽标设计，这似乎又与我们现在的一些标志设计存在很大的区别，它是烦琐的、写实的、同时它又是装饰图形，它仍属于艺术设计的范畴，西方美术史的发展是一个破立的过程，从开始的古典写实到后来的蒙在鼓里德里的安的红、黄、蓝三原色作品，完全是两种极端，它不像中国艺术的发展那样的和平，渐进。今天，我们一谈到"设计"，我们便很自然联想到包豪斯20世纪初（德国建筑学校）一些关于几何形点、线、面、平面构成的法则，似乎认为这才是源头、主流，其实这个观点是不全面的。

谈到标志设计，也可以说是图形设计，我联想到了东方与西方的两位画家，一位是毕加索，他画的公牛的造型，从一个复杂写实的公牛造型到最后的简化的公牛造型的几根线条，这中间有好几张画，于是，我们便可以看到他对图形的探索过程，另一位是黄宾虹，大家知道，黄宾虹是画积墨山水的，他曾经提到这个画面的加减法的问题，墨聚则郁郁葱葱，墨散则稀稀疏疏，墨团团里团团，墨团团里天地宽。谈到徽标设计与标志设计，谈到装饰图案这里面实际上仍然存在一个加法与减法的问题，上学的时候，听过陈汉民先生讲座，见过他设计的一些作品，觉得很好，他以前是学染织的，他对装饰图案是了解的，因此，他设计的标志，具有极强的装饰性，图案性。他是对装饰图案用了减法，现在有许多设计师，感觉在形式往往很现代、另类，甚至很别致的，但形式源头却又往往取法于装饰艺术。我曾经为火凤凰、五牛、关帝香烟设计过烟标，取了大者如此，触类旁通，融会贯通。让我一下子能基本领悟到标志设计竟是怎么一回事，其中加减法的好处，当开始设计的火凤凰时，因为是过去的烟，必须重新设计它的徽标，标志，我便开始动手翻阅关于凤凰的装饰图案，我找了许多资料，也扫描好几张图，因为很多是从那种适合纹样上扫描下来的凤凰，所以显得特别烦琐，尽管形式感觉很漂亮，但却不太好用，因为烟包很小，而且烟包设计都简洁明朗，不宜弄得太琐碎，于是，我便又查阅资料，对不同年代凤凰图案的造型进行研究，临摹，用我现在的话说是对其进行提炼，解组，重构，让传统装饰赋予现代气息。谈到中华牙膏，大家也许并不陌生，记得以前的中华的造型，以前是写实的线描，现在却变成了简洁、明朗的装饰图案。其视觉效果却又比以前中华更简洁集中，更具有设计性，根据这一思路，我又对关帝、五牛香烟进行了重新的定位和设计，小时候喜欢画马、牛、狗、兔等一些动物，除了写实的、写意的、卡通的、漫画的，当然还有装饰，有简洁的，也有烦琐的，常常看一些关于十二生肖的图形创意大赛，有许多作品风格各异，目不暇接，确实很优秀，但其创意范畴来说无外乎加减法。下面是我个人平时的一些原创手绘作品，大都是在这些思想下受到的启发（见图2~图5）。

火凤凰烟标设计方案　设计员：欧勇

图2　个人作品1

图3　个人作品2

图4　个人作品3

图5　个人作品4

在这里，我必须要提到一位图形大师，保罗·易宝，我个人认为，保罗·易宝最大的图形贡献就是他对图形的延续性和推演性的理解。

我们看保罗·易宝做一个标志设计时，他常常会对自己设计出的图形进行造型上的变化上的思考，在原有图形的基础上进行形的变异和推敲，由此，而演变不同的造型的变化，创造了不同的造型。从而增加了图形的增演性和延续性。我们把所有造型的方式再分析得深入和仔细点，比如说曲线上的图形变异和延续，直线上的图形变化和延续。几何形的变异和延续，自由形的变异和延续。偶然形的控制和理解。通过这个方法我们便能设计出更多不同的图形。在某种程度上这也是对图形设计上造型表达的一种推演方法。

4　结语

作为一个设计师，更多的时候他遇到的是不同的项目，不同的选择，因此，他必须学会去寻找源头，挖掘源头，理清源头，学习源头，懂得万变不离其宗的道路。正所谓，道生一，一生二，三生万物。更重要的是，还要懂得变通，变化，延续，发展，创造的道理，既要懂得去学习，更要懂得活学活用，举一反三。

参考文献

［1］王雪著.装饰图案［M］.重庆：西南师范大学出版社，2009.

［2］张夫也.外国工艺美术史［M］.北京：中央编译出版社，2006.

［3］肖飞，朱益民.装饰图案及应用［M］.长沙：湖南大学出版，2005.

［4］朱丽.工艺美术［M］.石家庄：河北美术出版社，2011.

［5］萧春风.图案设计.［M］.长沙：湖南美术出版社，2009.

论情感化设计中的侧重点

李 玮

（武汉理工大学 武汉 430070）

关键词：情感化设计 因素 侧重点

伴随着科技的发展，人们生活中的各种需求都在逐渐被满足，对生活质量的追求也达到了前所未有的高度。产品的"物化"以及互联网从无到有的快速发展，足不出户便可以获得最前沿的信息，虚拟社区可以帮助你做任何的事情，便利了人们的生活的同时却使人情关系变得冷漠，人的主体价值观被忽略。在高强度的工作与压力之下，人们必须要寻找一个出口，这个出口便是温馨以及富有情感的产品以及生活空间。

1 情感的定义

情感是人对于外界事物作用于自身时的一种生理反应，它是由需求和希望所决定的，当这种需求和希望得到满足的时候，人便会产生愉悦、幸福的情感，否则会带来失望和苦恼[1]。

情感具有模糊性、转换性、多面性。人的情感本身带有模糊性，对于一样产品的情感很难用定性的二分法来区分，中间地带是人们时常选择的状态[2]，喜欢这件产品与否很难确定，但是某种微妙的情感变化会变成选择产品的关键。喜、怒以及各种情感之间都存在相互的转换性，这在女性方面尤为突出，在商店里试穿觉得爱不释手的衣服买回家以后突然觉得并不适合自己。放在储物柜里曾经一直觉得多余的产品拿出来使用之后发现越来越喜欢。人们对于同一件产品会有许多种不同情感的产生，这取决于性别、年龄，还有阶层。女性所喜爱的粉色与可爱，往往不是男性所能接受的。在家中有趣的产品一旦放置到工作场合就会变得非常奇怪。

2 情感化设计中的知、情、意

情感化设计这个概念在学术界和工程界的定义不尽相同，亚洲国家普遍称其为感性工学[3]，而美国学者则采用情感化设计的提法。所谓具有情感，就是不再将产品"物化"，而是将其"人化"，也就是所谓的以人为本。从心理学上看，人们使用产品的过程就是与产品发生交互的过程，在这个过程当中，人本身包含了知、情、意三个方面的心理过程，也就是人对于外部事物的感知能够直接引起情绪变化以及情感体验[4]。

知代表的是人对于情感化设计产品的感知。第二次世界大战之后，人本主义便开始兴起，产品不再拘泥于功能，由最早沙利文的"形式追随功能"转换到青蛙公司的"形式追随情感"，人们对于产品的需求点已经从功能转移到了情感。这是人们对于产品的感知性发生了

改变，同时这也是人与物的双向交流，人们可以读懂产品，同时产品也可以引导出人的情感意志。

情是指情感化设计给人提供的情感价值。Holbrook 曾在 1980 年提出"能够引起共鸣的产品才能促成强烈的情感反应"，著名的文化人类学家马林洛夫斯基也曾说过："在人类社会生活中，一切生物的需要必转化成文化的需要。"[5] 在目前高科技技术与低情感不平衡的局面之下，对于理性的产品容易产生视觉和心理上的审美疲劳，因此对于情感上交流的需求则会逐渐增大。情感化设计产品则充当其中的调和剂，具有情感的产品可以吸引并且打动人们，使他们在心里和情感上得到满足。

意则是情感化设计的意图。从营销学方面来看消费者购买行为，理性思考只是起辅助作用，对于产品的选择更多是一种基于习惯和无意识的相对性行为，也就是说情感因素在人们消费过程中占据的地位有时候会超越理性因素。所以现在不论设计者从产品形态上还是操作层面上进行革新，其目的都是为了满足人们的情感需求。所以设计师必须运用这一点，把更多的生活情趣应用到产品之上，给人们带来一种新的使用体验。

3 产品形态上、操作上、特质上的情感化

唐纳德·诺曼教授将情感化设计分为三层，本能、行为和反思。并且强调了从这三个层次上进行产品设计才可能引起消费者的喜爱，激发他们的购买欲。本能层面就是产品形态上的情感化，行为层面则是产品操作上的情感化，反思是产品特质上的情感化。

外观形态是产品内在特质和视觉感官的结合，就是从人的感官上出发在产品的基本造型上进行设计。人有五感，分别是视、触、听、味、嗅。多数时候人们对于产品的态度是以自身为标准的，形态上的线条起伏转折都会引起人们的情绪。例如圆角代表柔和，而尖角则会令人有紧张、负面的情绪。色彩往往也是通过心理来判断的，其也会诱发人们愉悦或者紧张的情绪，颜色组合的合理性是情感化设计中的一个重点。例如看到红色会感觉兴奋或者急躁，而蓝色则会感觉平静，用鲜明的色调来表现产品，可以凸显其活泼、天真的特性，而像黑色这些深沉的颜色则可以用来表现男性的刚毅与沉稳。

对于视觉来说，触觉可以是它的补充。触觉为人们提供了触压觉、温度觉和痛觉，当消费者不满足与眼前所见时，则会渴望自身去触碰产品，从而全面地感受，以判断产品的优劣。不仅如此，现在市面上还出现了许

多减压产品，都是以触觉为基础，将捏、打、摔这些动作融入产品设计当中，通过一些行为上的接触与发泄让人们释放压力。

人类的听觉感知是接收信息的主要途径之一。生理学家认为，人类的语言能力和听觉需求影响了大脑处理声音的方式，声音会影响情感，也就是说人们更倾向于听到积极的声音。这在设计中也非常普遍，例如许多消费者喜欢听见 ZIPPO 打火机金属盖闭合的声音，这也促使他们去购买。还有一些消费者喜欢以汽车开关门的声音来判断车门的密封性以及质量，这也主导了他们选择此类产品的心理。

在情感化设计普及之前，人们认为嗅觉和味觉只是与饮食有关，但其实它们与设计有着密不可分的联系。嗅觉和味觉如同其他三感一样，都可以引发人们的回忆，好的味道会给人带来好感，例如三星曾经开发过的一款香水 MP3，其就是通过视触听以及嗅觉来诱发人们的情感。

操作上的情感化设是从人们的行为方式上出发，注重产品自身的结构、功能性、易用性等方面。[6] 巧妙的操作方式会带给人良好的印象，在情感上，人们也会更偏爱让他们觉得使用轻松、带来愉悦感的产品。

产品特质上的情感化是产品和人进行更深层次的交流，并且其本身可以起到挖掘人们情感的作用，产品本身不一定会有非常卓越的功能，因为一旦满足了人们对于产品要求的某一方面，另外一个方面便可以主观性的把需求程度降低。

4 情感化设计的侧重点

情感化设计应该注重准确性、多向性、正面性、直接性。不同的群体所喜欢的产品会有所不同，而产品所表达的情感也应与使用者的特性相符才能传递出准确的信息。例如，造型上女性喜欢柔和的曲线，而男性中意刚硬的直线；色彩上儿童喜欢明快多彩，老人倾向深沉内敛；材料上金属代表冷漠感，不适合儿童产品等。在不同的场合所需要的产品也是不同的。办公室里不适合俏皮的产品，乐园里也不能放置过于正式的东西。

一件产品传递情感给消费者的时候往往是多个方面的，消费者还可能被包装、标志、标语等多个方面激发情感。例如现在市面上许多饮料瓶的外观都设计成水果本身的样子，圆形的苹果和条状的香蕉，人们看到瓶子的造型便会产生联想，直观的感受出来这款果汁是什么样的味道。标志本身就带有情感表达的功能，人们看到一个标志便会对其公司有一个初步的印象。所以越来越多的公司都开始将设计的着重点放在标志上，甚至一些颇有规模的公司也开始着手将曾经的标志加以修改。

产品所传递给消费者的应该是愉悦、舒适、幽默之类正面积极的情感。如今人们的生活压力日益增大，产品应该成为人们抒发压力的一个出口。著名的"青蛙公司"的设计哲学就是"形式追随激情"，因此其公司设计出来的产品都是欢快的、诙谐的[7]。例如老鼠形状的鼠标，每每人们使用握在手里的时候都会忍俊不禁，同时也印象深刻。

直接性指的是通过外在（形态）或者行为方式（功能）直接可以让消费者感受到产品带来的情感，可以是显性的也可以是隐性的，但是必须是容易被消费者感知，不需要让消费者自己去找寻。例如操作界面的复杂与直观决定了一件产品是否易用，以及是否会被人们所接受。

5 结语

阿恩海姆在《心理学和艺术中的情感和情绪》一文中曾写到艺术和情绪、情感之间的关系，其中包括三个方面：艺术之所以被人们发现和创造出来，是因为它能给人以愉悦，而愉悦则被描述成一种情绪；艺术作品所把握和复制的现实的某些方面，既不受感知影响，又不受理智影响，而是受到第三种认知能力的影响，就是情感[7]；艺术作品中固有的现实方面不但作为实际信息来接受，而且能唤起某种称为情绪和情感的内心状态。设计师应该从情感的三个因素着手，研究产品的形态、操作和产品特质，以设计出具有准确性、多向性、正面性、直接性的产品。

情感可以给产品带来高附加值，这一点是毋庸置疑的。情感化设计也是当代设计的一个发展趋势，西方国家在这一方面占有很大优势，像菲利普斯塔克和著名的阿莱西公司，都是从情感着手用创新设计为人们带来便利。情感化设计也是不能被忽视的潮流，在中国越来越多的设计师趋向于用情感来表达产品而不是功能。

参考文献

[1] 昝瑛瑛. 基于情感化因素的产品设计需求分析 [J]. 房地产导刊，2011.

[2] 王俊民. 基于情感化设计理论的搪胶玩具设计 [D]. 上海：东华大学，2013：393-393.

[3] 丁俊武、杨东涛、曹亚东等. 给予情感的产品创新设计研究综述 [J]. 科技进步与对策，2010（15）：156-160.

[4] 孔祥金. 小家电产品的情感化设计研究 [D]. 上海：上海交通大学，2009.

[5] 张璇. 旅游纪念品包装设计中的视知觉和心理 [J]. 大众文艺，2013（7）：109-110.

[6] 李杰. 谈产品设计中情感与设计要素的关系与尺度 [C]. 2008年国际工业设计研讨会暨第13届全国工业设计学术年会，2008.

[7] 李宸瑶. 关于艺术化生活态势中艺术和设计的思考 [J]. 艺术品鉴，2015（1）：94-94.

[8] 柳沙. 使用情感——设计艺术心理学描述 [J]. 文艺研究，2005（10）：110-121.

图形化汉字设计表现方法的探析

周　莉

（武汉工程科技学院　武汉　430020）

关键词：字体设计　图形化　方法

汉字是目前世界上最古老的文字之一，从原始人以记事的简单图画开始，经过不断演变发展，形成了一种兼具音、形、意、韵的独特文字。了解汉字的演变过程，可以为我们进行汉字设计提供灵感和设计依据。我们需要通过科学研究的方式，理性地看待汉字设计历史的发展，发掘汉字设计过程中理性设计与感性设计的关系，丰富汉字美学研究内涵，扩大汉字艺术表现范围，传达出中华民族的文化底蕴。

1　汉字的图形化概念

20世纪初在设计界提出了"图形"的概念，这是由于国际交流越来越多，为了满足这种迫切的交往需求，使语言传达和图形的符号能够有机的融合为一体，快速准确地传达给受众。汉字设计不仅是现代视觉传达设计的重要元素和组成部分，而且由此衍生出与之相关的图形化语言，如对字形结构、笔画等表现形式改变。汉字的图形化涉及视觉传达设计的每个组成部分，合理地运用图形化的语言进行有意义的应用是当下汉字设计的一个必然趋势。

汉字的图形化融汉字和图形两种不同的元素为一体，简单而言就是把汉字当作一种平面的图形，对其进行拆分、转换、再生、重组等变现手法，利用平面构成的元素——点、线、面来替代字体相应的笔画，在一定的特定规律下完成点、线、面的形态变化和组合方式，从而产生不同的汉字设计。研究如何合理运用汉字图形化，是中国本土文化与世界接轨的需求，在视觉传达设计中构建民族文化特色与现代设计理论相呼应，实现汉字设计在传统与现代融合。

2　汉字源于图形

清代学者陈澧在《东塾读书记》里对文字产生的成因有一段论述："盖天下事物之象，人目见之，则心有意，意欲达之则口有声。意者，象乎事物而构之者也；声者，象乎意而宣之者也。声不能传于异地，留于异时，于是乎书之为文字。文字者，所以为意与声之迹也。"[1]汉字是记录语言的载体，当人类的语言不足以把人们的知识、经验信息记录下来的时候，文字的创造就开始萌芽了。语言是人类群居生活的产物，它促进了人与人之间的交流。语言的缺陷在于时间和空间的限制，在有限的生产力条件下，语言对人类的思维、信息无法记录、保留和传播下来，因此汉字的产生已经成为历史的必然产物。

汉字的起源于距今6000年前，从山东大汶口文化遗址中的陶器上的刻画，到3300年前商朝晚期遗留下的甲骨文被我们誉为汉字的雏形，在商朝和周朝的青铜铭文中，也发现不少表示国名、地名、祭祀的图形文字，古代文学家唐兰把这些文字称为图形文字。唐兰说过："文字本于图画，最初的文字是可以读出来的图画，但图画却不一定能。"[2]这个时期是汉字的雏形时期，也是图画文字阶段。

3　汉字设计的图形化方法

设计者思维的立足点不同，汉字设计方法也略有区分，图形化汉字的设计主要是在结构和图形上进行不断的演变，根据我的教学研究和设计实践总结出五种方法，分别是形象法、几何概括法、笔画法、同构法和中英并置法。

3.1　形象法

形象法是将汉字的局部或者外形转化为图形，通过视觉形象的图形与汉字结合，使图形与汉字巧妙结合在一起，传达出汉字的含义和概念。这个方法的创意很广，可以表达汉字本身的意义，也可以做延展，通过图形的延展出新的信息，产生新的意义。图1所示是我指导学生参加第六届方正字体设计大赛的获奖作品《拯救》，将文字拆分形成坠落感，再以手的形象紧紧抓住某个笔画，形象地表达了"拯救"的含义。

图1　拯救

3.2 几何概括法

不管是汉字还是英文，传统的字体都带有装饰部分。19世纪初英国出现了无衬线字体，其醒目、强烈的特点很好地适应了商业宣传的需要，从而得到了广泛的应用，推动了汉字设计中黑体的产生。包豪斯学院的师生通过大量的实践，推动着现代设计的快速发展。密斯凡德罗提出了"少即是多"的设计主张，对现代设计的各个领域产生了巨大的影响，当然也包括了字体设计。将汉字中繁复的装饰特征部分去掉，运用等线性、几何形使汉字形态各异的外形和笔画趋于几何化，使得汉字更加简洁，视觉表现上比较单纯化。直线适合表现城市的现代感，简洁、明快、肯定的表现方式展示现代社会的特点。曲线的字体比较柔和化、女性化和儿童化，容易营造轻松、可爱、自由的风格。

学生作品——"中国精神"的汉字设计灵感来源于"俄国构成主义"，采用最基本的几何单体进行结构组合，简化和抽象字体，强调几何形式，达到字体结构的强化，使其表现出一种棱角分明，机器时代的美感（见图2）。

图2　中国精神

3.3 笔画法

影响字体形体的因素很多，起到决定性作用的主要有两个因素，一是笔画形状，二是组织结构。笔画法是对笔画的形态、长短和方向等发面变化，打破印刷字体的常规性，可以是整体的也可以是局部的变化。笔画法特别要注意整体风格的把握，变化过多容易形成杂乱无章的状态。在高度统一的形体中，特异组构的手法，加入变化的笔画或者图形，形成强烈的视觉对比，赋予字体跳跃的性格。

图3是辅导学生参加第七届方正字体设计的作品，学生利用字体笔画的交错形成面，营造字体特有的动感，以线条为主体，面为点缀，巧妙地让字体灵活起来，不同于字体本身的刻板笔画与造型，使得字体欲摆脱字架结构显得更具幽默感。

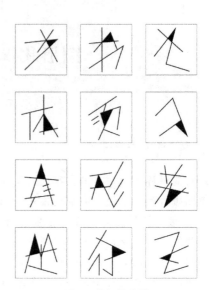

图3　笔画的交错

3.4 同构法

同构法是古老却经久不衰的字体创意方法，由两个或者多个文字共用一个笔画或者一个偏旁，使得文字图形更加简洁、整体，有"一语双关"之妙，能够在有限的空间内表达更多的含义。这个跟图形创意里的同构图形相类似，如同巴格利特的"模型之二"里所表现，从不同的视点把"一双脚"和"一双鞋子"整两个不同的元素巧妙地组合在一起，现在我们把这种手法同样运用在汉字设计中。

图4是辅导学生字体设计的《皮友》，其主题的反皮草海报设计中，将"友"字与"皮"字巧妙地组合在一起，整体看是以"皮"为基本形态，将"友"字的中间部分与"皮"字进行置换，达到"友"字与"皮"同构，形成文字整体与局部的一种因果关系，来表现海报中"动物是人的朋友不是皮草"的意义。

图4　皮友

3.5 中英文并置法

中英文并置是将汉字与英文的特征、结构、变现手法相结合，在差异中寻求共同性。虽然汉字与英文在其内涵上存在很大的差异化，但这是这个难点使得在这种呈现形式具有历史的意义，打破了汉字设计只能本土化不能走向国际大舞台的局面。中西的融合创造了一种当下汉字设计文化的新景象，这也是东方文化和西方文化在矛盾中进行同构设计的一种变现手法，是在全球化设计领域中汉字设计革新的一种新的思路。图5是第四届方正字体设计学生参赛作品，以大写字母为元素，运用一定的字体设计原理构造相应的比赛用字，使得本土的汉字更具有国际性。

图5 学生作品

4 图形化汉字设计实践研究与感悟

图形化汉字设计的方法在有效应用的实践中得到证明，图6是为《摇篮小小天才》杂志设计的字体，它的吉祥物是一只小猴，我构想出与小猴有关的香蕉，用形象的手法把实物构建到字体本身中，图形化的手法使"小小天才"这几个字既可以体现天真可爱的感觉，又与小猴的底图相呼应融为一体。图7是为学校毕业设计展设计的相关字体，"毕业设计展"这几个字是从几何概括法和结构法这两个方面去要求，整体设计符合现代汉汉字设计气息。"毕业设计展"虽然保留了宋体"点"、"横"、"撇"、"捺"的特征，但是却运用了平面设计的构成方法，把"点"、"横"、"撇"、"捺"这些笔画归纳成为点、线、面来处理，使得汉字设计简洁、明快。在结构上加入了几何化的元素，形成强烈对比使得字体活跃起来。

图6 标头设计

图7 毕业设计展方案

在实践设计中我体会到，无论运用何种设计方法，平面构成在其中起到非常重要的作用，它对图形化的语言进行了打散后的重新塑造，运用其点线面的构成元素来进行重组。对图形化汉字设计的研究今后需要进一步与构成原理相结合，更深地去探讨符合现代表现的设计方法。

5 汉字设计的发展趋势

21世纪的视觉传达设计进入了信息化和数字化的时代，网络在此基础上形成的以虚拟空间为主要元素的数字艺术时代。近几年来平面设计的学科名称逐渐转向为视觉传达设计，这是由于新技术和新媒体带给平面设计的冲击，它推动了平面设计在表现形式上的变化，传统的平面设计无法满足学科的要求。视觉传达设计多利用计算机技术将设计方案中的文字、图形、色彩等，经过声、光、电等技术性的数字化加工成一种三维形态空间的视觉语言的表现作品。这种技术扩展了传统平面设计的领域，打破了二维形态的格局，引领观众在视觉、听觉、嗅觉、触觉等感官同时参与设计传达的过程，促进视觉传达设计朝着多维化空间发展，强调人性化、趣味化、参与化。

5.1 多元材料的应用

科技的进步和社会的日益发展，给我们设计上提供了更多的工艺和材料，是的汉字设计的表现思路、手法、工艺更加丰富。不同的材质赋予汉字不同的含义，形成强烈的视觉冲击力，式设计更加直观自由。触感的肌理设计带给汉字设计一束花的个性和心理上的感知，让受众感觉到一种视觉上的新鲜感和吸引力，拉近受众和设计作品之间的距离，达到强化信息的传播效应。鲁道夫阿恩海姆在《视觉思维》中指出："某一特殊感性领域的理性行为取决于这种媒质中的材料是如何接合或组织的。"[3]2011年原研哉在北京举办的"设计的设计"中采用特殊防水材料中流淌的字体，就很好地呈现出材料对于设计的重要性，防水材料的肌理和质感通过我们的视觉触摸，是字体设计更具表现力（见图8）。

图8 "设计的设计"

5.2 三维空间的营造

日本设计师福田繁雄较早的把字体由二维的"纸上"延伸到三维空间，将不可能的空间与字体设计进行巧妙的组合，从而达到视觉上的创新和功能性的表现。他能观察到别人看不到的空间，设计不断转换和矛盾空间的作品来打破了我们常规的视觉感受，带给我们很多启迪，这种设计归纳为三维空间的营造。

这种三维空间的转化对于帮助我们汉字设计形式上的探索是非常有帮助的，把汉字设计立体化，运用翻转、重叠、变现、倾斜等来增加其重量感、体积感，把汉字由线的构成转向面、体的运用，将二维视觉的汉字空间扩展到了三维空间领域。

随着视觉传达设计的涉及领域越来越广，汉字设计从二维的平面中脱离出来走向三维空间，它在我们的生活中越来越多的体现其功能性。大到各种装置设计、展示设计、城市雕塑、建筑景观，小到 VI 设计中的导示部分，我们惊奇地发现在我们生活中早已无处不在体现着汉字设计的立体化表现。作为汉字设计未来的发展趋势，多元的功能要求和表达需要我们将汉字设计纳入科学的轨道，理性地分析现代科技概念和人文思想对汉字设计方法的积极影响。我们更多地需要考虑汉字与人的关系、汉字设计与公共环境建筑的关系。

图9所示是在上海新天地一个室内长廊里举办的英国皇家建筑师协会伦敦奖的作品展，它打破传统的"墙上"展出，利用立体的块面把"国"字巧妙地结合在一起，而不是单纯地把字体立体化，这个更符合长廊的视觉展示环境效果，使人们无论从哪个方向走过来，都能一眼看到展出的主题。

5.3 新媒体新技术对汉字设计的影响

新媒体新技术的综合型和时间性使汉字设计摆脱了原有技术的束缚，带给人们更加快捷地视觉享受。我们要在保留汉字设计原有的本土特色、精神内涵的基础上，以崭新的面貌诠释和弘扬中国独特的文化，现代汉字在新技术新媒体的影响下，朝数字化的设计趋势发展。

ShanghaiType 动态字体秀活动，主题包含两个文化元素"字体"和"城市"，将字体设计从传统的"平面设计"转换到"新媒体"的动态展示。探索设计与公共空间互动的表达，从 CMYK 到 RGB 的模式转换，以及通过多媒体形式展示视觉图形的新尝试[4]。

图9 英国皇家建筑师协会伦敦奖展

6 结论

图形化是当下汉字设计研究的重点，通过科研教学和自己的实践设计，总结出比较适合实用性的方法。为了更好地使图形化汉字设计得到有效的应用，符合现代社会商业的需求，我们还要把相关的新媒体新技术结合起来，做到传统与现代融合、东方和西方融合、艺术和技术融合，构建出具有图形化、本土化、时代性、国际化的中国汉字设计的道路，这也是汉字设计未来的发展趋势。

参考文献

［1］陈澧. 东塾读书记［M］. 上海：上海古籍出版社，2012.

［2］唐兰. 中国文字学［M］. 上海：上海古籍出版社，2005.

［3］鲁道夫阿恩海姆. 视觉思维［M］. 成都：四川人民出版社，1998.

［4］虞惠卿，陆俊毅. ShanghaiType 动态字体秀［DB/OL］. http://brand.cnad.com/html/Article/2014/1215/20141215140650787.shtml，2014 年 12 月 15 日.

基于风格匹配的产品造型评价研究

何灿群　顾佳凤

（河海大学　江苏常州　213022）

关键词： 产品风格　造型评价　形状文法　感性工学

风格作为一个艺术概念，最初产生于美学领域。学者们使用这个概念区分不同的艺术形式或者同一艺术形式不同作品的差别。它是艺术家在创作过程中展现出来的艺术特色，但是它又不同于一般的艺术特色，它是通过艺术品展现出的更加稳定、更为深刻、更能折射出本质的一种特点。

在产品设计领域，风格依托产品而存在，产品风格是指一系列产品所拥有的共同特征（见图1）。从图中可以看出，诺基亚直板手机基本沿袭了其一贯稳重、中庸的产品风格，在保持其人性化的设计基础上，产品形态的整体感逐步增强。如上述例子所示，产品设计师一般也是凭借自身的感觉和经验确定产品风格，并将这种主观确定的风格直接应用于设计中。但这种方法缺乏理论的支持，因为设计师生存环境、成长经历、思想观念、审美水平等都各不相同，从而导致产品风格的定位和分类并不统一。因此，国内外学者都在尝试用各种方法研究产品风格。目前，国内外关于产品风格的研究主要集中在三个方面：基于形状文法的产品风格研究、基于感性工学的产品风格研究、基于认知心理学的产品风格研究。

图1　近10年诺基亚直板手机的形态特征

1　产品风格及造型的相关研究方法

1.1　基于形状文法的产品风格研究

文法通常用来指词句组成的规律，以及语言中的句子、短语、词汇的逻辑、结构特征及构成方式。随着不同学科间的交流与融合，"文法"一词被逐渐应用于设计领域，最早应用于建筑设计领域。1954年，著名建筑学家梁思成在《中国建筑的特征》中提出了"中国建筑的文法"这一概念，指出"一切特点都有一定的风格和手法，为匠师们所遵守，为人民所承认，我们可以把它叫作中国建筑的文法"[1]。"形状文法"这一概念最早也出现在建筑设计领域。1972年，麻省理工学院建筑系计算机设计学教授George Stiny[2]在《介绍形状和形状文法》一文中首先提出了"形状文法"的概念，并完整地描述了其概念和构成，成为形状文法理论研究的先驱。词汇通过文法可以组成句子，同理，形状可以通过适用于其的特定文法组成新的形状。也就是说，形状文法认为形状是有规律可循的，所有图形都是由标准形经过对称、旋转、放大、缩小等变化衍生出来的。

自1978年形状文法正式应用于建筑设计以来，随着计算机辅助设计的发展，形状文法能节省时间、提高效率、直观展现效果等优点得到了充分的体现，有学者开始将其应用于其他设计领域，并取得了良好的效果。美国学者Jay P McCormack[3]等将经过修正和完善的形状文法应用于汽车造型设计领域，将别克汽车前脸的关键元素编码成了可重用的语言，生成了品牌一致的汽车造型。Michael J. Pugliese和Jonathan Cagan[4]利用形状语法生成了哈雷摩托车的抽象二维图像、捕捉已经开发的哈雷产品本质的约束，同时，对客户感知的哈雷·戴维森品牌进行测试。国内也有较多学者进行了相关研究：东南大学的卢兆麟[5]提出了一种基于形状文法的产品设计DNA推理方法，将形状规则分为生成性规则和修改性规则，指出具体形状规则应根据产品造型特征与感性意象之间的匹配关系以及约束规则加以确定；北京大

133

学的薛梅[6]根据建筑构造知识，提出了基于形状文法的建筑物三维建模方法，这是形状文法在建筑设计领域的又一发展。国内还有学者将形状文法应用于网页设计等其他领域，取得了一定的成果。总体而言，该领域的研究主要朝两个方向发展：一是关于现有或者过去产品风格的分析、描述与归纳；二是再现原来的产品风格，在此基础上创造全新的产品风格。

1.2　基于感性工学的产品风格研究

感性工学（Kansei Engineering）是指把消费者对产品的感觉、感性转换为产品设计要素的一种技术、理论与方法[7]。

1970年，NagamachiM[8]首先进行感性工学的相关研究，成为该领域研究的典范。他将感性工学的研究内容归纳为：①如何获得消费者在工效、心理方面对产品的感性与意象；②如何根据消费者的感性与意象来确定产品的设计要点；③如何建立一套人因技术的感性工学系统；④如何根据社会变化及人们的偏好趋势来修正已有的感性工学系统。日本的Yamamoto K[9]，德国的Nishino H, Tanaka T[10]以及中国台湾等地区的许多专家学者都从事这一领域的研究。他们以汽车、家具、电动剃须刀为案例，运用访谈法、问卷调查法、语义量表法、语意差异法和范畴区分法等研究产品风格与造型要素之间的关联性。大陆也有学者结合卫浴产品造型设计、驾驶舱内饰设计等开展了相关研究：华南理工大学的赖朝安[11]等提出了一种基于多维尺度法和选择型联合分析结合的感性工学方法，优化了水暖卫浴产品的风格；北京航空航天大学的王黎静[12]等基于感性工学建立反向传播神经网络法构建设计要素与感性评价之间的关联模型，以此预测驾驶舱内饰感性评价值。但总体来说，这些工作都还处于研究初期。

1.3　基于认知心理学的产品风格研究

一个产品要能成功地激起消费者的购买欲，首先要做到的便是吸引消费者的注意。认知心理学界[13]对"注意"通用的定义是"心理能量在感觉事件或心理事件上的集中"，强调意识的指向性与集中性。产品的物理属性如材质、色彩、形状等，是消费者最先接触到的产品属性，所有的物理属性组成了产品的造型风格，此为产品风格受认知心理学影响的第一步。当产品成功地吸引消费者后，会紧接着进入感知模块，消费者对产品产生一种来自自我的感觉，这种自我感觉引导消费者进行消费或放弃消费。感性工学中相关理论也在此得到验证，这是产品风格受认知心理学和感性工学共同影响的结果。

产品风格认知涉及复杂的心理问题，充满模糊性和不确定性，很难理性地分析构成产品风格的造型要素与造型法则。有学者试图通过研究风格认知模式来研究该问题。自20世纪90年代起，美国爱荷华州立大学的Chiu-Shui Chan[14]教授就一直致力于此。他认为如果存在着能代表风格的特征，则风格可以被看作是拥有一些基本特征的实体。这些特征可以被视为一种比例尺度，用于衡量产品风格的强度以及风格之间的相似度。通过实验分析，他认为"风格"是可以被量化的，提出了"基于风格相似度模型的风格认识方法"。北京邮电大学的孟祥武[15]等将认知心理学应用于移动网络服务中，引入服务加工水平认知、有效上下文认知的概念，提出一种"基于认知心理学的移动用户偏好提取方法"，为用户提供满足个性化需求的移动网络服务；西安理工大学的郭磊[16]通过各种实验，解释了用户视觉心理和设计师视觉心理以及表达方式上的区别，并根据用户视觉心理特征，提取了影响产品风格的造型特征线；西南交通大学的支锦亦[17]以列车车内色彩环境为研究对象，通过分析车内色彩特征与认知的关联，构建了车内环境的配色。

总体来说，产品风格的相关研究大多依托风格认知来展开。

2　产品造型评价研究

2.1　产品造型评价体系

产品造型的设计及制造过程都较为复杂，因而对其进行客观公正的评价较为困难[18]。不同的评价方法会影响评价结果的准确性，从而影响产品造型的设计和制造。

目前，国内外各种产品评价方法总结起来共有三类：①经验性评价方法，如点评价法、排队法等。②数学分析评价方法，如名次记分法、技术经济法及模糊评价法等。③试验评价方法，如模糊试验、样机试验等。不同的评价方法都有其各自的特点和适用范围，应根据产品的特点选择最合适的产品造型评价体系。

2.2　产品造型评价研究现状

有关产品造型设计评价的研究较多。在国外，R.K. Paasch[19]等人对于机械产品概念设计阶段的故障诊断进行研究，提出在该阶段就要遵循一些评价原则，减少产品失效率；Gupta, Satyandra K[20]等提出机械产品可制造性的多级模糊综合评判方法；S. Subba Rao[21]对人工智能与专家系统在产品开发中的应用进行了评述；Huang G.Q[22]等在基于web协同概念设计的研究中开发了概念设计评价器对设计方案进行选择；B.U.Haque[23]等利用基于实例的推理（CBR）对于并行工程环境下的新产品开发提供决策。在国内，南京航空航天大学的周海海[24]等以卧式点钞机的开发设计为例，引入产品造型多元质量的概念，从可制造性与可装配性、美学、人机工程三方面构建产品造型多元质量评价模型；长安大学的梁杨[25]等以家电产品为例，开发了一套较为完整的计算机辅助造型评价系统，提高了产品评价的客观性和准确性。在这些研究中，层次分析法、评分法、灰色理论法、模糊综合评价法、群决策法、神经网络法等方法常常被运用。

3　现有研究的不足

经过分析，发现目前国内外的相关研究主要存在以下不足。

3.1 设计师获取的产品风格与消费者心理不符

设计师在确定产品风格时一般是凭借自身经验或是主观感受，并将其直接应用于设计中，这种方法缺乏理论依据。设计师和消费者的直接沟通过少，简单的问卷调查和市场调研并不能将消费者的心理想法和意愿准确传递给设计师，因为消费者并不能像设计师一样客观理性地描述产品风格，只能用主观感性的词汇表达心理意愿，因而其评价结果过于主观，缺乏科学性。

3.2 产品风格研究缺乏普遍性

关于产品风格的研究往往只针对某个具体的产品，不具有普适性，验证系统也缺乏自我学习的能力。如图2、图3所示为两类产品，但可以简单描述其风格匹配。因为从物理属性角度分析，这两种产品材质、颜色和造型都相似，且同属机械类产品。所以关于产品风格的描述不应该仅针对某种具体的产品，而应该将各类产品进行系统的分析。

图2 挖掘机

图3 压路机

3.3 产品风格认知与造型评价间映射关系研究不足

上述总结的研究工作多是对风格认知过程的研究，产品风格与造型要素的映射关系的深入研究较少。特别是对产品造型特征细分后的造型元素、造型法则与产品风格的关系研究较少。

3.4 产品造型评价方法的局限性

大部分产品评价方法都是基于多目标的，关注的重点问题是成本、工艺结构、产品功能、环境保护等硬性的指标，很少有针对造型评价的研究。少数关于产品造型评价的研究，则多使用问卷调查、专家访谈等对已有产品进行满意度的分析调查，针对的不是设计方案，且是定性的评价方法，未能摆脱评价的主观性。

4 展望

针对上述研究的不足，笔者认为，应深入探究风格认知和造型评价之间的关系，构建消费者产品风格认知、设计师产品风格认知与产品造型特征的映射库，将产品风格描述直观化、元素化，搭建消费者和设计师关于产品风格的直接、客观的沟通平台；同时，构建基于风格匹配的产品造型评价方法，为产品评价提供定量、客观的评价依据。

产品造型特征可以理解为造型元素及相互之间的组合关系（即造型法则），如图4所示。直线、曲线、平面等基本元素以及表面特征都具备自身的风格。当它们通过相应的造型法则构成产品轮廓、局部特征、细节特征时，它们的风格意象相互作用、相互融合形成新的风格意象，从而促使产品风格形成。

通过产品风格与造型特征映射库的构建，感性词汇不再是设计师与消费者关于产品风格沟通的唯一渠道。消费者风格认知、产品造型特征、设计师风格认知之间形成可互相转化的映射关系。消费者可以在映射库中任意选择产品、词语等来描述风格期望，设计师因而可以直接获取相应的造型特征元素，并将之应用到设计中。采用这种方法获取的有关产品风格信息更加准确、客观，保证了设计方向的正确性。

造型方案评价与筛选也不再是仅仅基于主观的评价。通过产品造型特征相似性比较，获取设计方案与既定风格的相似度，包括设计方案与产品品牌风格的一致性，从而对方案进行定量的分析。客观的定量分析和传

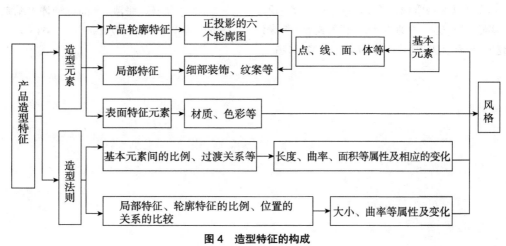

图4 造型特征的构成

统的主观定性评价相互验证，评价结果更可靠、有效。

参考文献

［1］卢兆麟，汤文成，薛澄岐等.简论形状文法及其在工业设计中的应用［J］.装饰，2010（2）：102-103.

［2］George Stiny G. Introduction to shape and shape grammar［J］. Environment and Planning B:Planning and Design，1980，7（3）:343-351.

［3］Jay P，Jonathan C.Speaking the buick language: capturing understanding，and exploring brand identity with shape grammars［J］. Design Studies，2004，25（1）:1-29.

［4］Pugliese M，Cagan J. Capturing arebel: modeling the Harley-Davidson brand through a motorcycle shape grammar［J］. Research in Engineering Design，2002，13（4）:139-156.

［5］卢兆麟，汤文成，薛澄岐等.一种基于形状文法的产品设计DNA推理方法［J］.东南大学学报（自然科学版），2010，40（4）：704-711.

［6］薛梅.一种基于形状文法的建筑物三维建模新方法［J］.地理与地理信息科学，2012，28（6）：31-34.

［7］王松琴，何灿群.感性工学：以用户为导向的工效学技术［J］.人类工效学，2007，13（3）：47-48，51.

［8］NagamachiM. Kansei engineering: A new ergonomic consumer - oriented technology for product development［J］. International Journal of Industrial Ergonomics, 1995, 15（1）: 3-11.

［9］Yamamoto, K.Yoshikawa, T.Furuhashi, T. et al.Division method of subjects by individuality for stratified analysis of SD evaluation data［C］.//2005 International Symposium on Micro-Nano-Mechatronics and Human Science: From Micro & Nano Scale Systems to Robotics & Mechatronics Systems，and 8th Symposium on Micro- and Nano-Mechatronics for Information-Based Society（MHS2005 - Micro-Nano COE）.2005: 29-34.

［10］Nishino H, Tanaka T. Experimental investigation of mode conversions of the T(0, 1) mode guided wave propagating in an elbow pipe［C］. Japanese Journal of Applied Physics. April 2011: PART 1.

［11］赖朝安，朱文文.水暖卫浴产品风格优化的感性工学方法［J］.工业工程与管理，2012，17（6）：122-127.

［12］王黎静，曹琪琰，莫兴智等.民机驾驶舱内饰设计感性评价研究［J］.机械工程学报，2014（22）：122-126.

［13］王怡.碎片化时代的移动产品拟物化设计研究［D］.长沙：湖南大学，2013.

［14］Chiu-Shui Chan.VALUATING COGNITION IN A WORKSPACE VIRTUALLY［C］.// 亚洲计算机辅助建筑设计协会2007年会（The 12th International Confere）.2007: 433-441.

［15］王立才，孟祥武，张玉洁，等.移动网络服务中基于认知心理学的用户偏好提取方法［J］.电子学报，2011，39（11）：2547-2553.

［16］郭磊.基于用户感性认知的产品造型设计方法研究［D］.西安：西安理工大学，2013.

［17］支锦亦.基于视觉感知特性的列车车内色彩环境舒适性研究［D］.成都：西南交通大学，2012.

［18］于建新，杨茂生.产品造型工业设计评价体系研究［J］.山东科学，2008，21（5）：59-63.

［19］Paasch, R.K.; Ruff, D.N. Evaluation of failure diagnosis in conceptual design of mechanical systems Journal of Mechanical Design［C］. Transactions of the ASME，Mar 1997: 57-64.

［20］Gupta, Satyandra K.; Fiorentini, Xenia; Sudarsan, Rachuri; Sriram，Ram . Formal representation of product design specifications for validating product design［C］. Proceedings of the ASME International Design Engineering Technical Conferences and Computers and Information in Engineering Conference 2009, 2010: 1411-1422.

［21］Subba Rao, S. Expert systems for small businesses［C］. Information & management, Nov 1988:229-235.

［22］Huang, G.Q.; Mak，K.L.Web-based morphological charts for concept design in collaborative product developments［C］. Journal of Intelligent Manufacturing，1999: 267-278.

［23］Haque, B.U.; Belecheanu, R.A.; Barson, R.J.; Pawar, K.S. Towards the application of case based reasoning to decision-making in concurrent product development（concurrent engineering）［C］.Knowledge-Based Systems，2000:101-112.

［24］周海海，陈黎，胡伟峰等.整合DFMA的产品造型多元质量评价方法［J］.机械设计与制造，2012（6）：285-287.

［25］梁杨，张涛.产品造型评价系统开发［J］.世界华商经济年鉴·高校教育研究，2008（7）：229-229，231.

运动型自行车结构设计中的机械美学

王 晶

（武汉华夏理工学院 武汉 430223）

关键词： 自行车 结构设计 机械美学

自行车是运动休闲活动的最佳代步工具之一，随着现代人们对生活品质要求的提高，自行车运动成为一种时尚的生活方式，既健康又环保，全民皆可参与，运动型自行车的市场前景广阔。运动自行车大体分为山地车、公路车、休闲车三种类型。骑行者可以根据不同的目的需要选购心仪的车型。因此运动型自行车的结构设计要充分考虑购买者的实际需要，还要满足精神和心理需求，通过形态美学上的设计，在易用性、安全性、美观性、便捷性等方面应予以充分探究论证，体现机械艺术性上的结构美感。本文以公路车为例，从机械美学的角度，将自行车结构设计与造型、尺度之间的关系展开论述。

1 自行车结构设计系统

结构设计是一个系统工程，每一个部件细节都要进行精心设计，考验设计者的专业能力和创造力。结构与造型之间是相互影响的关系，而结构设计与功能要求是统一的，或者说有更直接的关系。自行车因其人力作用的参与有其运动性能的特殊性，其结构既要承担物理机械功能，又要体现外观造型的整体性，同时要满足人的生理、心理需求。自行车产品的设计功能决定所选择和采用的机构，特别是运动机构，属于比较复杂的系统，设计中既要提出创新，应用新材料和先进技术，避免资源的浪费，又要有美观的造型设计。自行车的主要运动结构工作原理依据物理学和运动学，车轮的转动、前轮的左右摆动、车闸的摆动抱合和变速拨叉的摆动是设计要求的基本运动，是实现自行车功能需要执行的运动。

自行车的结构设计遵循一定的美学形式法则：变化与统一、比例与尺度、稳定与轻巧、均衡与对称等。自行车结构的相关要素包括形态与强度，结构与形态是造型的基础，运动机械原理决定了材料造型空间，而结构的强度与材料的种类和形态又相互关联，其中结构强度可以决定运动稳定性。各个系统之间是呼应关系，再加上人的因素，根据运动生物力学的特征，由点对点、点对线、点对体的控制，各个系统以严密的机械性运行。

运动型自行车由传动系统（脚蹬、曲柄、链条、后轮等）、导向系统（车把、前轮、前叉、车座等）和制动系统（车闸）组成，其各部件的工作特点不同，造型上也千差万别，但整体上呈线形，且有一定的规律性。如车座一般是对称的几何三角形，为保证骑行者的舒适坐感，边缘做圆化处理；车把弯曲，骑行者握把的倾斜角度控制在90°~110°之间。牙盘、飞轮呈环形结构，

直接外露，将材料的属性和制作工艺完美结合起来（见图1、图2）。[1]

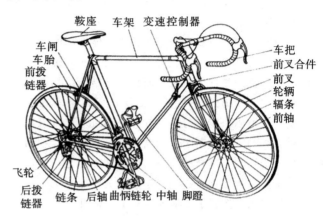

鞍座 车架 变速控制器
车闸
车胎
前拨
链器
飞轮
后拨
链器
链条 后轴曲柄链轮 中轴 脚蹬
车把
前叉合件
前叉
轮辆
辐条
前轴

图1 自行车的结构

图2 自行车传动系统

2 自行车结构机械美学

机械美学首先是认可机械自身的美感，材质、纹理、结构等方面传递出的自然美感，加上科学合理的巧妙设计，组合成具有一定功能的系统时，机械性能和几何属性达到统一，具有美学特征。机械的美能有效改进产品外观造型，可以实现零部件的标准化、量化、同质化，在自行车结构方面，造型美的进化与结构密不可分，如减震结构设计、链条传动结构设计、车架结构设计等，几何化的元件突出了机械结构简洁精炼之美，没有过多的装饰，每一个部件都有特定的功能，且环环相扣，紧密的结构层次较好地体现了机械美学特征。

以勒·柯布西耶为代表的第一代机械美学强调事物的逻辑性、流程、机械设备、技术与结构；而对于勒·柯布西耶而言，飞机似乎是一种接近完美的机器：因为飞机的创造绝对不是为了"形式"而创造的，而是为了"解决飞行问题"而产生的，因此传统的形式装饰等无关紧要的问题必须被抛开，飞机只能是个纯粹的

飞行机器。飞机的机械精神影响了勒·柯布西耶的建筑观，正如他所说的："建筑师最特殊的艺术，在动人的整体关系中，达到柏拉图式的高尚、数学的秩序、和谐的感受，这样才是建筑的宗旨。"自行车设计亦是如此，作为机械运动与人力运动相互作用的一种交通工具，就如同建筑那样，只有适合人需求的建筑空间，才能实现建筑本身的功能，自行车也是在解决运动的问题。在机械应用和运动逻辑上是彼此存在的，且是一种和谐的美、动感的美、科技的美。

自行车结构设计的机械美学还体现在秩序美、对比美和和谐美等的层面。秩序美是自行车各部件之间相互制约、协同工作、有秩序地完成各项机能作用的一种内在美。秩序是次序、常态、规则、条理，而精确核算的部件尺寸是良好秩序的保证。对比美在结构设计方面体现在凹凸变化、疏密关系、前后层次等，结构的独特性、差异性可以决定自行车的性能，通过对比可以增进用户对整车的了解。基于不同材料在自行车设计中的运用，和谐美体现在材质的物理属性、加工工艺、肌理效果、色彩效果等方面，这些对于结构的机械美学也起到了辅助的作用，拓展了美学的意义（参见图3）。

图3　德国工业产品设计师 Ralf Holleis 打造的名为
VRZ 2 BELT 的 Fixed Gear 固定飞轮（死飞）自行车

3　自行车设计基本要素与机械美学

产品设计的基本要素主要包括三个方面：功能、造型、物质技术基础。[2]现代工业技术背景下的自行车设计已经突破了人们对传统自行车的认知，有的自行车设计趋向智能化。运动型自行车由于具备特定的使用环境和使用人群基础，其机构系统方案的设计过程在客观上不仅涉及大量的机械理论推导和数据计算，还包括材料、工艺等参数设置，需要有优选的技术支持，在主观上还要考虑使用者的身体尺度、心理需求、精神需求等。如意大利公路车品牌 Masi，是世界上久负盛名的品牌公路自行车之一（见图4）。这个品牌在第一次

世界大战之后不久诞生于意大利。最近推出了几款车型，由于新颖的设计、优越的性能而广受好评。MASI Evoluzione 系列融入不同的科技与创新技术，为广大赛道骑士打造了碳纤系列车款，车架采用 MC7 超轻量碳纤维，完美地结合了 T700/M40J/M46 三种超高模数碳纤维，采用最先进的车架设计，提供最轻量、高刚性的车架组，打造顶级的自行车体验，成为了 Masi 有史以来最轻量化的车款。创新的材料应用、后下叉和车架设计，使得此系列产品的机械感、动力感十足，达到了美学上的新高度。该车坐垫、座杆、把组的形状、前叉、涂装也影响了整车的风格，造型的表征性突出。值得一提的是该系列独有的全方位超传动系统，结合了轻量化、刚性与舒适度，隐藏式的内线设计，配以时尚、清新、靓丽的色彩设计，提升了整个车体的美观性。

图4　MASI Evoluzione 系列

公路车是用在平滑公路路面上使用的车种，鉴于平滑路面阻力较小，公路车的设计重点就要考虑高速，可用于公路自行车竞赛，如国际几大著名的赛事：环法自行车赛、环意自行车赛、环西自行车赛、奥运会等，自行车运动自20世纪初传入中国，现今我国自行车公路赛也逐渐兴起，受到更多人的关注和参与。

公路车的设计以高速效能为重点，一般使用可降低风阻的下弯把手，较窄的高气压低阻力外胎，档位较高，且轮径比一般山地越野车都大，所以其重量较轻，在公路骑行时效率较高。由于车架无须加强，一般采用简单高效的菱形设计，且有相当结实的轮子，所以公路车是最为优美的自行车种类。

创新设计活动是从概念到抽象再到具象的过程，现代工业的科学技术性可以很好地解决和实现概念设计，即产品设计方案。[3]工业产品的特性也融合了美学的特质，而机械美学则完全是新兴的工业时代的美学诉求，人们不排斥，反而持有既欣赏又质疑的态度。机械结构本身是合乎逻辑的，不加装饰就具有美感，反映出了人们求新求异的心理特征。

4　自行车结构设计中人机工程与美学关系

任何一种从产品设计都离不开尺度问题，自行车设

计尤是如此。运动型自行车结构设计应充分考虑骑行者的身体特征，同一类型同款车，也要根据不同国家地域人体尺寸的差异进行设计，合理科学的尺度设计和几何结构可以很好地适应不同的骑行者需要，达到舒适、安全、高效的目的。运动型公路车要求骑行者有正确规范的姿势、上下坡、转弯技巧等，由于个体差异，现如今个性化设计和配置成为许多自行车爱好者的推崇，不局限于整车标配。如一般的品牌车均经过严格测试后生产，依据人体工程学设计，尺寸合适、配备手变、性能优异、价位适中、美观协调的公路车，可以满足通常运动和中低强度拉链运动的需要。

公路自行车的飞轮与牙盘的齿比很大，一般的公路车齿比可以达到 53∶11 左右，有的甚至更高。公路车广泛采用新型材料，比如钛合金、碳纤维、高级铝合金等较硬的材料，因此重量较轻，便于在平坦路面骑行，不必像山地车那样考虑吸收减震的问题，易于骑行者发力，降低了骑行压力和疲劳度。虽然良好的材料应用可以减轻自行车的重量，但国际自联规定了参赛车的重量不得低于 6.8kg。因此公路车在结构设计方面要考虑重量的问题，摒弃"装饰性符号化部件"，以优化的结构和造型迎合动力的需求，也体现了结构尺寸遵循极简美学的重要性。用户对美的感受可以在使用体验的过程中获得，更真实有效。

选择合适的自行车尺寸对设计者和骑行者而言至关重要。选择自行车，首先要考虑车架的大小是否适合骑行者的身材体量，一般计算公式为跨下长 × 0.65= 车架立管长度。此公式可以用来选择适合骑行者身高的公路自行车车架尺寸。良好的技术和尺寸设计对产品发展而言起到了推动作用，如意大利著名建筑学家奈尔维所言："一个有功能意义的结构物及其经济效率取决于合适的尺寸比例及其空间关系，夸张尺度和堆砌装饰只会导致庸俗。"[4] 产品功能的真正目的是使用，即满足人需求，各类艺术手法的运用是为了让产品看起来更形象和真实，更具美感。[5] 如国内自行车品牌喜德盛，考虑了中国人的身体特征和尺度，体现了设计以人为本的原则，符合东方美学的审美标准。且价格合理，服务有保障，质量规格相对固定，使用安全，性能优异，外观协调，美观大方，设计生产了多款车均受到市场欢迎（见图5）。

圆形、弧形、直线形的设计使得自行车线条感十足，同时机械部件的几何感明显，结构层次性突出，不仅仅是形式上的美，更确切地说是机械性上的美，且每个部件结构是环环相扣的，互生互存，缺一不可，这在实际操作过程中可以大大提升人的舒适感和满足感。

第二代机械美学则更注重形式的运动性（流动性），强调超感官的理念，比起第一代机械美学更轻巧、更灵活，风格倾向于外骨架效果。而反映在自行车结构设计上，车架、齿盘、链条、飞轮等都具有代表

性。自行车的车架造型很大程度上决定着自行车等级品质、易转性能、骑行舒畅感等，在整车设计中，车架发挥协调人力、车轮机械动力、路面作用力等的作用。车架结构无间隙、无焊接的整体成型工艺可以保证车体的稳定性和安全性，使得人体做动力传递效率高。车架内壁和外观均作光滑处理，杜绝表面不平整对车架材料造成的性能折损。除考虑车架的造型结构尺寸外，尤其应该考虑自行车与人的协调关系，以及身体尺寸与自行车各部件之间的关系，确保骑行过程中的阻力减少，输出性能最佳，使骑行者获得轻松愉悦的操作体验。

图5　喜德盛公路车 RS750

5　总结

运动型自行车结构设计是一个系统工程，各部件之间精密地机械性组合保证了其功能的完整性和协调性。结构与形态、结构与尺寸、结构与材料等特性影响力整车的设计风格和市场定位。在机械美学层面，各个机能部件之间的相互影响和相互制约的关系，以点带线、以线带体的形式反映了材料和工艺的完美融合，并依据合理的人机工学分析数据，模块化、个性化、艺术化的组合方式，实现了形式服从于功能的设计美学原则。运动型自行车机械美学并不仅是形式感的视觉追求，而且还体现在速度与力量的表达上，通过结构优化、材质对比、精工制作等多方面的综合效力，形成了市场经济价值以及行业之间高度认同的社会关系。

参考文献

[1] 刘书华 . 焦林 . 运动自行车结构尺寸的计算机参数化设计 [M] . 陕西理工学院学报，2013.（29）：3.

[2] 李砚祖 著 . 产品设计艺术 [M] . 北京：中国人民大学出版社，2005.

[3] 詹雄 主编 . 机器艺术设计 [M] . 长沙：湖南大学出版社，1999.

[4] 孙林岩 . 人因工程 [M] . 北京：中国科学技术出版社，2005.

[5] 刘宝顺 编著 . 产品结构设计 [M] . 北京：中国建筑工业出版社，2009.

四 服务设计与信息交互设计

面向智慧型系统的信息设计方法研究 ①

赖祖杰　鲁晓波

（清华大学　北京　100084）

关键词： 信息设计　智慧型系统　物联网　大数据

物联网技术相关的产品在改善生活环境上具有极大的潜力，连接互联网的设备，通过本身携带的各种传感器收集数据，并可以通过云端和手机端进行处理和控制。这些设备所获取的数据成为人们进行控制操作的信息，通过手机、平板电脑和计算机的脚本语言实现自动控制。然而，市场上纷繁复杂的智能设备在智慧型的家居系统中，相互之间却并不能进行信息的交换，其控制端也需要安装不同的应用程序来进行管理和控制。从电子产品到数字化的智能产品，再到智慧型产品，这过程中的影响因素有很多，其中最主要的是这些设备，使人接入互联网，迈入数字虚拟世界；使产品和环境介入互联网，构建起人－物－环境协同的虚拟空间。将这个过程中的数据得到有效处理，并为人类所用。

过去的 10 年作为智能手机极大发展的 10 年[1]，人们交流和获取信息的基本方式由 PC 机转向了智能手机[2]。智能手机使介入互联网并获取信息、服务以及与他人交流成为可能。而物联网技术在过去几年中得到长足的发展，已经实现了将事物和环境与互联网的连接。物联网，从字面意义上讲，是指事物通过互联网与其他事物或服务连接起来[3]。而智能设备作为物联网设备的典型代表，其搜集的海量数据，客观上要求人们使用新的方法来储存和处理，这也是大数据的概念核心，即海量数据的获取、传播、汇总、储存和分析[4]。大数据有 3 个主要的特性，数据量大、数据种类多样和实时性强[5]，这也客观上促进了云计算技术的应用，云计算成为储存和处理海量数据的解决方案，作为一种服务形式出现，而不是实体的产品，其通过网络服务的形式向用户提供共享的资源、软件和信息等[6]。

进一步来看，在智慧型系统设计中并不能仅仅停留在连接互联网和提供初级服务的层次，而应侧重与设备间的互联协同和智慧响应的系统设计。智能设备作为一类能够收发数据，并具有某种形式的交互性和自主性的联网设备[7-8]，其优势在于协同性，即设备之间互联互通，协同合作，使信息在设备和服务之间流动的智慧型系统，能够根据传感器获取的数据信息，预测用户的需要；并根据具体的场景和语境自主地进行某种操作，达成用户的预期目标，因此，在智慧型系统的设计过程中，需要应用新的策略、框架和方法模型，来帮助设计师从系统整体设计的角度进行把握。

1　智慧型系统的概念

智慧型系统是由一系列智能设备和通过自身或第三方传感器获取的数据所构建服务的组合。系统根据相关事件和实时信息作出明智的、合理的决策；并可以自动地执行指令影响环境、事物甚至是人；同时也能为用户提供决策上的信息帮助。系统的智能之处在于预测人的需求和欲望，并能根据情景语境自动地作出决策，完成用户的预期的潜在目的。

智慧型系统是由多重要素组成的，可以归纳为 3 类，即实物环境要素、界面接口要素和数字虚拟要素。智慧型系统见图 1（文中图片均由笔者绘制）。实物环境要素是指生活的物理现实环境，包括人、物、环境等要素。这些要素是物联网的智能设备存在和衡量的基础，这些要素的特征能被感知和衡量，同时通过物联网的智能设备维持和改变这些要素的基本状态。

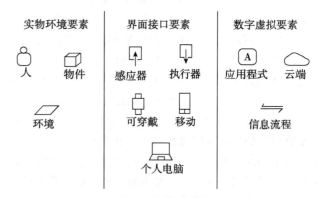

图 1　智慧型系统

界面接口要素，这些设备是介于实物环境要素与数字虚拟要素之间的"界面"，或称之为接口，主要由 3 种类型的设备组成，分别是传感器、执行器和计算器。传感器是智慧型系统的眼睛和耳朵，通过传感器将系统所需的数据进行定性和定量处理。同样以此类比，执行器就是系统的手和脚，借住执行器能够维持、调整和改变系统中的人、物和环境的特征。计算器包括可穿戴设备、手机、平板电脑和 PC。计算器为用户手动输入信息和接收智慧型系统的提示，提供了一种行之有效的方法。

数字虚拟要素主要包括各类程序、APP、网络和云计算等。运行在计算设备上的应用程序是连接用户和数字虚拟世界的窗口。云计算是智慧型系统中的所有设备和程序

① 发表在《包装工程》2016 年第 4 期

所需数据的收集、处理和分发的中心，也能为计算能力不足的特定设备提供在线的数据处理能力和存储空间。智慧型系统的理论模型根据物理世界中的实物和设备，数字虚拟世界中的服务以及各要素之间的信息流，系统地阐释了其中各类要素的关系。智慧型系统的模型见图2。

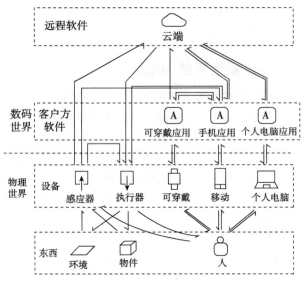

图2 智慧型系统的模型

2 智慧型系统的设计方法

相对于传统的产品和服务设计来说，智慧型系统的设计有以下4个特征：研究和设计需要的数据量大；智慧系统依赖多种设备和服务的协同；智慧型系统随时间不断演化；智慧型系统对于个体和人群作用和影响差异巨大。

设计智慧型系统需要设计师理解信息组织和决策制定过程中的逻辑关系，使系统能够充分发挥信息的优势，优化系统内部设备和服务之间的信息流。

对于一个系统而言，其"智慧"的运行和响应，需要根据现有的数据实时地监测预先设置的触发事件，根据语境不同作出最恰当的反应并执行。智慧型系统同样会持续监测环境状况事件，并不断作出调整确保系统能够满足用户的需求[9-10]。

事件是时间维度上的关键时刻，一般由事物的明显特性所决定，并通过传感器和服务来收集。通常可以将事件分成五大类：事物、时间、动作、位置、数量或质量。事物包括人、物以及环境。时间可以当作一个时刻被记录，也代表从开始到结束的一段持续过程。动作一般是指事物的行为。位置是指事件发生的地点。数量或质量表明事物的多少和状态。

事件发生过程中的某些因素，会成为影响事件未来走向的关键时刻。影响因素关系见图3，是一套综合、分析的方法，帮助设计研究人员确定智慧型系统界面要素的重要性，以及与用户的亲密性程度，直观地呈现了实物环境要素作为影响因素与用户的距离，这种距离不是物理上的距离，而是指人对事物感受的心理距离。按照人对事物的亲密程度可以划分为身体本身、私人的、半私人的、半公开的、公开的5个层次。

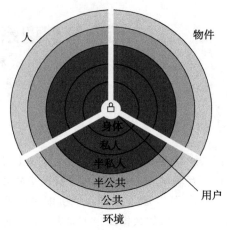

图3 影响因素关系

日常生活与人交流的过程中，保持距离的行为取决于此人是谁及与自身熟悉的程度。在公共场合中相对保留最多，而只有身边的唯一重要的人才能获得最亲密关系。智慧型系统中的环境因素是依据与人的关系的接近程度划分的，其中公共环境空间对每个人开放，不设置任何限制。半公开空间是对公众开放的私人空间。半私密空间主要是私人空间，仅与关系亲密的或受邀请的人员共享，半私密空间也包括家庭中的公共空间。而私密空间完全是个人化的，独享的。

系统中的事物要素是根据其用途来划分的。公共事物对每个人开放，任何人都能够使用。半公开的事物一般是由一个特定的社区共享。半私密的事物通常是半私密关系的人群在半私密环境中共同使用的物品。而私密事物在使用归属上是唯一的。与身体相关的事物一般是指体内的或者附在身体上的。图3在帮助设计师确定设计过程中需要监测的事物对象，以及对传感器的选择上十分有用。此外，通过图3也可以分析得出所需要的执行器的类型，借助系统中的执行器来改变环境条件。这个方法在确定哪些地方该放置传感器或执行器方面尤其有效。例如，像 $PM_{2.5}$ 等细微颗粒物会对空气造成污染，由于空气无处不在，这也就意味着所有空间中都需要以不同的形式来配置传感器，并收集不同群体的使用数据。而空气质量传感器一般都体量庞大且昂贵，通常是由政府或其他组织安装在公共和半公共的空间中，而只有用户在安装了传感器的空间中，空气质量的数据才对其有用。通过使用图3的方法，可以有效地帮助设计师在处理设计问题时面临的不同层次传感器选择问题。

从系统控制的角度来看，智慧型系统中包含两类控制动作行为，一类是系统自动控制，一类是人为干预。采取控制性动作行为的目的是为了调整适应环境条件，外界环境改变促发了系统调整，达到系统预设的条件。系统自动控制传感器和执行器进行的调整，无须人为干预。此外还有一种系统行为是通过智慧型系统的辅助，实现人为干预的目标。目标或任务达成之后，系统将通知信息通过智能手机等可穿戴的设备告知用户。第二种人为干预的方式是通过智慧型系统的洞察辅助用户的行为决策。无论是环境中的事件信息，还是系统动作行为信息，都跟现实环境中的设备以及数字虚拟环境中的应用程序相关联。事件信息通过传感器设备、应用程序和云服务收集；系统的自动控制行为借助于现实环境中的执行器来完成；用户的可穿戴计算设备是人为干预的工具和渠道。

3 结语

模型通过设定系统行为框架，结合计算机科学领域复杂事件处理的概念原理，阐释了一个智慧型系统是如何运行的，并帮助设计师将系统中的信息划分成3类，触发事件信息、行为事件信息以及结果信息。触发信息中产生的可衡量的事件，与触发事件信息一样，通常传感器和应用程序的反馈作为衡量。对比实际的结果信息与期望的结果信息，是评估智慧型系统动作执行是否有效的方法之一。例如，在一个应用此框架的智能家庭中，用户想在冬天家人入睡后降低电量消耗的行为。在这个场景中，触发因素是人们夜晚入睡后，需要关灯。系统需要监测物理环境中的若干事物。家里是否就一个人在睡觉？是否有其他家庭成员目前不在房间里？房间里是否能监测到运动信息？什么时间监测到的？还有室外的温度是多少？除了要监测上述的环境信息，传感器和应用程序还可以为系统提供更多的参照信息。Seven Hugs Hug One设备能够检测到床上是否有人以及是否处在睡眠状态中，手机中内置的GPS装置可以确定家人具体的位置信息。当房间内所有的家庭成员都进入睡眠状态时，智慧型系统采取的动作事件是调整到睡眠模式。系统会关闭房间内所有的灯光，锁上外部的门窗；切断厨房、餐厅、客厅、家庭活动室的电源。为了将这些自动调整限定在房间内部，系统通过控制执行器来完成，如通过 Philips Hue 来控制灯光开启关闭；Quirky GE Wall outlet 来切断电源而不用拔下插头。在智能家庭中，人们期望的事件是将夜间的能耗降到一个较低的水平，切断夜间不工作的设备的电源。

此外，智慧型系统的行为框架模型不是一成不变的，是能够随技术发展不断迭代发挥作用的。智慧型系统的行为框架原型在家庭中的应用见图4，每一栏左侧部分主要是物理世界中人、事物和环境的信息，这些信息是相对恒定的，变化程度较小。但随着新技术的不断发展，系统可以提供更加丰富的情境和改变上下文情景的方式，并提供设计师测试设计目标的逻辑内涵的可能性，防止出现触发事件，系统也作出了行为反应但却没有达到期望的结果，改变这种在逻辑上的缺陷。结合前文所述的各种工具，能够使设计师有效地组织和利用系统中的设备和服务的信息来设计系统的"智慧"。技术的不断演进也促进了市场中智能设备等物联网产品的蓬勃发展，逐步向智慧型产品过渡是制造和服务提供者差别化市场策略的一部分，而设计师亟需新的设计工具来处理众多智能设备产生的庞大数据，并将其转化成设计洞察，帮助用户实现期望的目标。这里通过对市场上的

智能硬件设计设备的案例分析，赋予了人们通过智能手机收集个人生理指标信息和环境信息，并处理这类信息的能力；并从人、物、环境的影响要素的角度构建了贯穿物理世界和数码世界，分析智慧型系统产品的特性，为智慧型系统的设计师提供一套从信息组织和管理层面的设计方法体系。

图4 智慧型系统的行为框架原型在家庭中的应用

参考文献

［1］BOHN D.We Finally Know What Comes after the Smartphone［J］.The Verge, 2015, 6（2）.

［2］NEWMAN E D.Smartphones in the Workplace［J］. Momentous, 2012（5）.

［3］ATZORI L.The Internet of Things，a Survey［J］. Computer Networks, 2010, 54（15）: 2787-2805.

［4］MANYIKA J. Big Data, the Next Frontier for Innovation, Competition, and Productivity［J］. McKinsey Global Institute, 2011（3）.

［5］LANEY D.3D Data Management, Controlling Data Volume, Strategies, 2001（1）.

［6］GRANCE M.The NIST Definition of Cloud Computing ［C］.National Institute of Standards and Technology, 2009.

［7］COMMISSION F T. Internet of Things, Privacy and Security in a Connected World［C］.2015.

［8］COSMIN C. Benefits and Requirements of Using Multi-agent Systems on Smart Devices［C］.Euro-Par 2003 Parallel Processing，2003.

［9］覃京燕.大数据时代的大交互设计［J］.包装工程，2015，36（8）：1-5.

QIN Jing-yan.Grand Interaction Design in Big Data Information Era［J］.Packaging Engineering, 2015, 36（8）:1-5.

［10］陈志刚，鲁晓波.大数据背景下信息与交互设计的变革和发展［J］.包装工程，2015，36（8）：6-9.

CHEN Zhi-gang, LU Xiao-bo.Reformation and Development of Information and Interaction Design Based on the Big Data［J］.Packaging Engineering, 2015, 36（8）:6-9.

基于多传感器技术设计的文化设计方法：以交互式灯具设计为例

应放天 蔡建兴 陶 冶 陈 超 王亚楠 姚 成

（浙江大学 杭州 310027）

关键词：情感 设计 文化 方法论 灯具 交互

Introduction

Culture can be defined as a system of meaning that a group of people share; it is a kind of emotion, some ways [1]. Over the last few years, culture context has been an essential and indispensable design resource for it can spark user's particular emotions. Although designers realize its unimaginable power on social innovation as Tim Brown (2009) explains [2], they fail to have access to the approach to consciously integrate it with technology design.

As Norman has said, there are three levels during emotional design: Visceral, Behavior and Reflective [3]. Our present study aims to develop a basic cultural design method from these three levels. Furthermore, under such theoretical understanding of cultural design, we adopt multi-sensor technology to design an interactive lamp to validate this developed cultural design method.

Related Works

Encyclopedia Britannica (1990) originally defined "culture" as cultivation of a land or some plants, but changed to cultivation of a human being's body and spirit afterwards. "Cultural awareness" is defined in Webster's Dictionary (2002) as a human being's psychological process of understanding his survival, lifestyle, and various activities of spiritual and physical realms [4].

Nowadays, there is an increasing emphasis on the role of culture in design field. More and more products are inspired by cultural elements and more and more studies focus on cultural element in product design. 'Shutters', inspired by traditional window and designed by Marcelo Coelho for precise control of ventilation, daylight incidence and information display [5], is an example. Wen-chih is another example, who concentrates on figuring out "how to use design elements with cultural meanings" [6]. Nevertheless, rarely does a cultural design method exist to concern itself with the cultural influence in technology design.

Cultural Design Method Research

As Papanek (1971) said, it is very important that design sets the direction for underdeveloped regions [7]. In Asian countries, there is an emerging trend to adopt cultural elements in electronics products and a desperate need to enhance and enlarge the scope and depth of cultural design.

After long-term accumulation, culture develops a simple, genuine aesthetics consistent with the nature and habitats of Eastern people. The traditional handicrafts and folk artworks will be beneficial to refining the design elements. As a consequence, large quantities of traditional research seem indispensable.

Additionally, culture and emotion are inextricably related. A combination of these two elements is conducive to innovation. Culture emotion, like a national symbol, can arouse the memory and association. Realizing this, most of designers will apply these two elements in product appearances and functions.

Consequently, we created a new method on the basis of traditional emotional design method. As emotional design has been defined into three levels: Visceral, Behavior and Reflective in the book of Norman [8], this method was established through analysis on the three levels.

Visceral: Observing nature principles.

First of all, the basic principle originates from human instinct which is identical among different people and cultures. This is the primary step of cultural design. Only those products in accordance with human instinctive reaction can go far. Whichever design method we choose, we will encounter with challenges from visceral level. As culture is a cumulatively national habit, a cultural design method should have a deep understanding of national habits and ascertain product position.

Besides, different people in each age may have diverse reflection over the same things. This phenomenon is particularly apparent among oriental countries, due to the rapid development in last decades.

Product appearance is the most straightforward way to stimulate cultural awareness. A great example is Beijing Olympic torch, which was surrounded by "auspicious cloud", a representative of Chinese culture mark. Seeing this pattern, audience may generate a strong Chinese flavor instantly.

Behavioral: Observe ordinary lives and find out suitable cultural elements.

Faced with human behavioral level in emotional design, we should observe our daily lives to find out people's cultural habits to make the design integrated with human environment easier.

In culture, the effects of ancient thoughts on modern people may be lasting. Master Zhuang (the earliest thinkers contributed to the philosophy that has come to be known as Daojiao) thought, opus that are similar to the familiar issues bring users Euphoria feelings. Similar words have been also mentioned in 'Spring and Autumn of Lui Family' (lui Shi Chun Qiu) and 'History of the Han Dynasty' (Han Shu). From this prospective, those things which can touch human's hearts are much more popular.

It is very important to gain inspirations from traditional products in daily lives, because we know how precious these traditional things are. But before we collect interesting ancient things and analyze them, we should obviously know what kind of emotion the design wants to deliver. And then seek out several cultural elements which may be suitable for our design concept.

Reflective: Combine product modalities with cultural emotions

The highest level in emotional design is reflective level, the embodiment of culture. It can influence people deepest. In this level, cultural design lays more stress in connotation of culture. As (the meaning of things) Mihaly Csikszentmihalyi&Eugene Rochberg-halton said in their book [9]: What makes the special things unusual is the particular memory or association they convey.

The skin of juice—Tetra Pak of fruit juice—designed by Naoto Fukasawa (b.1956, one of the best-known Japanese product designers) is a good example. He made good use of the appearance, feel, shape of the product to imitate the real fruits to stimulate people's emotion to these fruits.

However, cultural design is purposed on moving people. As a result, it needs more consideration on how to combine the selected cultural element with our design work. We fitted these points together as a new measure to do design work: first is product positioning, second is cultural theme determination and survey implementation on ordinary lives of urban people to find out the existing problems. Finally is to find inspirations in traditional arts, followed by imitation.

Cultural Design Method Procedure

This cultural design method was drawn from previous studies on emotional design levels. Figure 1 is a flow chart of cultural design method indicating the procedure of this study. And we will practice this method on a lamp design.

1. Product position. It is the first step and lays solid foundation for cultural design projects. A lot of ways can be adopted in this step, such as survey, questionnaire on Internet or data collection.

2. Cultural theme and elements evaluation. It has a decisive impact on the determining the targeted emotion delivered to customers. We could define it with the following two steps.

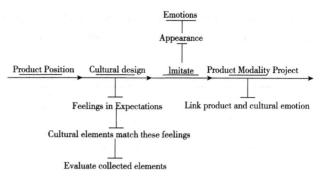

Fig.1 Flow chart of design procedure

3. Feelings in Expectations. Determine what feelings conveyed to users through products, which requires designers referred to project position (such as the targeted group, the traits of users).

4. Cultural elements adapting to these feelings. Adopt enumerating method and brainstorm to collect enough culture elements from all worthy historical resources, such as ancient poems and calligraphy.

5. Try to imitate the emotion. Imitating the shape of a cultural element may be the most direct way to bring a popular chord to client, but it can only continue for a short time without in-deep moving factors. In order to touch people's hearts deeply, we are supposed to do more work to imitate the significance of cultural elements.

6. Final: product modality project. Finally, this step is a crucial part on determining whether the product successful or not. Then, we should link product and cultural emotion together in harmony.

A Design Case: Light Ceremony

To illustrate the cultural design method, we try to use this method to do a lamp design, following the cultural design method procedure. The process can roughly be described as three stages: 1. Product position, which is primarily preparation work of this lamp design. Simultaneously, we have to work out the Characteristics of the crowd to help our design process. 2. Clarify culture theme and collect relevant cultural elements, followed by selecting the most appropriate one through evaluation; 3. Imitate and decide the product modality (appearance, function, technology, etc.). This case aims to design a lamp embodied with culture elements and convey warmness to users.

Cultural theme and elements evaluation

1. Cultural theme

As research indicates, we tend to design a lamp with peaceful emotion, with the purpose to help urban people have a relaxing feeling when they use this lamp at home. A lot of cultural heritage can be the new resource of lamp design. So we do a collection about the cultural things which can bring peaceful emotion.

2. Collection work and evaluation

The collection work is the beginning of our design; we have

searched about ten kinds of cultural elements. After we evaluate the ten elements with a Comprehensive evaluation, we can clearly realize which one is better. We number the ten elements from No.1 to No.10 as shown in Table.1:

Table.1 Selection guideline

1	2	3	4	5	6	7	8	9	10
Lantern	Bamboo branches	Tea ceremony	Kongming light	Sedan chair	Moon	Tile	White and blue Porcelain	Origami	Qipao (Chinese style long gown)

As figure 2 shown, we find 5 persons from different fields to do the trail. And we evaluate those elements by using a honeycomb chart which follows the six selection guidelines as design principles: feasibility, interest, research difficulty, uniqueness and cultural significance.

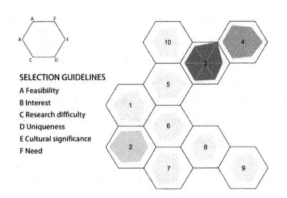

SELECTION GUIDELINES
A Feasibility
B Interest
C Research difficulty
D Uniqueness
E Cultural significance
F Need

Fig.2 Selection Guidelines

As a result, no. 3 Tea ceremony is final outcome after evaluation.

Imitate and define final product modality. As one of the oriental ancient civilized countries, China has a splendid culture and a long history. The art of drinking and serving tea is an important element penetrated into China culture. The qualities of tea inspired lot of scholars and artists to do wonderful creations of art and poetry related to this ceremony.

We also call the tea ceremony 'Kung Fu Cha' for making tea costs a lot of time. The Kung Fu Cha is special for tasting, enjoyment and leisure. We mainly imitate the motion of tea ceremony to reach the goal of spirit imitated. We expect to give light the qualities of water. Light flows as running water, and can be transformed from different containers. The concept of such lamp inspired from tea ceremony would describe a story about nature, culture, light and water.

Final lamp design. Finally, we produce a new lamp named Light ceremony. It is a light that creates a usage full of peace and elegance. It riffs off the proverbial tea ceremony by adding and removing light to a bowl via scoop. The two objects communicate wirelessly to seamlessly transfer light based on motion and gesture. It also simulates the feature of separating and fusion, making light things that can be taken away. As shown in Figure 3, we make a prototype by bamboo material, for it is a natural material and suitable for delivering cultural concept. And we use angle sensor, ultrasonic wave sensor and a smart chip to realize the interaction. As the view of figure 4, the light can be used alone when needed.

Fig.3 rototype

Fig.4 Light–ceremony usage

When the little spoon act along arc downward and it will be bright.

When the little spoon acts downward at a 90 degree angle, it will be dark slowly while the big bowl will be bright.

When the little spoon acts downward at a 90 degree angle outside the big bowl, it will be dark. LIGHT CEREMONY lets us know that there are not merely blunt electric appliances but those warm and beautiful lights.

Conclusion

This case wields culture commendably. Light ceremony applies the spirits of tea ceremony in lamp design. Light ceremony speaks volumes of how fantastic culture is. Additionally, the graceful motions generate peaceful or even lovable feeling, which satisfies the needs of urban people to relax their pressure.

Cultural design will be an essential part of industrial design in the near future for a better communication and interaction. When facing cultural design, we are supposed to pay attention to its characteristics of nationalities in ordinary life. On the whole, a combination of emotion and the spirit of cultural elements holds the key in the process of cultural design. The case of a lamp design, Light ceremony, is a good illustration of cultural design method practice.

To facilitate generation of a cultural design system, a long term study is needed, which is beneficial to deeper understanding of how emotional design supports design process and examines feasibility of this design system. Additionally, we need to understand more about user-center design to make the design method more user-friendly.

References

[1] Yuen Y T, Lau M F. A comparison of MC/DC, MUMCUT and several other coverage criteria for logical decisions. Journal of Systems and Software, 2006, 79 (5): 577-590.

[2] Spector A Z. Achieving application requirements. Book Distributed systems. ACM, (1990) : 19-33.

[3] Norman D A. The design of Everyday Things ［M］. New York: Nasic Books, 2002.

[4] Brown T. Change by design: How design thinking transforms organization. Harper Business publication, New York. 2009.

[5] Marcelo Coelho, Pattie Maes. Shutters: A Permeable Surface for Environmental Control and Communication. Proceedings of the Third International Conference on Tangible and Embedded Interaction (TEI'09), Feb 16-18, Cambridge, UK14, (2009).

[6] Wen-chih Chang and Ming-rein Hsu A Study on the Application of Cultural Elements in Product Design. P.L.P. Rau (Ed.): Internationalization, Design, HCII 2011, LNCS 6775, p.3-10, (2011).

[7] Bob Fields, Elke Duncker M.J. Smith, G. Salvendy (Eds.). The Cultural Integration of Knowledge Management into Interactive Design Javed Anjum Sheikh, Human Interface, HCII (2011): 48-57.

[8] Donald A. Norman. Emotional Design ［M］.G.C.Merriam Company, 2005:206.

[9] Edward Burnett Tylor. Primitive Culture, Researches Into the Development of Mythology, Philosophy, Religion, Art and Custom. (John Murray, Albemarle Street 1871).

服务设计概念演变及要素认知[①]

刘 军

（中国地质大学 武汉 430200）

关键词：服务设计 概念演变 要素认知

1 引言

服务的存在由来已久，从早晨起床、吃早餐、出门乘坐公共交通到下班休息的整个过程都以服务为支撑展开，服务设计产生于社会经济以知识产业为重心的背景下，顺应了产品设计由"物"向"用户"为中心的转移。目前，服务设计已在公共服务部门、教育、医疗、互联网等领域广泛开展，并深入生活设计的方方面面。

2 服务设计概念演变

2.1 服务设计历史发展阶段

丹尼尔·贝尔（Daniel Bell）指出：后工业社会的首要特征是产品经济向服务经济转变，以服务和舒适来界定生活质量，这是社会发展的又一个阶段。在工业经济时代，社会生产和需求仅仅围绕在土地、劳动力、资金和能源为基础的物质型经济上，由于经济落后与材料匮乏，公共机构提供的服务只能满足人们"有用"、"可用"的需求，物品制造和销售是设计关注重点，设计的首要目标是确保用户得到有用、可用、好用的产品，同时实现组织的有效和高效制造过程，服务的体验在所难免地被忽略。后工业时代，制造商品变的相对简单，生产能力由物质生产转向为服务性生产，服务和产品融为一体，服务设计涉及的是过程和策略，关注的是整体体验和提供一个系统的解决方案（见表1）。

表1 不同社会阶段经济发展与需求重心

经济形态	社会活动主导	消费需求重心	技术与结构	设计
产品经济	农业、矿业	温饱	手工工具	手工设计
商品经济	产品生产、销售	产品拥有数量	机器	产品设计
服务经济	服务、体验	生活品质个性化	信息技术	信息与服务设计

"服务设计"（Service Design）一词最早出现于20世纪90年代，它伴随着世界经济的转型而产生，是当代设计领域的新名词。经过20多年的发展，服务设计在全球范围内受到越来越多的关注。欧洲设计强国（英国、丹麦等）不仅在其经济领域大力推行服务设计，更将触角延伸向更为广阔的医疗、健康、教育、基础设施建设等相关公共领域。

从20世纪后半期开始，欧美发达国家对服务管理和服务进行了初步研究。与这一理念有关的观点起初来自美国服务管理学专家肖斯丹克（G. Lynn Shostack）。1982年，她在《欧洲营销杂志》（*European Journal of Marketing*）上提出"如何设计一种服务"（Howto Design a Service），同时强调，要以"服务"为重点，通过"设计"手段来进行规划[1]。

1984年，G. Shostack Lynn在《哈佛企业评论》中发表论文"Designing Services"，首次将设计和服务结合，为服务设计研究拉开序幕，这便是"服务设计"的理论雏形。早期这一理论的基本观点还包括从管理学与市场营销学角度出发的服务创新与服务营销实践。不过，这些观点与目前设计学语境中的"服务设计"概念还有所区别。

设计学中的"服务设计"观念形成于1991年，比尔·柯林斯（Bill Hollins）[①]夫妇在其设计管理学著作 *Total Design* 中率先提出服务设计一词，服务设计的概念由此被明确提出和形成。但服务设计的发展和应用主要归功于IDEO、Frog Design、英国和德国的一些公共设计机构、科隆国际设计学院等人的前赴后继。

在具体实践中，德国科隆应用科学大学国际设计学院（Köln International School of Design）从设计教育层面提供了服务设计教学与研究，迈克尔·埃尔霍夫（Michael Erlhoff）博士第一次将"服务设计"作为一个设计专业学科在德国科隆国际设计学院（KISD）中进行教学和推广。科隆国际设计学院的Stefan Moritz（2005）教授对服务设计的发展背景、新兴领域的意义、作用途径以及一些工具方法进行了详细的探讨。

意大利多莫斯设计学院（Domus Academy）也将服务设计作为设计教育的重要环节。2001年英国成立第一所Line/Work服务设计公司，美国著名设计公司IDEO也自2002年开始导入服务设计理念，为客户提供创新协助及跨产品、服务与空间的体验设计与服务设计。2004年，为加深国际间的研究和教育，在科隆应用科学大学国际设计学院、卡耐基梅隆大学（Carnegie Mellon

① 本论文受中国地质大学生物地质与环境地质国家重点实验室"地球生物学基金之基础学科培育基金"资助（GBL31502）

University），瑞典林克平大学（LinkSpings Universitet）、米兰理工大学（Polytechnic Institute of Milan）、多莫斯设计学院之间建立起服务设计网络。

到 2008 年，设计学领域中的"服务设计"概念变得更加明晰，当年由国际设计研究协会（Board of International Research in Design）主持出版的《设计词典》（*Design Dictionary*）给其下了专门定义。

（2）概念演变

著名服务专家泽斯曼尔（Zaithaml）将"服务"简括为：行动、过程和表象。服务的形式包括提供有形产品、无形产品、创造氛围和体验、满足心理情感的活动。服务设计由于其产生发展和实践时间短，正处在完善过程中，目前还没有统一标准、清晰的定义描述。不同领域研究者都对服务设计概念进行过阐述。具体有：

国际设计研究协会（Board of International Research in Design）：从客户角度设置服务，服务设计的目的是确保服务界面；从用户角度讲，指有用、可用以及好用；从服务提供者来讲，包括有效、高效以及与众不同[2]。英国国家标准局建立了服务设计管理标准（BS7000-3：1994 Design Management System Guide to Managing Service Design），最新版本为（BS7000-3：2008），为服务设计组织在服务设计的各个层面制定了管理指南。此标准认为服务设计是一个塑造服务的过程，要能满足服务使用者的需求与潜在需求[2]。

斯蒂芬·莫里茨（Stefan Moritz）《服务设计——通往进化领域的实用途径》（*Service Design: Practical Access to An Evolving Field*）一文从设计角度指出：服务设计是创新或改进全面体验的设计，它以一种新的方式连接组织和客户端，使其更加有用、易用、理想化、高效。

英国设计委员会认为：服务设计是围绕提供的服务是否有用、可用、快捷、高效和需要。德国科隆应用科学大学国际设计学院比吉特·梅格（Birgit Mager）教授认为服务设计旨在确保服务的界面是否有用、可用并且需要（用户角度）是否快捷、高效、有特点。从公共服务机构的角度谈，Frontier 服务设计公司指出服务设计就是提供全面的设计方法为企业了解和发现消费者需求。

综上所述，服务是一系列的活动，服务设计理念的应用旨在为用户提供全面服务。服务设计就是通过对用户需求、行为和心理的分析，找出服务存在的痛点，并对服务流程进行规划的一系列设计活动，从而提升用户在使用产品或体验服务时的心理感受，它需要跨学科的协作性和用户参与性合作。

3 服务设计要素认知

1932 年，美国政治学家拉斯维尔提出"5W分析法"（见图 1），后经过其他学者不断总结，逐步形成一套完整的"5W+1H"模式，"5W分析法"在企业管理、日常生活中被广泛应用，它提供了科学的分析方法和认知思路。在对服务设计要素分析中，此方法仍然非常有效。

服务设计连接环境、人和产品的互动，不管是有形产品，还是非物质的无形服务，中间涉及诸多复杂因素与环节，概括起来，这些因素有"人—情境—价值—产品—实施"五个要素，每个要素分指不同的内容（见图 2）。具体来说，服务设计的这 5 个要素可以用表 2 进行解释。

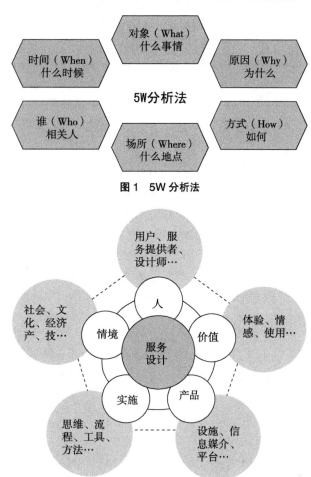

图 1　5W 分析法

图 2　服务设计要素关系

服务设计在不同领域因具体情境和需求差异有所侧重，但服务设计要素基本一样，服务设计要素是按特定流程规范实现创新功能，根据服务要素的认知，其要素范畴有前台与后台两部分。前台指与用户直接接触内容，这也是服务设计的重点，主要包括了有形产品和无形服务，具体又可以细分为 3 类：服务要素、环境要素、物品要素。其中，服务要素指具体设计方案、产品体验内容、评价标准，如用户情感、使用感受等。环境要素指用户使用空间设计，包括服务场所布局、服务设施分配等。物品要素指用户拥有的物质产品。后台服务设计要素，指支持前台服务顺利实施的相关规范、间接利益人、技术等。

服务设计特点是集合设计师、用户等从不同群体、不同角度、不同方式来看待设计问题。从系统层面而言，服务设计涉及个人、商业和社会三者关系，个人需求与社会的关联通过商业行为媒介。从设计实践角度而言，服务设计要考虑用户、商业模式、服务过程与技术三者关系。基于服务设计要素和实践，可以描述出服务设计应用范畴。

表 2 服务设计要素

服务设计要素	要素概念	目的	备注
人（Who）	服务供应者、被服务者（用户）和合作伙伴等	以"人"为出发点	服务供应者和用户是平等合作关系
产品（What）	一般以产品、工具、方式、设施和平台等为对象	什么样的服务	如自动售票机、电信运营商信息平台等，都是服务实现的载体和表现形式。
情境（Where）	服务产生和进行的空间或地点	服务在"Where"发生的问题	包括有形环境和虚拟环境。如超市、移动终端
实施（How&When）	服务设计体现设计价值的核心（思维、流程、工具、方法）	服务是如何进行及服务的"When"	服务过程中所体现的"怎么样"和"什么时候"都可以被设计
价值（Why&Valure）	情感、体验、使用	服务设计的"Way"	为双方创造最好价值，降低成本

4 结语

服务设计被运用到不同领域，发展出多样的服务设计应用方向。目前，服务设计已在公共服务部门、教育、医疗、互联网等领域广泛开展，并深入生活设计的方方面面，借助用户行为研究和交互模式，服务设计给可持续发展、公共服务、用户带来更优体验和其他价值。服务设计以新理念融入复杂社会系统，为社会、经济、环境危机提供解决策略，从整体协调人－环境－人际间关系，这是对现代设计危机最好的反思。

参考文献

［1］G. Lynn Shostack, "How to Design a Service"［J］. European Journal of Marketing, 1982, 16（1）: 49–63.

［2］罗仕鉴，朱上上. 服务设计［M］. 北京：机械工业出版社，2011：17–18

［3］Moritz S. Service design: Practical access to an evolving field［M］. 3rd edition. Cologne: Koln International School of Design, 2005.

［4］刘军. 设计在后工业社会的服务责任［J］. 包装工程，2013（02）:106–109.

［5］刘军. 信息情境中基于服务性心理的设计反思［J］. 机械设计，2013，30（09）：117–119.

［6］（美）比尔·莫格里奇. 关键设计报告：改变过去影响未来的交互设计法则［M］. 许玉铃，译. 北京：中信出版社，2011.

轻度认知障碍儿童康复辅具的通用设计研究

黄　群　黄　淼

（武汉理工大学　武汉　430070）

关键词：轻度认知障碍　儿童康复辅具　通用设计

1　研究背景与目的

近年来，通用设计的理念随着设计师们的不断推广而逐渐进入了大众的视线，是为更多人的利益而存在的设计。通用设计的目标包涵了改善残疾人生活状态以及应对因其障碍产生的系列社会问题。

在我国，对于残疾人的定义与联合国、世界卫生组织以及其他国家定义一致，即指在心理、生理、人体结构、某种组织、功能丧失或者不正常、全部或部分丧失以正常方式从事某种活动能力的人为残疾人。我国依据五类残疾标准分类，即：肢体、视力、听力、智力以及精神病患者五类。

据 1987 年全国残疾人抽样调查研究资料显示，我国 0~14 岁残疾儿童人数为 817.35 万，占残疾人总数 15.8%。其中认知障碍儿童占 68%。在这么庞大的数据之下，认知障碍儿童的生存发展一直是全社会所关注的重点问题。正是基于这样的社会背景与现实问题，本文提出将通用设计的理念融合到轻度认知障碍儿童的康复辅具设计中的观点，旨在用设计更好地服务于认知障碍儿童。

2　认知障碍的儿童群体

认知是机体认识和获取知识的智能加工过程，涉及学习、记忆、语言、思维、精神、情感等一系列随意、心理和社会行为。

权威医学科普传播网络平台上由北京市东城区精神卫生保健院的王建宁主任医师撰写的对于认知障碍的定义为：认知障碍是脑疾病诊断和治疗中最困难的问题之一。是与学习记忆以及思维判断有关的大脑高级智能加工过程出现异常，从而引起严重的学习记忆障碍，同时伴有失语、失用、失认或失行等改变的病理过程。认知障碍人群按智商程度分为轻度（IQ50~75）、中度（IQ35~55）、重度（IQ20~40）和极重度（IQ25 以下）四种。

轻度认知障碍儿童是指 6~14 岁智商为 IQ50~75 的人群。其特点体现为心理发展迟缓，感知速度缓慢并缺乏感知的积极性[1]；同时其辨别声音的能力较差，记忆的保持也不牢固，再现不全面不准确，即一个信息被他们所接收后大多只是短期印象，很难形成长期记忆。但这并不代表轻度认知障碍儿童的智商是恒定的，医学上认为轻度认知障碍儿童可通过早期干预来达到生活自理及智力提升甚至恢复的目的[2]。（早期干预 精神病理学名词　是指对学龄前有发展缺陷或有发展缺陷可能的儿童及其家庭提供教育、保健、医疗、营养、心理咨询、社会服务及家长育儿指导等一系列服务的措施）

3　康复辅具的辅助作用

辅具是让残障人士平等独立参与社会生活的重要途径，可以有效地提高他们的生活质量。从生理与心理等方面，辅具的使用能增进使用者对于环境的控制能力，增强与所处环境的互动与沟通，能增强身心障碍者的自尊及自我概念，同时降低照顾者的身心负担。

国际标准化组织（ISO）在 1992 年颁布了国际标准 ISO-9999《残疾人辅助器具分类》，将残疾人辅助器具分为 10 大类[3]，其中就包涵了治疗、训练和康复辅助器具。认知障碍儿童的日常生活与康复训练离不开辅具，一个合理的辅助器具可以更好地帮助他们康复与自理。

4　通用设计的使用原则

通用设计一直以来秉承着"谁都可以公平使用"的原则，要求设计具备公平性、方便性、安全性、愉悦性、实用性、美观性、空间性七大特征[4]。其受众面对所有人，不管是弱势群体还是健康人群，人人都可从中受益。通用设计的理念就是为健康人群设计时，一并考虑弱势群体需求；或是在为弱势群体设计时，扩展到一般人群的需求，模糊人类健康与残疾的界限，减少歧视和特殊对待，使弱势人群同样能获得生理与心理的全面平衡[5]。

运用这一理念为轻度认知障碍儿童设计辅具的过程中，可与健康儿童的需求综合考虑，最大限度的满足所有人。

5　调查分析的研究方法

轻度认知障碍儿童的智力康复训练中包含了视觉训练、听觉训练、触觉训练和空间知觉训练。在进行这些感知训练的过程中，需要一系列的辅具来达到训练目的。此次调研以通用设计理念为基础，旨在将通用设计方法运用于康复训练的辅具设计中，为他们提供更大的帮助。笔者以访谈的方式走进认知障碍儿童，分析他们对产品的喜爱偏好，并与同龄的健康儿童的喜爱偏好进行分析比对，得出可供参考的设计基准。具体调查方法见表 1。

表 1 调查方法

调查项目	内容	方法	目的
基本资料	年龄、性别、家庭成员等	访谈问答	通过沟通接近调查对象，了解基本情况
喜爱偏好	颜色、形状	将儿童产品样本按色彩分为鲜艳与淡雅两类，按造型分规则对称与流线优美两类，让调查对象按喜好选择	了解调查对象普遍的喜爱偏好，给辅具设计提供参考
	使用环境	两幅照片。一幅为城市一幅为风景，访谈后让调查对象按喜好选择	

笔者走访了武汉禧乐儿童养护展能中心与武汉市某幼儿园，受测者资料整合如下：选取 10 名平均年龄 12 岁以下的轻度认知障碍儿童，其中 6 名女生 4 名男生；6 至 9 岁健康儿童 10 名，男女各 5 名。受测者偏好统计数据结果显示见图 1。

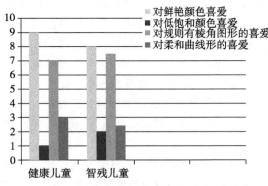
图 1 色彩偏好

色彩喜好上：80% 的认知障碍儿童与 90% 健康儿童选择了颜色鲜艳的产品；80% 的认知障碍儿童与 70% 的健康儿童选择了造型规则的产品，这表明他们的颜色及形状偏好基本上是一致的，鲜艳的色彩和规则对称的外观对他们都有着更强烈的吸引力，意味着无论以轻度认知障碍儿童还是健康儿童为设计对象，都可以考虑采用明亮轻快的颜色，以规整简单的造型博得他们的喜爱（见图 2）。

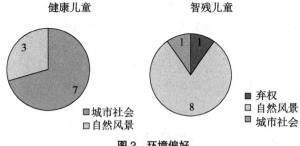
图 2 环境偏好

使用环境上：10 名健康儿童中有 7 名选择了城市风光图，只有 3 名喜欢自然风景。而对于轻度认知障碍儿童来说，10 名中有 8 位选择了自然风景，1 位选择了城市环境，还有 1 位因为拒绝沟通而放弃选择（见表 2）。

笔者在与两类儿童沟通交流后的体会也略有不同：

其一是：所处环境的差异。某幼儿园的设施整体色调明亮欢快，给人以活泼的动感。儿童康复展能中心的整体色调温馨柔和，摆放的花草植物很多，给人舒适安静的感觉。

表 2 儿童偏好统计

偏好选择	轻度认知障碍儿童	弃权	健康儿童	弃权
颜色鲜艳	8	0	9	0
颜色淡雅	2		1	
造型规则	7	1	8	0
曲线柔和	2		2	
城市环境	1	1	7	0
自然环境	8		3	

其二是：某幼儿园中的健康儿童们更活跃积极，非常乐意交谈，甚至会提出比问卷上更多、更广泛的信息。展能中心的儿童都很安静，或看书发呆或学做手工。在与认知障碍儿童语言交流中多有重复问答现象，沟通交流上需要更多耐心。

6 结论与展望

通过调查分析可以了解到，相对于健康儿童来说，认知障碍儿童对于社会的接纳度低，他们出于自我保护的潜在意识更愿意活在自己的世界里，尽可能减少与外界交流接触。在以认知障碍儿童为对象的辅具用品设计中，其使用环境因素的考虑也是不容忽视的。

研究结果表明，运用通用设计的研究方法可以与轻度认知障碍儿童的康复辅具研究有机结合在一起。在辅具设计中，更好的帮助提高认知障碍儿童的智力发育，让认知障碍儿童在未来能与健康儿童一样融入社会，快乐学习、快乐生活、快乐成长。

参考文献

［1］唐强，李娟，王艳．中国现代医生：中国智障儿童的测评与治疗现状［J］．2008，（09）：46.

［2］朱图陵．中国康复研究中心：辅助器具的现状与发展［R］.

［3］朱玲会．南京特教学院学报：智障人士生活安置模式的现状及思考［J］．2010，（01）：03.

［4］黄群．无障碍·通用设计［M］．2009，09：15-16.

［5］姜可．通用设计——心理关爱的设计研究和实践［M］．2012，07：8-10.

旅游信息化建设背景下交互式旅游导识设计的发展

胡　珊 1, 2

（1 武汉理工大学　武汉　430070；2 湖北工业大学　武汉　430070）

关键词：交互设计　信息化　导识设计

1　交互式旅游导识设计的意义

伴随着 20 世纪的桌面计算时代转化为 21 世纪的普适计算时代，大数据、物联网、云计算、下一代互联网等新技术得到广泛应用，大规模信息化运动已经在全球范围内展开，人们的生活方式、信息交流模式、用户情感需求等因素都正在产生变革[1]。全球信息化运动促进了旅游产业的信息化进程，同时旅游产业的快速发展也需要借助信息化手段，特别是在旅游业被国务院定位为"国民经济的战略性支柱产业和人民群众更加满意的现代服务业"以后，加快了旅游业与信息产业融合发展的进程。

在 2015 年全国旅游工作会议报告中，把"全面实现旅游现代化、信息化、国际化"列为战略目标，把"积极主动融入互联网时代，用信息技术武装中国旅游业"列为今后 3 年的十大行动之一[2]。

把"现代化、信息化、国际化"三者并列具有战略意义。三者互为条件，缺一不可、不可分割。离开"信息化"谈不上"现代化"，也不可能"国际化"；没有"国际化"，也谈不上"现代化"；"信息化、国际化"是"现代化"的两大支柱。"现代化、信息化、国际化"三足鼎立，共同铸成旅游强国的基石。

在这样的背景下，交互式旅游导识设计的发展也具有一定的必然性，它一方面体现着革新与技术进步的时代趋势，另一方面又顺应了现代旅游内涵式、综合性的发展诉求。

2　交互式旅游导识设计的国内外研究状况

凯利·布兰登（Kelly C Brandon）在《导识设计定义》中提出：导识是一个组织空间和环境的信息来帮助人们找到路线的应用设计。它不仅仅是标识，还是帮助人与空间建立更为丰富、深层的关系的媒介[3]。所以导识一词自诞生伊始，就具有了交互性。导识设计涵盖城市行政、交通、商业、文化和旅游的信息传达，是城市运作必不可少的元素，同时也是一座城市精神面貌的体现。它的功能除了指明道路的作用，还能回应人们的需求，帮助人们通过这套系统对一个特定的城市区域的历史、地理、文化等方面有一个感性的认识和了解。

随着科技的进步，更多的电子技术与导识设计结合起来。大卫·吉布森（David Gibson）在其《不迷路的设计——视觉指引的秘密》一书中就列举了视频显示器、大型 LED 显示装置、交互式信息站、手持式导识装置以及如"Google Maps"的互联网应用等导识设计的科技化新应用[4]。然而，21 世纪普适计算时代的来临，人们获取信息的设备和方式更加灵活多样化，其对于环境的感知已经超越了空间实体的观感效能，而走向了多维度；但是，各种数字信息充斥于城市环境，使人们面对这种"数字化生活"陷入茫然不知所措之中。理查德·乌尔曼（Richard Saul Wurman）1989 年就曾在他的《信息的焦虑》一书中对于当时人们着迷于新颖的个人化电脑科技而形成的信息超载，及所造成的情绪干扰现象提出警告。时至今日，这种现象再明显不过[4]。普适计算时代的信息技术怎样能够创造和谐的人机环境，使全体公民都能分享信息技术发展的成果，这正是 21 世纪人类社会需要解决的重大课题。基于此，自然的人机交互和良好的用户体验逐步成为研究的焦点。

当今的导识设计更注重与人的交互性，关注人的体验性。现代人的生活方式、信息交流模式、用户情感需求等因素产生的一系列变革催生出交互设计这门学科。它作为一门关注交互体验的学科，能够更好地将数字技术与导识设计结合起来。Riemann，Forlizzi 在《超越人机交互》如此定义：交互设计支持人们日常工作与生活的交互式产品。它就是关于创建新的用户体验的问题，其目的是增强和扩充人们的工作、通信及交互方式[5]。交互式旅游导识设计的研究目前虽处于起步阶段，但已经开始注重人们的生活品质和体验，逐步从互联网层面的数字界面设计发展向实体交互设计方面的用户研究。Google 公司 2012 年开发的"Google Glass"已经开始将用户的实感体验应用于导航行为中，通过触摸的交互方式进行使用；2015 年伊始，微软公司推出了全息眼镜"Hololens"，与"Google Glass"有异曲同工之妙。国内的有关交互设计与导识设计的研究与实践，虽尚处于起步阶段，也相继开发出"城市吧"街景地图、"腾讯地图"、"我秀中国"等应用软件，实现虚拟的城市实景漫游，以及各种旅游 APP 应用，涵盖旅游各个方面；2014 年，百度公司推出"BaiduEye"，也能够将用户的实感体验应用于旅游中的找路行为中，并且采用动作和语音的交互方式使用，还开启了一种全新的智能穿戴设备的技术方向，在交互式旅游导识设计的探索研究中又向前迈了一大步。

3 交互式旅游导识设计的发展趋势

现代旅游的信息化，就是利用网络新技术，借助便携上网终端，主动感知旅游相关信息，及时安排和调整旅行计划，就是所谓"智慧旅游"。简而言之，就是游客与网络实时互动，让游程安排进入触摸时代。这样一来，导识设计的功能除了指明道路的作用，还能回应人们的需求，帮助人们通过这套系统对一个特定的城市区域的历史、地理、文化等方面有一个感性的认识和了解[6]。交互设计的核心是人（用户），未来的交互式旅游导识设计必将朝着更加人性化的方向发展。

3.1 导识手段的交互性增强

导识是组织空间和环境的信息来帮助人们找寻路线，认识环境的应用设计。而且还是帮助人与空间建立更为丰富、深层的关系的媒介。所以，导识设计自诞生伊始，就具备了一定的交互性。人们有了"找路"需求才会发出信息，进而相应得到导识媒介传达出来的信息，这是人与导识媒介的交互。传统的文字、图形和色彩的导识设计也具有交互性，只是"交"的成分更多，"互"的成分不足。

交互式旅游导识设计必然会更加注重人与导识系统的交互。好的交互形式，需要恰当的讲述语言和合适的交互方式。伴随着旅游信息化建设的推进，建设高效且人性化的旅游导识环境，必须采用新的交互方式。广泛普及的数字媒体，也越来越引起人们重视与之相关的交互方式。从数字娱乐到虚拟漫游、从网络互通到信息产品，交互设计在传达信息、沟通交流以及创造丰富的个人体验方面发挥着积极的作用。多点触控、语音输入、手势交互、语音交互、即时通信以及虚拟漫游等交互方式将实现旅游导识系统的整体提升。交互式导识设计将会丰富旅游导识设计的介质和表现形式，带给人们有效的、准确的和愉悦的用户体验。

必须指出的是，体感交互将是重要的发展方向。现今的产品、电脑和其他智能系统越来越适应使用情境和积极主动地配合用户行为动作。新式的、富于行为能力的产品开始转变人们对传统产品设计的认识。体感交互是一个在交互设计领域内新兴的设计范畴。在现今的生活、工作中，我们忽略了纯粹、自然、本性的交互模式，因为花太多的时间面对电脑屏幕、滚动鼠标和敲击键盘。《设计心理学》的作者唐纳德·诺曼（Donald Norman）认为，如果我们将产品实体设计返回控制真正的旋钮、滑块、按钮，并加以简单、具体的人与产品的交互动作，那么用户将会得到更好的服务。在这种情境下，体感交互意味着人体与有形物体的交互，我们在体感界面里一定会找到可把握和可触摸的元素。相对基于电脑屏幕的人机交互而言，会更有效地帮助设计和提高人与产品的交互模式。因为体感交互显得更亲密、更简单、更通情达理和更具有美学意义。

3.2 导识系统的智能化

旅游信息化的建设，前提是实现旅游的"数字化"。移动通信、移动互联网、物联网、泛在网、云计算以及人工智能技术的成熟与发展具备了促成旅游信息化的技术支撑，同时，整个社会的信息化水平逐渐提升促进了旅游者的信息手段应用能力，使得智能化的建设具有广泛的用户基础。一方面，可以大力丰富新型旅游模式，主动整合信息并及时发布，让人们能够及时了解这些信息，达到对各类旅游信息的智能感知和方便利用的效果。另一方面，大力整合城市管理中与旅游密切相关的基础信息系统，对于信息化程度落后的领域加快信息化，消灭信息孤岛，保障各个环节中信息的无障碍流动，通过信息的充分流动，将会为景区和主管部门在掌握重要信息、平衡旅游资源、引导游客有序旅游、避免旅游商业的重复无序竞争、快速有力应对突发事件等环节提供了更高的效率和更具说服力的精度。

具体到导识系统的智能化，是指由现代通信与信息技术、计算机网络技术，行业技术汇聚而成的针对某一方面的应用[7]。交互式旅游导识系统当然不是嵌入了电子产品的导识牌（这将涵盖更多的环境数据，如道路长度、建筑高度、广场宽度，还应包括水体植被、气象条件，当然人文历史，典故传说等等也必不可少），在未来会通过互联网终端把导识系统改造成为一个旅游体验工具，包含着硬件、软件、内容和服务。交互式旅游导识设计将会更"聪明"的实现人与旅游目的地的互动，巧妙的调动旅行者的主观能动意识去体验、感受旅游环境。

3.3 导识内容更有针对性

支撑个性化定制是后工业时代特征之一。随着全球网络化的进一步加速，不管是新一代人群还是老一代人群，大家都希望有更多个性化的主张，自己个性化的需求更受关注。人们不仅通过自媒体形式去彰显个性，而且对于实物产品和服务产品的个性化趋势也在不断增强。

诚然，旅游导识系统是公共服务系统的部分，但具体到个人所关注的导识信息是不一样的。以搭乘地铁为例，有人以换乘为目的，有的人出站为目的，有的人则以购物为目的。随着人们关注力的迁徙，导识系统的受众正在经历一个从"聚众"到"分众"的分野，信息的传达也走向"私人订制化"。"私人定制化"意味着将会根据不同人群的导识需要选择针对性的交互方式进行设计，以用户为中心，选择与应用相关的交互技术，确保其在各种导识情景下的实用性和适用性，来完成旅游导识功能的优化提升。也就是说，个人所享受的服务，是经过有针对性设计的。有关服务设计的话题最近几年变得越来越热。一般来说，服务设计是一个规划和组织用户、产品、系统的沟通交流活动，以提高服务供应商和用户之间的有效互动。服务设计的目的是根据用户的需求进行设计。只有这样，服务才会是友好的并有竞争力的。它的意义在于创造价值。顾客购买的不是手上的机票，而是度假体验。

4 结语

信息化是一个不断积累、逐步拓展的渐进过程，是市场经济自然成长的结果，人类社会已经进入信息化时代的今天，导识设计更应该关注旅游环境空间中的叙事性和参与者的体验感，顺应未来旅游产业发展形态。从服务设计的角度来说，先通过思想与情感的交流进而再实现文化的沟通与交流，这样的过程也是旅游者对异域风情和社会人文的体验。

交互式旅游导识设计将与认知心理学、社会心理学相关理论交叉，构筑出与人们旅行活动无缝连接的未来旅游导识设计的美好愿景。好的旅游导识设计，为人们带来美妙的旅行体验，是未来旅游产业发展的必然，是旅游新形态的主要组成部分，进一步满足人们的需求。

参考文献

［1］李四达.交互设计概论［M］.北京：清华大学出版社，2009：5.

［2］王兴斌."智慧旅游"不能搞运动——十六说2015年全国旅游工作会议.［EB/OL］.http://travel.sohu.com/20150215/n409037494.shtml.2015.2.15

［3］Kelly C Brandon.Wayfinding definition.［EB/OL］.http://www.kellybrandondesign.com. IGDWayfinding.html（retrieved）

［4］大卫·吉布森.不迷路的设计—视觉指引的秘密［M］.黄文娟，译.台北：旗标出版股份有限公司，2010.1：14，124-125.

［5］普里斯.刘晓辉译.超越人机交互［M］.北京：电子工业出版社，2003：3.

［6］凯文·林奇.城市意象［M］.方益萍，何晓军，译.北京：华夏出版社，2001：5-6.

［7］安东尼·汤森.智慧城市：大数据、互联网时代的城市未来［M］.赛迪研究院专家组，译.北京：中信出版社，2014：321.

展示设计中空间形态的应用——以青岛西门子电梯有限公司为例

郭　祺　韩宇翮

（北京工业大学　北京　100000）

关键词：空间形态 展厅设计 形态组合 视觉语言 发现

1　引言

展示设计中，最终目的是营造一个"场所"，而这种"场所"是在空间中进行的，因此空间设计是展示设计的主角[1]。如今，世界各地的展馆建设也在不断增加。展厅设计适应现代社会发展的需要，正在不断地发展。形态组合是展厅设计的基础，需要设计者更加深层次的解读空间设计，通过对空间形态的把握，设计出具有创新性的作品，争取为以后展厅设计探索出一条新的路。

2　空间形态与形态组合

"空间形态"是指室内空间陈列的设计手法。"形态组合"就是以基本几何体作为元素，通过变化和组合产生视觉语言。空间形态是展示设计的基础。古人云："夫形者，生之舍也，形具而神生。"当眼睛从包罗万象中把物体映入脑海时，通过人的抽象思维进一步上升到理念的高度的时候，就会形成一种共识。比如提到山我们就会想到蜿蜒曲折的形态。形态是指事物的形状或表现。形态可以分为具象形态和抽象形态。抽象形态是对具象形态的提炼归纳。认识抽象形态有助于形成抽象思维，抽象思维是每位设计师应该具备的能力。空间形态就是抽象形态的组合变化。在展厅设计中，拉近人们体验的感受是非常重要的。首先通过抽象形态的组合变化带来心理影响，再带来之物具象的感受。空间形态组合关系的变化直接作用于空间氛围的变化，导致视觉语言发生变化。

形态是组成作品的灵魂，对于设计作品来说，没有了形态就等于失去了生命，那么，这个作品就是死的。因为它不会与人产生共鸣。"作品中形式感是视觉语言的主要内容，形体是通过组合才产生语言的，组合而成的主要语言就是形式感。"[2]有了形式，从而产生语言，那么这个作品就有了生命力。"发现"是创造力灵感产生的闸口。获得"发现"的要点在于抛开所有先入为主的意识干扰。[3]比如我们使用纸张折叠成各种形态并且加以组合变化，并且是在毫无目的设计之下完成的。这些通过无意识行为轻松的创造出的"纸设计"是一种抽象形态，由相同相异的形态组合关系连接在一起，非常具有美感。会惊奇地发现用抽象的观察方法设计，可以源源不断的发现美的设计。

达·芬奇在《法兰西学院手稿》里曾这样写到他的发现："叶子总是叶面朝上，这样整个叶面更容易承受露水；植物叶子的排列原则是叶子之间尽可能不互相遮蔽。这样排列形成了开阔的空间，让阳光透过、空气流通。"由此看来，获得设计的重要途径是"发现"。

3　空间形态与视觉语言

形态通过组合才能产生语言。在展示设计中，当我们的眼睛清晰地感受到展馆的空间形态时，这些视觉语言就会通过视觉器官传递给大脑。正如阿恩海姆所说的那样："这好像是无形的'手指'一样的感觉，在周围的空间中移动着，哪儿有事物的存在，它就进入到那里，一旦发现事物之后，它就触碰它们、捕捉它们、扫描它们的表面，寻找它们的边界，探究它们的质地"，[4]这就是视觉活动。在我们的生活中，语言是用来表达传递我们的感情的一种工具。如果没有语言人与人就无法沟通。语言在世界上无处不在，任何事物都有自己的语言。设计也不例外。形态组合就是语言，单个的形态就是一个单词，通过组合造句产生语言。在形态组合里的形态是抽象形态。有的抽象形态规整，给人严肃庄重的感觉；有的抽象形态感觉复杂多变，给人以趣味。形态可以通过统一、均衡、对称等组合方法形成视觉语言。

4　空间形态的语言

4.1　"相同""相异"的词汇

空间形态中的"相同"、"相异"是一组词汇，服务于视觉语言，是视觉语言的组成部分。"相同"就是把相近的形体运用一些组合方法组合起来。"相异"就是不相同的形体之间的组合。"相同"的形体能弱化个体特征，而"相异"的形体可以强化单体特征。就比如：一个基本几何体，在没有其他相似形体存在的时候，那么它的特征非常明显，然而，把它与其他形体通过组织，变成了另一种形态，这时候重点就放在了新出现的形体上。"相同""相异"这一对矛盾不是绝对的，在一定条件下会相互转换。"相异"可以通过排列组合变为"相同"。在展示设计中每一个形体都可以以不同的方式存在。比如一个立方体，可以以点、线、面的形式存在。也可以把立方体的每一条线变成点，这也是立方体存在的一种形式。

4.2 空间形态的重要语言

空间感，是空间形态的重要语言。空间是物质存在的一种客观形式，由长度、宽度和高度表示，是物质存在的广延性和伸张性的表现。[5]如何把博物馆的空间感营造出来是很重要的。空间感是展示设计的基础，因为当人们走进展馆的时候，首先感觉到的就是空间，它是狭窄还是空旷，是活泼还是呆板。我们可以利用形态组合的方法，用体积占有空间，将空间进行有效性的、合理性的划分来改善空间感。还可以把两个或两个以上的展厅重叠在一起，形成错落有致的空间，这要求每个展厅大部分的分展示内容都相互关联，并存共通之处。在展厅展品内容没有关联时，但又不适合区分太过明显的区域时，可以在展厅之间采用过渡的形式。展区紧密相连，同时有明确的区域区分，这种方法适用于相类似的展示内容。

4.3 语言的逻辑性

这里所说的语言的逻辑性是指空间形态语言的逻辑性。形态的组合不是杂乱无章的，一定要有一定的秩序，也就是形态的饱和。空间形态的饱和度会直接影响到人的感受。我们把形态比作音乐，过于复杂的乐曲使人感觉烦乱，过于平淡的音乐则使人感觉空洞、无味。所以我们在形态的组合过程中，要把握好尺度，既不显得繁杂又不会无趣。

5 青岛建秋西门子（jqsm）电梯有限公司展厅设计

展厅是一个企业的发展过程中是必不可少的组成部分，可以展示企业产品、树立企业形象，从而赢得客户信任。青岛建秋西门子（jqsm）电梯有限公司是一家中外合资企业。主要从事电梯产品的研发和制造。公司秉承"造用户满意的电梯"的企业宗旨，在产品研发设计制造的每一个环节不断采用了西门子先进的控制技术及稳定可靠持久的系统设计理论。使电梯产品具有了"安全、可靠、放心"的基础保障。其公司所包含的企业宗旨与精神不仅仅以展板、展品的方式传递给大众，更重要的是通过环境氛围和视觉语言传达给参观者。

企业展厅其实是产品的展示空间，以产品为主体，以空间为辅体，空间必须为产品做铺垫。[6]几何体通过组合产生空间语言，并且以视觉的方式传达给人。比如我们进入到一个用大体积堆积的空间会感觉到空旷严肃，而进入到小体积组合排列的空间就会感觉到随意和自由。展厅根据设计需求（内容与主题），合理分割功能空间（见图1、图2）。在各功能空间中，不断把几何体排列组合，观察怎样的空间适合产品，从而形成新的语言，得到了设计方案。当然，这个过程是"发现"，组合，再发现的过程。我在设计初期，也经历了这样反复探索发现的过程。

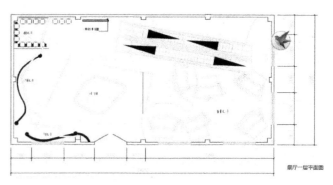

图1 展厅一层平面图

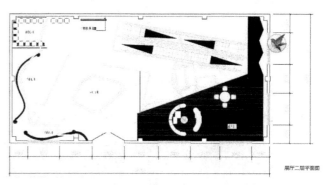

图2 展厅二层平面图

青岛建秋西门子（jqsm）电梯有限公司的展厅，需要带给参观者的是安全、可靠、放心的企业形象同时又有科技感与现代感，体现出企业的与时俱进。我在进行设计之前，先确定空间的氛围与整体风格。众所周知，一切事物都是有规律的，形态组合也有一定的规律。形态组合与音乐一样，不同的音阶形成不同的旋律。规矩的形态组合会产生统一的、有秩序的美感，而不规则的形态组合则产生活泼的自由的美感。当然，那些毫无形式感、杂乱无章的乐章并没有音乐的美可言。在展馆的入口处中，我运用大体积堆积形成企业文化墙，占有空间，使整个空间形态传递空旷严肃的视觉语言，营造出既有秩序的空间氛围（见图3、图4）。同时把扶梯（大型展品）斜放在展厅，营造处既有秩序又活泼还有科技感的氛围（见图5、图6）。

图3 企业文化墙效果图1　　**图4 企业文化墙效果图2**

图5 扶梯效果图1　　　**图6 扶梯效果图2**

"相同"、"相异"的形态组合方法。在展馆的零件展示区，我使用相同柱体的组合方法去把握整个空间，然后通过相异的形体突出中心以便分出主次。并且在较大的空间放置狭小空间，可以使存在于大小空间中的展品陈列有主有次，还更能突出小空间中的精致展品（见图7、图8）。在面积较小，展品较大的矫箱，曲面的形态放置在空间中可以造成深远、无限的视觉语言，垂直或平行的形态却只能感受到实际的尺寸大小（见图9、图10）。

图7　零件展示区效果图1

图8　零件展示区效果图2

图9　零件展示区效果图3

图10　零件展示区效果图4

6　结论

形态的组合是了解、设计展示空间的方法。一种美观的有秩序的形态组合不光是理论研究出来的，更需要我们用"发现"寻找形态组合。本文只是从什么是形态组合、形态组合的语言、形态组合的实际运用，这几方面去论述空间形态在展厅中的应用。当然，实际的形态组合在展厅中的应用是千变万化的，对形态组合方法的认识要在设计实践中不断深化，不断探索与发现。我目前的设计经验尚且有限，这必然会使论文在诸多方面有着不足，我对此深表歉意。我若有幸得到诸位老师的指正来完善文中的观点和方法，我将万分感激。

参考文献

［1］吴亚生；许宁.空间界面与展示空间形态表达［J］.艺术百家，Hundred Schools in Arts，2008（04）：257-258.

［2］张琪.视觉形态学与艺术设计［M］.北京：中国轻工业出版社，2011.

［3］张琪.论现代形态语言创作方法的原创性和科学性［J］.美术大观，2010（09）：200-201.

［4］王阳；闫天晶.从阿恩海姆的完型心理学理论解读绘画作品中的图式［J］.大众文艺，2010（24）：232-233.

［5］王芬.浅析室内空间感处理［J］.科技风，2013（10）：221.

［6］李曼琦.浅谈如何做好企业展厅设计［J］.大众文艺，2015（13）：71.

儿童玩具设计中的情感交互研究

江玉洁

（武汉理工大学 武汉 430070）

关键词：儿童玩具产品设计 情感 交互

1 研究背景

对于中国现当代社会中独生子女家庭日益增多的问题，在独生子女家庭生活中，大量儿童由于缺乏与其心理、生理年龄相对应的语言沟通、游戏玩伴、心灵伴侣，从而易形成孤独和失落的心理感受，然而设计师可以通过交互玩具的外观、声效、表情和视觉影像等媒介的设计使其与孩子们的沟通达到最佳的效果，满足孩子们不同心理年龄的情感需求，最终促使儿童的心理向积极的方向发展。

2 儿童的生理心理特点

2.1 儿童的生理心理分析

学术界普遍认为人类从出生到满月为新生儿期；0~1岁的宝宝为婴儿期；1~3岁为幼儿期；3~7岁称学龄前期；7~12岁为学龄期。本文的论述及设计对象主要是针对5~12岁之间的儿童，此时的儿童已拥有独立思考和判断的能力，但由于这一阶段的儿童生长发展的变化比较大，所针对的设计产品的影响因素也有所不同，所以应全方位的考虑这些因素，也就是说，对儿童玩具的设计要求既要有"宏观"的把握，又需要"微观"的考虑。

在儿童生长的过程中，动作的发展具有重大意义。动作并不等同于心理，但是动作的发展对于心理发展中起着决定性作用。儿童动作的发展始于无条件反射和继而发展起来的条件反射活动。儿童动作发展的速度非常迅速，动作发展受生物成熟的程序化制约，也受环境的影响[1]。

2.2 儿童的生理心理特征是设计的出发点

多数儿童在不同的年龄阶段会有完全不同的特点。对于学龄前的儿童来说，如果玩法过于烦琐或复杂，大多数儿童可能会不理解，从而导致他们对玩具失去兴趣。反之，对于学龄后的儿童，若玩法设置过于简单或幼稚，与其理解水平相差甚远，他们也会对此失去兴趣。因此，优秀的互动玩具应该是儿童的年龄与玩具的玩法均处于相对应的水平。

2.3 儿童情感体验分析

根据皮亚杰的认知理论可知，随着年龄的增加儿童情感的发展会不断分化，是一个由低级的、简单的、单向的情感向高级的、复杂的、多向的情感发展变化的过程。学龄前儿童的情感体验已初步形成，道德感、认知感也在逐步发展，学龄前儿童对身边的事物充满疑惑，这是他们理智感的表现。不同年龄阶段的儿童，情感体验也是不同的。

3 儿童情感的层次体验

3.1 形态与情感体验

玩具的形态一般被分为：自然的形态和抽象的形态。抽象的形态是在自然的形态基础上延伸的形态，强调了玩具设计师的创造力与主动性，在仿生动植物或其他事物的基础上，加入设计师自己的设计思想与方法，设计出一个满足儿童体验感的抽象形态玩具。融入了设计师的情感以及对事物的认知与设计师理性的分析，最后设计出一个与写实形态不同的抽象形态。玩具形态的设计也要根据最基本的立足点，那就是儿童的喜爱与需求，不受孩童喜欢的玩具是没有市场的。孩子们的需求与爱好在不停地更换，抽象形态的玩具设计在逐渐地变成主流。

3.2 色彩与声音的情感体验

在情感表达上，色彩给人非常明快而直观的视觉感受，色彩对于儿童玩具的设计中有着先声夺人的魅力。从儿童的角度来说，孩子们的感色能力并没有完全发育成熟，只能感受一些鲜艳的色彩刺激，所以，儿童需要的色彩总的倾向为鲜艳、明快、单纯、柔和。

儿童是非常容易被声音吸引的，所以在玩具的设计过程中可以通过声音的嵌入，来引起孩子们的好奇心以及对玩具的好奇感以及愉悦感。儿童玩具中声音大致分为三类：情境性的背景音乐、基于操作反馈音、警告音和提示音[2]。玩具设计师可以根据不一样的玩具，不一样的玩法，选择性的加入各种声音音效。

3.3 情感互动体验

情感之间的互动是儿童交互玩具最重要的因素，情感交互玩具是儿童玩具未来发展的方向。当代五花八门的玩具在现代科技的协助下，越来越多的人工智能等互动玩具涌入市场。虽然这些高科技的情感交互儿童玩具价格较为昂贵，却深受孩童们的喜爱，大多数独生子女可以从这些情感交互玩具上得到心理上的陪伴。

3.4 技术体验

玩具是孩子们成长发育过程中的一个非常重要的辅助型工具。从设计学的角度来看，"设计师即使有最绝妙的方案，离开可行的生产技术和加工手段也只能是海市蜃楼。因此，技术要素是将设计构想变为产品实体的关键的因素"[3]。现代先进的科学技术为玩具设计师们创造了一个可以让高科技玩具得以实现的平台，新新科技也使得很多概念儿童交互型玩具变成了实体的产品。

4　儿童玩具中的情感交互理念

儿童玩具设计中的交互设计理念——我们应设计出支持儿童玩耍与嬉戏的，满足儿童自身生理与心理需要的交互式玩具，创造出新的游戏体验，寻找儿童与玩具，与伙伴之间的交流方式和互动空间。

4.1　将情感交互因素融入儿童玩具设计的原则

电子互动玩具是典型的交互式玩具，现在市场上可以看到的智能遥控玩具、智能语音对话玩具等。大多数玩具也是孩子们与玩具之间交互的典型代表，从"寓教于乐、健康成长"这句话来看，交互式玩具基本满足了以上要求。

（1）能够促进儿童生理的发展，儿童身体的发展情况，包括听、视、触、嗅觉的发展，以及身体体格的发展。

（2）提高儿童的认知技能，并且可以同时培养儿童对认知世界的爱好兴趣。交互式玩具可以让孩子在玩耍的同时获得知识和技能，可以在游戏的同时不知不觉的培养孩子对学习的兴趣。

（3）促进儿童想象力，记忆力等思维能力的提升。

（4）增进孩子的沟通能力和社会性的发展。交互式玩具有利于儿童自我概念的发展，提高与人交流和自身的审美能力，帮助他们树立正确的价值观。

（5）有利于培养孩子良好的品格，通过交互式玩具使得孩子形成良好的习惯，优质的品格。

为孩子设计一种易趣，好玩，贴近生活，可以满足孩子游戏和学习共同需要的玩具，使得孩子们在玩乐的过程中也可以学习到各种知识的目标，并且可以愉悦地体会到与玩具之间的信息交流，设计出创新的游戏体验。

4.2　交互儿童玩具设计

在交互设计领域，全身交互越来越受到重视。国际健康组织表示，在当今的世界的大多数国家，当代的儿童与中年人的预期寿命比率可能下降，其中一个非常重要的原因是因为非常缺身体的运动。欧盟委员会对欧洲等缺乏体力活动的国家现状表示很担心，并且近期已经开始实施政策，为了改善公众健康等生理各方面的各种问题[4]。长期缺乏身体活动，也将影响儿童未来的社会活动。研究以为，可能导致身体缺乏活动的主要的原因是因为人们长时间使用电脑和手机等手持设备，进行视频，游戏，网上聊天等社交活动。因此，从交互方式展开来看，把情感互动融入儿童玩具产品设计的开发中，鼓励当代儿童们进行全身的活动，是非常有意义的一件事。研究显示，过长的面对电脑可能对儿童的生理以及心理的发展产生严重的负面影响，此外，身体的运动，以及触摸和操作现实世界对儿童认知的发育具有有利的价值。

交互式玩具往往能兼顾到儿童各感官各方面的体验，提供给孩童们更全面的交互方式。研究儿童对交互玩具的喜爱，交互玩具的发展和进行互动方式的拓展，是儿童交互玩具设计的突破点和产品创新的立足点。用现代新新科技去克服传统交互玩具在社会发展中的不足，并用现代科技去有效地发挥和拓展传统游戏的互动形式。

本文的研究对象为儿童玩具，从儿童的游戏行为为角度对玩具设计进行了研究，总结了玩具与儿童之间的交互关系。在设计师进行玩具设计时应注意玩具的特性：开放性、思维参与性、玩伴参与性、体验性、互动性等，为玩具注入情感，让玩具能更好地和儿童产生互动关系。我们需要设计符合儿童心理和游戏行为特征，以及满足孩童自身的需求去开发新产品，创造新的娱乐方式。

参考文献

[1]陈能林.工业设计概论[M].北京：机械工业出版社，2001.

[2]B.C.穆欣娜.儿童心理学[M].北京：人民教育出版社，1990.

[3]唐纳德·A·诺曼.情感化设计[M].北京：电子工业出版社，2005.

[4]孔德明.二十一世纪儿童产品设计战略分析[J].设计艺术，2005（3）：74.

浅谈壁画艺术设计与公众的交互性

黄珊珊

（湖北美术学院　武汉　430205）

关键词：壁画 交互性 功能

艺术设计与我们生活密切相关，是不可分离的社会产物，同时，也是我们社会发展的一面镜子。随着互联网科技的兴起，人机交互被广泛用于生活中，艺术设计作品也不例外，与人的互动性更强。壁画在如今不只是一个文化载体，而是以多种形式和面貌追随着时代的脚步。本文重在探讨当今壁画艺术的发展趋势——与公众的交互性。

壁画是艺术作品与墙壁结合进行装饰的一种艺术形式，包括用绘画，雕塑以及其他造型或工艺手段，在建筑物的内外墙面上进行制作。壁画形式在原始时期开始发展，是人类历史上最古老的艺术形式之一。它既具有建筑物装饰与美化功能，又具有引导审美主体进行审美感知的功能，对公众有着无形的影响力。

当今时代公共环境与公众进行文化沟通已经成为社会职能之一，以提升大众艺术品位和宣传主题价值观念为主，其中，壁画艺术就是这样一种直观的艺术形式。现代壁画逐渐发展成一种纯艺与设计的交叉学科，包含着视觉设计，工业设计，环境艺术设计等元素在内。随着互联网时代信息技术的发展，"交互"这一新兴名词走进了公众的视野。交互性近年来迅速成为信息社会中的重要特点，它影响着人们的生活，改变着人们的思维，壁画艺术设计与公众的交互性也越来越突出。

1 交互性的概括

1.1 "交互"的定义

"交互设计由 IDEO 的一位创始人比尔·莫格里奇（bill Moggridge）提出的，当时命名为'软面（soft face）'，后更名为'Interactive Design'。学科上的定义：人与设备、系统、网络等的直接和间接的通信过程，设计用于支持人们日常工作、生活的交互式产品。"[1]交互设计最初是广泛运用于互联网行业中，后来又运用于艺术形式中。随着科技的发展，"交互"一词出现在公众的视野。"交互"是指参与活动的对象，可以相互交流，双方面互动。一些艺术设计作品达到让参观者亲自参与其中的目的。

1.2 交互性质下的壁画艺术设计新概念

与传统壁画相比，现代壁画设计随着材料的不断创新和技术的不断提高，已由平面静态的二维绘画形式走向了立体和动态的多元化形式。但其本质内涵并没有改变，依旧是"利用建筑空间在墙壁上进行绘画或通过工艺手段及其他技术制作完成的与人有关的可视化空间作品"[2]作为艺术品装置在人们的生活的环境中影响着人们的审美感知。

例如在 2010 年在上海举办的世博会中，中国馆最引人瞩目的设计作品是动态版的"清明上河图"。这件作品长约 128 米，高约 6.5 米，屏幕面积达到 833 平方米。它以宋代画家张择端的作品《清明上河图》为蓝本，利用了声、光、电等多媒体技术等现代高科技手段，使距今 800 多年的北宋繁华的城市生活场景栩栩如生地展现在观众面前。这件作品按长度来算较原作放大了约 30 倍，按面积来算放大了约 700 倍，画面中以动画效果制成的流动的河水、划动的船只、来往的人们、小贩吆喝声和天色的晦明变化，与上海世博会的主题"城市，让生活更美好"非常契合。人们在观赏该作品时，可以感受到宋代普通百姓生活场景的真实再现，与设计作品形成一种交互式体验（见图 1）。

图 1　世博会"清明上河图"

1.3 具有交互性的壁画艺术设计

开放性是交互式壁画的一个基本理念，开放性意味着壁画艺术中所蕴含的文化理念、审美活动、创作流程是开放的。这种开放性可以表现为很多方面。公众可以接收到更新颖的壁画形式，甚至与壁画作品产生心理或肢体的互动，壁画不再拘泥于以往传统的风景或人物题材，也不再与公众脱节，而是通过更有能被公众接受的形式与题材从而激发出更多的趣味性。

例如来自立陶宛的现代交互式街头艺术家 Ernest，现居住在马来西亚。他的街头壁画质朴而又富有创造力，能与公众进行肢体上的互动。他在马来西亚乔治城老旧的建筑物上画出人们熟悉的一些的生活碎片，只需要人为的参与便能产生有趣的生活场景，当地人和游客享受着和他的壁画互动和拍照的乐趣（见图 2）。

图2 立陶宛街头艺术家作品

服务性是在当今艺术设计领域不可或缺的一个概念。英国设计协会对服务性设计的定义是为人提供的服务有用、可用、有效率和被需要的设计。在壁画艺术设计中，设计者会根据某些特定的实际需要来设计一些具有特定含义的壁画作品，以视觉的形式向受众者传播其中意图。

中国的地铁壁画在服务性方面非常具有代表性。通常他们都会具备精神象征的特点，在自然的状态下与现实环境相结合，使参观的公众置身其中会产生心理归依的认同感。地铁壁画承载着地域的文化特点和社会责任，用来表现社会的整体要求和大众审美。所以，地铁壁画是根据所在的地域环境而设计的。

比如在武汉的地铁项目中，不仅起到了装饰空间的作用，还重在宣传武汉的历史文化和城市特色，向公众传达了信息。武汉地铁站江汉路站壁画作品以武汉近代历史为主题，向公众展示着武汉这座城市的历史，具有明显的民族性与地域性（见图3）。

图3 武汉地铁江汉路站壁画

2 交互性壁画在功能上的延伸

壁画艺术设计既包括物质载体又包含了一定的意识功能，它不仅在建筑中作为一个物质组成部分，也同其他作品一样有着精神职能，交互艺术设计在延续基本功能的基础上又发展了一些新的功能。

2.1 审美主体与对象的互动性

正如马克思所说的"一切对象也对他说来成为他自身的对象化，成为确证和实现他的个性的对象，成为他的对象"。[3]审美主体与对象的互动主要分为两种形式，一是审美主体与对象进行肢体化的互动，二是审美主体与对象进行心理上的互动，即审美感知。这两

种形式都可以产生"交互"。审美活动是一种感性的认识过程，现代壁画多种多样的形式加强了与公众的审美交流，所以审美主体与对象的交互作用也达到一个新高度。原来在普通民众眼里艺术品很多是无法理解的，保持距离感的，但交互性壁画作品可以拉近与公众的距离，使公众的审美感知能力逐步提升，达到全民美育的目的。

2.2 协调和弥补建筑功能

随着城市的发展，兴建大量的公共设施，而壁画艺术可以提升大众艺术品位和宣传的作用。交互性为建筑物的壁画提供了更丰富的表现手段与题材。

这些壁画更多以人性化的视角来关注人们的日常生活和环境，综合考虑环境所必需的视觉和心理要求，注重壁画与人的关系以及心理状态，构建成公众能积极参与的空间，用于满足人们心理上不断变化的需求，从而扩展了壁画原有的功能内涵，创作者通过特定的组织形式给人启示，传达某种视觉图像，以有趣的形式激发观者的视觉想象力，使他们产生心理或生理地愉悦，来唤起美好的感受。

比如在美国的Inkscape是一个能让你在平板上的涂鸦的壁画项目。艺术家Navarro在纽约的"互动公司"建筑内，搭建了一个约120英尺长的巨屏系统。该系统能够将iPad上的绘画，同时实时地传输到屏幕上，最终营造出与人进行互动、具有现场感的壁画。设计者将作品的具体展示内容取决于同时在iPad上作画的公众们。

视频墙的屏幕由568块LED显示屏组合成，分辨率高达11520x580像素。个性化的涂鸦将在视频墙上按照比例实时地放大。屏幕上显示的图案会受到人为的影响，产生一系列效果。屏幕上动画效果则通过软件执行。这种能与公众互动的壁画新形式极大地激发了公众的兴趣。

2.3 表达，交流和自我展示功能

壁画艺术设计并不是当代的产物，是自有人类以来就存在于社会群体活动中。随着有意识，有目的的壁画形式的大量出现，它们可以借助大众的平台传递思想，展示自我。站在壁画作品的设计者角度来看，随着时代的发展，越来越多的艺术家具有跨学科背景，比如有的设计者具有数学或心理学背景，就可以对人们心理或图形进行分析，来顺着规律进行设计。他们将这种新发展的壁画形式作为展示自我和与公众互动的平台。艺术家可以借助壁画作品为媒介来表达自我意识，公众与他的作品进行肢体或心理的交流，这无疑是一种个性化的宣传。

3 前景展望

现代人的审美领域和精神空间随着信息时代的发展不断扩宽，消费观念与文化产业的世界性交流在潜移默化中改变着每一位参与者，为中国壁画艺术设计的多元发展提供了机会。如何使现代壁画设计不断创新，与公众有更深层次的互动与交流是一个值得探究的问题。

艺术的发展变化从来都离不开科技进步，它不能脱离社会发展的独立存在，而是必然地反映出人们观念的转变和社会的进步。时代的科技进步造就了设计思潮、设计形式与设计手段的革新，使人类无穷无尽的美好创意转化为现实。在未来里公众会随着审美经验的不断加强和欣赏水平的逐渐提高而对艺术作品中的"真实感"与"沉浸感"提出更高的要求，而技术水平的不断发展又将实现"全方位沉浸"的这一设想变成可能。

交互式体验未来将与多种艺术因素相互渗透，它在保持自身特色的同时直接或间接吸收其他艺术形式的特点，完善自身的不足和不断创新。在信息化高度发达的未来社会，基于高科技与信息媒介平台的数字艺术也带给公众更多的便捷性与参与感，给人更直接的审美体验与感官效果。可以预见，能与公众有交互性的艺术将会成为未来社会的主流艺术形式，提升人们的审美感知，对人们的日常生活产生巨大的影响。

参考文献

［1］周陡. UI 进化论：移动设备人机交互界面设计［M］. 北京：清华大学出版社，2010.

［2］李季. 新媒体语境下壁画艺术的数字化表达［D］. 大连：大连理工大学艺术与设计学院，2009.

［3］马克思. 1844 年经济学－哲学手稿［M］. 北京：人民出版社，1979：78-79.

基于信息视觉逻辑的高校数字化校园手机 APP 界面研究初探

王 芷 王 军

（武汉理工大学 武汉 430070）

关键词： 校园手机 APP 信息视觉 信息架构 界面设计

随着移动互联网的不断发展和用户人群数量的增长，移动互联网产品的普及已经深入到我们的生活之中。

根据 Talking Date 的《2015 年移动互联网行业趋势盘点分析》调查显示，截至 2015 年第二季度，我国的移动智能终端用户规模达到 11.8 亿台，相比 2014 年第四季度增长了 1.2 亿。预计 2015 年第三季度移动智能终端设备规模将要达到 12.4 亿台。其中使用用户仍以 00 后、90 后用户为主，年轻移动网民占有主力地位[1]。

由此可见，移动智能终端的年轻使用者是未来信息交互发展的重要支撑力量。从 20 世纪 90 年代开始，我国高校就积极开展数字化校园建设，并且一直得到众多师生好评，可见数字化校园建设是高校发展的必然趋势。[2]然而，纵观如今具有本地化校园个性和共性并存的高校手机应用程序仍然是缺乏系统的、统一的设计，对于本校用户群体的需求，本校校园信息架构的分析仍是单一的，较少考虑用户需求的差异性。在移动智能终端设备迅速发展的条件下，如何应对不同用户的需求，在信息视觉的指导下，构建增加用户黏性的信息架构设计和满足用户信息视觉逻辑的界面设计，成为我们需要共同面对的机遇和挑战！

1 研究背景

1.1 高校手机应用程序的概述

随着国家教育制度改革的不断深化，建设"数字化校园"已经成为了各高校的主要工作方向和目标。但是，由于不同高校的校园网络建设发展的水平不同，每个高校的校园网络建设基本情况和困难也有所不同。高校手机应用程序在广义和狭义的概念性的内容上存在差异。广义上的高校手机应用程序是指单纯的以学生为用户群体的角度来区分的校园手机应用程序。例如，超级课程表、微信等。狭义上的高校手机应用程序的内容则是不同于上面的描述拥有着广泛的用户群体的手机应用程序，是指在一个特定的学校或者特定的环境下，具有本地化校园个性和共性并存的，以老师和学生们为用户主体，手机应用程序必须要有提供校园本地化新闻和生活信息的功能。使用者通常都是本校学生和本校老师。运营者会是学校有关部门或者在校学生团队。在本文中我们重点把高校手机应用程序范围规定在后面一种狭义的高校手机应用程序，专门针对高校制作的高校本地化手机应用程序。

1.2 界面与视觉逻辑的概述

视觉逻辑最早出现在视觉传达设计中版面设计传播的形式与功能，而后逐步被引用到交互设计中。在此文中，界面是指代手机应用程序的界面设计，即打开手机客户端时，用户所见到的，也是用户使用时可以用手直接碰触的操作界面。通过界面上的按钮、图标、文字等交互元素的信息传达，以及视觉，听力方面的感官元素的互动，使用户能与手机应用程序有着更亲密的交流和完善的用户体验。[3]

2 用户行为对 app 界面信息视觉逻辑的影响因素

2.1 人的因素

用户的共性都是人。在心理方面和行为方面在使用产品时都是相通的，人是整个手机应用程序使用的主体、任何东西都是以人为主做出的设计、可以由人操作的。所以在人的因素这一方面，影响人的条件包括感官因素、视觉因素、触觉、对信息的反应时间、信息传输等。所有信息都是通过人体的各种感观感受传入我们的大脑，给予我们一些反馈信息。

人的视觉方面：视觉是人对一个事物的初始印象，对设计产生的劳动量、质量以及心理活动都有着巨大的影响。视觉美观是影响高校手机应用程序界面设计与交互的关键因素之一。

人的触觉方面：人们通过触觉感受事物的外观形状，事物呈现的状态，对于一个手机应用程序来说人机交流最多的方式是界面之间的转换，每一个界面的按钮和填空对于用户来说都需要激起用户的自主性。这样才可以使用户真正体验到触觉感应的变化，更好地服务于整个手机应用程序。

人对于信息的反应时间和传输能力：对于手机应用程序来说，用户在接收信息的反应和传输信息的时间通常是在 0.1~0.2s 之间，在这样的一个时间反应下，要迅速简洁地对用户传达重要的交互信息，表达应用程序的主要承载内容和基本交流方式，让用户理解并且能够使用得当。

2.2 界面因素

手机程序应用的视觉感在开启手机客户端时是起到至关重要的作用，手机应用程序的首页即用户看到的第一页画面，就是手机应用程序给用户的初始印象。界面设计的风格、色调、UI按钮设计都是用户在心理上对于应用程序的潜在性反应。例如蓝色色调的手机应用程序会给用户一种理智，客观的心理反应。红色色调的手机应用程序则会在心理上呈现出一种活泼积极向上的心理暗示。界面因素对于手机应用程序同样起着重要的作用。

2.3 环境因素

在人机关系中，即使是同一个手机应用程序，在不同的环境中用户进行体验，也会产生不同的体验效果。所以环境因素也是我们不能遗漏的考虑方面。

在学校的学习环境影响下，界面设计和交互设计方面更多的会是从功能方面得到体现。例如校园的生活环境、教学楼的学习环境，学校的交通环境、学生的住宿条件等都是影响手机应用程序功能设计和功能设置的原因。

3 针对app用户人群界面信息架构逻辑的需求

3.1 用户群体和需求分析

3.1.1 用户群体分析

用户是设计产品的使用者，是设计的直接服务的对象，满足用户的需求是设计的最终目的，用户也是程序体验的主体，占整个设计的主导地位。用户在设计过程中的使用感受，极大程度上决定了设计作品的成功与失败。因此，把以人为本，将用户置于设计和开发的中心的设计理念是必不可少的。

针对以人为本的设计理念，经过我们的反复思考与分析，高校手机应用程序的用户群体可以分为三大类别：

（1）高校教职工老师群体：这类群体具体信息传达的功能，并且因为在校时间长，一直在学校中服务于学生和校园教育，他们对于信息的接收和传播有着相当大的需求，需要第一时间了解到校园的最新政策和动态，以便于老师们调整教学研究计划。

（2）在校大学生，研究生、留学生等学生群体：这是一个丰富并且类别和需求点都不同的人群，在这些用户者要寻找他们需求的共性和特性，比如在学习方面，所有学生都关注学习成绩的方面，图书馆借书还书的时间和续借功能，针对留学生，可能语言上还是存在着一些障碍，那么语言设置也成为了用户需求的一大要求。

（3）新生以及外来访问人员群体：这类用户的需求是在使用手机应用程序时更多的是引导他们，用户寻找自己需要的信息，通过一些引导界面和语言上的提示，指导他们使用手机应用程序。

3.1.2 用户需求分析

用户的使用体验，直接是来源于用户的使用过程，对于需求分析我们针对用户人群的分类而分为两大类别：非功能性需求和功能性需求。

（1）功能性需求包括对手机应用程序的一种本能的需求，可以满足使用者的相关重要需求，为用户带来愉悦的使用体验的感觉。针对高校手机应用程序来讲，功能性需求包括课程查询、成绩查询、校园地图查询、校园新闻、校园Wi-Fi认证等功能。

（2）非功能性需求包括手机应用程序的可用性、造型、色彩等。这些也是用户在使用手机应用程序时所需要的，他们对整个手机应用程序的规划和设计起到辅助性作用。从而更好地满足不同用户的功能需求，同时还可以提高手机应用程序的风格状态，为用户们提供完美的使用环境。

3.2 功能板块和信息架构分析

根据用户的主要需求，进行了以下的信息架构分析：

学习板块：添加了选课功能，查询课表、查询成绩等功能。更好的服务学生的学习生活。

数字图书馆板块：图书馆板块增加了书籍查询、书籍借阅、借阅历史等功能。

自习室定位：考虑到同学们的需求，自习室定位和座位选择也是学生们的主要需求。让同学们在手机应用程序上就可以抢座，并且用自己的校园卡占座，能够更完善、便捷且公平化帮助学生进行自习室的定位和选座。

信息板块：新闻的内容包括学校新闻、学校公共、学院公告、理工演出、理工讲座内容。这一板块针对在校老师和学生，老师可以不用在登入校内网查看新闻，可以随时随地拿出手机查询校园信息。

校园地图：针对外来访问人员，包括新生同学会经常在大学里迷失方向。针对这一需求我们设置了校园地图的功能，能够查询校车到站点、最近的洗手间、银行的位子、适合停车的停车场、买生活用品的大学生超市和最实用的教学楼查询功能。

Wi-Fi认证：随着学校的校园网络覆盖面扩大的情况下，校园网也是同学和老师们使用率最大的功能。一键Wi-Fi，减少学生和老师不断地输入自己的账号密码的频率，为用户们带来方便。

4 设计实践

基于以上所叙述用户需求和信息架构分析，以武汉理工大学高校手机应用程序"移动理工"作为设计对象，从信息视觉逻辑的角度出发，对其在校师生的使用需求和信息架构进行设计和改造。在整个设计中，首先针对学校的用户群体分类，将"移动理工"手机APP客户端分为了七大功能模块，包括学校课程功能、数字图书馆功能、自习室功能、理工新闻功能、校园地图功能、生活充值功能和校园网登录功能。其中相关联的校园系统包括了学校教务处系统、数字图书馆系统、校园网络等为学生提供学习生活的帮助。从根本上解决了学生学习，生活等方面的问题。

4.1 自习室功能

本功能主要针对在线抢座的需求，为需要实习室的同学争取了学习的优良环境。信息架构图和设计图，简洁的对用户介绍了操作方式。同学们在APP上就可以抢座，点击进入自习室的界面后会显示教室使用状态栏，状态栏的内容有教室名称地点，教室人数估算余下位置可供选择，教室是否上课状态，通过教室的使用状态是可自习还是上课中，来分辨是否可以进行抢座。选好座位后根据自己校园卡为占座依据，确定订单后则会有相应的票根显示在自己订单信息中。图1、图2是自习室功能原型图和自习室功能设计图的流程走向图。

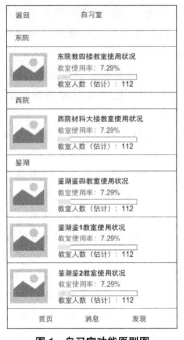

图1　自习室功能原型图

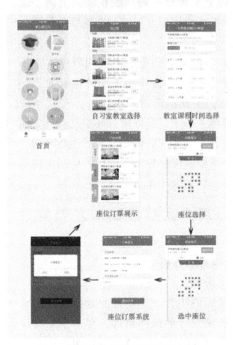

图2　自习室功能设计流程走向图

4.2　校园新闻板块

理工新闻：新闻的内容包括学校新闻、学校公共、学院公告、理工演出、理工讲座内容等。图3是校园新闻功能设计流程图。

4.3　校园地图

由于我们学校占地面积大，并且校区之间比较分散，很多外来访问人员，包括新生同学会经常在理工大学迷失方向。在我们的APP中，我们设置了校园地图的功能。在此功能中，能够查询校车到站点、最近的洗手间、银行的定位、适合停车的停车场、买生活用品的大学生超市和最实用的教学楼查询功能，图4是校园地图功能设计流程图。

4.4　生活板块

在武汉理工大学校园卡是我们每天都需要携带的必备之物，但是充值却成为了我们的一大难题，在"移动理工"的APP里面，我们增加了在线充值校园卡和电费卡的功能，让你随时随地都能享受便捷的充值服务，图5是生活功能设计流程图。

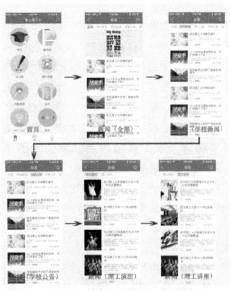

图3　校园新闻功能设计流程图

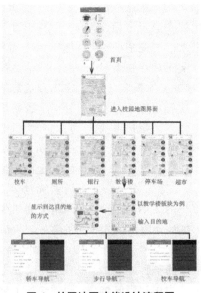

图4　校园地图功能设计流程图

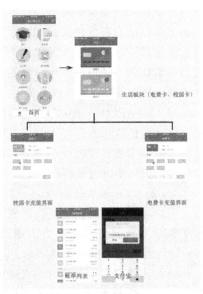

图5　生活功能设计流程图

5　结语

高校手机应用程序的设计是指在满足最基本的交互使用的前提下，同样满足于用户群体的类型和需求、信息架构逻辑的分析和用户体验评价等条件下，制作的相应符合分析和需求的设计。随着科学技术的发展与用户对于产品的要求越来越高的影响下，产品在视觉逻辑方面与交互信息架构体验方式在一定程度上有着相辅相成的作用。与此同时，界面中的按钮、图标、文字等交互元素都能够对产品功能以及用户使用的心理产生影响，贯穿影响整个操作体验的过程。

本文主要从高校手机应用程序的信息视觉逻辑及用户需求的角度入手，剖析武汉理工大学学校不同用户群体的群体需求，根据用户的功能需求和视觉需求两个方面，构造适合用户使用的信息架构及界面设计设计；另外通过用户操作的行为流程准则，分析出用户的使用惯性。纵观全文，我们认为各大高校可以为高校手机应用程序设计出一个标准化设计准则和方式。在标准化的准则要求基础下，再结合本校的校园特点和本地化特色的需求，建立属于自身品牌的高校手机应用程序，更好地服务于校园师生，从而构建完整的校园数字化平台。

参考文献

[1] Talking Date："2015 年移动互联网行业趋势盘点分析"（2015-09），[EB/OL]. http://www.talkingdata.com/index/files/2015-09/1442396973716.pdf.

[2] 王任飞. 季铁. 移动网店信息架构的叙事性研究 [J]. 装饰，2015（05）：100-101.

[3] 杨焕. 智能手机移动互联网应用的界面设计研究 [D]. 武汉：武汉理工大学，2013.

[4] 黄升. 张凌浩. 曹鸣. 基于信息视觉逻辑的基于信息视觉逻辑的波轮洗衣机硬界面设计研究 [J]. 装饰，2015（03）：94-95.

[5] 张言林. 李博. 王文博. 张财学. 张刘通. 基于数字化校园的手机 app 客户端设计初探——东北林业大学"移动校园"手机 APP 客户端设计 [J]. 环境艺术，2014（02）：81-82.

基于互联网智能触控技术的互动娱乐游戏桌产品设计①

鲁黎黎　王晶

（武汉华夏理工学院　武汉　430223）

关键词：产品设计　互联网　触控技术　游戏桌

随着触控技术的发展，越来越多的商家将这一技术应用于电子产品的开发中。如今人们生活品质的提高，有了更多休闲娱乐的时间，个人娱乐产品及互动游戏设备应运而生，且种类繁多，并逐渐走向成熟和个性化。智能互动娱乐平台以触控技术为基点，通过简化人机交互的过程带来新的视觉、触觉、听觉、感官等方面的体验，用户在使用过程中潜移默化地感受到技术的变革对生活的影响。目前有专门机构对国内互动娱乐业态进行了多方面的数据分析。[1]互动娱乐游戏桌可应用于商业娱乐、餐饮服务、智能家居、智能教育、智能办公等领域，根据客户需要，个性化设计软件程序，将用户体验放在首位，既是桌子，又是一件性能卓越的电子产品，一举多得。其造型应遵循设计基本原则：功能性、实用性、安全性、美观性、舒适性、便捷性、安全性等，其尺度设计、材料应用、色彩搭配也要与环境相适应，以丰富用户体验。而采用的技术需以高性能、低成本、高效益为目的，优选智能触控技术，应用电容式触摸屏均可提升产品品质。

1　互联网智能触控技术

微软触控电脑的出现带来了未来生活革命性的改变，基于多种触控技术的发展和应用，传统娱乐文化业已经在向多种形式的网络互动娱乐转型。文化娱乐业互联网化进程：无论在内容抑或在渠道层面，以游戏、文学、影视、音乐、动漫等为代表的文化娱乐产业均在十几年的互联网时代，先后有了不同程度的互联网化，在不同的时代有着不同的代表，这一进程未来将继续深化。以腾讯互娱和盛大网络为代表，进入市场最早，布局相对完整，规模也较大。而这样的企业占领的多数是掌上和PC游戏市场，目前娱乐界仍有很大的多人互动娱乐市场空间。

互联网智能多媒体系列的迅速发展也使得互动性娱乐软件应运而生，其发展前景也被看好。互动娱乐的玩家在娱乐过程中的交流沟通与相互合作往往会在彼此间产生认同、友谊、依赖和归属感，从而使得他们在娱乐过程之外继续寻求直接的、面对面的相互交流与沟通，甚至在志趣相投者之间组织起了现实世界中的群体。[2]

在追求高舒适和高互动的人性化用户体验的今天，触摸屏类电子产品使用户充分体验多媒体掌控的乐趣。

而且手指与触控屏的接触几乎没有磨损，性能稳定，且可以实现多种有趣的智慧功能。

2　游戏桌交互设计分析

在桌子上应用互联网和触控技术，对桌面材料及硬件程序的设计要求极高，触控体验在人机交互的过程中得以体现。互动娱乐游戏桌由于广泛的环境适用性，使得多人面对面的互动成为可能，网络游戏产品也跳出了单一玩家自娱自乐的局限。

如某公司出品的 Honey PAD 产品系列互联网智能触控茶几，桌面采用纳米触控膜，使茶几在不失去原始功能的前提下，又可变身为超大 Pad，在桌面上实现多人互动触控操作。放在办公室可以一边喝茶一边滑动交互界面，向访客介绍产品和服务，让生意在轻松愉快的氛围中达成；放在家居环境，可以和家人、朋友分享照片、视频，陪孩子一起下象棋、玩游戏等。该产品利用主机的软件程序设计，应用成熟的触控技术，实现桌面投影人机互动的目的，增强用户体验。

游戏桌的交互设计应考虑在不同环境下使用人群的需求，目标纯粹，即以用户为中心，将产品的核心功能放在用户体验层面，其宗旨就是能帮助用户，解决用户某一方面的需求，如提升效率、释放情绪、增进交流等，具体而切合实际需要的造型及界面设计是该系列产品的开发定位。

交互设计强调的概念包括相互感知、动态、操作、体验、心理感受、接受指令、给予反馈等。基于智能技术发展的人机交互产品系统更注重交互的过程，且改变了人们的操作习惯，影响了思维，间接改变了生活方式，在当下也是一种长态的生活状态。

3　方案设计

电容式触摸屏具有支持多点触控、精确度高、表面硬度高、使用寿命长等优点，[3]在电子类产品中的应用较多，如手机、游戏机、导航系统、上网本等产品。随着技术的不断进步，电容式触控技术逐渐取代电阻式触控技术而被广泛应用。

时尚而富有设计感的造型，加上丰富多样的应用软件使苹果公司的产品广受消费者欢迎。互动游戏桌是放大了的掌上电子产品，支持和满足多人同时操作，在设计造型上，尺寸及人机工学的应用科学严谨。

---

①　注：此论文为项目"武汉漫维文化传媒有限公司游戏桌产品设计"所作。

图1 造型方案一

图2 造型方案二

图3 造型方案三

图4 游戏桌面板界面设计

以KTV游戏桌为例,外观造型的设计要与使用环境和场景相互匹配,需要安装方便,外壳材质多选择金属,质感强烈,光影效果突出。配色多以不锈钢金属色、镀铬、钛黑等为主(如图1~图4所示)。

因游戏桌可同时支持多人操作,对触点的设计要求较高。游戏桌内部专设微处理器(MPU),根据触点位置的区域定义相关软件界面,并用图像处理器(GPU)处理之后送往显示屏。此系列产品可根据客户使用需要,通过蓝牙与手机界面联通,实现同步联网互动娱乐的目的,即实现互联网资源共享。此系列互动娱乐游戏桌选择性能质量上乘的材料,如:钢化玻璃作外表面防护、高精度面板、边框太空铝氧化处理,实体场景体验感流畅,开启网络空间互动的社交娱乐模式,用户视觉和触觉等方面得到拓展(如图5~图7所示)。

互动娱乐游戏桌产品特点:触摸屏是一种效率较高的人机交互界面,具有反应速度快、安全耐用、操作自由方便等显著的优势。游戏桌的面板可使用户隔着玻璃

图5 触摸传感器

图6 传感器扩展板

图7 游戏桌内部配置(注:该产品暂处于调试阶段)

精确感知手指的电流;通过感应实现精确触控定位;一机多用,畅快轻松。除具备上述特点外,还具备防爆、防尘、防水、防酸碱腐蚀、抗光线干扰等特点,是未来游戏桌系列交互产品的发展趋势。

4 结语

互动娱乐游戏市场的繁荣是新一代技术革命推动的成果。互动游戏产品开发设计有助于展示新方式,传播新技术,提供用户的体验探讨设计的多种可能性。该互动娱乐游戏桌产品是基于互联网智能触控技术,应用电容式触摸屏实现多点触控、多人操作的新型产品,在原有系列产品的基础上进行改良和性能优化,使得桌面触控游戏互动性增强,同时提升了用户体验,适应多环境,奠定了良好的市场基础。智能人机交互技术使娱乐方式更加多元化,触控技术与智慧生活联通是一种时尚的休闲娱乐生活方式,可以帮助人们从繁重的工作中解脱出来,实现身心的放松。产品丰富和舒适的用户体验,体现了产品的综合价值。

参考文献

[1] 中国互动娱乐数据盘点专题报告.2014—2015年第一季度.

[2] 毛达.互动娱乐的发展与应用[J].文艺生活,2013(08).

[3] 史悦.触摸屏技术及应用[M].西安:电子科技大学出版社出版,2002:

居家养老模式下的智能家居创新设计

李 娇

（武汉理工大学　武汉　430070）

关键词：居家养老 智能家居 创新设计

1 引言

自 20 世纪 70 年代我国实行计划生育政策以来，我国的生育人口逐年下降。随着我国改革开放的不断深入，社会经济的不断发展，人们生活水平的不断提高，生活条件以及医疗水平的不断改善，人们的寿命不断延长，我国已经正式步入老龄社会。随着社会的不断进步，交通工具的不断发展，为人们提供的就业机会和就业面不断扩大，而第一代的独生子女也面临着一家四个老人的赡养问题，现实中就业的距离问题、经济问题使他们自顾不暇，因此造成了空巢老年人无人照料，生活艰辛。智能家居的出现和发展，使得老年人自我照顾和社会照顾相结合，大大提高了老年人的生活水平和生活舒适度，为老年人提供丰富的教育、文化和娱乐资源。

2 智能家居的特点及老年人需求分析

智能家居是互联网和物联网影响下的产物，以家庭住宅为依托，通过将家居生活有关的信息和设施的集成，构建高效、便利、舒适、安全的家居生活管理系统，从而实现自动控制和人为控制相结合的居住要求[1]。

智能家居与普通家居相比，除了具有普通家居所具有的相关功能，还具有信息交互、网络通信、操作自动化等功能。其目的是通过让物来适应人的生活需要，使人能通过语音、手势、互联网等方式来控制相应的家居产品，使人能够提前将家居产品按照其思想工作到位，让其自动服务于人。

居家养老模式下的智能家居系统的设计要充分考虑老年人的现实需求，符合老年人居住环境的相关特点。通过对现阶段我国老年人的需求分析我们认为主要包括以下几个方面。

2.1 基本生活需求

居家养老的老年人由于年龄、身体状况以及精神状况、儿女不在身边等原因，其基本的生活保障难以正常满足，其衣食住行受到很大的限制，其饮食起居迫切需要能够得以解决。

2.2 生活安全需求

生活安全需求是我们基本需求之一，对于老年人尤其重要。居家的老年人由于各方面的原因，在生病或者突发紧急状况时最需要得到及时的相应的帮助，同时老年人特别是独居老人也最容易受到一些不法分子的侵害，人身安全受到威胁。

2.3 信息交流需求

居家的老年人也是社会的一分子，他们也需要了解国家大事，了解身边发生的人和事，获取相关的信息。他们本身都是孤独的因此迫切需要以某种方式来达到与家人、邻里或者亲戚朋友的沟通和交流[2]。

2.4 娱乐活动需求

老年人在离开了自己工作了多年的岗位以后，心理上本来就存在失落感。因此拥有丰富的娱乐生活，培养新的生活乐趣并融入其中是老年人迫切需要解决的问题。由于空闲时间比较多，多种形式的户外活动，多种样式的娱乐活动将占他们大部分时间。特别是活动不便的老年人，对阳光对草地和树荫的渴求是我们年轻人所想不到的。

2.5 自我价值体现的需求

老年人俗称"老小孩"，他们不服老，不认老，自尊心又特别强。很多时候希望能发挥自己的专长和余热为社会和他人做一些贡献，赢得他人的尊重，是自身人生价值的又一体现形式。

3 居家养老模式下智能家居设计的原则和要求

居家养老模式下智能家居在设计过程中，最基本的要求是充分考虑到老年人的现实状况和需求，从功能的角度尽量满足安全、便捷和高效率。因此相对于老年人的智能家居设计原则和要求主要包括以下几个方面。

3.1 高安全性原则

老年人因为其行动不便、反应比较滞后的情况对各类家居用品的安全性要求非常高。主要包括：智能家居电器的控制使用以及线路安全和漏电保护、各类无障碍家具和设备的摆放、各类只能产品在运行过程中的容错能力、在复杂条件下安全稳定运行的要求等。

3.2 实用性、易操作性原则

实用性和易操作性是产品在设计过程中必须考虑到的问题。对于老年团体尤其明显，从实用性出发，要从各个层面在满足其基本生活需求的同时，充分考虑到老年人在日常的娱乐和安全的需要。易操作方面，老年人因为思想以及记忆力等方面的原因他们不关注产品是否"高大上"，他们更多的是关注智能产品的实用性，并且功能简单易操作，容易上手。

3.3 高集成度、私密数据安全性原则

智能家居要充分考虑到老年人的特点，在可能的情

况下尽量将他们的需求实现集成，而不是用一套又一套的系统一个又一个按钮来实现他们的要求。私密数据对于老年人的安全包括人身安全和财产安全至关重要。一旦老人的相关数据信息被不法分子获取，就有可能严重威胁老年人的安全和隐私。对于老年人来说，本身的防范能力较低，一旦发生危险，后果往往都比较严重。

3.4 经济性和及时性原则

由于智能家居产品牵扯的技术面广，要求又比较严格，其产品的价格有可能远远超出一般家庭的承受能力。因此，智能家居产品在设计和制造的过程中要充分考虑到其经济性，可以通过大规模、批量化、标准化生产以及模块化、安装购买灵活控制等方式降低购买和使用成本。智能家居设计及时性的原则，主要体现在家庭健康医疗相关的应急处理和管理。主要包括老年人身体各项体征数据的收集和反馈、老年人各种病症下的康复治疗及提醒、老年人紧急情况下的信息传递等都需要智能家居产品对各项数据的及时获取和反馈。

4 现代科学技术在居家养老智能家居产品中的应用分析

智能家居因其科技含量高、功能齐全、方便灵活等特点，我们可以通过对产品的系统设置来为老年人的日常生活服务，以弥补老年人儿女离家远不能及时照顾等方面的不足。智能家居产品等应用范围可以从以下几个方面入手逐步扩大到人们日常生活的各个层面。

4.1 智能家居产品样式设计

在设计的过程中要充分体现老年人的特点，符合人机工程学原理，在佩戴的过程中要简单。尤其是与医疗相关的智能产品其各个监测点的布局、传感器的安排以及数据的读取等都需要电子、材料、纺织、通讯、信息等相关技术的高度融合。

4.2 无线网络在智能家居远程控制中的应用

通过安装APP产品来实现对家里相关智能家居的远程控制，使得人即使在外面也能实现对家中的各类电器的控制需求。同时，儿女和医护人员也可以通过相同的方式来关注老年人的居住环境以及家中的相关电器运行状况[3]。

4.3 预知危险监控

现代家庭可以通过各种传感器来实现对整个家庭的环境安全进行实时监控。对煤气泄漏、不法分子的入室、火灾以及通过对老年人身体各项数据的分析找出其不稳定因素等进行实时反馈并及时通知相关部门及其子女，以避免各种境况的发生。

4.4 人机交互智能化

通过语音识别、指纹识别、人脸识别、动作识别等技术实现家居与老年人的"沟通交流"，变被动为主动实现交互智能化控制，已达到家居对老年人行为的及时响应。近几年来随着人工智能以及传感器技术的发展，被广泛应用于居住环境清洁、室内温度湿度调节以及各类生活提醒等方面。

4.5 丰富多样的家庭娱乐功能

为了避免老年人孤单，提高他们的生活品位，在智能家居应用系统中应该利用现代媒体技术，充分满足老年人的娱乐和与人沟通需求，主要包括家庭影音、在线视频通话，通过联网可以与相关人员进行娱乐等[4]。

5 结论

随着我国老年人口大幅度增加，各种形式的养老模式和养老产品不断被推出。在居家养老模式下，怎样满足老年人的日常生活需求，怎样让老年人的生活得到保障，是我们面临的关键问题。智能家居作为现代科技发展的产物，通过对老年人住宅及家居产品的重新设计，以物联网技术、人机交互等各种技术为载体，最大限度的满足老年人日常居家养老的需求，使他们能够真正地老有所养、老有所乐。

参考文献

[1] 韩宇，侯奕屹，曲延瑞.居家养老模式下的高层住宅无障碍设施构建[J].产业与科技论坛，2012（12）：126-128.

[2] 陆伟良.智能小区与智能家居[M].北京：高等教育出版社，2009：367-369.

[3] 陈红，张东辉.居住区无障碍设计与残障人群特征[D].郑州：郑州大学，2011：86-88.

[4] 于一凡.新加坡的居住环境设计[J].城市规划，2012（02）：103-105.

基于服务与体验的智能输液监控系统设计研究

董莎莉

（武汉轻工大学 武汉 430000）

关键词： 输液室 智能监控 传感器 交互方式 心理 情感

所有的产品都是以人为本，为人服务。随着社会化进程的转变，医疗行业作为服务窗口，患者对医疗服务需求的转变、医疗发展的需要，都促使当前的医疗行业除了在追求技术与设备的创新与提高，更应关注医护人员情感需求、医疗设备的交互体验、医院系统的合理安排、患者之间的和谐沟通，从而构建一个以患者为中心的完备医疗系统。

2015 年 3 月 5 日，在十二届全国人大三次会议上，李克强总理在政府工作报告中首次提出"互联网＋"行动计划。当医疗遇上互联网，无论是智慧医疗、移动医疗，还是医疗信息化，互联网在医疗行业发展中所扮演的角色都已在从"辅助者"向"引导者"转变。[1]

1 研究现状

"效率较低的医疗体系、质量欠佳的医疗服务"为代表的医疗问题为社会关注的主要焦点。在当前快速增长的医疗需求与有限的医疗资源之间的矛盾，是当今中国医疗行业面临的主要挑战之一。由于国内公共医疗系统的不完善，尤其以医疗信息不畅，医疗资源两极化，医疗监督机制不全等这些问题已经成为影响社会和谐发展的重要因素。

2015 年国际体验设计大会上，就医疗服务体验展开专题性研讨，指出未来的医疗服务体系在基于体验原则的基础上，可以从更多在线医疗服务、家庭医疗服务、社区医疗服务甚至是穿戴式治疗设备来解决未来的医疗问题。[2] 而门诊输液室作为医疗行业中一个不可被虚拟化、家庭化的治疗体验场所，有着它的特殊性。当前就输液的服务与体验流程，国内外医疗机构通常利用取号输液的方式避免输液错误的产生。但针对输液流程中药品核对、输液禁忌、输液监控、输液突发状况、换药提醒等环节却还未能得到更为有效的体验改善。目前希望通过利用物联网传感器[3]与实施监控终端系统对现有输液器及监控系统进行改良设计，达到减少输液流程、智能监控患者状态、精确药物管理等作用，以减少不必要的医疗事故，增加患者舒适度，提高医护人员工作效率，减小工作压力。

2 输液室服务与体验分析

2014 年据中国安全注射联盟统计，中国人年输液超百亿瓶，每年因不安全注射导致死亡的人数在 39 万以上。专家调查发现，95% 以上的人不知道滥用输液及不安全注射的危害。就当前我国的情况而言，医院门诊输液室区别与住院部及社区诊所之处，在于它的人流量大、面对的患者比较繁杂。患者在通过医生开具需要输液的药单后，通过药房取药，进如输液室进行输液治疗。在整个输液过程中，需要经过确认提交药品—叫号注射—找座位—自行关注输液进度—呼叫护士换药/拔针。

经过对武汉市协和医院、同济医院等近十所三级甲等医院分别利用询问、观察等方法进行考察，反馈的信息总结出医院门诊输液室面临以下问题：其一，在进行药品核对时，患者对于药物是否会引起过敏以及注射禁忌并不知道或者知晓不全面，而医护人员只有通过询问病人的情况下才能得知病人是否可以进行注射此药物。其二，三级甲等医院的医护人员虽然在职业素养、服务意识、心理健康[4]方面优于其他医院工作人员。但当医护人员在高度忙碌状态下容易产生药物混淆、扎针失误等医疗事故，错误的药物会造成患者的身体不适，更为甚者可能会导致患者死亡。其三，患者在输液过程中除了需要克服疾病带来的极度不适，还必须时刻关注输液的进度，以免造成输液完成后血液回流的情况，这对患者及家属都是一个极其费精力的事情。其四，护十在输液室除了关注患者与药物的匹配问题、注射，还需时时关注患者的输液情况，避免在输液过程中产生漏针、不适等状况，这对于他们的工作无疑又造成了负担。

2.1 输液室流程分析

输液室流程为：提交药品—叫号注射—找座位—自行关注输液进度—呼叫护士换药/拔针。

其中在提交药品环节中医护人员需要进行"三查八对"，此过程中耗费的时间过多，易在分药环节分错药物，把不属于某一患者的药物分给患者；在关注输液进度环节中，患者在输液过程中除了克服病痛带来的身体不适以外，还必须时时关注输液瓶的进度。这些工作可由机器设备来精确实现。

2.2 输液室的体验分析

派恩·吉尔摩称：所谓体验，就是当一个人达到情绪、体力、智力甚至精神的某一特定水平时，其意识中产生的美好感觉。[5]通常医院都会以满足患者的情感需求和体验为标准来进行有针对性的输液流程。无论患者输液多少，输液过程中都无法脱离"正在输液"的状态，必须时时关注输液进度，防止输液完成后的空气进入体内。然而监督这些事情本应该属于医护人员的范畴。人流量密集的时候，护士忙于静脉穿刺，无法巡视输液患者，这样会导致护理质量的下降，患者不满意，还潜伏着输错药物等医疗事故与医患纠纷的隐患。输液室作为患者和医护人员共存的一个空间内，必须同时满足两者对其设备及操作方式的需求，从而得以更好地体验。

2.3 输液室的服务与交互分析

输液室中，患者与医护人员常由于沟通不畅、输液流程复杂而易引发纠纷。服务的无形性[6]通常由于药品与患者核对时，往往由于身份交叉识别错误以及对所输入的药品名一无所知，从而诱发输液错误的事故发生；患者在输液过程中，由于座位是无发按照先后顺序进行依次排列，导致巡检时的不便。

3 基于"互联网+"的解决方案

随着物联网的快速发展，通过网络，使用手持设备便捷地联通各种诊疗仪器，使医务人员随时掌握每个病人的病案信息和最新诊疗报告，随时随地的快速制定诊疗方案；在医院任何一个地方，医护人员都可以登录距自己最近的系统查询医学影像资料和医嘱；患者的转诊信息及病历可以在任意一家医院通过医疗联网方式调阅……随着医疗信息化的快速发展，这样的场景在不久的将来将日渐普及，智慧的医疗正日渐走入人们的生活。本文在于通过调查、研究，立足医院输液室的现有问题，力求运用物联网技术及情感化设计解决医患间的矛盾、减轻医疗工作者的负担。充分考虑到患者、医护人员、医疗机构等方面，促使便捷、高效、人性化的医疗环境为病人带来良好的医疗环境。

不同医院的输液室系统已经意识并已开始改善问题，如实行系统叫号扎针、患者按呼叫器、无线移动输液管理系统（利用无线网络技术、掌上电脑、二维条码和无线射频识别技术，完成收药、配药、发药、输液、巡视等五个环节，解决了门诊输液患者身份识别和呼叫问题）。本设计希望通过物联网技术而做出输液监控系统更加的智能化和人性化，具体设计从以下两个方面展开：

3.1 软件方面——输液监控系统（APP）

根据泽莱尼提出的"DIKW金字塔"的概念，理解数据、信息、知识及智慧四者间的区别及关系有助于医疗情境中可视化手段的选择。[7]输液监控系统通过采集数据、分析信息场景、组合排列需求及视觉化展示。其主要功能在于智能记录与反馈患者信息。通过就诊卡的记录，它能够在输液系统当中更新与患者的过往输液信息，精确记录患者取药、打针、输液与输液完成的各个时间，便于核查，以计算机的精确代替医护人员的不确定性。

患者的体质、过敏史与病源同样显示在输液监控系统之中，可以防止因药物过敏而导致的事故。同时系统可以根据患者病因提醒输液区域，防止患者之间的交叉感染。

使用情境：护士在换班时，输入自己的登录信息（见图1）。在患者进入输液室后，将就诊卡与药品交予护士，输液监控系统通过刷患者就诊卡获取患者信息，打印两份纸质单。一份为患者药物明细（患者姓名、性别、年龄、药品等具体信息），一份为患者号码单（患者获取号码单后，便可以等待叫号输液）。医护人员根据药物明细核对药物，能够更加精确做到不输错药物的情况。当输液成功后，患者可自行根据护士的提醒下找到座位，同时在座位感应区域刷下就诊卡，护士就可以在监控系统中观察到患者的位置、输液状态等相关信息（见图2）。同时可以减少医护人员对于核查方面的工作压力，提高工作效率。

 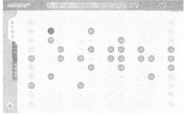

图1 登录界面　　　　　图2 输液情况

3.2 硬件方面——墨菲氏滴管底端处的传感器

墨菲氏滴管底端的传感器[8]与系统关联，传感器感知输液袋滴速，系统根据滴速与输液容量计算出输液的进度，输液完成后告知系统。

使用情境：输液室大屏幕开始呼叫患者后，患者手持号码单前往输液台输液，输液护士核查双方清单准确无误后开始扎针输液。一个墨菲氏底端的传感器对应一个就诊卡，也就是一个患者，患者输液后就对应该传感器。患者到座椅上用就诊卡在座椅感应处感应后，系统界面的座椅将自动关联患者座椅，进入详情查看便可得知患者的输液进度。在患者输液完成时，系统将与大厅关联的显示屏提示护士拔针或换药。

智能输液监控系统充分顾及患者、医疗工作者的需求，重新梳理输液流程，不仅从理性方面改善输液监控系统，改良输液设备，减少输液重复流程，提高输液效率。更从感性的一面出发，深入理解与体会患者与医护人员的心理方面。使患者在输液的时候不因烦琐的输液程序而困惑，能够感受到产品智能呵护患者的一面。[9]

4 结语

随着互联网的普及，越来越多的信息化科技将广泛运用到我们生活的周边。《物联网"十二五"发展规划》中明确指出要重视智能医疗在公共卫生领域的应用。[10]在建设信息化医院过程中，智能输液监控系统实现了静脉输液流程的操作程序化和信息自动化，有效地提高了患者和医护人员的体验感受，减轻了医护人员的工作压力，最重要的能减少输液差错和医疗事故的发生。

参考文献

[1] 周丽雯. 智能医疗产品设计展望 [J]. 设计, 2015 (03): 78-79.

[2] 巩淼淼, 李雪亮, 肖东娟. 面向数字化社会创新的医疗健康服务设计 [J]. 包装工程, 2015 (12): 24-28.

[3] 张世霞. 物联网技术在智能医疗管理中的应用 [J]. 山东轻工业学院学报, 2012, 26 (3): 87-89.

[4] 胡海萍, 张少靓. 医院工作人员心理卫生状况及相关因素调查 [J]. 同济大学学报 (医学版), 2009 (06): 125-128.

[5] 彭艳芳. 产品交互设计系统中协同设计的研究 [J]. 包装工程, 2015 (16): 99-103

[6] 楚东晓. 服务设计研究中的几个关键问题分析 [J]. 包装工程, 2015 (16): 111-116.

[7] 王晰, 辛向阳. 信息可视化及知识可视化对医疗决策的影响探究 [J]. 包装工程, 2015 (20): 8-11.

[8] 任新颖. 物联网中的智能医疗应用 [J]. 数字通信, 2013 (03): 85-87.

[9] 李建功, 唐雄燕. 智慧医疗应用技术特点及发展趋势 [J]. 医学信息学, 2013 (06): 22-26.

[10] 桑磊. 基于物联网的智能医疗系统研究与运用 [J]. 科技与企业, 2011 (13): 58-61.

基于用户体验设计的故事应用研究

吴 远

（武汉理工大学 武汉 430070）

关键词： 用户体验 故事 应用研究

1 引言

用户体验设计的本质是以用户需求为中心，服务于用户，补给于用户，用户是产品的最终使用者，如何理解他们的需求，达成他们的目的，这些我们都需要去考虑，并给予用户理解和包容，也只有这样，最终的产品设计才具备"人性化"的要求。在产品设计领域，为了了解用户的需求，"情节设计"承担起了讲故事的角色。[1] 这里的讲故事不是为了情节的好玩吸引眼球，而是为了发现用户将会遇到的状况，解决其中的问题。以叙述的方式描述任务，将任务"情节化"，从中发掘用户的需要。也就是说，讲故事成了人们解释自己做什么，或者怎么做的最自然的方式，它便于当事人理解。本文主要通过故事的定义、故事的构成要素、故事的作用和故事的应用等方面，阐述了故事在用户体验设计中的应用研究。

2 故事的定义

故事是非常宽泛的概念，本文所提到的是那些对用户体验设计有帮助的故事。故事的目标是描述或交流与用户体验相关的内容，主要包括情境、用户故事、人物原型故事、故事板、用户个案以及很多用到不同用户体验方法的其他故事形式。[2] 这些故事可以是书面形式或口头形式，也可以通过照片或影片或语言来述说，可以在现场讲述，也可以通过录音或录像。

故事是一种自然和灵活的沟通方式。故事常见的价值有：一种帮助记忆的方法、一种说服他人的途径以及一种娱乐大众的方式。对于用户体验，也不例外。

用户体验跨越广泛的学科领域，这些学科各有各的观察角度。故事成为联结各种不同工作语言的桥梁。通过明确的例子，故事可以成为大家都能理解的通用词汇。故事可以描述一种情境或情况，描述目前现实状况的故事可帮助我们更好地理解世界。它们不仅是一系列的事件，而且可以从中洞察事件发生的原因和驱动力；故事可以说明问题，故事可以用来展示痛点——通过新产品或改变设计可以解决的问题，这样的故事可以帮助设计团队从用户的角度发现问题；故事可以探索设计概念，故事可以帮助你解释或探索一个新创意、概念或隐性的经验。即使细节尚未完成的时候，故事也可以有助于动态展示新的设计；故事可以描述新设计的影响，设想型故事会讲述未来世界的细节，它们与描写型故事的

区别是，它们描述的是目前还没有的用户体验。

3 故事的构成要素

故事的基本构成要素包括视角、角色、情境、形象化和语言。[2]

视角是故事的观察角度，如何表现人物、情境和时间的方式，就属于视角的一部分，转换视角就会产生新的故事。之所以转换视角，或是为了让故事适合某些特定的观众，或是为了更鲜明地表达观点。盲人摸象的故事就是告诉我们，不同视角会产生不同的体验。当为故事选择视角的时候，就选择了所有体验的可能性中的一部分，不同的视角暗示着新的设计需要满足的不同需求。加入视角最常用的方式就是让故事的主要人物张口说话，故事的主要观点通过主要人物说的言语表达出来。这是因为每个角色代表着不同的生活体验。另一种加入视角的方法是营造一个突发性状况或情境。想象中的故事与你讲的故事之间的对比，会营造出一种不同的体验。

角色即是故事中的人物，也可指故事中人物的特征，通过这些特征，我们可以区分他与精心塑造的人物原型和用例中的演员不同，帮助我们理解人物的动机、喜好和目标。创造角色的方法主要有：①选择有意义的细节，用细节来增加角色的真实感，每一个细节都必须用户理解角色的行为；②表演，而不仅是描述。用行为（表演）来表现人物的特征，而不是把一堆形容词堆砌在一起描述；③预埋伏笔，预先在故事里放下之后会用到的"伏笔"；④留白，确保在某些方面留给听众一些自由想象的空间。

情境是故事展开的环境，它指的是连接故事的外围与核心的事物。有些情境是讲故事的人直接说出来的，有些是由听众推断出来的。情境也可以是指故事中的事件的时间、地点和经过。有五种比较好的情境可以用到故事之中：真实情境、情绪情境、感官情境、历史情境和记忆情境。

形象化指的是故事所引发的视觉、情感或感官感受。精心设定的情境、事件的起承转合、有趣的角色和精准的时间控制，这些都是故事的要素，所有的这些要素结合在一起在听众的脑海里形成一幅幅画面，这些画面就可以看作是形象化。画面感可以跟视角、情境、角色这些要素用在一起，通过加入用言语描绘的细节丰富的画面，画面感可以使其他要素给人留下深刻的印象。

语言指的是故事的语言风格，以及故事中不同人物的说话风格。用角色的语言说话，避免使用他们不懂的技术语言或行内术语。让故事更主动，让故事中的人物积极地做事、思考、说话、感受，不要让他们被动地观察发生了什么事，故事是重视真实体验的良机。专注地讲故事，避免过度解释而引起的分心和困惑，笔墨集中于支持故事主旨的情境细节和形象化情节。不要评价。让故事的角色、情境和事件可以做到自我表达。

在创作故事的时候，选择的要素要能支持故事，并能恰到好处地吸引听众。视角和角色可以表现出故事的观点，情境营造出环境，感官和形象的细节体现出画面感和情感。它们所承载的信息让听众更加投入，帮助他们理解故事，并将故事转化为自己的故事。

4 故事的作用

作为用户体验设计的一部分，故事的作用是将工作回归到真实的情境中。"故事让你可以动态地展示设计理念或新产品，或将新的创意与最初的灵感联系起来。最重要的是，它们帮助你将人作为工作的中心。因为无论开始任何项目，最后交付的东西都是供人使用的。"[3]故事是一种将对用户的理解与设计流程联系起来的方法，尽管他们不能总是你的团队的一部分。

故事的作用主要有五个：

解释作用。用户体验故事专注于解释各种事件，这些故事可以描述行为和态度，展示故事中的人物对这些事件的反应，也可以在故事中加入情境，解释导致此行为的原动力或目的。将人物放到情境之中，不仅讲述了故事本身，而且还调动了感官体验的想象，这就是故事与其他交互模型，如流程图的不同之处。讲故事的高手，可以用故事的方式呈现一系列的规则和数据，这样很容易让人记住。例如，可以通过描述如果忽视某一良好的设计准则可能造成的后果来显示这条准则的重要性。

触发想象作用。故事可以触发听众的想象，帮助听众完成超越线性逻辑思维的直觉跳跃，激发新的点子。这得益于听众在自己的头脑里营造出具体的画面来填补理解的鸿沟，勾画出一个完整的画面，从而形成一个完整的故事。

激发新创意。因为我们会出于本能地填补空白，故事可以暗示细节，所以我们不需要事无巨细统统都写出来。填补空白的能力非常有助于通过故事来激发创新，最开始你只是想象一种新产品或环境的改变。接着开始讲故事，展现人们在新的情境中会有哪些变化。邓宁在《跳板故事》中提到了一种具有启发性的故事形式，这些故事通过描述一个非常熟悉的困境来抓住听众的注意力，暗示这些事在未来有不同的可能性。这些故事是具有启发性的，因为它们的目的不是建议一种特殊的解决方式，而是激发人们的想象，让人们从全新的视角来思考问题。

建立共识。在用户体验工作中，用户故事可以帮助一个团队对目标达成共识。故事可以是有待解决问题的案例或新产品给生活带来变化的愿景。故事也可以展示对一种体验的不同理解。人们选择讲述故事和复述故事来表达自己的顾虑和兴趣。

说服他人。因为故事完全可以做到引人入胜，所以它可以改变人们的想法。

5 故事的应用

故事在用户体验设计流程中的应用的第一步便是收集故事。用户体验设计中的故事不是凭空捏造的——它们是基于真实的用户数据，再经过加工提炼，再设计环节世人眼前一亮，灵感乍现。在用户研究过程中收集数据，是第一步，无论是勾画受众特征，深入进行任务分析，或是寻求对用户动机及愿望进行更全面的见解，都可以在这一过程中收集到有价值的故事。[4]

从用户那里听到的故事，会带出很多以第一人称的独特视角对世界的解读。这些故事有助于理解目标用户的目标、原动力、偏爱、性格和喜好，我们可以利用它们创造出丰富，有质感的体验。最好的故事来源于现场，最显而易见的、可以收集故事的地方是在定性研究之中：客户分布、情境调查、目标人群和倾听他人的访谈[5]，只有在现场，我们才可以看见和听见构成种种体验的细节。如果不能直接进行用户研究，也可以从很多间接的信息源收集故事：搜索日志和服务器日志、客户服务记录、培训和销售演示、市场调查、态度数据和社交网络[6]。倾听也是获取故事的一种有效途径，通过倾听可以近距离的去发现用户在进行某项体验时所存在的问题，在倾听的同时也要注意观察，有时，简单的动作里包含着意外的机会可帮助我们深入观察用户体验。情境观察是一种把熟悉的事物变为陌生，把陌生的事物变为熟悉的方法，陌生化是一种批判性地、以全新方式看待一个场景或物品的方法，我们要从习以为常的事情中去发现一些关乎用户体验的细节以及其对周围人的影响。[7]另外一种倾听的方式就是组成讨论小组，通过倾听与讨论的方式，让一个故事引发另一个故事，由此产生连锁反应。

收集故事之后就是选择故事，就是在分析的基础之上选择出有待加工的故事，这些故事是为特定的目的服务的。在选择和加工故事时，须同时兼顾听众和目的，在于用户体验团队其他成员、整个项目团队和管理层沟通时，这些故事必须帮助听众以一种新的方式理解用户体验或为用户分析提供支持。[8]讲故事塑造成人物角色，为人物角色编写的故事，可以把事实数据转化为场景，使静态人物角色鲜活起来，为他们提供情境和动机。此阶段的目标就是找到可以发展成为故事的有趣的故事片段。先从一句话、一件事或一幅画面开始，将其融入其他片段之中，然后加以提炼，将其浓缩为一个故事。将零碎的信息整合成一系列有用的故事的方法主要有：诠释希望通过用户分析来强调的重点；引出很难用其他任何方式来交流的细节；与其他信息源建立关联；引起共鸣，不只是让听众产生代入感，同时非常自然，能说服人们故事可以激发行动，如讨论或产品设计变更等。

选择的故事可以为设计过程提供截然不同的灵感。这些故事暗示着客户的目标、态度和需求，同时也指向设计必须要讲述的故事。对设计而言，沟通与最终的结果一样重要，故事的目的是帮助设计师"抓住混乱的、被错误定义的问题"，它们通过创造出小的场景和强调情感来达到此效果。在设计过程中，故事会随着设计而进化发展，历经从无到有、概念以及规格规范等几个过程。随着设计的进展，故事也会改变形式和加入细节。故事在设计创意中不仅可以诠释设计创意，也可以用来描述一个情境或情形，使故事看上去像人物原型的一部分，同时根据用户体验得出的好故事可以启发设计创意。

设计检验是用户体验设计中非常重要的步骤。[9]故事不仅可以用于设计创新之中，而且还能用故事来评估改善设计。故事可以为可用性测试建立场景或任务，作为专家评估的引导和质量检测工具。可以通过几种不同的方法把故事应用于可用性任务之中：用收集到的故事来写可用性任务，之前在项目中收集到的故事可以用作可用性评估的起点；通过故事为可用性测试任务设置情境，提高任务与测试参与者的相关性；先从一个通用的故事开始，再利用用户通过故事所提供的信息来打磨故事；"实时"收集故事，立即将它们用于可用性测试之中。

6 结语

故事是一种深入人心的交流方式，可以把很多信息放在一个短小的故事中。故事简单易懂，是一种有效的教学方式。因为故事是一种非常自然的交流方式，所以每个人都可以很好的创作和运用故事。在用户体验设计中运用故事的原因，即是借助于故事的力量，我们可以用全新的视角来看世界。作为讲故事的人，我们让观众坐好，把一幅画面、一个愿景、一种方法或一个全新的世界通过故事传递给他们，我们同时也在扩展他们接受惊奇的能力。听众由此产生的感恩之情，也使他们更愿意学习和接受新的理念，因而故事在用户体验设计中的作用也就突出出来。

本文是在现有的研究的基础上，浅析了故事在用户体验设计中的应用研究，旨在为今后用户体验设计提供一种经济有效的工具，同时也为用户研究提供一定方法论参考。

参考文献

［1］Whitney Q, Kevin B. 用户体验设计：讲故事的艺术［M］. 周隽，译. 北京：清华大学出版社，2014.

［2］Jesse J G. 用户体验要素：第2版［M］. 范晓燕，译. 北京：机械工业出版社，2011.

［3］Jonathan C, V M Craig. 创造突破性产品［M］. 辛向阳，潘龙，译. 北京：机械工业出版社，2006.

［4］D Saffer. 交互设计指南［M］. 陈军亮，陈媛嫄，李敏，译. 北京：机械工业出版社，2010.

［5］Ilpo，K, M Tuuli, B Katja. 移情设计：产品设计中的用户体验［M］. 孙远波，姜静，耿晓杰，译. 北京：中国建筑工业出版社，2011.

［6］腾讯公司用户研究与体验设计部. 在你身边，为你设计：腾讯的用户体验设计之道［M］. 北京：电子工业出版社，2013.

［7］Norman A D. 情感化设计［M］. 付秋芳，程进三，译. 北京：电子工业出版社，2005.

［8］Steve D.The Springboard: How Storytelling IgnitesActions in Knowledge-Era Organizations［M］.Butterworth Heinemann，2000.

［9］Dean C B.Communication:The context of cha-nge［C］. C E Larson，F E X Dance.Perspectives on Communications，1968: 24—40.

从"主客体异化"看阅读媒介的设计形态
——以印刷媒介、数字媒介为例

王 蒙

（莆田学院 福建莆田 351100）

关键词： 主客体异化 阅读载体 设计 非线性 非物质化

1 引言

人类阅读的文明从史前文化时期就被匆匆前行的历史记录下来，从"结绳记事"到"无字碑书"，再到"活字印刷"以及电子阅读载体为特征的新一代电子媒介，每一代阅读载体的形式发展无不记录了其特征的变化。从主体的阅读方式，到客体的显现形式，两者作为阅读行为中最重要的构成部分，也在发生着深刻的变化。针对主客体关系的讨论在哲学中早已有之，主体与客体也并非孤立，关于阅读行文中两个重要部分的讨论，正是借助主体与客体之间的关系，架起了一座探讨的"桥梁"，界定了阅读行为中主体与客体，并对阅读载体设计上的"主客体之变"展开研究。

2 "主客体异化"背景及不同时期阅读载体的形态探析

2.1 阅读行为中的"主客体异化"

作为阅读的主体，人类从主观施加的阅读行为中，阅读的思维方式产生了深刻的变革。主体阅读方式从秩序性的、整体性的、接受性的记录式阅读，逐渐发展成为多维度、多空间、多角度的主动阅读方式。阅读习惯的改变，也和阅读载体的发展息息相关。作为阅读行为的客体，阅读载体在不同时代有着丰富的"外显"形态，并无一例外地显示了科技、工艺、思维带来的技术、目的的进一步更迭。媒介形式的发展经历了"面"的发展，逐渐向"点"的发展衍化，这是一个从广度到深度的发展转变过程，也必然受到已发生的、正在发生的和未发生的物质条件的改变而变化，也正是客体之于主体的客观影响，正如康德先生认为的主体与客体是一对共生的范畴，具有共生性和相互依赖性，主体总是通过自身的角度积极创造和改造客体，且认为主体的主动性和创造性能够贯穿人类认识过程的始终。主体是行为的执行者，在活动中占据主体的地位，客体作为主体意识强加的所在，也发生着深刻的变革[1]。

2.2 几种典型的阅读媒介形态

书籍伴随人类文明的发展，记录、并推动了人类文明进程的向前发展，书籍作为文本内容的容器，其载体形式也影响着阅读方式的变革。人类的阅读媒介的发展历史经历过多次的变革，从口口相传到文字传播，到印刷传播、电子传播以及数字传播，阅读的媒介同样也经历了甲骨、竹简、羊皮纸，发展到纸张、胶片、光盘再到电脑、手机、电子阅读器，每一次科技的进步与革新都带来了媒介物质形态的改变，也带来了阅读方式的改变。

文字传播媒介是原始阅读载体的形式。原始的文字媒介主要有甲骨（甲骨文）、青铜（铭文）、石版（石鼓文字）等，这一时期的阅读载体体积较大，信息不能广泛的流通。随着进一步发展，这时出现了较为轻便诸如竹简（文字）、缣帛（帛书）、兽皮（羊皮纸）等载体，促进了物质文明的进步。

东汉时期，我国的发明家蔡伦发明纸张，标志着印刷媒介的诞生。这使得原有的出版方式发生了革命性的转变，在这一时期，纸张出现及后期活字印刷术的出现进一步推动了阅读载体的发展，此时的信息传播能够以点带面，较为大规模的传播，纸张的发展决定了现代阅读的基本载体形式，并一直沿用至今。

以数字媒介为代表的阅读载体出现于 20 世纪 90 年代，电子科技、网络等数字技术的出现波及书籍出版领域，书籍出版从传统纸质品的出版逐步变成以电子书为载体的形式，发生了又一次质的飞跃。电子书载体形式的发展推动了阅读方式变得团块化、零散化，在书籍的设计面貌上将会变得更加丰富[2]。

3 从线性到非线性——主体阅读方式的异化

阅读主体作为阅读行为的主要发生者，其受到物质条件的影响也发生着深刻的变革，在阅读载体的历次变革中，随着书籍的载体形式的变化，主体阅读方式也深受影响。在甲骨、青铜、石鼓、竹简、纸张等阅读载体上，其阅读方式都是以线性的、以个人阅读为主体而展开的阅读过程。这样的阅读过程也是线性单向的，在纸本出版物中，其文字、图像都是依据编者或是作者的意愿单向串联，读者必须依据文本内容的顺序，从前到后，从上到下的模式展开相关阅读，这样形成的阅读特征具有很强的稳定性，阅读的心理体验和思维指向也相对稳定，这种阅读模式被称为"线性阅读"[3]。

在互联网广泛普及的影响下，首先，主体在内容的编纂上，能够参与到书本内容的撰写，例如维基百科以及国内的百度百科等网站，可以通过注册的方式参与到相关内容的编写；其次，在电子媒介为载体的背景下，阅读主体的阅读选择性、参与性、互动性变得更加自主、广泛、紧密；最后，从内容到形式，传统阅读载体的"线性阅读方式"逐渐过渡到电子书引领的非线性阅读方式，并得到了更为广泛的推广与应用。从"线性到非线性"，主体阅读方式的改变，推动了阅读载体的革新设计，同时，它对出版业的发展也有着强大的推动作用。

3.1 从秩序性到跳序性的阅读偏好

阅读模式的秩序性，决定了书籍设计的程式。纸本书为主要的阅读载体占据了大部分人类文明的进程，以纸本书籍为代表的印刷媒介，决定了人们在阅读的过程中，都是以单一性、系统性方式，通过审视堆砌的文字秩序性的排列，从而实现阅读的全过程。阅读者必须依照内容的排列获得相关的可视化信息，阅读过程中呈现线性的阅读顺序。书籍的内容制约着书籍的发展，书籍的载体形式同样也制约着内容的编写。纸本书籍在设计方式上的沿革，导致千百年来形成的单一线性的阅读模式未发生变化。

在深入研究阅读行为发展过程中，可以发现人们阅读进程中的思维逻辑，并不单单是简单地从开始经过一定阅读的过程获取最终的结果，而是逐渐呈现出发散的形式，这样的思维过程决定了阅读者在阅读过程中并不是线性的过程，而呈现出跳跃、广泛获取内容需求的阅读模式。在阅读的过程中，主体更倾向于阅读中跳序性的呈现内容，人们的阅读方式也从深度阅读转向"浅阅读"的模式，例如当下的依托电子阅读平台的自媒体的设计，在阅读的过程中，手指的轻轻滑动，在屏幕上的触碰，都体现了快速阅读的过程，快速的、直接的阅读能够为其带来可选择性的阅读效果，这样形成的跳序性阅读，更为便捷。

3.2 系统到碎片的阅读习惯

传统阅读模式下，阅读的主体需要按照章节、页码、段落、句子、文字的模式一直阅读下去，这样的阅读也是系统性阅读的方式，连贯性非常强。主体在阅读过程中需要加入个人的理解，随着内容的发展而展开深入思考，从而形成系统性且较为深入的认知过程。

当下，碎片化的阅读习惯成为了主流的阅读方式。首先，更倾向于"读图"，而非读字。非线性背景下的数字媒介其形式已不同于传统的印刷媒介，其内容的呈现更富有视觉吸引力，呈现出更丰富的碎片式、视觉爆炸式的设计风格。其次，更倾向于阅读多元化构成元素，诸如短视频、GIF 动态图等。这样的动态标志也丰富了数字媒介的视觉形式。读者在平面的界面内，产生空间感知，营造更好的阅读感受。此外，在电子书中广泛植入视频与动画，这样的形式更是对传统阅读方式的颠覆。以动静结合的视觉语言，富有新意的对比手法，营造出丰富的界面表现形式。最后，多元的音效出现，进一步丰富了数字媒介时代的传达语言。数字媒介的声音特效，是非线性背景下声音多元化实现的重要体现，进一步推动了数字媒介多维空间的发展。

3.3 被动接受到主动选择的阅读需求

在印刷媒介中，主体在阅读中是以被动接受为主，从最早时期传输的官方文件、通知告示等纸质读本，这些文字记载的作用都是传递信息，起到信息的记录作用。但是，这样的方式仍是以信息的传达为主，相对仍是被动的、模式化的信息堆叠。

在数字出版的新媒体时代，电子书的出现，数字出版变的相对专业。传统的作者不能单一凭着作品吸引阅读群体，而是需要交互设计、图形设计、计算机编程设计等团队模式出版，这促进了小规模工作室的出现，也是后现代主义鼓动小众化、地域化等特性发展的表征。基于这样的出版环境，读者在选购书籍时，能够做到足不出户地自助选择需要的数字读本，可选择的空间更大。非线性阅读的典型阅读方式即是非线性，在电子书的阅读界面中有许多可触的超链接端口，这丰富了电子书内容的阅读宽度，提供了更加开放的阅读环境（见图 1）。超链接功能大大拓展了电子书文本内容的外延，使得原本为电子阅读终端的电子书载体变为一个对外联系的媒介。读者群体可以借电子书载体实现多个数字出版平台的内容交互，例如可以在线查询各大门户网、专业信息网的电子图书，亦可以通过超链接查询该内容的相关信息，比如作者简介、文字内容查询等，丰富了阅读的深度与广度。

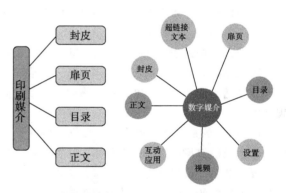

图 1 线性阅读的封闭性与非线性阅读的开放性

4 从物质化到非物质化——客体组织形态的异化

20 世纪七八十年代，在电脑的普及和网络技术的进一步扩张与发展下，"信息化"的，"数字化"的社会悄然而至。信息作为非物质性的传播内容，信息社会，数字化社会，其实质就是"非物质社会"。非物质的设计，也是非物质化的产物，其设计的主体从物质变为非物质，针对的是信息与数字化的设计。从物质的设计到非物质的设计，也是设计自身上升发展的必然形态。从以物质化为前提的设计进入到以非物质化的虚拟设计、数字化设计为主要特征的设计新领域，设计的功能、存在方式、形式导向乃至设计的本质都不同于物质设计。设计的价值体现在了从功能到商业再到非物质主义的生态需求，这就是一个从合理需求到人性化需求再到有限需求的过程[4]。

具体到阅读的载体来看，不难发现，从物质化的印刷媒介，到数字化的阅读媒介，正是符合了这样的发展趋势，由物质化的载体发展至非物质化的载体，正是客体的异化使得阅读媒介的形态有了新的变化。其中更多地体现在载体形式之上，是内容的"形式化"。这些变化具体包括却又不限于材料的变化、技术的变化以及体量之间的变化，而这样的变化直接影响到了软件、程序、功能、价值，甚至是思想和哲学等诸多层面。

4.1 向数字虚拟化推进的存在方式

传统的印刷媒介，是我们能看得到、实实在在地触摸到的阅读载体，然而，在设计过程中，不难发现，自数字化阅读载体诞生以来，阅读载体的"真实"触感变得渐渐并不重要，主体在阅读的过程中，逐渐地从单纯的获取信息发生了变化，对于丰富的视觉、触觉、听觉，甚至味觉、嗅觉的应用效果产生了浓厚的兴趣。数字媒体的方式更多的借用数字虚拟化来实现。此外，原材料消耗的降低，低碳环保的设计生产方式也越来越多地得到了人们的关注及利用。

一方面，绿色主义思潮的兴起，为数字载体的进一步推广奠定了广泛的群体认知基础。在实用、环保的标准之上，它体现了设计价值的回归，更体现了人与产品、环境的和谐[5]。这也使得艺术家与设计师们投入更多的精力在保护生态与环境中，为数字阅读媒介的诞生提供了萌芽的动力，且有了更为广泛的群众基础。另一方面，虚拟云端等数字端口的出现，为数字载体提供了存在的现实基础。作为数字阅读载体，每一部移动的终端都可以容纳更多的信息，并通过网络的超链接，能够实现文本与义本之间的迅速链接。这就如同一张"蜘蛛网"，在"网"的某一顶端触点，是可供主体便捷查询的信息，而我们使用的数字阅读载体，处在"网"的中心的位置。数字阅读端成为一个端口，这在传统印刷媒介中是不可想象的，数字虚拟的云端正是提供了这样一种直接的、超文本信息的链接功能，使得阅读媒介的存在方式向数字虚拟化前进。

4.2 向技术形态跨越的形式导向

阅读媒介形式的发展，符合产品的发展趋势。在技术形态下，阅读媒介的进一步融合与发展推动了载体的演化。从宏观媒介形式上来看，设计的科技性趋势逐步加深。东汉末年，蔡伦在改进了纸张的材料之后，进一步推动了科技、文化等各个领域知识的传播。在这之后，毕生的活字印刷术、欧洲约翰内斯·古腾堡发明的金属活字印刷、印刷用油墨、印刷机等的出现进一步推动了印刷业从雕版的烦琐工序、大量时间成本、资源消耗中解放出来，形成了比较完整的印刷系统。随后，德国等西方国家出现世界第一台印刷机，并逐步向激光印刷、电子技术、信息科学等技术进一步拓展，带来了阅读媒介的进一步转化，即从印刷媒介向数字媒介转化。

在这个过程中，技术比重呈现扩张的发展趋势，逐渐抛弃传统的纸本材料，形成以综合数字媒介为载体的高技术形态阅读终端。

而从微观的设计形式来看，印刷媒介在设计上也曾出现过不同形式的探索，但由于媒介属性、材料所限，并没有出现过多的形式感。从传统的旋风装、经折装、蝴蝶装、线装形式发展到胶装、精装等形式，再到伴随数字媒介出现的电子阅读载体，从原生形态发展至技术形态，形式上的进一步转化必然导致阅读载体的轻量化。数字阅读媒介出现以来，阅读的视觉呈现形式也更加丰富多样，包括图形、色彩、文字、声音、视频图像等内容。而视频、声音等多维化的应用加入数字阅读媒介，这在传统印刷媒介中几乎是不可想象、不可能实现的。

4.3 向审美功能演进的设计趋势

从阅读媒介的功能特点来看，阅读客体对于主体逐渐从基本的实用功能、认知功能向审美功能演进。实用功能是基于印刷媒介前提下的最基本功能，这种功能可以满足人们获取信息的必要条件。在此之外，审美功能的考虑相对较少。人们在对于基本信息的认知这一过程是"物质化"的，当主体满足基本认知功能之后，伴随数字媒介的多元化功能，阅读载体的审美功能逐渐进入大众的视野。

此外，数字阅读媒介的审美功能会逐步跨过功能审美走向艺术审美的发展趋向。当下，数字阅读媒体的设计审美，其创造正是实现设计活动中科学技术与艺术的结合，能够使阅读载体实现科技内涵与文化内涵的统一，既有技术效能，又有对人的感性适应性[6]。通过早期数字阅读载体的设计，不难发现，最早的电子书如Kindle，甚至更早的美国生产的"Rocket Book"，其仅仅是单一的将印刷载体的内容翻制成为电子数据，再导入电子书内，这就好比一个巨大的存储器，我们随时能够取用相关书籍信息。而随着苹果公司的iPad等阅读终端的出现，虚拟映像、互动程序的出现，将进一步丰富电子终端的表现形式，这必然从单一化的功能审美走出，向着多元化、数字化、情感化、互动化的功能发展，并将集合多种用户体验于一体，尽可能满足人们的体验与互动功能。

5 结语

作为传统阅读载体，印刷媒介，也并不会随着数字媒介的大规模发展而逐步减少消失，在相当长的一段时间里，将各尽其用，发挥独有的作用。在数字媒介大行其道的今天，读者（主体）从思维上会逐渐适应跳序、碎片化的信息呈现方式，也必然会通过主体的主动选择去过滤性的接收信息。作为主体的承担着，数字阅读载体（客体）会向着高科技化的、多维化的阅读集成不断发展。

参考文献

[1] 吴晖 . 非物质社会艺术设计主体与客体的多元化 [J]. 作家，2007（12），137-138.

[2] 胡凯 . 媒介形态变迁视野下阅读行为嬗变——以印刷媒介和数字媒介为例 [J]. 中国出版，2014（07）：10-13.

[3] 曹方 . 数字时代与非线性阅读 [J]. 上海信息化，2013（04）：80-82.

[4] 李砚祖 . 艺术设计概论 [M]. 武汉：湖北美术出版社，2009.

[5] 杨茜怡 . 谈产品设计的发展趋势——从"无印良品"看当代极简主义设计 [J] 美术大观，2011（04）：129.

[6] 徐恒醇 . 设计美学 [M]. 北京：清华大学出版社，2006.

五 设计驱动创新与城市可持续发展

创新与社会平等：共融公共设计
国际可持续性学习网络（LeNS_in）
地域景观元素在湿地公园设计中的运用

创新与社会平等：共融公共设计

邵健伟

（香港理工大学　中国香港）

关键词： 共融设计 公共设计 社会平等 社会创新 通用设计

1 Introduction

To promote a better public living environment, a public design team was founded in The Hong Kong Polytechnic University (PolyU) in 2002. One of the key missions and objectives of the team was to promote inclusive innovation for the benefit of a wider spectrum of city users, e.g., older persons, young children, newly arrived residents, visually impaired people, wheelchair users. In 2007, the first Public Design Lab in the world was founded in the University to promote more interdisciplinary research and design collaborations. Participatory design and community involving have been highly advocated and implemented also.

The Lab researchers believe that public space (e.g., open spaces, parks, markets, plazas, squares) is important living environment for all and it is important and critical to promote and illustrate the equal opportunities of a society. Thus, a series of case studies on the inclusiveness of open space has been conducted. The original incentive as well as drive of the studies is to promote high degree of openness for all. This is also one of the current key missions and directions of the open-space study conducted by the Lab. Regarding the open space of Hong Kong, a densely populated city, in particular, a case study on the uses of parks in Hong Kong was conducted in from 2009 to 2011. A key project objective was to explore the difficulties visually impaired people have in accessing parks [1]. Based on the findings, another case study (2012 – 2014) on the uses of open space was conducted as a kind of continuity of the first case study. The focus of the second project was more on the policy, implementation and management (PIM) that visually impaired people could be better facilitated to access open space (regarding the first model of PIM implemented advocated by the author, see [2]).

This paper is mainly based on the experience of the second case study. The finding of the first case study is referenced to enhance the discussion in the following sections, if necessary. The paper does not attempt to generate a golden rule for all situations and public environments. Instead, it expects to arouse the awareness of governments, professionals, NGOs, the general public and different communities to commit more effort and work more closely to ensure public environments with high degree of inclusiveness. It also looks forwards to have more design professionals to recognize and participate in the public design field to promote the benefit of people with special needs.

2 Respect, Explore and Facilitate

People like to live in the their own ways. Individuals have different backgrounds, capabilities, needs, interests, wants, preferences, and also practices [3]. Some may consider those of other people, but not so many actually. On the other hand, some people try to impose their values and ways of living on other people, while they may not know (and want to know) particular situations of other people.

It is a fact that increasing people have concerned the importance and need of fairness (i.e., equal opportunity) in the recent years. More governments and professionals have suggested to pay more attention and established more policies and codes of practice on the needs of people with special needs. The general public have also urged and claimed that the society has to put more resource to ensure "equal opportunity for all" [4]-[5]. Thus, a large number of attractive terms such as *Universal XXX, Inclusive XXX, Design for All XXX* and *Barrier-free XXX* can be seen all the times. Yet, up-to-date the United Nations still urges that equal opportunity for "all" is a critical and pressing issue the society needs to face and tackle in 21st Century [6]. Then, the questions related to an inclusive public living environment are: How can we do? Whether the ways of we are doing now are correct, i.e., being both preferred and accepted by people with special needs and others? When we are considering and highly promoting innovation nowadays, how can innovation as well as creativity can serve a larger population, in particular those are always ignored and with disadvantages?

According to the Lab's project experience, quite similar to some of the interested points expressed in the classic novel, *The Impression*, 1811 (*Pride and Prejudice*, 1813), public living environment with a "happily-ever-after" chapter quite relies on respect and mutual understanding of different individual communities and persons. Today, although many government officials and professional planners and designers claimed verbally that they should or have already put attention and effort on people with special needs, they actually show low or no respect, and know little about what they claimed to be concerned. For example, many policymakers and designers think that Braille is an international tactile language for all visually impaired people. Some architects and interior designers insist to build harmony colors between tactile ground surface indicators (or, tactile guide paths) and surrounding environment of a shopping mall since they think that only blind people would rely on it that color is not an important consideration[7].

Regarding the needs and preferences of visually impaired people in particular, "respect" more or less means a person with *normal-vision* capability (i.e., normal fields of vision or gross visual field restriction) who:

- Does not look from a subjective or personal view based on his/her own vision capability as the point of departure.
- Does not look from a single perspective which only considers (or, only maintains) the advantages and interests of normal-vision people.
- Consider the special needs and preferences of the visually impaired people as a kind of their basic right.
- Consider the required arrangement and even change or improvement of an environment (including facilities) suitable for the visually impaired people is not a kind of kindness, sympathy or charity for them; but instead of a must and basic requirement.

Respect is not a kind of emotional guessing. Instead, it is with an undividable relationship with understanding, i.e., knowledge. Respect also should not be a concept in mind only, but more with a kind of meaning related to action. Thus, to show a respect to the visually impaired people, getting understanding by active and continuous explorations is essential and necessary[8].

Further, as a common saying, without knowledge action is useless; and knowledge without action is futile. To meet a *real* inclusive living environment, founded on respect and knowledge, facilitating visually impaired people to access public living environment freely and independently as well as with high level of dignity is important. In other words, it is more a kind spiral exploration, implementation and review in action research.

3 Case Study

After the preliminary case study (2009–2011) of the general understanding on the background and need of accessible park space for visually impaired people, another case study (2012–2014) was conducted to examine the difficulties visually impaired people have in accessing open space, e.g., district parks, local and community parks.

Similar to the first case study, the new case study also focused on how visually impaired people identified and approached open space. On the other hand, as a continuity of the first case study, the second case study focused more on the three levels of the PIM Model® to see how visually impaired people could be better facilitated to access open space.

The research of the second case study was quality in nature. The investigation included:

- Interviews with government officials (based on the findings

and experience of the first case study);
- Interviews with representatives of NGOs for visually impaired people (with some changed of the interviewees due the departure of the original representatives and an additional NGO);
- Field visits: (i) observations of; and (ii) direct interviews with visually impaired people of different ages (new participants in order to increase objectiveness and collect new comments);
- Research workshops with visually impaired people were undertaken (based on the proposed directions of the first case study; with further comments).

The visually impaired participants (i.e., for interviews and workshops) were introduced by three NGOs. By adopting the same arrangement of the first case study[9], the participants included 6 male and 6 female visually impaired people. Their ages ranged from 25 to 68 years old. Six original sites of various sizes in three different districts on Hong Kong Island and in Kowloon and the New Territories were re-visited (i.e., the sites were visited in the first case study), including a small local park and a district park in each district (Figure 1).

Figure 1. Locations of the six selected open spaces for the study (re-visits). (Source: By author; Siu, 2013; See[1])

During the workshops, the focus of the discussions was on the policy, implementation and management matters. The visually participants were encouraged to raise their individual concerns and opinions (e.g., experience in Hong Kong and other place, if any, likes, dislikes, difficulties, preferences, wants, and new ideas related to their experience) on how these three levels of arrangement can be improved for open space (in Hong Kong) to have higher degree of inclusiveness.

4 Findings and Discussions

Re-visited the original recommendations generated from the first case study, the new visually impaired participants in the second cases study agreed to the importance of three areas that require attention to improve the inclusiveness of public environment – with some minor modifications. The modified areas are as follows (for the first draft of some ideas, see Siu, 2013):

- Provision of inclusive design for identifying and approaching open space, e.g., clear indication of the orientations and locations of open space, and convenient access to different physical and web-based open space information;
- Provision of inclusive design for accessing overall environment settings of open space, e.g., tactile guides at remote and on-site locations, alternative means for emergencies or on request, frequent update of information, more and convenient information access points, and digital information for younger visually impaired people;
- Provision of inclusive facilities inside open space, e.g., VI-friendly hints and guides, high-tech, low cost and easy-access new facilities, frequent update of the provision status and condition of facilities, and optional portable tactile guides (possible for re-use).

Referencing to the PIM Model® and in terms of the matters of respect, exploration and facility, there are some directions and suggestions generated from the case study. These suggestions are also about the roles and communications between (and among) the policy, implementation and management of open space to meet high degree of inclusiveness:

Policy

- Policymakers should conduct more and higher-level policy studies to understand the situation (e.g., demographics) of visually impaired people (and as well as of other people with special needs), including the particular physical, social, cultural and ideological situations of Hong Kong.
- Policymakers should work with NGOs to get more direct communications with the VI-open-space-users. This way can generate not only data for the improvement of the inclusiveness of open space, but also illustrate a kind of policymakers' respect to visually impaired people and in turn to have a better relation with visually impaired users for new policy implementation and evaluation.
- Policymakers need to take up a leading role to work with professionals in implementation and management (e.g., planning, design, construction, works, social service, property and facility management) to ensure a good communication among policy, implementation and management levels.

Implementation

- Implementers (e.g., designers, engineers, contractors, social workers, project contractors, executives, other service providers and workers) from different disciplines should work more with professionals of other disciplines. Regarding the public design of open space, designers and engineers can work as initiators and leaders to establish communication with other professionals.
- Implementers should work as a bridge to connect the policymakers and routine management people that policy can be effectively and accurately implemented and maintained.
- Implementers should be correctly, wisely and innovatively carry out his work in order to meet good-intended goal of a new or revised policy. For example, the current practice of most of the public projects are too conservative that many finished work (after a long duration of implementation process) cannot meet the up-to-date needs and preferences of the visually impaired people as well as others.
- Implementers should strike a balance between 'freedom" and "control" [10] for the visually impaired users to enjoy a public life as others. In fact, putting safety and difficulty as some excuse, many existing public designs (i.e., service systems, environments, facilities) are failed to meet its original promised function while some of them are not welcome by the visually impaired people due to the inflexible and uninteresting design. As many workshop participants mentioned, they were not treated equally while they needed to face more restrictions and had got very limited choices.

Management

- Management should facilitate -- operate and ensure -- the daily operation of the public design able to meet the planned objectives and function.
- Management on the other hand should allow the visually impaired people to have an equal freedom as other users. On the other hand, while visually impaired people are with more restriction in access new places, management should ensure less control but with more support for this group of users.
- Among three levels of the PIM Model®, management in general is the party able to have direct contact with visually impaired end-users. Thus, management should not be a passive routine work. Instead, management should work more proactively and positively as a means and channel to initiate, facilitate and collect feedback from users to the policymakers and implementers.
- Management is a critical and effective agent to "explore" and "identify" the rapidly changing needs and preferences of visually impaired people in accessing open space.

As urged by many researchers and design professionals, we cannot deny public space is essential for all. Public space, in particular those with minimal control such as open space, guarantees and promotes a balanced life for urban users. Public space with high degree of openness and inclusiveness supports relaxation and introspection, and motivate people with different backgrounds and capabilities to enjoy physical, social, cultural and sometimes spiritual interactions (such as the case study of this paper: visually impaired people) [12] - [13]. In other words, no individual, group or community should be excluded from these opportunities.

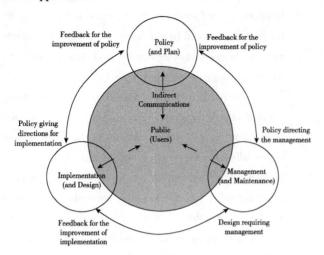

Figure 2. PIM Model®

(Copyright owned by the Public Design Lab, PolyU, 2009)[11]

The case study discussed above has presented the three levels of PIM Model®. Some directions have been identified for the policymakers, implementers and management to promote and ensure open space with high degree of inclusiveness together with innovative design ideas. The rationale and concept behind these directions can be applied to other kinds of public space, with some modification, if necessary.

In addition, the paper also suggests three areas to improve the inclusiveness of public environment based on a further exploration on a previous case study. These areas are (i) ways of identifying and approaching a public place; (ii) overall environmental setting of the place; and (iii) facilities inside the place. Finally, a spiral form of exploration, implementation and review in action research is suggested to be implemented continuously. Only through this kind of action can ensure innovation to promote and serve the real needs and preferences of the visually impaired people as well as other people with different capabilities.

Author's Notes and Acknowledgements

I would like to thank the Organizer of the "China Innovation Design International Conference 2015" for the invitation for a keynote presentation. Although I finally could not attend the conference due to an urgent duty, this invited paper aims to stimulate more discussions and further investigations on the innovation and inclusive matters. The two figures are modified from my previous two papers (see the citations), and the background of the first case study was extracted from another paper (Siu, 2013). The Hong Kong Polytechnic University provided research support of the case studies discussed in the paper. The Wuhan University of Technology provided the Visiting Chair Professorship and partial research support. The Massachusetts Institute of Technology provided Visiting Scholarship/Professorship to support the final preparation of this paper. I would also thank the Hong Kong Blind Union for the leading role in the invitation and arrangement of participants in the two case studies. Their contribution particularly in the first case study established a good foundation for the second case study.

References

[1][8][9][12] K. W. M. Siu, "Accessible park environments and facilities for the visually impairedm, " Facilities, vol. 31, no. 13/14, pp. 590–609, 2013.

[2] K. W. M. Siu, "Sustainable policy, implementation and management in street furniture design, " The International Journal of Environmental, Cultural, Economic and Social Sustainability, vol. 8, no. 1, pp. 19–32, 2013.

[3] K. W. M. Siu, "Users' Creative Responses and Designers' Roles, " Design Issues, vol. 19, no. 2, pp. 64–73, 2003.

[4][6] Equal Opportunity Commission, Position statements. Retrieved October 28, 2015, from http://www.eoc.org.hk/eoc/graphicsfolder/showcontent.aspx?content=things%20we%20do%20people%20we%20meet

[5] United Nations, "The universal declaration of human rights, " Retrieved from https://www.un.org/en/documents/udhr/

[7] K. W. M. Siu, "Design standard for inclusion: Tactile ground surface indicators in China, " Facilities, vol. 31, no. 7/8, pp. 314–327, 2013.

[10] J, Lynch, and S. Carr, "Open space: Freedom and control, " in T. Banerjee & M. Southworth (eds.), City sense and city design: Writings and projects of Kevin Lynch. Cambridge, MA: The MIT Press, 1979/1990, pp. 413–417.

[11] K. W. M. Siu, "Quality in design: Policy, implementation and management, " in K. W. M. Siu (ed.), New era of product design: Theory and practice, 2009, pp. 3–15.

[13] K. Lynch, "The openness of open space, " in T. Banerjee and M. Southworth (eds.), City sense and city design: Writings and projects of Kevin Lynch. Cambridge, MA: The MIT Press, 1965/1990, pp. 396–412.

国际可持续性学习网络（LeNS_in）①

Carlo Vezzoli[1]　吕杰锋[2]　刘　新[3]　张　军[4]　张凌浩[5]　韩少华[6]

（1.米兰理工学院设计学院　意大利；　2.武汉理工大学艺术与设计学院　中国；
3.清华大学美术学院　中国；　4.湖南大学设计学院　中国；
5.江南大学设计学院　中国；　6.武汉理工大学艺术与设计学院　中国）

Project introduction

The LeNSin project aims at the internationalization, intercultural cross-fertilization and accessibility of higher education by consolidating and empowering a global network called the Learning Network on Sustainability. This network is composed of 6 existing, functioning regional networks: LeNS_Brasil, LeNS_Mexico; LeNS_South Africa, LeNS_China, LeNS_India and LeNS_Europe. The project stresses curriculum development in the field of Design for Sustainability (DfS) focused on Sustainable Product-Service Systems (S.PSS) and Distributed Economies (DE), both known as promising models to couple environmental protection with social equity/cohesion and economic prosperity.

LeNSin fosters capacity building in each region through 5 Seminars and 10 Curricular Courses, designed and implemented by the Partner countries' and European HEIs in close collaboration and involving local companies/NGOs/institutions.

The two supporting structures of the project are:

–The distributed Open Learning E–Platform (d.OLEP): a decentralized web platform enabling distributed production&transfer of knowledge, adopting a learning–by–sharing mechanism with an open&copyleft ethos. It is a repository of learning resources (slide shows, video, audio, texts, etc.) and tools that any teacher can download for free and reuse and adapt to contextual conditions.

–A set of labs (LeNS_labs) that: support students, teachers, researchers and local stakeholders with DfS tools and resources; host the d.OLEP with regionally developed resources and tools; and act as hubs connecting all LeNS_labs with local and global HEIs and companies/NGOs/institutions in a multipolar scheme.

The d.OLEP and the labs will remain after the project end to ensure endurance of the action.

An international "Decentralized Conference" (5 simultaneous national Conferences in the Partner countries and 1 in Europe) and a Students' Design Award further disseminate the project results.

Main activities of LeNSin project

1］Design and implementation of seminars. To design, organise and implement 5 seminars (one for each main non–European partner). This seminars will bring together (in addition to local partners and 2 European partners) local design HEIs and representative from local companies/consultancies/associations. Seminars are primarily aimed at collecting the widest and most advanced knowledge on DfS focused on S.PSS&DE. In particular they will deepen the topics of interests defined in WP1 and gather insights to be used to design the pilot courses. Seminars will take place within the end of month 12 and, in any case, before the implementation of the first round of pilot courses. All speeches will be video recorded and video, slideshows and other learning resources will be made freely available on the d.OLEP.

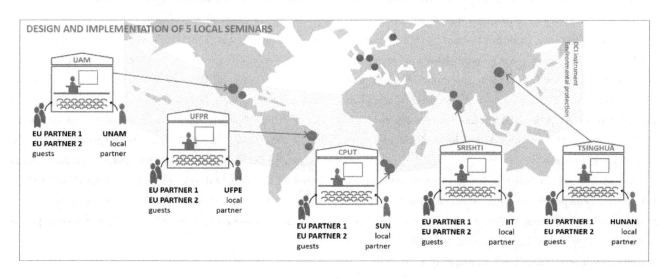

①　发表在《设计艺术研究》2015 年第 5 期

2] Development and implementation of curricular pilot courses and related learning resources and design tools. In both the cases this activities will include: (1) the design of the pilot course prototypes, i.e. definition of a comprehensive teaching syllabus regarding contents, teaching methodologies, tools, techniques and evaluation procedures, according to the exchange agenda defined in WP1; (2) the selection and development of disciplinary and thematic didactic support material: learning resources, books and booklets, slideshows, software tools, etc. The whole of this materials and subsidies will support the launch and implementation of 10 curricular pilot courses (2 for each non–European institution) to be carried out within a total period of 24 months (two academic years) through exchange modalities defined in WP1. The first round of 5 curricular pilot courses will focus on theories, methods and tools of DfS focused on S.PSS&DE (each of them addressing the specific topics (DE type) of interest identified in WP1 and deepened in the seminars). The second round of remaining 5 courses will be project–based, with live design briefs given by local companies/organisations.

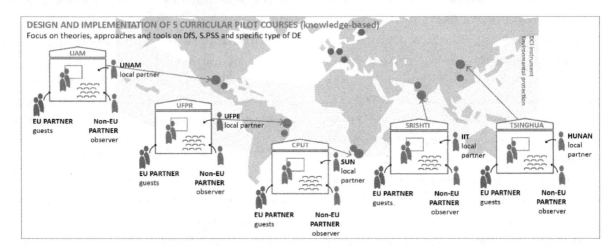

3] Design and Implementation of the 5 LeNS regional pilot labs in the non–European partner institutions. LeNS regional labs are aimed and will be used to: a) support undergraduate and post–graduate teaching (teacher will use the lab's resources and tool to enrich the teaching of DfS–related courses; b) support students' projects (students will get access to the resources and tools offered by the lab when developing design projects with a sustainability focus); c) support PhD students and researchers activities (allowing them to get access to the latest resources and tools on DfS) d) host the d.OLEP with regionally developed resources and tools; e) strengthen the link between universities and the local productive sector (the lab and its resources can be used by the university to collaborate with companies and other organisations research projects and consultancies); f) finally it is important to highlight that the labs also enable a long distance and multipolar collaboration among different LeNS regional labs (theme with local&global HEIs and companies/NGOs/institutions), enriching all the previously listed activities from a) to e).

This activity will include the detailed identification of the needed space, equipment and resources (e.g. software, books, etc. as well as videoconferencing facilities) needed for each LeNS regional lab, followed by the implementation of the labs. 4] Development of the decentralised Open Learning E–Platform.

To develop an decentralised Open Learning E–Platform (d.O–LEP) for the distributed production, distribution and fruition of knowledge and know–how on DfS focused on S.PSS&DE, with a modular and adaptable package for curricular courses composed by: learning resources (video, slide shows, texts, audio, etc.), teaching tools, design tools, guidelines for courses design & implementations, and courses and modules programs examples. It can be described as a modular e–package of teaching materials and tools that researchers/educators (as well as students, designers, entrepreneurs and interested persons/ institutions) worldwide will be able to download (free of charge), modify, remix and reuse, i.e. in a copyleft ethos. The d.OLEP will allow the exchange in an openethos and with a learning–by–sharing approach of teaching subsidies, between all HEIs, favouring in this way a multipolar dissemination, as well as the intercultural cross–fertilisation and consolidation of project results, i.e. knowledge–base and know–how on DfS focused on S.PSS applied to various type of DE. The design and development of the distributed web platform will be based on the already developed and tested LeNS and LeNSes platforms (Asialink and Edulink EU funded projects).

Below the overall structure of the LeNS.in activities is pictured.

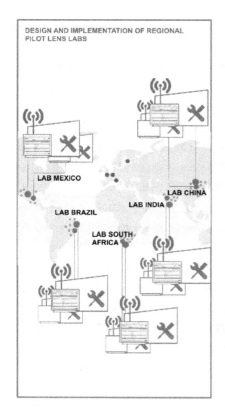

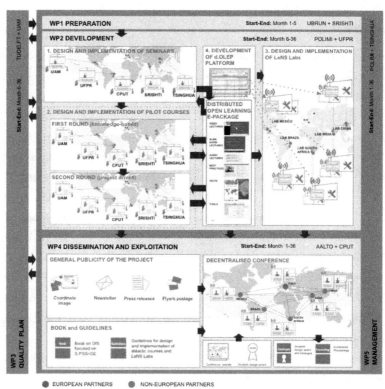

LeNSin tools

To achieve this both a decentralised Open Learning E–Platform (d.OLEP) and a set of regional LeNS_labs in each involved country will be developed:

– The decentralised Open Learning E–Platform (d.OLEP) is a webplatform that enables a distributed production & fruition of knowledge in an open&copyleft ethos on design for sustainability, i.e. the d.OLEP is conceived as a decentralised repository of learning resources (slide shows, video, audio, texts, etc.), tools and guidelines to support courses design & diffusion and learning resources sharing.

– The LeNS regional labs are spaces where students, teachers, researchers as well as local interested stakeholders can get access to a set of tools, resources and facilities for DfS. LeNS_Labs aim at: supporting the development of learning resources and implementation of the pilot didactic courses hosting one of the decentralised OLEP (Platform) with its contents OLEP (E–Package); acting as a hub connecting in a multipolar scheme any LeNS_lab of the network, as well as local and global HEIs, by adopting an intercultural approach to favour knowledge cross–fertilisation.

The d.OLEP will be designed as a tool to be used (without maintenance) even after the grant end, continuously empowering the international Network developed in the project; potentially attracting fundings from public and private entities. The LeNS_labs, will be designed to be permanent after the project end, empowering local use of d.OLEP, strengthening the link between HEIs and the local productive sector and enabling a long–distance collaboration among regional LeNS_labs. Institutional sustainability: project partners have appropriate Faculty procedures and intend to incorporate new curricula on DfS in regular programmes at UG and PG level. This will be facilitated by the local ownership of action outcomes, developed on the basis of local needs and priorities. Didactic modules will be further sustained via relationships with industries and organisations for courses settled up and targeted during dissemination activities. Policy level sustainability: the book and the web platform from the project, together with the other dissemination activities (in particular the final decentralised Conference) will be targeted even to Governments, public institutions and associations, providing them with sustainable strategies, approaches and concepts. In the medium–long term, this will potentially result in the adoption of governmental strategies and policy measures for embedding DfS into planning initiatives within HEIs and industry, in order to respond to local–sustainability challenges. Environmental protection sustainability: the action will contribute to curricula capacity development in the area of environmental protection. The ambition is to equip students and practitioners with conceptual and operative tools to design sustainable Product–Service Systems. For this reason in the medium–long term the action could contribute in creating and disseminating innovative solutions on DfS. The d.OLEP will also allow long–distance collaborations and relationships, reducing travels and related environmental impacts.

193

References

Ceschin, F. (2012). The introduction and scaling up of sustainable Product–Service Systems. A new role for strategic design for sustainability, Design Phd thesis, School of Design, Politecnico di Milano.

Johansson, A., Kisch, P., Mirata, M. (2005). Distributed economies. A new engine for innovation. Journal of Cleaner Production 13.

Mont, O. (2004). Product–service systems: panacea or myth? Doctoral dissertation, IIIEE Lund University.

UNEP 2002. In Product–Service Systems and Sustainability. Opportunities for sustainable solutions. United Nations Environment Programme, Division of Technology Industry and Economics, Production and Consumption Branch, Paris.

Rifkin J. (2011). The Third Industrial Revolution. How Lateral Power Is Transforming Energy, the Economy, and the World. New York: Palgrave Macmillan.

Tischner, U., Ryan, C., Vezzoli, C. (2009). Product– Service Systems. In Crul M., Diehl J. C. (edit by), Design for Sustainability (D4S): A Step–By–Step Approach. Modules. Crul M., Diehl J. C. (edit by), United Nations Environment Program (UNEP).

Vanitkoopalangkul, K. (2014). Sustainable Design Orienting Scenario for Sustainable Product–Service System (S.PSS) applied

Vezzoli, C., Fabrizio, C., Diehl, J. C. (2015). Sustainable Product–Service System Design applied to Distributed Renewable Energy fostering the goal of sustainable energy for all. SV Journal of Cleaner Production 97, pp. 134–136.

Vezzoli, C., Fabrizio, C., Diehl, J. C., Kohtala, C. (2015). New design challenges to widely implement 'Sustainable ProducteService Systems'. SV Journal of Cleaner Production 97, pp. 1–12.

Vezzoli, C., Kohtala, C., Srinivasan, A., with Diehl, J.C., Moi Fusakul, S., Xin, L. and Sateesh, D. (2014). Product–Service System design for sustainability. Patronised by the United Nations (DESD). London: Greenleaf. ISBN 978–1–906093–67–9.

Vezzoli, C., Delfino, E., Amollo Ambole, L. (2014). System design for sustainable energy for all. A new challenging role for design to foster sustainable development. [online] Available at http://dx.doi.org/10.7577/formakademisk.791. [Accessed 03. Jan. 2015]

Vezzoli, C., Ceschin, F. (2011). The learning network on sustainability: an e–mechanism for the development and diffusion of teaching materials and tools on design for sustainability in an open–source and copy left ethos. Int. J. Manag. Educ. 5 (1), pp. 22–43.

地域景观元素在湿地公园设计中的运用

廖启鹏 [1,2] 陈汗青 [2]

（1.中国地质大学 武汉 430074； 2.武汉理工大学 武汉 430070）

关键词：湿地公园 地域景观 提炼

本文基金项目：教育部人文社科基金青年项目（15YJC760057）

The wetland, praised as the kidney of the earth, offering the important ecological function and benefit, is one of the most important ecosystems on the Earth together with the sea and forest[1]. Urban wetland park is generally park that provides the ecological function and typical characteristics of wetland. Besides, its main functions are offering ecological protection, popularization of science, natural and wild delight and also relaxation[2]. The essence of urban wetland park is using the existing or degenerating wetland in or around city to renew or rebuild the wetland ecosystem which is characterized by feature, nature and ecology. The protection and development of wetland has been a hot topic of urban ecological environment construction these years. And there has been an upsurge of constructing urban wetland park in China. However, a series of problems such as homogenization of landscape and the absent of culture also appear. How to build the urban wetland park scientifically? It is of huge significance to fuse local landscape in the design of urban wetland park.

1 The existing problems of urban wetland park construction

Among the upsurge of building urban wetland park, the design of such constructions is just copying the pattern of city park and water park. They assume that wetland park is just a park with some aquatic plant and installing some equipment to popular science etc. The mechanic copying and the superficial knowledge lead to three problems that cannot be avoided. First, the design that has not been scientifically schemed according to the local natural wetland ecosystem is in lack of regional characteristics, which make the urban wetland park all in the same way. Second, there has been a lack of scientific guide of theoretic knowledge, such as wetland ecology and landscape ecology; the park design did not construct a natural wetland ecosystem that is full of naturalness and all rich species, with a steady structure; the representativeness of wetland landscape and its naturalness of alternation are not featured. Third, the function of science popularization is less focused while its entertainment function is over emphasized. The noisy establishment of recreational activities of city park is introduced into wetland park. Thus, the particular serenity of urban wetland park is disturbed.

Facing the present problems of urban wetland park construc-

tion, many experts have contributed their opinions and suggestion. Some point that the construction features of urban wetland park should be in accordance with the whole environment. The number should be limited, the volume should be small and the sculpture and color should be localized[3]. There is no doubt that the renewing and protection of wetland are of great importance; however the style of landscape decides its image. Therefore, it is necessary to discuss this topic. Combining the design practice, I think that the fusion of local landscape can provide direction for the existing problems.

2 Local landscape and the significance of its application in urban wetland park

Local landscape elements are raw material of particular region. It is saved through innumerable years of selection and competition, whose appearance and characteristics are already used to the local environment. Therefore, it is of great significance of applying local landscape to urban wetland park scheme.

2.1 Inheriting the local culture

Local landscape elements originate from nature and a particular living environment. It is usually common and simple, but it is valuable enough to be considered as a kind of material and mental wealth[4]. By adopting local landscape elements, the local culture can be displayed, the local characteristics can be conserved; thus the landscape can be highlighted. Intangible local landscape elements take an advantage in inheriting local culture. By discovering and refining the focal customs and culture and putting them into effect, it will be helpful to shape regional characteristics, which is of great significance.

2.2 Economization of resources

Applying local landscape elements to the scheme of urban wetland park correspond with the construction of urban wetland park. What's more, local landscape elements are from the scene. It is adaptable and the transport cost is low. Hence, the economic value can be leveled. Facing the energy crisis around the world, we can better using the resources by adopting local landscape elements.

2.3 Increase the ecological benefits

Form the south to the north and from the east to the west, the wetlands of China are of different type. Therefore, wetland landscape is a reflection of a place's features. By emphasizing the application of local landscape to urban wetland park, a region's feature can be exhibited. Meanwhile, since it is in accordance with objective rules, the ecological benefits are the best, which is helpful to maintain the place's environment.

3 The application of local landscape elements to the scheme of urban wetland park

3.1 The application of local landscape elements

The elements that can be applied to urban wetland park are all physical landscape elements which are the basic elements that constitute wetland park entities. Generally, they can be divided into two categories. Firstly, it is indigenous plants, mainly hygrophyte and water plant. Secondly, it is building materials, such as stone, soil and wood etc.

Indigenous plants refer to local plants. These plants are adaptable to the local environment after many years of evolution. The detailed application methods are summarized as follows. First, it is reservation. The field of urban wetland park generally has green environment foundation, or has some plant community. Status tree species are the most common local species. Reserving these species can bring great effects. Second it is renewing and updating. Many urban wetland parks need first renew the wetland environment. One of the important steps is renewing the plant landscape. Then we should select the indigenous tree to establish major community, building both beautiful and stable wetland plant landscape.

Local building materials can be applied to the physical construction of urban wetland park, such as feature wall, bridge, pavilion, streets and activity courts. The most common building materials are stone, wood and soil. They can function as the base. Adopting the local stones and wood to build the surface layer is economic and also distinguished. This is the most popular method to use local materials. The other way is to build sketch landscape. By using these local building materials, sketch landscape can be shaped with strong local characteristics.

3.2 The application of artificial local landscape elements

Artificial local landscape elements are closely related with human's agricultural industry, which appears along with an area's social life. These elements can be considered as the relic of human activities on urban wetland park, and also landscape elements formed within a comparative bigger area. They can be transformed into sketch landscape by direct or indirect art process. Detailed methods are summarized as follows.

3.2.1 Direct borrowing.

The equipments and appliance produced during the agricultural production period can be applied directly to the design of urban wetland park, such as water wheel, stone mill and dams etc. These articles can form a sketch landscape of great local flavor.

3.2.2 Reconstruction.

Reserve the typical buildings in the urban wetland park and transform them into service facilities or scenery spots by traditional craft.

3.2.3 Blending.

Basing on the basic patterns of particular artificial local landscape, the new and old materials can be blended. Furthermore, traditional and modern craft can also be mixed to create sketch landscape of unique style.

3.3 The refinement and application of intangible local landscape elements

Since Intangible local landscape elements have a broad scope, they are not easy to master. The usual forms of these elements are cultural and artistic factors. These landscape elements can only be reflected by art production and then they are less mentioned. However, proper utilization of such elements can make the works more appealing.

3.3.1 The refinement of intangible local landscape elements

Since intangible local landscape elements involve many aspects. Only by collection, classification and refinement can they be used. As for urban wetland park, intangible local landscape elements can foster the park's cultural atmosphere and make it more attractive. Therefore, it is worth of discussion. In practice, we generally collect the materials by visiting and literature searching, and then analyze the materials. Last but not least, useful information can be refined. The most important step is to master and discover valuable clue. The most common intangible local landscape elements are customs and manners, traditional festivals and historic allusions etc.

3.3.2 The application of intangible local landscape elements

The application of intangible local landscape elements to urban wetland park is comparatively complicated. The main idea is to inherit fine culture. Using the wetland landscape as a carrier to inherit and carry on folk custom activities and add vigor to wetland park tourism. The folk custom activities and historic allusions can be transformed into landscape figures and thus strengthen the landscape's local color. The Camargue wetland park in France installs a sketch landscape "cocardier" which adds humanistic flavor to the beautiful wetland landscape.

4 Conclusion

At present, the wetland parks in China function as protector and partially popularization of science and ecotourism. The developing extent of wetland tourism is continuously increasing from small scale and large scale. It is drawing more and more attention. Due to the complication and diversity of wetland, wetland design is consequently complex. Not to mention that wetland park construction has just begun; theory of wetland park design is in the exploration period. Hence, it needs further improvement and perfection. To solve the problems of wetland park construction, I put forward that local elements can be applied to its design. However, encouraging the use of local landscape elements does not mean to reject new materials and new craft, such as recycled materials. The perfection of wetland park design theory needs more people's efforts.

References

［1］John J. Gutrich, Fred J. Hitzhusen. Assessing the Substitutability of Mitigation Wetlands for Natural Sites: Estimating Restoration Lag Costs of Wetland Mitigation ［J］.Ecological Economics, 2004, 48(4): 409–424.

［2］Marylise Cottet, Herve Piegay, Gudrun Bomette. Does Human Perception of Wetland Aesthetics and Healthiness Relate to Ecological Functioning［J］. Journal of Environmental Management, 2013（128）: 1012–1022.

［3］Shelley Burgin. Mitigation banks for wetland conservation: a major success or an unmitigated disaster ［J］. Wetland Ecol Manage, 2010, 18（1）: 49–55.

［4］Herbert Gottfried. Jan Jennings, American Vernacular Architecture and Interior Design 1870–1960 ［M］, WW Norton & Co, 2009.

设计与建筑服务架构间的关系

Jarmo Suominen

（同济大学设计创意学院 上海 200092）

关键词：服务设计 建筑 创新设计 网络构架 共享

1 引言

爱因斯坦曾说，"你不能用事物最初被创造时的那个逻辑来试图解决问题"。因此，本人热衷于创新并将创造性工作主要聚焦于创造有影响力的新事物。在创业的 20 多年时间里致力于革新做事方法，确立了"设计和建筑的服务架构"的概念，并将其运用到许多项目中。

2 以服务为导向的设计思想

以服务为导向的设计方式，重点是教育系统和卫生方面，共有三种网格构架。第一种是自上而下式，第二种是重新规划式，第三种是开放式。网格构架的思维方式可以促使我们与利益相关者一起来创造价值。本文主题则是如何利用已有的资源创造价值。社会中的开放文化给创新设计提供了一定的价值，但是这些价值并不是单独创造的，而是不同思想和能力相互作用的结果。例如一个支持开放、致力于充分利用其所有成员潜力的环境更适于专注开展跨学科创新。

3 服务创新设计在建筑中的应用

在传统意义上，学校仅为一栋楼。而服务创新是利用学校已有的资源，即"作为服务的学校"（简称 SaaS），在 SaaS 概念中，新的服务架构将学校定义为用来支持学习的一系列资源，将设计变成服务学校的一个链接或节点，在这里学校与公共场所的应用是同样的逻辑和理念。根据美国的数据统计，从 2006 年开始公共式办公区域较之前增大一倍。也就是说，创造不同的学习环境，开发新的教学方法，更新学校的管理文化，学习者的角色是最重要的。SaaS 概念提供了一个理想的学习平台，有大量不同的学习方法，使得学习变得更有意义也更有意思。同时，这个概念是可持续性的，它通过增加社会多样性并且与周边社区共享资源，可以最大化

并且重复利用空间设备。同时，如学术知识之类的其他资源也可以共享。

例如，加拿大有 1400 家银行向顾客开放他们的办公区域，这样无形中，银行的职员和顾客就可以共同创造价值，而不只是职员为顾客创造价值。这样的公开办公区域有三个好处。第一，能够最大限度地使用工作区域；第二，职员与顾客交流的灵活性达到了最优化；第三，能把消费降到最优，使顾客自主地了解消费流程。这就是所谓的"共生思维的社区建设"。再例如，韩国某大学附近的一家医院内设有很多商业区，人们在这个医院看病并不会感觉到自己是一位患者，反而觉得更像是一位顾客。医院把周边的商业区都整合到内部，形成了一种网格的消费流程。

这一概念是可持续性的，期望通过 SaaS 创新性的服务架构，为未来城市的发展研发出一系列工具，并且很可能将"城市作为一种服务"的概念应用于更多公共服务领域。一些共享的资源大家都是可以使用的，利用同样资源来为不同团体服务，可以增加团体间活动关联性。而如果要提高这种关联性，要试着把不同的事物重新排列顺序，观察他们的因果联系。例如人们所看到的部分场景在白天的时候可能不会被利用，但到了晚上就会被充分利用，这就属于以服务为导向的设计。

4 结语

不管是学校还是医院这类以服务为导向的建筑物，我们都可以自由地去使用网格法的思维方式。总之，第一，建筑会成为一种服务平台；第二，服务的创新会使服务更加智能；第三，"城市作为一种服务"的概念将应用于更多公共服务领域。

（注：本文根据作者在首届中国创新设计国际学术研讨会发言录音整理而成）

特大城市公共空间安全预警系统中视觉导识体系应用研究

李光安

（上海工程技术大学 上海 201600）

关键词：特大城市 公共空间 安全预警 视觉导识

1 引言

随着社会经济迅猛发展，我国城市化程度迅速提高。然而，伴随着城市化水平的不断提高、城市化进程不断加快，城市规模迅速扩大，城市规划水平、管理能力以及公共基础设施配套滞后等一系列矛盾问题也越来越突出，安全风险不断加大。如何在城市化进程中处理好各种矛盾问题，建立完善的公共安全视觉导识体系，保持城市的安全、稳定与繁荣，成为城市规划领域日益重要的考虑因素。

1.1 城市

关于城市的理解，众说纷纭。《简明不列颠百科全书》将城市定义为：一个相对永久性、高度组织起来的人口集中的地方，比城镇和村庄规模大，也更重要。城市社会学家罗伯特·帕克指出，城市绝非是简单的物质现象，绝非简单的人的构筑物。它是一种心理状态，是各种礼俗和传统构成的整体，是这些礼俗中所包含、并随传统而流传的那些统一思想和感情所构成的整体。

在联合国教科文组织出版的《社会科学词典》中，对城市化有四种解释：①城市中心向周围影响及扩展（地理及经济学家的提法）；②人口中城市特征的出现（农村社会学家经常使用的提法）；③人口集中的一个过程（人口学家经常使用的提法）；④人口集中的过程，其中城市人口占地域人口比率的增加（社会学家比较倾向于这种解释）①。

从全球方面看，大城市数量急剧增加，据统计1900年全世界50万人口以上的城市只有49座，而到了2000年已经发展到近500座。在全球化、现代化的大背景下，受到全球制造业向中国的转移和集聚、中国工业化进程的加速和现代化推动力的三重作用，中国正进入高速城市化时期②。

诺贝尔经济学奖获得者斯蒂格利茨曾经说过：在未来20年间，影响全球经济和社会的最重要的两大因素，就是美国的高技术产业和中国的城市化③。在2014年10月国务院公布的《关于调整城市规模划分标准的通知》④中明确提出，针对国内现有城市发展人口水平设定了全新的"五层七档制"规模标准，大幅度地提高

了城市人口系数标准。按照《通知》划分，我国特大及超大城市共有16个：超大城市标准为城区常住人口1000万以上；特大城市标准为城区常住人口500万至1000万。

作为最大的发展中国家，当代中国的城市化具有非常鲜明的特点：时间紧迫、规模宏大、进程快速、制约因素众多。在城市化进程中包含了前现代、现代、后现代等不同发展形态的交叉和汇合，面临着更多的问题。

1.2 风险

一般认为，风险一词来源于人类对自然界未知领域的探索和早期重商主义资本家的海外贸易活动。在早期的用法中，风险被理解为客观的危险，体现为自然现象或航海遇到礁石、风暴等事件。现代意义上的风险与早期的含义不同，具有了更细微的意义，即"毁灭或丧失的危险和可能性"，而不仅仅是一种可怕的力量。现代风险的意思已经不是最初的"遇到危险"，而是"遇到破坏或损失的机会或危险"。

大量人口涌入城市，原有的城市资源、设施、服务、管理等方法与现状需求不相匹配，迫使特大城市不得不向地上、地下立体空间延伸、腾挪发展，城市结构变得日益复杂，从外部形态到内在品质均产生巨大的转型。城市中人员密集场所不断地出现和发展，人员的流动和拥挤成为影响城市公共安全的主要风险源。每天上下班高峰时高度拥挤的地铁、节假日顾客盈门的商场以及黄金周游客如潮的旅游景点、车站广场，这些人员密集场所存在的风险具有非常明显的不确定性，虽说发生的概率一般较小，但后果却十分严重，大多会造成群死群伤的恶性事故。

我国对人员密集场所的关注最早起源于1994年前后发生的一系列人员密集场所特大火灾事故。公安部等部委为此开展了专项治理，安全管理、建筑设计、行政管理等领域的学者也开始对人员密集场所的特点和危险性进行研究。

1.3 空间

"城市公共空间"一般被定义为由公共权力创建并保持的、供所有市民使用和享受的场所和空间。它包括街道、广场、居住区户外场地、公园和体育场地等。公

---

① 连旦军，董希琳，吴立志.城市区域火灾风险评估综述［J］.消防科学与技术，2004（03）.

② 郑也夫.城市社会学［M］.北京：城市出版社，2006.

③ 周毅、汤茜草.无形城市［M］.北京：中国计划出版社，2005.

④ 关于调整城市规模划分标准的通知.国发〔2014〕51号，2014年10月29日.

共空间的特点是：①空间体量大；②对于某个体来说一般为暂时使用空间，用以解决各种空间认知和使用上的障碍。

环境导识系统是公共空间的重要组成部分，必须具有以下功能：①帮助个体认知所处空间及空间特征；②引导个体去向其他关联空间；③传播空间相关的重要信息（警示危险、使用提示、空间规范等）。空间环境的可识别性是空间本身的个性化的表达，更是个体认识空间的途径。"公共空间安全预警导识"，是一个综合融通、跨越很多专业的新兴学科，包含了城市规划设计、安全预警设计、建筑设计、平面设计等诸多方面。

目前，大多数城市公共安全管理部门的管理人员和设计者多侧重于政策和理论的制定和研究，对于导识系统的实践研究相应缺乏；而导识设计的从业人员大多来之平面设计专业，对于公共安全、环境配置、材料工艺等方面的了解相应较少，反映在空间设计应用实务上，较为突出的问题体现在以下几个方面：①管理部门交错重叠。②安全预警导识设计体系混乱。③导识媒体介质单一。④缺乏色彩、图标、尺度、材质的规范。⑤位置的放置随意。⑥不切合环境实际，复杂难记。

2 国内外城市公共安全警示系统研究现状

国外对于公共空间安全预警方面的视觉传达研究主要起始于 20 世纪 60 年代。目前，美国的相关法案最为细致，日本的数据模型研究最为突出，欧洲各国的研究成果最有渊源。

1922 年法国现代建筑家柯布西耶在撰写的《明日的城市》一书中主张依靠现代技术力量，从规划着眼，技术着手，来充分利用和改善城市有限空间。

20 世纪 20 年代，国际现代主义平面设计运动，创作了世界无须文字的"世界视觉语言"，被称为依索体系，即图形传达系统。

1955 年，日本设计师户川喜久二提出了著名的"M'Togawa"公式，用以测算公共空间中人流疏散的时间，至今仍然被广泛应用于公共空间建筑防灾设计中。

20 世纪 60 年代，美国设计师凯文·林奇（Kevin Lynch）创立著名的"空间导向系统"（Wayfinding System），强调城市人用道路、地缘、地域、细节、地界五方面标识来形成城市意象，突出了城市环境的可识别性。

20 世纪 70 年代，英国伦敦大学巴格特建筑学院比尔·希列尔教授（Bill Hillier）和朱利安妮·汉森（Julienne Hanson）所领导的建筑及都市空间型态研究小组提出了"空间句法"理论（SPACE SYNTAX）。该理论通过对包括建筑、聚落、城市甚至景观在内的人居空间结构的量化描述，分析空间组织与人类社会之间关系的理论和方法。

20 世纪 90 年代，日本设计师田中直人在《标识环境通用设计——规划设计的 108 个视点》一书中提出了

"以人为本"的标识设计理念。他在大量分析欧美公共环境标识实例和规划成果的基础上，从设计实务角度，强调标识与公共安全的关系，以及与无障碍设计的紧密联系。

"9.11"之后，美国联邦应急管理局（FEMA）、美国 NFPA（全称国家消防协会）、美国国家标准技术学会（NIST），完善制定了涵盖国家层面、城市层面、应用层面的一系列标准和法规。

近年来，随着我国设计学科自身的不断发展和完善，对于视觉导识系统的理论研究和实践也日趋成熟起来，一些专家和学者开始从视觉导识的角度，对城市规划、公共安全、防灾设施和防控系统进行跨学科的研究和思考。

20 世纪 90 年代还没有"导向"的概念，大量的理论观点把其与"标志"的概念等同理解。直到新世纪来临，"导向设计"这个词汇才正式诞生了，虽然只是词汇的变更，但说明了我们对它的认识进入了一个新的阶段。

1998 年，由夫龙、王安江编写的《现代标识符号创意图典》就采用了指示标识的定义。

2000 年，由林家阳主编、吕凤显编写的《导向设计》一书，真正揭开了我国导向设计的面纱。

2001 年，香港城市大学与武汉大学合作，建立了一个基于局部细胞网格和个体描述过程的模拟模型 SGEM。利用计算机虚拟现实技术，结合火灾后的问卷调查以及疏散演习等手段，收集了大量有关火灾中人员行为的数据。

2002 年，同济大学戴慎志教授首次从"大安全观"的角度系统提出城市安全战略，并就城市居住区空间的安全防卫问题进行了探讨，是城市规划领域对安全问题研究具有开拓性的成果之一。

2005 年，由章莉莉编著的《城市导向设计》继承了依索体系的风格，采用导向符号的研究方法展开课题。明确指出了导向设计是一种语言，是一种法规，是一种文明。

与欧美、日本等发达国家和地区相比，我国的公共空间安全预警导向标识系统设计起步较晚，还处在学习西方现有研究成果，加速与国际接轨的过程中。

随着国内视觉导识行业化进程的迅速推进，行业内部已就公共安全标识方面的研究形成了一些有价值的理论、实践经验，但由于缺乏整体、统一、规范的公共安全标识体系，公共标识实务应用仍然存在大量的问题，这些设计大多关注设计风格和艺术个性的探索，不惜丢弃信息传达的有效性和实用性的研究。

3 特大城市公共安全预警导识系统的应用研究解决方案

研究和解决特大城市公共空间安全预警系统视觉导识设计这个课题，应紧密围绕以下四个方面的内容来展开研究：

（1）对公共空间导视系统应用现状进行调研，运用模糊层次分析法（FAHP），以空间风险理论为基础，以城市安全评价的数学模型为依据，实现视觉艺术设计问题的定量化解析研究。

1）利用元胞自动机和场域模拟器等模糊计算实验，采集数据，量化解析环境节点对于人群的行为的影响。

2）采用基于位置的服务技术（Location Based Service）的大数据分析，通过GSM、CDMA内网服务或GPS外部网络服务，获取移动终端用户的位置信息实时观测和纪录群众性活动的人口密度分布趋势。

3）利用强大的技术后备支持实现危机预警的定量化研究，进一步提升突发事件防范能力，并充分倚重大数据对公共安全危机的重要预警作用，为公共空间视觉导识系统的设计提供。

（2）分析广场、街道、地铁、商场、医院、社区等公共空间的人流模式特征，探究视觉导识系统的科学规划以及静态、动态标识媒介的设立和配置关系问题。

1）以数字为依据，量化分析各类型公共空间视觉导识系统的合理性和科学性，总结出具有普遍意义和实用价值的公共空间视觉导识设计的基本规律。

2）坚持"以人为本"的设计原则，深入探讨受众者对公共空间环境的心理认知的普遍规律，解析视觉导识和安全预警系统的地域性、功能性、识别性、文化性。

（3）特大城市公共空间安全预警系统视觉导识设计研究的本体性研究。

1）从心理学、图形学、符号学、设计学、构成学、材料学等方向入手，建构以视觉图形、文字为主，以触觉、听觉、嗅觉等感官为辅的视觉导识系统的设计。

2）在传统静态导识系统的导向指示、信息识别功能基础上，探讨基于卫星遥感、网络传输等数字技术而产生的即时动态查询、互动检索、虚拟真实、数字媒体、全息影像、自媒体等动态标识媒介的可能性。

3）建立运用设计理论构建以人为本的数字化城市公共空间导向系统，使之互相补充，衍生出信息传达与解读的优势。

4）探索特大城市公共空间安全预警系统视觉导识设计的建构关系，继而推进城市公共安全警示视觉识别表现的专有化和标准化建立。

（4）公共空间安全预警系统中的视觉识别系统设计的评估。

1）选择国内某特大城市特定公共空间进行试点实验，对视觉导识系统在公共安全管理预警体系中的实际应用效果及应用价值进行实证评价。

2）力图建构特大城市视觉导识和公共安全预警标识系统数据化、模块化、专有化和标准化体系，为政府部门"顶层设计"规划提供科学的理论依据。

参考文献

［1］连旦军，董希琳，吴立志.城市区域火灾风险评估综述［J］.消防科学与技术，2004（3）.

［2］郑也夫.城市社会学［M］.北京：城市出版社，2006.

［3］周毅，汤茜草.无形城市［M］.北京：中国计划出版社，2005.

［4］关于调整城市规模划分标准的通知.2014年10月29日，国务院，国发〔2014〕51号.

［5］（英）布莱恩·劳森.空间的语言［M］.北京：中国建筑工业出版社，2003.

［6］袁宏永，黄全义，苏国锋，范维澄.应急平台体系关键技术研究的理论与实践［M］.北京：清华大学出版社，2013.

［7］陈新光，钱海清.世界特大城市社会风险防范研究和启示［J］.科学发展，2012（10）.

［8］李薇：公共空间的视觉形象系统研究［D］.上海：同济大学，2008.

复杂适应性系统理论对可持续设计过程的启示

荆鹏飞[1]　何丽娜[2]

（1. 山东青年政治学院　济南　250103；　2. 武汉理工大学　武汉　430070）

关键词：设计　可持续　复杂适应性系统　设计过程　系统设计

1　可持续设计理念的提出及发展

在资源和环境危机对我们的现实世界展现出强大破坏力的同时，有关可持续发展理念的讨论也逐渐增多，人们对生态时代到来的呼声也更加强烈。我们中华民族流传的思想中就有诸多如何与大自然悠然共处的持续之道。如今的可持续发展理念是 1972 年在斯德哥尔摩举行的联合国人类环境研讨会上正式讨论的。1992 年 6 月 14 日，在巴西里约热内卢的联合国环境与发展大会上，会议通过了旨在保护全球可持续发展的《二十一世纪议程》。可持续设计就是以可持续发展思想作为主导而产生的设计方式。目前，设计界已广泛认同"可持续设计"这一理念，同时也把实现可持续发展作为人类共同追求的目标之一。

2　复杂适应性系统理论的含义

复杂性科学被称作是"21 世纪的科学"。它有着广泛的研究领域，且已扩展到生活的各个方面。我国古代哲人们的"五行"相生相克理论、"阴阳二气"相互牵制的关系，都是复杂性思想的体现。以美籍奥地利学者贝塔朗菲（Ludwig Von Bertalanffy）的一般系统论（General System Theory）的提出为标志，系统科学步入科学的殿堂，登上人类文化的历史舞台。20 世纪 70 年代以后，关于简单系统的理论日趋成熟，系统科学才真正转向以复杂性为主要对象，试图建立关于复杂系统的一般理论的研究[1]。美国圣塔菲研究所（Santa Fe Institute）的复杂适应性系统理论（CAS）是较为合理地解释复杂性系统维生、发展的理论。

适应性系统理论（CAS）最早是由约翰. 霍兰（John Henry Holland）于 1984 年第一个提出的，其理论的最基本观点是适应性主体通过与外界持续地交互活动，不断地发生作用，通过"学习"和"积累经验"，改变自身的结构和行为方式，促进整个系统的不断演化，使系统不断复杂并具有与时俱进的先进性。

霍兰在其著作《隐秩序》中认为，适应性系统是由用规则描述的、相互作用的适应性主体组成的系统[2]。这个系统是开放的系统，是与其环境相作用的系统，系统能适应环境中的变化，其内部结构也受到外部条件的影响，并做出相应的适应。在系统与外部环境交互作用的过程中，通过自适应改变系统本身的组织结构和行为特点，从而不断向前发展和演化。

适应性系统理论（CAS）主要研究具有学习能力系统的变化，系统在对外部环境的适应过程中，自身内部的行为和结构发生变化，从而对外部环境产生反馈行为以适应环境。系统能够主动并积极地收集和处理信息，且在此过程中积累经验，并从中掌握外部客观世界的规律，并指导自己未来的行为。因此，主体会更好地适应环境，并在一定程度上影响环境。

在复杂性科学的研究中，适应性系统理论（CAS）是探讨系统诞生后，如何来面对复杂多变的内、外环境，并且维持系统的稳定，从而逐步发展的一种理论，也就是解释系统适应环境从而发展自身的理论。

2.1　适应性主体

系统的主体是具有一定生命特征的构件，具有主动性和适应性，具有自己的目标、内部结构和生存动力。适应性是指"生物体随外界环境条件的改变而改变自身特性或生活方式的能力"。主体可以通过与外界持续地交互活动，不断地与外界发生作用，通过"学习"和"积累经验"，改变自身的结构和行为方式，以适应外界大环境的变化，并且与其他主体保持协调一致，从而促进整个系统的不断演化。

对于设计而言，从事设计活动的人可以是设计这个复杂系统的主体，根据不同的情况，设计师、消费者、甚至是某些具有人工生命的设计产品都可以是系统的主体。这些主体，都具有统一的特性，就是具有主动性和适应性，主动地适应外界大环境的变化，同时对自身内部系统产生一定的影响。

2.2　主体的适应性框架

在适应性系统理论（CAS）中，最为核心的就是适应性主体，正是由于主体具有适应性，可以不断学习，才使得这些系统变得有复杂，得以不断向前发展。主体的适应性，可以从三个方面来解释，根据霍兰的理论，主体的适应性框架由三部分组成：执行系统、信用分派和新规则发现。首先，主体在面对简单的外界环境时，通过简单的规则产生简单的行为。其次，在多条规则下，主体通过某种途径选择与环境情况相适应的规则，从而产生行为。最后，是新规则的发现和使用的过程。一个复杂的系统的进化过程，是通过简单的数学规则或物理原理的方式，表现出复杂的、不可预知的行为。主体的适应性学习能力，也是通过这三个步骤进行的。

3 系统主体对环境的适应与反适应

尽管人类社会发展进程迅速，技术、文化、理念等因素不断发生着变化，但人类的设计能力都保持着相对的稳定，这是由于作为设计系统的主体具有适应性的原因。设计活动的进行是在外界大环境的影响下开展的，外界环境的复杂多变带来了设计活动的不确定性。根据适应性系统的相关理论，在设计活动的系统运行过程中，适应性主体要不断地适应环境的变化，从而改变自身，通过物质流、能量流和信息流的输入，通过设计活动的进行，产生相应的设计成果，并且使其产物符合环境的要求。这个过程是系统主体对环境的适应性的过程，也是通常情况下人们研究较多的设计的过程。

但是，随着社会发展的进程，设计活动也显示出越来越大的影响力，我们的设计成果，包括产品、设计思想、流派、创新方法等多方面，也在潜移默化中影响改变着人类的生活，在一定程度上甚至改变了人的行为，使思想观念发生了翻天覆地的变化，而这些变化，直接地体现在与设计相作用的环境中。环境也因为设计活动发生了改变，通过多种方式，影响着主体的各个方面，从而导致主体能力发生改变，进而又会对环境产生一定的影响。这是系统主体对环境的反适应性。

因此，这两个过程，就组成了一个循环，也就是主体对环境的适应与反适应的循环过程（见图1）。这样的一个反复复杂系统的循环过程，就是设计活动具有适应性，不断继承而又向前发展的过程。因此，通过对过程的分析，可以对可持续设计产生一定的积极启示。

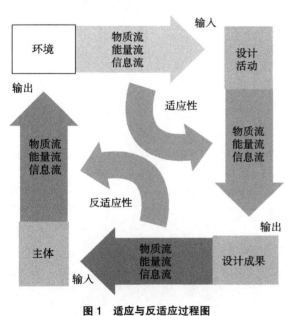

图1　适应与反适应过程图

4　对可持续设计的启示

4.1　充分的前期设计考量

在设计实施的前期阶段，主要是设计系统适应环境系统的阶段。这一时期，从传统的角度来讲，要对整体设计系统中的复杂多变的因素做出充分的评估，事先考虑好设计开始后可能会对环境因素造成的影响，以及在系统运行的过程中可能会发生的物质流、能量流及信息流的传递情况。在环境中的因素，如资源、信息、思想、人文等方面，要进行充分的调研，以评估事后对设计造成的影响，从而提前布置。如在交通工具的设计时，根据项目要求的不同，可以选用清洁能源或传统能源。在设计家居用品时，能否更多考虑一下受众人群通用性的问题，以便可以满足多数使用者的需求，这也是满足可持续设计的理念的。

4.2　设计过程的合理性

在从主体到产出设计成果的这一阶段，是传统可持续设计研究强调的重点，那就是如何产出符合可持续设计理念的产品。比如从产品的材料出发，从加工工艺着手，通过技术的手段减少废弃物的排放等。但是还有一部分过程往往被研究者忽略，那就是从设计活动的流程中加入可持续的理念，从而让可持续思想贯穿始终。设计人员完成设计的过程，包括设计管理人员的工作，其实质都是物质流、能量流和信息流的传递实现的，因此将可持续理念注入其中。例如在方案评审的时候，完全可以采用网络的技术进行，而不用花费大量的人力物力，从而减少成本。另外，可以采用多方协同设计的方式，使方案的质量达到更高的效果，从而缩减日程，提高质量。

4.3　积极的成果反馈

在反适应过程阶段，设计成果中能够体现主体所要表达的相关可持续思想。优良的设计可以让蕴含其中的思想更快速地传递给主体。由于设计活动所辐射的范围和广度非常大，所以主体在生活中随处可以感受到设计活动产生的成果的反馈。好的设计一方面应该满足使用者自己都未意识到的潜在的合理的需求，另一方面还应该从思想、意识方面给予使用者积极方面的启迪。

4.4　主体的可持续作用

这一阶段的可持续性主要分为两个方面。其一是主体通过产品的使用，直接对环境产生影响。我们人类的造物活动开始之时，就在不断地改造着第一自然，从而形成了人们生活其中的第二自然。环境随着人们的活动而发生改变，而在可持续性设计产品的使用过程中，人们试图用另一种方式改变环境，使环境达到可持续。这是主体对环境的可持续的第一方面。其二是除了产品本身的使用功能，设计还会在思想、意识等方面影响着主体，而主体又基于这些思想，指导着活动，从而影响环境。所以说，对于可持续设计而言，除了使用功能，还要有更深层的对主体的引导，才能更深远地长久地改变环境。只有这样的循环过程，每一个过程都符合可持续设计的要求和标准，才是真正全面的可持续设计。

5 结语

不管从宏观还是微观来看，设计的进程都是不断变化发展的。适应性系统理论能合理地解释设计过程的复杂变化和适应性。因此，通过适应性系统理论对设计过程四个阶段进行分析，能够对可持续设计有所启示，特别是对这样一个要用长久眼光去放眼审视的人类行为而言，更加重要。

参考文献

［1］黄欣荣.复杂性科学与哲学［M］.北京：中央编译出版社，2007，151.

［2］约翰·霍兰.隐秩序［M］.上海：上海科技教育出版社，2000.

地铁智能导视分流系统设计研究——以武汉地铁为例

倪 莎

（武汉理工大学 武汉 430070）

关键词： 地铁 导视分流系统 设计创新

在现代城市的发展中，为有效缓解城市交通压力，交通工具发展更为多元化的同时也应该保证交通工具的优化和使用舒适性。日本作为地铁交通较发达的国家，由强大合理、设计精准、清晰明了的导视系统支撑着。它是在惨痛建设的经验中不断发展，才探索出建设完善的导视系统可起到"以一顶百"的作用，由此可见导视系统的重要性。人们时常会通过自己的感官系统来判断自己所需的正确信息。导视系统的不完善往往会导致生活中出现乘客找不到路、乘坐反方向、部分车厢的严重堵塞与明显空缺等现象。为了加强对整个地铁每节车厢客流量的监控与及时有效提示，本文将探究导视分流系统的智能创新设计，从而实现地铁的绿色运行并增强其灵活性。

1 地铁导视系统现状与发展

地铁导视系统与地铁交通建设一并发展。伦敦地铁导视系统将功能性与文化特点充分结合，可以使其在不失去趣味性的同时让当地人更好地融入环境中（图1）；芬兰地铁的导视系统以色彩明确为特点分出层次，可以让乘客便捷地读取导向信息的主与次（图2）。经过学习分析，可以得知：一方面这些导视牌采用醒目的颜色、夸张的形态可吸引乘客的目光；另一方面通过对室内灯光的合理布置，可以用特殊光线来引导人流量，形成较为清晰的表象。

武汉市地铁于2012年运营，由二号线扩展至现如今的四号线，预计未来几年会扩建出更强大的地下轨道交通系统。二号线和四号线是当下武汉市公交系统中的中流砥柱，客流量不断攀升，持续增长的客流量给地铁导视系统带来了巨大的压力。目前市内地铁导视系统中大致分为方向标牌、出口分流牌、索引信息图、线路平面图、站路指示图、温馨提示牌（如卫生间、小心地滑、请勿吸烟、注意安全）等。然而其在人流疏导方面还较为欠缺提示系统。每到上下班高峰期时地铁站人流量猛增，如何使得人流量在每节车厢中均匀地分流，是现代地铁导视系统中应该考虑的问题。

如何为这些与日俱增的乘客提供高效、准确的智能导视服务，使他们快速有效地到达目的地是每一个站点面临的问题。虽然导视系统随处可见，但存在大量不足之处，如位置摆放问题、形式是否规范、是否有效解决乘客疑问等都亟待解决。武汉市的地下轨道交通系统在接下来的修建中将会在发现问题的同时思考解决问题方式，使得导视系统在功能和形式上统一发展，发挥其醒目清晰、易于识别、准确无误的关键作用。

图1所示为英国伦敦地铁场景，图2所示为芬兰的地铁通道。

图1 伦敦地铁

图2 芬兰地铁

2 智能人流疏导系统设计分析

随着互联网的成熟与发展，以及移动设备硬件技术的发展，各种移动终端用户群体有了显著增加。在当前APP不断发展的市场中，移动互联网已成为热潮向人们袭来。针对地铁导视分流系统，可生成交互式APP，类似于"智能公交"式APP，可命名为"智能地铁"。当乘客候车时，即可用手机查看该站人流量及地铁到站率等有效可视信息，同时还可以实现手机网上智能购票，避免现场排队导致地下公共空间严重堵塞，形成人流滞留导致出现人身安全问题的状况。

对于人流疏导方面，智能检测系统运用于分流系统中将会呈现出新颖独特的人流疏导模式。例如，智能检测系统将实现数字滤波、报警、逻辑推理等，同时监测人群密度，这样既可以丰富系统功能，提高智能化水平，又可以简化系统的硬件设计。

随着地铁导视系统的多元化发展，同时应加强视觉导视系统的建立。一是可以用色彩分出层次，方便乘客读取导向信息的主次；二是可通过声音控制系统来感应人流量，从而形成人流量自行疏导。[1]为了强调导视标识效果，导视系统设计应形式多元化，如形成平面、立体、悬挂式、镶嵌式等多种形式，让乘客可以很舒服地依靠自己的感官系统看到它。这种设计对某些语言沟通能力不强没法问路的外国人也非常方便，里面的指导多而精，快捷且易识别，相对人性化地实现了人机交互导视系统环节，且系统设置出口较多，能通过分流系统清晰地为乘客指明方向。

3 智能导视分流系统设计运用——以武汉地铁为例

由于国内的地铁标识系统起步比较晚，相对来说，武汉市地铁需要改进的方面比较多。针对车厢堵塞问题，本文将创新地运用智能新型导视地铁分流灯指示，将在每个车厢门头处设计分流灯，避免某节车厢过度堵塞而出现安全隐患。目前，地铁上未装置分流灯导视系统，经常使得客流量分布不平衡，导致乘客未能有效到达目的地。这款地铁分流灯装置可分为红黄绿三色，由交通灯红绿灯指示得来，同时运用了感应探测器以及车厢监控原理，可通过感应探测器探测乘客上车数量来显示相对应颜色，及时给予后来乘客有效指示。感应探测器主要分为微波和红外两种。负责采集外部信号，如同人们的眼睛，当有移动的物体进入它的工作范围时，它就给主控制器一个脉冲信号。感应探测器将收集人流量信号，生成脉冲信号，其后脉冲信号传给主控器，主控器判断后通知指示灯马达运行，同时监控其转数，以便通知分流灯及时发出信号。[2]

当车厢内乘客量聚满时，重量测试装置会发出超载信号，输入微机超载信号，且超载铃响，对应车厢指示灯亮。指示灯将会变为红色，闪烁中提示该车厢"超载"；当指示灯显示为绿色时，则为车厢人员畅通鼓励乘客前往该车厢；当指示灯为黄灯时，尽量疏散乘客使得每节车厢客流量均匀分布。这样合理有效及时显示出

每节车厢客流量，虽然看似极小的改变，但确实更为人性化、合理化地使得地铁导视系统更为完善，增加安全性能，减少不必要的拥挤，减轻乘客的心理负担。乘坐地铁时，经常出现换乘线路情况。由于导视系统指示不清导致乘坐时出现问题，增添了乘客的麻烦。加强导视系统的智能性，借用新媒体使人们无障碍与机交流，可节约乘客宝贵时间。

随着科学技术、经济文化、社会需求的飞速发展，武汉的人口密集度不断增大，导视系统更应趋于完善。在公共空间人流的分布与人群密度过于集中的问题上，应加以重视。在宏观的整体掌握下，应充分考虑实际中环境因素和人员因素。

4 结语

本文根据国内外现状分析，找出导视系统中存在的问题，并探索设计创新相对应方法。导视系统的设计是为了科学合理且具效率性地指引乘客，智能导视分流系统的设计是为了更好地引导、控制人流量，使得每个车厢人流量均匀分配，使各类人群安全到达既定的目的地。现如今，为了最大化减少地下轨道交通系统的压力，导视系统标识从单一化像多元化发展，形成标准化与多元化并存的趋势。智能导视分流系统借用高科技孕育而生，通过科技发展融入导视系统，使得体验方式的多元化，不仅满足了人们的基本需求，也提升了人们对信息的认知能力。[3]

智能导视分流系统不仅仅可以运用在地铁中，还可以深入各个人流量较多的公共空间，使得类似的创新系统扩大发展，让更多的群众体验到智能系统带来的优势。同时这也预示着可持续发展的绿色设计与新媒体的结合将会给现代社会带来的利益。

参考文献

［1］何磊，唐轲. 合肥地铁导视系统设计开发研究［J］. 西昌学院学报（自然科学版），2015（01）：95-97.

［2］武欣. 自动平移门的控制系统分析［J］. 内江科技，2009，12：83.

［3］余晓光. 新媒体艺术冲击下的城市导视系统设计［J］. 赤峰学院学报（汉文哲学社会科学版），2014（04）：233-234.

关怀设计——垃圾桶的再设计给流浪动物带来的福音

吴艳林

（武汉理工大学　武汉　430070）

关键词：设计　垃圾桶　流浪　动物

人们对某一产品的要求不仅仅满足于其使用价值，而是越发重视产品的附加价值—情感、美学、个性化价值等。从当代设计的发展趋势来看，人性化设计备受关注，关怀性的产品更容易吸引和打动消费者。例如一款获得红点奖的老人拐杖设计，它结合了拾硬币的功能，解决了老人不方便蹲下拾硬币等薄物这一问题。关怀性的设计往往体现于生活中的小方面，让人们在不经意间眼前一亮，给人或者动物提供温暖和方便。

1　街头流浪动物生存现状与相关性问题分析

动物是人类不会说话的朋友，一个真正有爱心的人不仅对人类友好，而且对动物也是充满爱心的，现实生活中很多人有动物关怀情结，收留流浪动物、养小宠物已经不再是新鲜事了。如何处理好宠物与家庭生活安全卫生的关系、处理好宠物的饮食、居住，都是需要认真思考与规划的，由此而衍生出来的产品也是各具特色、充满创意，这些衍生产品给豢养宠物带来便利的同时也使得养宠物的过程充满趣味性。

与此同时，街头流浪动物的生存现状却令人担忧。在农村、城镇甚至大城市的街头，都随处可见无家可归的流浪动物，尤其以流浪猫、流浪狗居多。它们往往在垃圾桶旁觅食，或者在角落的垃圾堆里乱翻乱找，在影响公共形象的同时也给清洁工作带来一定的困扰。当然，经常也会有行人给这些流浪动物喂食，而这样往往会造成剩食随意丢弃在路边的现象，进一步加重了环境的污染（见图1）。总之，无论是街头动物的无家可归还是随处可见的残羹剩食，都是我们不愿意看到并且希望通过创新性的设计来改变的现状。

图1　街头剩食随意丢弃与动物艰难觅食状况

设计来源于生活并最终服务于生活，一个好的设计不是天马行空想出来的，一定是结合现实生活，解决一定的问题而来的。本文通过设计分析和设计实践来缓解街头流浪动物窘迫的生存现状和由此带来的环境的脏、乱、差等现象。

2　基于动物关怀的设计分析

造成这一现象的原因是多种多样的，由于街头流浪动物的数量庞大，难以对其进行统一收养与管理。而且流浪猫、狗等动物怀孕周期短、一胎产仔数量更达到五六个之多且繁殖力强，导致流浪动物数量有增无减。减少流浪动物的数量是解决这一系列问题的根源所在，处理好流浪动物的觅食更是解决问题的关键，对于行人随地喂食流浪动物的现象可采取集中设点喂食，这样既杜绝了因废弃食物而引起的环境污染，也方便了流浪动物进食；而在动物公共的食盒内定期投放避孕类药物则可以从根本上解决流浪动物数量过剩的问题。

心理学家诺曼在《情感化设计》中，将设计明确划分为三个层次：即本能层、行为层和反思层。[1]在以关怀为目的所做的创意设计中，显然是更多关注设计的反思层面即消费者的个人满意。

真正关怀性的设计对相关群体应有一个明确的引导作用，这个引导方式不应该是设计者生硬制定的，而是通过分析有关人群甚至动物的行为习惯及其与周围事物的相互关系，在此基础上所做的能引导这一群体进行正确操作的设计。与人们以及动物生活习性相悖的设计就算再精美也是不实用的，无法真正起到关怀的作用。在印度伊斯坦布尔的街头每年有超过10万只流浪狗，当地人早已把这些流浪动物当成是他们生活方式的一部分。在街道上有许多关怀流浪动物的公共设施，只要将矿泉水瓶内多余的水倒掉并把水瓶塞进洞内回收，食槽里就会自动掉出猫粮等食物，刚才倒掉的水也会自动流到水槽中，供流浪动物饮用。[2]设计师正是抓住人们自觉往垃圾桶里丢垃圾以及流浪动物经常在垃圾桶旁觅食这一行为现象进行分析，找到了垃圾桶这一共同的元素、也就是解决流浪动物所带来的一系列问题的突破口（见图2）。

图2　伊斯坦布尔街头出现的关爱流浪动物与垃圾回收的设施

因此，我们把视线集中到垃圾桶这一解决本次问题的关键物之中，对旧有垃圾桶的利与弊进行列举、归纳，进而完成垃圾桶的创新设计。

3 流浪者的关怀——街头垃圾桶创新设计

常见的垃圾桶有可回收和不可回收两个主体部分，这种分割可引导人们对垃圾进行简单的分类，但这种分类显然是不完善的，特别是在剩食投放的过程中，剩食是不可回收的，但外面的包装纸却是可以回收的，人们往往就会把它们统一投放于某个分类中导致生活垃圾无法充分利用，食物却在垃圾桶内发霉、变臭，污染环境的同时给环保人员的清洁工作带来了一定的麻烦。如何让人们自愿将此类生活垃圾进行分类并为流浪动物所食用是本次设计所要解决的问题。

垃圾桶的再设计很好地解决了这一系列问题：在常见的垃圾桶旁边加一个 ABS 材质的透明小屋，在上面进行开口处理，行人可通过上方的开口投放吃剩的食物，随手又可将外包装纸丢入旁边的垃圾桶中。就是这样的设置减少了人们操作的麻烦，并于无形中引导人们对生活垃圾进行分类投放。流浪动物也因此能进入透明小屋内取食，在变废为宝的同时对街头流浪动物起到了真正的关怀与爱护，体现了人与动物和谐相处、互惠互利的相互关系。

功能创新。对日常垃圾桶的再设计是从功能入手系统地研究、分析，通过功能系统分析，加深对流浪动物和行人之间关系的理解，明确垃圾桶、人、动物的相互关系，从而调整功能结构，使功能结构平衡、功能水平合理、达到功能系统的创新，实现丢垃圾和喂食动物功能的组合、改进和突破，从而达到功能的最优化，起到更好的服务与关怀作用。

形态创新。同样的功能要求可以有不同的实现形式，真正关怀性的设计是不仅从产品功能上满足需求，而且要求在外观形态上达到最适合的状态，给大众和使用群体提供视觉上的享受和心理安慰。设计中感性因素和理性因素分担着不同的作用。感性所传达的是产品的表层情感和设计师的个性，主要是起到打动受众，引起受众心理愉悦情感反应的作用。[3] 相比较产品功能来讲，外形会更多地用到感性因素，更加直观地传达产品的理念。苹果 iMac 电脑设计的成功，就在于设计者强调人的情感需求，对传统电脑的外观乃至材料做了彻底的创新，使其成为市场上的焦点与畅销产品。

关怀小屋是流浪动物共同的家，在外观造型上应适当做圆润化处理，甚至可以是清新、可爱的外观；在与旁边垃圾桶整体风格不冲突的情况下，色彩也可以有多种选择，除了可以运用透明色，清新、淡雅的色彩例如青色、天空蓝色也是不错的。在设计时利用垃圾桶与喂食小屋之间的关系来使人们自觉地将废弃食物投入食槽中，当然也可以利用喂食小屋的分割、构造、标识等来指引人们将废旧衣物、破布等放在相应的位置，在解决流浪动物饮食的同时，也能给它们一个温暖的、可以遮风避雨的港湾。

4 结语

科学技术的进步和人们生活水平的提高都会使得关爱动物的行为更加细致，甚至往智能化、数控等方向发展。类似于动物喂食小屋等公共设施在解决流浪动物觅食问题的同时可以利用动物疫情检测仪等装置对其进行身体健康检测，定期给流浪动物进行自动消毒、杀菌处理，甚至可以给动物打疫苗，让人类与动物的接触更加安全。诸如此类的公共设施还可以为家养的各种宠物所用，也解决了因宠物医院少而隐蔽所带来的麻烦。此外，通过采取投放动物避孕药等方式控制流浪动物快速增长，更深层次地体现了对流浪动物的关怀。

关怀性的设计在提升人类乃至动物的生活质量和幸福感上起着无可代替的作用，新技术、新材料的运用给关怀设计插上了有力的翅膀，设计师要有一个敏锐的观察力和对周围事物的好奇心和关爱之心，以及对更好的生活品质的追求。只有这样，才能够创造出符合时代和社会需要的、感动你我的设计。

参考文献

［1］杨先艺. 设计概论［M］. 北京：清华大学出版社，2010：181.

［2］值得借鉴的伊斯坦布尔流浪狗喂养装置［EB/OL］. http://news.52fuqing.com/newsshow-391870.html#0-qzone-1-45346-d020d2d2a4e8d1a374a433f596ad1440，2014-7-26.

［3］张剑. 情趣的设计世界［M］. 福州：福建美术出版社，2005：7.

智慧校园将为智慧城市发展蓄力
——基于 Living Lab 模式的创新平台建设

高 放[1] 赵 冰[2] 张 成[1]

（1.中国地质大学 武汉 430074；2.武汉大学 武汉 430070）

关键词：Living Lab 创新平台 协同工作

1 研究背景

近年来，全球范围内城市的飞速发展，尤其是我国城市化进程的加快，使得城市被赋予了前所未有的经济、政治和技术的新定义，城市被无可避免地推到了世界舞台的中心，发挥主导作用。然而发展的同时，城市也面临环境污染、交通堵塞、能源紧缺、住房不足等方面的挑战。在新环境下，"智慧城市"作为一种战略被提出，将实现可持续发展成为城市规划建设的重要命题，同时将更多新技术用于构成城市的核心系统中，进而实现更高层次的智能、促进更广泛的参与。

智慧城市是以物联网、云计算、移动互联和大数据等新兴热点技术为核心和代表的新一代信息技术的创新应用。旨在改变政府、企业以及个人相互交往的方式，使城市生产、生活方式发生变革、得到提升和完善，最终使人类拥有更美好的城市生活。

早于 2008 年 11 月 IBM 第一次提出"智慧的地球"这一理念，欧盟于 2006 年就发起欧洲 Living Lab 组织，采用新的工具和方法、先进的通信技术来调动各种智慧和创造力，以解决社会问题。

而 Living Lab 最早的提出可以追溯到 1995 年。最早提出此概念的 MIT 媒体实验室和建筑与城市规划学院的 William Mitchell 教授认为"传统封闭的实验室环境很难准确把握用户的行为，更不能适应用户行为可能随着环境的不同而变化的情况。"[1]同时他说："Living Lab 是一种在不断变化的真实生活情境中，进行体验、原型设计、验证，并不断优化复杂解决方案的研究方法。"[2] Living Lab 完全是以用户为中心，借助开放创新空间的打造帮助居民利用信息技术和移动应用服务提升生活质量，使人的需求在其间得到最大的尊重和满足。[3]

2 研究灵感来源

通过研究智慧城市建设的移动体验设计与基于信息交互设计角色的研究，我们的团队创造性地提出以"协同实验室"为抓手构建创新设计平台型的"智慧校园"。

Living Lab 在欧洲已经广泛应用于环境、交通、医疗、农业、媒体、慧城市、公共服务等多个领域，尤其是在服务领域，其理念和方法已得到广泛认可，规模和应用效果也取得了令人瞩目的成就。关于 Living Lab 的研究在我国虽然起步较晚，但也已经引起我国科技部门和学术界的高度重视。"以用户为中心，用户驱动是 Living Lab 的核心内容，在 Living Lab 模式下，用户不再是创新活动的被动客体，而是创新的主动参与者。"[4]

如何将 Living Lab 概念及工作模式引入智慧校园的创新设计平台建设中来，是我们团队遇到的最大的难题。

智慧城市发展带来的巨大产业前景已经吸引了国内外大部分经济体的充分关注，都希望能在这次产业浪潮中抢得先机，并已经率先发展支撑智慧城市的新兴产业——物联网产业，希望以物联网产业的发展和技术应用为突破口，推进智慧城市建设。但在全国各个已经展开智慧城市建设行动中也频繁出现各地高校的身影。无锡在物联网发展方面先拔头筹走在了国内各大城市的前面，中科院、清华大学、东南大学等 20 多家科研单位均在无锡设立了研究机构；2010 年武汉市政府也与武汉大学开展合作，重点建设以"物联网研究院"等四大项目为代表的一批高起点、高水平、国际化的研究创新平台。[5]这些充分说明，在创新设计研究道路上，从来都不缺乏学校里的践行者。

智慧校园同智慧城市一样是通过利用云计算、虚拟化和物联网等新技术来改变在校师生、工作人员和校园资源相互交互的方式，将学校的教学、科研、管理与校园资源和应用系统进行整合，以提高应用交互的明确性、灵活性和响应速度，从而实现智慧化服务和管理的校园模式。我们期待的智慧校园应该具有这样三个核心特征：一是为广大师生提供一个全面的智能感知环境和综合信息服务平台，并提供基于角色的个性化定制服务；二是将基于计算机网络的信息服务融入学校的各个应用与服务领域，实现互联和协作；三是通过智能感知环境和综合信息服务平台，为在校师生与外部世界提供一个相互交流和相互感知的接口，更为学生及老师的优秀成果推向社会提供平台，实现产、学、研有机结合。

3 研究现状

Living Lab 作为一种技术创新方法和创新体系，是教育创新的重要途径。国际著名的"创新大学"芬兰阿尔托大学提炼 Living Lab 的理念和方法并创造性地应用于大学的教育教学、科学研究和社会服务之中，形成了独特的多学科人才培养模式，探索出了一条技术创新和成果转化的道路，成为"大规模、端到端"创新模式的卓越代表。[6]

2006年成立的北京邮电大学移动生活俱乐部（Mobile Life Club of China, MC2）是移动生活俱乐部（中国）在全国高校中的首个试点。MC2以"有用、好玩、慈善"（Usefulness, Fun and Charity）为创新目标，以体验与创新为理念，目的是为学生搭建一个共同发展与创新的平台，让学生参与到移动信息生活的构建过程中。2010年3月，移动生活俱乐部（中国）正式成为欧洲Living Lab网络（European Network of Living Labs, ENoLL）的成员。MC2依托北京邮电大学的校园环境，基于Living Lab创新理念，鼓励学生亲自参与科技创新，实现产品构思、设计、研发、推广和运营等一系列完整的产品创新流程。[7]

如何借鉴已有的成功经验，结合自身特点及特色专业支持完成智能校园建设，构建基于Living Lab模式的创新平台——协同实验室（Co-Lab），是团队成员最希望达到的目的。

4 研究分析

和目前大部分Living Lab的相关研究只是针对信息技术应用领域不同的是，我们更加关注如何基于已有的Living Lab工作模式营造协同工作体验并面向创新设计服务领域。为了通过协同工作模式来帮助跨职能、跨专业、跨身份甚至跨资源种类的团队解决问题，共同促进创新设计进程的良性循环，地大（武汉）艺媒学院开展了Co-Lab项目研究。如图1所示，Co-Lab项目力图通过建立的创意Living Lab与学校其他部门、学院、创新团队、创业团队以及各个实验室进行联合社会创新设计项目的探索。

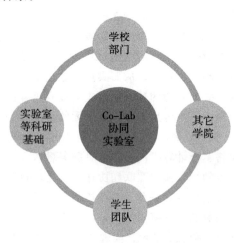

图1 Co-Lab协同实验室框架图

4.1 研究方法

本案在传统的协同工作平台设计的研究过程中使用了精益式用户体验（Lean UX）的设计方法。传统的UX和产品设计讲究的是分工和专业性，但随着移动化的推进，设计成功与否不再是由产品经理、设计师决定，也不是死板地按照设计需求清单来，而是直接由用户决定。精益设计强调协作、跨职能、跨组织合作方式涵盖了流程、协作、管理。我们的团队从精益创业法中吸收

了这样几个基本思想。首先，去除传统UX设计流程中的浪费步骤，只做必须的设计来帮助团队；其次，让不同学科背景的团队一起形成一个协调的系统，充分利用现有资源，完成协作；最后也最重要的是帮助团队形成用实验来确定设计路线的思维，保持灵敏度，快速进入市场。大部分传统的设计工作模式都要经过以下三步：①交接。交接是个非常耗时费力并且让人痛苦不堪的过程，在这个过程中，很多时间都浪费掉了。②沟通。沟通不畅会造成很多疆界，因为没有很好地交流，所以每个人的预热都没有办法发挥。出现这个问题的原因就是每个人除了专业，都有其他技能，对设计可以提出想法，但因为交接的疆界，所以没有办法对互相提出意见，然后各自预热，剩余的能量就浪费掉了。③交付。我们只管像快递一样把东西送到就行，别人把所有的分析做好，而自己拿到的就像是一个嚼碎的食物。我们如何解决这些问题，构建高效的智能校园系统是本案研究的核心命题。

4.2 研究目标

Co-Lab协同实验室网络协同创新平台是一个自我创新的环境，师生、员工、实验科研基地和参与的企业可以一起工作，在协同的工作模式引导下面向未来城市的生活方式来创造制定设计方案，并促进特定产品类型的研究、设计及工具定制。平台的目标包括两个大的方面：①实验新的协同工作方式和工具；②通过物联网形成全球化的合作、定制、用户生成开发高价值、高品质商业化的设计及产品解决方案。

平台除了整合学校内部所有软硬件资源，还将由设计师、技术专家、品牌专家、制造商等组成，从学术、管理及商业的多钟情境下创造真实的产品开发机会，并整合到系统中来。实验室的研发重点就是首先就是从问题入手，做到信息公开，实现协同合作。我们必须把所有人的潜力都调动起来，把每一个人的能量都调集起来，让所有人打破职业疆界。此外协同合作还能够解决信息没有公开的问题，因为大家公开工作，信息必然是公开的，一起工作，一起了解，把工作摸透了，也就不需要去做交接。团队及平台内所有整合资源都将通过提出假设、设计试验、验证假设，客观地把所有的热情设为假设，然后客观地用试验去验证假设的大胆思路，用一步一个脚印、逐步循环的工作方式改进产品，增加功能。

5 创新平台的解决方案

协同实验室（Co-Lab）是一个帮助在校师生团队提升协同工作效率，有关设计流程体验的服务模块。主要由协同工作空间中的"Lab系统"利用远程通信系统和通信协议，构建基于HTML5的实时的、多人参与的、跨平台的互动网页应用程序和配套的移动终端应用程序，协同项目管理、设备管理和团队管理等服务，尝试为创新设计团队成员提供高效协同工作服务（见图2）。

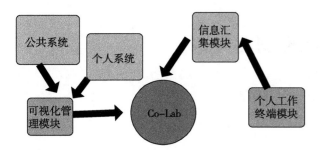

图2 Co-Lab协同实验室项目系统框架图

5.1 可视化管理模块

该模块将为团队管理者提供高效直观并可操作的服务管理操作系统。团队管理者可以及时了解当前自己所在项目小组的团队成员工作状态及进度，所负责的项目完成内容及相关信息，还包括相关专家信息及整个团队占有资源情况及能量消耗情况。因为在一个跨职能、跨专业的创新设计团队中，成员来自不同专业领域和地域，有着自己不同的工作习惯和模式，因此在这个平台中以虚拟方式的沟通交流就需要考虑不同学科、文化背景下不同的沟通方式和特点。可视化管理模块就是希望打破传统工作模式，将整个项目进程透明化，当所有信息都是公开时，就可以充分调动团队成员的项目责任感与积极性，共同维护整个项目进度，而新人也能很快得到这些信息。

5.2 信息汇集模块

该模块实际上就相当于为团队成员、管理人员以及企业专家等人员提供多人云端及时沟通服务，结合各类软硬件资源信息，通过类似远程白板、共享便利贴等方式，让身处异地的几类团队、个人乃至硬件资源如同在同一空间共同进行创新设计和创意沟通。这个模块可以实现精益用户体验及设计模式的精髓：一是基于成效的设计，第一次拿到的是功能列表，非常详细，第二次就是要达到一个什么效果，团队负责人把效果给开发团队，这样就给了他们足够的自由来开发好的方案。二是协作式设计，只有当设计人员、开发人员大家坐在一起搞设计时，才能把所有人的所有反馈尽快地传达给其他人。所有的迷惑与误解在大家协作过程中提出来，然后进行解决。

5.3 个人工作终端模块

项目团队成员常常苦于异地工作不能用纸张进行草图交流，这个模块可共享双方的工作空间，让成员间可以更为直观地沟通概念与各种想法。除此之外，该模块还提供用户和管理者的工作终端模块。在第一次设计完成之后，就进入到了非常细节的部分，第二次出一个数据图，马上做数据验证，这是非常重要的，因为我们的目的是最终的体验，一定要把体验模拟出来，马上投放测试。对于其最终效果有话语权的不是设计人员也不是开发人员，而是用户。所以最好的办法就是有了一个东西以后，就马上让用户参与到设计当中来，不断地提出

反馈，然后根据反馈再决定产品设计的走向。

6 实施与讨论

（1）初步构建智慧校园创新平台体系，整合学校相关资源和信息，建立产学研结合的创新设计体系。

（2）构建基于Living Lab的协同工作平台，依托学校优势专业和学校创新创业团队力量，建成信息汇集及个人移动终端服务平台。

目前，对于协作后的记录分享支持以及信息存储更新还有一定的问题，下一步需要继续完善个人工作终端模块的构建，同时开展可视化管理模块的优化。

Co-Lab项目为下一步智慧校园联合实验室网络平台的搭建打下了一定基础。在未来，我们期望基于Living Lab的协同工作项目更加注重跨文化创新设计平台的设计过程管理，同时更注重关注设计团队的实践模式与沟通行为的研究。而我们团队在系统层面上希望朝向更多进行基于精益用户体验和协同创新设计的服务模式方向进行研究。

7 结语

本文的研究是基于精益式用户体验创新设计方式，以协同工作空间和协同模式为核心，创造性地提出以"协同实验室"为抓手构建创新设计平台型的"智慧校园"。本研究的最终目的是实现以用户为中心，整合创新设计团队、科研基地、管理部门、企业以及各类其他资源等多方参与，协同创新。达到促进跨学科、跨领域、跨地区、跨国度研究与交流的目的，展示新成就，使交流碰撞出创新火花。

参考文献

［1］李青，娄秋艳. Living Lab国外研究概况综述［J］. 北京邮电大学学报（社会科学版），2012，14（1）：88-93.

［2］Pierson J O, Lievens B. Configuring living labs for a "thick" understanding of innovation［J］. Ethnographic Praxis in Industry Conference Proceedings, 2005,（1）：114-127.

［3］宋刚，邬伦. 创新2.0视野下的智慧城市［J］. 北京邮电大学学报（社会科学版），2012，14（4）1-8.

［4］王爱峰，侯光明，皮成功. Living Lab创新方法及其应用［J］. 科技创新导报，2014（20）：15-18.

［5］巫细波，杨再高. 智慧城市理念与未来城市发展［J］. 城市发展研究，2010（11）：56-60.

［6］王新宇，娄秋艳，卢文凯，纪阳. Living Lab创新体系下的大学实践教育探索［J］. 北京邮电大学学报（社会科学版），2013，15（1）：104-110.

［7］曹静，勾学荣. 基于Living Lab模式的校园创新实践探索［J］. 现代教育技术，2013，23（08）：122-126.

浅析可识别空间规划设计

徐秋雨

（中国地质大学　武汉　430074）

关键词：识别性　空间规划　物质与精神

"我们愈是学习，愈觉得自己的贫乏。"学习正如雪莱所说的，在其中我们会接触到更多的东西，而正是这些给予了我们另一个领域。

什么称为可识别空间？如何去把控规划中的可识别性？又如何能体现设计的可识别性？

1　空间的组成关系

空间的定义网上有很多，Space，它是与时间相对应的一种物质性真实、客观存在形式，由长、宽、高和大小、时间表现出来，通常指四方（方位）上下。数学中对空间的定义则是一种集合，这个集合中包括了具有特殊性质和一些额外的结构所组成。

不论从物质或是精神角度去看，空间的本质就是两个或以上的"事物"（要素）所产生或发生的关系，而这个"事物"可能是物质的，也可能是精神上的，例如人的思维则让人产生了"精神世界"，墙面与地面围合则形成了一种建筑内空间，建筑物与人、植物等物质形成相互关系后就产生了城市空间，而更广阔的宇宙空间，则是有无数的星系相互关系所形成的。

在这些空间中有着物质性的，例如建筑内空间是我们可见的，封闭的。也有像城市空间，更趋向于一种精神上的大范围的相互作用关系。但是对于人而言去感受这些空间都是透过一种精神角度，一种精神视角去体味空间关系中的美感或者是压迫。

2　城市空间的识别性

可识别性，是指具体在某一地区内，由于方向、距离、位置和组织等的不同而产生的一种认知，具有可识别性的事物可以使其自身从周围环境中被区分出来的，并能表明自身特征和价值的性质。在城市空间中这种关系往往诞生于人类物质与社会存在之间产生区分的时候。

城市空间的识别性是这个城市中的人感知到的精神内涵区别于其他的城市特征，是这个城市在一定的时间空间条件下，用现有的物质和精神内涵创造的一种场所和非场所成果的集合体。但如今的城市空间正在经历着重重的危机，其中非常重要的一点就是全球化对地域特色文化的冲击。朱文一先生就一针见血地用"零识别"形容现在的城市，并指出"当前的城市、建筑逐渐趋向无序、无差别的状态，人的归属感和定向感会减弱甚至消失，取而代之以失落感和茫然感"。[1]现代化、全球化的进程中，我们所处的城市空间正在克隆异国他乡的城市，同时也被异国他乡所克隆，千篇一律、千城一面，逐渐地失去了本有的地域的和衍生下来的多样性特色。

3　可识别空间要素

对于一个空间而言，"可识别性"意味着它具备某种性格特征。无论这个特征来自形象、气氛、功能或是其他因素，都可以称之为"可识别空间要素"。

3.1　无形因素

从长远角度去看一个空间的形成可以分为地域性和民族性两大无形的因素。

3.1.1　地域性

世界上有类似的地理条件，但不会存在一样的地方，每一个地理位置由于其地形、地貌、水系、气候等条件的差异产生了不同的农作物、不同的生存技能，导致不同的历史发展轨迹和空间文化。当这些要素的交替演进逐渐形成了一个空间的精神形态，而这种精神形态则是不可复制的，它是各要素按照不可预计的发展轨迹和多变地理因素日积月累所形成的，那么这个就是一个唯一不可替代的空间。这些精神产物成为了民族、国家空间上的识别名片，成为空间下的地域符号，使人从而产生对空间的认同感与归属感。

图1所示为山西晋城风貌。

图1　山西晋城

3.1.2 民族性

空间中的另一大无形因素就是民族特有性，特定的某个区域的文化产物则会影响该区域下的人，直接影响到空间的构造。完善的空间又会去影响该区域下新的成员从而产生空间发展循环。民族对于空间的影响可以归为两大类，无形的精神影响和有形的行为活动和构建产物。民族精神上的不同信仰是日常生活中行为的支柱，主导着整个民族的空间氛围。那么行为活动和构建的产物则是去加固这个空间独有的氛围，在进行的过程中又去影响人，使民族个性和空间的识别性得以延续。

3.2 实体因素

在一定的时间内，实体因素对于空间的可识别性的塑造力是直观而迅速见效的。

城市空间实体要素有建筑、道路铺装、街道设施等，而这些要素是人能够直观接触到的环境信息，这是人进入到一个陌生的空间环境中接受大的第一信息，也可以称之为第一印象。实体要素是空间环境形成的基础，而空间意象是对街道空间特征的抽象表达，实体要素比意象要素给人的视觉感受更加直接。

3.2.1 建筑

建筑是一个城市空间环境的主要内容，它在空间环境中数量和体量的庞大使得它在塑造空间识别性得过程中占主导地位。建筑可以激发人的情感，建筑尺度的大小、建筑本身不同的历史都可以促使人产生不同的联想，产生对不同城市的感知认识。

同时近距离去看建筑，建筑中不同的材质、色彩、尺度、机理、造型、格局都是一个空间环境独有因素的实体展现。当这些要素组成一个集合，不论是从细节还是从整体，都塑造出了一个空间环境的风貌。在可识别性的建设中，建筑总是一个有效的突破点。

3.2.2 城市路面铺装

回想日常中道路的铺装，柏油路面、大理石铺地、砖瓦铺地、天坛的汉白玉道，当想起这些铺装的同时总会回想起对某些空间环境的不同感受，这是因为人获取一个环境的信息时有相当大的一部分注意力会放在眼前的事物上，除去建筑这个主导要素，人第二关注点则是脚下的道路，从平面的材质、色彩、大小、图案到人可参与的空间上的高低起伏变化，从视觉到知觉上传达空间的信息。同时铺装也起着界定不同空间和指引的重要作用。通过不同的排列方式或是颜色，区分出不同的空间领域，强化空间的领域感和方向感，增强可识别性。

3.2.3 城市街道设施

是否有完善的街道设施是评判一个城市空间中环境服务优劣的必要因素，这些街道设施是特定某一街道空间的构成要素，这种要素从微观角度视察，是贴近人类的行为活动，给人以第一视角的直观印象，从宏观角度看一整系列的设施奠定了一个街道乃至城市空间环境基调，是一种独有的识别性的组成。其中景观性设施、指示牌、照明设施等对于空间环境的可识别性的影响是最大的。

4 可识别空间的规划与设计

对于可识别空间的设计，其实就是让空间传达舒适关系的同时达到一种空间名片的高度。正如罗素所说：参差多态，乃幸福之本源。健康和谐的社会包纳多元化的价值取向与生活方式，而"和而不同"正是是我们规划设计中所该展现的面貌。

4.1 从物质到精神的设计

空间的可识别性有两个方面的含义。一方面，从物质结构的角度来讲，一个可识别的空间就是它包含的区域、道路、标志易于识别并又组成整体图形的一种城市。另一方面，从人们的心理感受的出发，可识别的城市具有强烈的地域特色，能够使人感受到鲜明的文化底蕴和传统内涵。

不论是进入哪一个空间，第一个呈现在我们眼前的都是一种肉眼可见的、直观的物质，这些物质所组建的特殊性和感官美构筑人对于这个空间的第一印象，这正是让人进入这个空间的一个必要条件。

如果说物质空间的构建的影响是一种"一见钟情"式的效果，那么精神层面的规划设计更像是一种细水长流式"恋爱"，人被物质美所吸引后，到达空间，而能停留住人脚步的则是一种空间独有的精神意义。同样的美物质，有不同的历史、文化底蕴等，则产生了不同的关系，这种独有的精神被人感知后，就会对这样一个空间产生特殊情感。例如枯山水，错落有致的石组配以耙制好的白沙石，点缀少量的灌木和苔藓，这些看似简单的园林元素却是"方寸之地幻出千岩万壑"，在其特有的环境气氛中，让人心境产生静谧的禅意。

所以，正是应了哲学中的那句话"物质就是精神的基础，精神的建设是把物质空壳化变成物体的"。

4.2 从宏观到微观的构建

任何一个规划都应该着手于大的关系，从宏观角度去塑建，也可以说更多地是先从大的精神性角度去奠定整个场地氛围。以城市空间规划为例，城市空间的识别性来源于整个地区的历史内涵、积淀的场所精神，然后确定城市的整体基调精神。继而小到具体的一条街道、一栋建筑、一个小花坛植物如何去设计景观，在城市庞大的体系下，去建造展现精神内涵的小节点。这便是一种宏观到微观的具体体现。而在此，宏观的把控是基础，微观的构建是每一块砖石。

5 小结

詹明信曾以凯文·林奇的"认知地图"为题成文，指出要以"认知地图美学"作为抵制经济全球化的政治策略。并指出"有必要从认知的角度识别个体、当地和国家的社会关系。务必使个体对其自身处在整个全球性世界体系中的位置有所了解，并加以警觉"。为了理解自身所处的环境，人类需要在一幅清晰的全球性时空地图中识别自身的文化属性。而对于我们设计中，唯有多闻多见，我们才能去提高自身，创造我们的识别名片——"多闻，择其善者而从之；多见而识之。"

参考文献

［1］杨茂川，王琛.城市公共空间的地域特色与可识别性［J］.江南大学学报（人文社会科学版），2006（12）.

论第十届中国（武汉）国际园林博览会的设计创新

李世葵

（武汉理工大学　武汉　430070）

关键词： 园博会　园林设计　设计创新　景观设计　生态设计

1　引言

中国国际园林博览会是我国园林界层次最高的国际性盛会，每两年举办一届。2015 年 9 月 25 日，武汉园博园正式对游客开放，展会将持续至 2016 年 5 月。武汉园博会园区建设的主题是"生态园博，绿色生活"，坚持"变废地为宝地，变分割为融合"的理念，创造天地人和、生态回归的奇迹，旨在扩大国内外园林绿化行业交流与合作，展示园林绿化建设成果，传播园林文化和生态环保理念，引导科技创新，促进社会经济与人口、资源、环境协调发展。

2　园林场地特征与总体规划

武汉园博园位于江汉、硚口、东西湖三区交界处，主场地是东西湖区金口垃圾场与硚口区长丰地块。整个园区北临金山大道，东接金南一路，南至汉丹铁路线，西临古田二路，占地 213.77 公顷。紧邻园博园周边有 5 个街道、14 个社区、23 个小区，有居民近 10 万人。园博园是张公堤绿道公园群核心区，总长 29.3 公里的张公堤城市森林公园东起长江、西至汉江，形成"一带"，沿线在 2014 至 2015 年期间新建十大特色公园，形成"一带十园"的总体布局。张公堤绿道沿线有舵落口江滩公园、张毕湖公园、竹叶海公园、园博园、常青艺术雕塑公园、极地海洋公园、后湖公园、岱家山文化公园、府河湿地公园、江河文化公园等 10 个公园。

武汉园博会的设计师们在设计规划园区时，运用了中国传统造园的基本原则——"巧于因借，精在体宜"[1]，因地就势造园，因材致用，适当改造自然环境，利用客观因素，发挥地域和文化特色，造出合乎展览需要的、各有特色的一座座园林。园区利用附近城中村改造、挖地铁产生的土方堆建成荆山，通过种植湖北乡土植物，营造"春揽荆山、秋染霜林"的景观氛围；采取中国传统造园的手法打造楚水，呈现湖溪相连的江汉平原水系特征，建构出一湖四溪七岛景观（见图 1）。

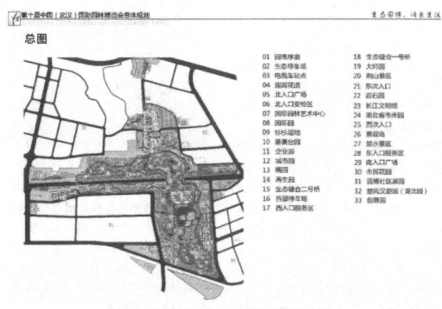

图 1　第十届中国国际园林博览会整体规划图

武汉园博园拥有两大核心景区、四大主体建筑、八大主题花园，泛花海、寻芳谷、祥鹤岛、蒲风墩等 18 个景点与湖北各市州园区交相辉映。汉口里复原了清末民初的老汉口街市。汉江湾将建筑与环境灵巧融合。3.1 万平方米的长江文明馆，仿佛一只洁白的鸟展翼于山水园林之上，内部的展馆彰显着长江流域文明的独特魅力，主要展示长江流域地形地貌、水文水利、生态环境、珍稀动植物等自然生态风貌，及长江流域考古实物、奇石、紫砂、字画、非物质文化遗产等人类文明内涵。国际园林艺术馆位于园区北入口西侧，也是园博园的一个主展馆，室内布展包括世界园林发展史及展望、创建国家园林城市展览、园林生活超市等。

园区有 82 个国内城市（含港澳台地区）展园、10 个国外城市展园、4 位国际风景园林大师设计的园林、

12家企业参建创业园等，共有117个展园，集中展现北方园林、江南园林、巴蜀园林、岭南园林、闽南园林等精品园林，及英国、法国、荷兰等国外的特色园林。各个展园是由各城市、企业或设计师自行设计，有的展示东方神韵、有的是西域风情。负责园博园整体规划的景观设计师们先摸透不同风格的园林设计，再和全园设计相整合，形成一个相互因借、和谐统一的大园子。武汉园博会的设计创新主要体现在生态设计、景观设计和策展思路三个方面。

3 生态建设与生态设计方面的创新

园博园的建设采用维护生态平衡和促进可持续发展的新技术、新方法，运用节能环保材料，体现出"人与自然和谐共生"的造园理念。

3.1 垃圾场变景观

园博园为周边数十万居民创造了更舒适的生活环境，人均新增公园绿地0.2平方米，每年吸收烟尘6.35万吨，释放氧气5.45万吨。园博园区北部原是占地41公顷、填埋了503万立方米生活垃圾的金口垃圾场，土壤重度污染，园区建设过程中采取好氧降解技术与封场治理技术相结合，进行无害化处理，然后栽植本地适宜树种，实现生活垃圾填埋场的生态修复。好氧技术就是用鼓风机把新鲜空气注入垃圾堆体深处，使垃圾"吸氧"后加快降解速度；封场技术就是利用垃圾场底部的防渗黏土层，以及在垃圾山表面覆盖的防渗膜等，把垃圾层层包裹起来，大量有毒渗滤液用机器抽出净化后，可浇灌园内花木，避免其渗入土壤污染地下水。垃圾处理后的沼气，部分会收集作为园博会火炬燃料。渗沥液经过50层净化后，成为没有污染的水，而垃圾管理处旧址也将变身遗址公园，供市民和游客参观。垃圾场上的园博园将成为一个生态环境修复的样本。

3.2 跨越三环线的生态连通桥

城市环线会切断生态连接，这是城市发展中的通病。园博会选址位于张公堤和三环线绿化带两地，三环线横穿园区中心，将园区分为南、北两大区域。工程规划有两座宽度分别为220米和30米的生态织补缝合桥跨越三环线，连接南北区域（见图2）。生态连通桥把被三环交通干线分割开的南北两块园林用地衔接起来，使园区从视觉上和生态系统上都成为一个整体。园博园跨越三环线的覆土高架总长达1200米，覆土高架断面采用立体绿化，使南北地块的生态互通；并通过独特的引水工艺，实现北部水系跨越山体和三环线引入南区。

3.3 杉杉湿地

杉杉湿地以武汉土生土长的水杉做主角，它位于北区入园口外，面积约3万平方米，其中水域面积6400平方米。园区临街一侧能看到两排粗壮挺拔的水杉，园内临水的湖坡上还能看到水稻、油菜、菜薹等农作物景观。湿地内建有亭榭廊桥，田边有半座长江流域民居，通往农田的道路旁边，摆放着石磨、石质马槽、窠臼等

农具与植物搭配而成的园林小景，让人们了解农耕文化，获得农村生活的感受。湿地景区地面铺的是一段段枕木，在枕木之间种草。在最早的规划中，有一排树正位于园博园长安路到园博北路的干道上，如果把道路规划为直线，势必移栽这排树木，规划人员因地制宜地把道路规划为弯路，保留了原来的50棵杉树，并新栽了200棵水杉、300多棵池杉和中山杉（见图3）。

图2 跨越三环线的生态连通桥

图3 杉杉湿地

3.4 降低园林建造和维护成本

优先选择低碳环保的节能材料，如透水混凝土、彩绘装饰墙体，选用节能灯具，循环利用中水。园内利用荆山楚水、一湖四溪、雨水花园、杉杉湿地等景观，构建园博园水循环系统。全园可蓄水10万吨，劣五类水体经过水循环系统处理后将水质提升至三类，保障景观水体的水质要求。

许多展园以"可持续性发展"为设计理念，力求降低后期园林维护成本。例如今年69岁的美国艺术中心设计学院教授王受之参与设计了缺园（见图4），缺园植物全部采用本土植物，以增加植物的成活率；园中不种鲜花，降低了植物的养护成本；园内的木结构建筑，使用的是从四处收集起来的旧楠木、杉木等杂木，在做工上要求宽松；而且缺园中没有喷灌系统，直接使用水管浇灌，降低了日常维护成本。

4 园林景观设计方面的创新

4.1 风景设计上的创新

设计师对设计艺术与工程技术，绿色文明与生态科技，传统与时尚，西方与本土民俗以及未来生活的种种思考，催生出许多创新设计手法。例如园区中特意保留了一栋没拆完的半截楼房，作为垃圾场遗址，向世人述说垃圾场上建园博的生态故事。还有一些地方采用了"变废为宝"的局部设计手法，比如利用搅拌机剩余的混凝土形成"假山石"，彩陶园中的主体建筑物用废陶片镶嵌作外墙装饰（见图5），旧轮胎上色后成了小型花钵，混凝土桩头成为休息凳，死树枯干做装饰，磨盘、竹菜板、竹床等旧时生活器物成为园林造景等。

图4　缺园

图5　彩陶苑的地面、花坛和建筑墙面用废陶瓷片和水泥制成

武汉园博会还有不少采用工业废弃材料建造的景观，比如亨利·巴瓦园的锈钢铁格子铺地（见图6），又如园中有一处用生锈的钢铁支架构建的大构筑物，这与人们设想的园博会以展示自然造景和花木园艺的认知大相径庭。武汉园博会创新性地把"工业精神"发挥到园林景观设计上，体现出对工业文明下的人与城市、人与自然关系的思考。

4.2 景观细节上的创新

设计师在构筑园林小品和局部细节上大胆运用新材料、新技术，体现出时代气息。园区别具特色的景观设计有很多，例如青岛园里的喷泉有沙滩流动的感觉，铺着贝壳和青岛啤酒易拉罐的路面很有地域特色；又如哈尔滨园中的高大的蓝色玻璃幕墙寓意北方冰雪景色（见图7）；再如南京园"镜园"取意"鉴水常清，鉴镜自静"，采用传统园林与现代园林相融合的设计风格，在总面积2800平方米、绿化面积1500平方米的园内，亭台楼榭、溪水潺潺，其中最核心的景观是一面300平方米的圆形镜面水域，池中的荷花由亚克力材质制作，寓意出淤泥而不染。

除了在景观细节设计上的巧思，园区还展示了许多新雕塑来丰富人们的审美体验。此次园博会特别制作了6件雕塑作品。例如在武汉园博园西部湖北院子里，立有江城民间工艺大师陈汉生创作的四件以竹子为主题的黄铜雕塑，分别为"雪竹"、"风竹"、"雨竹"、"晴竹"，高1.5米，用铜一吨有余。竹子清雅，高风亮节，是君子的代表，陈汉生以竹子为创作对象，是想借园博会展示中华传统文化，展现汉派雕塑的独特魅力。

图6　亨利·巴瓦园的锈钢铁格子铺地和水池

图7　哈尔滨园的玻璃幕墙和雕塑

5 策展方面的创新

5.1 与民众的互动方式和方法的创新

民生园博，重在为民。在规划阶段，武汉园博组委会就主动向常安佳苑、紫润明园、香缇美景等周边小区居民征集意见，听取居民"多绿化"的建议，在建设中压缩约5万平方米建筑体量，将部分楼阁亭台等建筑改为绿地；调减25万平方米硬质铺装，将硬质的市政沟渠改为生态草沟，水泥材质的园路和广场改为草坪砖等透水设施，绿地率由62%提高到74.3%。

为了将武汉园博会打造成"传承文化、引领时尚、展现科技、创新转型、亲民永续"的一届盛会，武汉园博会的策展办会思路兼顾到了三方面的需要：展示园林绿化行业的科技和艺术水平、愉悦民众、展会结束后转型为城市公园的需要。为了扩大园博会的社会影响，丰富园博会的看点，展会期间有各种文化活动。包括"公园·城市·生态"高层论坛、"风景园林与美好生活"专业研讨、参展城市文化周等，还有一系列民众互动活动，例如主题歌征集，海选50名园长，全市劳动模范代表认养劳模林树木，展园"满月照"拍摄，请武汉市老人代表品尝杉杉湿地出产的新米，武汉绿道奔跑联盟组织的"徒步绿道寻宝园博"活动等。还有互联网上的互动，例如杭州城市文化周活动，通过"杭州园"微信公众号与市民开展互动。

5.2 为方便游览创新性地使用信息技术

园博园管理中心运用摄像监控系统对不同园区的人流量进行监测，通过微信提示来疏导人群，提高游园的舒适度。为了缓解停车压力，武汉园博会专门推出了手机停车导航APP系统。园博园所有停车场首次启用"停哪儿"智慧停车系统，这是一款基于公共停车的查询软件，车主通过"停哪儿"APP可以查询停车位信息，观看周边停车场位置分布图、实时道路监控视频。

6 结论

第十届中国（武汉）国际园林博览会组委会的规划设计与策展工作人员，运用以上这些创新手法，把园博会精心打造成为一次中国园林花卉行业交流的顶级盛会，把园博园建设成为受大众欢迎的游览胜地，展现了武汉市努力建设国家创新型城市的追求。园博园的建设促进了区域环境的修复与改造，园博园成为参展城市展示形象的有效平台，促进了园林最新科技成果的交流，促进了当代城市环境与社会的可持续性发展。

参考文献

［1］计成.园冶注释［M］.北京：中国建筑工业出版社，1988：47.

基于纳米技术的艺术设计实践探索

苏 葵 王 蕊 罗 薇 张桦文

关键词：纳米技术 环境设计 融合 设计方法

In the 21st century, the revolution of nanotechnology sweeps the world, gradually exerting a great influence on human life and improving its quality day by day. Subsequently, this program gives a birth to nano-art. Artists are inspired by numerous nanotechnology achievements, creating a series of devices, photography, and related graphic designs. Until now the definition of "Nano Art" is unclear, the public usually regards "using nanotechnology to create art work in nano-scale". According to the definition strictly, the art work in this paper does not mean real nano art work, we expect to explore the possibility of nanotechnology's concepts and nano-structures to environmental design. Its aim is to expand nano art, which shows designers' understanding to the nano world.

1 The combination of nanotechnology and environmental design

1.1 Mutual inspiration in concept of art design and scientific research

Science and art make progress together when they inspire each other mutually. Architect R Buckminster Fuller created a grid dome structure with high structural stability and light weight, which has been widely used in space covering large construction projects, such as the Montreal Expo Hall in 1967. The scientist was inspired by the building structure, after testing, also proved the existence of C60 molecules, named "fullerene". The new discovery of fullerenes exactly confirms that art inspires science in terms of the concept as it reveals the homology of Arts and Sciences. Moreover, the landscape planning of Zhongguancun Life Science Park is designed by Yu Kongjian. Based on living cells, designer imitates the cells' structure and running mechanism to create more organic and ecological community. In-depth understanding of the living cells provokes designer to create the new landscape framework. It is an excellent example which is inspired by scientific research. Concept of science or art, as an indicator of essential attribute, objectively reflects human's recognition to science and art respectively. The mutual inspiration between science and art not only confirms the same attributes of them, but also enables them to be more systematical and complete.

1.2 The mutual utilization of technological language and design language

Science continues creating new technologies, which gives artists more imagination and expressiveness. For example, recently the rapid development of computer-aided architectural design (CAAD) has freed the designers completely from the drawing so that they entirely concentrate on the design itself. These advanced analysis technologies can dramatically improve the quality of architectural design. "Virtual building" design approaches become the mainstream of CAAD which can liberate the creativity and imagination of the architect, changing the way of thinking. In return, the language of art gives scientific imagination, helps shaping the physical world through law of beautiful. The China National Aquatics Center "Water Cube" (Figure 1) is built by the shape of water molecules as architectural surface, giving the building ice-like appearance. This architectural skin clearly demonstrates a unique visual effect on the contrary. Membrane structures, as well as high-tech structures, illustrate their utility value in architecture by using artistic language. It is apparent that design and art become more rational when using technological language, while science gets closer to human instinct and is easily acceptable when immersing in design and art.

Figure 1 China National Aquatics Center

2 Exploring the application Method of nanotechnology to the field of environmental design

2.1 The reproduction of nanotechnology

Reproduction is a means of art. The reproduction art depicts a specific objective image or social life that an artist knows in his work. As an art form, environmental art cannot be separated from the means of reproduction to reflect the basic reality. The ways of achieving nanotechnology reproduction are i) Simulating nanotechnology concept: Making a deep understanding of a nanotechnology concept and selecting the appropriate design approach to simulate this technical concept. ii) Simulating nanotechnology methods: Being familiar with a nanotechnology operation, experiments and selecting the appropriate design to express in the form of this technical approach. iii) Simulating nanotechnology achievements: many nano products can give inspiration to artists, making them rethink to create new art work. Those three approaches cover concepts, methods and achievements of nanotechnology, helping reflect the various aspects of nanotechnology.

[Molecular sieve] The design of nanotechnology hall (Figure 2) is a good example for the reproduction of nanoscience research achievements. In the microscopic world, the nanoparticles can spontaneously grow into nano-structures which get together and form a unique morphology. The hall is inspired from the microscopic structure, using the molecular sieve structures as the basic elements of artistic processing. By transforming and assembling the outline of molecular sieves, the rudiment of this hall gradually reveals. Molecular sieves (Figure 3) have a unique highly ordered porous nanostructure, which can be used for screening different sizes of molecules and widely used in many industrial fields such as petrochemical engineering, electronics, metallurgy with a good catalysis and separation effect. The molecular sieves, zeolites as a cracking catalyst for petroleum chemical industry to produce gasoline, have created huge profits for human being. The method of architectural design also applies in Nanoscale Science and Quantum Information Centre (NSQI) Building in University of Bristol, UK (Figure 4), which is used fullerene structure as the top of the building atrium.

Figure2 design of "Molecular sieve" exhibition hall

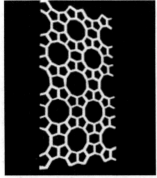

Figure 3 the model of mesoporous structure

Figure 4 NSQI Building in UK

2.2 The performance of nano-science

Compared with reproduction, performance emphasizes more on self-expression of feelings and subjective emotion. It does not express the reality of life, but the spiritual reality. The ways to achieve performances of the nanotechnology involve in: A) Expressing artistically theoretical research on nanotechnology. It is related to understanding nanotechnology theory deeply and then selecting the proper artistic method to express this theory. And at the same time, we should lay to emphasize on pursuing the design creativity and innovation. B) Interoperating the method of nanotechnology. The designers should be familiar with its experimental method, operational procedure and re-interpret the experimental method or operational processes by appropriate art processing. C) Re-creating the nanotechnology. Achievements are widely used in many aspects of human life, which are probably well known by the masses. Converting nanotechnology achievements to art work is a good way to make people get to know about nanotechnology.

[Crystal-growth] Design of the nanotechnology hall (Figure5) is the performance of nano-growth which confirms to the growth of nanowire typical patterns, the gas-liquid-solid (VLS) growth model. This VLS growth model proposed in 1964 has played an extensive guiding role on the future growth research of nanowires and their arrays. The VLS growth mechanism for the preparation of different and various nanomaterials are basically the same, the gas phase molecules can be deposited into liquid catalyst phase, and integrated into the solid phase transition for the growth of nanowires. In simple terms, the gaseous state of a metal compound is mixed with a kind of liquid catalysts, when the conditions achieve a certain degree of saturation, the chemical decomposition reaction begins, the solid phase is grown along a direction from the catalytic sites of nanowires, which is VLS, the basic process of the growth mechanism. Understanding of scientific concepts and principles inspired the architectural design thinking. Designers use the concept of the nanowires' growth in building design. In the process of transformation, artistic interpretation of scientific concepts, scientific concepts and architectural design language can be inspired each other. The fusion between article thinking and scientific concepts ultimately forms into a nanotechnology connotation exhibition design.

2.3 The fusion of reproduction and performance

As two design art techniques, reproduction and performance cannot exist independently. They can be combined to achieve mutual tolerance and harmonious coexistence. The inspiration of

Figure 5 the design of "Crystal-growth" exhibition hall

Macro—nanotubes (Figure7) is based on the understanding of nano-structures. Nano—Science & Technology is an interdisciplinary area combine science with technology. It researches the structure, characteristics and interactions of atoms and molecules on a scale of 0.1 to 100 nm. This concept of nanotechnology is widely recognized as Nanotechnology, which manipulation and process technology of atoms and molecules on the nanometer scale.

[Macro—nanotubes] The nano exhibition hall (Figure 6) design strives to a removable assembly building, which inspired by the operation of the science workers for microscopic particles in the laboratory. The entire hall is composed of 19 wall panels and 12 components that are built up by nanomaterials. One of these materials is the aerogel filler plates. The most important feature of this aerogel material is ultra—light with excellent noise and temperature insulation performance. This hall is calculated about 54 kg which can be moved by vehicle and easily installed and disassembled. The outline of the building is the hexagon array, which is a repro-

duction of the carbon nanotube structure . On the other hand, the function of building detachably assembled focuses on the performance of nanotechnology essence, which is particle manipulation processing. The concept of the two parts has achieved the harmony of the design ideas and practical function. [Macro—nanotubes] the nanotechnology hall design is combined with renewable and artistic expression, making this design both spirit and form, while demonstrating the concept of nanotechnology achievements.

These above three design practices try to demonstrate that applying the nanoscience to the environmental design through the technology of manipulating nanoparticles is feasible. Besides, this art form of environmental designs clearly helps to show the concept, technology and outcome of Nano—Science & Technology. The conceptual and methodological inspiration and borrowing could promote the development of discourse system, the symbolic forms and the thinking mode of environmental design and nanoscience. It will also promote innovation and progress of the arts and sciences.

Figure 6 the design of "Macro—nanotubes" exhibition hall

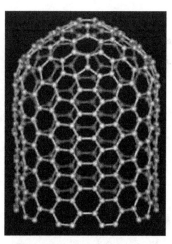

Figure 7 the model of carbon
cage structure

3 Conclusion

The development of nanoscience and nanotechnology has opened the door for the creation of art and design thoughts. Design as a bridge links the public view and nanotechnology. This paper analyzes the principle of nano—/micro—structure aesthetics in several aspects of arrays, aggregation and similarity. In addition, it also explores the pathways of the integration between nanotechnology and environmental art in two aspects: mutual inspiration of design concept, reciprocal uses of technical and artistic language. Finally, the exhibition design, for example, can be revealed by the application of nanotechnology in environmental design. Although the related research and exploration are very preliminary, the attempt at this stage can be easily recognized that the microscopic world provides the environmental design with unlimited imagination. Nanotechnology would have much broaden applications in environmental design.

Finding inspiration from traditional culture is a remembrance and perception of history; looking for inspiration from the field of high—tech is a yearning for the future. With human life gradually approaching into the nanometer era, the exploration and the pursuit to nanotechnology will have more profound impact on our life.

References

[1] H J Shan, D L Shi. "Introduction to nano Art" [M] . Beijing: Tsinghua University Press, 2010: 10–85.

[2] J H Jiang, D L Kun, "Traditional decorative symbol value and its use in architectural design" [J] .Urban construction and commercial outlets, 2009 (25) : 181–182.

[3] J Ren, "Contemporary view of science under the influence of architectural form" [D] .Tianjin University Architectural Design and Theory Professional, 2007, 39–44.

[4] X D Zeng, A Zhao, "Computer—aided architectural design (CAAD) trends – Virtual Building (Virtual Building) design

will become the mainstream" [J] . Chongqing Architecture University, 2006, 28 (1), 22.

[5] X Z Wang, C Y He, Q Wu Z Hu, "Phase equilibrium control gas – liquid – solid (VLS) growth mechanism" [C] . The 27th Annual Conference of the Chinese Chemical Society, 04

sub–venues Abstract 2010,103

[6] A Cattle, J Ren, "Overview of the development of nano–technology and its applications" [C] . National nano–materials technology and application of the "Hundred Talents Project" Advanced Seminar Meeting, 2002, 185.

城市轨道交通导向系统的数字信息化设计

汪 丹

（武汉理工大学 武汉 430070）

关键词： 导向系统 数字信息 轨道交通

轨道交通是现代大型城市在加快建设与合理规划中的一个重要指标，数字化城市是未来城市发展与建设的一个重要趋势，也是信息化社会发展的必然。随着数字技术的飞速发展，互联网技术迅速普及以及各领域网络环境的建立，使人类生活又一次面临着信息传播技术前所未有的、带有根本性的突破和变革。城市轨道交通随着数字化城市的发展也在进行各个方面的改善与突破，其中具有信息传达作用的导向系统更能突显数字化信息发展与传播，传统的图形符号将面临数字化的变革，为方便人们出行提供更加人性化与规范化的信息指示，城市轨道交通导向系统的数字化信息设计，已经成为现代城市数字化信息发展重要部分。

1 数字化导向系统的信息传播

在城市轨道交通数字化导向系统中，把受众作为一个特殊人群进行研究，了解人群的习惯特性，分析人群对数字化信息的接收与选择，这些对于取得导向系统数字信息化设计的反馈信息有一定的现实作用。

城市受众人群比较广泛，从文化背景、教育程度、职业习惯等各方面的差异性，都对城市轨道交通导向系统的数字信息化设计有一定的指导性。如在城市人群中，从文化教育程度的不同可以看出人群对数字信息化导向系统的接受性，文字的识别范围在一定程度上体现文化教育程度的差异，由于图形比文字的适用性更加广泛，简洁明了的图形符号作为数字信息的表达更加生动直接，符合不同文化教育程度的人群接受力。在人群的使用范围中，可分为健康人群和残障人群，针对残障的特殊人群中对导向系统的需求有特殊的标准，这就需要在城市轨道交通的数字化信息化导向系统中，不只要具有人性化的数字图形图像信息作为引导，声音信息传播引导也同样起到补充的作用。对生活背景的不同人群分析，数字信息化的导向系统的差异也起到至关重要的作用，在现代城市多元化的扩展中，不同地域和不同民族的人群交织在城市生活中，这就需要人流量聚集的城市轨道交通提供更加清晰准确的引导信息，使受众人群能快速接收并得到准确指引，但由于传统的导向系统在制作技术、材料使用、空间环境的限制下，不能更好地适应需求，在导向系统数字信息化设计中，国际化的数字图形符号和中英文时时对照的信息，都能更加方便快捷

的给受众人群进行及时正确的引导。

除了针对人群的背景特征分析，在受众人群的行为习惯的分析对城市轨道交通导向系统也有一定的指导意义。如在城市中的人群中，针对出行的行为习惯，可分为目的性清晰的出行习惯，也有可选择目的性行为，这两种的区别在于，出行目的地清晰的群体，有着准确的不变的出行行为，如城市中常见的上班族在工作日中出行行为保持清晰不变，而对于有可选择目的地行为的人群中，会受到时间多少、线路长短等因素影响来做出选择，所以在这个时候，数字信息通过互联网及时准备提供导向信息，能更好地解决不同出行人群的需求。对于不同人群出行需求，提供导向准确，简单直观，可提供不同选择的引导方式，但是传统导向系统无法直观立体及时地给出准确的答案。

2 视觉习惯与数字化导向系统图形设计

视觉是人们获取信息的最重要的方式。在城市轨道交通的导向系统设计中，面对大量的人群流动，对于封闭化境中，了解人群的视觉习惯才能设计出既美观又有科学依据的数字图形导向符号传达给人们信息。

2.1 图形视觉习惯

人的视觉具有"以往经验"习惯，人对任何一个形状的视觉认知都是建立在无数视觉经验基础上的。例如"√"和"×"符号，最初是给人正确和错误的符号，而在导向系统中，"×"符号在代表"错误"的信息上，引申出禁止、不允许等含义，它所表达出的内涵容易被人理解，具有广泛的应用价值。根据人的视觉习惯，在设计导向系统的标识时可以尽量使用一些约定俗成的图形、图像，易懂易记扩大受众覆盖面，是人们在不熟悉的环境中瞬间识别准确信息。

2.2 色彩视觉习惯

在色彩的应用中，不同色彩传达出的人群心理感受也是不同的，久而久之就形成了人们的色彩视觉习惯，在各种色彩的使用中，颜色的差异对人的心理和情绪有一定的影响。

红色在不同的使用环境所传达的信息也有所不同，如对人的性格代表热情、激动，而在导向系统中，一般代表禁止、中止、危险等信息。所以在城市轨道交通中红色的图形符号通过数字信息的变化，给人以拒绝、禁

基金项目：该文系 2013 教育部人文社会科学研究项目青年基金项目"城市轨道交通导向系统人性化设计研究"阶段性成果，
项目编号：13YJCZH162

止的作用。黄色在色彩有明亮的特点，与黑色结合一起作为导向系统符号使用，主要传达出警示、注意的信息。绿色在色彩中能传达出清新、轻松的感受，在导向系统的图形设计中，绿色的信息给人传达出允许通行、出口指示等信息。

2.3 识别文字的习惯

文字作为常用的信息符号具有完善严密的信息传达功能，在视觉传播中的地位的作用是不可取代的。文字的规范使用确保了传达内容的瞬间识别和准确判断。

在城市轨道交通的导向系统设计中，因为人流量大，公共环境特殊，导向系统的设计使用中文字内容和字体设计有着不同的要求，在快节奏的城市生活中，简洁易懂的文字形式能更好地给人们及时而正确的指引，由于人的流动性强，为防止人流堵塞，在文字设计中应该考虑文字内容的多少，文字字体的选择应该考虑应用尺寸大小等因素。

在导向系统的数字化信息化设计中，文字的设计则较以传统材质为载体的传统导向系统具有明显优势，数字化导向系统的显示终端多为电子屏幕，可以根据不同环境和不同时间进行内容的随时更改，做出灵活调整，使数字信息化文字在导向系统中使用中具有更强的适应性。[1]

3 数字化导向系统与城市文化信息的传达

3.1 导向系统应尊重和传播城市文化

任何一个城市文化，都有鲜明的城市特色，具有城市文化的精神、真理和价值，而且成为一个城市所共同认同的信念和信仰。每一个城市文化都以追求城市特色为使命，且以此卓然自立，形成城市的核心和灵魂。城市文化是一个城市的记忆载体，每个时代都在城市文化中保存着自己城市的脉络，保存着自己城市的精神，保存着自己城市的身份，保存着自己城市的气质，是城市特色之源泉。[2]

随着城市的发展，轨道交通作为一个城市的主要交通方式，它可以作为一个城市的名片展现在人们面前，导向系统作为图形和文字符号的集合，应该充分与城市特色结合，传达城市的文化精神面貌，把城市形象与导向系统相结合，突出区域的特色，提升城市形象，加强城市的影响和竞争力。

3.2 数字信息化导向系统反映城市文化设计风格

导向系统是通过指示性图形的集合与排列，对繁杂的城市空间进行梳理和规范，既是帮助人找到方向的系统工程，也是引导人们在城市公共空间中快速、准确地进行视觉识别和获取公共信息的视觉系统。它将城市按不同功能、形态划分为不同的系统体系，并通过具有指示性的图形标识、指向性的符号映射出城市的文化、历史、规模、现代化水平等。城市轨道交通视觉导向设计的主要目的是有助于改善城市的环境质量和人们的生活质量。相对城市

建筑而言，城市视觉导向设计偏重于符号化的形式艺术感，照顾到人的感知心理，并且要和城市的环境相适应。如果说工业化城市设计的核心目标是"经济"的话，未来城市设计的核心目标就是"文化"。[3]

对于城市视觉导向系统的设计，说到底也就是在塑造一种"文化"。人们在看到导向标识的时候，联想起城市的特有元素，从而引发人们的一种视觉共鸣，在我们的日常生活环境中，已经有大量的图文标识对我们所处的空间进行引导，这一点在轨道交通标识方面体现得尤为凸显。在城市轨道交通中，对标识的内容有准确、清晰的认识是特别重要的。导向系统承担的是导向、识别、介绍等功能，成为串联城市各个区域的一条线，根据每个区域的不同特点，把导向系统通过数字信息化进行区域特色展示，如北京地铁"南锣鼓巷站"，根据南锣鼓巷区域的老北京建筑特点，在站点的导向系统视觉区域中，从北京传统建筑中选取合适的元素进行结合，既突出了该区域的城市文化特色，也让来往人群在进入该区域能感受到不一样的艺术表现形式。

3.3 个性风格与空间功能的统一

城市区域环境的功能区别，风格特色都可以和轨道交通的导向系统进行结合，从视觉传达的角度来研究，关注的是如何用简洁的图形符号来表达准确的含义，并能跨越国界无须语言，轻松识别。从空间环境设计的角度来研究，着眼于环境 外观、材质、位置、艺术表现等因素，并且如何使图形符号融于整个空间环境中去。因此，导向设计关系到视觉传达和空间环境设计两个领域，概念彼此有交叉，又相互独立。从广义来讲，就是把用来传达空间概念的视觉符号和表现形式看作是导向设计。因此，导向设计也可以是文字、图案、雕塑、建筑等，没有特定的形式。

人性化的城市轨道交通导向系统通过数字信息化设计与传统导向系统设计相结合，满足不同功能化和空间的需求，这也是社会进步和文明进步的需求，是促进与完善城市建设的必备条件。目前，我国的城市数字信息化建设还处于发展阶段，数字信息化的导向系统设计也在实践阶段，随着对数字信息化导向系统设计的研究与发展，数字信息化导向系统将发挥越来越大的作用，它不只是对城市轨道交通起到重要的指示与疏导作用，还对城市文化的传播和空间环境功能的结合有更积极的作用。

参考文献

[1] 魏卓，谢宁宁，候永瑞.基于城市信息视觉传达的数字化导向系统设计 [J].中国新通信，2012，14（24）:70.

[2] 奚洁人，世界城市精神文化论 [M].上海：上海世纪出版有限公司，2010.3:55.

[3] 唐郁明，论城市视觉导向系统的人性化设计和文化观 [D].济南：山东工艺美术学院，2010:32.

论自然元素在女性化妆品包装中的运用

梁晶煜　李光安

（上海工程技术大学艺术设计学院　上海　200000）

关键词：化妆品包装　自然装饰元素　女性消费者　心理特征

1　包装设计与自然元素的关系

1.1 包装设计的视觉传达要素

一般视觉传达设计要素，在具体分类中可界定为文字、符号、图案、插图与摄影五大项，任何一种平面之视觉传达均脱离不了此五大项。长期以来，使用语言、文字来传达所有的事物，则亦有其限度，许多事物，仍需借图画来表达，使人一目了然，加深了解其内容。[1] 视觉传达重点与冲击力是包装设计的重点之一，有重点的广泛表现才能突出包装的特点，包装视觉要表现设计，若能很快地与消费者的心理认知一致，则很容易打动消费者的心，进而购买。

1.2 自然元素的含义及符号语言

在自然界中发现的天然元素，包括所有的生物形式，如植物、动物和微生物。

在包装设计中应用自然元素并不是将图形做简单的机械复制和拼凑，其实它是一种抽象化的符号语言，是尽可能地去满足商品的内涵意义，从而使自然元素与品牌内在理念更为贴合，使包装设计更具精神文化内涵。

1.3 自然元素在包装设计中的表现形式

1.3.1 采用纯天然材料

和工业生产无可挑剔的做工带给人们严谨视觉感受的包装相比，采用天然材料的包装材料有自然、轻松、质朴的特征，同时也符合如今人们崇尚自然的心态。可以使用创新的角度重新审视发现或已经存在却未被足够重视的天然材料，从而充分利用可利用的自然资源。

1.3.2 采用天然图形

在包装设计中，通过自然模式中"类比"或描绘出真正的"抽象的"来提炼归纳，直接或间接地使观众欣赏的产品设计理念和创意。当然，自然选择和使用图形功能，内容必须符合商品属性，并应充分考虑到品牌形象和内涵。

1.3.3 天然色

人们的视觉范围的颜色，可以接触到的自然现象包括颜色和形状的色彩接触。自然界的色彩是事物本身具有的，我们可以用自然的色彩来还原的包装设计的自然元素，或去感知提取生动的天然色彩，将其运用于包装设计工作中，以实现情感的传递。

1.3.4 抽象的自然形态

在包装设计中，抽象的自然形态可以和抽象的感觉一样，赋予包装新的自然魅力。

2　自然元素与女性化妆品包装设计

2.1 女性化妆品包装设计理念

女性化妆品包装在设计时必须紧跟时尚潮流，紧跟女性消费者心理，并尝试预知未来的化妆品包装设计风格的大体走向，从而诞生更多更富有创新意义的女性化妆品包装。

2.2 自然元素与女性化妆品包装设计的结合

中国自然元素文化中，往往将人的情操与花的一些特质进行类比，形成一种普遍的社会观念。在人类社会发展的过程中，不乏有很多称赞花卉特质的诗词歌赋。当化妆品包装设计的与自然元素的文化相互融合时，可以使化妆品包装更加时尚美观，而自然元素与化妆品包装的相结合有时候会迸发出很不一样的视觉感受和心理感受。

2.3 自然元素在女性化妆品包装设计中的表现方式

2.3.1 直接应用

通常我们可以在化妆品包装中看到花卉、叶子等植物元素，也会有海浪沙滩等装饰元素，更独特的甚至还有一些珍稀动植物的涂鸦纹理图案，这些自然元素和化妆品包装设计相结合都是直接应用，为的是给消费者一种直接的感官体验，可以帮助消费者判断化妆品本身的属性。例如叶子花卉可以让人自动判断这类产品可能是属于天然成分提炼出来的，多见于精油或草本类护肤品。悦木之源是欧美的一个以天然护肤为理念的护肤品牌，其包装元素直接运用了"树木"这一图形（见图1、图2）。

2.3.2 间接应用

然而不是所有的化妆品包装设计都是直接运用树叶植物等图案，现在很大部分的设计师试着通过一个更微妙的方式来传达自然元素信息。这样的应用方式更加含蓄低调，一般人可能并不能够轻易看出其中的装饰元素，但是在观赏整体的包装结构及外形装饰时，明显感受到一股自然风。如图3所示，英国The Bodyshop"美体小铺"品牌化妆品运用橄榄绿等大自然的色彩搭配，形成一系列的化妆品，间接运用了自然元素。

2.4 自然元素在女性化妆品包装设计中的优势

由于花逐渐成为女人的代名词，很多时候化妆品包装设计将"花卉元素"为主要设计。[2] 自古以来女人同自然界的植物也有着微妙的关系。举个例子，自然元素

中的花与女人，从古至今就有着千丝万缕不可分离的关系。把女人比喻成花是再精准无疑的了。如图 4 所示的

"茱莉蔻"化妆品系列，无论从包装的外形结构还是装饰元素甚至 logo 都具有强烈的女性柔美的色彩。

图 1　悦木之源面膜包装

图 2　悦木之源护肤系列

图 3　The Bodyshop 护肤系列

图 4　茱莉蔻身体护肤系列包装

3　化妆品包装中的自然元素与女性消费者的关系

3.1 化妆品包装中的自然元素对女性消费者购买欲的影响

在调查过程中，有一位女性消费者的一席话看似简单却很有道理，她说："同样的价位，同样都是不了解这两个品牌，为什么不选择装饰风格漂亮一些的呢？而太朴素太简单的装饰风格用在女性化妆品包装上难免觉得平淡无味，女性就是喜欢漂亮婀娜的线条以及夸张亮丽的色彩的，化妆品包装设计太过平淡就会流失女性对这个化妆品的好奇程度。"事实也的确如此，爱美之心人皆有之，我们在挑选商品时都会选择符合自己身份的，彰显自己魅力的，通俗来说都会选择漂亮的产品，更不用说爱美的女性了。

3.2 化妆品包装中的自然元素对女性消费者心理的影响

如今的女性不管收入是否高，文化是否高，美几乎

是每个女性都无法拒绝的事物，爱美也几乎是每个女性的共性。大部分女性消费者倾向含有自然元素包装的化妆品，究其原因，很简单，第一是因为好看，第二就是这类的包装元素对于她们心理上的一种满足起到了很大的作用。女人与自然元素密不可分，而女人是感性的、容易联想的一类人，这些美丽元素的添加，多多少少会让女性消费者将自己联想成这些美好的事物，以达到心理上的满足。

参考文献

[1]徐丽.现代包装设计视觉艺术［M］.北京：化学工业出版社，2012：23.

[2]朱莉·柯林斯.水彩花卉的极致表现［M］.北京：人民邮电出版社，2014：36.

信息时代的家庭社交分享

袁晓芳　　刘丽珺

（武汉理工大学　武汉　430070）

关键词：家庭 情感交流 社交分享 移动应用

1　引言

随着互联网行业的迅速发展、智能手机的普及，手机移动客户端已经成为人们生活中必不可少的一部分。从 QQ 时代的单纯聊天到人人网时代的趣事分享，从微博时代的新闻资讯、美图趣事到现在微信时代的功能"大杂烩"，社交软件的功能变得日趋强大。与此同时，社会经济的变革也剧烈冲击着人们的生活方式，家庭关系开始发生急剧的变化，人们对亲人间的依赖程度大大降低，家庭成员间来往也越来越少，感情逐渐淡化。

本文将在对现代家庭成员的心理和行为进行调研分析的基础上，建立一个家庭圈社交分享平台，增进家人间的情感交流，并架构家族族谱体系帮助我们完善自己的家族成员关系，让家庭情感纽带稳固和谐。

2　家庭情感社交类 app 现状分析

目前可以提供家庭交流的平台有各类社交网站如"家庭网"、"家族在线"、"家园网"、"家家联"等，主要是通过开发家族树、通信录、家庭相册、家庭日志、时间轴、家庭影音等应用，为家庭提供一个在线沟通平台。在移动端方面，即时对话、圈子交流、互动交友等类型的社交分享类 app 已经趋于饱和的状态，像微博、微信和 QQ 已经占据了几乎全部的移动端用户。在国外比较典型的类似应用是"facebook"，使用者通过网络公开自己信息和其他人聊天并交换彼此信息，有共同语言的人可以形成一个集团互相分享交流感兴趣的内容。

相比 PC 端社交平台，移动端社交平台应用更为广泛普遍。像 QQ 和微信目前成为人们主要的交流工具，家人也在其中分享彼此的照片和动态，但没有一个专为家庭圈提供的环境。

3　家庭圈社交应用的用户需求分析

3.1　问卷调查

本文对应用的用户需求研究采用问卷调查与访谈相结合的方式，问卷设置了 15 个问题。比如年龄、性别、住宿区域以及家庭结构、家庭成员之间的交流方式、交流程度、用户对家庭交流的满意程度和期望以及他们对家庭交流重要性的看法。为了更方便快捷地完成调查问卷，采用了网络发放问卷以及实际发放问卷相结合的方法。本次调查对象主要面向十岁以上和五十岁以下的能够广泛使用智能手机的用户群体，问卷发出 48 份，去除 4 份无效问卷，共收录有效问卷 44 份。

通过对收到的 44 份有效问卷进行整理和分析，总结出以下几个结论：

（1）现在家庭成员间来往较少，尤其是对旁系亲属的沟通了解比较欠缺，家族感情逐渐淡化，此类移动客户端的设计有一定的意义。

（2）大部分人对所有家族成员及其亲属关系的认知不健全，大部分家族信息都是用族谱记录下来的。

（3）网络社交平台逐渐被中年人广泛接受和应用。

（4）大部分人忽略了家庭间的沟通，但是希望能够改变这样的现状。

3.2　家庭圈社交分享应用的用户需求访谈

这次家庭圈社交分享应用采取的访谈方式为：实地访谈和电话访谈。访谈内容主要围绕家庭交流方式、家庭交流频率、对家庭交流的看法和对此款家庭圈社交分享应用的期待来设置问题。从之前的问卷调查用户中抽取了少年、青年、中老年各两人进行深度访谈。

通过对笔记和视频资料的整理分析，得出了以下几点关键性结论：

（1）现在家庭成员间来往较少，很大一部分原因来自社会的经济文化发展，人们对物质和金钱的追求还有学生越来越重的学习压力，让人们忽视了与家人之间的交流

（2）家人住的分散也是家人间来往少的重要原因。

（3）大部分人意识到了家庭交流的缺乏，希望能够改变这样的现状，但是由于社会工作和学习压力有些力不从心。

（4）大多数人比较期待专为家庭圈交流设计的移动应用，表示虽然不一定会经常使用，但是肯定会下载支持，努力改变现在的家庭交流现状。

（5）人们提出希望有聚会信息推荐和团购预定的便捷功能，希望有视频通话聚会照片上传功能，希望有群组掌上麻将功能，希望能在出差的时候看到附近有哪些亲戚方便前去拜访的远房亲戚定位功能。

4　家庭圈社交应用的用户模型

4.1　人物模型的建立

上文的用户需求分析中我们将用户分为少年、青年和中老年人等三个用户群体，通过用户需求分析我们看到他们有着不一样的行为特征，通过将典型目标用户列出来模型化建立了三个人物模型。

（1）卓雅，女，14 岁，初二学生，活泼开朗，喜

欢新鲜事物，哈韩、喜欢和朋友聊天、上网、微博分享。生活背景：初中学习任务有些重，但平常只要有课余时间就上网用社交分享软件分享照片和心情，渴望看到别人对自己发的事件进行评论。在家中亲戚因为婚丧嫁娶请客聚餐的时候会开心地跟着父母去热闹热闹见见姐妹和长辈，但很多亲戚只是看起来眼熟叫不出名字，聚会的时候大多数时间都是跟着同辈的兄弟姐妹出去玩。

（2）Tony，男，21岁，大学生，喜欢上网、体验各种手机应用、和朋友聊天聚会、旅游。生活背景：大学生活比较丰富，课余时间相对较多，在外念大学平时与家里人见面不多，过年过节会跟长辈发一条祝福短信。

（3）Tom，男，46岁，政府公务员，喜欢看电视、新闻，与家人一起出游，和亲朋好友相约户外活动。生活背景：工作较忙，空余时间会约上亲朋好友郊游户外。平时工作与亲戚见面比较少在节假日和过年的时候希望能多和家人聚在一起喝喝酒聊聊天，看看年轻一代在做些什么。

4.2 目标用户行为

通过以上具有典型特征的人物模型我们发现青年和少年的行为类似，而中年人的行为与青少年有些许不同。所以我们对目标用户的行为模式建立分为了青少年

和中年人两类：

青少年行为模式：通过网络社交移动分享平台与家人发信息，分享照片心情并进行评论回复来交流情感，节假日去爷爷奶奶家吃个饭，顺便跟兄弟姐妹出去聚聚会。当家里有婚丧嫁娶等事的时候听爸妈的通知和他们一起去赴宴跟长辈敬个酒和平辈聊聊天，之后再拍几张合照留恋。

中年人行为模式：平时通过打电话和家庭聚餐等方式与亲人交流沟通，现在尝试用微信与家人联系，分享照片和文章。在出差或者外出游玩的时候会想去拜访下当地的亲戚熟络熟络。节假日或过年的时候会带着一家人回去看望长辈，陪他们打麻将聊聊家常，翻翻以前的相册回忆往事。

5 家庭圈社交应用系统

5.1 功能分析

根据用户的行为设置相应的家庭圈分享社交应用功能，主要功能包括提供家族信息、提供家庭分享、提供实时交流和提供娱乐方式等。图1是家庭圈分享社交应用的功能分析。

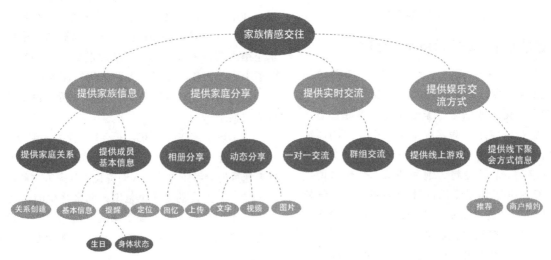

图1 系统功能层次分析

5.2 信息架构设计

通过本文前期的调研和功能分析，得出家庭圈社交分享平台app—family信息构架分成了五部分，分别是家庭圈、家族链、实时消息、我和系统设置。家庭圈处理图片、视频、语录等分享功能，点赞、评论、回复功能和发信息功能，相册昨日重现和组队玩游戏功能；家族链实现家族关系以及信息梳理（家族树）功能，与第三方软件微信、QQ等合作登陆寻找添加亲人，长辈身体状况通知功能；实时消息处理发红包功能，发起群聊功能和亲属定位功能，提醒附近的人，家庭聚会信息发布与推荐功能；我处理亲情相册上传收藏功能，家人生日提醒功能；系统设置处理系统登陆登出，系统参数设置功能。

5.3 低保真原型制作

在前期用户需求分析和系统信息架构建立基础上针

对设计方案制作原型。我们先绘制了原型的草图，然后再用利用axure制作了低保真原型图（见图2）和交互流程图。

5.4 可用性测试

我们使用纸模的方式来进行可用性测试（见图3），参照之前的人物模型选择了五个目标用户来参与，分别是：18岁的刘倩，高中毕业；23岁的张澜，本科毕业；29岁的李涛，医药代表；45岁的洪雄，公务员。根据测试目标，我们为测试者设置了如下以下几个任务：

（1）完成家族链中亲人的添加和推荐。

（2）编辑家族链，完整成员信息。

（3）找到家族相册，昨日重现功能。

（4）完成到附近家人所在地点的导航。

（5）分享聚会推荐和商户信息。

（6）查看家人动态并分享给另一个家人。

（7）上传聚会相片到指定相册。

（8）查找自己的二维码。

（9）更改账号密码和个人信息。

（10）进行家人群组游戏。

图 2　低保真原型

图 3　可用性测试

在测试过程中我们不断观察用户操作流程是否是简单自然，并鼓励用户能边操作边说出自己的感受。经过多次测试，最后通过对笔记和记录数据的分析，得出了以下结论：

（1）两个用户觉得用直接添加家人这种方式添加家人之后要填写一大段信息才能进入家族链比较麻烦，有时只想尽快进入应用等有时间再填写。

（2）三个用户都比较喜欢附近家人这一项，觉得比较有趣，可以随时跟附近的家人即时的碰个面。

（3）一个用户希望能够添加转账功能。

（4）四个用户都觉得这种家庭圈分享社交应用在市面上比较少见，并且现在因学业事业繁忙在家庭圈中来往较少，觉得应该花些精力与家人交流，表示愿意使用这款应用。

依照以上结论，我对设计进行了修改。将"直接添加家人"模块里的完善资料页面设置了几个最关键的信息，填写之后就可以直接进入家族树主页。同时优化了上传照片的功能，让照片分享更简单方便。

5.5　界面设计

由于是家庭圈社交分享应用，为了符合各个年龄层次用户的审美，我们选择了蓝灰和淡灰相间的清新配色。希望能带给家庭成员们轻松宁静的氛围。具体的界面如图4所示。

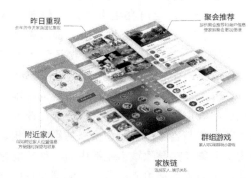

图 4　界面设计

6　结论

为了改变家庭间缺乏沟通的现状而设计的这一款家庭圈社交分享应用得以完成，首先通过前期对家庭成员间的沟通行为和方式进行调研分析，全面了解目标用户的需求。再运用一系列的用户研究设计方法不断分析需求得出需要的功能及结论，最后将这些数据信息应用于设计之中，制作出低保真原型图并通过可用性测试来检查设计的合理性，经过多次改善以后设计出最终的界面设计和可交互DEMO。希望这样的概念设计能够在以后得以应用，让人们能够将一部分精力放回到家人身边，重视与亲人的交流沟通。

参考文献

［1］王哲．传统亲情伦理与变迁中的中国现代家庭关系［D］．西宁：青海师范大学，2012.

［2］Alan Cooper. About Face3 交互设计精髓［M］．刘松涛，译．北京：电子工业出版社，2012.

［3］Garrett J J．用户体验要素［M］．范晓燕，译．北京：机械工业出版社，2008.

［4］杨善华．中国当代城市家庭变迁与家庭凝聚力［J］．北京大学学报（哲学社会科学版），2011.

［5］黄晟，基于用户体验的APP设计研究［D］．西安：陕西科技大学，2012.

［6］杨焕，智能手机移动互联网应用的界面设计研究［D］．武汉：武汉理工大学，2013.

［7］Carvalho, J. Francisco, R. Relvas, A, P. Family functioning and information and communication technologies: How do they relate? A Literature review［J］.Computers in Human Behavior, 2015, 45:99-108.

消费社会设计民主的异化：商业思维的设计衍生

田云飞

（浙江工业大学　杭州　310023）

关键词：消费 民主 设计 身份认同 群体归属

1　引言

"在以往的文明中，能够在一代一代人之后存在下来的是物，是经久不衰的工具或建筑物。而今天，看到物的产生、完善和消亡的却是我们自己，我们处在'消费'控制着整个生活的境地——代表着完善的消费阶段"。[1]

2　消费的意识形态

消费行为并非完全与物质相关，消费从其指涉的内容上来讲，它的意义直接与基本生存之外的需求挂钩。对物的需求不是出于对其实际使用功能的渴求，这种需求更多的是一种对消费符号意义的追求，正如英国社会学家科林·坎贝尔（Colin Campbell）在他的《浪漫主义伦理与现代消费主义精神》（*The Romantic Ethic and the Spirit of Modern Consumerism*）中说，现代消费主义精神绝对不是物质主义的。[2]

赫伯特·马尔库塞（Herbert Marcuse）将人的需求分为真实的需求和虚假的需求，他认为我们"现行的大多数需要，诸如休息、娱乐、按广告宣传来处世和消费、爱和恨别人之所爱和所恨，都属于虚假的需要这一范畴"。[3]这种虚假的需求是发达工业社会的显著特征，人们通过消费来消弭阶级的差别，无论阶级差异，我们看同样的电视节目，去同样的地方旅游，从与他人一致的生活方式和消费方式中获得群体归属和对自身身份的认同感。

让·鲍德里亚（Jean Baudrillard）认为在消费社会中，意义从"被蕴含在产品中"转向为"被指定到产品中"。消费社会中，商品的符号价值和使用价值没有必然的联系，意义消费的比重越来越大。对商品意义的消费显示了消费者的趣味、社会身份、地位甚至权利，既体现了现代社会中个人的自我认同，也体现了人与人之间的关系，消费者对商品意义的接受甚至多过商品本身。正是因为如前所述对物质商品的占有成为社会中人们进行身份及个人价值判断的一个标准，消费社会中对物质的需求的疯狂与非理性以及许多跨越实际需求层次的对物的消费行为才显得合理。

凡伯伦（Thorstein B.Veblen）认为消费行为是人们追求身份尊严并以此作个人阶级归属的依据因素，"不仅他所消费的生活必需品远在维持生活和保持健康所需要的最低限度上，而且他所消费的财物的品质也是经过挑

选的，是特殊化的"。[4]消费物品的选择的动机逐渐由个人享受变成身份和阶级的表征。而与此同时，社会经济地位较低的阶级也总会或多或少地模仿这种消费。社会学家弗朗西斯·查品（Francis Stuart Chapin）更是直接根据家庭居室内的物品与社会经济地位的高度相关，制定了以居室物品衡量地位的指标体系。追求社会认同的消费变成了广泛的社会现象。

因此我们可以看出，人们的需求更多地受制于消费品的符号价值，在这种情况下，消费成为一种能够快速实现人生意义的途径。

整个社会的意识形态借由商品传输给人们。"公共运输和通讯工具，衣食住的各种商品，令人着迷的新闻娱乐产品，这一切带来的都是固定的态度和习惯，以及使消费者比较愉快地与生产者、进而与社会整体相联结的思想和情绪上的反映"。[5]产品在这一过程中将意识形态灌输给受众并通过日常使用而内化为生活方式。

从以上论述我们可以看出，消费成为了个人寻求自我确认与社会认同的一种手段，现代消费主义的崛起与现代城市生活方式以及生活在其中的个人的心态和价值取向密切相关。消费成为一种有意识的选择，目的是为了努力整合一种认同感，身份认同支撑着消费者的现实需求。这就是消费社会下人们普遍具有的一种意识形态和思想观念。

3　消费社会的设计思维

雷姆·库哈斯（Rem Koolhaas）在哈佛设计学院执教期间，曾启动过名为"关于城市的课题"（Project on the City）系列研究，让研究生去"记录和理解城市文化的异变"，每个项目的研究结果最后都编辑成册，由此诞生一系列拥有丰富图像、大量数据和文本资料的巨著，《哈佛设计学院购物指南》（*The Harvard Design School Guide to Shopping*）是其中最早出版的一本，该书记录了我们的城市如何因后工业时代消费而改变，消费的影响力甚至能与当年工业生产带来的影响力相媲美。书中认为由购物狂热导致城市生活中的各种功能建筑形态都已变成了美式消费主义的载体，大型商场已经在各个城市中获得越来越多的统治权，而建筑和城市化则逐渐沦为协调客流和货流的存在。[6]从这里我们足可以看出消费对造物形态的影响，消费社会下，设计形态成为了消费主义的载体，它更多的是顺应与迎合消费意识形态，是为了帮助使用者达到自我认同与群体归属。

消费社会下，需求不断细分，市场日益精细化，商品受众群体特征区分明显，在这种机制下，"展示"史无前例的成为营销行为最突出的一个方面，而设计作为"展示"的手段与方式，更是变得极为重要。在这个过程中，过去为人所珍视的批评文化日渐式微、衰竭。后现代主义中"被构筑的主体"已经逐渐变成了消费主义的"被设计的主体"。

消费时代是个人自我意识活跃，注重个人价值的时代，消费社会的设计在打造时尚潮流方面也会进行有意识的风格划分，以吸引不同品味的人群，人以群分的方式不再单纯以社会地位、经济状况来决定，趣味和格调成为了划分人群的新的方式。人们更多的是喜欢与和自己对电影，文学，音乐，艺术，服装等有相同品位的人相交，从相互的交流和讨论中获得群体归属与愉悦感。这相较于现代主义风格的单一，应该可以说是对人性的一种内在关怀。在以前，设计是回应和满足需求，但是在消费社会，设计是引领需求的。这种引领的方式在于为受众营造一些审美价值观念，吸引与这些观念趣味相投的人来靠近、拥抱。也就是说，设计的订制和生产先于个人需要，个人的需要是被订制的时尚引领出来的。

4　设计民主价值的异化

如果单从消费的角度来讲，设计的价值由市场决定。正如雷蒙德·罗维（Raymond Loewy）所说，"最美的曲线，是销量上升的曲线"。在消费社会，设计不再像以往那样将功能放在考量的首要位置，更多的是注重商业利益的获取。"有计划的废止制"的实现就是通过商品使用质量和时尚期限的刻意设定来完成的。设计师的作用更多在于时尚的创造和引领，让人在追逐流行的过程中创造设计的商业价值。虽然"有计划的废止制"因其导致的对资源的极大浪费而饱受诟病，但也有学者从另外一个角度为其进行辩解：罗兰·马查德（Roland Marchand）从"消费伦理"的角度，认为消费促进了生产的发展，在高失业率的时代，为人们创造了工作机会，并通过购物行为重建了消费者的自信。我们且不论这种说法是否合理，但从我们前述的消费的意识形态角度来思考，消费社会下，经由产品为大众提供了满足特定主题的多样化需求，并且如瑞典设计师拉夫·阿本（Love Arben）所说："决定越来越多地将由消费者做出。设计师将设计一个基本的样式，随后由消费者选择色彩、材料和尺寸。这种方式增加了消费者置身于产品之中的价值。"[7] 因为具有平民化、多样化的选择以及自身融入感，所以在追逐流行的过程中，人们得以通过拥

有与普遍流行的时尚风格相符合的物品而获得身份上的自我认同，这恰恰构成了一种无意识的民主，而这种民主，却是商业思维引导下的设计衍生物。

在对消费社会的各种不同的形容中，使用得最多的就是"异化"。随着社会经济快速发展，人们的生活水平在不断提高，消费方式的多样性、异质性越来越突出；马尔库塞认为消费社会下"人的需求遭致歪曲"，人的欲望代替了需求，这是对物品从"需求"到"欲求"的"异化"；消费社会下人们需求产生了从对物品的本质功用到符号意义的"异化"；消费社会下设计思维模式产生了由"满足"到"引导"的"异化"，因此，在本文中，对于消费社会下设计所体现出的民主，也使用"异化"一词加以形容，消费社会中的设计民主不是出自设计师的主观意识，但随着用户意识的增强，对用户进行细分与研究，产生了对用户的从身体到心理到情感的一系列设计研究方法，并且从过去对物的选择到现在对设计的选择过渡的过程中，消费者的自主性得到了极大满足，从这个角度来讲，设计的民主是设计的商业思维延伸下的一种"异化"。

5　结论

消费社会由于物质生产丰富，消费成为人们生活方式的重要表征，商品二元结构（使用价值和符号价值）的产生是对消费行为和消费目的的一种异化，人们通过对各种意义的消费来确证自身，虽然带有一定的功利性质，但设计在此阶段却前所未有地体现了对用户从身到心的关怀，设计的民主在消费社会也带有一种异化的意味。

参考文献

[1] 让·波德里亚. 消费社会 [M]. 刘成富，全志刚，译. 南京：南京大学出版社，2008:1-2

[2] Colin Campbell. The Romantic Ethic and the Spirit of Modern Consumerism [M]. Oxford, Basil Blackwell, 1987:88

[3] [美] 赫伯特·马尔库塞. 单向度的人——发达工业社会意识形态研究 [M]. 刘继，译. 上海：上海译文出版社，2006：6，11

[4] 高丙中. 西方生活方式研究的理论发展叙略 [J]. 社会学研究，1998（03）.

[5] [美] 哈尔·福斯特. 设计之罪 [M]. 百舜，译. 济南：山东画报出版社，2013:2，69

[6] 李砚祖. 外国设计艺术经典论著选读（下）[M]. 北京：清华大学出版社，2006：320.

论食品包装设计中消费者情感诉求的表达

陆纯纯　李光安　陈　岚

（上海工程技术大学艺术设计学院　上海　200000）

关键词： 情感诉求　视觉效果　消费行为　双向

食品包装设计必须随着市场的变化而变化，在设计食品包装的时候设计者必须在自己所学的基础上涉猎不同的包装设计，只有看到现下的潮流趋势，才能使自己的产品设计不落伍，达到服务于市场的目的。通过视觉、听觉、味觉和行为上的感知进行一系列的整体设计。因此，食品包装设计成为影响人类生活方式的一种设计活动，正在商品市场担任重要的角色。[1]

1 情感设计在现代包装中的价值体现

现今是一个讲究快节奏的时代，消费者在一个商品上停留的时间很短暂，只有将情感实际融入包装中去才能将消费者的心抓住，商品的包装就是为了提高商品的附加值以及销售量，所以情感设计在现代包装中的价值是否得到充分体现，是一件很重要的事情[2]（见图1）。

图1　可口可乐瓶人性化设计

1.1 现代包装设计中情感产生的心理基础

情感的产生处于一定的认知环境，通过人们的认知经验为判断依据。当一些事物特有的感性特征与人们自身的认知经验所形成的固定的情感符号越来越相似的时候就会比较容易产生对于此事物的共鸣也就是对此类事物产生的相对的情感体验。[3]"它在主体认知组织过程中，便伴随着情感、或者说干脆就是按照某种情感的需要而加以组织的，因此它承载着情感。当它作为客体的主体面呈现于主体时，便可以唤起与满足某种情感"[4]如何使得自己的认知能保持在一个稳定的状态，就必须有对环境稳定的认知，这种环境来自于何处，那就是来自于人们的日常生活中对于某一种现象、某一种事物和状态对于大脑的刺激，并需要通过反复的刺激不断加固，这样就可以在缓慢的进程中人体自身产生了对于某种事物某种颜色或现象的固定思维。当然认知的环境不可能只有一种，还有其他方面的渠道：群众的行为，群众的行为与大众的观念是会影响到一个人的认知环境的，在一个怎样的环境中是很重要的。

1.2 情感因素在包装中的功能应用

情感因素在包装认知过程中对视觉信息的分析和重组具有积极的推动作用。每一个人都有自己的审美观念，消费者在购买过程中就会遵循自己的审美来挑选自己购买的商品。视觉符号的不同表达会给人以一种不同的感受，如愉悦、温馨、高冷、幽默等，这样可以是消费者对商品的内容有大致的了解。在情感因素的作用下，消费者将更愿意驻足于视觉信息上面，如当消费者看到一个很奇异的包装时，就会不自觉地停下来去了解商品的信息，而且这个信息将在其脑海中留下深刻的印象。

2 食品包装设计视觉语言对消费者情感的影响

随着消费者的生活节奏越来越快，在步入拥有琳琅满目商品的商场时，对每一个产品给予了解的时间十分短暂，如何让消费者对特定的企业商品进行选购就成为包装设计需要解决的重要问题。这就是要求食品包装设计的视觉语言对消费者行为产生影响，食品包装视觉语言与消费者心理诉求显得尤其重要。

2.1 食品在包装设计中情感的参与属性与市场作用

如何凸显出食品包装的情感参与性，这需要设计师在设计时运用一系列的设计语言，刺激人的不同感官以达到情感共鸣。在现今的食品消费市场中，随着社会的变化大量信息的摄入，千篇一律的包装是不可行的，必须要与时俱进。

2.2 食品包装设计与消费者心理诉求的双向互动

食品包装要满足消费者的心理诉求，包装设计要跟着消费者的心理来走，所以它也会被消费者的心理诉求所约束，跟着消费者的心理诉求来进行设计。现代的食品包装要求更人性化的设计，在突出设计感的同时让消费者感受到企业在包装上面所花的心思，很好的利用消费者与食品包装的互动关系，让消费者在购物的同时自觉参与进食品包装的视觉语言认知中，只有提高了消费者对于企业产品认知度，才能不断提高消费者再次购买的欲望（见图2、图3）。

每个消费者都有自己的消费心理观，所以在设计的时候要学会抓住这个心理依据来设计包装。只有比竞争者先研发出新的产品并加上合适的包装设计来提升产的视觉感，才能在众多商品中脱颖而出。在设计商品包装的时候必须秉承"设计的目的是人而不是产品"这个理念，而这个理念也随着时代的进步而不断地提升（见图4）。

一个充满想象力和创意的包装设计不是简简单单就能完成的，这都是每一位设计师通过对消费者的认知、需求量的调查和消费者对商品的心理情感做出深入的分析与理解而设计出来的。

图2　酒瓶互动设计

图3　酒瓶互动设计

图4　面包店可爱设计

2.3 食品包装设计与消费心理共同推动设计市场

当代的食品包装设计市场越来越强调的是商品与包装、消费者与包装之间的互动性，食品包装应该要提供一些购物时的新体验，这样可以在提高消费者购买欲望的同时了解消费者到底需要什么，它将是消费者与企业的桥梁。食品包装不能脱离消费者，必须保持一种良好的互动关系，设计师只有不断地研究消费者心理的诉求才能有效地设计出真正能被消费者接受的包装，才能在百花齐放的销售市场中，短时间内抓住消费者的眼球，提升企业自身的竞争力。

3　四类食品包装设计视觉语言的情感表现要素

商品信息最直接的传递方式就是视觉语言的传达，如何合理的运用视觉语言是需要设计师好好地研究的。设计师要在设计食品包装的时候熟练地将视觉元素拆分再整合，这是一个成功的包装设计的必经之路。为什么如此重要，那是因为视觉上的冲击力是最直观的最显著的。视觉传达设计中，最重要的就是"视觉语言"，包括了图形、色彩、文字等。食品包装中蕴含着无处不在的"视觉语言"，恰当地运用"视觉语言"可以使得商品有视觉上的美感，也能在企业宣传的时候起到积极的作用。

3.1 "会说"的图形

图形语言可以有很多种表达的方式，有很多的含义，在视觉受到冲击的时候人们就能在脑海留下深刻的印象，大多数的包装设计中设计师们都十分注重图形的运用，一个好的图形可以将包装设计提升一个档次。一幅成功的图形设计可以打破不同的国籍、语言、地域、文化等障碍，将图形设计这种视觉语言自身带有的魅力充分发挥出来。

3.2 "会听"的文字

食品包装中，文字是最容易被识别也不会出现歧义的一种视觉传达方式。当然文字不仅仅体现在识别度上，文字元素的运用也可以体现在包装的视觉美感上，也能加强商品的特征，是十分重要的图形符号语言的一种。[5]现在很多设计师不将设计的中心放在文字设计上，而是喜欢在文字大全中寻找自己想要的字体下载直接使用，这样容易将文字的作用弱化。在字体库中选择还容易造成文字与设计的商品主题脱节，无法有效的表达出产品的特性。选择何种字体是十分重要的，必须要使文字造型、意境和情感上大搞高度的统一，这样才能将局部统一，将整个包装设计融为一个整体，将文字的视觉语言作用发挥到最大（见图5）。

图5　大村屋胡麻包装

3.3 "会闻"的色彩

色彩有自己的饱和度、明度、纯度、色相和冷暖，有对比关系，运用好色彩的不同关系可以制造出不同的视觉体验。色彩有属于自己的艺术感染力，能与心灵和人的思维产生一定的共鸣，每种色彩都有属于他的语言。例如，橙色和黄色能带给人一种明快愉悦的感觉、红色能带给人一种大气喜庆吉祥的感觉、蓝色能带给人一种冷静忧郁的感觉。一般要有视觉冲击力的话就可以运用高纯度暖色系的色彩（见图6）。一般人们看见深褐色本能的就会联想起巧克力。[6]

当然我们也要运用不同的色彩来进行搭配设计。色彩的固定使用可以在消费者脑海里留下其企业特有色的思维定式，就如红色的可口可乐，暗红色的加多宝，蓝色的百事可乐一样。

图6　乐购奶油包装

3.4 "会动"的形态

食品包装的造型设计也是十分重要的一个环节，这是可以体现商品设计人性化与视觉体验的一种重要方式。一个商品的价值阶层很大程度上取决于包装外形和材料的选择（见图7）。设计师在设计产品时选用了合适的材料和包装能很快地抓住消费者的眼球进而产生购买的欲望。

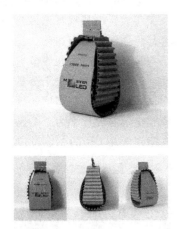

图7　灯泡包装

食品包装的结构设计现在已经不仅仅是用于保护商品，已经可以体现包装的视觉美感与是否环保是否可以再次使用[5]（见图8）。现在的包装都要求绿色环保，这使得在包装设计的时候设计师在思路上受到了很大的限制。但也不能一味追求环保而放弃了食品的一些特性。所以设计师在设计包装造型的时候既要考虑包装的成本，在让包装结构和材料有保护产品的功能的同时最大的降低包装的成本。力求做到食品包装形态在结构上的合理性、材料上的环保性和造型的优美当然不能忘记商品的内涵要和设计相统一。

图8　橙汁包装

4 视觉语言的未来发展

随着现代社会科技的不断发展，已成为一个网络的社会，网络上主要还是以视觉语言为主的，这样视觉语言就需要进一步发展，只有发展到一定层面上才能完成其在视觉传达上的主要功能。[7]视觉语言的发展现在有主要的两个发展趋势，在表现方式上，现在的视觉语言还是以平面为主，在未来，视觉语言可以慢慢转变成动态形式并结合现有的优势取其精华的发展。在内容方面，未来的视觉设计将重点突出人们所面临的共同问题和消费者对于视觉语言不断提升的要求以及视觉语言使人们产生的心理回应。面对这样的趋势，未来的设计师在视觉符号的运用上就必须要输入大量的信息掌握更多的设计软件运用技巧。

由于改革开放带来的经济效益，物质极大丰富，消费水平也得到了很大程度上的提高，对商品的情感诉求也在不断地提升，现在的年轻人并不喜欢循规蹈矩，而是喜欢摒弃传统，用自己的想法自己的双手来改变这个世界。人们对于视觉传达设计的态度已经发生了很大的变化，每样东西的购买上能体现出只属于自己的个性，这是消费者在购买东西时心理上的诉求。消费者期望未来的视觉语言能有进一步的变化，更有艺术感、设计感、功能性。想要在现有的基础上得到提高不是仅仅靠信息收集就可以做到的，在设计包装的时候必须将自己放在消费者的角度去思考，要了解消费者的心理和使用感等不同的方面。

5 结束语

本文从不同的视觉语言对消费者产生的不同影响进行了阐述，如图形、文字、色彩等。在同类商品之间，消费者在决定购买之前，整个市场的竞争在于不同企业的包装设计，每个企业的产品都有着自身的产品定位，只有最大限度地将产品的信息在包装设计上体现给消费者，包装设计上的视觉语言运用差异加大，才能抓住消费者的眼球。随着社会的不断发展，人们的受教育程度也大大提高，随之，通过接触不同的信息，个人的品位也得到了大幅度的提高，现在的产品包装已不能通过基本的包装将信息传达给消费者，视觉语言还需要满足不同年龄层的审美需求。作为一个设计师必须要有对于视觉符号的各种综合认识，这样才能灵活的运用各种视觉语言，将其拆分重组出不同的效果，能够将消费者的心理、商品的人性化设计以及商品自身的基础信息传达给消费者，提高消费者对于商品的初步认知能力。设计师需要学会操控不同的视觉语言，而不是去做一个只会熟练运用操作软件的一个操作者。

参考文献

［1］液态包装视觉艺术编辑组．液态包装设计［M］.沈阳：辽宁科学技术出版社，2011：5.

［2］拉尔斯·G·瓦伦廷（Lars .G.Wallentin）.包装沟通设计［M］.北京：北京大学出版社，2013：20.

［3］柳沙.设计心理学［M］.上海：上海人民出版社，2009：125.

［4］马尔科姆·巴纳.艺术、设计与设计文化［M］.王升才，张爱东，卿上力，译.南京：江苏美术出版社，2006：105.

［5］李天来.视觉设计：包装 点·线·面［M］台北：新形象出版事业有限公司，2011：5，24.

［6］邹加勉，郭岚.底纹背景图案与配色［M］大连：大连理工大学出版社，2012：A005.

［7］グラフィック社编辑部.Sweet package design［M］.东京都：株式会社グラフィック社，2013：4-50.

创新设计教育发展之路

艺术设计教育发展的理性之路
中国设计教育面临"大数据"时代的思考、指向及应对
设计教育改革中的3C：语境、内容和经历

艺术设计教育发展的理性之路 [①]

许 平

（中央美术学院　北京　100102）

中国设计教育发展到今天，是一个非常复杂的过程，可能要把这个问题放到一个更为整体的关系中才能看清楚。要把这个问题说清楚，首先就必须认识设计教育的本质特征。什么是设计教育？概括地说，设计教育是一种发展教育、应用教育、综合教育。从这三个关系特征来看，是对教育内涵要求极高的教育类型。为什么说是"发展教育"，设计的本质是一种"预设"，把一种"意义"或者"价值"的要素"置入"设计对象的过程叫作"设计"。设计通过生产、加工及传播，就把这种价值的"预设"变为一种"文化现实"。这就意味着，设计的行为是关系到未来文化现实的价值预设行为，它与生活方式的发展、社会的发展、文明的发展有关。而我们知道，对于当代社会而言，"发展"是一个极为复杂的命题。发展不等于增长，发展不等于变化，甚至，发展不等于创新。设计关联到发展，这就使得设计教育的内涵也变得复杂起来。怎样理解设计教育是一种"应用教育"？设计教育讲究应用，而不是脱离实际；虽然对于不同的设计专业而言，这个"实际"的意义并不一样，但总体上设计要求与生活的实际、社会的实际、思想的实际对接。设计不是空想，不是自我的渲泄，设计需要了解现实，了解社会，了解企业；尤其对于中国教育的发展脉络而言，这种注重实际的教育理念实际决定着设计教育一个世纪以来的基本走向，这也是导致它变得异常复杂的一个主要原因。最后，设计教育还是综合的教育，所谓综合，就是指它是批判性的又是建设性的；物质性的又是精神性的：日常性的又是超越性的。只有具备了这种能把各种能力综合成一种设计判断、设计取舍的素质，才能谈得上真正的"设计"。从这个角度来看，设计教育要求的标准实际非常之高。中国现代教育曾经有两个起点，一个是国民教育，一个是实业教育。上世纪初两位不同类型的教育家蔡元培先生和张謇先生，一位强调"军国民教育、实利主义教育、公民道德教育、世界观教育和审美教育"这样"五育并举"的教育方针；另一位则强调"国家思想、实业知识、武备精神"三者为主轴的社会教育，较多地把教育作为启智、兴业、救国的手段（参见陈炜文章《张謇与蔡元培教育思想之比较》）。应当说，虽然蔡元培的主张更理想一些，张謇的主张更务实一些，两者都为当时的中国社会所急需，但两者也都有着当时的中国教育需要面对救

亡图存的现实这样的共同出发点，而今天则到了需要重新完整地思考高等教育发展的理想定位和完整建构的时候了。尤其是设计教育，即使是最进步的教育理念也只是把它放在"实业教育"的价值基础之上的，这就是直到今天在很多场合谈到设计教育，它只是与服务于国家经济有关，它只是与营销竞争有关，很少将它看作国民素质教育的组成部分，这也是隐藏在急速扩张的设计教育规模中的深层问题。

实际上，这里必须强调的一点是，并非所有的"设计"都是"设计"的，或者说，都是正面意义的。设计本身是个工具，并不直接产生意义，它只有和具体的对象结合时才会衍生出意义，这就使得对于设计的价值判断变得非常困难。但是，凡是设计必然产生影响，不是正面的则必然是负面的，如果我们的教育不当，投放出去的"设计"随时可能成为一种文化的破坏力，这样的教育后果非常可怕。这样的认识，对于各种层次的决策者而言非常必要，是否都真正意识到了并在教育行动中注意到了，是非常令人担忧的，这就是我们所说盲目扩张所隐藏的后患所在。

从2006年以来，我们的一个课题组一直在跟踪中国设计教育规模的扩张。我国设计教育的快速发展是在90年代后半期至2005年的这10年间。在这之前有一个长期的缓慢的发展过程，在1982年时全国还只有14所高校设有艺术设计（工艺美术）的相关专业或课程，学生1400余人，但是教师队伍达380多人，也就是接近于4:1的生师比。1997年全国普通高等教育专业目录调整，"工艺美术"专业取消，正式设立"艺术设计"本科专业，相关专业仅只剩"工业设计"与"服装设计与工程"，但是打开了在工科院校设立"工业设计"的大门，理工科院校和综合院校在这之后迎来一个大发展、大扩张的高潮。但是到了2006年，全国高等教育跨越式发展已近尾声，教育急速扩张的做法遭到质疑，我们以为，至此，设计教育高校"井喷"式的发展也会告一段落，增长的幅度会逐渐缓和下来，但是这几年观察的结果表明，高校数与专业数并没有停止增长，具有设计专业的院校从1200余所发展到1555所，设置专业数也从4000余个上升到7317个，而设计学招生人数更是从22万余人猛涨到48万，超出一倍。

如此快速的增长，背后的动机是什么？几乎所有的

---

① 发表在《创意与设计》总第17期

人都会说，是"适应经济增长"的需要，但实际上，真正的理由则可能是"适应教育增长"的需要。前者更光鲜一些，后者却可能更本质一些。为什么可以这样说？因为事实上从来没有人真正统计过，中国经济增长的方式、速度、企业及市场发展的现实，需要多少设计专业人员，或者说今天的市场容量能够容纳多少设计专业人才。这是一个非常难于统计的数字，因为设计对于生产能力的贡献程度本身就是一个难题，没有人能够统计出多少 GDP 生产能量需要多少设计人才配套，再加上设计人才的流动性，一个地方的教育能力不等于实际供给这个地方的专业能力，这要做到精确规划非常困难。但是国际上有一个基本的数字在欧美的多数工业发达国家，每百万人口中每年毕业人数大致是 120~140 人，而中国早就远远超过了这个基数。按前两年的规模统计，我们向每百万人口投放的设计专业毕业人数已经超过 400 人，这表明设计教育"适应"经济增长需要的理由只是一个模糊的概念，更本质的是适应教育"增长"的需要。有一个现象可以为这种判断提供理由。这几年的观察中我们发现，从 2006 年到现在，设计高校规模发展最快的不是原先北京、上海、江苏、浙江这些原本高等教育基础比较深厚的省市地区，而是另外一些原先高等教育并不十分发达的省份跑到了前面。这几年规模发展稍缓，招生人数又是这些省份跑在最前面。北京原先历来都是设计高校数最多、招生人数也较多，但今年的新招生数已被挤出前十名。这表明北京的设计一高校在比较优越的教育资源条件下控制着招生的人数，而另外一些地方则是在有限的教育资源条件下尽可能地多招生。这种做法固然反映出发展设计教育的热心与积极性，但是也同样明显地表现出以增加设计专业就读人口"促进"教育增长的动机。但是在这样的地区，设计教育的师资如何、教育认识的水平如何却是要打上问号的。如果只是一味地追求教育增长而不顾及教育的后果如何，一个大学生缴四年学费而最后得到的却不是真正应该得到的，这种情形以及造成的后果令人难以想象，这就是我所说某些地方、某些高校发展设计教育的"价值导向令人担忧"。

我不大主张马上对设计教育的现状提出"理性的"、"建设性"的对策，因为这需要更深入的了解和慎重的思考，但是从现在起对这样的发展现实引起充分的注意是非常必要的，我们希望各高校能在理性的思考中自觉地控制与把握，把设计一教育放在合理的位置和重视程度上，不然今天看来气势如虹的设计教育会很快地走向反面。国外许多国家也都曾有过教育发展过度、城市建设过度的问题，当年花巨资建设起来的大学今天空空如也，"大学城"门可罗雀，设计教学难以为继，这样的情况并不少见，我们应当注意避免这样的教育资源与建设的浪费。

当然，我要重申我的基本观点，我绝不是反对发展设计教育，更不是今天的设计教育已经过度了，而是主张合理地、有区分地、有依据地建设一个科学的设计教育结构。今天，积极的转变趋势也在出现。比如，在教育类型的结构方面，这些年，推动全国教育高校规模增加、招生人数增长的一个重要原因是高等职业教育领域的快速发展，尤其是广东、山东、江苏、湖南这些省份，近年来发展迅速，广东与湖南设计高职教育总数已经超过普通本科，广东因此成为近两年中全国各省市地区设计高校数的第二名。几年前全国范围内设计高职教育院校还寥寥无几，这几年发展下来就基本已经与普通高校平分天下。这表明设计教育的内涵结构开始在出现历史性的转变。前面我提到，设计教育是一种应用的教育，这当然不是说设计教育"只能"是应用性的，但是显然设计教育中必须有相当的比例是应用性的，而设计职业教育就比较符合这样的要求。在这样的职业教育中，可以紧紧地将教育内容与职业服务要求结合起来，可以紧紧地将教育方向与地域经济的要求结合起来，同时紧紧地和企业合作结合，做到这三个结合，设计职业教育就能比较好地解决生产前沿的设计需求问题。但是问题仍然在于是什么样的职业教育，尤其是高等职业教育。作为设计教育的职业教育，不一定都是高等的，中专学校同样可以有存在的理由，问题是今天的中国社会、中国企业已经被高学历教育不适当地调高了胃口的时候，中专的设计教育失去了存在的基础，这是非常可惜的。

而设计的高等职业教育，在某种意义上应该是真正的专业教育，是在设计现场解决实际问题的工程师教育，要求有比较高的学术修养与实践能力，而不应当是本科教育的预备班。在这个意义上，高等职业教育甚至可以是针对本科毕业生继续进行专业教育的高等教育。这需要从体制上解决，如果我们能够真正从体制上理顺，真正建成包括硕士层次在内的设计职业教育体系，就有可能将设计职业教育的质量问题真正解决。设计职业教育体系解决了，普通高等院校的教育类型结构也应该得到梳理与定位，尽管这是个比较复杂的问题，但是应当有所考虑。我认为，在普通高等学校里，应当尽快建立与高等职业教育定位相区别的教育定位，在普通高校里，应当重点发展的是与设计研究、设计基础、设计实验、设计传播与设计师范教育有关的专业，而不是泛泛的、既非职业型又非研究型、既不具备实践优势又不具备思想优势的本科教育。我认为，这样的有区分、结构化地发展起来的普通设计教育与设计职业教育结合起来，会是一个比较完整的教育发展框架，如果每个学校能在这样的框架前提下有区别地确定自身的差异化定位，发展出各具特色的教学内容，让学生享受到不同的创造性思维熏陶，那么一个相对宏大的教育规模或许就不是坏事，而是有可能提高整个民族创造性素质的功德无量的好事了。

中国设计教育面临"大数据"时代的思考、指向及应对

吴海燕

（中国美术学院　杭州　310002）

鉴于社会现象的指向性特征日益"数据"化，当今因之被指称为"大数据"时代。在这种"大数据"时代的整体社会环境下，中国的设计教育作为不可或缺的组成部分，很有必要对其发展的历程、趋势和走向加以梳理，并探讨其面临"大数据"时代的指向及应对方式。

1　阻碍中国设计教育持续发展的症结及引发的思考

30多年来，中国高等艺术设计院校一直采用走出去、请进来的方式与世界各大院校进行交流学习，对中国艺术设计教育产生了一定的影响与推动作用，但其中仍存在着阻碍中国设计教育持续发展的一系列症结，主要表现为四大现象：

现象一，30多年中国高校通过活动、讲座、课程等不同形式，接受了世界上不同国家、院校、教授、设计师、工程师们的思想观点、设计实践、创作方法等，中国从中学到了个体的方法与经验。但现实的另一面是，交流的不同时段、不同专业、不同个人的经验在整个中国艺术设计教育体系中呈现出的只是碎片的、不连贯的、片面性的、散点状的映射，还不足以构建符合当今社会发展水准具有中国特色设计教育的整体框架。

现象二，中国设计教育界经过30多年发展已逐步形成自己的师资队伍，但扩大招生以来，尤其是一些院校注重规模与硬件建设忽视了基本的教师队伍建设与培训的与时俱进。新增专业不少，但由于教师素质的问题直接影响到学科建设与教学质量、课程体系与专业教学、专业特色与个体优势等链式系统的不健全、不对接、模式老套等等问题。教师素质提升的缓慢甚至停滞成为中国特色设计教育体系构建的重大障碍。

现象三，国内外教育的核心是人类共通的——人才培养，但教育体系、培养模式、学科建设是不尽相同的。国内出现小型学校看中型学校、中型学校看大型学校，大型学校之间也从规模、硬件的模仿，逐步趋向于办学定位、学科建设、专业教学大纲、课程设置、人才培养模式等的同质化，与中国特色的设计教育体系应有的特色化与差异化方向仍有所偏离。

现象四，一些院校定位与人才培养没有从学科的前瞻性、产业的需求性、地域资源的特色性展开教育的特质与优势研究探索，处于缺乏特色的一般意义办学层面。尤其是一些地方的艺术设计院校，还没有从自身的历史文化、地资源、学科建设、人才培养等方面去全面思考教育的特色化，一味崇洋媚外、盲目追风、模仿抄袭等诸多问题时隐时现，使得中国设计教育体系缺乏独特性和深厚性，当然也就难以培养出高层次的人才。

这四大现象的存在在中国设计教育发展的过程中有其阶段性的必然，能够清醒地认识到其症结所在，距离解决这些问题就不远了。然而中国设计教育要在未来再次出现质的飞跃，更应当缜密思考其出发点、发展趋势和定位：

思考一，站在世界科学技术发展前沿思考中国设计学科未来，站在中国千年历史文化璀璨角度构建具有中国特色的设计学科体系，站在中国产业经济转型升级的角度提升设计学科整体的发展，站在未来互联网时代构建人才培养独具特色的设计学科体系等，在知识网络时代坚守大学独特的精神，乃是中国设计教育今后发展的根本出发点。

思考二，立足当下，准确认识和掌控设计学科与科技协同创新的进化关系、生活方式和文明形态进化的关系、学科设置与国家发展进化的关系、教育特色与文化进化的关系、人才培养与产业转型进化的关系、知识纵横与跨界的进化的关系、教学大纲与社会发展的进化关系、课程设置与价值进化的关系、课程要求与方法的进化关系、教师团队与教学成果转化市场的进化关系、教学标准与价值评判体系的进化关系、教学质量与学科整合进化的关系等等，乃是构建当代中国设计教育体系的必然趋势。

思考三，每一次新观念新概念的产生都伴随着全球资源重构进而催生新型的产业结构，中国特色设计教育体系也会随着人类社会与产业结构的改变紧紧围绕"科学发展"、"可持续"、"协同创新"等理念不断修正自身的定位。人类的进化使得设计引领并促进社会的发展，旨在培养人才的高校更是要与时俱进在教育上起到引领与渗透的作用，最终向社会输送前瞻性的优秀人才与文化。

2　以设计的视角解读"大数据"时代

舍恩伯格等在《大数据时代：生活、工作与思维的大变革》一书中指出："大数据是人们获得新的认知，创造新的价值的源泉；大数据还是改变市场、组织机构，以及政府与公民关系的方法。""社会需要放弃它对因果关系的渴求，而仅需关注相关关系。"

他们更进一步认定："大数据的核心代表着我们分析信息时的三个转变。这些转变将改变我们理解和组建

社会的方法。""第一个转变就是，在大数据时代，我们可以分析更多的数据，有时候甚至可以处理和某个特别现象相关的所有数据，而不再依赖于随机采样。""第二个改变就是，研究数据如此之多，以至于我们不再热衷于追求精确度。""第三个转变因前两个转变而促成，即我们不再热衷于寻找因果关系。""大数据告诉我们'是什么'而不是'为什么'。在大数据时代，我们不必知道现象背后的原因，我们只要让数据自己发声。"

如何适应社会趋势的这一重大变革，使得设计在社会发展中仍旧起到引领的作用，这就给设计提出了新的实践指向和发展空间。

如果有人认为"大数据"时代中的一切行为都不再需要寻找"因果关系"，而据此认为设计也"仅需关注相关关系"，显然就太幼稚了。其实，"关注相关关系"就必须置于"因果"的力场，否则就谈不上有任何"相关"。极而言之，"相关"本身就处在因果关系链之中，也就是因为"有关"所以"相关"。所以，具有设计实践的人都知道，把设计行为本身从因果关系中剥离开去，无异于拎着自己的头发离开地球。

从设计的视角解读"大数据"时代，就是如何适应社会"不再热衷于寻找因果关系"的大趋势，而让设计的"数据自己发声"，其中最关键的是如何把设计自身的"小数据"实现为社会的"大数据"。

改革开放以来中国经济的迅速发展，有目共睹，有口皆碑。但迅速发展中显现出的阻碍可持续发展的关键性因素，至今仍未形成有效的解决方法体系。迄今为止，仍为国内外公认的是，中国经济迅速发展主要依赖于"加工"。这种"加工"，既是产业意义上的，也是科学技术意义上的。"加工"之所以能够有效促进经济迅速发展的根源在于，中国经济在现代以来一直落后于世界经济发展的主流，以及近几十年中国经济被隔绝于世界经济发展的主流。然而，随着"加工"的深入和融入世界经济主流，中国经济依赖"加工"保持增长的空间已越来越小。有不少人在开具解决中国经济持续增长的药方时，虽然着眼于市场经济的进一步完善，但却不约而同把唯一希望寄托于制度的变革，或者是法治的健全，或者是政府的干预。而这些药方恰恰违背了经济发展是一切社会行为的基础这一铁的定律——什么程度的经济基础决定什么方式的法治；什么程度的经济基础也决定什么方式的政府干预。过于超前或落后的法治和政府干预只能对经济发展起到阻碍的作用，我们的出发点仍应放在发展经济。而"大数据"的全球化使得全球经济加快一体化的进程，国与国在经济上越来越互补和相互依赖，这也已成为中国经济发展的新依托。特别是科学技术的创造发明，为了尽快地收回投资成本和持续再生产，不得不改变以垄断获取高额利润的营运方式，而改为以尽可能推广普及的模式，也就是把科学技术的"小数据"实现为社会的"大数据"的新模式。在知识产权保护日益强化的今天，科学技术的每一个成果都被赋予了唯一性（即排他性），要适应市场的多样化需求趋势，设计正是转化过程中的必经渠道。

3 在"大数据"的大趋势下审视中国设计教育

多年来对中国高等教育最多的诟病就是"学不致用"，其针对除了高校本身的运作惯性和办学条件所限外，很大程度上还是聚焦在"不实用"上。由于信息数据共享的不平衡，实际上人们所谓的"不实用"是以身旁熟知的中小企业为参照物的，并不知晓大型企业选择人才的需求和标准。而在"大数据"时代，信息数据的享用越来越超越时空和人群的限制，世俗社会将随之重新审视"实用"的含义。尤其是网购的兴盛，企业的发展已逐渐难以依靠地区差异短期取得丰厚的效益，不得不开始寄希望于发展的长远规划，于是对人才"实用"的评价标准不再局限于对岗位操作的即时上手，还拓展到职业贡献的发展空间（大致可以视作专业基础素质）。因此，在另一个角度也可以说是中国的设计教育几十年坚持不懈的专业基础素质人才的培养为"大数据"时代提供了一定的储备。也就是说，正因为中国设计教育培养"为什么"的日渐精进，才为社会造就了"仅需关注相关关系"的必备条件。

近年来，中国的高等教育在社会对人才需求的短视化压力下，已经开始动摇了对专业基础素质的培养。尽管中国设计教育与高等教育界整体相比较，"毕业就是失业"还仅仅体现在少数学校中的少数毕业生，但毕业生就业后在业内频繁跳槽的现象已越来越普遍。一方面说明企业以往对人才使用的短期行为，另一方面也说明毕业生的专业特质越来越模糊。当"大数据"时代强迫企业实施彻底的改造升级后，企业整体对设计教育的要求也将发生革命性的变化，这就是适应"大数据"时代的专业化和复合化人才。

此外，还应当特别关注的是，中国的高等教育历来以政府为主导，这同样是因为民营经济历来缺少企业发展的长远规划，所以迄今为止，真正的民办教育主要集中在各类技能培训学校以及职业教育（即对人才的简单加工）。"大数据"时代企业对长远规划的追求将决定它们会更多地参与到高等教育对本企业专用人才的培养中去，除了经济管理类人才外，同等重要的则是设计类人才。这也就意味着社会将要求中国设计教育的办学模式在"大数据"时代走向多元化。

4 中国设计教育面临"大数据"时代的指向及应对

在"大数据"时代，中国设计教育的指向除了继承和完善对传统意义上的设计素质（包括设计感悟、审美、理据及实践）的培养外，一个重要的新使命就是对把设计自身"小数据"实现为社会"大数据"的专业能力的培养。

正如前所述，设计是科学技术转化为生产力的必经渠道，而掌控这一渠道的将是中国设计教育培养出的适应"大数据"时代的专业化和复合化人才。由于中国设计教育办学模式随之不断地多元化，公办与民办之间、公办与公办之间、民办与民办之间的竞争也将多元化并日趋激烈，直至学校与学校在多元化的竞争中形成自身的特色并可持续发展。因此，中国设计教育培养出的适应"大数据"时代的专业化和复合化人才也应当具有多元化的特质。而社会对中国设计教育的评价也将形成"大数据"的标准，这就是不再追究现象背后的原因，仅仅根据"数据本身的发声"（包括培养出的人才这一多元化的数据）而加以评判。

需要指出的是，如同"大数据"时代并不等同于数据本身的数字化，也就是数据的表现形式和内涵反而更加趋向于多元化（即"数据本身的发声"更加趋向于多元化）而不是单一化一样，中国设计教育的指向也必然指向多元化，其应对也只能是多元化。换言之，中国设计教育关于"大数据"时代的指向和应对是各相关学校个性化办学"数据"的集合，只不过对指向的分析和应对的探讨应当强化"为什么"的研究和实践，以个案化、可持续的多元形式去适应"大数据"时代对中国设计教育与社会经济发展仅仅在"相关关系"上的关注。

一般认为，既然已经找到了阻碍中国设计教育发展的症结现象所在，只要开出一剂对症下药的良方，按照医嘱服药即可恢复健康。殊不知对症下药还需全面审视天时地利人和以及中国设计教育群体内部的差异，并且适应社会多元化、多样化的现实和发展趋势，持续调整和构建新的思路及理念，这才是面临"大数据时代"的中国设计教育健康发展的正确指向。只有找到并坚持持续健康发展的正确指向，才是实现了中国设计教育于"大数据时代"的成功应对。

设计教育改革中的3C：语境、内容和经历 [①]

辛向阳

（江南大学　江苏无锡　214122）

关键词：设计教育改革 语境 内容 经历

从德国包豪斯时代开始，到美国的新包豪斯，到英国的设计方法运动，以至近来由"设计思维运动"引起的世界范围内大设计教育的探索，一次次变革无不和其所处的时代背景有着密切的联系，清晰的时代背景烙印下也透露着不同时代设计教育理念、内涵和人才培养模式的变化。

1　从包豪斯到"D School"

现代设计教育史不乏被同行和后代学习的经典，从理念、人才培养模式方面面引领着属于那个时代的设计教育。随着时代的变迁，每个时代都创造着属于那个时代的经典。包豪斯无疑是现代设计教育的经典，随后由于社会变革、经济转型和技术更新，设计故事从德国到英国、美国以及亚洲各国，从产品造型到产品定义，以致近年来用设计思维来改造组织行为和重塑企业文化的热点话题，应该说现代设计教育大致可以分为五个不同的阶段，各自有着属于自己时代的经典设计教育理念，以及引领设计教育改革的关键人物或事件。

现代设计奠基阶段：20世纪初的包豪斯时代，以工业化和标准化生产为基础，以提供现代商品为目标，强调技术与艺术的结合。包豪斯对现代设计的贡献不只是围绕经济美学和现代生产工艺的现代设计理念、影响至今的现代设计教育课程体系、一大批包豪斯经典作品，还有受其影响在世界各地传播包豪斯设计理念的教育先驱们。

设计商业化、设计服务社会化时期：由于战争和社会动荡等原因，当包豪斯主体转移到美国之后，芝加哥设计学院（现伊利诺理工大学设计学院）成为了"新包豪斯"的重要代表。新包豪斯所处的时期正是美国商品经济大发展的时期，美国逐渐成为现代设计的重心，设计商业化、设计服务社会化逐渐成为潮流；企业的专职设计部门或专门设计咨询公司也大量出现，成就了包括雷蒙德·罗维在内的一批强调设计为商业服务的新兴设计代表人物和相关设计作品。

设计方法运动时期：20世纪六七十年代，强调过程管理和决策依据的设计方法运动兴起，第一个设计研究组织（DRS：Design Research Society）在英国成立。英国皇家艺术学院以及其设计研究会创始人 Bruce Archer 教授在设计方法运动中扮演了重要的角色。[③]设计方法的运用，一方面为设计参与注重流程和效率管理的企业产品研发提供了必要的准备，同时也让设计从师徒经验传承逐渐发展成为了具有学术严谨性，注重从实践经验到知识和智慧积累的真正意义上的学科。

学科交叉主导时期：80年代后，计算机和信息技术的发展不仅仅丰富了产品功能的实现手段，也逐渐改变了生产和商业服务的模式，通过学科交叉来了解和运用新兴技术成为设计领域不可避免的潮流，综合性大学逐渐成为催生设计领域研究成果的主要场所。卡耐基梅隆大学从1985开始的设计、机械和商学院三方持久和有效的学科交叉开启了用学科交叉的理念解决日渐复杂的设计领域问题的先河。具有经济学和计算机科学背景的赫伯特·西蒙教授，以及具有心理学背景的唐纳德·诺曼教授都堪称这一时期的经典人物。

新的困惑期：近年来，互联技术的成熟和新的商业模式乃至新型社会组织的出现，一方面为设计实践提供了新的机遇，但同时设计学原有的学科基础和哲学框架已经不足以支撑迅速拓宽的应用领域，也无法解释许多新兴的实践经验。从某种意义上讲新的困惑期是一个探索新的理念和方法的过渡时期，它既是设计学科自身发展所遇到的问题，也是其他相关学科，尤其是管理学发展遇到瓶颈之后寻求新的突破所衍生出来的问题。这一时期里，常常为大家津津乐道的是斯坦福大学的D School。D School虽然没有带来更多新的理念，但由于斯坦福大学本身和硅谷的品牌效应，以及设计顾问公司IDEO的商业介入，让这一合作产生了极为广泛的积极影响，尤其是提升了社会公众对设计学科的关注。2015年，当《哈佛商业评论》把设计思维作为封面文章，当战略咨询公司麦肯锡收购了设计公司Lunar之后，设计思维成为了大家广泛关注的话题，然而，真正能够清晰解读设计思维以及它的特点的却很少。

基金项目：1. 国家社会科学基金艺术学一般项目"基于国际前沿视野的交互设计方法论研究"（12BG055）；2. 江苏省2015"双创计划"文化创新类项目

① 发表在《装饰》2016年第7期

② Transformation Design: Perspectives on a New Design Attitude, Edited by Wolfgang Jonas, Sarah Zerwas, Kristof von Anshelm. Birkhauser, Swiss. 2015. P.151

2 设计教育改革中的 3C

无论是 20 世纪初的包豪斯，还是当今的 D School，它们之所以成为一个时代的经典，都有属于那个时代的特定语境（context）的作用，也各自创造着具有时代特色的设计教育的内涵（content）。不同的时代和文化背景下，虽然设计教育内涵在不断变化，但无一不十分重视教育过程（course）本身。

2.1 语境

语境在这里指的是设计教育所处的时代背景，包括广泛的社会需求，宏观的经济状况，技术发展趋势，乃至相关联学科的研究成果。

现代化城市的兴起、机器化生产的普及以及对简约经济美学的要求都为包豪斯的成立提供了必要的社会、经济和技术环境的支撑。体制经济学派创始人 Trorstein Veblen（凡勃伦）19 世纪末在《有闲阶级论》中率先提出了现代经济美学的概念。凡勃伦的经济美学是我们熟知的 20 世纪 20 年代开始流行的现代主义美学理论的前奏[1]。包豪斯先驱们准确地洞察了时代的广泛需求，用一整套全新的现代设计理念、人才培养模式和技能训练满足了为 20 世纪初城市人口开发多样且相对廉价的现代商品的需求。

回到当下，如果说设计重在解决问题，那么当今社会的广泛需求和潜在的经济、技术趋势则是思考设计问题必须了解的语境。Hans Gosling 在他 2010 年 TED 的演讲，"200 个国家的 200 年"中说，1818 年世界各国经济水平和人均寿命都普遍低下，温饱和生命延续是当时人们最关心的问题；而如今，随着包括中国和印度在内的全世界更加广泛的地区人均寿命和经济总量的大幅度提高，环境压力、粮食安全、老龄化、健康问题、教育公平、文化冲突逐渐取代了温饱问题成为全球范围内关注的主要话题[2]。近年来迅速发展的绿色与可持续设计、服务设计、社会创新可以说是广泛需求在设计领域里清晰的体现。

阅读语境自然离不开对经济环境和技术条件的了解。支撑 20 世纪初商品经济的主流技术是机电时代的能源、动力、结构和材料技术。随着信息技术、互联网平台和服务经济的发展，产品功能的实现和加工技术、商业模式均发生了翻天覆地的变化，设计师需要掌握或了解的技术远远超出了机电时代的技术领域，新的商业环境也要求设计师更多地参与产品开发模糊前期的用户研究和产品定义。

产业环境和国家政策当然也是语境的重要组成部分。当设计已经成为"培育国民经济新的增长点、提升国家文化软实力和产业竞争力的重大举措，是发展创新型经济、促进经济结构调整和发展方式转变、加快实现由'中国制造'向'中国创造'转变的内在要求，是促进产品和服务创新、催生新兴业态、带动就业、满足多样化消费需求、提高人民生活质量的重要途径"的时候，[3]一定不可能继续在传统的轻工、重工工业体系下去思考设计教育的理念、目标和人才培养模式。

2.2 内容

内容是设计学研究或设计实践的内涵。内容的变化毫无疑问会影响设计教育理念和人才培养模式的改变，现代设计教育不同阶段里教育理念的演变也是内容变化在教育领域的自然反应。

认识研究对象是了解设计学研究内容的关键。随着宏观经济和社会语境的变化，部分发达国家逐渐从农业社会，经历了工业社会，逐渐步入了后工业时代，同时也反映在不同时期经济产物的演变（大宗商品→百货商品→服务→体验）[4]。当服务和体验逐渐成为大众关注、可消费的商品的时候，设计的对象和价值输出也相应地发生变化。从"设计 1.0 到设计 3.0"[5]，设计对象不再局限于实体产品；产品的范畴和边界也在不断扩展，从物质到非物质，从实体到虚拟，从"设备"到"内容"再到"平台"；设计师从关注功能实现的单一维度，扩展到基于用户体验和可持续经济价值的多元维度[6]；设计研究、交流与传播理论、设计伦理、知识产权保护、团队建设也逐渐成为设计师必须掌握的新的专业能力。

从实践角度，内容的变化反应在设计所服务的行业越来越广泛，以及设计参与经济和文化生活的不断深入。随着信息科技和互联网行业对专门设计人才需求的不断增加，交互与用户体验逐渐成为众多院校大力发展的研究方向；随着服务设计理念的推广，设计已经开始介入医疗健康乃至公共事务管理的用户研究、产品定义以致商业模式的决策。人才需求的变化不可避免地影响着设计教育改革的走向，不管是满足行业需求还是引领行业的发展，设计教育都必须了解和研究行业发展的趋势，因为行业的发展也是社会广泛需求的直观体现。

设计学研究和实践内容的变化，既是学科和职业发展的机遇，同时也带来了诸多的困惑，也有不少人反对把设计研究范畴和服务行业无限扩大的趋势，这也就

---

① Thorstein Veblen. The Theory of the Leisure Class: An Economic Study of Institutions. Penguin, 1994 :209.

② https://www.youtube.com/watch?v=jbkSRLYSojo

③ 国务院关于推进文化创意和设计服务与相关产业融合发展的若干意见。国发〔2014〕10 号

④ B. Joseph Pine II, James H. Gilmore. The Experience Economy：Work Is Theater & Every Business a Stage ［M］.Boston：Harvard Business School Press，1999：1-25.

⑤ 路甬祥 . 设计的进化——设计 3.0 ［R］.上海：2014 年上海设计创新论坛暨杨浦国家创新型城区发展战略高层咨询会，2014.

⑥ 辛向阳，曹建中 . 设计 3.0 语境下产品的多重属性 . 机械设计，2015，32（6）：105-108.

是前面所提到的新的困惑期。其实，类似的困惑不仅仅出现在 21 世纪的今天。如果仔细研究包豪斯的课程体系（见图 1），不难发现包豪斯对现代设计教育的重要贡献远不只是围绕现代工业美学的课程体系和课程内容本身，而在于其课程体系背后的哲学特征。包豪斯的重要贡献在于用哲学的方法抽象了众多现代工业商品的普遍属性，找到了诸如材料、色彩、加工工艺等方面的现代工业商品的共性技术和适应现代工业技术的美学价值表达。也可以说包豪斯教育理念用共性的方法培养了能够满足不同行业和现代城市生活需求的现代设计人才。

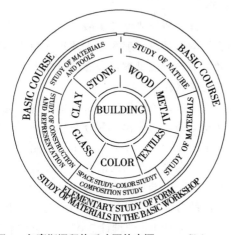

图 1　包豪斯课程体系（图片来源：www.flickr.com）

过去近 30 年里，学科交叉一直是设计教育的重要话题，设计学已经从应用造型艺术发展成与商学、技术、社会学、心理学等多个学科紧密关联的交叉学科。寻找众多研究问题或实践方法之间的共性是当下明确设计内容的主要任务所在，寻找共性的过程是一个哲学抽象的过程。抽象过程中，哲学概念起着重要的作用，它是对具体现象普遍属性或特征的描述。概念的产生离不开现象基础，也就是对新的问题、新兴领域和新的手段、方法的了解和关注 ①。学科范畴的界定不是依据行业领域的划分，包豪斯时期不是，现在也不应该如此。设计内容的变化不仅仅是学科重新定位和课程内容拓展的问题，更是通过哲学的方法寻找不同设计实践活动背后的共性"设计智力活动（intellectual activity）②"，针对新的研究问题和实践活动，用哲学概念重新定义设计的范畴、探索新的设计方法和明确新的人文设计准则。

2.3 经历

经历指的是接受设计教育的过程。教育过程的重要性不言而喻，然而，经历却常常在设计教育研讨中被忽略，与之相近的概念有人才培养模式。在这里，之所以用"经历"而非人才培养模式主要是希望强调过程本

身，因为"教育乃是一个抚养、培育和教养的过程"③。

在很长的一段时间里，设计常常被简单地理解为应用艺术，创意思维和概念表达能力的训练成为了设计人才培养的核心任务④。随着设计参与到越来越多的前期用户研究和产品决策，设计开始成为一个复杂的商业和社会活动，选择合理的设计机会（"做什么"）是体现设计在价值创造过程中的关键。机会选择过程中，决策的佐证往往要求研究或数据的支撑；针对具体的机会选择设计方法的时候（"怎么做"），由于技术的进步和商业语境的变化，设计的方法、手段和工具等专识则需要与时共进。不断变化的专业和通用知识的发展要求不同设计师在一个多样化的教育环境下获得不同设计教育经历。

在任何学科领域，不论教育目标如何设定，技能的获得、知识的掌握和思维的训练都必须取得有效都联系。如果所获得的技能没有经过思维，就不了解使用技能的目的；脱离深思熟虑的行为的知识是死的知识；思维是明智的学习方法⑤。设计教育不是一个简单的理性知识的传授，它还包括通过实践，用知识传授、教练和培育等不同的方法让受教育者学会运用技能、理解感性知识、挖掘和发展潜能；教育的最终目的在于培养善于学习、具有积极价值观和优秀人格的人。某种意义上讲，设计"教""育"中的知识传授、能力训练和人格培养也反映了从设计专识到通识的学习目标的递进（见图 2）。

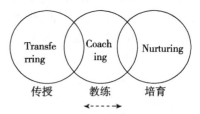

"教"/专识·方法·批判性思维
"育"/通识·工具·价值教育

图 2　设计"教""育"中的知识传授、能力训练和人格培养

课程设置中常常用到的"课程（course）"是一个兼具内容和培养过程的重要概念，然而，它常常被和强调内容的"科目（subject）"混用。作为具有显著实践特点的学科，从包豪斯到今天的 D-School，从专业艺术院校到综合性大学，都通过大量的实践课来传授设计的专业知识。由于传统的实践课往往是用师徒传承的方式训练基本技能，或者在掌握了必要技能的基础上，通过不同的项目训练去积累实践经验。这样的教育方式固然造就了不少优秀的设计师，乃至设计大师，然而，过于依赖实践经验的积累，一方面导致了设计教育中思维训练的缺失，另一方面也影响了设计学科理论的发展，以及设

①　江南大学设计学院组织召开的"设计教育再设计"系列国际会议之 II、III 和 IV 就分别把"新领域、新问题、新对策"、"哲学概念"和"新现象基础"作为了会议的主题。

②　Simon, Herbert A. The Sciences of the Artificial. Cambridge, MA: The MIT Press, (Second Edition) 1981, p.129.

③　约翰·杜威.民主主义与教育.王承绪译.人民教育出版社，1990：16.

④　John Heskett. Design: A Very Short Introduction. Oxford University Press, 2002：2.

⑤　约翰·杜威.民主主义与教育.王承绪译.人民教育出版社，1990：167-168.

计在复杂商业或社会环境中解决复杂问题的能力。随着设计学实践领域的拓展，设计决策的严谨性和实证性愈显重要，临床研究能力（具体项目中解决具体问题所需要的研究能力）的培养要求设计师需求掌握包括用户研究、产品定义、协调沟通、团队合作等新的专业能力；随着实践经验的不断积累，过程中的反思往往衍生出适用于某类产品或某个行业的设计方法，反思研究是寻找个案之间的联系和共性特征，也就是设计方法产生的过程；设计学的基础研究是更高层次的抽象，它的研究结果往往可以指导更广泛的设计实践（见图3）。从临床研究到反思研究以至基础研究，从某种意义上也对应着设计学本科、硕士和博士培养中所关注的不同内容。本科教育中，学生应该学习和熟练运用设计的方法和工具；硕士研究生应该有能力合理选择方法和管理设计流程；博士研究则注重哲学训练和方法论的构建。不难理解，针对不同的专业技能和不同层次研究能力的培养，需要与之相匹配的人才培养模式，从而为有着不同目标的受教育者提供合理、合适的教育经历。

- 哲学抽象　Philosophical
- 职业训练　Professional

基础研究　Fundamental
反思研究　Reflective
临床研究　Clinical

图3　设计教育中不同层次研究能力的训练

3　江南大学"大设计、整合创新设计"教育改革探索

作为国内最早一批成立的设计学科，江南大学设计学经历了以下几个阶段：①手工艺；②以玻璃、搪瓷、陶瓷、塑料为主的产品设计；③以工业设计为核心，包括工业设计、包装设计、服装设计、环境艺术多专业的艺工结合；④90年代末开始利用综合性大学资源优势进行学科交叉等不同的时代。过去50多年，江南大学设计学院从工艺美术、艺工结合到跨学科交叉的教学、研究与实践的发展过程，可以说是中国现代设计教育的历史缩影，也从某个侧面反映了中国现代工业和经济发展的进程。

针对当今社会普遍关注的生态、老龄化、健康、教育等话题，结合日益成熟的信息技术、新的材料、生产工艺和商业模式，江南大学设计学院从2012年开始策划和组织了连续五年的"设计教育再设计"系列国际会议，联合国内外一流的专家学者共同探讨大设计理念下设计学科的共性话题，同时也借此推动学院自身围绕大设计理念的设计教育改革①。设计学院在过去四年多里完成了本科所有专业200多门课程教学大纲的修订，研究生培养计划的修订，教师科研团队的建设，以及用户

心理与行为研究、交互设计、先进制造等实验室的建设。

教育的改革离不开教育理念和人才培养目标的改革。大设计理念的一个重要特点是设计师职业目标的转变，设计逐渐完成了从自我艺术修养的个性表达到商业与社会价值创造者角色的改变，也因为此，"培养有责任感和受尊重的设计师"成为了设计学院新的人才培养目标，以取代传统的"培养精英型设计师"的教育理念。新的人才培养目标反应在本科课程体系里是人文关怀素养在本科四年学习过程中的全程贯穿：

- ◆ 一年级：问题意识的培养；
- ◆ 二年级：人文关怀的微观技术：用户研究、人因工程等能力的培养，从个人的需求层面了解和满足消费者、用户和社会人的需要；
- ◆ 三年级：人文关怀的宏观素养：了解社会、文化、经济和技术大趋势对设计问题的相关性、概念的合理性等方面的影响；
- ◆ 四年级：整合与应用：熟练整合和运用前三年所学专业技能和人文素养。

针对大设计理念另一个显著的特点：设计对象的多元化，设计学院成立了整合创新设计实验班（整创班），培养"能够定义产品或服务，提供整体解决方案，并具备良好团队合作和沟通能力的职业设计师"（见图4）。整创班培养的不是某一专业领域的专门人才，而是在一个以前沿设计方法和先进技术表达为核心，可以适用于不同行业或领域的新型设计人才。体现在课程上，整创班新增四门骨干课程，《用户研究与产品定义》、《产品与服务开发》、《整合创新设计I》、《整合创新设计II》。四门课程分别在二、三年级四个学期循序渐进展开，培养学生从定义产品或服务、提供整体解决方案、一直到项目论证的整个流程的全方位综合能力。和其他专业相比，整创班开设了更多的选修课，包括增强沟通和价值判断能力的《概念论证和设计传播》和《设计伦理》以及侧重技术实现的"智能产品开发"和"应用程序开发"等技能训练课程。增设选修课一来是能力拓展的要求，同时也为有着不同专业兴趣的同学创造了更加广阔、灵活的就业可能性。

培养能够定义产品或服务，提供整体解决方案，并具备良好团队合作和沟通能力的职业设计师。

图4　江南大学设计学院整合创新设计实验班培养目标和相应的课程内容

整创班的建立也是学院以点带面，逐步推动大设计理念在全学院落地的重要举措。整创班学生从学院不同专业在大一下学期由同学志愿申请，参考平时成绩，通过面试选拔出来，由学院直接管理，目前学院已经先后抽调30多名教学质量好教师担任实验班教学工作。第

① http://rededu.jiangnan.edu.cn
② http://difang.gmw.cn/sunan/2015-06/05/content_15887279.htm

一届整创班毕业生已于2015年顺利毕业，从用人单位或继续深造学校的反馈来看，整创班很好地完成了既定的改革试点目标。整合创新设计实验班的成功经验也被包括光明网在内媒体报道 ②，并获得用人单位好评。

4 结语

设计教育改革是一项系统工程，非一朝一夕之事。不管是顺势而为，还是被动应对，了解时代语境和新的学科理念，都是重新定位培养目标、培养内容和培养模式的基础，否则会出现理念口号化，行动形式化的现象。江南大学近年的设计教育改革既有成功的经验，也有很多可以改进的机会。同时，设计学院的教育改革离不开江南大学轻工特色鲜明的综合性大学背景的影响，也离不开设计学院五十余年来几代设计教育前辈为学院已经打好的基础的支撑。由于各个学科所处的大学定位和层次的不同，行业和区域特点的差异，各个学校应当审时度势，寻找一条适合自身发展的差异化路线去探索各自的设计教育改革。

参考文献

［1］Transformation Design：Perspectives on a New Design Attitude, Edited by Wolfgang Jonas, Sarah Zerwas, Kristof von Anshelm. Birkhauser, Swiss. 2015：151

［2］Thorstein Veblen. The Theory of the Leisure Class：An Economic Study of Institutions. Penguin, 1994（original 1899）：209.

［3］https：//www.youtube.com/watch?v=jbkSRLYSojo

［4］Simon, Herbert A. *The Sciences of the Artificial*. Cambridge, MA：The MIT Press,（Second Edition）1981：129.

［5］国务院关于推进文化创意和设计服务与相关产业融合发展的若干意见，国发〔2014〕10号。

［6］B. Joseph Pine II, James H. Gilmore. The Experience Economy: Work Is Theater & Every Business a Stage［M］. Boston: Harvard Business School Press, 1999: 1–25.

［7］路甬祥．设计的进化——设计3.0［R］．上海：2014年上海设计创新论坛暨杨浦国家创新型城区发展战略高层咨询会，2014.

［8］辛向阳，曹建中．设计3.0语境下产品的多重属性［J］．机械设计，2015，32（6）：105-108.

［9］江南大学设计学院组织召开的"设计教育再设计"系列国际会议之 III（2014年）和 IV（2015年）就分别把"哲学概念"和"新现象基础"作为了会议的主题。

［10］约翰·杜威．民主主义与教育［M］．王承绪，译．北京：人民教育出版社，1990年（1997年重印）：16.

［11］John Heskett. Design: A Very Short Introduction. Oxford University Press, 2002：2.

［12］http：//rededu.jiangnan.edu.cn

［13］http：//difang.gmw.cn/sunan/2015-06/05/content_15887279.htm

跨界筑"路"俯身守望

桂宇晖

（中国地质大学　武汉　430074）

中国改革开放以来，设计界有识之士一直在围绕中国设计教育的发展，探讨如何从国情出发，从实际出发，认识设计教育的系统性、应用性、规律性，充分发挥自身优势，凝练学科理念与方向，设置专业及规模，多学科协同推进创新，以实现建设中国特色设计教育体系的追求。在设计学升级为一级学科5年之际，有必要研究其发展路径，分享其中的经验。

我的老师陈汗青教授自中央工艺美术学院毕业后就在这种追求的实践与探索中身体力行。还在1998年全国工业设计教学指导分委会于大连召开的高校工业设计教育研讨会上，他以论文"创新设计——现代设计教育特征论"为题发言，次年又应邀在南京艺术学院设计教育座谈会上做了同题发言（本文引号中内容即该院学报的同名论文选段），再三强调创新是设计的本质特征，是设计的核心要素。"设计的涵延不断拓宽，其本质与领域也在发生明显的变化。创新设计已成为竞争中决定胜负的因素，世界正由过去谁控制技术、质量，谁就控制市场，逐步向谁控制创新设计，谁就控制市场的方向发展。事实表明知识创新的核心是科技创新、设计创新"。这"也向设计界和设计教育界提供了新机遇，把设计从社会经济发展的边缘推向了中心位置，赋予了神圣的使命。这将是国际上具有前瞻性的研究领域，对设计教育来说，其意义深远"。并呼吁"建立以设计创新为中心的设计教学体系，按照创造性原则组织教学，这是我们的当务之急，也是设计学科存在、生存、发展的前提条件。创新设计教学是设计教育体系的基本特征与关键环节。……中心目标是使学生树立创新志向，强化创新意识，学好与创新设计相关的知识，具备创新设计才能……进而悟出设计的思想、本质、法则和方法。这对培养学生创新思想、综合技能和应变能力都非常重要；同时对培养学生的责任感和学习兴趣的激发，创造欲和成就感的确立等，有着现实意义和实用价值"。具体提出了重视个性、培养创造能力、思想能力和表达能力、面向国际化、面向信息化等"八点指导思想"和"组织教学的八项原则，十个基本环节"。"今天世界的经济竞争，实质上是科技的竞争，创新设计的竞争，创新设计教育的竞争。从这个意义上说，21世纪又可称为'创新的世纪'，'设计导向的世纪'"真实反映了20年前陈汗青教授对创新与设计本质的主要思考。

自1987年在武汉理工大学（时为武汉工业大学）率先成功申办工业设计专业以来，该校设计专业历经室、系、院的发展，他是该校艺术与设计学院的创始人，是中国在改革开放之后湖北第一代设计艺术教育

家。他以育人与学科发展为己任，在四十多年的教育实践和设计实践中，坚守设计本原，潜心研究，不忘根基，跨界筑梦，错位发展，凝聚了集体的智慧和力量，逐步形成了一个富有成效而别具一格的育人路径与学科发展模式，通过因材施教，量才适性，在限定条件下设计好内容、时间、空间的构成，培养了一大批业绩斐然，影响力遍布全国的以蜚声海内外名设计师、院系领军人为标志的设计师群体和从事设计教育的教师群体。其中不乏高级别的设计大家与教授，仅在设计院校任学科带头人或是院校长的就有40多位。他未雨绸缪，率领团队在武汉理工大学出色完成了所在专业的教育部质量工程，使所在学科跨入当时中国设计学的前四，建立了从本科到博士后的设计学科体系后，又出任上海视觉艺术学院副院长，其教育思路与实践从综合性大学，扩展到艺术专门学院，需学研产结合，资源优化集成，个中艰辛可想而知。事实证明，他以创新设计为标志、培养学生为中心的方法是卓有成效的，既有前瞻性与理论高度，更有可操作性与实用性，使学生依靠设计与知识的不断创新，不断实现设计创新成果的转化，每一阶段的提升都是一次挑战。

1　教育思想：由艺入工，育人至上

陈汗青形成的教育思想源于20世纪70年代对设计教育超前性的适度把握。尤为重视学科建设，跨界交叉，培养具有奉献和创新精神的德、识、才、学、体诸方面专门人才作为学科的带头人，大力扶持中青年创新人才。

当时，"工业设计"这4个字在中国大地上第一次出现。国内的人们知道其重要性，但能够理解它的真正价值并落实在教育和人才培养上，各有不同，理解千差万别。对于这样一个新兴学科，如何进行适合中国国情的设计教育是首先需要解决的问题。陈汗青从中央工艺美术学院毕业，上承张仃、庞薰琹、雷圭元、田自秉、王朝闻、陈汉民等工艺美术前辈的熏陶，带领从湖南到湖北的一批批学生在各地进行了广泛的工艺美术实践，在承接广告牌，包装，品牌设计，室内设计的实践过程中，逐步过渡到适应现代生产方式，以工业设计为突破口的设计教育，形成了由艺入工，着眼长远，打破学科壁垒的独特设计教育思想。

在培养对象上，陈汗青摸索走出了一条理工类大学办设计艺术的教育新路。他与湖南大学，北京理工大学，昆明理工学院的同辈一起，按照艺术与技术结合的设计规律而不是纯艺术的方式培养学生。正如，赫伯

特 A·西蒙在《关于人为事物的科学》所言，优秀的设计师，必须是优秀的艺术家，同时，也是优秀的工程师。他从建筑学专业中选具有艺术设计潜力的学生，而不拘泥于普遍以艺术为主的招生方式，创造性结合材料工艺、后又加入数字编程，培养设计艺术方向的学生。尽管，当时设计专业的教师都出自美术学院，国内的中央工艺美术学院和广州美术学院的学生也都是美术生出身，与之相比较，理工科出身的学生美术绘画能力偏弱，有些甚至是零基础。但是，陈汗青考虑，一方面当时的综合性大学没有美术类学生的招生权，另一方面，他看重理工科背景学生的逻辑思维能力和面向设计对象的良好理解力。他认为，只要通过扎实的美术绘画课程，把学生的艺术感受力培养出来，理工来源的学生在设计艺术方向的发展更有特色。事实上，从 1987 年到 1995 年近 10 年的结果表明，理工大学培养的毕业生，最后成为遍布全国企业与大学教育的主力群体。对比 1996 年以后，理工科和艺术类同时招入的毕业生，在近二十年的发展中，这批学生的成材率和设计方向的稳定性形成了人们所说的"后劲足"。这个问题长期以来，引起较多争议。但是，从西方设计教育体制上说，设计发达国家从来就没有做过这样的生源区分。比如，麻省理工学院（MIT）尼格鲁·庞蒂媒体实验室出来的《简单法则》的作者，西门子和耐克的设计师前田约翰，就是计算机专业出身读到博士，然后，回日本接受设计培养，2007 年，成为美国罗德岛设计学院的院长，是一个比较典型的例子。

2 教学方法：融合开放，授人以渔

陈汗青推进建立"政企教"一体化的联动系统，不断完善、变革原有的体系、大纲、规格、课程、内容、方法、手段等，变封闭教学为开放教学，"提升了设计的地位，也向设计界和设计教育界提供了新机遇，把设计从社会经济发展的边缘推向了中心位置，赋予了神圣的使命。这将是国际上具有前瞻性的研究领域，对设计教育来说，其意义深远。"

陈汗青把设计人才具备的良好的思想、文化和综合素质，以创新为中心的宽厚的基础知识和设计工作能力，视为适应激烈的市场竞争的核心能力。他反复向学生们强调："离开了创新设计这个目标与使命，离开了创新设计的知识框架及其教学体系，设计专业就不会有旺盛的生命力，甚至不会有它存在的意义。所以要根据社会发展需要和学院实际，不失时机地加强现代设计学科建设，增强整体实力，利用学科关联性强的优势，相互渗透，形成现代设计学科自身的创新特色领域。"

由此，陈汗青特别强调授人以鱼不如授人以渔，要求学生走完从美术写实，到设计创意方案草图，到设计落地这三个重要阶段的全过程。在他任教的几所高校中，都要求学生不仅要会画水粉和石膏头像，会用好设计软件，更要在设计流程上注重手头功夫和构思表达的

结合，以此为基础，通过市场分析课程，金工实习课程和企业实习课程这三大核心课程，在材料工艺与制造实现上让设计方案落地。

为此，陈汗青极度重视对写生环节的把握，建立、健全创新设计教学体系及其质量保证体系，制定切实、有效的具体措施，并通过试点取得成功后再全面推开，以重点学科建设为龙头，打破学院、学科界限，多层次、多渠道培养设计，发挥高新技术设计的优势，使它们起到设计创新火车头的作用．他有过带领学生，边为企业画广告，边筹写生经费，画一路，看一路，最后，学生一分钱不花，看遍大江南北，有时候还能够赚点钱回来，形成一段段佳话。有过带领三年级学生，去企业找项目，建实习点，签订长期合作协议，如美的集团、TCL 集团、广东家具集团、上海汽车集团、广州本田汽车集团、武汉烟草集团、北京烟草集团等国内知名企业。这样的写生方式和实习方式，是陈汗青所在理工大学的设计教学标准格式，成为学生培养的一大特色。而今，在理工大的工业设计群体中，带领学生在二年级遍布全国写生，提升艺术感受，三年级去企业实习带回实物模型和样机成品，这种西方院校传统已经成为国内较好设计学院的样板式教学．事实证明，这样的走出教室、走出学校的教学方法对学生的启发是终生有益，授人以渔的好办法。

在 20 世纪 90 年代初，设计资料相对匮乏，国内处于现代设计的萌发期，困难之大，远非现在可比。众多学生从接受陈汗青引导，到今日才少许明白老师的苦心教导与耐心守望。陈汗青在开辟设计艺术学科新领域，学生在为人、为学、为教，多方受益良多，令很多在设计上有所建树的学生，深受其益。这样的方式，难在创造实习条件，陈汗青往往因为培养出优秀的学生在企业站住脚，做成贡献，成为企业骨干，甚至企业主，也就更愿意为理工大的师弟师妹们提供宝贵的实习机会，这种结果无法一蹴而就，必须长期积累，同时，也是他在设计教学上成功的另一种馈赠。

对企业他以服务求支持，以共建求贡献。就笔者的亲身经历，陈汗青为了 92 级本科生做好本科毕业设计，院长多方探寻，自掏腰包，北上西安，到西安自行车厂与当时的厂长面谈，一口气谈出 10 条建议，娓娓道来，逐层深入，一直讲到第十条收尾，丝毫没有思路的中断与不连贯，从另一个方面说明，对工业设计的问题，陈汗青有长久的思考。最后，陈汗青的学生宗绪奚和笔者历经一个半月，从设计，到下料，喷漆，圆满完成毕业设计实习，带回真实能用的实物样车参加毕业答辩，其中，学到的知识，学以致用，远非课堂经验能比。

陈汗青对愿意付出努力的学生，一视同仁，提供一切可能的机会。1995 年，陈汗青院长鼓励翁志刚、蔡新元和笔者，提交论文，在北京炎黄艺术馆参加"'95 北京国际工业设计研讨会"，遍访名师，并与前国际工业设计协会主席、日本 Gk 设计集团总裁荣久庵宪司先

生交流，在五洲大酒店有过至今难忘的一次对话。荣久庵宪司先生说，在设计上没有先进与落后之分，有的只是好与不好之别。这句话给笔者的印象一直很深，它让笔者建立了技术与设计区别，艺术与设计关联的一个基本思考思路。初生牛犊不怕虎的笔者甚至在陈汗青院长的鼓励下，与荣久庵宪司先生签署了一份"中日青年学生设计交流"的协议书，荣久庵宪司先生任日方主席，这份原稿笔者保留至今。许多学生感觉"年少愚钝不知觉，四十方知师恩重"。

3 教育过程：俯身守望，以趣入道

创造性地提出问题、分析问题及表达、综合、批评性思考、决策、解决问题能力的培养，是未来学校的主要任务，目的是培养学生求知欲和创新意识，使学生适应社会发展。为此陈汗青注重设计教育理论与实践的融合，注重案例教学，密切结合生产和科研实际，建立产、学、研三结合的实训基地，组织学生到第一线增长才干、开阔眼界。以此培养学生学习设计的兴趣，激发学生的想象力、责任感、创造欲和成就感。

陈汗青认为"实现合理生存与持续发展方式的设计创新，是设计专业的本质特征，其直接目标是使学生树立创新志向，形成创造意识，学好与创新设计相关的知识，具备创新设计的才能。"激情源自热爱。他亲力亲为，带领学生，不辞辛劳，遍访名师，磨破嘴、走断腿，推荐自己的学生，为他的学生们打开了学习工业设计的一个又一个大门，当陈汗青的学生是幸福，因为他相信自己培养的学生的人品和能力，相信名师出高徒，他把学生的特长与国内名校名师特色结合考虑，并不惜于掌握与控制学派，反而高瞻远瞩，鼓励学生们尽量往外走，相信学生们学有所成比留在身边意义更大，他相信教育的重点是培养兴趣，如果学生没有兴趣，只能说明还没有给他们提供足够的吸引力，芝加哥设计艺术学院的缔造者莫霍里·纳吉说，用心灵去感应与学习，那么人人都是天才。

践行"俯首甘为孺子牛"并不容易。陈汗青俯身用心，理解学生，并制定其感兴趣的方案，没有全身心的投入，口号是不会自然而然结出果实的。且学生各有不同，青年学生的不懂事和不成熟，往往并非本意，教师稍失耐心，容易相互失望。教师要花费大量的时间，从实践上、课程中、作业里、行为内，抽丝剥茧，沙中淘金，拿捏学生的性格，耐心发现学生的优点，用充满善意的守望，直到学生细微的优点露出丝丝光亮，何其难

也！教师没有足够的专业准备，没有俯首甘为孺子牛的心理准备，在各个环节的用心，才会长期大批量的出现育人成果，恰如中国美术学院许江所言，教育是"长期的守望与耐心"。

可以说，陈汗青教授在教育中，始终践行"用心灵去感应与学习，那么人人都是天才"的教育职责，用"兴趣培养大于知识灌输"这一今天讨论得沸沸扬扬的教育理念，陈汗青用行动历经四十多年，获得丰硕的成果，桃李天下。

陈汗青在教育实践中的重要经验是：充分发挥本地区和多学科的优势来制订学科方向，设置专业及规模，办出特色。课堂是以内容、时间、空间的限定条件构成，通过课堂的教学，把教育功能作用延续到人生的成长发展和社会进步。通过系统教育的启迪和引导，把未来的社会人塑造成具有专业素质和能力、具有开拓创新精神的人，承前启后，把新生代人推向可以对接未来发展的职业领域。

学生为什么"行难以久远"？部分原因就在于没有深厚人文情怀给予支撑，缺少"道"、"情"、"意"，这是切实的教训。从院校的整体性构成而言，环境氛围的营造、倡导和启迪，教学内容的系统提升和推进，有限的课堂和无限的路径等，是院校内涵建设的实质性内容。在每块内容的建设中可找到多种发展路径。"互联网+"的大数据和云平台具备了最丰富、最便捷、最灵活、最生动的资源和工具保障，提供了新的承载平台和结构模式，对教学功能的发挥提供了多向和多途径的通道，为启迪和引导式教学提供了无限的资源和工具，为教育、为专业跨界提供了无限可能的发展路径。

参考文献

[1] 陈汗青.创新设计——现代设计教育特征论[J].南京艺术学院学报（美术＆设计版），2000（1）：59.

[2] 陈汗青，陈聪.韩少华小米创新设计路径的启示[J].南京艺术学院学报（美术与设计），2016（05）：74.

[3] 陈汗青，钱磊.呼唤新的包豪斯—试论适应创意产业的新设计教育设计艺术[J].山东工艺美术学院学报，2008（1）：32.

[4] 吴士新，陶宏.在历史与现实之间—许江访谈[J].美术，2005（11）：35.

[5] 桂宇晖.器、物、趣——工匠文化的历史图景[J].南京艺术学院学报（美术＆设计版），2000（1）：59.

构建交通工具设计教育中创新思维培养的激发机制

李 卓

（武汉理工大学 武汉 430070）

关键词：创新思维培养 机制 构建与运作

1 引言

李克强总理在 2015 年 7 月的国家科技战略座谈会上说，科技人员是创新的核心要素，应通过改善各种机制来激发他们持久的创新动力。该届政府常务会议题 21 次与科技创新相关，强化了把科技创新摆在国家发展全局的核心位置，重塑我国发展竞争新优势的决心。

在创新能力发展到政府发展规划高度之前，柳冠中先生也曾从企业经营角度深刻剖析过设计创新机制应及早嵌入制造型企业管理当中，并给出了建议[1]。那么，高校设计教育又应当如何响应和管理自身的创新机制呢？

2 机制概念解析

机制指有机体的构造、功能及其相互关系，社会学内涵是指协调各个部分之间关系以期更好发挥作用的具体运行方式。机制运作的形式划分可分为行政 – 计划式、指导 – 服务式和监督 – 服务式，以相应的指导方针来引导运行机理。高校教育肩负着科技创新能力的重任，因而把创新思维的激发机制的构建作为重点来把握，这将有助于提高学习转化效率，提高管理措施的针对性和适用性，减少个性化教育的不确定性和个案处理的几率。

然而，创新思维的激发机制之构建是一项复杂的系统工程，因为在高校中各项体制和制度的改革与完善并非孤立的，不同层次、不同侧面必须互相呼应、补充。机制的运行还需特别重视人的因素，执行到位才能保证实施到位。体制与制度不能完全分离，而应相互交融：制度可以规范体制的运行，体制可以保证制度落实。就交通工具设计教育中的创新平台建设而言，可以从如下四个方面来探讨激发机制的构建。

3 创新思维激发机制的构建

交通工具设计是工业设计的高级形式，其设计教育始终视创新为根本[2]。但在盲目的积极中如若没有体制的保障只靠单个项目的具体要求来被动引导，则无法保证持续、稳定地贯彻。最典型的莫过于要么空谈创新而实践经验不足，仅仅停留于纸面创意无法做出原型；要么就是实践过度扼杀了创新的苗头，把设计师训练成了工程制图技术员。所以，激发机制的建立是必要而迫切的，只有把骨架搭好，整个系统才能形成良好的自循环。

3.1 培养机制

首先，应培养具有创新能力的教师梯队。全国有 400 多所高校建立了工业设计专业，但主要教育理念仍然出自 20 世纪 50 年代的欧洲，已经严重不适合当今社会的发展趋势。在面向交通工具设计人才的培养体系中，我国还处于摸索阶段，未形成已经证实的成熟教育模式。那么，高质量创新教育首先应狠抓教师自身素质，改善传统教育模式。目前普遍非常重视基金撰写，这在一定程度上对教师的创新发掘能力提出了要求：要具备思考、发掘科学问题的职业敏感性，只有上升了高度才能有更大的空间去创新。其次由于我国汽车工业也是刚刚起步，第一代交通工具设计教师大多不具备专业汽车设计资历和经验，那么出国考察和体验就成为非常好的举措之一，或者建立高尚趣味的专业艺术圈子与之适应。总之，加强教师的创新意识培养是整个激发机制当中的第一步。

其次，强化行业标准应用，重视"双师"结构的师资建设。为保证学生在校期间所受的创新训练能够直接应用于社会工作，可鼓励教师到一线参加实践锻炼，利用车企平台进行"双师"素质教师培养；或通过聘请业内高级设计师为兼职教师，构建具有"双师结构"的教学团队。在欧美，交通工具设计的教师若没有从业经验不可能上岗，他们均为车企设计中心退编人员或仍为设计公司效力——没有丰富的从业经历是不足以教带出优秀的学生的。我国江浙地区省政府每年都推动高校师资团队引入到企业，产生了巨大效益。反之，如果高校以某车企产品为载体，课程培养目标由企业技术人员与教师来共同制定，那么训练内容就一定不会是纸上谈兵，而是与新技术、新工艺、新媒体相结合，由此磨炼的创新能力才能突破空想经得起推敲。因此，坚持体制创新、机制创新、人才培养模式创新，才能形成工、学结合的组织框架，肥沃创新思维的孕育土壤。

最后，将教学过程融入项目化管理，加强国际交流合作。积极加强产 – 学 – 研合作，推行工作坊专题教育，既发挥了地方优势，又利用了院校的人才、科技资源优势，达到校、企双赢，更在实际中检验了学生的创新转化能力，进而达到三赢。院校可依据自身基础制订出特色开发课程体系、引入企校或国际互访学习等内容，利用课程中开展深层次合作，在教学方法中渗入品牌项目化管理。

3.2 考核机制

车企无一例外实行科学管理，高校也一样需要教育管理。机制的提出是为了更好地发展，机制的保障需要靠严格的管理考核来指示信息、人才、资源的流向。

（1）适当引入"导学"制。目前高校教育普遍实施学分制，在一定程度上激发了学生的学习主动性和独立性，但其弊端也很明显——容易避重就轻，简单的科普型课程爆棚，而某些有必要钻研的工程基础课则无人问津，这样的受教模式是失衡的。笔者建议，在学分制的基础上适当回归导师制，加大专业导师的教育比重——本文糅合之后称为"导学制"，其具体措施如下：

第一，指定导师团队而非导师个人。首先是鼓励长期的一对一支持，但可动态匹配而不囿于固定某个体，这样有利于形成宽泛的知识视界，又不至于过分依赖造成导师精力分散或导师的个性化教学的局限，同时促进了同方向师资的发展及研讨。评判学生成绩的除期终卷面以外，更依靠平时思想的创新动态和解决角度。该种考核方式从一定程度上避免了高分低能、不能适应社会工作的现象。

第二，定期与其他团体进行交流和互评。每一个导师团不可避免地有自身局限或盲点，那么定期与其他团体开展作品展示和讨论就显得非常必要，及时记录下对方的看法和建议，避免出现重大失误。对于艺术设计类院校，尤其应注意与机械工学团队的交流与合作。

第三，提倡隐性知识的传承和发扬。有别于课堂的显性知识传播，导学制大量锻炼了为人处世的方式、思考问题的角度、动态解决问题的能力、团队领导技巧等，这些隐性知识往往对创新思维有很好的促进改善作用。终评考核时，导师看到的不仅仅是图面，更多地可以看出作品背后的逻辑构架、执行程度，从而做出更加客观的评价。同时学生也或多或少影响或催化着导师各种能力的进化。

（2）鼓励权重评分制，或分项目评分。加大创新思维在整个作品中的贡献权重，鼓励学生从方式、方法上可持续地解决问题，做 design 而不是仅做 styling。在教学和实践中，很多时候满足于指哪儿打哪儿，只是片面地、暂时地解决了某个问题而不够系统全面，有时甚至还带来了更多的潜在问题；学生往往更喜欢在表现技法上花时间胜过真正深入的思考。对比明显的是，国外学生的特点是草图真的很"草"，但解决方案令人拍案惊奇；中国学生一手漂亮的草图但方案平淡无味。这种现状下必须革图易虑，树立起创新思维评判的权重标杆。可以一改传统的单作品单评分制度为分项评分，如表现力、创新度、可行性、版面布局等，其中重点加大创新度的权重。这样就打破了评分一锅端的现状，督促学生自检和平衡各项能力。消除掉短板，也就有更多的精力和保障放在不断创新上。

（3）多样化标准，培养多学科合作精神。鼓励在项目小组中实现分工整合制，训练对于陌生内容的调研、探索、分析回归能力；鼓励引入不同学科视角进行交叉，训练对于支撑材料的过滤、重构、拓展能力；鼓励在评判时认可多样化标准，培养学生在解决问题过程中的独立、自信、乐观、严谨的态度。

3.3 激励机制

创新思维的激励机制需要激励主体和客体间不断互动，形成规范化和相对固定化的结构、方式、关系及演变规律。良好的激励机制对设计教育有两个巨大推动作用：一是资源配置，二是提供激励。前者可以让优秀的学生受到更好的环境熏陶，帮助他突破自身产生更大的提高，比如进入著名车企或设计中心实习，在专业的设计规范中得到历练，更有利于能力和职位的匹配；后者则对所有人有一个激励示范作用，强化了机会均等这个前提下的荣誉感、使命感，有利于发掘自身极限。具体做法有以下六条基本准则：①鼓励彻底解决问题而非局部应急措施；②鼓励冒险而非保守；③鼓励高质量方案而非草率提案；④鼓励可操作的创新而非臆想或跟从；⑤鼓励效率而非盲目忙碌；⑥鼓励团队合作而非个人武断。

在此基础之上可演变出多重细则，如额外学分奖励、设计资源奖励、设计活动奖励、学期评优奖励……可根据具体课程、项目来制定规则，但注意应遵循基本准则，多门课程之间不可相互矛盾，以免造成学生困惑。

稳定的激励机制有利于组织机能长期维持活跃状态，而这是产生创新思维的良好环境。它囊括了双向交流、阶段性评价、成果分配、比较与再交流几个环节，并进一步影响着系统的生存和发展，一般来说，对组织具有正面的助长作用。

3.4 分配机制

分配机制属于整个系统中的反馈环节，通过合理地分配资源和成果，让系统进入自我修复、自我优化的状态。对于交通工具设计教育来说，就业机会和再教育是最常见的成果分配。除此以外，也仍然存在多种成果形式和分配法则。

（1）分配方式多元化。

每所高校应充分认知自身的资源优势，根据地方特色以及学校性质来灵活定义分配。一方面应实现参与分配要素的多元化，在坚持按劳分配的同时，注重按资分配与按需分配相结合，加大按资分配的比重——"按劳"指贡献大、能力高者享有优先权，这与当今社会现状一致。"按资"指可选的设计资源，这与高校的地理分布、教育质量、学术名声息息相关。"按需"指分配的方法，哪个学生在哪方面有天赋，校方有义务指导、建议和提供更好的发展平台，不仅仅承担了对学生的教育，还承担了最大化分配成果和发挥优势的作用，这实际上是一种社会责任。反过来，学生在社会岗位上发光发热，高校收回了口碑，能吸引更多的人才和资源，形成良性循环。在以上三种分配方式相结合的情况下，创新能力强者无疑是占尽天时地利与人和，能更好地将个人利益与高校整体资源、长远利益紧密联系，实现个人劳动联合与平台资本联合的有机结合，这实际上也就激励了创新思维的培养和发展。

由于在考核机制中已经对评分类型分项细化，社会选择人才时能更好地找准需求对象，究竟是劳动密集型还是知识密集型，是画功好的还是会创意的还是懂工程的，其定位、薪酬更加准确，避免了因人才周转产生的消耗。

（2）分配结果差异化。

中国高校习惯按综合排名，这样抹杀了分类专业的个性化特征。国外更流行按专业排名，因为这样才有横向可比性，有些规模很小的专业院校却享有世界盛誉，其专业资源甚至强于一流的综合大学。对于交通工具设计这样一个新兴专业，市场需求量和就业规律远不同于其他成熟专业，其创新思维激励机制中的分配环节无疑更应该采用国外的方式执行，即分配结果差异化：将有限的优秀资源率先分配给创新能力突出的学生，合理拉开佼佼者与碌碌者的差距，敢于对有突出表现的人才实行大力倾斜的分配政策，彻底打破平均主义、好好主义，从而调动总体学生的积极性、创造性、主动性。

此外，分配机制还应与学术导向相适应，认同学校、院系、专业的发展规划方向，针对特点来制定相应的分配政策。同时应注意制定合理的分配原则及细则，量化各项指标，提高分配的透明性、公平性。

4 结语

对于交通工具设计的创新思维教育来说，一个完整的激发机制至少包含但不限于培养、考核、激励、分配四个方面。机制的建立需要体制的保护，同时也需要时间来纠错自改。本文举措仅仅是针对激发机制，创新思维的开发和培养还需要在具体课程中不失时机地引导、发掘才能真正实现。中国的交通工具设计教育有很多处于发展中的特点，这需要用一系列的文章来继续阐述和深入探讨。

参考文献

［1］柳冠中. 嵌入"设计创新机制"是我国企业管理的当务之急［J］. 设计，2014（6）：118-121.

［2］张雷. 实践型设计基础教学之形态训练——清华大学美术学院工业设计系交通工具设计专业课程介绍［J］. 湖北美术学院学报，2013（2）：64-65.

"工业4.0"时代工业设计专业的特色与教学发展

余森林

（湖北工业大学　武汉　430068）

关键词：工业4.0 工业设计 特色 教学发展

1 "工业4.0"对传统工业设计专业发展的机遇与挑战

在2013年汉诺威工业博览会上，德国联邦教研部与联邦经济技术部率先提出"工业4.0"的概念。该概念描绘了制造业的未来愿景，提出继机械化、电气化与信息化三次工业革命后，人类将迎来以信息物理融合系统为基础的第四次工业革命，其特点是工业生产的数字化、网络化与智能化。

"工业4.0"概念一经提出，就在全球范围内引起了极大的关注和认同。"工业4.0"概念对中国制造业的转型升级意义重大，受此启发，中国政府适时提出了中国版的"工业4.0计划"——"中国制造2025"，其中类似的核心内容就是强调"工业化"与"信息化"的深度融合，构建信息交互的智慧工厂与智能生产。

"工业4.0"理念，对工业设计专业的发展提出相应的机遇与挑战。传统的工业设计学科构建于"工业2.0"的基础上，服务于单向线性的生产体系，即依据工厂要求设计相关产品，再生产设计好的产品销往市场。此设计模式，缺乏一定的柔性与交互特性；"工业4.0"时代的工业设计，要服务于信息多向交融的智慧工厂，设计依据既有来自末端的消费者大数据，又有来自顶端的决策管理层的判断，是一个多元信息交流互动的动态过程，富有一定的弹性与智能特性。二者之间的差异，构成了今天工业设计发展的挑战。如何跨越鸿沟，将工业设计有机地融入智慧工厂的生产过程中，将是工业设计在未来的发展机遇。

据此，传统的工业设计学科设置、专业发展方向、课程内容等方面必须寻求变革，主动适应新时期的要求，抓住智能化制造设计趋势，才能培养合格的新时期工业设计人才。

2 "工业4.0"时代工业设计专业的特色分析

工业设计专业的特色与发展，受到国内众多高校的密切关注。鲜明的专业特色，既是避免学生同质化的途径，亦是形成核心竞争力的利器，还是保证市场就业的法宝，因此，高校普遍比较重视各自的专业特色。"工业4.0"时代，实体物理世界与虚拟网络世界将深度融合，物联网与智慧工厂将成为工业设计服务的对象，因此，工业设计专业将出现相应的特色：

2.1 工业设计专业的信息化特色分析

工业设计的信息化特色体现在三个方面：一是设计工具与手段的信息化，现在工业设计师基本普及了计算机辅助设计，无论是绘制平面二维图形，还是三维建模渲染，都离不开计算机的信息化辅助；二是设计任务的信息化与数据化，设计师最终输出的设计成果是高度数据化的参数信息。例如加工尺寸、材料型号、空间大小等均是参数信息，这些设计信息会在瞬间通过互联网传递，体现设计价值；三是设计沟通与信息反馈的交互化，"工业4.0"时代的价值链将通过大数据与网络化传输，实现消费者需求信息从下游向上游及时准确推送的情形。"如果说前三次工业革命从机械化、规模化、标准化和自动化等方面大幅度地提高了生产力，那么工业4.0与前三次工业革命最大的区别就在于：不再以制造端的生产力需求为起点，而是将用户端的价值需求作为整个产业链的出发点；改变以往的工业价值链从生产端向消费端、从上游向下游推动的模式，从用户端的价值需求出发提供定制化的产品和服务，并以此作为整个产业链的共同目标，使整个产业链的各个环节实现协同优化；这一切的本质是工业视角的转变。"[1]这种工业视角的转变基础，是物联网与大数据的技术变革，信息手段的更新促进了消费者需求信息的获取，也更新了设计依据的来源与可靠程度。

2.2 工业设计专业的智能化特色分析

"工业4.0"时代的智慧工厂和智能生产，将催生富有"智能"特色的产品，也将相应的需要智能化的工业设计。一方面是产品自身具备一定的智能特性，例如智能吸尘器，在用户离开家后自动开启清洁模式，打扫房间的各个角落，完成任务后归位关机。另一方面是处理用户数据而具备的智能特性，例如智能手环或手表，可以采集用户的睡眠信息，清晰的采集到用户的睡眠数据，显示深度睡眠时间与深浅睡眠交替曲线等信息，睡眠质量情况一目了然，让用户清晰获知自己的睡眠参数，并给出适合用户的睡眠建议。通过监测不可见的睡眠数据，手环成了充满灵性的健康助手。"工业4.0的另一个特点就是制造过程和制造价值向使用过程的延伸，不仅仅关注将一个产品制造出来，还应该关心如何去使用好这个产品，实现产品价值的最大化。产品的创新和价值的创造不再仅仅以满足用户可见的需求为导向，而且要利用用户的使用数据创建使用情景模拟，从情景模拟中找到用户需求的缺口，这些缺口我们称之为'不可见的需求'，对此即便是用户自己都很难意识到"。[2]

以汽车省油为例，传统制造商与设计师会关注车身重量与发动力结构，从汽车的物理特性上去优化油耗；而"工业4.0"时代的设计，还关注用户的不同驾驶习惯对油耗的影响，并通过采集分析驾驶过程的数据，来建议用户更合理的驾驶习惯。未来的汽车座椅，将布满微型传感器，会自动记录用户的坐姿与习惯，根据压力数据分布自动优化座椅造型，提升驾驶的舒适性与安全性。在上下班的高峰时段，汽车还会根据交通大数据分析预测将要拥堵的线路，并为用户推荐畅通路线。"以往我们将产品卖给客户之后就几乎到达了生产价值链的终点，然而工业4.0时代将价值链进一步延伸：以产品作为服务的载体，以使用数据作为服务的媒介，在使用过程中不断挖掘用户需求的缺口，并利用数据挖掘所产生的信息为用户创造价值。"[1]这样"聪明"的智能化产品，能够依据用户数据，来自动生成最佳使用方案，将成为用户的好帮手。

2.3　工业设计专业的定制化特色分析

"工业4.0"时代信息化、智能化的物联网与3D打印等技术，为用户个性化的定制化产品提供了技术基础。用户可以根据自己的需求，通过互联网定制自己专属的唯一产品，也可以通过DIY的形式，融入自己的设计意愿，定制自己喜欢的个性化产品。

每个人都有买鞋或买衣服的经历，通常情况下，我们很难快速顺畅地购买到非常满意的产品。究其原因，是因为我们每个人的身体尺寸与行为习惯有差异，不容易采用标准化大批量生产方式制作的产品满足个人差异化的需求。"过去我们买鞋垫只会问要买多大的尺码，同一个尺码的所有人得到的鞋垫都是相同的。但是我们每一个人的脚形、体重、站姿、走路习惯、搭配的鞋类都是不同的，因此不可能有一款鞋垫能够同时满足同一尺码每一个人的需求。美国的Dr.Scholl's公司在卖鞋垫给用户之前会先让用户站在一个连接传感器的踏板上，系统会记录用户站立时足底的压力分布，随即用户就可以获得一款定制化的鞋垫。"[3]

再如，裁缝店的师傅在给顾客测量身体尺寸时，通常情况下是要求顾客站定身姿，而忽略用户在自如行动时的体验感受。将来测量身体数据时，用户穿上带有传感器的特制衣服，可自由活动，传感器会自动记录应力位置，据此为用户定制衣服，真正做到"量体裁衣"。

由此可见，用户数据是定制化产品的重要参数，"工业4.0"时代的制造，通过用户数据来实现定制化服务。用户数据，也是定制化设计的关键因素，定制化的设计为高度个性化的顾客提供专属贴心的产品与服务。

3　"工业4.0"时代工业设计专业的教学发展

3.1　工业设计专业的课程体系与教学内容的发展

工业化与信息化高度融合的"工业4.0"，要求大学教育及时更新工业设计学科的课程体系与教学内容。除了传统的美学、市场学、材料学、心理学的知识外，课程体系与教学内容中还应该融入信息化、智能化、物联网、虚拟现实等知识环节，及时吸收最新的智能制造与"互联网+"等技术知识。这些新知识与新理论，需要在原有的课程体系中融入计算机科学与信息科学的内容，在交叉融合新学科知识的基础上，教学内容才能更加契合智能产品设计的要求。根据智慧工厂与智能生产的要求，必须调整课程体系与教学内容，才能适应物联网与智能制造与设计的需求。

3.2　工业设计专业的教师团队与教学方式的发展

在"工业4.0"时代，工业设计的任务将越来越复杂化，完成既定的设计目标，需要多学科交叉的知识与技能，也需要多学科背景的设计师团队。这些发展要求，将切实的推进工业设计学科的学术团队建设与教学方式变革。未来的设计教学团队，应该不可或缺具备计算机科学与智能化知识的教师，这样的综合团队，才能构建合理的知识结构，合作开展跨学科学术研究。自下而上的互联网时代，专业知识的获取，已经成为便捷的事情。针对学习中遭遇的问题，师生之间的沟通交流，将成为教学内容的重心，教学方式将逐渐转变为师生互动的探讨模式。过去单纯的教师讲学生听的模式将寿终正寝，师生互动交流将成为主要教学方式。

3.3　工业设计专业的学生本位与学习方式的发展

"工业4.0"时代的定制化模式，将开启学生专业学习的新途径。在互联网与慕课网高度发达的今天，学生完全可以根据自己的个性化需求，定制学习模块和课程群，学生本人将成为学习的主体。教师因材施教，答疑解惑，有针对性的解答学生的问题。自主性学习与探究性学习将成为学生的主要学习方式，在实验性与实践性的专业设计项目中，通过团队合作的方式，学习多学科复合型知识。

参考文献

[1] 李杰.工业4.0：一场不可见世界的竞争[EB/OL].（2015-09-06）[2015-09-18].http://gongkong.ofweek.com/2015-09/ART-310057-8500-29000557.html

[2] 李杰.工业4.0：一场不可见世界的竞争[EB/OL].(2015-09-06)[2015-09-18].http://gongkong.ofweek.com/2015-09/ART-310057-8500-29000557_2.html.

[3] 李杰.工业4.0：一场不可见世界的竞争[EB/OL].(2015-09-06)[2015-09-18].http://gongkong.ofweek.com/2015-09/ART-310057-8500-29000557_3.html.

设计表达——设计师的特殊语言

张　雷　刘凯威

（清华大学　北京　10084）

关键词： 设计 图解思考 设计表达 沟通 设计师的特殊语言

　　语言作为人与人之间沟通的主要方式在日常生活和工作中起着重要作用。人们通过很简单的交谈往往就可以了解对方，而且这些信息的获取往往并不只限于谈话本身，通过讲话人在的语言中所运用的词汇、语序还有诸多辅助的表达方式就能了解他受教育的程度以及职业甚至性格。这是一种很综合、甚至有些微妙的感觉，但不可否认这是一种非常重要的了解对方的途径。正常的人类从一出生就开始试图同外界沟通，新生儿出生几个月就可以用肢体语言来表达自己的意思，一岁多开始就试着说话，虽然表达的方式简单到只有稚嫩的几个声调，却使他们的父母可以准确地理解他们的意图，这就证明表达是成功的、信息传递是准确的。随着年龄的增长、智力和语言能力的增强，儿童不但可以通过语言准确表达自己的意思，而且可以通过表情以及肢体语言辅助表达，使表达变得生动和更加准确。在成年后，信息的传递常常是一种非常综合的表现形式，不但有言语、表情，还有肢体语言的帮助。甚至为了增强信息传递的效果，很多辅助的方式比如音乐和视频的加入使简单的沟通形式变得丰富，这已经超出了最初的语言表达范围而变成了一种非常丰富的信息传达。

　　在平时人与人之间的言语交流中，我们往往会发现很多人说话非常简练、准确、自然，让听者感到很舒服。而有一些人说话既长篇大论又抓不住重点，使听者感觉同其交流非常疲惫、非常困难，其原因究竟在哪里？这往往同人们的说话方式、语序的组织、词语的应用有着密切的关系。简练、准确、生动的语言表达是我们所需要的，其实作为设计师也同样存在这样的问题。快速设计表达作为设计师一种特出的语言在长期的设计工作中一直起着非常重要的作用。设计活动作为一项重要的创造性工作，其复杂程度可想而知。往往设计师在通他的客户、领导、合作伙伴之间沟通的时候会存在很多问题，很多复杂的形态、结构单纯用语言表达实际上是非常困难的，如果再加上颜色和表面肌理的描述往往只通过语言是根本无法表达清楚的，在这个时候图面交流变得非常的重要。往往几根非常简单的线条和一两块颜色样板就可以把整个事情说清楚。因此长期以来，快速设计表达常常在业界被视为设计师的一种特殊语言和重要能力，鉴于此项能力的重要性，多数专业的设计院校在设计教育的初期都给予了足够的重视。交通工具设计作为工业设计体系中重要的组成部分往往集中了非常尖端的设计人才，交通工具的快速设计表达其难度远远高于普通的产品设计表现图，因为当代交通工具设计往往是由很多复杂的曲面构成，各个形面之间相互穿插、重叠、交合构成极其复杂的双曲面，又因为交通工具的体量往往比较大，在产生透视变化后其形体变得更加复杂，这也使得设计表达变得更加困难。交通工具手绘快速表达作为进入次行业的基础技能和敲门砖，其所要达到的高度和技巧使许多想从事交通工具设计的学生、设计师和爱好者望而却步，这种能力的获得确实需要投入大量的精力进行学习并需要在有经验的专业设计师指导下进行长期正确的练习。一张好的设计草图就像一首优雅的诗歌、一曲优美的旋律，不但能够使观者准确地理解其表达的意图，更能够愉悦身心，这才是我们追求的终极目标，但实现这一目标无疑是一个非常专业的、具有挑战性的、长期艰苦的过程。

　　在设计项目进行的过程中，设计师不断完善设计的同时也是设计师不断地进行自我完善、自我提高的过程。这其中不但包括有出色的设计方法、巧妙的构思、高品位的追求，作为设计师的表达能力也需要不断地进行完善，因为这是设计师同外界沟通的重要手段。如何正确地表达出自己的设计、如何能够让别人快速而准确的理解自己的想法，这在大多数情况下单纯依靠语言往往过于抽象，这需要大量的图面表述能力：包括设计书写、设计草图、结构爆炸图等。设计师只有具备了这样的良好的图面表达能力才能够胜任设计工作，这同时也是设计工作能够顺利进行的保障。

　　为了尽快地培养和锻炼设计师的快速表达能力，高强度的综合性设计表达是最理想的训练方式之一。它的优越性在于将形体、结构、材料、表面质感等综合的训练和表现手段与设计思维相统一。这不仅仅是一种表现技巧的训练，更是对形态构成和内在因素的更深一步的理解，培养学生从功能、形态、结构出发来认识、观察、理解、和表现形态的好习惯，最终达到创造新形态的能力。快速表达的练习有着很强的针对性，通过大量的练习使设计师手、眼、思维能够紧密地结合，相互协调工作，达到真正的思行合一。设计师创作的过程是一个从无到有的过程，设计师在具备进行三维造型思考和创造能力的同时，更应具备选择适当的方式具象的将其表述出来的能力，因此设计师如果只具备"写生"的描述能力，往往无法独立地进行形态的思考和结构的推敲，以至于无法正确地进行设计创意表达，这是一种对于形态的观察能力和认识能力低下的表现。要改变这一情况就必须加强快速表达的训练，在大量的观察和练习中理解基本形态在视点移动的条件下所引起的各种透视变化规律，以及不同的光影变化所引起的不同效果。一系列严格训练的目的就是无论遇到多么复杂的形体和透视变化，设计师都能够快速准确的将其表达出来，达到准确传达设计信息的目的。

在任何时候都不要忘记快速表现并不是技巧纯熟的绘画作品，华丽的画面和熟练的技巧与其所要传达的信息相比只能起到锦上添花的辅助作用。即使是十分简单、潦草的设计草图也必须要把所描绘物体的形态、色彩及质感要素成功的描绘出来，因为这是将来进行设计时的依据。要想在理解、观察的基础上画出具有足够表现力的立体图像，这不但需要懂得如何用绘画的语言表现光影、形态和质感的规律，更需要培养敏锐的色彩感觉以及在二维平面上进行三维造型所需要的基础知识和修养。单纯的技法是远远不够的，这需要对于形体、光影、材质以及表面肌理的深入理解，并综合进行运用。

设计草图是在设计过程中设计师将头脑当中抽象的思考变为具象的形态时，将构思和想法快速记录和表达出来的一种描绘，这种描绘有别于传统绘画中的速写，他不单单是一种记录和表达的功能，更是设计师对其设计进行思考和推敲的过程，这才是设计草图的主要功能。正因为如此在设计草图的图面上往往会出现很多文字的表述，尺寸的注释，色彩的推敲和一些结构细节的展示。有时看起来感觉有些杂乱，但这恰恰是设计师对其设计对象理解和推敲的真实过程。

设计草图在设计过程中起着非常重要的作用，当灵感在设计师脑中闪现时，其构思和想法往往只是一些抽象的甚至杂乱无章的片段，需要将其记录、整理和表达出来，以便进行进一步的设计。这时就需要设计师运用准确、快速的草图来进行表达，这是设计师将自己的想法由抽象变为具象的一个十分重要的创造过程。正是草图实现了抽象思考到图解思考的过渡，仅此一点草图的作用就不言而喻。正因为如此一些优秀的设计师都有很强的图解思考能力，对其表达出的想法加以推敲和再设

计，又迅速产生了新的想法和构思，再将其表达出来。周而复始，一项设计工作便能快速而高质量地完成。不难想象如果一名设计师将其构思都无法准确地表达出来，那设计工作将是多么的痛苦。

有时候一个巧妙的构思在头脑中稍纵即逝，这就要求设计师要有十分准确、快速的图形记录能力，以便将这些灵感保留下来。记录只是设计草图的一方面功能，而更重要的功能是设计师对其设计对象的理解和推敲。例如一些结构方面的考虑，对于整体形态的把握和一些细节的处理等等都需要一些十分具象的图解思考。所以有时要求设计师的草图无论从形态和质感上都要描绘得十分具体、准确，这样才能为其推敲自己的设计起到良好的促进作用。由此可见，设计草图无论是在设计表达上还是在设计构思上都有十分重要的作用。

设计表达应强调明确的学习目的和要求，注重阶段性的成果，避免操之过急。制定各个阶段的练习内容和需要解决的问题。由单一练习逐步过渡到综合训练，单一练习的时间由长到短，再由短到长，逐步掌握快速、精细和综合等各个层次的设计表达方法。虽然设计表现的方法很多，由设计师自己融会贯通并熟练掌握的方法才是最有效的。把自己喜爱的工具和方法技巧相结合形成具有独立风格和独特的魅力的画法，完全形成设计师自己的风格、气质和特点，最终打动观者，这才是最终目的。

设计表达的练习需要一定的量的积累，这是非常重要的一点。如果没有大量的练习做基础就不可能出现由量到质的转变，也不可能形成独特的风格、气质和特点。为了掌握不同的风格和方法，对优秀的作品进行临摹绝对是一种好的方法。在临摹过程中所得到的体会不但可以领会原作的表现意图和技法，更可以快速地找出一些规律性的知识，以便于快速理解和掌握设计表现的真谛。临摹的过程不但是一个动手、动脑的过程，更是一个感悟的过程，这一过程虽然在有些时候显得有些枯燥和乏味，但对于训练脑、眼、手的高度协调和统一，直至为以后的独立创作多会打下良好的基础。

图1~图3所示为几个设计案例。

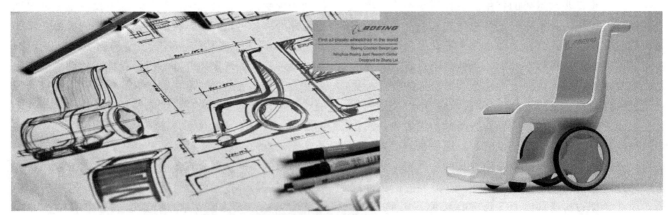

图1　美国波音飞机制造公司机场轮椅设计（设计者：张雷）

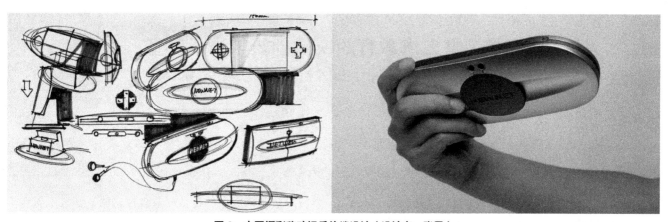

图2　中国福彩移动娱乐终端设计（设计者：张雷）

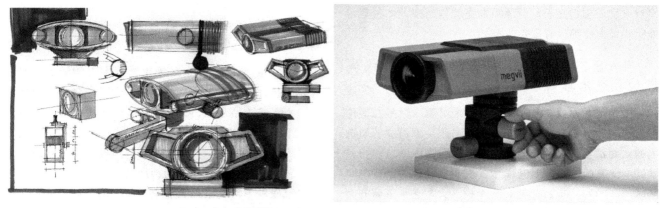

图3　北京旷视科技公司智能视觉识别终端设计（设计者：张雷）

高校公共艺术教育的模式创新与当代转型
——以艺术与科学综合美育为研究切入

张榉文¹ 苏 葵²

（1.复旦大学 上海 200433； 2.武汉理工大学 武汉 430070）

关键词：公共艺术教育 模式创新 艺术与科学 思维与意志 科学美学

艺术与科学的融合与创新，是当代文化建构的重要体现，认识和把握艺术与科学融合的趋势，同时也需要教育的革新、推动与指导。艺术与科学综合美育模式建构对于发展创造性思维，改革和完善创新型人才教育培养模式等方面都具有重要的意义。

1 艺术与科学综合美育模式在当代高校公共艺术教育中的营建

大学美育作为学校美育实施的最高阶段，是在理论和思想的深层次上解决审美价值观与人生价值观的塑造人的教育活动。当代，高校公共艺术教育中的艺术与科学综合美育模式研究有其学术价值与实际价值。首先，艺术与科学综合模式建构有利于找寻大学美育革新的突破点，推进高校公共艺术教育的当代转型。目前，综合性大学美育课程主要包括三类：基本知识类、艺术鉴赏类、审美技能类。而对于缺乏艺术跨学科协同教学的发展现状，建构艺术与科学综合模式、共组课程体系，既可以利用综合院校学科资源、顺应跨学科整合趋势，且更加符合非专业学生的美育接受需求，是当代高校美育创新的实践方向。其次，创建艺术与科学共组的美育新课程体系，可加大隐性美育作用及美育的时效延伸。大学美育课程中普遍出现的孤立化与延续性缺失现象，很多局限于课上显性教学课时量及与课下学生学习生活脱节。新课程体系的探索可以将学科教学中融入美育，做到了美育延续性与隐性美育的开发。

对于当代艺术与科学共组的美育新课程体系、教育模式建构的实施层面，首先，在科学艺术家复合型教学人员缺失的现状下，组建综合教学团队及科研、作品先行。科学艺术家是作为"将科技应用于艺术创作，反过来又通过艺术反映科技"，其工作是"要体现科技与艺术的相互融合与穿插"。[1]在艺术与科学共建的新探索阶段，复合型团队建设成为关键问题与基础，并同时以学术研究、艺术与科学作品研究先行来带动教学。其次，艺术与科学新兴交叉学科扩展以推动两大领域的结合及教学应用。学科交叉改变了传统的学科结构，有力地促进了学科资源的整合与创新，学科间的相互融合、渗透与促进已成为科学发展的时代特征。在艺术与科学融合教育的推进中，两大领域交叉学科建设具有强大的推动作用，也是人才培养的有效途径。最后，有效评估环节的强化。在现阶段教学模式创新、学生学习方式及

学习成效等研究中的评估环节常被忽略，在艺术与科学综合美育模式的建构中，有效的教学评估机制、自我评估环节将对教学研究具有指导与把控意义。

2 艺术思维与意志在建构艺术与科学综合美育模式中的开发、培养与引导

艺术意志是由19世纪维也纳艺术史学派最重要的代表人物，被贡布里希誉为"我们学科中最富于独创性思想家"的李格尔提出，这是西方艺术史学上最著名，也是争论最多的概念之一。[2]李格尔作为现代西方艺术史的奠基人之一，其专注于从艺术的内部切入研究，这在艺术史学科理论建设的初期具有开拓意义。德国艺术史家威廉·沃林格采纳了李格尔的理论与艺术意志概念，并对其进行了充实和完善。沃林格将此概念更加明晰化，并指出其是制约所有艺术现象的最根本要素，是本质所在。沃林格认为：艺术意志是人类的"一种潜在的内心要求，这种内心要求是完全独立于客体对象和艺术创作方式而自为地形成的"，真正的艺术是一种获得美的愉悦价值的心理需要的满足，最终决定艺术现象的是人内心所产生的一种对形式的深层需要，"人们具有怎样的表现意志，他就会怎样地去表现，这是所有风格心理学研究的首要原则"[3]沃林格的这些理论在很大程度上也受到了意志决定论的启示和叔本华哲学思想的影响。

审视科学领域中的艺术思维、意志可分为显性与隐性两类。第一、显性表现。在人类文明的进程中，相当长的历史时期里艺术与科学是混沌一体的，后随着社会分工、学科的深化，艺术与科学异径而走。再由如斯诺提出的"两种文化"论，培根的经验主义哲学观点，鲍姆嘉通的感性认识与理性认识对立论，康德所宣扬的"没有美的科学，只有美的艺术"[4]等学者的观点论断为其间分野与断裂提供了重要理论架构。科学的独立，如果以1543年哥白尼《天体运行论》的发表为标志，即已近四五百年的历史。回望在科学与艺术分离之后的历史中，如同印度教的保护神毗湿奴每次醒来莲花盛开、宇宙诞生，在科学研究中显性意志每次的出现被人所感知时，一定会迸发出灿烂的真美，创造出人类历史中的辉煌。一些取得非凡成就的科学家所持有的科学观，不难发现艺术思想的显现。如法国数学家彭加勒所说："科学家之所以研究自然，不是因为这样做很有用。他们研究自然是因为他们从中得到了乐趣，而他们

得到乐趣是因为它美。如果自然不美，它就不值得去探求，生命也不值得存在……"第一位化学诺贝尔奖得主范托夫也曾指出，"最富革新精神的科学家几乎都是艺术家、音乐家或诗人"。[5]这种科学与艺术的融合是由主体观念指导的、显性的。第二、隐性表现。随着科学领域研究的深入发展，人们愈发认识到科学与艺术在深层内核上及终极目的上的一致性。隐性意志隐藏于以美启真的思维方式中，这种审美直觉可以激发人的情感、思维、判断、认识真理的智慧。在科学研究过程中，科学家们自身所感受到自然本身即存在的和谐、秩序、美的因素引发一种审美愉悦，这种感受是潜在的、隐性的，因无目的性而很可能未构成清晰的意识，但审美愉悦的累积所形成的科学审美素养将帮助科学研究者发觉理论中的"不美之处"，从而促进科学理论的不断深化。科学家长期研究工作所具备的这种审美直觉在科学研究的选择中起着重要的作用，有利于他们揭示自然界的本质和规律性的真，这是源于美与真的天成一体。被世人称誉为科学史学之父的萨顿在其《科学的历史研究》一书中也曾运用"三棱锥型的塔"作比喻，论述在塔底的人们会认为科学、艺术、宗教相距很远，但这三者是"统一为顶点的一个新的三位一体"。[6]这种相互之间的分离、结合，顶点同体的本质展现出其间所具备的相互促进的作用力，证实了以美启真的可行性。同时，美对人的智慧的巨大激发作用，在科学发展进程中也是一种隐性的推动力。

建构艺术思维、意志在艺术与科学综合美育模式中的开发、培养与引导，这里所指是显性部分。艺术与科学的分离在人类发展中起到积极作用，使各自学科得以发展，但这种发展也是以丢弃两大学科之间的互促力为代价的。目前，对于艺术与科学融合的研究与推进引起了越来越多人的关注与热情，众多研讨会、展览等就此领域的许多问题进行了探索，但仍未建构统一的研究范式。李政道博士曾指出"艺术与科学的完美融合是实现可持续发展的根本保证，同时也是我国教育的薄弱环节"[7]，作为肩负创新型、高质量人才培养责任的高校教育，艺术与科学的融合在此阶段的介入是极为重要的环节。而作为一种独特教育方式的大学美育，则是要引导大学生在正确的价值观的指导下，按照美的规律进行人生建构。当前高校美育的固化模式已显现出一定的问题，艺术与科学综合美育模式的建构将为高校公共艺术教育的当代转型注入新的思路。而在艺术与科学综合美育模式建构中，艺术思维、意志的开发、培养与引导将对此模式教育起到推动作用。艺术思维、意志的引入，首先，可以避免艺术与科学表面化的共建模式。艺术与科学的融合是很多学者所倡导的，但有其学科跨度大的难度，具有复杂性与学科交叉性，融合模式建设如何做到非形式化、表面化的共建，而是切实的艺术与科学本质、精髓的融合。其次，艺术与科学的综合美育模式涉及不同学科思维的融合汇通。艺术与科学领域合作，在

如何克服学科思维定式、调整思维视角中，艺术意志对于建立涵盖不同学科思维的新领域教育体系，促进科学型思维、艺术型思维与教育思维的结合起到融通作用。

3 艺术与科学综合美育模式中的科学美学理论引入

作为高校公共艺术课程的建设，应结合自身特点，发挥自身优势，建构艺术与科学综合美育模式，引入科学美学到大学美育教育体系中，其将在综合类大学拥有较大生命力与发展价值。艺术与科学的融合首先需要理论支撑，作为由自然科学和美学结合而形成的一门综合性学科——科学美学，它既可以成为理论科学学的分支，也可以成为美学的分支。艺术与科学融合研究的重要环节之一即是两大领域共同性的抓取，而这种共同性也是科学美学赖以生长的基础。

科学美学是"研究自然科学对象、成果的美，科学家在研究过程中精神、睿智的美及其审美意识的学科。"对于科学美学的研究内容，《美学大辞典》一书中总结为三个方面：科学研究对象的美，对象的内在美与形式美；研究成果的美，数学公式、物理实验、化学反应、生物生理中美的因素；科学精神的美、智慧才能的美以及从研究中所获得的美感。[8]虽然科学研究的排我性与传统美学中的万物人格化、个人坐标原点、艺术家自传性内容体系等方面有着差异，然而回看美学的形成，标志希腊美学开端的毕达哥拉斯学派所揭示的音程数学基础理论，则表明了希腊美学初始就与数学（自然科学）"有着内在的深刻联系"[9]。科学美学的产生，适应了列宁所指出的自然科学奔向社会科学的历史潮流和马克思主义对美学的认识论，同时也是科学整体化趋势的产物。[10]

随着资本主义大工业生产及现代文明社会中产品的大众审美需求提升，技术美学诞生并在商业竞争的推动下得到很大发展。随后英国的设计改良运动提出了技术美学的教育问题，将技术、美学、教育相结合。如同技术美学，科学美学的产生也有其时代需求和必然性，今天的科学美学需要自身走向成熟的同时，也需要教育中的科学美学理论引入，科学、美学、教育的结合。《中共中央国务院关于深化教育改革全面推进素质教育的决定》中指出："美育不仅能陶冶情操，提高素养，而且有助于开发智力，对于促进学生全面发展具有不可替代的作用。要尽快改变学校美育工作薄弱的状况，将美育融入学校教育全过程"，"实施素质教育，必须把德育、智育、体育、美育等有机地统一在教育活动的各个环节中"，学校教育要注意全面性，并"使诸方面教育相互渗透、协调发展，促进学生的全面发展和健康成长。"如何在教育的传统模式中进行革新，进行时代转型，如何"将美育融入学校教育全过程"，"有机地统一在教育活动的各个环节中"，"使诸方面教育相互渗透、协调发展"？当前的大学美育课程中较为重视文艺美育，强调

文学艺术的审美教育作用，而科学美育作为培养一个完整、全面发展、创造性人才所不可缺少的重要方面却被忽视。科学、美学、教育的结合对于推进大学美育的全面与深化，促进学生的全面发展和健康成长具有重大意义。在艺术与科学融合的趋势下，要求我们革新传统教育模式，克服学科思维定式，调整思维视角，汇通不同学科知识，注重综合性、整体性、相互渗透性的素质教育，以科学的真知、艺术的美感、教学的手段来提高学生创新能力、挖掘思维潜能、提升思维效能，以培养未来型创新人才。

对于当前高校公共艺术教育的传统模式显现的问题，艺术与科学的融合在教育阶段的介入是极为重要的环节。建构艺术与科学综合美育模式、艺术与科学共组的课程体系、艺术思维与意志的开发、培养与引导，科学美学理论的引入及科学、美学、教育结合的探索都将在艺术与科学融合的教育中起到推动作用，为高校公共艺术教育的时代转型、当代美育发展注入新思路与新活力。

参考文献

［1］沈海军、时东陆.纳米艺术概论［M］.北京：清华大学出版社，2010.

［2］陈平.李格尔与艺术科学［M］.杭州：中国美术学院出版社，2002.

［3］［德］沃林格.抽象与移情 对艺术风格的心理学研究［M］.王才勇，译.沈阳：辽宁人民出版社，1987.

［4］徐辅新、程民治.自然科学美学［M］.合肥：安徽教育出版社，1992.

［5］许延浪.科学与艺术 人类心灵的浪漫之旅［M］.西安：西北工业大学出版社，2010.

［6］［美］G·萨顿.科学的历史研究［M］.刘兵，等，译.北京：科学出版社，1990.

［7］宋钺.创造力开发需要"艺术与科学"的完美融合——创造力开发系列文章（二）［J］.继续教育，1998（02）.

［8］朱立元.美学大辞典［M］.上海：上海辞书出版社，2010.

［9］范明生.西方美学通史第一卷古希腊罗马美学［M］.上海：上海文艺出版社，1999.

［10］徐纪敏.科学美学［M］.长沙：湖南出版社，1991.

基于创意思维能力培养的教学方法研究——以设计思维课程为例

陈莹燕

（武汉轻工大学　武汉　430023）

关键词：创意思维　角色　趣味　主动

1　引言

以新颖独特的思维活动揭示客观事物本质及内在联系并指引人去获得对问题的新的解释，从而产生前所未有的思维成果称为创意思维，也称创造性思维。[1]艺术设计的灵魂是创意，创意思维是创造力的核心，是人们完成创造活动的基础。在艺术设计专业的教学中，教师除了传授专业知识和基本技能的同时，更要培养学生的创意思维能力。

刚进入大学的艺术设计专业的低年级学生在学习过程中常有有以下问题：一是习惯于灌输式的被动学习方法，在学习中缺少探索和质疑的能力。二是痴迷于描绘事物的表象，或者依照某种模式来"创作"，有很强的固化思维模式，作业方式习惯趋同和跟随。三是学生急于获得快速提升创意能力的方法和技巧，当发现没有捷径和公式时，就认为创意是凭经验直觉产生的灵光乍现，没有清晰的思维脉络，陷入自说自话，自我玩味的境况。

大学教育不是将学生培养成单纯的模仿者，而是要将他们培养成适应时代的创新者。创新需要有创意思维的能力，创意并无公式可循，与创意有关的方法都是灵活而变化的，但这不代表创意思维是没有依据和线索的，它依然存在着自身的逻辑。基于此，老师急需更新教学理念，注意教学的多元化和多角度，发展出一种符合学生情感规律，遵循学生心理个性的教学模式与方法。

2　设计思维课程的教学目标和教学理念

设计思维课是面向设计类专业的平台课程，本课程需要通过从认知到体验、再到实践的渐进式教学，在专业学习初始就最大程度的调动学生的学习兴趣，建立正确的认知起点，培养设计意识与创意思维方式，激活后续自主学习的内在动力。

设计思维课程的教学理念主要有以下几点：①在教学过程中有效拓展学生的个性化创新思维能力，强调创意没有标准答案，鼓励学生寻找不同的观察视角，尝试不同的创作方法。通过认知、游戏、分享、合作等方式，让学生打开思维，成为有创意的人。②在教学中通过结合学生趣味合理设定选题，通过趣味驱动激发好奇心，强化想象力，提升形象思维能力和创造力，训练学生运用设计语言来表达思想与观点，学会可视化的交流方式。③关注设计中的阶段性环节，适时提醒，让学生知道为什么而设计，强调每个知识点在整门课程中的位置及对今后设计的影响，避免把不切实际的空想当成创意思维的存在形式。④帮助学生了解学习思路，培养自主的思维习惯。通过引导和诱发学生思维和动机层面的兴趣，为今后的专业学习建立持久的自主反思能力和探索兴趣。

3　设计思维课程的教学方法研究

3.1　在教学中实现角色转变

老师应该走下讲台，让学生成为课堂的主角，尊重学生已有的知识结构，多欣赏和鼓励学生，引导他们共同探讨，让他们意识到师生之间是平等的。在教学进展的不同阶段，师生的角色可以随时转换。在课程开始初期，老师需要给出框架，充当导演或编剧的角色，学生是不同角色的演员，但进入分阶段的课题训练时，形成了学习小组，学生就既可以是导演也可以是演员，老师变成合作者，提供不同的帮助。学生在过程中可以通过自身的努力争取不同的角色身份，这会让沉闷枯燥的课堂变得丰富多彩，让学生感受到更多的乐趣，提升更强的自我尊重意识。

在科技发达的互联网时代，学生获得信息的渠道更加通畅和多元，知识和技能的学习也不仅仅限定在课堂内，每个学生都有可能获得丰富的课堂外学习资源，所以，在设计思维的教学里，每个人都有机会成为老师，向大家介绍和分享自己的独到见解或超出课堂内的学习信息。学生之间，师生之间可以转换成相互的学习的关系，更利于多种方式来探讨问题、解决问题，促成一种有持续力的自主学习形式。每个人成为课堂的主人，每个人都会有强烈的参与感。老师做好激励和引导的工作，保护学生的好奇心和小火花，控制教学的方向，协调好各个环节，就能营造出一个充满活力的教学氛围。

3.2　趣味驱动教学法

第一阶段：生动讲解，激发兴趣。

兴趣能够使人处于积极状态，并激起人对某种事物的探索欲求。在教学开始最重要的就是调动学生兴趣，启发学生如何观察生活，从生活中吸取灵感。教学内容的衔接性、生动性和诱发性。衔接性主要是指知识点和知识链能与学生基础和特点自然衔接，教学要有连续性和渐进性，课程内容的结构、教学方式和方法、课程时间量等有逻辑性，符合学生的兴趣点及需求。生动性体现在用通俗易懂的语言和有说服力的案例来验证知识点和理论，用幽默的技巧拉近与学生的距离，充分利用现代教育技术手段，用网络和多媒体技术运用扩大信息含量，调动学生的感官系统，为学生提供更加有趣的学习情境。诱发性体现在通过巧妙的案例带动学生在课后进行持续性的自主反思，使他们在面对一件事物或现象，有好奇心和独立思考，能从不同的视角分析问题。

学生的固化思维有深层次的原因，理论化的大道理无法说服学生，只有通过图文并茂的趣味讲解，让他们在不抗拒的心态下逐渐接受思维的转变。设计是多元的，在启发学生创意思维的讲解过程中，不用简单的好与坏，对与错等绝对评语来定义事物，不直接给出结论，客观陈诉、理性分析，让学生自己来评判或表达观点，保证教学的开放性和包容性。

第二阶段：自我认知，寻找趣味点。

进行自我认知需要对前期的所有课程进行回顾与反思，通过梳理前期课程的学习成果达成对自己的初步认知，学会面对自己的优缺点，寻找趣味点。自我认知的训练围绕"我"展开，用我的自画像、我喜欢的人和物，我的经历与作品、我的未来理想为命题，不限定技法与工具表现上述内容，这些内容一部分是前期作品的整理，一部分是除作业之外对自己的系统梳理，促使学生回顾与反思，并尝试系统性思考。学生更热衷于表达与己相关的主题，通过他们的自由表达，可以看到学生不同的个性、特长和爱好。通过这个练习折射引人深思的问题：大多数人的经历与所想是趋同的，都想与众不同，但却很难表现不同，或者表现的不准确、不充分。会有少数学生表现优异，而这些表现优异的学生都有共同点：作品走心，独立思考，行动力强。还有极个别学生作品表现力一般，但也会有奇思异想，或文字幽默，个性鲜明。对不同的表现都要给予肯定，需要让他们知道，每个人的特点都有可能成为优点，而成为优点的前提是要通过可视化的表现技巧，传达出来让人理解与接收。

设计创意的本质，其实就是设计师通过自我的觉醒，由内而外，借由相应的媒介，传递给受众，从而再由外而内，让他们觉醒的过程。[2]学生在训练的过程中能够不同程度的呈现出趣味点，有的分明、有的模糊，需要引导学生对这些趣味进行分析，尝试发现问题、分析问题、尝试解决问题的能力。学生通过观察事物的共性与个性，提高洞察力和觉悟，这才有创造的可能，老师才能因势利导，因材施教。

第三阶段：选题创作，趣味延伸。

学生在前期完成了素描、色彩、设计构成等基础技法课程，对纯形式、纯形态有了一定的理解，具备一定的手头表现技巧，但对设计思维和设计方法还停留在非专业水平，对与设计相关联的思考还没有形成链接。基于学生这个阶段的特点，需要兼顾学生的兴趣和基础，尽量选取有趣的主题，强调通过高情感与低技术的巧妙结合来完成作业。鼓励学生自由选择创意工具与手法，多形式的进行创意呈现，以减少学生动手前的心理

畏惧。

设计最终是为人服务的，在这个阶段需要从学生的个人趣味延展开去，让他们到市场中去调查，关注生活所需，在身边寻找选题。老师根据课程所需，只抛出大的选题范围，具体小的选题由学生自己提出，这就让学生由传统教学模式中的被动接收者转变成主动发起者，调动了学生主动性的同时也给予了学生释放个性的空间[3]，例如在锻炼学生情感表达的训练中，抛出"对话"这个大的命题，要求学生在这个大命题下表达与对象交流和沟通的内容，学生的选择可以是与同学之间的、与老师、与家长的、与动物的、与植物的对话……这种预留选题空间的方式更易调动学生的主观能动性。为了使学生间的交流与互动更多，要求选题接近的同学组成研讨小组，通过合作完成作品。小组合作的方式也是摆脱以自己为中心的思维模式，促进学生间的合作与相互学习，老师的作用就是引导和参与讨论，在关键点上把握方向，在难点上给予启发。学生在交流互动中能够看到同学的差异，检验自己在班级中的水平位置，自然形成一种竞争的学习氛围，有利于学生之间的相互学习，围绕课堂教学的主要问题，发表个人意见，通过交流各自的观点，获得开放的思路和知识的巩固[4]，同时提高语言表达能力。

第四阶段：综合评价，趣味分享。

在作品汇总点评阶段，要让学生能够感性的体验，理性的分析，鼓励学生大胆发言，相互点评，通过思维碰撞引发更广的思考，这种以学生为主角的教学过程能够很大的激发学生的热情和潜能，让学生对思考和观察生活有持续的兴趣，不会因为畏难而回避思考与尝试。评价的侧重点主要围绕以下几点：①能围绕课题进行前期的设计调研和资料收集；②能够对个人的思路有比较清晰的脉络表达，有独到见解的可以得到加分；③用PPT进行作品汇报，能合理运用文字、图形或声音；④作品能体现出对生活的细致观察与思考；⑤能结合课程所学与同学分享经验、技巧和心得。

作品评价有两种形式，平时的课题训练采取小组汇报的形式，所有组员将作品汇总整理成小组PPT，由小组长或推选组员进行汇报，每个方案都要有思维导图、设计说明。小组汇报的形式一方面锻炼学生合作与表达交流的能力，另一方面可以有效地控制时间，可以再有限的课堂时间里掌握学生作业的整体情况，老师在小组汇报过后进行点评，分析作品的共性与个性，提出修改意见，抛出思考问题。在课程结束前还有一次以个人为单位的作品汇报，每位同学需要把在课程中的所有方案进行汇总整理，包括草图和作品的修改前后，需要总结出个人的变化，个人的成绩与不足，并至少提出一个问题和一个后期学习的计划与构想。学生在作品汇报结束后，采取学生间相互匿名评分，与老师给的成绩一起按一定比例折算成最终成绩。

创意思维的开启与提升是一个循序渐减的过程，在

课程的初期，学生是懵懂的状态，老师需要调动起学生的好奇心和探求欲望，通过多层次的阐述逐步打开学生的思维，激发他们释放思想的冲动。在自我认知的训练阶段，老师不能对学生有过高要求，要给学生缓冲期，对学生多加肯定，让他们保持乐观向上。在选题创作阶段，需要在命题中加入一定的限定要求，在感性思考与理性分析之间找到平衡点。在作品整体呈现阶段，老师既要有全面的点评，又要给予学生互评和自我评价的空间，让他们畅所欲言，这样才能让他们更有热情的坚持学习之旅，创意之旅。

4 结论

通过对设计思维课程的教学研究与探讨，我们认识到艺术教育需要多样化和趣味性。教师应该结合学生特点设计具有开拓性的教学方法，在课程设计中推陈出新，拓宽学生创新思维的领域和方法，将教学重点由单纯的技术和审美的传授，转向综合的创造性思维模式的引导与启发。教师不仅是信息提供者，还应该是学生学习过程中的合作者和引导者，要为学生提供崭新而有趣的学习环境，最大化地改变学生固化的思维状态，变被动学习为主动思考，主动探索，培养学生自主获取知识的能力，使学生的智能结构得到全面发展，成为时代所需的新型设计人才。

参考文献

[1] 胡雨霞.创意思维[M].北京：北京大学出版社，2010.

[2] 伏波.设计创意思维平台课程的探索与实践[J].装饰，2011（1）：128–129.

[3] 向威.基于学生特点分析与转换教师角色的实践教学方式[J].装饰，2013（9）：139–140.

[4] 王晓彤.《设计基础》课程教学新思路—"三引"教学法应用研究[J].装饰，2012（6）：123–124.

文化创意产业背景下设计创新人才培养模式研究 ①

朱　炜

（湖北汽车工业学院　湖北十堰　442002）

关键词：艺术设计　文化创意产业　设计创新人才培养

1　引言

随着生活水平的提高，消费者市场进入强调审美体验的经济时代，以科技为基础，文化和创意的相互融合成为国家经济发展的"软实力"，推动文化创意产业发展是世界各国经济发展重要举措。2014 年 2 月，国务院《关于推进文化创意和设计服务与相关产业融合发展的若干意见》中强调："促进创意和设计产品服务的生产、交易和成果转化，创造具有中国特色的现代新产品，实现文化价值与实用价值的有机统一。"[1]更加说明文化创意和美学经济刺激产业跨界融合、促进产业融合创新的重要作用。从艺术设计的角度来看，设计体现出感性化、人性化等设计趋势，消费者开始喜欢个性化、差异化的设计产品，从设计中追寻文化认同，世界各国也逐步形成了展现自身特色文化的设计风格，以此呈现设计差异。文化创意产业的兴起，体现了美学经济体验下消费者对文化消费的认同和需求，融合文化、美学、科技等要素的设计需求对设计创新人才的培养模式提出了新的挑战，本文结合文化创意产业的设计本质以及设计创新人才的需求，提出了文化创意产业背景下设计创新人才的培养路径。

2　文化创意产业的设计本体观

2.1　文化创意产业的含义

"创意产业之父"约翰·霍金斯在一次创意产业论坛上这样提到：创意和创意产业是有联系的，而创意成为一种产业的概念提出源自澳大利，到了 90 年代末由英国政府正式提出并推广至全球。之后，"创意产业"的概念被许多国家和地区的政府所采用，并被纳入各个国家或地区的相关政策[2]。结合国内外学者对文化创意产业以及创意产业本质特征分析的基础上，对文化创意产业做如下定义：文化创意产业是指在经济全球化背景下，以文化内容、创意成果为核心价值，以创意、创新为手段，通过科学技术、市场化运作实现知识产权的产业化的行业。

按照英国对文化创意产业的分类，其包含广告、建筑、美术和古董交易、手工艺、设计、时尚、电影、休闲、音乐、表演艺术、出版、软件开发等 13 个产业。文化创意产业从本质上讲，是美学经济时代下文化的经济化和经济的文化化的具体体现，是一种推崇创新及个体创造力、强调文化艺术对经济的支持与推动的新兴理念[3]。

2.2　文化创意产业的设计本体观

本质上，文化创意产业分为文化、创意、产业三个方面，其根本是将"文化"转化为"创意"，提升设计的附加值，即实现"文化创意—设计加值"的过程。典故、风土人情、生活习俗、生活形态、历史文化等文化题材是"源"，诉求设计的内涵与深度；象征符号、思维方法、创意商品等创意手段是"本"，通过创意实现文化题材的视觉和体验转化，诉求消费者感动的深度；产业化运作、品牌建立、市场营销等产业化运作是实现"文化创意"市场转化的"根"，追求消费者接受的广度，三者之间的具体关系如图 1 所示。

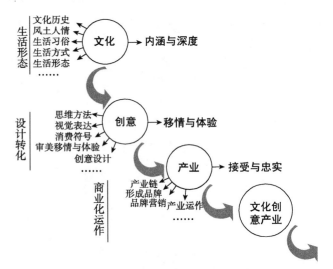

图 1　文化创意产业的本质解读（作者绘制）

从文化层面上讲，文化创意产业的本质是一种经由文化，通过设计创意附加值，再由产业所形成的生活形态；从设计创新层面来讲，文化创意产业则是提取文化风格特色、形成设计概念模式、完成文化产品设计一系列设计创新过程；从创意层面来讲，文化创意产业是通过搜集整理挖掘原始的文化资源，对资源进行分析研究并归纳出有用的知识资源，通过设计思维并结合其具体意义转化为设计资源，灵活运用于生活中使之成为创意产业资源等系列过程的融合与创新。

综上所述，文化创意产业的本质是文化（资源）通

① 本文主要内容已经发表于《设计艺术研究》2015 年第 8 期。

基金项目：2011 年度国家自然科学基金面上项目（71173012/G031201）；清华大学自主科研计划课题（20121087913）。

过创意（设计）实现商品化（产业）。创意（设计）是指设计的附加值，是实现文化的可视化和体验化的媒介。从这个角度上说，文化创意产业的根本在于设计转化，以此建立起文化—设计—产业基本构架，这便是文化创意产业的设计本体体现。文化创意产业研究的基本架构见图2。

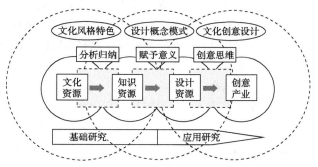

图2　文化创意产业研究的基本构架（作者绘制）

3　文化创意产业对设计创新人才的需求特征

3.1　创新性是设计创新人才需求的本质特征

创新性是文化创意产业的核心内涵和本质特征，创新性强调个人或团体的创造力所带来的独特的文化审美体验和感受，而非简单的重复和模仿。设计创新要想感动消费者并并留下美好回忆，就必须要有内涵和深度，也要凸显出独特的个性，这就要求设计创新人才具有智慧的头脑、丰富的想象力以及较强的创新思维能力来进行创意设计，在内容与形式上实现独特的创新设计，始终体现其核心内容价值的独创性。

3.2　多学科交叉融合是设计创新人才需求的主要特征

文化创意产业是一种知识和技术高度密集型的新兴产业，实现文化、创意、技术的融合发展是其发展的趋势，如上所述，文化资源是文化创意产业的核心资源，在设计创新过程创造高额的文化内涵，从而提高文化产品的附加值。文化创意的创新过程是通过文化价值、知识加值、设计加值、创意加值、产业化运作等一系列加值过程来实现的。设计创新人才需要在掌握自身专业知识的基础上，需要多学科的理论知识体系融合到文化创意产业中去，成为交叉融合的复合型人才，只有这样才能全方位的把握产业化对文化产品的设计需求，符合文化产业链发展的需要。

3.3　较强的实践应用能力是设计创新人才需求的根本特征

设计学（艺术学）本身就是一个实践性强的学科，多学科交叉融合的知识和技术体系，文化、创意、科技的融合，文化创意产业的产业化运作等等均对设计创新人才提出了更高的要求，因此，设计创新人才更加需要较强的设计创新能力以及较强的专业实践能力，扎实的专业实践应用技能、较高的综合素质以及可持续发展的

潜力能够保证设计创新人才高效率地为企业服务。

3.4　整体把握"产业链"是设计创新人才需求的典型特征

文化创意产业离不开"产业化"运作，文化创意只有经过规模化、产业化才能转为创意产品时，文化创意才真正形成了一个完整产业链过程，完成文化创意的价值创造和传递，文化创意产业是渠道扩展、品牌衍生、服务定位三个环节来实现文化创意的高额附加值的，因此，设计创新人才必须理解文化创意产业的交叉融合和产业链特征，整体把握整个产业链过程，对创意设计的调研、策划、设计、行销、推广以及服务等进行全面考虑，整体设计，从而才能满足文化创意产业发展的社会需求。

4　设计创新人才培养的改革路径

4.1　增强服务设计和设计产业化意识，将文化扎根于设计实践中

在后工业化的美学经济时代，设计活动跟经济活动、价值和服务一直存在着密切的关系，且已从单纯的产品（商品）买卖转变为较为复杂的情感生活体验，设计活动自然也不再是一种单纯的产品设计，在以"人"为本的思维下，设计活动涉及众多特性，主要包括功能、产品、程序、技术、生产与加工、商业模式、品牌、知识工程、咨询服务等，其产业化特征也更加明显，这些都区别与传统意义上的设计活动。服务设计，是一种宏观的设计规划和程序，是通过设计价值共创网络体系和模式的整体互动、整体体验和关系的设计，协同内外人员有效地将服务价值传递给服务接受者，并产生长期效应[4]。在培养方案上，设计创新人才的培养也需要注入新观念，增强其的服务设计和产业化意识，适应设计创新人才需求的复合性特征。

文化创意产业的根本是实现文化对产品的附加值的提升，我们历史文化悠久，拥有丰富的文化资源，为现代设计提供了肥沃的土壤，为设计师提供了大量的灵感源泉。高校设计专业人才的教育需要扩展设计创新人才对社会学、文化学、人类学等多学科的知识学习，提高设计创新人才的文化素养，从而有效解读、挖掘和继承优秀的传统文化资源。在设计创新人才培养中，更应该注重对民族文化、创意、科技等多学科知识体系融入设计教学中去，培养设计创新人才对文化的热爱，并结合时代科技特征，将文化扎根于设计创意实践中，增强设计的内涵和深度，为树立文化创意品牌奠定基础。

4.2　明确人才培养目标，培养设计创新能力

设计创新人才的培养目标要与文化创意产业发展的方向一致，不同高校应该根据文化创意产业的发展方向和地域特色以及自身特色确定学校设计艺术专业的办学定位和特色，明确提出设计创新人才培养的目标，设置合理的培养模式，为地方文化创意产业服务。

创新性是文化创意产业背景下设计创新人才需求的

典型特征，高校在明确设计创新人才培养目标的基础上，必须通过相应的培养模式和课程知识体系培养学生的创新能力和设计能力，创新能力的培养能够打开学生创意设计的思路，拓宽思维维度，增强美感感悟能力，提高市场观察的判断力，从而综合运用多学科知识敏锐地设计出新颖且具有深度的作品；设计能力的培养是设计创新人才培养的根本，设计创新人才必须拥有扎实的专业理论知识和实践技能，包括设计表达、设计策划、设计推广的实践能力，两者的有效融合才能够培养出能够创造性运用专业知识和技能解决文化创意产业问题的设计创新人才。

4.3　优化课程体系，建立动态的课程内容更新机制

课题体系的建立是以培养目标为依据，是对课程内容、结构、范围、进度的整体规划，课题体系依据培养目标进行知识结构与能力、素质的对应和匹配。课程内容是课程体系中的知识链和知识点，是课程体系的支撑部分，课程体系科学性与合理性主要取决于课程内容选择，合理的课程体系必然有合理的课程内容做支撑。

文化创意产业需要多学科知识的交叉融合，设计创新人才的培养必须以设计专业基础知识、基础技能等为基础知识点，还必须动态地把握设计概念变化、衍生以及前沿知识，建立动态的课程内容动态更新机制，以适应产业化和社会变化的需求，除此以外，还必须建立课程之间的关联性，通过知识的组合与更新产生创意附加值。因此，课程体系的完善必须注重课程内容和知识的动态更新以及创新知识体系的外延，才能培养文化创意产业发展所需的设计创新人才。

4.4　加强实践应用能力培养，构建以实践为主线的实践教学体系

设计创新人才的培养有赖于应用实践能力的培养，构建以实践为主线的实践教学体系，这就要求学校教育必须与企业、政府进行有效互动，使得设计人才更符合产业发展需求。一是通过导师工作室制的教学方式，根据学生不同的专业兴趣选定符合自身特征导师，跟着导师完成实际课题或项目的形式来加强实践应用能力的培养。与此同时，导师可以根据学科前沿动态，引导学生了解学科发展动态。二是通过加强校企合作，建立校外实践基地的方式来推动设计创新人才实践能力的培养。

三是建立基于"3+1"学年制的毕业实习、毕业实习与毕业就业一体化教学模式[5]。在文化创意产业环境下，实践教学环节也必须体现出文化、创意与产业的关联性，提高文化创意的实践转化能力和成果应用能力。

4.5　加强双师队伍培养，培育优良教学团队

要适应文化产业发展的大环境，培养设计创新人才，就必须培养一支理论知识扎实、实践能力强、具有设计创新能力的高素质师资队伍，即建立有效地双师型师资队伍的培养机制。而恰恰相反，现有高校的大部分老师都是从学校走向学校，从某种程度上更多注重学术理论研究，实践能力相对匮乏。与此同时，高校繁重的教学任务和科研任务使得教师投入到社会实践的机会更加减少。

5　结语

因此，高校应该出台一些政策或通过一些具体措施加强双师队伍培养。一方面，鼓励教师参与社会、企业的纵向和横向课题，鼓励老师带动学生参与到实践课题中去，提高实践操作技能；另一方面，积极鼓励教师到企业挂职锻炼或挂职学习，给老师创造与社会、企业、市场接触的机会，只有师资队伍的设计能力、创新能力、实践能力、综合素质得到全面提升，才能更好地引导学生，最终培养出符合文化创意产业发展的高素质设计创新人才。

参考文献

［1］关于推进文化创意和设计服务与相关产业融合发展的若干意见［EB/OL］. http://news.xinhuanet.com

［2］约翰·霍金斯.创意产业：新经济源泉［J］.经营者，2006（12）：64

［3］张京成.中国创意产业发展报告（2006）［M］，北京：中国经济出版社，2006：5-6.

［4］Kimbell, L.Designing for service as one way of designing services［J］. International Journal of Design, 2011, 5（2）：52.

［5］朱炜.基于三螺旋理论的异地毕业设计一体化教学模式研究［J］邢台学院学报，2015（01）：159.

在高招新政策下艺术教育专业建设之路

刘晓英

（湖北大学知行学院 武汉 430070）

关键词：新政策 艺术教育 专业建设

1 引言

2015 年部分省份将二本三本合并招生的高考政策出台后引起了大家的关注，这是 2009 年以来，继浙江、天津、山东、福建等省份取消三本批次招生后的又一次集体变动。

三本"帽子"被取消，公办民办高校界限淡化。有助于人们淡化公办民办教育界限。让三本院校有机会利用好办学自主权，突出学校特色，实现差异化培养，完善跟社会经济主战场相对接的专业，培养出应用型人才适应社会需要。三本"帽子"被取消，引导高校回归办学实力的竞争。打破了二本在生源选择方面的优越感，刺激学校提升办学实力。竞争加大之后，学校可以利用这些优势求发展，找准自己的定位，做出自己的特色，提高人才培养质量，保证高水平就业，提升整体实力。

三本被取消同时也释放出另外一个信号，预计从 2017 年起，上海和浙江等地区将作为试点，采取按专业招生的招考方式，代替之前按学校进行报考的方式。促进高校加强优势学科建设，合理分配学科体系。避免高校忽视自身特色，单纯追求规模大、学科全，千篇一律的建校思路，也是一个重要的改革契机。

在这样一个高考指挥棒下，各层次高校均可利用这一契机大力发展专业优势，夯实自身的专业强项。

2 我国艺术教育发展历史

光绪二十七年八月，清朝廷恢复戊戌变法的决定，命令办好京师大学堂，将省会书院改为大学堂，各府、厅书院改为中学堂，各州、县书院改为小学堂，这些学堂组成了最早的现代高等学校系统。

中华美育是中华人类发展到"新智人"阶段，萌发了原始审美意识和萌芽状态的审美创造力以后的产物。它以原始的艺术创造、艺术审美和艺术教育为主要载体，同原始人的自然观、社会观、宗教意识、图腾观念、巫术活动等有着密切的联系[1]。中华古代学校美育同学校教育几乎同时发生，从一开始便成为学校教育的一个基本要素，并同其他教育相辅相成，使中国成为最早产生学校美育，形成学校美育制度并长久不衰的国家之一。

从 1840 年中国社会向半殖民地、半封建社会转化开始，一个半世纪中先后涌现出以工艺教育、手工教育、图案教育、工艺美术教育等名义所开展的性质相近但形式迥异的教育类型，它们都是艺术设计教育的不同发展阶段[2]。鸦片战争之后，中国社会由封建专制社会向半殖民地半封建社会转化，促成了学校式工艺教育的产生，以适应近代化社会的巨大需求。手工教育的开展，一方面是为了对鸦片战争后所兴起的工艺教育进行补充，通过手工教育达到衔接普通教育与专业教育的目的，同时也是在人类社会逐步实现工业化的过程中形成的。随着现代化大生产、商品经济以及近代科学技术的发展，要求有精确的图纸和周密、合理的工艺规程相适应。在这样的形势下图案作为一种学科、一种专业教育应运而生。在图案教育的发展过程中，图案往往被等同于装饰纹样，因此在民国后期就出现了将图案教育与工艺教育相融合的呼声，并逐渐被新型的工艺美术教育所替代。

在 21 世纪的今天，艺术设计教育作为艺术设计人才的培养方式，它与本国地区政治、经济有着直接的联系，了解国外艺术设计教育的现状及发展趋势有利于了解和发展我国的艺术设计教育。

从艺术设计教育这一概念的孕育、发展的演变过程，不难看出艺术设计学科在中国尚未真正定型，尚处于初级发展阶段，对于其专业特性以及其发展规律还有待进一步探讨、研究。

3 艺术高校专业建设之路

专业建设是艺术设计本科教育的重中之重，不难想象，我国从开设艺术设计专业教育以来，除借鉴西方先进的办学经验之外，也在不断地摸索具有中国特色的发展道路。

3.1 专业

专业建设是在正确的办学指导思想下建立的，是确立特色和优势化差异的基本前提，专业发展就有了一个鲜明的目的。专业特色的确立涉及课程结构设置的优化，教学方法的独特化，教学成果的显著化等教学的每一个环节的严格把关，是需要所有的老师和学生共同努力才能树立起来的丰碑。

随着艺术学科与文科、工科等学科的相互交叉与融合，一些国民经济建设和社会发展急需的新增专业方向不断涌现，如数字艺术、动画艺术、多媒体艺术等一些专业方向已在综合大学开始设置。同时，由于我国电视业快速发展，与电视艺术相关的专业领域，也逐步从精英模式发展为大众教育格局，一些文艺编辑、动画艺术、音乐编导等专业的招生规模在逐年扩大。这些举措无疑促进了艺术学科的发展。

3.2 课程

课程结构的设置反映学生的知识结构，也是学生毕业后就业的敲门砖，企业从课程中了解学生的知识体系，以确定用人方向。学生能从课程设置中了解对口的企业，课程的建设是专业建设中的重点。而优化的课程结构能事半功倍的帮助学生完成四年的学习，在专业的课程结构安排中，公共基础课与专业课、选修课与必修课、专业基础课与专业课、理论课与实践课每一个版块要求比例恰当，安排合理，充分体现当代艺术设计的培养目标和学校的办学宗旨，以适宜性、灵活性的特点规划课程设置，以适应学生的个性化发展。

3.2.1 专业必修课程模块化

将专业课程按照通识课程、专业基础课、专业课等划分成若干个相对稳定的模块，每一部分教学的要求侧重点也不同，组成多元的基本单元。学校可以根据不同专业的特点将各部分的基本模块加以组合，形成多个由基本模块组成的课程结构，学生可依据自己的兴趣选择不同的模块组合，灵活自如。再结合选修课程的辅助，即便是同一专业的学生经过四年的学习实践也各具特色，避免了培养的学生千篇一律，缺乏创新性的问题，也很大程度上加大就业的几率。

模块化的实施要注意课程与课程之间的顺序及课程间的连贯性，许多专业课程相对独立而又有紧密的联系性，在模块的划分时注意分出主次关系，也有助于学生清晰明了的选择，在很大程度上也拉开了学生的知识面，丰富了学生的就业方向。

3.2.2 辅助选修课程多样化

在全国艺术设计院校差距不大，特色不明的大环境下，类似专业之间课程结构的设置也体现不了多大的差异性，这样教育的结果必然会导致学生知识结构雷同，创新性不够，就业后缺乏竞争力。而课程类型的多样化必然要打破课程结构单一、老化的束缚，也能促进学生的学习热情。加大教育的丰富性和交流性，也有利于培养高素质，创造性复合型艺术设计人才。因此，艺术设计教育的课程结构改革必须增设专业选修课，让学生在接受全面的艺术设计专业必修课基础上，能选择丰富多彩的辅修课程，对专业知识作有益的补充。

从另一方面来看，选修课程的设置有利于创造没有竞争的教育环境，也可改变学生过分追求高分，综合素质低下的现状。学生学习是不需要竞争的，是一种平等的，百花齐放的境界，学生可以自愿选择感兴趣的课程，单一竞争目标的打破也必然会激发学生主动学习的热情。

3.2.3 实践环节课程突出化

艺术设计是一门实践性较强的学科，纸上谈兵的理论灌输对培养创新性的个性化人才没有丝毫的帮助，反而会阻碍创新思维的训练，这一大特色应始终贯穿于艺术设计教育。

现在有些院校的课程教学将设计实践与具体的工程项目结合的方法也不失为一种加强实践教学的好办法。教师一开始就将实际的工程项目作为引导，教授一些理论知识，经过展开设计创意，绘制设计草图，讨论敲定设计方案，参与工程项目评选等一系列真刀实枪的环节，学生对课程的学习积极性会大大提高，也会增加同学间团结合作的精神，对参与工程项目设计方案的投标过程也十分清楚，有利于学生参加社会实践活动。同时，也有一些院校探索出积极的课程模式，例如院校和企业联合办学的思路体现在课程实践环节中就是将企业的要求作为课程的要求，教师在教学中将学生的设计作品定位在企业的规划上来，学生作品就是企业的产品，企业会根据质量的优劣来选择是否投入市场，也会为企业储备了大量的有针对性的设计人才。学生在课程的学习过程中，学习热情高涨，自己的实践能力得到加强，设计作品有可能面市或者有获得企业的资助，或者能与企业达成就业协议，这将是一举多得的事情，势必会提高课程的教学质量，这种教学效益、经济效益、社会效益都得到加强的做法值得提倡，也必然能改变学习被动，质量不高的教学现状。

3.2.4 艺术与技术综合化

艺术是什么？自古以来就和技术争论不休，从我国先秦时期的"六艺"到魏晋时期"工匠"转为"文人"，从西方传统艺术观的"对现实生活和自然界的摹仿或再现"到工业革命时期莫里斯为首的英国工艺美术运动和德国包豪斯设计艺术运动等诸多设计风格流派所提倡的"艺术与技术的统一"，艺术与技术必然走向统一。实际上，人类文明的设计史就是一部技术史，对新技术的改造必然产生新的设计作品，例如青铜器冶炼配比技术、铸造技术的改进为我们留下了大量造型经典，艺术价值高的传世佳品。

现代设计本身也是一门综合学科的交叉，涉及社会学、经济学、伦理学、美学等，要受功能因素、经济因素、环境因素、科技因素、信息因素、审美因素等的影响，单纯地将艺术设计和人文学科、科学技术分离开来是不利于艺术设计的长远发展的，只有加强学科间的交流，构建跨学科、跨专业的综合课程，才能有益于设计思维的创新。例如环境艺术学科可以整合建筑学、色彩学、纺织学、电脑艺术、力学、经济学、社会学等内容，视觉传达设计可以整合心理学、社会学、经济学、文学、传播学等内容，这样的整合方式可拓宽艺术设计的内涵和外延，发挥艺术设计的综合学科的优势。

3.3 课堂教学

教学方法的新颖、独特、科学，有利于调动学生的学习积极性，培养学生的个性、创新意识以及提高学生自主学习的能力，更有效的发挥45分钟的作用。

3.3.1 过程式教学的引入

艺术设计教育具有一般学科教育的基本方法和规

律，也有艺术设计的特色和目标，完全用一般性教育的模式来衡量艺术设计学科也有不全面的问题。艺术设计更应注意过程，注重激发学生的创新性，教师在过程式教学中更应把握课前，课中，课后的准备，规划好课程的每一个环节，在过程中调动学生独立思考，主动学习的积极性，提高学生的综合素质和创造能力，更能突出培养学生的创造性思维，引导学生多方位的思考问题，变过去灌输式教学为启发式教学，使教师与学的互动更为生动。

3.3.2 以学生为主体的转变

改变传统的以教师为主体的教学模式是艺术设计学科发展的必然，结合过程式教学来看，以学生为主体，才能激发学生的创造力，才能有更广阔的发挥空间，有助于教师发现学生的特点，以制定"因人制宜"的个性化培养方案，有目的的指导学生参与创作实践，激发学生的主动学习的强烈愿望，在探索型的课堂中更好的体验设计成功的乐趣。

在这种启发式的教学模式中，教师始终以一个启发者，鼓舞者的角度来完成课程教学，鼓励学生自我学习、自我评价、自我完善。同时学生接受新事物快，信息量大，他们通过网络等信息渠道了解新知识更多，这也对教师提出了更高的要求，教师的知识储备要更新、更快、更多，才能在以学生为主体的教学模式改革中找到自己的定位点，也要求院校制定完善的制度来保障艺术设计学科高质量的发展。

一些传统方法也可以在艺术设计的课堂得到改进，形成自己特色的方式方法，如传统的讲授法、讨论式教学、音乐式教学等多种方法的灵活使用，融入艺术设计教育的课堂中去，激发学生的无限潜能，以适应学生个人教育和生活经历的差异性，学习兴趣特长、知识储备的差异性，对艺术风格，艺术表达的差异性，积极开展对话式教学、探讨式教学、主题式教学，不拘泥于单一的课堂教学模式，因人而异，形成不同风格的学习小组，以适应个性化人才培养目标，构建宽松的学习氛围和弹性的评价标准。

转变和改革是艺术教育前行的动力，随着材料、工艺、技术等日新月异的革新，为社会经济服务的艺术也应调整以适应社会需求的新变化。学生主体的知识更新、勇于尝试也为教育事业的蓬勃发展提供了良好的契机。转变专业建设的思路的方式，更好地为大众服务。

参考文献

[1]奚传绩.设计艺术经典论著选读[M].南京：东南大学出版社，2002.

[2]王受之.世界当代艺术史[M].北京：中国青年出版社，2002.

[3]柳冠中.设计文化论[M].哈尔滨：黑龙江科学技术出版社，1997.

[4]尹定邦.设计学概论[M].长沙：湖南科学技术出版社，1999.

[5]李砚祖.中国艺术学研究[M].长沙：湖南美术出版社，2002.

[6]阿瑟艾夫兰.西方艺术教育史[M].刑莉，常宁生，译.成都：四川人民出版社，2001.

[7]艾伦斯旺.英国平面设计基础教程[M].张锡九，等，译.上海：上海人民美术出版社，2003.

"新常态"环境下视觉传达设计人才培养模式探究

丛艺菲[1] 邹 斌[2]

（1.烟台工程职业技术学院 山东烟台 264000； 2.烟台大学 山东烟台 264000）

关键词： 新常态 人才培养模式 可持续设计

1 引言

在"新常态"环境下，新技术的不断进步，推动着网络、移动媒体、智能终端的蓬勃发展，信息的传播发生了革命性的变化。

从某些程度而言，技术可以看作是广告形态革新的原动力，因此身处产业链中的广告也进入一个新时代。这一时代，对视觉传达设计新式人才的培养也提出新的要求：何种设计人才培养模式更符合时代要求，更能适应地区经济区域化需求，更能体现创新设计的价值，做可持续发展的设计？

2 新背景下视觉传达设计教育新式人才需求分析

2015 年中国经济进入新常态的"第二年"，是全面深化改革的关键之年。习近平总书记在中央经济工作会议讲话时强调："认识新常态，适应新常态，引领新常态，是当前和今后一个时期我国经济发展的大逻辑。"[1] 近些年来，文化产业的发展速度基本保持在 15% 以上，2013 年占 GDP 比重已达 3.77%。

文化产业的高速发展依靠创意人力资本的大量投入和文化创意阶层的崛起。从其他国家文化产业发展的经验来看，创意产业的发展、繁荣无不归功于视觉传达设计创新人才的教育与培养[2]。所以，在文化产业迎来爆发期的背景下，视觉传达设计教育创新型人才培养必将成为设计教育的核心命题。

文化产业对人才的需求，不能为仅仅单一模式，特别是高职类院校对于跨学科、综合化、科技化、实践化跨界综合型人才培养更是时不可待。设计人员设计的最终产品要面向市场。21 世纪是一个商品消费者逐渐被隐形化的时代，商品的设计不仅仅满足顾客或者消费者的需求，同时企业也迫切地需求借助商品设计来表达自身的理念，就需要具备一定的市场调查能力的高职高专视觉传达新式设计人才。新型设计人才要明确何种设计是市场真正需要的，掌握运用市场消费心理学知识和统计分析方法进行市场和产品分析，创造出能引发共鸣与不断创造趋势设计。

3 "新常态"环境下，视觉传达设计教育人才培养体系构建

为顺应经济、社会、企业对人才提出的新要求，我院按照培养"生手、熟手、能手"的职业发展规律，基于对学生设计创新能力、社会能力和方法能力等职业综合能力的培养，重新构建视觉传达设计人才培养体系。

在人才的培养上，通过进行广告行业企业新常态调研，设定最终人才培养目标为"服务区域经济，综合型复合人才"；通过遴选行业专家，进行企业岗位分析和专家与专业教师研讨，提取典型工作任务，编写一体化课程任务工单确定人才培养的一体化课程体系；对烟台地区广告相关行业进行考察，总结出"新常态"环境下，区域广告行业典型工作任务如表 1 所示。

表 1 区域广告行业典型工作任务表

工作任务	工作任务内容
"硬广"式广告设计与制作	1. 宣传产品图片拍摄
	2. 网络视频，数字电视，手机视频等前后贴片广告图特效处理
	3. 高档小区推送奢侈品广告折页制作
团购与微电影信息广告设计与制作	1. 消费者需求调查，撰写调查报告，总结汇报
	2. 产品广告文案和广告语的撰写
	3. 网页广告促销商品布局排版展示设计
	4. 微电影广告剧本撰写
	5. 微电影短片拍摄
	6. 微电影广告音频效果处理
	7. 微电影广告视频编辑与制作
互动式广告设计与制作	1. 互动广告策划书的撰写
	2. 展台布局
	3. 游戏环节体验
	4. 效果反馈统计分析

新式人才培养模式，制定完成一体化课程学习目标及工作与学习内容，完成"任务描述"，让学生知道"要做什么"；展示单元任务设计，包括任务载体、工具媒体、学习目标、学习重点及处理方法、教学环境资源让学生明确"具体做什么"；实施任务工单包括实施细节，让学生明确"要怎样做"。

该模式采用"五合一"培养模式，集"教授、导学、实操、认证、参赛"为一体。[3] 实行多学期分段式教学组织模式。在人才考核模式上采取小组或个人在团队工作中的知识获取能力、协作能力、工作态度、团队分工等给予综合评定。

4 以市场需求为依据，培养人才的"设计本性"，做可持续发展设计

艾斯林格（Hartmut Esslinger）教授是全球最负盛名的策略设计公司"青蛙设计"的创始人，他指出：设计是一种战略，一种协调——协调科技、商业和资本，生态与资源，人类以及社会。目前技术的发明赶超我们现在的生活太多，重要的是要创造价值，要研发新的东西，将之与技术相结合，创造出超原创新的东西。然而设计对于商业社会而言，最重要的是设计引领了创新变革，设计就是找回生活的本质，只有找到本质，利润会随之而生。[4]

随着数字消费者对其媒体体验拥有越来越多的控制权，以及广告客户更倾向于将支出投在交互性更高、事后可衡量性也更强的媒体格式上，终端厂商、数据公司、应用开发商等越来越多的角色参与到市场中来，视觉传达教育人才培养模式必需顺势而变，才能为区域经济发展储存更多后备力量。[5]

在视觉传达设计教育新式人才的培养模式上，高职高专设计人才与综合性大学设计人才培养目标区别在于直接以职业岗位群的具体需求为目标，多以"工学结合"为人才的培养主要模式。对于"新常态"环境下的广告业而言，使用者的感官体验成为检验设计的出发点重要标志，培养学生的"设计本性"。在教授过程中，可以利用如虚拟现实等手段对种种感官功能进行模拟与控制，将人的真实体验反映出来，通过真实的实验感受，树立学生的人本思想，做可持续发展设计。

5 总结

学院更新培养目标、专业结构、课程体系、教学制度、教学模式和日常教学管理以及视觉传达设计创新人才成长的环境，包括师资队伍、教学硬件和校园文化氛围等。新的视觉传达设计教育人才培养模式，更加注重学科间的交叉、融合和学生设计本能的培养，教师引导将学习能力返还给学生，通过微课，翻转课堂等新型的授课模式，能够平等对话，相互质疑，甚至相互批判、启发，树立新型设计理念。在新的人才评估体系中，将参加公益大赛和展示作品对废弃物品设计利用纳入考核范围，将可持续发展的设计植根学生心中。从试点的班级学生追踪调查、反馈汇总，在新的视觉传达设计教育人才培养模式中，学生设计创新能力和实践能力均有较大提升，更能适应地区经济发展需求。

参考文献

［1］北大文化产业研究院.中国文化产业年度发展报告［R］，2014：3-4.

［2］张荔.艺术设计类人才培养模式改革初探［J］.教育与教学研究，2009（06）：2-3.

［3］谢海涛.从中德艺术教育差异看模块化课程体系建设［J］.装饰，2009（01）：5-8.

［4］熊莺.设计以人为本：原材料供应者、生产制造者、中间交换者还是顾客？［D］.武汉：武汉理工大学艺术与设计学院，2010，（09）：35-40.

［5］Saul Berman Bill Battino Karen Feldman.数字媒体企业超越广告的战略方向［J］.销售与市场·管理版.2010（08）：24-25.

思想来源·实践取向——论城市化进程中的视觉文化和艺术教育 ①

杨劲松

（中国美术学院 杭州 310012）

关键词：思想来源 城市化进程 艺术教育 视觉生产 自下而上

视觉文化（本雅明）和视觉艺术概念，则是时下兴起的跨域交叉方式的一种西方现代学说。是一种衍生于后工业文明的商业化、大众文化策略。该策略"显然"是在创造一个新的对象，这个对象不属于任何一门学科[2]。通俗地说，就是用"虚拟经济"（文化碎片）的方式把人带离结构完善、固定适时的"现场"，无障碍地进入人们日常生活经验的大众文化观。情形类似于天安门城楼参观，设想或制造自己所站的位置正是伟人驻足的地方，体验分享同样的时间与空间，如此"体验"并不需要真的站在那里就被虚拟成真。这种由技术复制性视觉图像加以体现的时空自由，相较于我们习以为常的视觉经验，不经历所谓"教育"人们似乎在熟悉的日常生活内容里，并不意味着必然知道要看什么或知道所见到的是什么。也就是说，在今天纷繁的视觉经验面前，我们正在用"学习"来的视觉经验取代"在场"的视觉经验。数字技术的编码能力和规则的定义权将决定未来，以后会是一种数控的世界，会是某种"被建构"的结果。假如所见已"不再可信"，即所谓数字技术的机器制造能够将"真相"反复"凝像"而"假作真时真亦假，真作假时假亦真"，"真相"、"经典"、"现场"、"在场"这一系列有关"存在"的视觉经验意义又在哪里？伴随疑虑的同时，把视觉、听觉、空间、时间，以及旁观心态等精神动力学分析、文化图像动力系统分析等阐释方式被整个紧密地联系在一块的视觉文化，一种跨领域、跨媒介的新生视觉经验（新视觉艺术），还是为我们打开了使经验不断增生繁衍的互文本世界，产生了促使我们的艺术教育实践可以有别于逻辑实证方式的另外一种经由图像、声音、空间、时间、气息、节气等文化社会学角度去理解存在的意义和生命自由的关系。

我们知道，人类的视觉认知和不同的感受角度，产生了浩瀚的文本文化和繁复的图像文化两大类。基于这一定理，视觉艺术教育自然应以图像文化研究为对象。问题在于，眼下的视觉世界已被资本主义商品逻辑所控制，视觉文化正通过印刷文化（信息不再依赖于现场）、影像文化（加速进程、凝缩差异）这两大技术文化方式，贯穿始终地制造"技术性观看"的逻辑与经验，实现了比直接用眼睛在现场观看更真实的视觉文化，此类已成风尚的趋势不仅直接颠覆着人类奉之为永恒的价值观，还将"导致处理事实材料的法西斯意识"

[3]，如此，视觉艺术教育的理论与方法从中发现缝隙寻求解放的可能性还会有多少？

1 城市化进程中的视觉艺术教育现状

自然观看会被技术性观看所取代的命题，在现实生活中已经发生并被广泛应用。这个看似无碍于未来前景把握的"技术性实现"，在描绘远景蓝图时大展风采。如果仅限于理论或理想的"虚拟"真实，视觉艺术教育的现行理论与方法就不存在"文化转向"的困扰。然而前提条件恰恰不是技术性结果，而是在文化转向中确证"意义的给予与获得"比区域性文化（比如中国文化、美国文化）更重要。

一种普遍现象表现在装潢摩登的城市新区广告图景所诱引的看与被看的关系中，人们很少会注意把"经典"改头换面的城市模型与被开发的土地（区域）有任何内在联系，也无暇顾及，或者说还谈不上有足够识别力来关注地域地缘与文化文脉的关系。类似以"花园"命名的社区，以欧陆风情标榜的广场格局、国际化的机场、车站、码头蔚然成风。形同蔡国强在描述"农民达·芬奇"的状态时说"他们只考虑如何飞起来，几乎从未考虑如何降下来"的问题一样，中国城市化进程中的此类"即插即用"的文化短视性弊端被"资本"裹挟着滑向"利润"为目标的泥沼。

事实上，"意义的给予与获得"的西方后现代的视觉文化语境里，主旨还是为了摆脱陈旧的逻辑实证主义认知世界的方式，寻求作为人的主体性上的超越。为此建构和创造了一种开放的、跨学科性的认识论转换模式，进而形成了推动视觉文化思考和质询的领域。由于人类社会除了口传和文本，意义主要借助于视觉来传播。因此，视觉图像是传递信息、提供快乐和悲伤、影响趋势、决定消费、调节权力关系的最好载体。只是它与我们过去经久形成的视觉经验完全不同。不同的直观印象是"眼见为实的必然性价值判断"未必可靠。因为视觉不再单纯是事件发生以后对世界的反映。比如关于一块石头的观看，可以是一块石头，当它在山野里；也可以是一座界碑，当它为权力所用；甚至就是一尊雕塑。也就是说，完全取决于它所处的某个特定的应用背景，取决于你所使用的说法[4]。情形类似于"移情"或者说"指鹿为马"的意义存在与否。这套"转向"

---

① 本文曾在《美苑》2010-10-15发表，在本论文集发表时略有改动

后的语言游戏，虽然会使人们相信语言即意义时产生出"新"的学说，也会导致什么都可以被理论，即使符指找不到符征的混乱本身就是意义的泛化现象。但是，我们通过解释框架带给各种人、物以及事情以意义，通过使用事物，把它们整合到日常实践中去的方法给事物以意义后，会使得一堆砖和灰浆的物质性材料成为一所房屋；正是通过我们对房屋的文化思考和赋予意义的行为，才使房屋变成了可以承载文化与精神的家一样[5]。视域的拓展和思想的解放，此类文化转向所带给我们的思想震撼恐怕还不止于某种价值观念上的动摇，也使我们对"文化"这个形神不显却涉及日常实践活动全部的概念有了全新的认识。

据不完全统计，30年前的中国城市化率仅为17%，今天则已接近50%。数据并不表明城市生态发展指数，而是城市发展的外在推力来自政府强势推进城市发展的阶段。由于该进程很大程度上是以"农民进城"为主要特征，以"出口为导向"的工业化在进入工业化中后期的中国农民数量还有9.4亿，比30年前多出两亿，即城市人口大大落后于工业化[6]。调查表明，未来中国城市人口将会吸纳更多农村户口的人群，尽管这群人中的大部分早已融入中国城市发展进程，他们的生存状况和知识循环等条件并没有引起足够的重视，他们的文化方式和社会身份（政治平等）、包括公民意识都是未来城市文化发展中不可漠视的存在。

中国城市化进程显然已为视觉文化和艺术教育提供出了广阔的理论与实践"转向"的条件。条件一：城市化进程不仅指城市面积的扩张，更是旨在推行一种新的生活方式，旨在制度和观念更新。意味着依照身份建起来的社会秩序正向以契约为基础的社会秩序转向。因此，城市的视觉文化和视觉艺术将迎来种种意义得以建构的机遇。所涉电影、电视、广告、电子媒介、建筑、服饰、城市家具，包括公共领域等，无论是它的意义结构还是阐释结构，或者试图组织这些结构的认识构架、制度构架都将获得广泛的施展机遇。条件二：城市化并不仅指劳动力从农村往城市单向转移，同时意味着城市人群可自由向农村流动。只有城乡可以双向流动的城市化才是真正的城市化。因此，城市化进程中的城乡自由流动机制形成，将不仅拉动商贸经济活力，也在带动文化传播与意义循环功能。实现了"意义的给予与获得"，还规范和组织了我们的日常行为和实践方式。"流动"的双向性自由，有助于建立社会生活秩序化和形成控制的各种规则、标准和惯例。视觉文化和艺术的创造力会在诸如此类的关于生存方式的质询中不断改造和创造出我们自己的新的文化方式。至此形成的区别在：过去我们只把文化看作为"对象"化的文化，只是相对于自己的各种文化的研究。而如今，则是指在城市化进程中所使用的一种研究方法，对其中意义的产生、嬗变和争斗过程进行文化解释、图像阐释，从而对城市（社会）文化作视觉文化批判。因为，城市生成与存在着被

不同、通常是相互争执的历史据为己有的复杂内容，存在一些我们随意使用的叙事方式和技术性（政治化、商业化、大众化……）表达的文化模式。

因此，促使城市成为拥有民生生态多样性和自然萌发出的文化机制，强调视觉文化研究和艺术介入生活的重要性，正是视觉艺术教育和实践可以重新赋予人、事、物，以及事件以意义的充分条件。

2 城市化进程中的视觉艺术怎样作为

视觉文化和视觉艺术被提上议程，可以被视为经历过激进的全盘西化、反传统及西方样式主义实践过后的思想产物。是学院艺术教育有效地将西方思想成果与中国经验相互转化后重举思想大旗的选择。在这个过程中释放出的文化创造热情和空间想象能力正被转化成不同补益的知识实践，作为寻求文化上实质性超越的理论基础[7]。2010年上海世博会主题切中了转型阶段的中国城市发展主题。但是，同时我们也应清醒地意识到"现代化、城市化、视觉文化、视觉艺术"等显学概念源于西方思想成果的事实。如何在相似的社会主题、市民社会性质、文化艺术与公共领域等条件相似，却还不具备充分自发力的思想来源的前提下，如何通过城市化进程提供的丰富思想界面来提升文化思想能力，如何在相似而不同的民主制度和全球化语境里，在尚未定型的社会理论和公共文化的实践中探索多种可能性，从中提炼出可操作、能支持理想的东西来，恐怕就是视觉艺术教育和实践在城市化进程中应该着力而为的地方。

基于此，视觉文化和视觉艺术教育与实践的思考，可试从以下三方面的设问与质询中考量：①现代化、城市化、全球化这些概念是人类进入资本主义后才建构起来的图景，是由商业化衍生出的大众文化倾向在日常生活中的反映；是以经济利益创新为核心的文化形态。今天时兴的信息时代、图像时代等以"虚拟经济"实施创新的概念，正在形成"文化经济"这一化虚为实的诱人路径。因此，技术与技术实力、概念定义权与话语权之争，归根结底是思想和文化之争；是思想如何包容人类共同理想和文化如何被认同的建构能力的竞争。在如此繁复多重的语义阐释和概念堆砌的现实境遇中，视觉文化与视觉艺术教育实践如何辨明自己的文化境遇与实际所处的位置，找准转型与转向的切入口才是根本。诚然，西方视觉艺术逻辑和文化阐释方法几乎融入并在左右我们当下的判断力和识别力，能否通过一代人（不同地域）和一代人（不同文化切入点）的思想实验来确定切合中国文化思想的来源？能否建构起中国视觉文化思想的正题与遭遇西方思想反题的博弈形式，形成一个可以操作为普遍性的文化实践式的合题关系，再行文化定义权……此类设问与质询不妨作为当下视觉艺术试作在地文化阐释的开始。②在体制化的学院艺术教育平台上实施视觉文化研究和视觉艺术实践，需着力解答在跨领域、跨媒介的所谓解构与重构专业的普适性价值观和课

程设置的方法上，建立起保护学科间无障碍的合作机制和共享原则，摆脱使用"知识之网"去捕捉真理的旧学院气息，鼓励以自身为对象，将文化的实验性、拒世性和反叛性思维置身于课堂内外，形成思想自由的设问与质询氛围。③就已有的视觉文化和视觉艺术知识与经验而言，针对"把视觉的后现代全球化当作日常生活来加以阐释"的趋势，试行在地解读。虽然"在地"性的地域（地缘文化）和知识的张力未必一定普世，未必一定切合逻各斯中心主义般层层逼近所谓"主体性"的思考，依据"有用即可存在"原则，未必不是我们当即开始寻求文化别开生面的契机。（今天，能够提出包含本土文化想象和思想的阶段性目标，产生哪怕尖锐地偏离主流叙事方式的、能够有效解释本土文化理想，哪怕是局部的文化命题式或观点，将是何等重要！）

3 城市化进程中的视觉艺术教育如何别开生面

从"千城一律"、不重视城市基础功能到重视民生主题、社区文化、业态结构的建设，从"启蒙益智型"公园广场向"娱乐消费型"虚拟经济、大众文化的建设发展；由"本土性"特色文化趣味向"全球化"包容性视觉文化共享形态转变。此种种迹象表明，中国城市化进程逐渐形成了跨文化、跨领域、跨媒介的专家团和技术研发团队合作的方式。值得肯定的是这种合作正在摆脱盲从迷信的思维模式，转入了"技术决定力量（科学主义）"还是"思想决定力量（人文主义）"，以及"决定力量的力量（科学人文合流一体）"等博弈性思考；进入"社会关系"可以成为审美关系的实践，甚至在探索社会政治如何转化为文化心理的实践。各地涌现的新颖案例，既不但为学院实施视觉艺术教育展开了多重复合的视域，也为创新视觉的文化经济铺陈了大有可为的方向。

以上海世博会提出的"better city, better life"口号（美好的生活才是城市化的主旨）为例，"美好的生活"作为一种普遍性的愿望，是很难用物质占有指数的高低来进行判断的。分析表明，走绿色低碳可持续发展之路，使人类享受与大自然相和谐的健康而富有成果的生活，是"美好生活"的目标。但是，面对高昂的低碳化成本，"美好的生活"与"城市化"其实是一对矛盾，弄不好以物质指数为衡量标准的城市化理念会产生错误。因此说来，上海"世博"所产生的"思博"切入点其实是指具体人的生活，是人的城市的生活。情形类似于"人创造了城市，又被城市创造"的道理。人是"城市"的主体，同时又是主体的对象。人生存于城市，也就意味着人在对象化了的城市之中。这种复杂依存关系，或许还可表述为"我在城市中，城市在我心中"。因此，"美好的城市和美好的生活"其实是一个文化判断而非物的判断。"美好的生活"作为实际所见的内容，体现在围绕具体人的各式各样幸福指数的文化上。

"美好"之所以要被文化地建构出来，是因为人有超越自然的文化能力，人需要文化地向他人传达某种意义。所以文化创造或创造文化在某种程度上就是美好的创造即创造的美好。这一推理，虽然很二元论，具体地用以阐释世博会"城市"主题之处在"美好的生活"即"人的城市"。

因此，"城市，让生活更美好"并不体现在城市的新与旧上，也不见得非要把碍眼的旧物或规划红线内的一切推倒重来就有"美好生活"。今天的城市规划部门显然注意到过去简单粗暴的"城市化进程"所酿成的恶劣影响，出台了一系列关注弱势群体回迁安置保护地缘文化特征的政策，对一些特殊的人文景点和历史遗迹给予了保护性开发，"钉子户"等恶性事件逐年减少。但问题的关键在怎样使城市的空间及其文化脉络得以延续，是否能把日常生活有机地组织在城市空间中。虽然，能把这些有关民生的内容合理地分置于城市的各个角落的城市硬件建设相对容易且效果显著，就像杭州日新月异的城市环境一样。伴随而来的问题也日显突出，日新月异的城市环境并没有带来生活便利，反而由于改造后的成本核算，城市的业态关系也在随之发生变化。几乎可以说一年几大变，一月数小变，资本逐利的行为使本小利薄的业态被挤出原来的市面，老百姓的生活秩序不是更自由便捷，而是平添了几多困扰……

城市是一个容器，其中"是由大量不同类型的微观主体相互作用下的复杂系统，它的演变具有很多的不确定性和不可预测性"[8]。与此相对应的还有历史虽是一面镜子。但今天中国的城市化进程显然不能简单顺手地拿"西洋镜"来照自己的脸。镜子是身外之物，而历史是我们的昨天。昨天没睡觉，对今天就会有影响。因此，面对如此复杂且就发生在自己周边的诸多不同类型、阶层、属性的具体的城市化进程，上海世博会引发"思博"，就会是一类有着丰沛地缘文化语义和语据的综合文化思考，就会追求在城市硬件逐步完善的建设中，加大城市软件——即城市文化建设的具体性实践。

如此说来，所谓的"城市文化建设"就不是什么"经济搭台，文化唱戏"，也不是弄一个什么花哨"节日"来刺激消费。而是指城市大规模硬件建设的"由上而下"的方式，应转换为"由下而上"的社会文化史、图像史等调查方式予以补充。应鼓励由不同专业方向的专家学者组成的不同调查小组分别深入到城市里不同类型的社区和街道企业中去，收集整理地方社区志、人物志、民俗风情故事等，以人为本地悉心听取在地人群对改善居住生活环境的要求，而不是简单采取"城市中心主义"的思路强行塞入不对口味的摩登式样。

如果上述现象分析基本在理，视觉文化研究和视觉艺术教育就有了充分理由来建构别开生面的新城市图像文化学的意义。基于视觉艺术所包含的范畴由社会决定的原则，同时也基于"人是思想的生存物"[9]。这个关于生存美学的观点，视觉艺术所事的视觉文化研究，目的在于"由下而上"的思想碰撞和争论,会激发一个人、一群人、一种生活方式、一种确切的生活理想的创造力和想象力;会激发出重大的理论索求和创新愿望。以此为前提,深入城市中人的每个领域,倾听与讨论切身问题的过程,也是推展"新生活理念"的过程,更是建设有个性、能包容、有爱心、守规则的城市文化环节中最实在的基础工作。

另外,既然城市是一种文化产物,是以人为中心的社会组织模式,产品与模式就必然不可避免地具有人的优势与弱点,这些产物与模式曾有或已有的法则和手段就有可能像人一样出差错。就不能保证产物与模式的固态化能一劳永逸并行之有效。鉴于此,视觉文化研究作为一种被引进来的文化研究方法,虽也同样具有危险和自由的双重性。但作为一种面对当下问题的策略,文化研究以一种中立立场和流动的阐释结构来理解个人与群体、空间与生存、文化与理想等相涉精神与物质的反应来看,无疑有助于视觉艺术教育内容与方法上的发展。由于视觉文化研究和视觉艺术实践是包含社会史、艺术史以及电影电视传媒、通讯传播与生产、视觉符号与理论阐释等涉及日常生活内容的询问,相关的艺术教育理念和实践取向,就会以敢于质询思想产生的诸多主体是如何生产视觉、如何应用视觉观念的批评,就会不懈地实践如何从陈旧的认知世界方式中向当今以"表征"和"境遇"、"在场"与"缺席"等诸如此类超越限制的知识方式转换。

因此,从某种角度而言,视觉文化研究和视觉艺术教育就是城市文化建设中的一股重要的知识力量。它不仅是为了扮靓城市容貌而起作用,还是"后世博"阶段提振城市文化自我修复能力,不断以软实力的推动方式提出合理建议来用以治理城市问题的视觉力量。

4 结语

"视觉化"是现代工业社会与农业社会截然不同的一个特征。从 18 世纪的经济视觉化到 21 世纪的文化视觉化,西方学界所定义的所谓"人类视觉智力"的发展路径大抵如下:工业化到商业化阶段是"把某种编织严密的观念带到眼前,而这种观念是智力很难通过推理方法来独自把握、拆解和调停的"。也就是说,那种为了使工业产品能变得更易于理解、更有效率被大众接受而为之的"经济视觉"(尽管它被批判为"图像的刻板逻辑")。在今天所谓的后工业化、全球化的语境内,拜科学和数字技术所赐的可视化界面的普及,视觉被"聚焦为一个意义生成和竞争的场所"[10]。视觉经验和视觉识别力就明显不能依靠"一直把口语当作知识实践的最高形式"的西学原则(文本模式)来获得。视觉文化的图像比文本和自然之眼所见更逼真,尽管是虚拟真实,是不可能作为纯粹视觉性的视觉(它被赞扬为"图像的辩证逻辑")。

可见,今天城市化语境下的视觉艺术,显然不再可

能像过去精致专分的学科性美术生产方式般地出成果了。视觉艺术也不再能用既定的美学标准和范式来加以规范。原因在于,视觉艺术"倾向于把那些本身并非视觉性的东西予以视觉化";原因在科学技术不断发展,有足够的前景信赖于技术力量可以随着思想飞跃而达到更新境界。因此,眼下尽可能要做的就是如何通过可以征服"眼球经济"的两大法宝——印刷文化和影像文化,将"一套完整的信念和欲望,采取一系列被编码的语言和类型及其向眼睛灌输东西",此类技术文化生产的视觉文化方式,不仅实现了全球化意味的视觉民主的信念,人们已经可以足不出户地对原先不敢言论的事物适时发言和讨论,可以自由地穿越过去都不敢想的空间和事件,成为无须身在现场的见证与证伪的"在场"者。并且,还可以任意完成"空间生产"的理想。这类让行动自由自在的空间想象的人性本质,也为具体的不同领域的身份的具体人的思想提供了一种不可思议的属性,使人借助于现实与想象的某种条件而获得"保真"的具体化。如此描述出的视觉艺术并非虚幻且已真实地呈现在我们生活的方方面面,"它被心灵之眼目光所及之万物尽收眼底,被心灵之眼凝视过的任何事物都会因此得到烛照"[11]。视觉艺术作为中国美术学院教育改革措施中产生的新学科,已置身于世界视觉文化转向的浪潮之列。在展开和亟待展开的以跨文化与公共性为特征的艺术教育实践方面,奉行总院培养"四通"(中外通、古今通、艺理通、品学通)人才的学术要求,具体措施体现在:①以通识教育为本,不人为地设置学科、思想间障碍;②培养视觉文化判断力,以社会课题为抓手,将课堂教学延伸至社会、在实战中磨砺思想;③创新能力的培养关键在于自然、社会等不同领域的智慧而非知识的整合过程。而以上所有努力的核心意图在:今天的视觉艺术"教育"功能取决于能否提出新的角度和产生出新的问题来激荡思想,而不是以提出旧问题的方式再生产陈旧知识。

因此,在城市化语境里的中国美术学院的视觉艺术教育已蓄势而为,已在参与长三角的城市化建设中,承担起了重建中国文化精神和视觉文化思想的重任,并实现着新视觉在国家文化复兴进程中的应有职能。

参考文献

[1]李公明.城市大规划的……荒诞与自我毁灭[N].东方早报,2010-04-20.

[2]尼·米尔佐夫.视觉文化导论[M].南京:江苏人民出版社,2006,4-5.

[3]本雅明.机械复制时代的艺术[M].原版序文,重庆:重庆出版社,2006.

[4]伊·罗戈夫.视觉文化研究[M].南宁:广西师范大学出版社,2003.

[5]伊·罗戈夫.视觉文化研究[M].南宁:广西师范大学出版社,2003.

［6］杨国忠．城市中国时代：直面并治理"城市病"［J］.21世纪经济报道，2010，28（05）.

［7］杨劲松．实验艺术教育问题论［J］.当代美术家，四川美术学院学报，2010（3）.

［8］高宣扬．福柯的生存美学［M］.北京：中国人民大学出版社，2005，9，145.

［9］弗朗索瓦·魁奈．经济表［J］.

［10］尼·米尔佐夫．视觉文化导论［M］.南京：江苏人民出版社，2006，4-5.

［11］罗岗、顾铮．视觉文化读本［M］.南宁：广西师范大学出版社，2003.

应用技术型高校环境设计类人才创业教育培养研究 ①

胡　晶

（武汉工程科技学院　武汉　430200）

关键词：应用技术型　环境设计　创业教育

1　引言

2015年5月，国务院办公厅印发《关于深化高等学校创新创业教育改革的实施意见》（国办发〔2015〕36号），从健全体制机制、细化实施方案、强化督导落实、加强宣传引导四个方面，全面深化高校创新创业教育改革。要求中重点提出各高校应设置合理的创新创业学分，建立学分积累与转换制度，建立由教务部门牵头的创新创业教育工作机制。"创业教育"的译文在面向21世纪教育国际研讨会上首次出现时，就引起了广泛关注。党的十八大进一步提出"实施扩大就业的发展战略，促进以创业带动就业"，这已成为一个全球话题，说明了创业是经济增长的一个积极的促进因素，而近年来我国有环境设计类专业的高校已有1000多所，环境设计专业大学生的就业形势不容乐观，因此大学生创业、就业能力培养已成为高校教育能力的重要考核指标。作为首批转设成功的应用技术型高校，应将环境设计类人才创业教育培养作为重中之重来研究。

2　应用技术型高校环境设计类人才创业教育培养的现状

"推动创业教育的改革，至关重要的一点就是加强创业教育与专业教育之间的深度融合，重视创业教育通识课程和创业类专业课程的设计和教学，提升专业教师对创业教育的内源性支持，建立起一整套促进创业教育与专业教育融合的机制。"[1]应用技术型高校环境设计类人才创业教育培养现状中，不容忽视的突出问题总结起来有三点：第一点，作为与环境设计专业教育结合的创新创业教育理念滞后，与实践脱节；第二点，环境设计专业教师在创新创业教育方面的意识和能力有待进一步加强，创业教育的针对性实效性不强；第三点，作为学校的实践平台短缺，各项指导不到位，应用技术型高校环境设计类人才创业教育培养亟待健全。

2.1　环境设计专业学生创业者的"激情高、想法多、实践少"，感性大于理性

很多环境设计专业的学生在创业初期热情高涨，通常都是在没有准备的情况下头脑一热就闯进了创业的大潮，而这种未深思熟虑的行为会产生较多问题。在调查中发现，一些环境设计专业学生在创业初期都是激情万丈，由于不能理智地分析市场，所以随着创业的深入，问题一一浮出水面。例如不懂经营管理，或者社会经验欠缺，抑或不具备良好的创业能力和素质，还有市场风险意识薄弱等。这些学生在遇到问题后，渐渐变得不知所措，有的甚至心灰意冷直接影响到创业工作的进展。

2.2　环境设计学生的创业知识淡薄，跟风现象较严重

由于学校的创业教育还处于不完善的阶段，创业课程不够完善，目前大学生创业基本处于自我摸索阶段，没有很正规和系统的培训。这样就导致了有创业想法的同学跟风严重，不能很好地根据自身优略"量体裁衣"实施自己的创业行动。看别人干什么自己就跟风模仿，无法实现个体特色和专长。

2.3　环境设计学生市场风险意识不够

在调查中发现环境设计专业的学生创业者在创业初期更多关注的是创意、资金、团队等问题，而对于风险问题考虑极少。环境设计的学生有一技之长，市场需求空间较大，创业选择机会较广，但却不约而同地忽视了创业的风险。另外环境设计专业的学生自身特点之一就是追求个性，崇尚自由，不愿意受约束，风险意识薄弱，对创业的认识不足。因此像环境设计专业的艺术类专业学生创业应该了解市场无时无刻不存在风险和弊端，理智地对待市场风险，从而防患于未然。

3　建立应用技术型高校环境设计类人才创业教育培养的基本途径

3.1　创业转型途径

伯顿·克拉克在《建立创业型大学：组织上转型的途径》书中提到"大学如何依靠创业行动使他们自己转型呢？五个要素是不能再少的最低限度：一个强有力的驾驭核心；一个拓宽的发展外围；一个多元化的资助基地；一个激活的学术心脏地带；一个一体化的创业文化"。[2]应用技术型大学本身的转型和专业课程设置的转型有相似之处，就是都需要在一体化的文化制度下进行，需要有领导、有发展、多元化、学术与实践统一的各种元素，相互制约。

① 基金项目：

1. 应用技术型大学环境设计专业创业教育研究，武汉工程科技学院教学研究项目。

2. 湖北省"十二五"教育科学规划研究课题，设计竞赛在艺术设计专业实践教学中的研究，2013B467S。

（1）强有力的驾驭核心。

"创业教育是以开发和提高学生创业基本素质为目标，通过各种可利用的教育方式培养学生创业素质和能力的过程。其核心环节是创业教育课程体系的建立，它也是创业教育观念转化为教育实践的桥梁，是创业教育培养目标得以实现的中介"。[3]构建适合应用技术型高校环境设计专业的创业教育模式，关键是要形成规范的创业教育指导体系，通过目标、原则、内容的界定，使创业教育有机地渗透到环境设计教育中，进而提升环境设计专业学生的创业创新素质。

（2）拓宽的发展外围。

应用技术型高校环境设计专业创业教育的短期目标是通过适当的创办、发展小型环境设计公司的训练，在设计公司和高校之间建立一座桥梁，使学生具备一定的基础管理能力、专业技术能力和创业能力，同时还需培养其自立自强的态度，为其最终成为创业企业主打下较好的基础。

（3）多元化的资助基地。

应用技术型高校应建立大学生创新创业孵化基地、鼓励教师带领学生参与SYB创业培训，开展各种类型的创业教育讲座，举办创业大赛等。

（4）激活的学术心脏地带。

通过研究环境设计行业的创业规律，传授相关知识与方法，使受教育者具有较好的创业意识、创业思维、创业品质和创业能力，这是侧重创业者素质培养的长期目标。

（5）一体化的创业文化。

"大众创业、万众创新"是一个由国家到学校，由教师到学生，由学校到学校，由学校到企业，由企业到学校的一个连锁型效应式文化，这样的一体化创业文化的形成将是建立应用技术型高校环境设计类人才创业教育培养的基本途径的基础。

3.2 创新教育培养方式

美国国家创业指导基金会创办者史蒂夫·马若提列出了"12种被普遍认为是创业者需具备的素质：适应能力、竞争性、自信、纪律、动力、诚实、组织、毅力、说服力、冒险、理解和视野"。有些能力不是在教师教学中能获得的，学生需要具备主观能动性，必须在实践中体会并理解。因此，应用技术型院校必须通过分析环境设计专业的教学环境、下课堂教学和实践教学各自的特点，明确各项优势，寻找不足，才能有目的地进行环境设计专业创业教育培养。以下所列是在实践中被证明较为有效的创业教育培养方式。

（1）开展前期创业培训讲座，邀请创业成功毕业生回校举办讲座。

（2）举办创业大赛，如创新杯等，并鼓励教师带领学生积极参与。

（3）课程大纲中编写出各核心课程与创业教育的联系，并指出如何在授课过程中增加创业教育的方式、方法（见图1）。

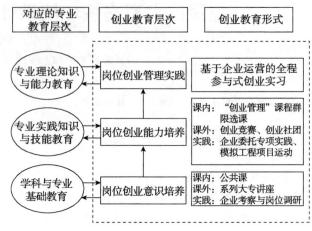

图1　融入专业教育的创业教育体系

（4）珠宝与设计学院教师和经管学院教师交换听课，互相学习，并举办教师创业教育培训。

（5）针对环境设计专业的创业系列公选课授课1~2门，如市场营销、消费者行为学、合同法等。

（6）从项目合同、知识产权协议、专利授权书、劳动合同协议签署等方面教授创业的基本常识和自我保护、知识产权保护意识。

3.3 长期培训目标

具体来说，长期目标应在如下五个方向努力：

第一，培养创办或发展环境设计类企业的正确态度、动力及个人品质。

第二，培养创办或发展环境设计类企业需要的能力和技术。

第三，培养创办或发展环境设计类企业所需的网络、社会关系及风险投资能力。

第四，培养准确识别机会并在恰当的时机采取行动的能力。

第五，传授创办或发展环境设计类企业所需的知识、信息。只有高校首先明确目标，才能确保创业教育的有效实施。

4　应用技术型高校环境设计类人才创业教育培养的四个重点

"构建适合设计专业的创业教育模式，关键是要形成规范的创业教育指导体系，通过目标、原则、内容的界定，使创业教育有机地渗透到设计教育中，进而提升设计专业学生的创业创新素质"。[4]营造校园创业氛围，探索管理模式，引导创业实践创业重在实践，应用技术型院校应在氛围、师资、管理制度方面做改革和探索，推动学生创业。

（1）应用技术型院校环境设计专业的创业教育是一种素质教育与创新教育的延伸和实用化。项目预期效益之一就是将素质教育与创新教育结合从而产生的效益就是直接增加就业率。

（2）应用技术型院校环境设计专业的创业教育的目

的是培养具有开拓性创业素质的人才。创业作为一种开拓事业的行为，是创业活动所需的核心素质，培养应用技术型院校环境设计专业学生的开拓性素质是创业教育的关键。

（3）项目研究过程中成立创业中心，营造校园创业氛围。创业中心就如一个互动的平台，把地区经济的发展需要、风险投资者、创业者、相关企业和学校管理部门等联系在一起。

（4）组织优秀的师资。环境设计创业教育的老师不仅要求具备扎实的设计专业知识，还要具备相当的实践经验和教学能力，与学院双师型建设目标相吻合。

参考文献

［1］黄兆信，王志强．论高校创业教育与专业教育的融合［J］．教育研究，2013（12）：59-67.

［2］谢亨渊，王家飞．高校工业设计专业创业教育课程体系初探［J］．中国成人教育，2011（21）：160-161.

［3］［美］伯顿·克拉克，建立创业型大学：组织上转型的途径［M］．王承绪，译．北京：人民教育出版社，2003：3-4.

［4］朱云，贺婷，陈雄．设计专业创业教育模式构建——以广东高校为例［J］.艺术与设计（理论),2014(06)：171-173.

《包装设计》课程 "RCPD" 教学方法初探

舒尔波

（上海市长宁区业余大学　上海　200336）

关键词：包装设计 "RCPD" 教学方法

在《包装设计》课程里，要把传统文化设计思想贯穿在整个教学过程中。本文试图通过"RCPD"的教学方法，让学生通过搜集查阅大量相关资料和图案元素，并把在平时生活中发现的设计素材进行整理与归纳，将对传统文化的自我消化与理解运用到设计实践中去。同时使学生对传统文化的理解从刚开始的感性认识逐步上升至理性认识的层次，把传统文化的精髓与现代设计相融合，使传统文化与现代视觉语言表达相互沟通和互补，从而实现传承历史、服务于现代社会的设计目的。

1 《包装设计》课程教学存在的问题

进入21世纪，随着各行各业对广告宣传的重视，平面设计学科得到了迅速发展，各高校的视觉传达专业成了热门专业，包装设计成为一门集艺术性、实践性于一体的专业设计课程，肩负着重要的教学任务。但在实际教学活动中存在一些不尽人意的状况。

1.1 理论脱离实践，项目引领教学意识薄弱

目前高校中，包装设计课程过于注重理论的教学，导致了学生完成的设计方案与规划脱离实际市场的需求，而一些关键的环节如：调研工作、品牌与市场的定位、设计思路的沟通与交流等却被忽视。因此，包装设计教学要模拟项目引入课堂，以完整的设计课题方案为基准，注重包装设计中的每一个环节，不断进行教学改革与实践探索，才能培养出真正符合现代包装设计行业所需求的专业人才。

1.2 缺乏培养学生设计思维创作的过程

传统《包装设计》课程教学长期以来采用的教学方法过多注重于设计的技术与结果。忽略了整个设计教学中思维引导与启发过程。

在传统教学模式下，学生往往在查阅资料的时候所看到的只是设计好的成品，完全看不到其设计本身的内涵，及设计思维的演变过程。因此学生学会的只是临摹，用别人的设计素材与形式来套用自己的设计课题，更多依赖于各种设计资料的抄袭与拼凑，并不是从设计本体出发进行研究。

1.3 课题实践过程中欠缺合理的设计定位

《包装设计》作为高校视觉传达专业里一门重要的专业课，一般分前后两个阶段。如图1所示。

教学安排看似非常合理，结果却问题重重。如在课题实践中的设计定位，往往一开始就脱离市场、偏离产品自身定位。大部分学生在做包装设计时不重视传统文化的理解、提炼和运用，喜欢盲目追随市场潮流，追求形式化表现，往往错误地诠释包装设计的本质理念，不挖掘商品本身的文化价值与民族底蕴。这样的情况直接导致学生最后的设计思路紊乱，设计构想无法实现，或者无法适应市场的需求。

图1 传统《包装设计》教学的两个阶段

1.4 误解包装设计中传统文化的表现形式

包装设计中并不是找几个传统书法字或几个传统纹样作为元素集中展示就可称之为传统设计，设计最终还是要用艺术化的视觉语言进行综合表达，一味地注重形式，不深刻了解元素中独特的文化内涵及意义，就会陷入单纯的"拿来主义"的死板硬套的误区。

因此设计中所涉及的内容决不可以生搬硬套，它需要经过不断提炼与语言转换的过程，最终呈现完善、和谐的表达。[1]目前的教学实践中往往更注重于技能性教授、不注重开发学生的思维能力和创新能力，同时缺乏对人文元素的融合和创新。概括起来说就是"重技术、轻思维、缺人文"，这些将直接影响到包装设计教学今后的发展与质量。

2 《包装设计》课程教学改革的基本思路

2.1 引导学生了解包装设计与文化符号的关系

文化是人类某一个种族或民族在悠久历史及传统生活中所延续而成的。换言之，文化是由于人类长久的生活习俗中所培养出的一种独特的生活方式。要让学生了解文化代表着一个民族的特色。[2]这种浓郁的传统或民族的文化资产具有相当高度的吸引力。

传统文化符号的运用要体现包装整体的"意境"，追求的是像外之像，需要发掘真正的具有中国精神的内涵。最后通过学生设计能力的展现，将传统文化与包装设计，以统合的方式呈现。

设计专业在传统文化中，传达人与传统文化所相关的认知，追求传统文化的凝聚与特色的表现形式。现代包装设计应该在传统文化与时代相互结合的基础上寻找自身的突破口，创造出一种新的设计形式。并将其融入自己的设计作品中，并以包装作为最终呈现的载体，融入传统文化，在满足消费者的审美心理诉求的同时，取得他们对商品的价值文化认同感。

2.2 启发学生在包装设计中体现传统文化底蕴

设计作品的本身其实就是一种文化的载体。要让学生了解到设计的不只是某一包装，而是一种生活方式、生活态度。在整个设计过程中，学生所关注的不仅仅是包装视觉设计里的色彩、造型、文字、线条、插画及装饰等因素及组合。更应透过精心设计的外观包装，以糅合文化传承、地方特色，塑造出既带有传统文化色彩，又能迅速抓住消费者眼球的时尚作品。

包装设计除了担任商品视觉传达任务，更是兼具发扬传统文化的重要使命。从古迹、古物、自然景观、民族艺术、图腾纹样、民俗民风等多个角度启发学生，这些都是传统文化的智慧结晶与生活轨迹，也是在创造及设计上取之不尽的文化资产。然而，作为最具现代性的产品及其包装，却往往与文化的本质特征相悖，所以我们在承载和体现文化的发展链中，要找到一个适合的度和表现点，使包装的现代性、社会性和文化性得到充分的体现。[3]

2.3 积极触发学生的创新思维能力

包装设计是一个特殊的创造性思维过程，它是一个将抽象概念视觉具体化、符号化的过程，学生在整个课题设计中的思维应该根据包装形式的法则，对包装形态、平面排版、基本色调、纸盒结构等视觉要素进行挑选、变换、组合，将视觉元素进行有机的关联、整合，形成可感可触的东西。

在教学过程中，要让学生可以不受限制地大胆思考，把自己的设计构思通过各种图示手段加以记录、表现出来。此时，虽然设计是围绕较具体的包装设计定位风格展开的，但创意的思维一开始也可以不必拘泥于具体的限制，哪怕是不切实际的思绪，只要在课题设计的中后期进行评估挑选，选择与前面定义的概念方向符合的方案，就可以继续深入发展下去进行优化。总之，包装设计的过程总是理性和感性交错，无所谓何者为主、何者为辅，要鼓励广开思路，激发创造的热情。

3 《包装设计》课程"RCPD"方法应用

3.1 "RCPD"教学原则与流程

进行传统包装设计时，学生应对相应的传统文化有所了解与认知，亦需对设计课题背景有所认识，使学生在整个设计过程中不断去发现传统文化元素与包装设计间最为契合的点，同时引导和启发学生运用发展、延伸的形式把元素进行概括和提炼，把握物象的本质特征，创作出既有现代感，又具有深层次文化内涵的包装设计。为此，笔者提出应用"RCPD"法的教学改革方案（见图2）。

图2 "RCPD"课程实践教学原则

"RCPD"课程教学是将设计的流程分为调查研究（R）、概念提炼（C）、计划方案（P）、设计执行（D）的四个阶段，并在各个阶段中，一边意识到传统文化表现到某一点上，一边着手前进中的课题设计。其流程如图3所示。

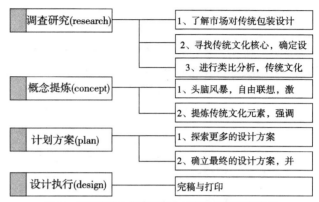

图3 运用传统文化特色融入包装教学设计流程图

3.2 "RCPD"教学过程的三大核心板块

（1）调研报告板块。

"RCPD"教学方法的第一个板块是"调研报告"，要求学生完成包装设计的调研专题策划文案。应该说来自传统元素、商品、社会、文化各方面的调研资料纷繁复杂，并非每条都对设计有很大的参考价值。面对这些资料，如果不注重收集和整理并最后以文案形式呈现的话，学生往往会陷于资料而找不到设计的方向。

调研的重点在于培养学生对包装设计准确定位，提炼传统文化元素，同时结合设计营销知识进行合理分析。教师在此过程中既要鼓励学生有突破性创意，又要把握课程作品符合市场的可行性，不可过于理想化而影响课题作业的实现。为了让学生体验真实的设计项目流程，最终应以调研汇报形式模拟设计公司竞标现场进行提案汇报。并由教师和学生组成评审小组进行审核。

（2）设计思维风暴板块。

面对一个具体课题，在这一板块中，要让学生对"传统"相关的关键词在短时间内展开头脑风暴，而不拘泥于现实所谓一些常态的规律。课程的活跃部分是要求每个学生将传统图形草图和创意设计导图贴在墙上，大家就方案进行讨论和分析、归纳、类比、筛选出独特的创意想法，在渐渐清晰的思路下再进行构思的延展和推理，进一步深化创意的推演。[4]这一活动既激发了学生的竞争意识、相互促进，又使学生彼此间开拓了设计思路，在设计元素概念提炼的过程中学到更多传统授课模式下学不到的东西。

这个过程不必着急定稿，也不需要在电脑上展示效果。学生尽量多地以图形草图去表现基本的构思，大胆地进行创意主题的推理和分析，挖掘生活现象当中的相关传统元素和细节，寻找多可能的旧元素新组合的契机，草图的表现可大胆，也可细致表达。[4]同时，也可以从概念上用文字去释义和联想其本质的内涵和外延。把关键的要素和核心概念确定下来后，学生可以将同类传统包装设计作品进行对比和分析,进一步优化设计方案。

(3)课题设计手册板块。

这一板块培养学生理性思考设计问题的能力。有利于激发学生的设计灵感和设计创造积极性。通过具体课题把学生的设计思路引向市场,放眼于赋有时代感的设计大平台,从而促进学生设计思维的升华与表现手段的提高。

在这一阶段最终要求学生完成整套包装设计之后,提交一份有关自己课题的设计手册。其中包含课题的来源、课题的意义、设计的过程及实物展示。设计手册其实就是一份全程记录学生在全部包装设计形态发展过程中的每一个思维的产生与演变的文本。这样不但培养了学生在设计过程中创造力思维的经验积累,更有助于培养学生的设计思维能力。

4 课程教学改革总结

作为一名高校艺术设计教育工作者应该将传承文化视为己任,在"RCPD"的教学过程中培养学生如何重树传统文化的新生命,如何在传统文化中找到包装设计的新形态,去赋予包装设计更深厚的文化底蕴及内涵。通过课程中每一个阶段,使得学生能够积极地与老师交换意见和想法产生思维的导视概念,这才是真正学习进程的体现。通过这些教学活动,将激发学生对传统,对专业,对创意,对执行的热切关注和理解。这是开放式教学和理论联系实际教学方法的有形化展现。这必将把《包装设计》课程置于多样性、综合性、高社会价值和谐互动的良性循环之中。

参考文献

[1]陆蕾.中国传统文化在高职艺术设计专业中传承与发展研究[M].北京:中国矿业大学出版社,2013:56-57.

[2]朱和平,颜艳.试论包装设计的文化性及价值取向[J].民间文学(文化理论版),2006:19-20.

[3]郭彦延.商品包装设计教科书[M].博硕文化股份有限公司,2013:72.

[4]黄军.激发与推演:广告图形创意课题训练[M].南京:江苏美术出版社,2007:24-26.

以"工作坊式"为核心的艺术设计专业教学模式研究

李桃桃

（西南财经大学天府学院　四川绵阳　621000）

关键词：工作坊 教学模式 艺术设计

1 引言

中国艺术设计教育蓬勃发展，根据中国教育网统计数据，当下中国设计教育总计有60万人左右在校生（含本科生、研究生），即每45人中有1人是艺术设计专业的学生。本文旨在梳理课程设置的连贯性和合理性基础上，创新提出艺术设计"项目式教学"模式，将其涉及的内容并联相关专业设计课程和实践课程，归类整合，形成课程群，加强专业设计及实践环节的联系，实现"以课程为中心向以课题为中心"的转变。让学生在学习中了解专业及市场的需求，同时也增加学生实践能力的培养和施工管理经验的积累，达到学习与实践并轨，从而更好地培养具有特色的应用型艺术设计人才。

2 工作坊概念释义及特点

2.1 工作坊概念

"工作坊"属于外来词，即英文"workshop"的中文译意。辞典上"workshop"有两层含义：一是工场、车间、作坊；二是研讨会、专题讨论会、研习班。学术研讨会上所使用的"workshop"即为第二层的含义[1]。工作坊（workshop）是由几个人进行密集讨论的集会，通常需当场做练习。工作坊最早起源于欧美国家，是一种公众参与的模式，工作坊在提供思想碰撞、建立共识、构建公开透明的行动平台、促进社会公共制等方面具有重要的价值，因此工作坊这种形式在各行各业逐渐传播开来。

"工作坊"一词最早出现在教育与心理学的研究领域之中，是在60年代美国的劳伦斯·哈普林（Lawence Harplin），将"工作坊"的概念引用到都市计划之中，成为可以提供各种不同立场、族群的人们思考、探讨、相互交流的一种方式，随着这种方式的推广，在国外研究生与本科生教育及课题研究中广泛使用，而其最有效的则是在实践性专业中运用。

该教学方法实际上较早地运用到艺术设计教学中，1919年4月1日成立的"包豪斯学院"则是采用了"集体作坊式"教学方式，用以打败艺术教育的个人藩篱，为企业工作奠定基础[2]。西方现代设计教育在欧洲工业革命后150多年的发展进程中，逐步形成了以"项目设计"教学为中心，大部分西方国家高校本科的艺术设计专业使用"workshop"教学，根据不同类别制定适合课程需要的授课方法，从传统的灌输型教学到互动教学及实战设计教学方面转化。学生毕业后可以与社会的需求接轨，培养高级设计人才。

2.2 工作坊的特点

（1）人数少，形式灵活，组织更为灵活。

工作坊之所以被冠名以"坊"的形式，是因为其参加者规模较小，原则上以8~15人为适宜数量。工作坊是以一名在某领域富有经验的主讲人为核心，该小团体在主讲人的带领下，通过活动、讨论、短讲等多种形式，共同探讨某个话题，话题更具有针对性，探讨的话题往往更具有针对性；很多时候，都涉及相关领域的前沿话题。工作坊的场地可以在正规的会议室里面，可以在学校，也可以在某人的家里，甚至在旅游景点，工作坊的时间和地点都较为灵活。

（2）理论和实训教学融为一体。

与传统教学方式相比，工作坊教学法改变了理论教学与实践教学相分离的格局，做到了理论教学和实践教学穿插进行。这种教学法实施成功的关键是教师，要求教师既能上理论课，又能指导学生实际操作；教师既要投入更多的时间备课，还要对教学实践设备更为熟悉。在教学过程中，教师必须及时充分了解学生知识掌握的状况。工作坊教学法追求的目标，是在教师的指导下，由学生探求获得这个结果的途径，并进行展示和自我评价。不再是把教师掌握的现成知识和技能传递给学生作为追求的唯一目标。或者说，学习的重点体现在学习过程，而非仅仅重视学习结果。教师已经不是单向的知识灌输且处于完全的主导地位，而是成为学生学习的引导者、指导者和监督者。因而，工作坊教学法，从根本上改变了理论教学与实践教学脱节的矛盾[3]。

（3）提高学生技能。

这种教学方式，体现了理论指导实践、实践检验理论，进一步加深了学生对理论知识的掌握程度。因此，此种教学方法，不仅对教师提出了很高要求，而且要求学生逐步掌握综合技能，对学生的综合素质的提高有较大帮助。在完成项目的过程中，可以提高学生的写作、研讨、组织、演示、讲解等综合能力。由于工作坊教学任务的完成，往往不是单个学生所能独立完成的。这就要求学生增强团结协作精神，在团结协作中提高学习效率，能更好地提升团队协作、沟通等基本能力。促进学生充分利用各种学习资源，增强自主发现、协同合作、改革创新等综合能力。

3 工作坊模式在艺术设计教育课堂中实践与运用

3.1 从工作坊特点看必要性

工作坊模式能有效解决艺术教育的教学实践的课题交流方式，在进行教学过程中，具备以下的特点：参与性，所有的工作坊都是由组织工作坊的教师和参会人员共同参与完成的。艺术性，工作坊都是有艺术贯穿始终的。普遍性，工作坊的教学对象是面向所有的人，无论教学对象的年龄和艺术技能的水平。活动性，工作坊的教学过程中教师与参加者都是在活动的状态下进行的。愉悦性，凡是举办工作坊的会议室里都充满了欢声笑语，教师更注重教学的方法，使学生在愉快和自然的状态中学习艺术[4]。

3.2 从工作坊特点看其可行性

鉴于工作坊具有实践性、参与性、互动性及形式灵活等特点，所有的参与者都得参与其中、互相配合，以达到其预定的目的。相对于传统"老师在讲台上说，学生在下面听"的教学模式，工作坊模式提供了一种新的思路。艺术教育学、艺术、工作坊都具有实践性、参与性的特点，因而工作坊模式适合在艺术教育学课堂上实践与运用。

大学教师教育所面对的群体基本为18~24岁的青年，其"个性基本形成""智力发展已达到高峰""情感日益丰富""意志的目的性与坚持性获得重要的发展"，因而对任何问题都具有自己的见解和看法。基于大学生的心理特点，工作坊模式能为其提供一个自我展示、自我探索的平台。如，工作坊的主讲人可由学生担任，这样，主讲者与参与者形成一个平等的对话系统，主讲人可充分的展示他的魅力，参与者也能畅所欲言。由于主讲人的变化，教师变成了一个引导者或者参与者，这更能体现以学生为主体的教育理念，利于培养艺术教育专业学生各方面的能力。由此可见，工作坊模式在艺术教育课堂中的实践与运用具有必要性及可行性。

4 工作坊教学模式在艺术设计教育中的新探索

工作坊的教学设计，使学生在已掌握一定的理论知识的基础上，能够更加融会贯通地将不同艺术学科分支的知识有机地组合起来，并且能够克服学科之间的界限灵活地加以运用，为知识向能力的转换打下基础。通过科研实践也锻炼了学生对专业知识的质疑反思能力及对做事方式的思考能力；针对社会及将来工作需要设计的主题工作坊还能增强学生的社会责任感，加强学生的协作能力，培养了学生的综合素质。综上所述，笔者认为工作坊模式运用在艺术教育学课堂上，能有效地提高学生学习的主观能动性，使该课程的知识真正转化成学生的能力，能实现艺术设计教育专业学生创造力与综合能力。

工作坊教学模式如何在艺术设计教育学课堂中操作呢？笔者认为可分为以下几种：分为若干组，每组一个主题，每次课开展一个工作坊，其他组为观众，与该组成员探讨。分为若干组，每组一个主题，视内容由两组或两组以上一起开展工作，从不同角度展示主题，其他组为观众，与该组成员探讨。分为若干组，每组同一个主题，用不同的形式展示，共同开展一个工作坊，大家共同探讨。不分组，由一人主讲，其他学生即兴参与，并展开讨论。不分组，由教师主讲，学生即兴参与，并展开讨论等[5]。

在具体的课堂教学上，要求学生分组开展"课题研究式"作业，让每个人都能有的放矢，各尽所能，有合有分。在一个分析的基础上，对设计的各种质素进行更为周全的考虑，从而推出具有一定科学价值的设计系统。在课程中实施"拼合座位""师生互动""准工作制""模拟设计""信息管理"等手法，采用"资料共享""分组计分""PPT制作演讲"等形式达到课程设置的科学性。同时，由单个练习与分组作业结合，由单体评分与集体评分结合，解决了团体协作和传帮带的问题。借课程的制作特点，要求学生动手实践和制作，通过布置项目任务、成立项目小组、制定项目计划、项目实施、项目考评、项目小结等环节来提高艺术设计教学的实战效果和有的放矢的设计教学，使学生的实践能力和课程兴趣得到了提高。

（1）课程的活跃和严谨并存，对分组合作完成课题的要求本身就是一种活跃课堂气氛的方式，再加上允许课堂音乐、各种需要的走动、表演式规划、课堂作坊式的制作情形等更加使学生的兴趣得到提高，同时，也赋予学生更多创造。计划书和分组分工表、严格合理的考勤（分工细致不可能缺席）和最后汇报时的作业效果，均较自然地带来课程的约束。

（2）"分组计分制"和"集体计分制"的运用，是以分组课题式作业，一个大的设计作业要靠组员分工协作完成，以课题组的整体设计为计分段（如70~80分），再衡量分工中的不同程度的区别[6]。这个计分的改进，解决互助、传帮带和模拟实践设计流程的环节，加上"个体作业"又能够准确地衡量学生学习的差异。

分组分工表的设置，是课程管理的依据。表中设置有分组栏、姓名和任务分工栏，从表中又可以清晰地了解每组中每个人的分工情况和相关记录，这既为管理作业提供了依据，更为准工作流程带来了优化，也为"准工作制"、"分组计分制"提供了表格化管理。

（3）"资料共享"是课程设置中的互动环节。此环节要求每个学生以不同的方式收集资料，最后由老师统一合并成一个庞大的资源库分发给每个学生，而以组的名义利用多媒体又对资料进行解说。这种方式使学生感受到资源共享带来的乐趣，也同时感受了角色互换。

（4）PPT制作演讲的要求，能够全面锻炼学生分析的能力、多媒体制作的能力、演讲表述的能力，使学生的成果得到最佳的体现，并改变了原始课程对学生作业没有回馈的现象，老师通过展示和汇报，了解了最后结果，并通过意见和答疑告知学生的优劣和修改意见。

（5）推出"互动式网络授课"、"实战课题导师制"、"课中设计辩论会"等有效方法。

5 结语

中国艺术设计教育蓬勃发展，学生人数可以说明在当代中国该类教育的危机，虽然一些美术学院和部分综合类院校设计专业从国外引入"workshop"教学方法，很多院校也根据本校的实际开始研究具有学科特色的"工作室制"，也把研究生教育的某些模式运用到课程中。但是，同样存在着许多问题，首先，"workshop"只能在不扩招的美院及少量学生的班级进行，大部分工科院校的艺术设计专业则因学生人数太多而无法实行；其次，没有配套完善的设计工作室与实验车间；最后，没有真正胜任设计实践教学的师资。而大部分高校还没有开展"工作室制"，陈旧和俗套的设计教学让学生步入一种极为"尴尬"的学习之中，实效性和应用性极低。

针对目前艺术设计扩招后带来的教学负荷和艺术设计类学生就业问题进行的"特色研究"，切实打造一项符合大部分艺术设计专业教学的需要，又具有培养有价值的中国未来设计师模式，更重要的是在提升学生学习质量和兴趣度的同时，对老师将会是一种无形的挑战。工作坊教学模式不仅仅在特定的、以设计为主的专业中可

以实现，在满足相关条件的基础上，其他专业也可以实施。应该明确，这一教学模式与传统的理论核心模式、教师核心模式有着显著的区别，这是以实践为核心的理论辅助型教学模式，是以学生为核心的教师引导型教学模式。在具体实施过程中，不能简单地套用现有的教学计划、考核标准与方式。应该重新制定以目标引导为基础的教学为模式，确定责任教授、辅导教师团队，以及基于教学目标所设定的课程体系和各个层级的子项目问题，导引学生可以循序渐进地依据阶梯形式去学习理论，实施实践，并最终解决所学专业方向的终极问题。

参考文献

［1］黄文翠."工作坊"模式在高师音乐教育学课堂中［J］.艺术探索，2009，23（3）.

［2］周毅刚、袁粤.工作坊——实现公众参与规划设计的一种有效易行模式［J］.新建筑，2006（6）.

［3］高恭娴.项目式教学是强化师资队伍建设的有益探索［J］.甘肃科技，2010（1）.

［4］袁振国.新世纪教师教育丛书：教育新理念［M］.北京：教育科学出版社，2004.

［5］刘禹、王来福.基于工作坊的高等教育实践教学体系的研究［J］.东北财经大学学报，2009（1）.

［6］邱志涛、张静伟.艺术设计学科"工作坊式"精英教学模式研究［J］.包装世界，2012（5）.

信息技术介入《二维形态构成》课程训练的利与弊

李娟娟

（长沙理工大学　长沙　410000）

关键词：信息技术 二维形态构成 课程训练

本文为长沙理工大学教研教改项目"现代信息技术发展背景下视觉传达设计专业基础课程教学的改革与实践研究——以《二维形态构成》为例"（项目编号：JG1567）成果。

艺术设计专业课程教学内容受信息时代数字媒体的普及影响，视觉语言向数字媒体转变。为以信息为主要设计对象的艺术设计专业课程教学提出了新要求和新领域。为适应社会发展需要，近年来，艺术设计课程体系不断更新和注入新的课程内容，原有课程也面临被替代、更名、合并等命运。然而在忙碌于新课程内容教学的同时，传统专业基础课程本身也发生了内容上的更新和变革。在教学手段和教学方法上面临新的机遇和挑战。在信息冲击和技术变革的转型时期，为保障设计课程的教学知识点连贯性和实用性，国内各大院校纷纷对传统专业基础课程进行教学改革，将设计软件的应用早早地介入于低年级的基础课程之中，以寻找与后续新开课程内容上的对接，形成适合新时期需要的课程教学。本文以基础课程《二维形态构成》为例，论证在新的时代背景下，信息技术的介入对基础课程教学的影响，为其他传统基础课程的教学改革与实践提供参考。

1　课程来源与教学发展特点

《二维形态构成》是艺术设计专业低年级开设的基础必修课。它阐明二维构成的基本原理，揭示二维空间造型的基本规律。该课程源自20世纪德国包豪斯的设计基础课程。我国自20世纪80年代从香港和日本引进构成课程。《二维形态构成》综合了平面构成与色彩构成的课程内容。

从该课程的教学大纲来看，教学内容与30多年前并无二致，在教学手段和教学方法上国内大多院校也依然还延续构成课程引进国内时的单一徒手绘制阶段。由于信息技术的发展，近年国内各大院校已经进行了信息技术的结合教学。如2009年中国美术学院的王雪青与（韩）郑美京合著的《二维设计基础》一书中早已在教学研究中大量介入电脑技术，并将构成规律的应用与编排设计、图形设计、招贴设计、书籍设计、包装设计等紧密结合进行综合训练。

从国外前沿成果来看，张柏萌（2008）在编著的《二维构成基础》中指出，目前我国的构成课程与国外开设的视觉语言课程类似。西方在教学中综合了各专业的基础知识，从视觉语法到混合媒介，图像表达从静态到动态，其内容既包括基本视觉语法，也包括平面设计初步，是综合性、实验性、操作性很强的课程。美国杰夫·戴维斯（2014）在所著的《美国二维设计基础》与约瑟夫·阿尔伯斯（2012）所著的《色彩构成》一书中无一不以设计软件制作的方式呈现二维空间中要素的设计、版面的安排、色彩的演绎、元素的对比与平衡等。

可见，《二维形态构成》课程的教学研究与发展在信息技术的推动下，教学方法与手段有了明显的发展，国内外二维课程作品都主要依赖设计软件制作，笔者认为这既是机遇也是挑战。

2　信息技术介入的利与弊

随着1987年Adobe Illustrator与Adobe photoshop的相继问世，时至今日，设计软件已然成为设计专业人士及初学者的基本工具。设计人员对设计软件的熟悉程度也慢慢成为进军设计行业的考量标准。但就多年的教学和设计经验来看，信息技术是一把双刃剑，在设计基础课程《二维形态构成》课程的介入有利亦有弊。

2.1　信息技术介入的有利因素

诚然，在学生接受知识要点而后进行设计实践时，利用电脑软件可大大提高作品呈现的科学性和效率性。具体表现在以下几个方面：

第一，训练的结果更科学。借助电脑软件，在元素的设计制作过程中我们可以规划出尺寸规范的二维图形，可以得到精准的形态要素。如图1[5]所示，同样是"圆形"，电脑绘制的图形就比手绘的图形要快而准，而且可以清楚地标注我们想要的圆的大小。

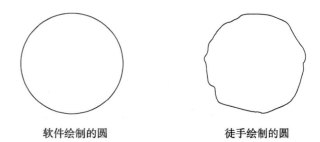

软件绘制的圆　　　　　　徒手绘制的圆

图1　标准几何图形的绘制

另外，在色彩的配色训练结果更科学有效。如图2[6]所示，以颜料调制的色彩有偶然性，颜料色彩最后呈现的结果受约于颜料的质量，调配的水分含量，材料的吸水能力等诸多因素，并且在调配过程中也很难准确把握色彩的彩度与饱和度。而电脑屏幕显示的色彩（以CMYK色彩模式为例）样式是必然结果，色彩中C，M，Y，K的值进行了标准的数字量化，很容易得到科学的答案。如我们要得到百分百的黄色，只要在 CMYK 的色彩模式下输入 C=0，Y=100，M=0，K=0 便可得到准确无杂色的黄。只要掌握好软件的色彩配色规律，再在此基础上进行分色与色彩对比训练，不仅能大大提高训练内容的广度，也增加了训练的科学性。另外手绘的作品看起来也更加粗糙不如电脑制作的精美。

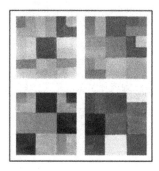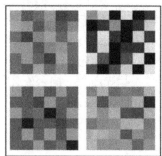

图2 手绘与电脑制作的色彩心理作品

第二，训练的效率更高。就二维形态的色彩训练来看，在对软件的有一定熟练程度的前提下，软件的训练速度要比徒手绘制快得多。在课堂训练时间有限的情况下，更能有效地让学生了解掌握更多的色彩样式及色彩规律。例如在 20cm×20cm 的空间手绘一张以方形元素来表达的色彩明度对比的作品需要至少四个课时，而利用设计软件绘制，一个课时内就能保质保量完成作品，且还可进行色块的修改和演绎，灵活性更强。

第三，训练的结果应用性更强。在传统的手绘教学案例中，由于课程教学时间的关系，我们在完成知识点的训练便转入下一命题。学生常常进入知其原理而不知应用的尴尬状态。电脑软件的快捷介入，一方面节约了课堂训练的时间，另一方面我们可以进行简单的二维构成作品的设计应用，形成基础训练与设计实践的快速对接，让学生在短时间内搞清楚基础课程与设计方向课程内容上的联系性，及训练结果的应用方法。如图3所示便清楚解释了左侧的点的构成作品如何应用于书籍封面设计及手提袋的设计之上。

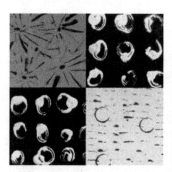

图3 点的构成及设计应用

2.2 信息技术介入的不利因素

让学生利用电脑软件进行设计，我们看到了立竿见影的效果，然而，弊端也应运而生。

第一，易造成学生过于依赖电脑软件。我们常常看到，每当教师布置设计任务，学生首先毫不犹豫地打开电脑，从网络中去寻找素材，然后开始利用软件进行拼凑。对于设计品位尚未提升，设计技能还未入门的大学一年级学生，网络平台中良莠不齐的设计作品成为了学生设计执行的第一参考，软件工具的应用能力成为他们实现作品结果的考量方式，即利用自己会的软件功能进行制作。在二维形态构成课程开设的低年级阶段，这种对电脑软件的过度依赖是很危险的。这个阶段的大部分学生对设计软件并不熟悉，有时候把玩软件成了课程中消耗时间最多的"训练内容"，在设计学习生涯的启蒙阶段便走了歪路。

第二，禁锢了学生的创意思维能力，不利于独创性思维的培养。设计软件的介入引发了学生的思维惰性，学生们常常懒于思考和寻求生活中的新鲜事物，把所有的目光都聚集于网络世界。把"动软件"能力错认为是设计能力。这无疑是设计学科中教与学的误区。无论设计软件如何发展和更新，它永远只是设计师头脑设计成稿的输出设备，它只是设计工具而非设计之源。学生对设计软件的过分依赖，会断送学生的设计激情和设计前途。我们虽然能通过设计软件工具制作非常理性的设计作品，然而手绘及手工制作的随性和随意能使作品更丰富和更具感染力。学生在手绘制作过程中，更易发现不可复制的形态，从而创造出独一无二的作品。如图4、图5所示，电脑绘制的作品工整但呆板，手绘作品灵动且有独创性，更能激发学生的兴趣。因此，在大学低年级阶段，对信息技术的介入要谨慎，不能因为立竿见影的成绩就忽略了学生创新能力的培养，这对于设计课程的教学而言得不偿失。

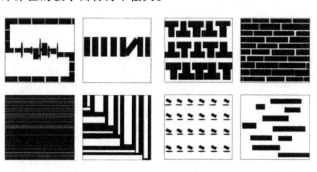

图4 电脑绘制的几何形构成作品

图5 手绘的任意形构成作品

3　结论与建议

综上所述，在二维形态构成课程开设的大学低年级阶段，信息技术的介入有利有弊。我们可以看到立竿见影的教学效果及设计基础课程在新时代背景下与设计方向课程的完美对接。但同时也意识到，这种成果要承担一定的风险，并非无副作用。虽然信息技术的介入是大势所趋，不可阻挡。但笔者认为，减少教学改革中的副作用并非无方可循，无药可解。实际上，我们在学生进行设计训练之前，坚持以手绘手工制作为先不动摇，加强手绘训练的内容，并要求学生进行田野调查和设计采风。让学生回归广袤的大自然及社会生活，从身边的小事中找到设计灵感和得到启发，然后借助设计软件工具进行设计制作，将信息技术退回到辅助地位。这样既能保证学生的创意思维不被影响，又能紧跟时代步伐与社会发展进行良好对接。

参考文献

［1］王雪青.二维设计基础［M］.上海：上海人民美术出版社，2011.

［2］张柏萌.二维构成基础［M］.北京：高等教育出版社，2008，4–5.

［3］杰夫·戴维斯.美国二维设计基础［M］.上海：上海人民美术出版社，2014.

［4］约瑟夫·阿尔伯斯.色彩构成［M］.重庆：重庆大学出版社，2012.

城市建筑色彩在城市旅游形象塑造中的应用探讨

王 娜[1] 彭 朋[2]

（1.中央美术学院 北京 100000； 2.武汉设计工程学院 武汉 430205）

关键词： 城市建筑色彩 城市旅游 形象塑造 应用

对于城市建筑色彩而言，其主要是在城市设计规划中利用的现代色彩学的原理，属于一门全新的学科，在城市旅游形象塑造中得到了广泛的应用，有效激活了旅游市场。一般而言，城市建筑色彩的运用，可以充分挖掘和利用城市旅游资源要素，对现代人工刻画建筑产生的冷漠感加以弥补，使社会、自然和人之间形成新的和谐，重新创造城市之美[1]。当然在城市建筑色彩设计过程中，需要与自然环境进行有机协调，做好城市整体建筑色彩的设计，将城市自身独特的色彩感觉加以凸显。

1 城市色彩和城市旅游形象概述

城市色彩的概念具有一定的抽象性和综合性，主要是指在城市发展历史、社会文化、经济活动和自然条件等因素的影响下，人们对城市整体产生的主观趋同反映，涵盖了城市颜色以及城市蕴含的自然地理情况和人文因素。而对于城市旅游形象而言，其主要指的是潜在访客或已到达城市访客对旅游城市外部形象与内涵底蕴的综合评价与感知印象，即旅游者对到访城市内涵信息的直观感受。

一般情况下，城市色彩属于地理学的研究范畴，城市旅游形象则是研究旅游地理形象的范畴，两者最终目的都是为了促进城市的发展。城市旅游形象涉及旅游者对城市色彩形象的感知，而城市的和谐色彩能够促进城市旅游形象的提升，吸引旅游者，在一定程度上促进旅游产生的发展，提高城市旅游的经济效益。

2 城市建筑色彩现状分析

随着城市化发展速度的不断加快，城市建设的规模和速度也有所扩大，部分城市建筑没有深入研究色彩，导致城市建筑色彩设计存在诸多的问题，具体表现为以下几点：

（1）缺乏艺术创意，城市品位低下。城市景观设计中的重要组成部分就是建筑设计，其与建筑艺术具有十分紧密的联系，但是当前有些设计人员在实际工作中，没有以建筑的环境条件和功能性能为依据，无法结合建筑物需要展现的艺术气氛进行设计，多是重复作业，致使城市建筑色彩的艺术创意不足[2]。

（2）缺乏整体感，色调难以统一。以往我国对区域和城市色彩的研究多是以建筑个体微观为主，较少涉及宏观系统的研究，难以有目的性和针对性引导城市色彩，从而出现严重的色彩视觉污染，城市色彩混乱。此外，群体建筑与群体之间、单体建筑与单体之间的色彩难以统一，使得城市色彩景观无法保持连续性，不能突出城市标志性建筑的色彩。

（3）缺乏地方特色。目前大部分城市的建筑形式多是模仿欧美，盲目追求西洋化的建筑景观，以此来吸引外商投资，或者是将其作为城市和旅游景区的典范；同时部分城市没有结合自身的实际发展规划，生搬硬套其他城市的作品，导致城市建筑色彩缺乏地域差别和传统特色。此外，住宅建筑和公共建筑作为城市景观的缩影，当前有些城市过于追求现代化，创设与实际不符的人工景观，使得建筑色彩无法与城市形象进行完美融合[3]。如多数人对江南城市的印象都是青山绿水照映下的粉墙黛瓦、老北京给人的印象则是灰色平房包围的金碧辉煌的故宫等。

3 城市建筑色彩在城市旅游形象塑造中的应用

3.1 应用原则

城市建筑色彩在城市旅游形象塑造中的应用原则，其具体体现在以下几方面：

一是与历史文脉相结合原则。中华文化源远流长，博大精深，每一座城市都有蕴含着深厚的韵味，具有自身原本的色彩，而这一色彩是该城市的灵魂，能够与居民进行直接接触，反映人的精神文明程度，是城市文化底蕴的累积和鲜明的地域特色。因此在城市建筑色彩规划设计过程中，需要结合城市的历史文化，将该城市的特色加以展现，建设具有独特魅力的完美城市。

二是与自然环境相协调原则。城市建筑色彩与风格与城市的自然环境具有密切的关系，如植被密集度、气候差异、地理优势等，自然环境的不同会使得城市建筑色彩及风格也不同。因此在城市建筑色彩设计过程中，需要遵循人文美和自然美的原则。例如：秦皇岛为海滨旅游城市，其具有清新的空气与充分的日照，旅游者可在金色的沙滩与蔚蓝的大海下感受这座城市的明丽与清新。该城市要想塑造品牌形象，可以选择柔和与明亮的主色调，重点突出明丽与清新，如屋顶可采用低彩度砖红色设计，墙面主体色则选用米白色与暖灰色，点缀色选用石材色和木材色，而大型公共建筑与重要建筑则进行个案处理。这些的色调可以很好地搭配浓绿的植被和湛蓝的大海等，凸显滨海的清新淡雅特点。

三是统一中寻求变化原则。由于地理环境的差异性，每一座城市都具有自身独具特色的主色调，因此在色彩规划时需选取与该城市相符的色彩主题。对于一座城市而言，其区域功能的不同以及新老建筑色彩的不同，自然景观和建筑之间也会有所不同，需要统一好这些差异，突出重要部分的色彩，以此强化标志性建筑建设，实现城市建筑色彩的统一性。

3.2 具体应用

城市建筑色彩多是城市内构筑物和建筑物的色彩，但是城市景观则是由不同元素构成，因而其内涵的拓展范围十分之广，可避免景观色彩塑造的局限性。由于社会历史文化背景、城市经济活动、城市区位条件和自然环境状况等会影响城市色彩，因此需要从这些方面来塑造城市旅游形象。以重庆市为例，其作为历史文化古城和山水园林城市，主色调可选用浅米黄色，并配以具有较高饱和度的颜色来装饰建筑物的窗口、屋顶与底层，以此展现禅宗的哲理与儒家的理性，与中国文化相符，使人感受城市的魅力与立体感。

城市的微观色彩与宏观色彩都十分重要，而城市内的雕塑、电话亭、站牌、指示牌和招牌等都是城市色彩景观的重要辅助设施，需要以城市基础色彩为主来赋予其颜色，将其观赏价值和实用价值加以展现[5]。同时可以规定用专用色来表示信号装置和危险部位，以此达到提醒人们注意的目的；由于城市色彩的创造者是人，其丰富多彩的服饰不仅是城市的动态景观，也是城市跳跃流动的色彩。总而言之，只有城市寻找到属于自己的色彩感觉，形成城市文化自信，才能保证城市建筑色彩设计规划的有序进行，打造良好的城市旅游形象。

4 结束语

城市建筑色彩设计与规划作为一项综合性和复杂性的系统工程，其是城市建筑中的关键环节，在城市发展中发挥着十分重要的作用。在城市旅游形象塑造中应用城市建筑色彩时，需要遵循与历史文脉相结合原则、与自然环境相协调原则、统一中寻求变化原则、不同功能分区原则。这样才能合理利用城市旅游资源，将新元素增添在城市形象塑造中，提升城市品位，创造城市美。

参考文献

［1］王楚鑫.探讨城市建筑色彩在城市旅游形象塑造中的应用研究［J］.现代装饰（理论），2014（11）：159-160.

［2］王楚鑫.河北省沿海地区发展研究——以城市建筑色彩在城市旅游形象传播中的应用对策研究为例［J］.教育教学论坛，2015（06）：77-78.

［3］赖欢，罗明义.基于城市色彩规划理论的城市旅游形象提升研究——以昆明市为例［J］.经济研究导刊，2015（16）：264-266.

［4］马佳.论城市建筑色彩对城市形象的塑造［J］.美与时代（上），2010（04）：90-92.

［5］林西凡，纪立强，赵丽娜.色彩与城市形象——建筑色彩改变城市形象［J］.黑龙江科技信息，2010（34）：318.

情感可视化于装饰艺术设计中的语言表达形式与创新展望

蓝江平　　胡娅玲

（武汉工程大学　武汉　430205）

关键词：情感　情感可视化　装饰艺术设计

人存在于社会之中就必定会对客观事物是否满足自身需求而产生感受，无论是对事还是对它物，这就是我们所说的情感。产生情感后，人们通常会通过情绪来表达自身的态度，人类有表达情感的社会需求。

装饰艺术是一种具有强烈视觉性的艺术形式，通过探究装饰艺术设计使情感具有实体。情感可视化运用于装饰艺术设计中比文字更生动、更富有直观情感感受，正确的情感表达可以减少沟通、交流的障碍，减少了人们因表达不清而产生的误会与误解，情感的正确传递能使我们的社会向着健康和谐的方向发展。当下的我们不仅仅要关注"情感"的社会学发展，更要注重"情感的表达"。另外，在大数据的时代情感的可视化通过图形、色彩等可视语言记载、搜集、整合增加大数据的储存，方便用于其他研究之中。

1　情感可视化理念

情感属于人的态度，看不见也摸不着，不具有实体，它需要借助媒介才能得以传达，情感可视化就是通过具体的形态来表达情感。我们常见的视觉形态可以分为：点、线、面、色彩、材料、肌理。[1]每一种视觉形态单独出现或多种视觉形态组合出现都会给人带来一种心理感受，它会与人的情感状态形成呼应，这就是我们所说的情感可视化。

1.1　情感传递的社会学意义

情感的重要性无论是对于个人乃至整个人类社会都是无可厚非的，情感的传递更是人与人之间相处的重中之重。亘古至今，远在郭店楚简中就有提到"道始于情，情生于性"[2]，后来的文人墨客更是通过笔墨把自己的"情"发挥得淋漓尽致，成为千古之绝唱。情感传递的社会学意义在于传递情感、表达情感以满足人类的社会需求，并推动着时代的文化发展。

1.2　大数据中的人体情感地图

21世纪，"情感"成了各科学领域争相研究的热点方向，从大脑的不同领域控制人的不同情感，再到心理学的"微表情"都是如今人们探讨的热门话题。2009年美国福克斯广播公司出品的由罗伯特·斯文克导演、Tim Roth主演的电视剧《别对我撒谎》（Lie To Me）受到广泛好评，把对"微表情"这一研究的关注度推到了一个新高度，使得更多的人开始关注情感－情绪－表情。

从2012年起，被提及最多的就是"大数据"，"云时代"的来临使情感研究有了一个很好的平台。终于，

在2014年，一张《人体情绪地图》（见图1）在网络上爆红。芬兰科学家通过大数据整合分析研究发现：人的不同情绪会导致人体的热量产生变化，从而绘成了一张身体情绪热量图。

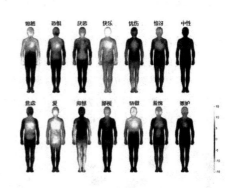

图1　人体情绪地图

此次研究一共绘制了14种人体情绪：愤怒、恐惧、厌恶、快乐、忧伤、惊讶、中性、焦虑、爱、抑郁、鄙视、骄傲、羞愧、嫉妒。这14种人体情绪的绘制清楚地表达了情感的可视化，是情感可视化领域的重要研究成果，也成为其他科学研究的重要研究依据。

2　情感可视化之表象

2.1　符号中隐藏的秘密

符号是一种通过图形标志来代表或代替另一个事物用以传递某种信息的视觉符号。符号的本身就带有传递意义，不同的符号所代表的事物不同，与之伴随传递出的情感信息也自然不同。心理学家调查研究表明一根直线和一根曲线给人带来的心理感受是截然不同的，直线使人感觉简单、坦率，曲线则使人感觉波动、不安。

就如一只猫的剪影，身体呈曲线型，尾巴向上卷翘，给人带来的情感感受是温柔、骄傲（见图2）。如果在猫的旁边放一串爱心，则给人如恋爱中的女生的感觉，甜蜜而娇羞（见图3）。

2.2　色彩中表达的情绪

我们生存在一个五彩斑斓的世界中，太阳是红色的，天空是蓝色的，云朵是白色的，草地是绿色的，色彩无处不在。人们往往会因对客观事物产生的情感移情到色彩上，例如太阳晒在身上让我们感受到了热，太阳是红色的，所以热也是红色的。这样的移情的例子比比皆是，由此可得出结论，色彩不仅能传递视觉信息，它也伴随传递了情感信息等。

色彩的三种基本属性包括明度、纯度和色相，它们

也是色彩最基本的构成要素。[3]其中色相是色彩的首要特征，基本的色相为红、橙、黄、绿、蓝、紫，人们对这六种基本色彩有着不同的情感感受。[4]心理学方面表明色彩是极具精神价值的，人的心理情感时常被色彩潜移默化。基本色相的6种颜色就能给人带来非常多的情感感受，色彩的复杂能表达复杂多变情感情绪。图4的四只猫的图形是一模一样的，唯一不同的就是颜色的区别，图形所表达的意思如图3所示，但当赋予了颜色后，每张图给人的感情色彩会带来微妙的变化，左上角的图案表达的是青涩的爱意，粉色色调有一种暗恋的感觉；右上角的图案与左上角的图案前景色和背景色是相反的，大红色的基调给人热恋的感觉，强烈的爱意；左下角的图案是蓝色基调的，蓝色代表着平静，整个图则给人默默地、无私的爱的感觉；最后一张是黑色和红色的搭配，带给人们的视觉感受是有一些阴森、恐怖、血腥的感觉，所以尽管是表示爱意，也是一种极端的爱，具有毁灭性的爱。这就是颜色的力量，同一事物，不同色彩给人以不同的视觉感受、心理感受。

图2 图形对比研究A　图3 图形对比研究B　图4 色彩对比研究

2.3 图案中透露的信息

我们把生活中具有装饰功能的花纹称之为图案，图案的历史是随着人文的发展而发展的。大多数图案来自于自然中，被广泛用于装饰，如花鸟、植物、复杂的几何图形等。以花为例，我们知道每一种花都有自己的花语，这每一种花语就是人们寄托在花身上的人的情感，把真实的花朵矢量化变成图案（见图5），也就是我们所说的以图案的形式把情感可视化。玫瑰象征爱情、勇敢，牡丹象征富贵、端庄，仙人掌象征坚强、外刚内柔。这些图案同样能够给我们透露情感信息。图6杂乱的草图案化后，表现出一种充满生机、蓬勃生长的感觉，卷曲的草叶带有动感、柔和；反之，也可以解释为杂乱的思绪的可视化表现。

情感可视化于图案中的表现较为复杂，每个人对该物的情感理解是不一样的，这样就加宽了图案想要传达的主要情感信息，使得情感信息不具体，有可能会阻碍正确情感的表达。如此一来，我们需要一个承载物，也就是我们所说的"模子"，装饰图案基于"模型"之上可增强甚至改变"模型"传递的情感信息。图7和图8是一个面具上的左脸和右脸，图8面具左脸表达的是爱情里面悲伤的情绪，破裂的心、水滴图案、蓝色基调都

流露着一种哀伤；图7面具右脸表达的是爱情里喜悦的情绪，羽毛表示着恋爱时飘飘欲仙的感觉、火热的红心、眉飞色舞的眼睛无处不充斥着爱的甜美。

图5 花朵矢量化图案　　　　图6 草——装饰花纹

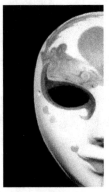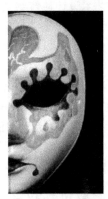

图7 面具右脸　　　图8 面具左脸

2.4 材料机理中展现的情感

随着科学的发展、时代的进步，材料领域发展得很快，从自然材料到人造材料，给人们所带来的视觉情感感受也是不同的。正如王宏建等的《美术概论》里说的："所谓因材施艺，就是指不同的材料具有不同的视觉效果和质感、感触等性质……要根据材料的不同性能取其所长，合理地充分地发挥和发掘材料的自然美感，使之为表现内容服务，达到良好的艺术效果。"[5]

材料的硬度、质地、纹路机理决定了材料的情感，就好比水钻和蕾丝。水钻（见图9）又称水晶钻石，将人造玻璃切割而成属于人造材料，硬，质地光滑且部分水钻带有棱角，色泽炫目，视觉效果类似钻石，多用于饰品装饰中，它所赋予的情感是华丽与高贵。而蕾丝（见图10）是一种丝线编制勾制的布艺技术，手工制作的一个不太复杂的蕾丝图形需要花费一个熟练的蕾丝制作女工一个多月的时间，且蕾丝是用丝线编制，质地柔软，手感摸起来很舒适，但由于西方当时机器生产还没有出现，蕾丝的工艺繁复，价格昂贵深受当时贵族的青睐，蕾丝这种材质被赋予了端庄、优雅的情感。坚硬而带有棱角的材料给人的情感感受是严肃、高冷、带有距离感，而柔软的材料则给人温柔、人情、想要触碰的欲望。这就是材料机理所赋予的可视情感。

图 9　珍珠及水钻材质　　　　图 10　蕾丝材质

3　情感可视化于装饰艺术中的实验探究

"装饰艺术是依附于某一主体的绘画或雕塑工艺"[6]，故传统装饰艺术的表现形式一般是绘画或雕塑工艺。装饰绘画用具有装饰性的线条、造型、色彩等表现形式给予人以强有力的视觉效果，表现在装饰艺术品上使其更具装饰效果。"假面"系列装饰艺术设计中主要通过大数据——自发表情数据库、自动人脸表情识别（AFER）、面部表情分析系统（FaceReader）等——搜集了人类情感的种类和人类情感如何表现在人的脸上从而实现情感的可视化——离散情感空间示意（见图 11），如高兴、悲伤、愤怒、尴尬、羞涩、骄傲等表情。整理分析出了表情会牵扯的面部肌肉（见图 12），挑出最能表述情感的面部线条走向并成为一个个数据、图表。情感的可视化可通过符号、色彩、图案、机理来表现这正好是与装饰艺术的表现手法相通的，让表情矢量化并展现在面具上，这样一来情感的可视化可以通过装饰艺术设计来实现。

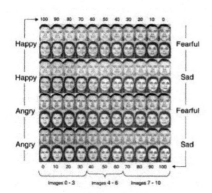

图 11　离散情感空间示意

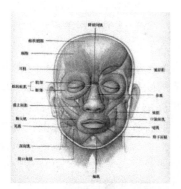

图 12　面部肌肉分布图

在我们常见的人的基本情感中高兴可以用一个开口向上的弧形来表示，不高兴则可以用一个开口向下的弧形来表示。以下，我们以"假面"装饰艺术设计实验来印证：通过对情感表情的探究转化成矢量图通过符号、色彩、图案、机理来传达情感。

（1）陷入爱河的爱慕之情（见图 13）。心生爱慕之情时，人脸上的表情是不由自主的，眼睛微微睁大，眼角向下压，嘴角上扬，有些会露出酒窝，眼中充斥着无数的爱意。而"爱"最常见的符号就是心形符号，心形符号由大到小成斜角幅度不断上升，则体现"爱的冒泡"满满的幸福感沉浸在爱河之中。嘴唇及心形符号均用大红色表现则是想表达"狂热的爱意"、"深陷其中的爱意"，如若使用粉红色则体现的是一种"暗恋"、羞涩的爱。面具正脸的机理效果是用珠光颜料做成的，面部发亮且偏金红色以体现陷入爱河中的人都是面色红润，就如古语所形容的"面泛桃花"，会散发出迷人的光彩，皮肤具有光泽度。

（2）受到惊吓的表情（见图 14）。人受到惊吓时眼睛常常会睁得大大的，表示恐惧的形态，特别是眉心会向上提，更为夸张的时候嘴巴会张大，鼻孔放大，代表了当时人那一瞬的剧烈恐慌。从色彩上来看，有句老话说"脸都被吓绿了"，青色是由于人在受惊吓是体内供血会有一瞬间不足，故造成面色铁青这一受惊状态。所以在表现惊吓的情感表情的时候除了面部肌肉状态的变形，同时用到的颜色是青绿色；而黑色的运用会使得负面情绪增强，用来表现受到惊吓会使人的状态变得很不好。

图 13　陷入爱河的爱慕之情　　图 14　受到惊吓的表情

（3）尴尬羞涩的表情（见图 15）。尴尬羞涩首先会使眉头向上翘起，眉尾向下压，由于羞涩不属于一种负面的情绪，所以不会使得眉头皱起或嘴角向下呈现不高兴的表情，反而眼尾会微微上扬，嘴微抿、嘴角拉长使苹果肌突出表现出的是一个偏向正面的情绪状态。在"假面"系列装饰艺术设计中除了一般面部肌肉走向的配对，还用了图案的方式来表达尴尬羞涩的表情，如图中所绘的是含羞草的叶子和花。众所周知，含羞草最广为人知的花语就是使害羞、羞涩，且含羞草的花的颜色呈紫红渐粉，位于脸蛋上也就像是尴尬羞涩的羞红了脸一样的状态。

（4）端庄优雅的表情（见图 16）。一般来说，端庄优雅是一种状态，没有特别夸张的面部表情，但端庄优雅是可以从材质机理上来体现其情感的。端庄优雅的表情眼部肌肉放松，眼睑微微下垂，嘴角微抿，使嘴角自然上翘，刺绣和纱的结合可以展现高贵却不严肃、素雅却不质朴的感觉，柔软的装饰材质尽显温柔之情，眉间的一颗珍珠更是使其端庄，珍珠的佩戴给予佩戴之人成熟之美。

图15　尴尬羞涩的表情　　　图16　端庄优雅的表情

以上四种情感表情不仅分别用情感可视化于装饰艺术设计中的四种表现方式（符号、色彩、图案、机理）探究情感表情的状态，还有着很好的表现效果：

通过符号，首先我们可以看出想要表达的情感范围，是表达高兴？忧伤？愤怒？爱情？不管是何种表情都会有一个具有代表性的符号，符号给情感的表现划定了一个"圈"，作为情感基底。

通过色彩，我们则看出图形的附加情感，如果是高兴，色彩的不同可以表现出高兴的程度和情感的深层次，色彩越复杂则表明情感越复杂。

通过图案，这个图案的基本寓意需要人们有所了解才能把图案带来的深层情感完美地展现在众人的眼前，如若了解不深刻或不了解，图案对于情感可视化信息的传递是没有意义的，仅仅传达的是图案的视觉效果，如此一来图案的情感可视化需要基于图案的载体，以载体的型加上图案，最终获得的才是完整且正确的情感信息。

通过材料肌理，表现的是装饰的物理特征，材料机理的使用使得装饰艺术品更有空间感、更有立体效果，也使得表达的情感更真实，不仅是视觉上的影响，甚至延伸至触觉的情感感受上。装饰的物理特征也是"情感加强器"，用以增加情感的力度及突出所希望表达的质感。

4　情感可视化于装饰艺术设计的创新展望

4.1　大数据分析的应用

在大数据的时代，大量的数据信息被上传于"云端"，面部表情分析系统（FaceReader）里面的信息也无例外，面部表情分析系统通过人脸识别进入电脑数据中，电脑收集数据后进行分析评估，诸如此类的大数据库有很多。

大数据分析在情感可视化中起到很强大的作用，同时也通过大数据中数据可视化为情感可视化于装饰艺术过程中给予了数据资料的搜集和调查分析，从而得到了大数据中最合理的数据进行图案化，完成了情感可视化于装饰艺术设计中的探究。例如面部表情分析系统中，分析悲伤这一情感，通过肌肉的走向、神经的牵扯图呈现出的是一张中间高、两边低的曲线走向，加之灰冷色

调的搭配会形成一个图形符号，一个基本的图形符号排列、组合、添加、变形处理后就会得到具有装饰的设计图形，这样的图形会使人潜移默化且情绪被其影响，就如一张悲伤压抑的图形会使人感觉沉闷、不开心。另外，情感可视化于装饰艺术设计中的探究成果可以通过计算机数据中的拆分整合入大数据库中成为大数据的一个部分，扩展大数据中的数据资料，以便用于其他的研究项目之中。情感可视化于装饰艺术设计被收入大数据中将会被广泛运用于语言学、医学以及心理学等重大学科，以心理学为例，在面对心理有障碍或有语言障碍的病人时就可以从他们所画的图形图案符号了解他们所想，反映他们内心深处的情绪，为治疗与诊断提供依据。从大数据中来，归大数据中去，但改变了"质"与"量"，这样科学的世界才会更快更好的循环发展下去。

4.2　虚拟现实的介入

现在的世界处于一个科学技术不断创新开发的时代，科学技术不断地渗透着每一个领域，很多领域都随着科技的发展而发展，如虚拟现实技术。医学、军事、经济、工业、考古、互联网等，概莫能焉，情感可视化这一新兴领域自然也在其中。由于虚拟现实技术的交互式三维动态特点，使情感可视化于装饰设计不再是一种装饰品，而变得"活"了起来，这能使体验者的视觉感知能力更加的具体且印象深刻，感悟也自然地多了。如运用于游戏中，在2014年，《暖暖环游世界》这一换装游戏风靡一时，深受人们的喜爱，在游戏中通过不同的换装得到积分闯关，在游戏的同时让人们思考了衣服的搭配、着装的恰当问题。而情感可视化于装饰艺术设计也是一样，虚拟现实的介入，生成多变的三维图形，可以模拟出具有装饰艺术的环境，不同的图形、色彩给予人不同的感受。虚拟现实技术的介入能让人们更深刻地了解情感可视化于装饰艺术设计中的意义并运用于生活，使装饰艺术不再高居艺术让人遥不可及的范畴，而是融入我们的生活，使其平民化，为普通人所用。

4.3　"互联网+"时代的到来

现今是网络发达的时代，人际交流常常通过社交软件如微博、QQ、微信这类的网络平台进行。视觉语言符号即图案，是人们网络交流的又一语言形式，人们可以通过图形的含义来表达自己所想，也就是我们所说的有些表情包需要用钱购买，有需求就会有市场，设计师们则会创作出更多的符合人们心境和潮流的表情包，"互联网+"给行业带来了商机的同时也在改变着人们的生活生产方式，由于科技的发展，流动美术馆是当今美术馆展览的创新形式之一，通过艺术品数据中心的数据采集做成艺术品数据库，整合成多个艺术品主题，情感可视化与装饰艺术设计回归与艺术层面在美术馆中展出，结合虚拟现实技术让不图民众更好的体现情感可视化，体验艺术带来的愉悦和乐趣。美术馆内的一些周边物品这可通过O2O的方式进入艺术交易数据平台，数据可显示出人们对艺术方向的喜爱，从而推动艺术产业的创新

与发展。"互联网+"时代的到来，不仅推动了经济的发展，也带动了情感可视化于装饰设计的发展。

5 结论

符号、色彩、图案、材料机理等各种表现手法的综合运用，情感可视化于装饰艺术设计可以完整地传递出所希望表达的情感表情，装饰艺术本身就带有吸引人视觉的特色，精美的制作、特别的机理效果在给人带来娱乐的同时也带来一定的深思。而现代科技的进步、媒体网络媒介文化的普及与发展，使得装饰艺术也在迎合并引领时代通过新技术不断发展。大数据是现代设计研究的数据理论依据；虚拟现实技术是现代设计研究的新型表现平台；"互联网+"是现代设计研究被普及于社会的重要方式，促成艺术产业经济发展的新型手段。情感可视化于装饰艺术中的表达满足了人们的心理需求，科学技术有助于艺术研究，科学、技术是"理性"的，情感、艺术是"感性"的，"理性"和"感性"完美结合才能从物质需求上升到心理需求。

参考文献

［1］张烁烁.从符号学角度看视觉元素——点线面［J］.大众文艺（理论），2009（19）：125.

［2］汤一介."道始于情"的哲学诠释——五论创建中国解释学问题［J］.学术月刊，2001（07）：40-44.

［3］朱华，曹小琴，王永国，许洪超.色彩构成设计［M］.武汉：武汉出版社，2010：57.

［4］金容淑.设计中的色彩心理学（第2版）［M］.北京：人民邮电出版社，2011：22.

［5］王宏建，袁宝林.美术概论［M］.北京：高等教育出版社，1997：131.

［6］苏晓棠，马福珍.俄罗斯中世纪装饰艺术漫谈［J］.俄语学习，2013（05）：16-18.

绿色设计理念下现代园艺产品包装设计新发展

张瑞珏　李光安　陈　岚

（上海工程技术大学艺术设计学院　上海　200000）

关键词：绿色设计　园艺产品包装　绿色环保　循环再利用

如今包装正在以另一种形式燃烧我们的资源，我们目前制造、消耗和废弃处置的方法正在摧毁地球生命维持系统。《绿色资本主义》的作者在自己的书中写道："举个例子来说，仅仅是过去的30年中，地球三分之一的资源，'自然财富'，已经被消耗了。"《绿色资本主义》的作者保罗·霍肯还告诉人们："一个德国零售巨头发现，98%的二次包装，如管装牙膏外的盒子、冰激凌纸板箱外的塑料包装，都是没必要的。"这个比例被估计得相当之高，但即使只是50%，这样的趋势还是显露出包装效率上的极度低下[1]。

本论文主要针对绿色设计概念的阐述和对不同品牌的绿色植物及园艺产品包装设计进行调查和研究，仔细比较包装设计中所用元素以及包装工艺，将绿色环保理念的设计理念应用于现代绿色植物及其相关园艺产品的设计，并提出合理建议。

1　现代包装设计中的绿色设计理念

1.1　绿色设计理念

绿色包装发源于1987年联合国环境与发展委员会发表的《我们共同的未来》。它的理念有两个方面的含义：一个是保护环境，另一个就是节约资源。

从技术角度讲，绿色包装是指以天然植物和有关矿物质为原料研制成对生态环境和人类健康无害，有利于回收利用，易于降解、可持续发展的一种环保型包装。

具体言之，绿色包装应具有以下的含义：实行包装减量化，包装在满足功能的条件下，应用量最少；包装应易于重复利用或回收再生，通过多次重复使用，或通过回收废弃物，生产再生制品、焚烧利用热能、堆肥化改善土壤等措施，达到再利用的目的；包装废弃物可以降解腐化，不形成永久的垃圾；包装材料对人体和生物应无毒无害；在包装产品的整个生命周期中，均不应对环境产生污染或造成公害。

1.2　绿色设计理念对包装设计的物质策略影响

包装设计在设计之初就应该将控制成本放入设计环节中进行考虑，这样做可以更有利于更好地优化设计本身，减少产品的先天不足和使后期再生产和大规模生产的成本管理有迹可循。当然，成本控制应该要完成生态效益最大化和经济效益损失的最小。

值得庆幸的是，伴着科技的前进和人们对环保的重视，越来越多的环保材料出现并在包装中使用。在纸张方面环保纸、再生纸、非木材质开始逐步进入人们的眼帘，这些纸张在材质和质量上完全可以与化学造纸的纸张相媲美，可以选择的种类也十分丰富，但是对环境的污染却少得多；受够了工业造纸的话，近些年，中国传统的手工纸也大受欢迎，这种手工纸的制造过程不仅污染少而且纸张纹理还伴随着一定的随机性，生产出的纸张极具装饰性和独特的审美性。对于材料的创新不仅仅是材料本身的升级，还有设计师对材料使用方式的创新。就以纸张为例，看似"柔弱"的纸张，如果混着有机胶水就可以被压制成一种全纸的椅子，不但坚固而且这个结构都能循环再利用，其实丢弃也能回归土地。

科技给了塑料产业的环保创新发展提供了很大的新空间。可循环塑料，主要是热塑料和人造塑料在特殊高温下可以融化再塑性。可结合循环塑料，可以同其他一些材料一起形成一种新的材料被循环使用。可生物碎裂塑料，在制造之初就在聚合物中加入可降解的因素，使其掩埋后部分可降解。可降解塑料，这种塑料可以全部被降解，并且新开发的生物降解技术可以在短时间内就完成整个降解过程。

球形包装结构、方形包装结构、圆柱形包装结构是包装的几种基础结构。通过数学几何学，可以得知在相同体积下，球形表面积最小，由此可知，球形包装在此情况下是最节约的选择。方形包装包括正方形和长方形，由于方形包装叠放便利，所以是绝大多数商品包装的首选，通过数学建模，可以得到结果同等体积下，方形包装比长方形包装要节省材料。由于球形包装不利于存放，所以在此基础上出现了圆柱体包装（见图1），圆柱体包装比方形节省又比球形便利，是折中之选，常用于酒桶、饮料的包装。[3]

随着纸盒结构的不断深入研究，近年来越来越多的异形盒开始出现在消费者的视野中，这些异形盒除了博取消费者眼球，更多的是在基础盒形上进行了优化，使之更加节约材料和更利于后期循环再利用。

在上文已经论述过了随着科学进步，材料本身的可循环再利用。在这里要讨论的是除了材料本身的可循环再利用，设计师一些别出心裁的设计细节也一样可以达到再利用的目的，这种简单的物理形变往往更能受到消费者的青睐。如图2所示，澳大利亚的一家产品公司，将一批已经废弃的金属路标经过再设计，通过简单的切割、折叠、固定等加工程序摇身一变成了一把把各不相同的椅子。[4]随着电视尺寸的越来越大，电视包装也随之变得越来越巨大。德国一家电视厂家，对原本巨大且无用的电视包装盒进行了改良，使之只要经过简单的加工就能变成一张极具现代风格的瓦楞纸电视柜，这不仅达到了包装再利用的目的，还替消费者省下了购买电视柜的钱，并且节约了制作电视柜的材料，可谓是一举三得。其实只要开阔思路，这些简单又实用的设计细节，每个设计师都能做到，也更容易做到。

图1　便携式寿司竹制包装盒　　图2　由路标改造成的路标凳

1.3　绿色设计理念下包装设计中的人文情怀

有些人认为绿色包装设计就是极简设计，要达到物理意义上的绿色环保就一定要少之又少。这其实是一种错误的观点，极简设计可以是包装设计风格中的一种，但绿色包装设计不一定就是极简的。绿色包装应该要注重包装的功能、结构设计，去除不必要的装饰，但是也要选择符合被包装产品的特性的形式，只要设计的每一个环节都是合理的、必要的，那这就是绿色设计所要倡导的，完成生态效益最大化和经济效益损失的最小化两大目的。

包装设计的审美应该是能透过包装传递一种美的感受，能影响人们的所思所想，陶冶人们的情操，是一种人类情感的需要。现代社会，特别是许多大城市，城市生活压力大，节奏快，已经使人感到疲惫不堪，人们有权需要设计优美合理的包装来使选择商品的过程变得更为愉悦。更多的以人为本，充满人文关怀，审美情趣的商品包装必然将是可持续发展包装的趋势。[5]体现绿色环保不是一味地注重功能，使作品漠视人性，体现人文、审美也不是一味地增加装饰，而是用合理的搭配使产品得到升华，对商家而言，这可以促进销售，对消费者而言，在购物的同时可以提高自身的审美。丹麦设计师马德斯策划了"心灵超市"这一项目，在心灵超市中陈列的商品全是由环保材料制成的低调简洁的容器，如图3所示，上面贴着各式各样的标签，标着如爱、可持续发展、纯水、意识等的词汇，设计师通过"心灵超市"想要提醒人们放慢生活节奏，并希望激发人们对消费的思考和反思，让消费这一行为变得更有意义。

当消费者走进"心灵超市"看到这些包装时，其实也是在反思自己的生活。反观我国的超市卖场，一些配色大红大紫，设计简单粗暴的产品包装并非鲜见，这些包装可能符合了使用绿色材料、精简包装结构的绿色包装要求，但是这种从某种意义上"反人类"的包装设计绝对不是一个合格的绿色包装。从人文角度来说，绿色包装应该帮助消费者在这个高速发展的社会中更好地挑选商品，并使消费这一行为更具意义，让人们在消费中重新去审视自己的消费行为和生活状态。

图3　"心灵超市"商品

2　绿色设计理念下的绿色植物及相关园艺产品包装

2.1　绿色植物及相关园艺产品包装的现状

目前，园艺产品和植物包装设计不仅国内外存在差距，国内品牌之间差距也比较巨大。在我国，植物园艺类包装基本可以分为以下几类：第一类植物园艺包装比较优秀，甚至能与不少国际上的优秀作品比肩，这类包装的颜色多数质朴简洁，更注重展示产品本身，对绿色包装理念也有一定意识，简化了不必要的包装结构，使用环保材料。这多数是一些概念的植物园艺产品包装和一些高端品牌的产品包装。第二类包装则是我们生活中比较常见的，如图4这类包装的设计大多是比较"中规中矩"的，简单的一张植物图片加字体库里选择的艺术字模板，颜色比较艳丽，就设计而言基本没有什么设计"亮点"，为了降低成本包装所用的材料也多为廉价的纸张和塑料，这类产品的生产商也多数都没有雄厚的资金支持。最后一类植物园艺包装则基本属于"没有包装"的状态，店家在售卖植物时直接用报纸、纸巾或者塑料袋随手装袋递给消费者，这类包装不仅没有任何审美情趣，还没有任何对产品的保护和说明作用，也不利于环保。面对这种现状，设计师、厂商应加强对自然环保的反思，向大众普及绿色环保的知识理念，并由国家立法来规范市场，或许才是一条能走出当下这种困境的捷径。而我国的现状其实也是国外植物园艺包装现状的一种折射。

图4　中国市场上常见的植物包装

2.2 绿色植物及相关园艺产品包装发展趋势

随着经济发展的前行和人们意识形态的变化，不少人开始将目光聚焦到环保问题上，并投身绿色环保行动。将来随着相关法律法规的出台完善，这对包装也会提出更高的要求，包装除了要保护产品、反映审美、促进销售，还要符合绿色设计的原则。符合绿色设计，不仅仅是使用环保材料，还应该将包装纳入整个产品生命周期中去考虑，并且在产品和包装中去展示一种绿色生活的态度，让更多人了解绿色设计。将来的包装设计还必将更多地关注到共性和特性的差异。随着21世纪的到来，人们的物质生活获得了极大的满足，人们开始注重个性化的设计，怎么样设计出更加"个性"的包装将是一个难题，毕竟一张植物图片加一行微软默认艺术字的产品包装的时代已经过去了；在包装越来越体现个性的同时，随着全球经济一体化，越来越多的产品将打破地区的局限走向世界，如何使一款包装能符合世界各个地区人们的认可将是包装要解决的共性问题。

2.3 绿色设计理念在绿色植物及相关园艺产品包装中的运用（见图5、图6）

图5 Krista Farrell 设计的环保植物包装

图6 英国种子纸

近年，随着人们逐步意识到绿色设计的必要性和重要性，植物园艺产品的包装也悄然发生了变化。University of Wisconsin-Stout 的平面设计专业的学生 Krista Farrell 设计了一款环保植物包装，这款包装既环保，还可以重复使用。值得一提的是，这套植物包装的外壳还是一种运用生物科技制成的可降解花盆，并且登陆品牌

的官方网站，消费者还能查阅到如何种植该种植物。[6]无独有偶，英国在2013年圣诞节期间也推出了一款名为种子纸的产品。这款用再生纸制作包装纸，其印刷颜料也全部是由蔬菜萃取的，纯天然无公害，将种子纸种植到土地里后也不用担心土地污染问题，为设计的发展注入了新的创意和活力。

3 结论

随着社会生产力的发展、科学技术的进步，包装被大量生产、使用并抛弃，造成了资源和能源的浪费，更带来严峻的环境问题，现今人们逐渐开始意识到绿色环保的意义。除此之外，人们同时也对生活质量、心灵健康、视觉审美提出了要求，要求净化心灵和视觉的、精神层面上的绿色设计也随之被提出。在绿色包装设计的物质策略方面，在设计开始之前，设计师就应该要对包装设计的整个产品周期运筹帷幄，在保证包装和产品质量的前提下控制和节约包装成本，优化包装结构，选择合适环保的包装材料来制作包装并且将包装的循环再利用纳入考虑范围。在包装的人文因素方面，包装形式和通过包装达到销售目的在当今的经济社会中固然重要，但是除满足基本功能和促进销售外，通过包装设计让产品去体现和倡导一种正确的生活观和消费观更为重要。毫无疑问，不论是植物园艺产品的包装还是其他包装，包装的绿色设计必将是一种趋势，倡导人与自然和谐相处的未来。

参考文献

［1］维克多. 帕帕奈克（VICTOR PAPANEK）. 绿色律令［M］. 北京：中信出版社，2013：150.

［2］Scott Boylston. Designing Sustainable Packaging［M］. Laurence King Publishing Ltd, 2009：34.

［3］牛向乔. 绿色设计在产品包装设计中的应用［D］. 大连：大连理工大学建筑与艺术学院，2013：19.

［4］陈俊达. 无用设计：32位国际顶尖设计师创意访谈录［M］. 北京：人民邮电出版社，2012：32.

［5］戴丹丹. 绿色设计理念在包装设计中的渗透［D］. 南昌：南昌大学艺术与设计学院，2006：22.

［6］Smoyu. Krista Farrell 的创意园艺产品概念包装. http：//www.333cn.com/graphic/sjxs/129257.html, 2012.

［7］张红艳. 英国研发环保型种子包装纸埋到土里可种菜. http：//world.huanqiu.com/exclusive/2013-12/4679383.html, 2013.

跨文化传播中的图形用户界面设计研究

郭庆红[1]　钱　莹[1]　陈金国[2]

（1.武汉工程大学　武汉　430205；　2.丽江师范高等专科学校　云南丽江　674100　）

关键词：用户界面 设计 跨文化 传播

1　引言

现代网络及虚拟计算机技术使得图形用户界面能够运用直观而丰富的视觉符号，超越时空距离，跨越地域界限，多角度地直接呈现各种地域文化信息，其生动、互动和直观的特性给人带来的视觉冲击力在跨文化传播时是任何其他传播方式都无法企及的。图形用户界面是一种非常好的跨文化交流的媒介构建与信息传播方式，它增加了沟通渠道，促进了跨文化交流，并为当代文化传播方式的直观化和多样化开辟了广阔的途径。

2　跨文化传播与图形用户界面设计

2.1　认识跨文化传播

从文化传播的角度来说，跨文化传播本身起源于文化的差异和冲突以及文化控制的需要："跨文化传播学最初缘起于文化人类学，而文化人类学的研究作为西方诸多学科的一种，就其最初的起源来说，是有着深厚的殖民和种族主义色彩的"。[1]具体说来，跨文化传播学是一门研究来自不同文化群体的个人、组织、国家之间进行信息传播这一社会现象的学问。它所研究的两大对象是文化与传播及它们之间的关系，其中尤为注重文化对传播的影响，旨在消解文化传播与交流中各种层面的阻碍，同时为跨文化传播行为提供借鉴与对策。

在跨文化传播中，媒介的主要作用是影响受众的思想、态度、舆论、观念。媒介的正面效果在于为受众提供什么教育、信息和娱乐的工具。但媒介有时也会造成人们对于自己民族文化的不良定势思维。[2]作为信息时代的主要传播载体，图形用户界面设计具有大众性、非线性、开放性、直观性和多通道性等鲜明特征，这些为其实现跨文化传播提供了有力的保证。

2.2　图形用户界面设计的跨文化传播本质

图形用户界面的跨文化传播可以理解为图形用户界面跨越文化的疆域，通过互动的方式来构建文化身份，并实现文化归属识别的过程。因此，中国本土设计的图形用户界面要实现跨文化传播效果应具备这样四个特征：第一，图形用户界面设计应立足于自身文化的观念，展现民族文化的特质。第二，图形用户界面设计应高度重视其自身的文化属性，并将其视为核心属性，渗透贯穿于文化传播的过程中。第三，图形用户界面设计应具有很强的包容性。而所谓包容就是要兼顾文化的差异与同一，即"和而不同"。具体说来就是在"差异"中求"和"，而在"同一"中求"不同"。第四，图形用户界面设计应具备文化的认知、理解、互动的能力，将文化用作载体，同时又能弘扬特色文化。

对于图形用户界面设计中所面对的跨文化传播问题，采用历史观的态度来理解文化身份是妥当的，首先它避免了在传播过程中形式主义的误区，图形用户界面文化身份的构建并不是某几个民族文化符号能解决问题的，它需要深入地理解社会文化的精神实质和全球文化的整体趋势，需要在不断的传播实践中得以达成，而简单地使用那些本质化了的符号只会流于肤浅。

图形用户界面设计的文化身份代表着图形用户界面的"文化血型"，关系着图形用户界面的"性格"，是跨文化传播重要的因素。具体来说，面向跨文化目的的图形用户界面文化身份决定着图形用户界面采用何种方式与客体文化中的受者进行沟通，同时也体现着跨文化传播的主体发挥文化自主性的程度。它可以被不同时期的图形用户界面设计理念所构建，也可以在跨文化传播中被客观现实所改造。图形用户界面的文化身份是体现文化差异的镜子，同时代表着对于文化同一的理解。它不但反映了图形用户界面的自我期望与他人期望，同时也起到了文化识别的作用，它是图形用户界面跨文化传播的基点。

图形用户界面的跨文化传播实质上就是一个构建文化身份的过程，但这个过程并不是一蹴而就的，也不是独立于大国际环境之外的，它需要不断地被时代赋予新的意义，它并非是僵死的、闭塞的，而是动态的、开放的。客观地说中国本土的图形用户界面设计发展的根在于民族的文化，而原动力在于民族的精神，脱离这些，图形用户界面设计就如同根基不稳的树木，不可能枝繁叶茂。所以说中国设计的图形用户界面只有面对传统文化不断地"走出自我"、"发现自我"，并结合当前先进的文化来促成自身文化的创新与发展，才能实现图形用户界面的跨文化传播目标。

3　图形用户界面跨文化传播过程中的文化差异及沟通作用

3.1　图形用户界面跨文化传播过程中的文化差异

图形用户界面跨文化传播面对的是不同国家或地区、不同民族、不同社会的消费者，政治、经济、文化环境都与本土有着巨大的差异，而所有差异中对传播影响最直接也最深刻的是文化的差异。

文化的差异、冲突与融合既是人类文明史上文化发展的常态，又是图像时代文化传播最重要的背景。有差异的文化在交流的过程中既有冲突，又有融合；在冲突和融合的过程中，形成某些强势文化的优势地位和话语霸权。图形用户界面所处的现代社会环境，在时间维度上呈现全世界相同的消费文化特征，但却在空间维度上表现出不同的地域文化风貌。如前所述，这样一种呈现复杂格局和多样面貌的文化环境，是制约视觉传达效果的重要因素，在图形用户界面设计的跨文化传播活动中，日益发挥着重要作用。

从传播的角度看文化差异它是由文化的构成单位——差异性的符号构成的。文化总是体现为各种各样的符号，而各种差异性的符号就组成了不同的文化体系。在今天，我们通常用文化的特征性符号来识别不同的文化，进而促成有效的沟通。因此文化差异为我们认知和理解文化提供了一个窗口。

文化差异带给我们的是适应能力的考验。图形用户界面在跨文化传播过程中同样经历着文化适应能力的考验。如果图形用户界面缺乏适应文化差异的能力，那么也会像人一样出现一些不适症状，这就是我们常说的"文化休克"。

图形用户界面在跨文化传播中面对文化差异也可能会出现这种类似于人的"文化休克"症状。图形用户界面的"文化休克"表明了文化差异对于图形用户界面文化传播所造成的冲击，涉及传播的各个环节，并对价值体系产生了深远的影响。究竟如何提升本土图形用户界面的适应力，如何将"跨文化"植入图形用户界面的设计与文化传播中，是我们在构筑图形用户界面跨文化传播蓝图时应该深思熟虑的问题。

整体来说，文化的差异一方面表述了文化存在的意义，让人们能够通过识别符号来识别文化，而另一方面又为跨文化传播设置了障碍，使跨文化传播的主体首先必须面对文化的适应力问题。具体来说，文化的差异从表面上看似乎是图形用户界面文化传播难以逾越的屏障，但正是因为这种文化差异的存在为图形用户界面跨文化传播构建了意义。差异体现了文化的原型问题，是需要理解和尊重的。当然，解决文化的差异问题并不能仅仅依靠"适应"来解决，我们需要一种更为主动的传播方式来灵活变通地解决图形用户界面在跨文化传播过程中所面临的文化差异问题。

3.2 图形用户界面在跨文化传播中的沟通作用

信息时代，人与人之间的交流与对话、协调与沟通，不仅仅靠语言文字，更主要是靠图像，靠视觉。这是人类与生俱来的、共同的一种观察方式和体验方式。跨文化传播中，图形用户界面设计为我们提供了许多新观念、新事物和新思想，以及对某些事件动态的解释。从这一意义上讲，图形用户界面可用作理解一种文化的工具。

图形用户界面设计将丰富的文化信息通过大众传播

媒介广泛地向全世界发送，它所创造的图像信息的传播不仅可以跨越民族和国界、时间和空间，更能跨越传统的社会群体，打破以往文化信息从上到下的传播模式。它"有效地排除了人与人之间，以及群体与群体之间面对面的直接交流的需要，从而使文化传播成为一种世俗性的便捷方式。伴随着数码复制的新传媒方式的出现，一种新的大众生活交流方式已然来临"。[3]文化不再需要从一个群体到另一个群体的传播，而往往是许多社会群体同时获得同一文化信息。文化信息借由图像不再以"线形式"的，而是以一种涵盖面极广的"网状式"的方式传播，"每个人的生活维度都不再是单维的，而是集体网络关系中的一员，具有相互交往的深层因素和变异的可能性。"[4]图形用户界面从国外传来，其在与中国本土文化相互沟通的同时，中国本土文化也通过图形用户界面与外国文化进行沟通；此外，世界各国不同文化之间也可以通过图形用户界面进行沟通。例如，一则优秀的图形用户界面设计作品，一经在网络上播出，都市、城镇、乡村、学校、公司、企业，不同层次、不同种类的社会群体都能在同一时间接收到。

30多年前，媒体学者麦克卢汉所预想的媒体发展将使地球成为村庄。现在，这正在变成现实。到今天我们已然凭借着图形用户界面的不断发展和使用，正在逐步实现着马克思、恩格斯在19世纪对文化演进的预言，而随着科学技术的发展，文化传播与融合的速度也日益在加快步伐。

4 构建文化身份·实现文化归属

4.1 图形用户界面设计的文化身份定位

所谓文化身份是指群体传播系统的特殊性格，是人们在特定环境、事件或传播语境中声明群体身份时所表现出来的。从跨文化传播角度认识文化身份它存在于一切信息被构建、强化、竞争和挑战的传播过程中。

在全球化浪潮的冲击与影响下，经济信息一体化使得当代设计的地域性、民族性逐渐被消解，民族文化面临着融合趋同、丧失身份独立性的考验。手工业时代的产品和技艺，民族性和地域性特点往往表现得很充分，而在高速发展的信息时代，社会文明发达，文化交流频繁，设计的形式、理念、风格被大量复制，趋于雷同。跨国公司全球产品的同步上市，时尚潮流的席卷扩张，使得设计的文化身份问题凸现出来。设计的文化身份问题在当今全球化的背景下就是设计的民族化问题。

图形用户界面设计过程中，对本文化艺术和他文化艺术代码的不同程度的差异性进行感知、选择变换、"平衡"超越的处理，不仅需要设计师具有跨文化艺术的广博文化艺术知识，对不同文化艺术的代码系统有深入且科学的分析鉴别，而且需要有拓扑学、认知心理学、社会学、传播学、文化学等交叉学科知识和方法论为基础。

中国经济的崛起，要求"中国设计"获得国际地位，设计的文化身份背后凝聚着国家民族利益。在变革和转型面前，促使"中国设计"从自身历史的具体性和差异性中适应环境、重新定位。对于中国的图形用户界面设计而言，这种时代的责任感与紧迫感将促使界面设计师去思考和完善民族的设计体系，在达到文化沟通与融合的基础上仍然保持文化身份的独立是这份工作重要的前提。

4.2　和而不同：确定文化身份、实现文化归属的策略与原则

文化的差异与同一是当今世界文化发展的两种势态，作为跨文化传播的图形用户界面必须要适应这两种势态，而"和而不同"则应是对待这两种势态、确定文化身份、实现自我文化归属的一个基本策略与原则。适应文化差异主要体现在图形用户界面对于不同文化环境的适应力上，能否跨越文化疆域生存传播是衡量图形用户界面传播能力的主要指标。而图形用户界面对于文化同一的适应则集中体现在图形用户界面能否适应文化交流融通的大趋势，并以积极的、文化自主的心态不失时机地促成特色文化的传播与发展。

其实差异与同一是文化事物存在的形式，当我们把图形用户界面作为一种文化事物来考虑时，文化的差异与同一就构成了图形用户界面跨文化生存和发展的外界因素。从哲学角度来看文化的差异与同一是一对辩证统一的概念，它们会始终并存着。所以我们对待文化的差异与同一有必要采取一种乐观、冷静的态度，辩证的思考与实践的认知才是理解问题的关键。而对于文化差异与同一的认知程度也直接影响着图形用户界面能否实现对于文化的跨越。

对于图形用户界面来说，认识文化的差异与同一有着极其深远的意义，对图形用户界面传播方式起着决定性的作用。文化的同一使得在全球范围内实行统一的图形用户界面成为了可能，但文化的同一也让图形用户界面所代表的民族文化差异个性越来越少，这种深层次的图形用户界面个性源于孕育图形用户界面的母体文化，是历史的、当代的、经济的，同时也是政治的。虽然文化的同一为图形用户界面提供了一个不可多得的平台，但其带来的图形用户界面个性的散失会使图形用户界面在跨文化传播过程中遭遇很难意想的尴尬。没有差异就很难说有传播，当然完全张扬文化个性而不理会文化间的沟通也是不现实的，同样也会造成图形用户界面识别的障碍，这是"和而不同"求"和"的原因之所在。所以，对于文化个性的张扬必须给予文化间所形成的共识以充分的尊重，而在不同文化的共同经验范畴内寻找交集就是图形用户界面跨文化传播寻求认同最基本的方法。

5　结语

总之，多元文化并存的当今世界，使跨文化交流与跨文化传播达到了前所未有的程度。图形用户界面如何在这样的复杂环境中生存传播显得尤为迫切与重要，因此关注与研究图形用户界面中跨文化传播问题甚为迫切。中国本土图形用户界面设计发展的根在于民族的文化，而原动力在于民族的精神，并结合当前先进的文化来促成自身文化的创新与发展，才能实现图形用户界面的跨文化传播目标。

参考文献

［1］姜飞.跨文化传播的后殖民语境［M］.北京：中国人民大学出版社.2005：3.

［2］刘双，于文秀.跨文化传播——拆解文化的围墙［M］.哈尔滨：黑龙江人民出版社，2000：160.

［3］王岳川.消费社会的文化权力运作——鲍得里亚后现代消费社会文化理论［J］.文化研究：理论与实践.2004：87，99.

高校设计人才培养如何应对生源下降困境的研究

郭立群 郭勇

（武汉工程大学 武汉 430205）

关键词： 高校艺术专业 设计学科 人才培养 生源

近几年国家高考整体生源下降，对高校艺术教育影响明显，如何应对这种境况，建立与国家需要相适应的设计人才培养的相关机制与方法势在必行。

1 高考生源现状

教育部网站 2015 年 8 月 11 日更新的高等教育学校（机构）数据显示，我国普通高校总数有 2529 所，其中本科院校 1202 所（包括独立学院 283 所）、高职（专科）院校 1327 所。不难看出，中国是一个高等教育大国。然而从 2009 年开始，全国普遍出现高考人数整体下降的现象（见表 1）。

表 1 全国高考人数 2008-2015 年统计表

年度	2008	2009	2010	2011	2012	2013	2014	2015
高考人数（万）	1050	1020	957	933	915	912	939	942
备注	–	下降	下降	下降	下降	下降	–	–

（数据来源：中国教育在线高考报名信息查询系统[1]）

2014 年，由于国家高考政策向农村倾斜，同时扩大了各省农村专项生的招生，异地高考政策也全面实施，因此，广东、四川、贵州、重庆等几个省份招生报考人数有所增加，使得 2014 年、2015 年的全国高考报名总人数有所回升，但相比 2008 年，仍下降有 100 多万人。且此趋势还会持续。面对这个现实，如何进行改革，进一步提高教学质量，确保学校的持续发展，是很多高校正在思考的问题。当然，不同层次的高校有不同层次的定位标准和人才培养要求，同样的学科和专业，其人才培养形式也不尽相同。

2 高校艺术教育发展现状

据悉我国相当多的高校都开设有艺术学门类设计学科专业，而且发展速度迅猛。20 世纪 90 年代初，我国开设有设计科系的高校本、专科一起只有 197 个，1999 年发展到 400 多个，2003 年底达到 500 多个；2005 年年底，全国 2300 多所高校中，开设设计艺术类专业的院校已达 1348 所，在校生近 1200 万人，年招生量近 30 万人。[2]无论是开设设计艺术类专业的院校数量还是招生人数一直呈增长趋势，直到 2009 年全国高考人数开始整体下降，艺术类考生的人数也逐年减少，甚至下降比例更大。如湖北考生 2014 年高考报名人数是 402709 人，

较 2013 年减少 35414 人，下降比例为 8.1%；[3] 2015 年湖北高考报名人数 368425 人，较 2014 年下降比例达 8.51%，降幅为近 7 年之最。

艺术类考生人数更是不容乐观，据湖北省教育考试院 2014 年 12 月 5 日公布的消息，2015 年湖北省艺术生总报名人数为 36320 人，参加美术统考的人数 22118 人，相比 2014 年减少了 2719 人；而 2014 年美术统考人数比 2013 年也减少有 3171 人，下降比例是 11.3%。[4] 连续五年，艺术类考生人数呈大幅下降趋势。

面对艺术高考人数的逐年减少，设计学科相关专业也将面临招生人数是否饱和、生源质量是否有保障的问题。如果艺术教育仍然墨守成规，不开拓创新，形成自己的特色和优势，最终将面临更加危险的专业生存压力。

2011 年 4 月召开的国务院学位委员会上，一致通过将艺术学科独立成为艺术学门类，"设计学"因而也有了单独的一席之位，成为"艺术学"门类下的五个一级学科之一。原二级学科艺术设计专业的视觉传达设计、环境艺术设计、产品造型设计等专业方向也随着设计学科的升级，全部调整为独立的专业名称，设计学科地位的提升，表明学科的发展程度及其在国民经济建设和创新型国家发展中的重要性。因此，提升设计学科专业的教学质量有着更不一般的意义。

3 塑造特色，建立设计学科人才培养品牌效应

一个知名或有影响力的大学，一定是在学科或某些方面有自己特色和优势的大学，而这些特色和优势不是短时间内一蹴而就的，是通过时间的推移产生的文化积淀和成果的不断积累逐渐形成的。特色是学校的生命，是学校发展兴旺的原动力。同样，设计学科的专业人才培养，也离不开特色打造和特色教育。如果没有特色和优势，也很难立足与健康发展，甚至将无生存空间。笔者认为可从以下两个方面考虑建立本校设计学科人才培养特色：

（1）依托学校特点，凸显本校设计学科能为特殊领域服务的人才培养特色。

不同的高校有不同的特色和定位，如：北京航空航天大学、上海交通大学、景德镇陶瓷学院等，仅从学校名称上看，就体现出它们各自在航空、交通、陶瓷等领域有着自己不同一般学校的特点。这些大学的设计学科，笔者认为，除了培养学生掌握基本的设计学科理论

知识和应用能力，还可针对学校主打学科领域和特色，有意识地培养学生在相关方面的设计能力。例如北京航空航天大学的环境设计人才培养应使他们具备航天航空飞行产品室内设计及相关研究机构室内外环境设计等方面的能力；交通大学的环境设计人才培养应使他们具备火车、汽车、轮船等交通产品的室内设计和相关环境的设计能力，从而形成各自在特殊领域独一无二的人才培养特色优势。

大多数综合性大学并不能直接从校名判断其主打学科领域和优势学科对象，以湖北省属高校武汉工程大学和武汉科技大学为例，两个学校分别都是由部属高校（原化工部和冶金部）划拨到地方主管的高校。武汉工程大学的前身是武汉化工学院，主打学科和影响力大的学科是化工，而且培养了很多化工领域的杰出人才，因此，该校设计专业可以依托学校的"大化工"特色来凸显和建立自己为化工企业服务的设计能力，从而打造"化工特色"设计服务品牌；武汉科技大学的前身是由武汉钢铁学院等三所高校合并的武汉冶金科技大学，冶金是该校的主打学科和较有影响力的学科，因此，该校设计专业可紧紧依托学校主打冶金领域，利用已有品牌效应培养为冶金企业服务的特色设计人才，凸显自己在冶金领域方面的服务特色。

（2）依据学校人才培养主导思想，充分发挥现有学科专业优势，强化其特色性不同的高校有不同的人才培养主导思想。有的学校强调工程能力人才培养、有的学校更强调学生创新思维能力的培养。

针对注重工程方面人才培养的高校，在其本校设计学科教育方面，可以将"工程应用能力强"作为学校设计学科人才培养的一个特色打造。在师资力量、课程安排等方面多围绕该目标组织教学，注重老师的实践能力和专业水平，强调实践环节质量和数量等，使培养的学生走向社会获得"工程应用能力强"的良好口碑，从而形成学校人才培养的一个特色。

注重学生创新思维能力培养的高校，在平常的教学中应更较多的开设一些思维训练等方面的创新设计课程，同时，组织学生经常参加国际国内各种有影响的创新设计竞赛以及各种产品设计研发，并将其成效纳入人才培养方案的教学计划考核中，从而为学校获得较多荣誉和发明专利授权，产生一定社会影响，形成人才培养特色。

此外，还可挖掘有特色的专业树立学科品牌效应、利用名师塑造特色。总之，塑造特色的方式有很多，关键在于我们去挖掘。

4　紧跟时代需求、培养社会所需人才

设计学科是横跨艺术与科学的交叉学科，2012年7月6—7日在北京举行的全国科技创新大会上，时任国务院总理的温家宝指出："我国是制造业大国，已经具备很强的制造能力，但仍不是制造业强国，总体上还处于国际分工和产业链低端，根本原因就是企业创新能力不强。如果能在'中国制造'前面再加上'中国设计'、'中国创造'，我国的经济和产业格局就会发生根本的变化。"[5]因而，作为艺术与设计交融的设计学科教育，经常加强创新教学改革，培养创新能力强的社会所需人才是我国经济发展和社会进步的迫切需要。人才培养的方法有很多，下面主要从三个方面来进行阐述。

4.1　加强学生创新思维能力的培养

人的思维是设计创造的根本，没有思维的催化和理想的表达，就没有设计的灵魂，人类智慧的能量，集中体现在设计思维所能到达的深度和广度。艺术设计教育除了教会学生设计理论的基本知识和实践动手能力，更要教会学生创新思维的设计方法，增设有设计思维拓展方面的课程，从而培养出有创新设计能力的社会有用人才，实现"中国设计"、"中国创造"这种理想目标。

4.2　加强学生职场能力的培养

设计的特点具有较强的社会性与实用性。设计学科各专业的职业特点决定了其实践性要求，设计用人单位对设计师的要求是不仅有好的设计理念和构想，还应具备综合实践的能力，其中包括对设计材料和工艺的掌握、设计成本的控制、与业主的沟通、现场问题处理等方面的能力。因此，加强学生职场能力的培养具有非常重要的现实意义。

当前是知识经济时代，知识的获得相对容易，而提高掌握知识的应用能力则比较困难。笔者认为，加强学生职场能力的培养可以从以下几个方面展开：

（1）加强实践教学力度。保证足够多的实践环节课时是提高学生职场能力的最基本要求。另外，注重理论教学与实践教学的紧密结合，使理论教学在实践中得以实验，从而达到时代对设计人才所要求的高度，学生也能在创新能力、科学思维、实践能力等综合素质方面得到全面协调发展和提高。

（2）强调专业实践教师的工程实践能力。专业实践老师可以采用校内校外（企业导师）双导师制，没有工程背景和实践经验少的教师不安排带学生实践课程，可以安排他们到企业锻炼半年或一年以上提高实践能力后再来指导学生。

（3）加强实习基地建设。由于设计专业的特殊性，很难有一个设计公司或企业容纳过多的实习学生，因此，积极与社会企业合作，建立一定数量的稳固实习基地是学生实习环节教学和提高职场锻炼能力的重要保证。

（4）强调专业设计课程结合实际项目进行教学。专业设计课程可将企业的真实实际项目和老师工作室的项目作为课题让学生进行实际训练，培养学生创新设计、独立思考、掌控项目的能力，使学生有应对实际工作的经验，职场实践能力得到提升。

4.3　建立科学的教学管理体系和考核机制

教学管理体系的制定是保证教学质量的重要保障，考核机制的设定是检验和考核学生学习能力和学习质量的重要依据。

5 总结

面对众多艺术学门类各种专业的高校，考生填写高考志愿时，或是选择参加专业校考时，就已了解了各个学校的不同特色和优势。良好的口碑和人才培养质量是家长和考生们选报高考志愿的重要考虑因素。

国家的建设需要特色，大学的发展需要特色。同样，设计学科的专业发展和人才培养也应该具有各自的特色，只有这样才能在社会形成一流的品牌效应，并得以健康发展。

加强学生创新思维能力的培养和学生职场能力的培养、建立科学的教学管理体系和考核机制，也是时代发展和社会人才需要的重要方面。拥有自己的特色和较高教学质量的设计学科专业，必将走出高考整体生源下降有可能导致的生源不足困境。

参考文献

［1］图解 2014 年全国高考报名人数 . 中国教育在线 . http：// www.eol.cn/html/g/tsgkrs/index.shtm

［2］武汉理工大学艺术设计学院 . 设计艺术教育创新探索的心路与实践 .

［3］湖北 2014 年高考报名人数下降幅度居历年之首 . 中国教育在线 . http：//gaokao.eol.cn/dongtai_5640/20140317/t20140317_1086713.shtml

［4］湖北 2014 年高考艺术生报名人数持续下滑 . 湖北教育考试网 .

［5］中国高等学校设计学学科教研研究组 . 中国高等教育设计学学科教程［M］. 北京：清华大学出版社，2014：4.

新能源产品开发设计课程研究——无人快递车设计分析

韩　军　　王宇欢

（武汉工程大学　武汉　430205）

关键词：课程研究　太阳能　快递　无人车　物流

当今工业设计（产品设计）专业教学改革中，专业课的发展尤为重要。笔者以设计中的前沿领域新能源技术及市场需求为突破口，通过系统地调研和分析，将新能源产品开发设计课程研究对象定位于现在非常引人关注的无人快递车设计领域。课程要求学生一方面能对新能源、无人驾驶技术等前沿科技进行系统研究，确保设计方案在技术层面的可行性；另一方面还要能对快递物流业的商业模式进行分析，确保设计方案在相关法律、规则及操作流程等管理层面的可行性，使新的设计理念真正解决行业目前的困难。以此培养学生综合设计能力及市场认知能力。

众所周知，近些年电子商务高速发展，带动了快递与物流行业翻天覆地的变革。据统计数据显示，2016年1—4月，全国快递服务企业业务量累计完成81.4亿件，同比增长56.5%[①]，但是我国物流绩效指数（LPI）却只排在世界的第28名。原因在于城市快递物流系统及车辆调度策略的滞后发展，短短的"最后一公里"（配送站到用户）困扰着业主和快递公司。因此，与最前沿的科学技术相结合，寻找一种适合于中国本土的国情的末端配送方案，对未来电子商务和快递物流企业来说是不二之选。

1　行业分析与发展趋势

1.1　城市快递物流系统

随着移动互联网的兴起，新兴技术的飞速发展，电子商务作为互联网时代的伟大产物开始拥有了爆发式的受众人群。人们从线下实体店购物转而为在线上网上购物，消费模式的改变强烈地冲击了传统行业。

快递末端配送又称为"最后一公里"配送，是客户购买或寄送的商品通过一定的配送方式运输到城市分拨中心后，分发到快递社区配送点再送至顾客手中的服务[②]。它并不是指运输路程上的一公里，而是指包裹送到客户手里的最后一段距离。

"最后一公里"配送的问题来源于快递公司高昂的配送成本与差强人意的服务水平和顾客体验之间的矛盾，包括以下方面：

（1）配送成本高，利润率低。据悉，快递公司在"最后一公里"的末端配送环节成本最高。快递员分发快件直至送达到客户手中并签收，净利润每件1~2元，派件所需的运输费、摊位费及通讯费等还不包含在内。

（2）配送效率低，服务差。当前的末端配送采用的是高人力投入的方式，主要以自行车、摩托车、电动车等工具为主。虽然机动性强，但时效性差。较低的行业门槛也使得配送员的素质不一，影响用户体验。

（3）配送货损高，丢失多。快递员为了提高分拣速度采取暴力方式造成快件挤压严重和包裹破损。另外，货物的安全性由于快递员私自代签、包裹乱放、拒绝等待等行为得不到保障。

1.2　无人驾驶技术

无人驾驶汽车是在网络环境下用计算机技术、网络通信技术和智能控制技术主导其运行的自动化智能化汽车，是有着汽车外形的轮式移动机器人[③]。早在2013年，日本NEDO就在东京测试无人驾驶货车；2015年2月，RDMGroup推出了英国首款无人车——LUTZ开拓者；2016年4月，长安汽车进行重庆至北京2000公里无人驾驶测试，达到了自动驾驶三级水平；2016年11月16日，18辆百度无人驾驶汽车集体亮相第三届世界互联网大会，完成了加减速、行人避让、自主变道超车等一系列动作；2016年9月14日，优步在美国运行了免费的出租车服务，整个城区都可以进行无人驾驶的的士服务[④]。无人驾驶已经开始改变世界，改变生活。

1.3　无人驾驶在物流行业的应用及其意义

无人驾驶汽车通过优化的路径选择功能最大化减少出行时间及能源消耗，并且通过优异的安全性能缓解城市交通拥堵问题[⑤]。无人驾驶设备所具有的低成本、高效率、自动化、可靠性的特性使得众多物流企业加入到无人设备应用的研究中。国内的淘宝网和顺丰快递，国外的亚马逊、UPS和DHL等知名物流企业都在加紧进行无人机快递投放试验，并逐渐进入无人车配送领域。对于降低物流企业运营成本，提高运输效率，改善交通拥

① 江宏.声音［J］.物流技术与应用，2016，21（06）：181.
② 黄辉城.互联网时代价值创造对快递末端配送的影响［J］.物流技术，2016，35（03）：22-26.
③ 姚昊洋.车联网在无人驾驶技术中的运用［J］.电子技术与软件工程，2017，101（03）：250-251.
④ 黄武陵.无人驾驶在路上，我们准备好了吗？［J］.机器人产业，2017，12（01）：12-22.
⑤ 胡浪.无人驾驶汽车在低碳经济下的社会效益分析［J］.黑龙江科技信息，2017（06）：169.

堵和环境污染等社会问题具有重要意义①。

2 无人快递交通工具调研及需求分析

2.1 无人快递交通工具的现有产品研究

2.1.1 无人机配送

2015年11月，亚马逊展示了一种极其不同的无人机设计，每次装货重量为5磅（4.5斤左右）。作为在机构监管允许下的首次商业递送，此次亚马逊的无人机送货对于科技企业来说无疑具有里程碑式的意义。

2016年京东开始了无人机配送项目，京东无人机的运送方式是用无人机将货物从城市配送到乡村，生活在每个村里的快递员将负责把无人机送到的包裹分发到每家每户。未来农村用户可以充分体验到电商所带来的便捷与实惠，这将带动整个农村经济的"升级"。

但是，目前无人机配送快递，因其配送对货物体积和重要及天气状况均有较高要求，无人机配送快递的方式推广有一定的难度。

2.1.2 无人车配送（见图1~图4）

目前主要有：

（1）Deliverbot无人快递车，是一款小巧轻便的快递车，已经在12个国家进行了超过5000英里的实路测试，从未发生过一次撞车或者撞人的事故。特点为内部储物仓为一个整体，没有进行空间分隔，可能会造成货物堆积挤压，从而被损坏，适合于配送少量货物。

图1　Deliverbot快递车

图2　"瓦利"披萨配送车

图3　京东无人配送车

图4　阿里小G快递机器人

（2）Domino's Robotic Unit，这款名叫瓦利的机器人主要是配送餐饮食物，载货舱镶嵌于内部，取货时，载货舱可自动升起，待取货完成，再自动降下。

（3）京东无人快递配送车，特点为载货舱分为固定的六格，采取用户到指定地点取货的方式。

（4）阿里小G快递机器人，车背后抽出的是一格格抽屉，取货时，对应货物的抽屉自动弹开，取货后，抽屉自动弹回。运载数量较大，能自主乘坐电梯，送货

上门。

2.2 无人快递交通工具的使用环境研究

目前无人车测试的送货目标是有比较集中的小批量订单的场所如写字楼、自提柜、居民区便民店、别墅区等场所，这些都属于城市环境中的一部分。

城市环境通常指速度较低的半结构化路面。除一般的城市道路，还包括了企业园区、校园、机场、住宅区、公园等。由于城市环境比较复杂，所以对无人驾驶技术带来了巨大挑战。准确性、安全性、交互性、舒适性都是无人驾驶技术能否在城市环境中得到普及的关键问题，为解决这些问题，不仅要有高可靠的环境感知和控制算法，还要解决交通调度、多车协调等问题。

3 新能源产品开发设计课程研究——无人快递配送车的设计输出

新能源产品开发设计课程以无人快递车为例进行研究和分析，进而进行设计定位和展开设计。

3.1 太阳能无人快递配送车的设计定位

3.1.1 功能定位

为了解决空间固定分隔而导致的送货数量固定，装载量少，一格多物又容易引起盗拿的问题。太阳能无人快递车方案采用3层圆筒状载货舱，内部设置可自动旋转的货架，应用摄像头自动识别货物尺寸，然后货板自动打开适应尺寸的技术，实现取货的便利。当用户取货时，扫描二维码，所需货物的对应层内部的转盘开始旋转直到顶部摄像传感器感应到目标包裹的条码时停下，此时，外部交错的半圆形货板自动打开适应尺寸，用户取货，包裹被取走后，货板自动关闭。

3.1.2 形态大小定位

太阳能无人快递车方案一改现有类似产品方方正正的形象，造型圆润且采用大面积的包裹形式，主体以黑白配色为主，显得简洁明了。为了适应中国的道路交通状况，车型设计在可行的范围内尽量减小宽度，增加高度，避免拥堵的同时能够增加载货量。

3.1.3 结构定位

为了解决目前派送流程中包裹装车时车辆的等待时间过长的问题，本次使用模块化设计，将太阳能无人快递车的载货舱设计成可以拆卸和更换的，与车身分离。满足快递车辆进站（快递站）后，只需更换充满的电池和已经装好包裹的圆柱形载货舱即可立刻出站执行派送任务，减少等待时间，让车辆尽可能多的处于运行状态，提高系统整体的工作效率。

3.1.4 能源定位

本设计中加入太阳能这种清洁无污染的新能源，在外出行驶中可以由薄膜太阳能电池将吸收的太阳能转换成电能供无人车使用，同时储存在蓄电池中，供阴雨天使用。节约能源，绿色环保。

---

① 智前烨. 物流配送中无人驾驶设备的调度机制研究. ［D］. 成都：成都电子科技大学，2015.

3.2 太阳能无人快递配送车的设计展开

如图5所示，太阳能无人快递车由顶部和侧面的薄膜太阳能板、可分离的载货舱（储物旋转圆盘和外部的自动开合板）、前方扫码屏、透光亚克力板、前后车灯和车轮组成。整体造型圆润富有美感，体型高瘦，适合城市道路交通环境。

图5　太阳能无人快递车方案结构图

快递车的整个快递工作流程为：货仓更新（包裹已分拣好），快递信息更新，电池更新，出发派送，通知收件人，到达地点，客户签收，全部包裹送出，返回快递站。

目前派送流程中最大的问题就是包裹装车时车辆的等待时间，太阳能无人快递车采用模块化设计，将载货舱与车身分离。使快递车辆进站（快递站）后，只需更换充满的电池和已经装好包裹的货仓即可立刻出站执行派送任务，大大减少了车辆在站内等待的时间，整体工作效率大大提高。如图6、图7所示。

图6　换货过程图一　　**图7　换货过程图二**

当用户取货时，扫描二维码，所需货物的对应层内部的转盘开始旋转直到顶部摄像传感器感应到目标包裹的条码时停下，包裹被取走后，货板自动关闭。依据包裹尺寸，自动控制系统控制外部的圆板沿圆轨道移动适应长度，即打开合适的大小，供用户取货，取货后，货板自动回复原位。确保一次一物，避免盗拿，同时增加了载货量，合理分隔无隔板使空间利用更加灵活。

4　结论

新能源产品开发设计课程从技术及市场需求方面，系统地调研和分析，上述无人快递车设计案例为学生结课方案之一，能针对性地解决实际问题，并从如下几个方面进行了设计创新和改进：

（1）可整体拆卸式的载货舱。通过货箱的更换，大大减少在站内等待时被空置的时间，提高了快递系统派送的效率。并且对货箱空间进行分割，使其空间有序化，提高快递包裹放入和取出的效率。

（2）采用3层圆筒状载货舱，内部设置可自动旋转的货架，货板自动打开取货。当用户取货时，扫描二维码，所需货物的对应层内部的转盘开始旋转直到顶部摄像传感器感应到目标包裹的条码时停下，包裹被取走后，货板自动关闭。确保一次一物，避免盗拿。

参考文献

［1］Stefan Iovan, Marcel Litra. Information and Communication Technology In The Transport & Logistics Industry［N］. Annals of the "Constantin Brancusi" University of Targu Jiu, Engineering Series, No. 2/2013.

［2］江宏. 声音［J］. 物流技术与应用，2016，21（06）：181.

［3］程世东，荣健. 城市物流系统及其规划［J］. 北京工业大学学报，2005，31（01）.

［4］杨聚平，杨长春，姚宣霞. 电商物流中"最后一公里"问题研究［J］. 商业经济与管理，2014，270（04）：16-22.

［5］双莎莎，何建佳，李亚茹. 基于互联网技术的最后一公里综合配送模式分析［J］. 技术与创新管理，2016，37（05）：572-576.

［6］黄辉城. 互联网时代价值创造对快递末端配送的影响［J］. 物流技术，2016，35（03）：22-26.

［7］王璐，张彬. 太阳能光伏与传统能源"分庭抗礼"可期［N］. 经济参考报，2012-09-06（8）.

中国首届国际创新设计学术研讨会合影

主题：中国创新设计路径